Berthold Meyer

Konfliktregelung und Friedensstrategien

Friedens- und Konfliktforschung

Herausgegeben von

Peter Imbusch
Ralf Zoll

Berthold Meyer

Konfliktregelung und Friedensstrategien

Eine Einführung

Mit Beiträgen von Friedrich Glasl, Thorsten Gromes, Mark Hoffman, Gudrun Keifl, Bernhard Moltmann, Barbara Müller, Silke Pietsch, Christine Schweitzer, Matenia Sirseloudi, René Steenbock, Nina Strumpf, Saskia Trittmann, Bernhard Zangl und Michael Zürn

VS VERLAG

Bibliografische Information der Deutschen Nationalbibliothek
Die Deutsche Nationalbibliothek verzeichnet diese Publikation in der Deutschen Nationalbibliografie; detaillierte bibliografische Daten sind im Internet über <http://dnb.d-nb.de> abrufbar.

1. Auflage 2011

Lektorat: Frank Engelhardt

VS Verlag für Sozialwissenschaften ist eine Marke von Springer Fachmedien.
Springer Fachmedien ist Teil der Fachverlagsgruppe Springer Science+Business Media.
www.vs-verlag.de

Umschlaggestaltung: KünkelLopka Medienentwicklung, Heidelberg
Druck und buchbinderische Verarbeitung: Ten Brink, Meppel

Printed in the Netherlands

ISBN 978-3-531-17895-0

Inhalt

Ergänzende Texte

TEIL II: KONFLIKTREGELUNG IM DEMOKRATISCHEN RECHTSSTAAT

ERGÄNZENDE TEXTE

TEIL III: KONFLIKTREGELUNG IM INTERETHNISCHEN UND INTERKULTURELLEN BEREICH

Ergänzende Texte

TEIL IV: KONFLIKTREGELUNG DURCH INTERNATIONALE ORGANISATIONEN

Ergänzende Texte

Vorwort der Herausgeber

Seit dem Erscheinen der ursprünglichen Ausgabe des Buches von Berthold Meyer über die Konfliktregelungsformen sind fünfzehn Jahre vergangen, in denen sich die wissenschaftlichen Bedingungen für die akademische Friedens- und Konfliktforschung fundamental verändert haben. War seinerzeit der Marburger Nebenfach-Studiengang Friedens- und Konfliktforschung das einzige curricular gesatzte Lehrangebot an einer deutschen Universität, so gibt es inzwischen dort und an verschiedenen anderen Universitäten Master-Studiengänge, die sich mit Problemen des Konflikts und des Friedens beschäftigen. Aber nicht nur im Inland, sondern auch im deutschsprachigen Ausland sind mehrere neue Studienangebote (z. B. in der Schweiz, in Österreich) hinzugekommen. Damit haben sich die Friedenswissenschaften im deutschsprachigen Raum endlich in einer ähnlichen Weise etabliert, wie dies im angelsächsischen Bereich seit langem schon der Fall ist. Trotz dieser erfreulichen Entwicklung hat sich auf dem Gebiet der Lehrbücher zu Themen der Friedens- und Konfliktforschung insgesamt wenig getan. Die „Marburger“ Reihe zur Friedens- und Konfliktforschung, in der auch dieses Buch erscheint, ist nach wie vor die einzige, die grundlegend und weiterführend in die akademische Friedens- und Konfliktforschung einführen will. Auch im Bereich der Konfliktbearbeitung oder der Konfliktregelung sucht man vergeblich nach gut lesbaren, einführenden Werken, die die Spannbreite an Konflikten abdecken und Lösungsmöglichkeiten von Konflikten auf unterschiedlichen Ebenen bieten könnte.

Wir freuen uns umso mehr, dass mit diesem vollständig überarbeiteten und neu konzeptionierten Band nun endlich wieder die seit längerem vergriffene Einführung in die Konfliktregelungsformen zugänglich ist. Thematisch schließt sie an die von uns herausgegebene allgemeine Einführung in die Friedens- und Konfliktforschung sowie den von Thorsten Bonacker herausgegebenen Band zu den Konflikttheorien an, die beide ebenfalls bereits in mehreren Auflagen erschienen sind und sukzessive im Sinne der Lehre verbessert wurden. Während die allgemeine Einführung neben einer Darstellung der Geschichte der Friedens- und Konfliktforschung, der Erläuterung zentraler Begriffe und friedensethischen Überlegungen v. a. exemplarische Konfliktanalysen aus dem gesellschaftlichen und internationalen Bereich enthält, und das Buch zu den Konflikttheorien einen breiten Überblick über die sozialwissenschaftlichen Konflikttheorien bietet, ist der vorliegende Band v. a. eine Auseinandersetzung mit Formen, Institutionen und Organisationen der Konfliktregelung.

Die bisherigen Einführungen basieren auf einem konflikttheoretischen Ansatz. Konflikte werden dabei als ubiquitäre soziale Phänomene verstanden, die zunächst einmal weder gut noch schlecht sind. Die Ursachen von Konflikten können allgemein auf Unterschiede in den sozialen Lagen der Menschen und/ oder Unterschieden in den Interessenkonstellationen zurück geführt werden. Ein solch weites Konfliktverständnis schließt Konflikte auf ganz unterschiedlichen Ebenen ein: bewaffnete Konflikte wie kriegerische Auseinandersetzungen zwischen Staaten oder Bürgerkriege ebenso wie politische, ökonomische oder soziale Konflikte, die auf der gesellschaftlichen Ebene angesiedelt sind. Zur Verortung unterschiedlicher Konflikte hatten wir seinerzeit eine Konfliktsystematik unterschieden, die einem derart gefassten Untersuchungsfeld Strukturen verleiht. Die militärische Gewalt zwischen Staaten – die organisierte Friedlosigkeit – ist dabei nur ein Bezugspunkt unter anderen. An die verschiedenen Arten von Konflikten knüpft nun die Friedensproblematik an. Frieden kann zunächst einmal verstanden werden als Existenzerhaltung und sodann auch als Existenzentfaltung. Während die Existenzerhaltung v. a. auf kriegerische Zerstörungsdynamiken abhebt, ist die Existenzentfaltung v. a. auf die sozialen und ökonomischen Lebensbedingungen der Menschen und die Zivilisierung menschlicher Verhaltensweisen ausgerichtet. Damit Frieden gelingt, müssen die zerstörerischen Konflikte bearbeitet, die nicht zerstörerischen Konflikte wenigstens eingehegt werden. In diesem Sinne kommt den unterschiedlichen Strategien einer friedlichen Konfliktbearbeitung und der Erarbeitung von Konfliktlösungsstrategien eine zentrale Rolle zu. Sie bieten das unerlässliche Handwerkszeug dafür, dass Konflikte überhaupt konstruktiv bearbeitet werden können.

Der vorliegende Band trägt mit der Vorstellung von unterschiedlichen Konfliktregelungsstrategien dem Tatbestand Rechnung, dass friedensrelevante Konflikte sowohl in der Staaten- wie auch der Gesellschaftswelt auftreten können. Das erfordert umgekehrt eine systematisierte Perspektive auf die Konfliktregelungsformen. Was zeichnet nun diese neue Version des Buches von Berthold Meyer aus? Zunächst einmal ist es eine ganz systematische Einführung in die verschiedenen Formen der Konfliktregelung, die neben den allgemeinen Grundlagen Konfliktregelungsformen auf drei Ebenen behandelt: Im demokratischen Rechtsstaat sind Konflikte weitgehend eingehegt, Recht, Gesetz und demokratische Verfahren sind hier die wichtigsten – und meistens erfolgreichen – Konfliktregelungsinstrumente. Auf einer mittleren Ebene liegen die interethnischen oder interkulturellen Konflikte, in denen Zugehörigkeiten und Identitäten wesentliche Konfliktursachen sind und Fragen der Anerkennung im Mittelpunkt stehen. Schließlich werden auch internationale Konflikte behandelt und es wird nach den Konfliktregelungskapazitäten von internationalen Organisationen gefragt. Sodann finden sich zu den einzelnen Kapiteln noch ergänzende Texte zu der zuvor jeweils behandelten Thematik, die der Vertiefung und Diskussion dienen. Schließlich sind die drei als Intermezzo aufgeführten Prioritätenspiele zu erwähnen, die auf die Gewichtung und Abwägung von Handlungsmöglichkeiten und deren potenzielle Folgen abzielen. Das Buch vermittelt so einen hervorragenden Eindruck von der Komplexität der Konfliktbearbeitung. Es schließt nicht zuletzt an die angelsächsische Tradition von sog. *text books* an, die sich bestens in der Lehre einsetzen lassen, weil sie nicht nur gut geschrieben sind, sondern auch einen hervorragenden Überblick geben.

Wir wünschen uns, dass der vorliegende Band bei den Studierenden der Friedens- und Konfliktforschung, aber auch allen Lesern, die ein Interesse an Fragen der konstruktiven Konfliktbearbeitung, an Konfliktregelungsformen und Friedensstrategien haben, gut ankommt und mit Gewinn gelesen wird. In diesem Sinne hoffen wir auf eine breite Rezeption und weite Verbreitung.

Wuppertal, Marburg, im November 2010 Peter Imbusch, Ralf Zoll

Einleitung

Es ist noch gar nicht so lange her, da konnte man kaum eine Neuerscheinung zur Friedensforschung und zur internationalen Politik finden, die nicht mit einem Satz zur Zeitenwende am Ende des Ost-West-Gegensatzes 1989/90 begann. 1999 rückte der Kosovokrieg als Orientierungsdatum nach. Wenig später trat an seine Stelle der „11. September 2001“ als Chiffre für einen weltpolitischen Wendepunkt, dem allerdings schon im Frühjahr 2003 unter dem Stichwort „Irak-Krieg“ eine ernsthafte Konkurrenz erwuchs. Gegenwärtig bestimmen andere Probleme die Schlagzeilen: das militärische Debakel der NATO und der USA in Afghanistan oder die Gefahr einer iranischen Atomwaffe. Während dessen harren Konflikte, die dadurch in den Hintergrund gedrängt wurden, weiterhin einer nachhaltigen Regelung wie der Nahe Osten oder Darfur.

Manch andere Auseinandersetzung bleibt stets im Schatten solch publicityträchtiger Daten, obwohl sie für die Menschen, die unmittelbar darin verwickelt oder passiv davon betroffen sind, von größter Bedeutung ist. Dies gilt insbesondere für innergesellschaftliche Kontroversen, die nicht über die Grenzen eines Landes hinaus wahrgenommen werden, für lokale Streitfälle oder für die über das individuelle Wohlergehen entscheidende Konkurrenz um knappe Arbeitsplätze. Wer ein Buch zur internationalen Politik mit aktuellen Bezügen schreibt oder herausgibt, wird dies möglicherweise mit Bedauern zur Kenntnis nehmen, hat jedoch genug damit zu tun, für seine Themen mit immer kürzer werdenden Halbwertzeiten um Aufmerksamkeit zu kämpfen.

Was aber rechtfertigt es, wahrhaft weltbewegende Konflikte und den alltäglichen Streit zwischen die Deckel ein und desselben Buches über Konfliktregelung und Friedensstrategien zu klemmen? Sicher geht es auf allen Ebenen letzten Endes um zwischenmenschliche Auseinandersetzungen. Auch lassen sich bestimmte Strukturmuster wie das der Zugehörigkeit und der Ausgrenzung, der Macht und der Ohnmacht oder der Mechanismus der Aufschaukelung, wenn ein böses Wort das andere ergibt und niemand ein Stoppschild hochhält, überall beobachten. Trotzdem ist jeder Konflikt anders, verlangt spezifische Beachtung und nach der für ihn am besten geeigneten Methode der Regelung oder der Lösung. Gerade wenn man sich der Unterschiede bewusst ist und nicht meint, es gebe Patentrezepte, die für die Bearbeitung aller möglichen Fälle tauglich sind, ist es sinnvoll, über diese Bandbreite hinweg Probleme der Konfliktregelung und Friedensstrategien in *einem* Lehrbuch zu behandeln, nicht zuletzt, um dadurch den Blick sowohl für das Verbindende wie für die Besonderheiten zu schärfen.

Dieses Buch ist für das Studium der Friedens- und Konfliktforschung gedacht, das als universitäres Studienfach inzwischen an einer Reihe deutscher Universitäten angeboten wird. Es besteht aus vier unabhängig von einander einsetzbaren Teilen. Jeder beginnt mit einem thematisch breit angelegten *Einführungskapitel* und enthält mehrere *ergänzende Texte*, in denen einzelne Regelungsansätze vertieft behandelt oder Konfliktfälle vorgestellt werden. Außerdem gibt es an drei Stellen Konzepte für *Prioritätenspiele*, mit denen sich eine Seminargruppe mit verteilten Rollen interaktiv in einer oder zwei Doppelstunden in einen Konflikt einarbeiten und etwas über die Schwierigkeiten lernen kann, bei unterschiedlicher Interessenlage einen Kompromiss auszuhandeln oder einen Konsens zu finden. Die jeweiligen Einführungskapitel sind reich an historischen und aktuellen Beispielen. Einige von ihnen werden im Textfluss, andere separat in farblich unterlegten *Kästen* präsentiert. Die Texte in den Kästen sind so abgefasst, dass sie auch gelesen werden können, ohne sich vorher in den Haupttext zu vertiefen.

Mit dem *ersten Teil* sollen sich die Studierenden *Grundlagen* erarbeiten. Ausgehend von der Frage, was einen sozialen Konflikt ausmacht, behandelt er unter anderem die wichtige Unterscheidung zwischen Konfliktregelung und Konfliktlösung, die ambivalente Bedeutung von Gewalt, Probleme wie Kommunikations- und Beziehungsstörungen sowie die Schwierigkeiten, einen gerechten Kompromiss zu finden, und gelangt schließlich zur internationalen Vertrauensbildung als einer Friedensstrategie. Die vier ergänzenden Aufsätze betrachten die Möglichkeiten der Gewaltfreiheit als Mittel der politischen Auseinandersetzung, die Interventionen durch Dritte beim Konfliktmanagement, die Konfliktlösung durch die Methode der Problemlösungs-Workshops sowie die Lehren, die aus dem nordirischen Friedensprozess zu ziehen sind.

Demokratie ist gleichermaßen eine Form der Austragung wie der Regelung von Konflikten. Darum behandelt der *zweite Teil* die Konfliktregelung im *demokratischen Rechtsstaat*. Er beleuchtet besonders die Mobilisierung des Rechts zur Regelung und Bereinigung von Konflikten durch gerichtliche Verfahren. Daneben wird auch ein sehr populäres Verfahren der außergerichtlichen Konfliktregelung, die Mediation, vorgestellt. Außerdem geht es um das Verfahren des Whistleblowings, bei dem Insider ihr Wissen über gesellschaftlich bedeutsame Missstände offen legen und dabei unter Umständen ihren Job riskieren, um Korruptionsbekämpfung, aber auch um Friedenserziehung und um die Frage, inwieweit durch Rechtsexport in ehemals autoritäre Staaten Demokratien geschaffen und gefestigt werden können. Im ersten Prioritätenspiel und einem der ergänzenden Texte werden die freiheitsgefährdenden Nebenwirkungen der Suche nach Sicherheit bei der Terrorismusbekämpfung, in anderen die seit langem geführte Kontroverse um die allgemeine Wehrpflicht sowie der Umgang mit dem Problem der Arbeitslosigkeit in den „Bündnissen für Arbeit“ unter die Lupe genommen.

Schließlich geht es um die Frage, inwieweit Fair Play im olympischen Sport zur Friedenserziehung beitragen kann.

Der *dritte Teil* lenkt das Augenmerk auf Konflikte um *ethnische und kulturelle oder religiöse Differenzen*, die in manchen Ländern so gravierend sind, dass sie mit aller Gewalt ausgetragen werden. Können Minderheiten durch spezielle Rechte Schutz vor Verfolgung finden? Soll man ihnen erlauben, ihr Siedlungsgebiet von dem Staat abzutrennen, der sie unterdrückt? Wie sieht es mit dem Beitrag der Religionen zur Überwindung der Gewalt aus? Was bedeutet Toleranz im Konflikt? Und was ist zu tun, um eine Gesellschaft nach einem Bürgerkrieg zu versöhnen? Diese und weitere Fragen werden im Haupttext behandelt, wobei deutlich wird, dass die Minderheitsproblematik kein exotisches Thema ist, sondern auch hierzulande Anstrengungen erfordert, um ein friedliches Miteinander und eine gesellschaftliche Integration zu sichern. Das zweite Prioritätenspiel thematisiert den Palästinakonflikt. Die ergänzenden Aufsätze sind Fallstudien zum Spannungsverhältnis zwischen Demokratisierung und Friedenskonsolidierung in Bosnien und Herzegowina, zur konstruktiven Transformation des Minderheitenkonfliktes in Südtirol sowie zur Früherkennung terroristischer Kampagnen. Im letzten Aufsatz werden den Studierenden sehr praxisnah Tipps zu den vielfältigen Qualifizierungsmöglichkeiten für Zivile Konfliktbearbeitung in Deutschland gegeben.

Mit der Konfliktregelung durch *Internationale Organisationen* beschäftigt sich das Hauptkapitel des *vierten Teils*, wobei die Vereinten Nationen im Mittelpunkt des Interesses stehen. Unter dem Eindruck der gescheiterten Klimaschutzkonferenz von Kopenhagen 2009 muss der Frage nachgegangen werden, was eine 193 Nationen mit vielfältigen Eigeninteressen umfassende Organisation zu leisten vermag, die zwar hehre Zielsetzungen verfolgt, aber häufig genug dann, wenn Entscheidungen zu treffen sind, nur mit größter Mühe den kleinsten gemeinsamen Nenner findet. Neben der Problematik, durchsetzungsfähige Friedenstruppen zu entsenden, geht es um die Verhinderung der Weiterverbreitung von Nuklearwaffen, aber auch um die Frage, ob die UNO unentbehrlich ist, oder ob andere Organisationen wie die NATO oder die Europäische Union oder gar eine noch nicht existierende Liga der Demokratien mehr zu leisten imstande wären. Das letzte der Spiele behandelt einen internationalen Wasserkonflikt. In den ergänzenden Aufsätzen werden die Bedeutung der internationalen und transnationalen Verrechtlichung für Global Governance sowie der lange Weg zur UN-Resolution 1820 zum Schutz von Frauen vor einer besonders gemeinen Art von Kriegsverbrechen, der sexualisierten Gewalt, näher betrachtet. In einem weiteren Beitrag geht es um die friedensethischen Voraussetzungen für „humanitäre Interventionen“.

***

1997 habe ich mit dem Einführungsband „Formen der Konfliktregelung" versucht, der Herausforderung gerecht zu werden, die Bandbreite vom alltäglichen Rechtsstreit bis zu den Internationalen Organisationen für einen einzigen Seminarkontext zusammenzuführen. Ich habe das Buch seither mit über tausend Studierenden der Friedens- und Konfliktforschung an der Philipps-Universität Marburg als Grundlage für meine Seminare genutzt und dabei auch Erfahrungen für die didaktische Verbesserung sammeln können. Diese Anregungen sind in den vorliegenden Band eingeflossen.

Der „Konfliktregelungsband" sollte schon 2005 durch eine aktualisierte Neuauflage ersetzt werden. Aber solange ich hauptberuflich bei der Hessischen Stiftung Friedens- und Konfliktforschung (HSFK) tätig war, gelang es mir nicht, dafür die nötige Zeit zu finden. Außerdem hatten mir die Herausgeber der Reihe – Peter Imbusch und Ralf Zoll – eine grundlegende Überarbeitung und Aktualisierung nahe gelegt. Das vergrößerte den Vorbereitungsaufwand und kostete deutlich mehr Zeit.

Von den Arbeitstexten, welche die einführenden Kapitel ergänzen, habe ich aus dem alten Band nur den Text von Mark Hoffman übernommen und den von Friedrich Glasl durch die entsprechenden Kapitel aus einer neueren Auflage seines Buches über Konfliktmanagement ersetzt. Zwei weitere, in anderen Publikationen erschienene Texte von Barbara Müller und Christine Schweitzer sowie von Bernhard Zangl und Michael Zürn wurden mir von den Autorinnen und Autoren dankenswerterweise zum Nachdruck überlassen. Einige der neu aufgenommenen Texte entstanden im Rahmen von Forschungsprojekten bei der HSFK (Thorsten Gromes und Bernhard Moltmann) sowie während eines Praktikums, das René Zimmermann dort absolvierte, andere im Kontext von mir betreuter Dissertationsvorhaben (Matenia Sirseloudi und Saskia Trittmann) oder in den zum Marburger Masterstudiengang Friedens- und Konfliktforschung gehörenden Forschungsseminaren (Gudrun Keifl, Silke Pietsch und Nina Strumpf). Diesen zum Teil noch sehr jungen Kolleginnen und Kollegen gilt mein besonderer Dank.

Ein so umfangreiches Projekt bringt es zwangsläufig mit sich, dass das Familienleben für längere Zeit dadurch reichlich vernachlässigt wird. Vor allem Gudrun möchte ich gern dafür Abbitte leisten, dass ich sie manchmal etwas genervt habe, wenn ich mir selbst nicht gut war. Ihr sowie Nina, Eric und unseren Enkeln Nellie und Niclas sei dieser Band gewidmet.

Rodenbach, den 18. August 2010 *Berthold Meyer*

TEIL I:
GRUNDLAGEN

Entstehung und Austragungsformen von Konflikten, Hindernisse bei ihrer Regelung und Strategien, diese friedlich zu überwinden

Wenn wir uns mit der Regelung von Konflikten befassen wollen, müssen wir zuvor klären, was Konflikte sind, welche typischen Charakteristika sie haben, wie sie entstehen und verlaufen, und was es heißt, wenn sie dabei die Gewaltschwelle überspringen. Sodann ist danach zu fragen, warum es manchmal wichtiger sein kann, einen Konflikt zu regeln als ihn zu lösen. Weiterhin, in welchen Fällen Konfliktparteien normalerweise selbst in der Lage sind, einen Streitfall konstruktiv oder friedlich zu bearbeiten, und wo es unter dieser Zielsetzung notwendig sein könnte, von außen einzugreifen. Ebenso bedeutsam sind die Fragen, mit welchen strukturellen und psychologischen Hindernissen man bei Regelungsbemühungen zu rechnen hat und wie diese überwunden werden können. Um all das und mehr geht es in diesem grundlegenden Teil des Bandes.

1 Was ist ein sozialer Konflikt?

Auf der Frankfurter Zeil, einer belebten Einkaufsstraße, sitzt häufig direkt neben einem Geldautomaten ein Bettler. Wir beobachten folgende Begebenheit: (A) Eine gut gekleidete Person geht etwa drei Meter von dem Bettler entfernt an ihm vorüber. (B) Sekunden später bleibt sie kurz stehen, dreht sich um, geht die wenigen Meter zum Geldautomaten zurück, hebt dort mit der Scheckkarte Geld ab, steckt es in ihre Geldbörse, schlägt dann einen leichten Bogen um den Pappbecher des Bettlers und will ihres Weges gehen. (C) Als der Bettler ihr „Geizhals!" nachruft, dreht sie sich noch einmal kurz um, entgegnet „Faulpelz!" und geht weiter, ohne davon Notiz zu nehmen, was ihr der Bettler sonst noch nachruft. Haben wir hier gerade einen Konflikt miterlebt, und wenn ja, ist dies ein sozialer Konflikt?

Um beide Fragen beantworten zu können, müssen wir wissen, was Konflikte kennzeichnet. Hätten wir nur den Wortwechsel mit dem Mikrophon eingefangen und wüssten wir daher nicht, zwischen wem er ausgetauscht wurde, so könnten wir allein daraus aufgrund eines verbreiteten Alltagsverständnisses von Konflikt = Streit schließen, dass es sich um einen *persönlichen* Streit handelt. Ob dieser auch als ein *sozialer* Konflikt anzusehen ist, sagt uns dieses Alltagsverständnis nicht. Einem sozialwissenschaftlichen „Minimalkonsens" von Balint Balla zufolge sind soziale Konflikte „Auseinandersetzungen zwischen zwei oder mehreren Individuen oder Gruppen (Organisationen, Staaten usw.)" (Imbusch 2006: 151). Eine anspruchsvollere Definition von Ralf Zoll bezeichnet soziale Konflikte „als gesellschaftliche Tatbestände, die auf *Unterschieden in den sozialen Lagen und/oder ... in den Interessenkonstellationen* der Konfliktparteien beruhen" (Zoll 1996: 167). Dieser Definition folgend hätten wir es bei der Szene auf der Zeil auch mit einem sozialen Konflikt zu tun: Bettler und Passant[1] sind – auch wenn wir sie hier als Individuen beobachtet haben – soziologisch gesehen zwei Parteien. Ihre wirtschaftliche und soziale Lage unterscheidet sie voneinander: der eine mag zwar nicht gerade reich sein, aber seine Bank gewährt ihm zumindest soviel Kredit, dass sie ihm eine Scheckkarte zur Verfügung stellt; während der andere allem Anschein nach arm ist. Ihre Interessenkonstellation ist überdies entgegengesetzt: der eine will vom anderen eine Zuwendung und dieser will sie ihm nicht geben, was in ihrem unfreundlichen Wortwechsel deutlich zum Ausdruck kommt.

Nun habe ich die Szene nicht ohne Grund in drei Phasen unterteilt. Würden wir auch schon von einem Konflikt sprechen, wenn der Passant am Ende von (A) einfach weitergegangen wäre? Hier sträubt sich unser Alltagsverständnis erst einmal, obwohl die von Zoll zum bestimmenden Merkmal von Konflikten erhobene *Positionsdifferenz*[2] der beteiligten Parteien hinsichtlich ihrer wirtschaftlichen und sozialen Lage auch schon in diesem Moment aufgrund ihrer äußeren Erscheinung vermutet werden kann. Doch auch der wissenschaftlich vorgehende Beobachter zögert, hier schon von einem Konflikt zu sprechen. Er hat nämlich bis dahin kein Anzeichen dafür, dass der Passant den Bettler überhaupt *wahrgenommen* hat. Umgekehrt weiß er auch nicht, ob der Bettler diesen einen Menschen im Strom der an ihm Vorübereilenden wahrgenommen hat. Zwar versucht der Bettler allein schon durch die im Pappbecher zum Ausdruck gebrachte stille Spendenbitte mit seiner sozialen Umwelt in Kontakt zu treten. Doch wenn weder der Passant den Bettler noch dieser jenen wahrnimmt, können sie auch keine Beziehung aufnehmen, was die Voraussetzung für das Entstehen eines sozialen Tatbestandes wäre. Mit anderen Worten: die von uns beobachtete Szene (A) vermag zwar den Sachverhalt des Unterschieds zwischen Arm und Reich zu symbolisieren, der in einigen gesellschaftspolitischen Theorien als soziale Ungerechtigkeit und damit als Gesellschaftskonflikt thematisiert wird, aber er konkretisiert sich in ihr nicht.

Die Phase B sieht etwas anders aus: Wir haben nicht nur beobachtet, dass die Person zumindest nach dem Aufenthalt am Automaten über Geld verfügt,

---

[1] Wenn in diesem Buch bei personenbezogenen Begriffen, für die es eine männliche und eine weibliche Form gibt, des Öfteren nur die männliche genannt wird, dann geschieht dies nicht in diskriminierender Absicht, sondern um den Lesefluss zu erleichtern.

[2] Positionsdifferenzen sind auch für den auf die innergesellschaftlichen Verhältnisse bezogenen Konfliktbegriff bei Dahrendorf (1957, 1992, 1996) zentral; ähnlich für den internationalen Konflikt: Czempiel 1975: 89–113, 1981: 199).

also etwas geben könnte, auch wenn wir natürlich nicht wissen, ob sie auch das für eine solche Mini-Hilfsaktion übliche Kleingeld hat. Wichtiger ist aber, dass wir auch gesehen haben, wie sie dem Pappbecher ausgewichen ist, ihn also wahrgenommen und nichts hineingeworfen hat. Mit anderen Worten: Die Wahrnehmung des Bettlers hat das Verhalten des Passanten beeinflusst und eine – wenn auch zeitlich sehr begrenzte – Beziehung zwischen beiden entstehen lassen. Erst mit dem *Wechselspiel von Wahrnehmung und Verhalten* kommt es zu einem sozialen Tatbestand. Da dieser obendrein durch eine soziale Differenz gekennzeichnet ist, treffen auf ihn zunächst Zolls Kriterien eines sozialen Konfliktes zu. Allerdings hätten wir es nur mit einem *latenten* oder verborgenen Konflikt zu tun, was er auch bliebe, wenn sich nicht noch die Phase C ereignete.

Blicken wir nun noch auf diese, so erleben wir, dass die beiden Beteiligten die wechselseitig wahrgenommene Positionsdifferenz auch zum Ausdruck bringen. Dass sie dies in einer Weise tun, in der sie sich gegenseitig beschimpfen, ist dabei eher zweitrangig. Durch die Äußerung wird ansatzweise ein von Werner Link eingeführtes drittes Kriterium erfüllt: die widerstreitenden, unvereinbaren bzw. als unvereinbar wahrgenommenen Tendenzen oder Interessen müssen den Handelnden, die einen Beziehungszusammenhang bilden, nicht nur (1) bewusst sein und für sie (2) handlungsbestimmend werden, sondern auch „(3) eine *kritische Spannung* im Beziehungszusammenhang bilden“, wenn – wie Link es ausdrückt – von einem *manifesten* Konflikt die Rede sein soll (Link 1994: 100). Dieser Dreischritt erscheint mir wichtig, benennt er doch die Bedingungen, die notwendig sind, damit aus in sich selbst ruhenden Individuen Konfliktparteien werden. Die im Beispiel erwähnte Artikulation dessen, was der eine am Verhalten des anderen für nicht akzeptabel hält, ohne dass es gesicherte Beweise dafür gibt, dass dieser zu geizig ist, um etwas zu geben, und jener zu faul, um durch Arbeit sein Brot zu verdienen, macht die Szene überdies an die sozialkonstruktivistische Konflikttheorie anschlussfähig, derzufolge Konflikte diskursiv konstruiert sind (vgl. Diez, Stetter, Albert 2006: 565).

Konflikte bestehen im Regelfall nicht nur aus den *Subjekten*, die sie austragen, also den Konfliktparteien, sondern auch aus mindestens einem *Objekt* oder *Konfliktgegenstand*, es sei denn, jemand will Randale und schlägt den erstbesten, der ihm begegnet, ohne jeglichen Grund zusammen. In diesem Falle müsste mit Lewis Coser von einem *unechten* Konflikt gesprochen werden, der dadurch gekennzeichnet ist, dass er „nicht durch die gegensätzlichen Ziele der Gegner verursacht (wird), sondern durch … (eine) Spannungsentladung zumindest bei einem von ihnen“ (Coser 1965: 58).

Ulrike Wasmuht bezieht die Gegenstände von Konflikten in ihre Konfliktdefinition mit ein. Sie versteht hierunter „grundsätzlich Ziele und/oder Mittel“ und faßt dabei den Begriff des Ziels weiter als den des Interesses, so dass mit ihrer Definition auch Macht- und Wertkonflikte (s. u.) erfasst werden können. Für

Wasmuht ist ein sozialer (und damit, wie sie schreibt, immer auch politischer) wie auch ein internationaler Konflikt „ein sozialer Tatbestand, bei dem mindestens zwei Parteien (Einzelpersonen, Gruppen, Staaten) beteiligt sind, die

a) unterschiedliche, vom Ausgangspunkt her unvereinbare *Ziele* verfolgen [...] oder das(selbe)[3] Ziel anstreben, das aber nur eine Partei erreichen kann [...], und/oder
b) unterschiedliche, vom Ausgangspunkt her unvereinbare *Mittel* [...] zur Erreichung eines bestimmten Zieles anwenden wollen [...]" (Wasmuht 1992: 24).

Der Vorzug dieser Definition liegt darin, dass sie auch Konstellationen erfasst, die man als *Konkurrenzsituationen* bezeichnen kann und denen entweder (a) keine soziale oder (b) keine Interessendifferenz zugrunde liegt: Bei (a) wäre dies z. B. der Fall, wenn sich mehrere gleich qualifizierte Personen um eine Stelle bewerben, die nur eine bekommen kann. Ein Beispiel für (b) wäre der Streit innerhalb des Vorstandes einer politischen Partei um die einzuschlagende Strategie, mit der die nächste Wahl gewonnen werden soll. Hier sind sich alle Beteiligten hinsichtlich des Ziels einig. Sie wollen es auch gemeinsam erreichen, aber die Positionsdifferenz besteht mit Blick auf die dabei anzuwendenden Mittel.

2 Inhaltliche Differenzierung: Interessen-, Wert- und Machtkonflikte

Konflikte lassen sich nicht nur danach unterscheiden, ob sie um Mittel oder Ziele geführt werden, sondern sie müssen auch hinsichtlich ihrer Inhalte weiter differenziert werden: Anfang der 1960er Jahre hat Vilhelm Aubert zwei *Konflikttypen* einander gegenübergestellt, „competition" und „dissensus" (vgl. Aubert 1963, 1972), die in der deutschsprachigen Literatur entweder unter den Bezeichnungen Interessen- und Wertkonflikt (vgl. Röhl 1987: 460) oder Verteilungs- und Meinungskonflikt (vgl. Raiser 1987: 294) übernommen oder unter dem Begriffspaar Interessen- und Identitätskonflikt (vgl. Senghaas 1992: 72) gedanklich weitergeführt wurden.

Als *Interessen-* oder *Verteilungskonflikte* lassen sich Auseinandersetzungen um (häufig knappe) Güter kennzeichnen, die sich die Konfliktparteien aneignen oder von denen sie einen möglichst großen Anteil behalten oder erheischen wol-

[3] Im Originaltext heißt es bei der zweiten Alternative unter a) „das gleiche Ziel", doch gemeint ist eindeutig dasselbe. Da solche Positionsdifferenzen in Bezug auf angestrebte Ziele wie auch in Bezug auf die einzusetzenden Mittel ebenfalls innerhalb des eigenen Kopfes auftreten können, ließe sich Wasmuhts Definition auch auf den *intrapersonalen* Konflikt (etwa den Gewissens- oder den Entscheidungskonflikt) ausweiten, worauf hier jedoch nicht näher eingegangen wird.

len. Dabei kann es sich um Geld und andere materielle Güter, aber auch um gesellschaftliche und berufliche Positionen, Einfluss und Ansehen handeln. Soweit es materiell fassbar ist, wird dieses Konfliktpotential „gewöhnlich durch den Marktmechanismus so reibungslos eliminiert, dass keine offenen Konfliktzeichen zum Vorschein kommen. Wenn ein Konflikt zutage tritt, wird die Lösung oft ein Kompromiss sein. Jede Partei ist bereit, ihre Forderungen zu reduzieren, bis ein Übereinkommen erreicht ist."[4]

Diese Möglichkeit, die wir z. B. bei Tarifauseinandersetzungen sehr oft beobachten können (s. u.), bietet sich bei *Wertkonflikten*[5] nicht. Wenn Parteien – insbesondere mit starren religiösen, moralischen, politischen oder auch wissenschaftlichen Überzeugungen – darüber streiten, was nach ihren jeweiligen Norm- und Wertvorstellungen richtig oder falsch, zu tun oder zu lassen ist, etwa ob ein Schwangerschaftsabbruch Mord am ungeborenen Kind oder Ausdruck des Selbstbestimmungsrechts der Frau ist, dann ist dies für Kompromisse nur schwer oder sogar überhaupt nicht zugänglich.

In der Wirklichkeit vermengen sich jedoch häufig Interessen- und Wertkonflikte. Dem entsprechend ist es erforderlich, bei der Suche nach einer Regelung oder einer Lösung beide Aspekte zu berücksichtigen.

Der Augsburger Religionsfrieden von 1555

Ein anschauliches Beispiel für die enge Verbindung von Interessen- und Wertkonflikten ist der im 16. Jahrhundert durch die Reformation ausgelöste Konflikt zwischen Protestanten und Katholiken in Deutschland, Nachdem er zahllose Menschenopfer und fürchterliche Zerstörungen gefordert hatte, wurde er durch den Augsburger Religionsfrieden vom 25. September 1555 für längere Zeit beigelegt.

Dieser regelte, dass der Kaiser, die Kurfürsten, Fürsten und Stände des Heiligen Reiches, die der „alten Religion" – also der römisch-katholischen Kirche – anhingen, „keinen Stand des Reiches wegen der Augsburgischen Konfession" – damit war die evangelische Kirche gemeint – „mit Gewalt überziehen und sonst gegen sein Gewissen, Wissen und Wollen von dieser ... auf andere Wege drängen, sondern bei solcher Religion friedlich bleiben lassen." Umgekehrt sollten auch die „Augsburgischen" diejenigen, „die der alten Religion anhängen, gleicherweise bei ihrer Religion unbehelligt bleiben lassen." (Zit.

[4] So Aubert 1972: 181; ähnlich Senghaas 1992: 72, wenn er Interessenkonflikte dadurch charakterisiert, dass sie „sich im Grunde genommen in Mark und Pfennig übersetzen" lassen und deshalb „in der Regel kompromisshafte Vereinbarungen zur vorläufigen oder endgültigen Lösung" erreicht werden können.

[5] Raisers Übersetzung von „dissensus" mit Meinungskonflikt trifft zwar Auberts Verständnis, dass auch Meinungsverschiedenheiten über Tatsachen hierzu zählen. Sie erscheint mir trotzdem nicht gelungen, denn Meinungsdifferenzen können zwar durchaus zum Konflikt führen, aber Meinungen sind im Gegensatz zu Einstellungen und Wertorientierungen gerade nicht besonders tief im Bewusstsein ihrer Träger verankert, so dass sie schnell wechseln können.

nach Wendebourg 2005: 9) Mit dieser Formel des Friedensschlusses wurde der religiöse Aspekt, also der Wertkonflikt entschärft. Das war nur möglich, weil in ihr ausschließlich den Fürsten und anderen Reichsständen das Recht zugebilligt wurde, bei ihrer Konfession zu bleiben oder sie zu ändern.

Diese Entscheidung trafen sie aber nicht für sich allein, „sondern im Rahmen des ius reformandi, des Rechts zur Bestimmung des Konfessionsstandes für ihren ganzen Herrschaftsbereich: ‚Ubi unus dominus, ibi una religio' (‚Wo ein Herrscher, da eine einzige Konfession'), lautete die Maxime, später auf die Formel gebracht: ‚Cuius regio, eius religio' (‚Wessen die Herrschaft, dessen die Konfession'). So hatte die Legimierung zweier Konfessionen auf der Ebene des Imperiums zur Kehrseite die Monokonfessionalität auf der Ebene seiner Territorien." (Wendebourg 2005: 9) Das ermöglichte, die Herrschaftsinteressen der Territorialherren zu befriedigen.

Damit hierdurch jedoch niemand in seiner persönlichen Gewissensentscheidung beeinträchtigt wurde, enthielt der Vertrag schließlich die Regelung des ius emigrandi, d. h., wer sich in einem katholischen Fürstentum zum Protestantismus hingezogen fühlte oder umgekehrt, bekam das verbriefte Recht, dorthin auszuwandern, wo er seiner Konfession unbehelligt nachgehen konnte. Dies machte den durch die territoriale Monokonfessionalität neu geschaffenen Wertkonflikt für den Einzelnen „lösbar", wenngleich um den Preis, berufliche und andere persönliche Interessen, die ihn an die alte Heimat banden, dabei aufgeben zu müssen.

Mit Blick auf ethnonationalistische Konflikte der Gegenwart, wie sie nach 1990 mit besonderer Schärfe auf dem Territorium des damaligen Jugoslawiens ausgetragen wurden, schrieb Dieter Senghaas, dass sie einerseits von „kalkulierbaren Interessen durchsetzt (sind), vor allem dann, wenn die Konfliktparteien ein unterschiedliches Wohlstandsniveau erreicht haben." Andererseits sah er in ihnen „auch – und oft zuallererst – *Identitätskonflikte*. Es geht bei ihnen dann um unterschiedliche Lebensentwürfe, die in ihrer verschiedenartigen Geschichte, in unterschiedlichem Brauchtum, einer eigenen Sprache und in widerstreitenden politischen Zielsetzungen begründet sind. … Von außen erscheinen solche Konflikte oft als abgründig-irrational, als ‚mittelalterlich', aber die Betroffenen finden in solchen Konflikten oft zum ersten Mal einen eigenen Lebenssinn, und sie sind deshalb bereit, für sich und ihre volksstämmigen Mitbürger in erheblichem Maße Energie, Zeit und materielle Mittel, gegebenenfalls auch das eigene Leben zu investieren." (Senghaas 1992: 72) Dementsprechend schwierig sei es, resümierte er, von außen auf das Verhalten der Konfliktparteien einzuwirken.

Auberts Feststellung, dass offen und aggressiv ausgetragene ideologische oder religiöse Kämpfe „fast immer von einem Interessenkonflikt begleitet zu werden (scheinen), der sich aus der Knappheit von Macht und Autorität ableitet," (Aubert 1972: 183) führt zu der Frage, ob Interessen- und Wertkonflikte unter der Frage des Kampfes um *Macht* subsumiert werden können oder sogar müssen. Dies ist Ernst-Otto Czempiel zufolge weitgehend der Fall. Er beschrieb 1981 die Erringung, Bewahrung und Vergrößerung von Macht, verstanden als Fähigkeit zur Zuteilung (Allokation) von Werten oder von Entscheidungs- und Durchsetzungskompetenz nicht nur als einen wesentlichen Inhalt politischen Verhaltens auf den verschiedensten Ebenen. Diese Fähigkeit stelle auch „das wichtigste Konfliktobjekt dar, und zwar sowohl in den Beziehungen zwischen dem politischen System und seinem gesellschaftlichen Umfeld wie zwischen ihnen und ihrer internationalen Umwelt." (Czempiel 1981: 204)

In dieser Zielsetzung sah er mehr noch als im materiellen Gewinnstreben „diejenigen Antriebe ..., die die Gewaltanwendung auslösen und rechtfertigen." (Czempiel 1981: 209) Weiterhin erläuterte er in seiner Skizze des (neo-) realistischen Ansatzes der Konflikttheorie (vgl. Waltz 1979) die Gewaltbereitschaft in der Politik damit, dass „das Konfliktobjekt der Macht, insbesondere in seiner spezifizierten Form der Herrschaft, ... keine freiwillige Einschränkung seiner Position zu(lasse). Im Gegensatz zum Konfliktobjekt des Gewinns, der zwar zu seiner Maximierung tendiert, aber mit seiner Minimierung notfalls existiert, sehen Macht und Herrschaft in jeder Einschränkung eine prinzipielle Gefahr. Beide kann man nur besitzen oder verlieren." (Czempiel 1981: 213)

Zwei Jahrzehnte später stellte Czempiel dann aber angesichts der zunehmenden Internationalisierung vieler bis dahin rein nationaler Außenpolitiken die Frage, ob der realpolitische Denkansatz „wirklich realistisch" sei (Czempiel 1999: 17 ff.). Dabei entwickelte er ein differenzierteres Bild der Macht: Diese bleibe zwar das Medium aller Politik, doch weniger im Sinne des klassischen Begriffs Max Webers als die Fähigkeit, seinen Willen gegen Widerstand durchzusetzen (vgl. Weber 1964: 38), in dem „der Unterton der Gewalt, des Aggressiven, ... deutlich zu hören" sei (Czempiel 1999: 91), als der neutraleren Definition von Robert Dahl folgend, für den Macht in dem Vermögen besteht, einen Anderen zu einer Handlung zu veranlassen, die er sonst nicht unternommen hätte (vgl. Dahl 1957: 202). „In diesem Begriff bleibt das Charakteristikum der Macht erhalten, die Überlegenheit, die den eigenen Interessen nutzt. Aber der Begriff ist viel brauchbarer, weil er offen lässt, auf welche Weise sich diese Überlegenheit durchsetzt." (Czempiel 1999: 91)

Czempiel unterscheidet daraufhin drei für das Konfliktverhalten relevante Typen von Macht: Die klassischen Machtpolitik, die „oft genug" Gewalt anwendet oder androht, bezeichnet er als „Beziehungsmacht": „Beziehungsmacht ist der Normalfall außenpolitischer, diplomatischer Routine. [...] Sie nimmt Einfluss, um Vorteile zu erringen und Nachteile zu vermeiden." (Czempiel 1999: 94)

Eine zweite, sehr viel effizientere, sich aus der Interdependenz der Staaten ergebende Möglichkeit, „nicht einzelne Handlungen zu beeinflussen, sondern ihre Ergebnisse", sieht er in Politikformen, für die die Begriffe „Governance" und „Soft power" verwendet werden (Czempiel 1999: 94). Ein Beispiel dafür sind die westeuropäischen Staaten, die ihre jahrhundertealten Machtrivalitäten, die immer wieder zu Kriegen geführt haben, dadurch vermindert und ihnen die Gefahr einer militärischen Eskalation weitestgehend genommen haben, dass sie Teile ihrer nationalen Souveränität an die supranationale Europäische Gemeinschaft/ Europäische Union abgetreten haben. Im Gegenzug haben sie dabei sowohl Zugang zu wesentlich größeren Märkten und damit an wirtschaftlichem Einfluss und Wohlstand gewonnen, wie auch über die Verlagerung von Kompetenzen in gemeinsame Gremien ihre politische Einflusssphäre vergrößert.

Die dritte und „zukunftsreichste" Form der Machtausübung ist für Czempiel die „Meta-Power" oder „Strukturelle Macht", die derjenige besitze, „der in der Lage ist, die ablaufenden Interaktionen über Zeit so zu steuern, dass die daraus erwachsenden Strukturen seinen Zielen dienen". Als Beispiel hierfür nennt er den Marshallplan, mit dem die USA seit 1947 in Westeuropa die Marktwirtschaft und die Demokratie festigten und zugleich Herrschaftsordnungen errichteten, „die ein friedliches und kooperatives Verhältnis zu den USA geradezu garantierten" (Czempiel 1999: 95).

Czempiel hat das Buch, aus dem diese Zitate stammen, nicht ohne Grund „*Kluge Macht.* Außenpolitik für das 21. Jahrhundert" betitelt, denn sowohl die zweite wie auch die dritte Form der Machtausübung sind geeignet, transnationale Machtkonflikte konstruktiv zu bearbeiten.

3 Probleme des ungeregelten Konfliktverlaufs

Konflikte gelten nach einem weit verbreiteten Verständnis als etwas, das es besser nicht gäbe. Seit einigen Jahren hat daher ein Schlagwort Hochkonjunktur, die „Konfliktverhütung" oder „-prävention". Es erinnert an die medizinische Weisheit, nach der vorzubeugen besser ist als zu heilen, und suggeriert, man bräuchte sich nicht mehr um die „Lösung", das „Management" oder die „Regelung" von Konflikten zu kümmern, wenn schon ihr Entstehen verhindert würde. So plausibel dieser Wunsch erscheinen mag, er geht von einem Konfliktverständnis aus, das offensichtlich von einem so starken Bedürfnis nach Harmonie geprägt ist, dass es dem Konfliktbegriff von vornherein einen negativen Beigeschmack gibt. Dazu kommt es vor allem deshalb, weil aus dieser Perspektive gewalthaltige Austragungsformen von Streitfällen oder deren negative Auswirkungen mit der ihnen zugrunde liegenden Positionsdifferenz in eins gesetzt werden.

Geht man hingegen unvoreingenommen von der oben dargelegten Definition aus, so ergibt sich, dass Positionsdifferenzen im menschlichen Zusammenleben normal und somit auch Konflikte dessen *unvermeidbare Begleiterscheinung* auf allen seinen Ebenen sind. Wir sind ohne Ausnahme fortwährend bewusst oder unbewusst in größere oder kleinere Konflikte einbezogen.

Dabei kann die Austragung eines Konfliktes zu einem *produktiven* Ergebnis führen, etwa wenn aus These und Antithese eine innovative Synthese entwickelt wird, oder wenn sich in einer Auseinandersetzung zwischen denjenigen, die auf ihren althergebrachten Privilegien beharren, und denen, die eine gerechtere Ordnung fordern, letztere durchsetzen ohne den anderen einen Gesichtsverlust zuzumuten. *Allerdings rechtfertigt das für eine Gruppe, eine Gesellschaft oder gar die ganze Menschheit von einer der Konfliktparteien erwartete produktive Ergebnis nicht den Einsatz jedes Mittels, um es zu erreichen.* Darum ist es erforderlich, über Formen der Austragung und Regelung von Konflikten nachzudenken und Wege zu suchen, wie *menschliches Leid*[6] während oder infolge einer Auseinandersetzung vermieden oder minimiert werden kann. Diese normative Zielsetzung erscheint mir klarer als die weiter unten noch zu behandelnde der Gewaltvermeidung und -minderung.

Konflikte haben ihre je spezifische Geschichte: Sie beginnen irgendwann möglicherweise ganz unmerklich, nehmen einen Verlauf, währenddessen die Differenzen zwischen den Konfliktparteien deutlicher hervortreten, ihnen selbst und eventuell auch Dritten bewusst werden. Setzt eine Seite ihre Position durch und akzeptiert dies die andere ohne Vorbehalte, so verschwindet die aktuelle Positionsdifferenz und der Streitfall kann als beigelegt gelten. Akzeptiert sie es nicht, sucht sie vielleicht Verbündete, um ihrer Position mehr Gewicht zu verleihen, so wird sich der Konflikt zuspitzen; möglicherweise sucht nun auch die andere Seite Verbündete, um ihre Position zu untermauern. Unter Umständen verfügt die eine oder die andere Partei auch über Mittel, mit denen sie der Gegenseite drohen oder sie schädigen kann und setzt diese ein. Das verschärft den Konflikt, er *eskaliert.* Eventuell tritt, bevor es dazu kommt oder auch danach, eine Dritte Partei hinzu, um zu vermitteln, zu schlichten oder auch zu richten; ein Kompromiss oder eine andere Regelung wird vereinbart, vielleicht dauerhaft, vielleicht nur auf Zeit; die Auseinandersetzungen ebben ab und enden möglicherweise für immer. Solange sich der Konflikt auf die beiden eigentlichen Streitparteien beschränkt, sprechen wir von einem *dyadischen* Konflikt, wenn sich jedoch eine Dritte Partei damit befasst, von einem *triadischen.*

Am *Ausgangspunkt* eines Konfliktes finden wir das *Konfliktpotenzial* vor, bestehend aus den noch ruhenden Konfliktparteien und dem Konfliktobjekt, wobei sich dieses gleichermaßen im Besitz einer der Parteien wie völlig außerhalb von ihnen befinden kann, sowie der Positionsdifferenz in Bezug auf das Interesse an dem Objekt. Damit hieraus eine *Konfliktdynamik* entsteht, muss – wie wir zeigen konnten – ein Wechselspiel von Wahrnehmungen und Handlungen hinzukommen.

---

[6] Wolfgang Kralewski (1994: 19) sieht in dem Postulat, alles zu unterlassen, was anderen Menschen Leid zufügt, den „Entwurf einer Leidensethik" als Bestandteil einer Friedensethik, wie sie aus der politischen Theologie von Johann Baptist Metz entwickelt werden könnte.

Dabei soll der Begriff der Dynamik die Entwicklung oder den Verlauf des aufeinander bezogenen Verhaltens der unmittelbaren Konfliktparteien, gegebenenfalls auch die Einbeziehung und/oder das Eingreifen Dritter umfassen. Er schließt insofern sowohl Phasen der Zuspitzung wie auch solche der Entspannung bis hin zur Beilegung oder zum Übergang in geregelte Bahnen ein.

3.1 Die Risiken der Konflikteskalation – zwei Modelle

Die Verschärfung eines Konfliktverlaufs wird häufig mit dem Begriff der *Eskalation* beschrieben. Dieser Begriff geht auf den amerikanischen Strategieforscher Herman Kahn (1965) zurück. Er hatte sich zunächst in der Lehre von den Internationalen Beziehungen eingebürgert, wurde jedoch auch für Konfliktkonstellationen auf anderen Ebenen übernommen.

Kahns auf die Ost-West-Konfrontation bezogene Eskalationsleiter umfasst 44 Sprossen zunehmend gespannter zwischenstaatlicher Beziehungen, von denen die ersten sieben noch unterhalb der Schwelle zur Anwendung von Gewalt bleiben, wobei die Staaten in Krisen ihre Positionen abstecken, rhetorisch ihre Entschlossenheit demonstrieren und den Gegnern Gewalt androhen. Zum großen konventionellen Krieg kommt es erst bei Sprosse 12. Das strategietheoretische „Verdienst" Kahns besteht vor allem darin, dass er von Sprosse 15 bis 44 versucht hat – wie er es in einem anderen Buchtitel formulierte – das „Undenkbare zu denken" (Kahn 1962): Er entfaltete dabei ein breites Spektrum von „bizarren" Nuklearkriegsszenarien, das vom ersten Überschreiten der nuklearen Schwelle (Sprosse 15) über den Zeitlupen-Städtevernichtungskrieg (Sprosse 30), den Krieg, der die Zerstörung des Eigentums des Feindes anstrebt (Sprosse 40) bis hin zum „Spasmuskrieg" (Sprosse 44) reicht, in dem sich beide Seiten völlig vernichten.[7]

Ein neueres, gleichermaßen auf zwischenmenschliche, innergesellschaftliche wie internationale Konflikte anwendbares Eskalationsschema wurde von Friedrich Glasl, einem österreichischen Trainer für Konfliktmanagement entwickelt, der hierfür das sehr einprägsame Bild einer die Parteien über neun Stromschnellen in den Abgrund reißenden Verschärfung des Konfliktes zugrundegelegt hat (Glasl 2004). Glasl überschreibt die Stufen seines *Kaskadenmodells*[8] wie folgt:

---

[7] Diese Überlegungen blieben keineswegs folgenlos, sondern beeinflussten die amerikanische Rüstungspolitik und damit das nukleare Wettrüsten im Ost-West-Konflikt bis zum Erreichen so genannter Overkill-Kapazitäten auf beiden Seiten.

[8] Eine vollständige Abbildung des Kaskadenmodells enthält dieser Band auf S. 126 f.

Friedrich Glasl: Kaskadenmodell der Konflikteskalation

1. Verhärtung
2. Debatte und Polemik
3. Taten statt Worte!
4. Sorge um Image und Koalitionssuche bei Außenstehenden
5. Gesichtsverlust
6. Drohstrategien
7. Begrenzte Vernichtungsschläge
8. Zersplitterung (des Gegners)
9. Gemeinsam in den Abgrund

Bedeutsam für die Dynamik des Konfliktverlaufs ist für Glasl, dass mit dem Betreten der jeweils nächsten Eskalationsstufe „das eigene Verhalten und das des Gegners … weiter eingeengt (werden), weil bestimmte Handlungsalternativen ausgeschlossen werden" (Glasl 2004: 234). Dabei dreht sich die Auseinandersetzung auf den ersten drei Stufen primär um Inhalte. Zwischen den Parteien findet noch eine begrenzte Kooperation statt, die es erlaubt, zu einem Ergebnis zu gelangen, das beide Seiten als Gewinn verbuchen können. Bis zu Stufe 3 könnte der Konfliktverlauf also auch – anders als Glasl dies tut – noch als produktiv angesehen werden.

Demgegenüber spitzt er sich auf Stufe 4 bis 6 schon so zu, dass bald nur noch Ergebnisse möglich sind, bei denen die eine Seite gewinnt und die andere verliert. Dabei verschiebt sich der Konflikt mehr und mehr von der Inhalts- auf die Beziehungsebene. Das heißt, der ursprüngliche Konfliktgegenstand verliert an Bedeutung, während das Verhältnis der Parteien zueinander selbst zum zentralen Gesichtspunkt ihrer Auseinandersetzung wird. Doch bis zur 5. Stufe bestehen noch Chancen, aus festgefahrenen Positionen wieder in Bewegung zu kommen und somit Auswege aus der Sackgasse zu finden, wenn es den Parteien oder hinzukommenden Dritten gelingt, den Kurswechsel zu bewältigen, ohne dass der einen oder der anderen einen „Gesichtsverlust" zugemutet wird.

Dies hatte z. B. bei der Beilegung der Kuba-Krise große Bedeutung: Im Herbst 1962 war die Welt durch die sowjetischen Vorbereitungen von Raketenstellungen auf Kuba an den Rand eines Nuklearkrieges geraten. Der US-amerikanische Präsident John F. Kennedy wollte keine „offensiven Raketen" auf Kuba zulassen: Er durfte es auch nicht, weil die innenpolitische Opposition dies zu einer „nationalen Lebensfrage" gemacht hatte, so dass ihm ein Nachgeben eventuell ein Amtsenthebungsverfahren eingetragen hätte. Er legte zugleich Wert darauf, seinem sowjetischen Gegenspieler, KPdSU-Generalsekretär Nikita Chruschtschow, eine Chance zu bieten, seine Raketen ohne Demütigung zurückzuziehen. Dies gelang dadurch, dass die USA einerseits eine Seeblockade gegen Kuba verhängte, jedoch versprach, dessen nationale Unabhängigkeit nicht anzutasten, und dass sie andererseits sich bereit erklärte, auf die Sowjetunion gerichtete Raketen aus der Türkei abzuziehen. So konnten die sowjetischen Kriegsschiffe, die die Raketen nach Kuba bringen sollten, umdrehen, und Chruschtschow konnte zugleich die Verringerung der Raketenbedrohung des eigenen Landes als Erfolg darstellen (vgl. Senghaas-Knobloch 1990: 42 ff.).

In Glasls Kaskadenmodell erlangt der Konflikt ab der Stufe 7 schließlich eine Dynamik, bei der *beide* Parteien im Grunde nur noch verlieren können, wobei ihre Feindschaft schließlich ein Stadium erreicht, in dem das Ziel der Vernichtung des Gegners wichtiger ist als die eigene Existenzbewahrung, so dass beide gemeinsam in den Strudel des Abgrunds gerissen werden. Nicht zufällig zitiert Glasl in diesem Teil seiner Beschreibung auch die höchsten Eskalationsstufen Kahns. Während dieser jedoch ein „enthusiastischer Choreograph des Todestanzes" (Rapoport 1970: 200) ist, möchte Glasl sein Modell der auf den Abgrund zulaufenden Übergänge als Warnung vor psychischer Regression verstehen: „Die Konfliktparteien lassen sich danach von Denkgewohnheiten, von Gefühlen und Stimmungen sowie von Motiven und Zielen leiten, die nicht dem Grad ihrer wirklichen Reife entsprechen, sondern Rückgriffe auf bereits durchlebte und ‚überwundene' Phasen in der Reifung sind. *Die Wendepunkte markieren also Regressionsschwellen.* Dadurch ändern sich die Perzeptionen, die Einstellungen und Absichten, die Verhaltensweisen und das ganze Selbstkonzept der Konfliktparteien." (Glasl 2004: 234, Hervorhebung im Original) Mit dieser Charakterisierung der Eskalation verweist Glasl auf die Zielsetzung seines Buches, durch die Diagnose und Intervention von Seiten Dritter zu einem *Konfliktmanagement* zu gelangen, um einen folgenschweren Absturz zu vermeiden.[9]

3.2 Die Ambivalenz von Gewalt

Unabhängig davon, ob von Konfliktmanagement oder Konfliktregelung die Rede ist, konzentrieren sich die Bemühungen um die Kanalisierung eines Konfliktverlaufs häufig darauf, zu verhindern, dass dieser die Gewaltschwelle überspringt, oder zu versuchen, eine sich schon hochschraubende Gewaltspirale wieder umzukehren. Aber was macht diese Gewaltschwelle aus? Ist sie erreicht, sobald Blut fließt? Tut jemand nicht auch mit einer Beleidigung einem anderen schweres psychisches Leid und somit Gewalt an? Und kann eine Mauer, die jemanden an der Bewegungsfreiheit hindert, nicht ebenfalls Gewalt sein?

---

[9] Zu den Interventionsvorschlägen Glasls siehe den Textauszug in diesem Band, S. 128 ff.

Als die Friedens- und Konfliktforschung nach dem Zweiten Weltkrieg gegründet wurde, war sie von diesem wie vom Kalten Krieg geprägt und konzentrierte sich auf die Frage, wie der Ausbruch eines neuen großen Krieges verhindert werden könnte. In ihrem Mittelpunkt stand also das Gegensatzpaar *Krieg und Frieden*. Der norwegische Friedensforscher Johan Galtung trug in den 1960er Jahren maßgeblich dazu bei, dass der Blickwinkel auf ein viel weiter reichendes Gegensatzpaar erweitert wurde, nämlich auf *Gewalt und Frieden*. Er verstand dabei die Aussage „Frieden ist die Abwesenheit von Gewalt" nicht im engeren Sinne als Definition, sondern eher als ein programmatisches Postulat, das dazu dienen sollte, eine *Gesellschaftsordnung* dann als friedlich zu bestimmen, wenn es in ihr keine Gewalt gibt. Mit diesem Ansatz verfolgte Galtung auch ein wissenschaftspolitisches Ziel, nämlich den Blick der Forschung von *zwischenstaatlichen* Konflikten auf *innergesellschaftliche* Verhältnisse zu erweitern.

Galtung lieferte verschiedene Definitionen der Gewalt: Im umfassendsten Sinne liege sie dann vor, „wenn Menschen so beeinflusst werden, dass ihre aktuelle somatische und geistige Verwirklichung geringer ist als ihre potentielle Verwirklichung." Dabei sah er im Vorhandensein von Gewalt „die Ursache für den Unterschied zwischen dem Potentiellen und dem Aktuellen, zwischen dem, was hätte sein können, und dem, was ist." In einem Nachsatz dynamisierte er diesen Begriff dahingehend: „Gewalt ist das, was den Abstand zwischen dem Potentiellen und dem Aktuellen vergrößert oder die Verringerung dieses Abstands erschwert." (Galtung 1971: 57 ff.)

Galtungs systematisierendes Verdienst kann darin gesehen werden, dass er den Gewaltbegriff in mehrere Dimensionen aufgefächert und dabei folgende Gegensatzpaare gebildet hat:

- physische vs. psychische Gewalt,
- negative vs. positive Einflussnahme,
- intendierte vs. nicht intendierte,
- latente vs. manifeste,
- objektlose vs. objektbezogene,
- direkte oder personale vs. indirekte oder strukturelle Gewalt.

Strukturelle Gewalt und soziale Gerechtigkeit

Unter diesen Gegensatzpaaren hat eines die Theoriedebatte der Friedensforschung Ende der 1960er, bis weit in die 1970er Jahre stark beeinflusst, die Unterscheidung zwischen der von einem Subjekt, sei dieses eine Person oder Gruppe, ausgehenden *personalen* oder *direkten* Gewalt und einer *indirekten* oder subjektlosen, für die Galtung den Begriff der *strukturellen* Gewalt einführte. Diese definierte er als in das System eingebaut und äußere sich „in ungleichen Machtverhältnissen und folglich in ungleichen Lebenschancen". Deshalb könne strukturelle Gewalt auch als „soziale Ungerechtigkeit" bezeichnet werden (Galtung 1971: 62ff.). Über den so erweiterten Gewaltbegriff fand Galtung „zu einem erweiterten Begriff von Frieden: Frieden definiert als Abwesenheit von personaler Gewalt und Abwesenheit von struktureller Gewalt. Wir bezeichnen diese beiden Formen als negativen Frieden bzw. positiven Frieden" (Galtung 1971: 86).

Sowohl für die Forschung wie für die Konfliktregelungspraxis war diese „folgenreiche Entgrenzung des Gewaltbegriffs" (Imbusch 2005: 23) nicht unproblematisch. Sie verlor „ihren Sinn als Unterscheidungsmerkmal" (Meyer 1997: 26)[10] und führte dadurch „die empirische und theoretische Gewaltanalyse in die Sackgasse" (von Trotha 1997: 13). Mehr noch, da es unter Zugrundelegung dieser Entgrenzung in der Realität keine Lebensverhältnisse mehr gäbe, die nicht als Gewaltverhältnisse bezeichnet werden müssten, weil sämtliche Lebensverhältnisse und damit auch alle Konflikte auf dem Kontinuum zwischen personaler und struktureller Gewalt abzubilden wären, würde sich die für die Konfliktregelung bedeutsame Frage nach dem Überspringen der Gewaltschwelle auf die Unterscheidung zwischen verschiedenen Gewaltniveaus reduzieren. Mit dem weichzeichnenden Begriff des positiven Friedens stellt Galtung dieser betrüblichen „Realität" das Bild einer quasi paradiesischen Welt-Gesellschaft gegenüber, in der eines fernen Tages für jeden der Weg vom Aktuellen zum Potenziellen geebnet werden soll. Obwohl dies offensichtlich nicht realisierbar ist, denunziert seine wertende Begriffswahl alle Bemühungen um einen irdischen (= negativen) Frieden und um eine konstruktive Konfliktregelung als minderwertig. Der Schwierigkeit, den Begriff der Strukturellen Gewalt zu operationalisieren, ist es überdies geschuldet, dass empirische Arbeiten in dieser Disziplin, wie Christopher Daase nachgezeichnet hat, ihn eher beiseite gelassen haben (Daase 1996: 471–475).

[10] Das Problem der fehlenden Trennschärfe des Begriffes soll hier an der paarweisen Gegenüberstellung von vier Fallbeispielen verdeutlicht werden: Was haben die von einer Stadtverwaltung festgelegte Geschwindigkeitsbegrenzung in einem Wohngebiet und die von Mauer und Stacheldraht bewehrten Grenzbefestigungen der ehemaligen DDR gemeinsam? Beide engen von Amts wegen die Bewegungsfreiheit von Menschen ein. Oder: Was haben die allgemeine Schulpflicht, die den Kindern ab dem sechsten Lebensjahr die Freiheit über die Selbsteinteilung ihres Tagesablaufs raubt, und die Apartheidgesetze, mit denen bis 1993 der Mehrheit der Einwohner Südafrikas die Erlangung höherer Bildung erschwert oder sogar unmöglich gemacht wurde, gemeinsam? In beiden Fällen wird von Amts wegen reglementiert, wer unter welchen Bedingungen wie viel Bildung erlangen darf. Alle Fälle wären der Formel Galtungs zufolge der Kategorie der strukturellen Gewalt zuzuordnen. Normativ lassen sie sich hingegen sehr wohl unterscheiden. Solange wir aber an der abstrakten strukturellen Gewaltdefinition festhalten, müssen wir die Geschwindigkeitsbegrenzung zur Unfallvermeidung mit der ideologisch begründeten Behinderung der Reisefreiheit, sowie die allen Kindern zugute kommende allgemeine Schulpflicht mit der rassistischen Bildungsverweigerung in einen Topf werfen. Darum erweist sich die Kategorie der strukturellen Gewalt als „unbestimmbar" (vgl. Imbusch 2005: 24).

Diese Kritik zielt nicht darauf, die These zu bezweifeln, dass ein Mehr an – von den Betroffenen als solche empfundener! – Gerechtigkeit in einer Gesellschaft einen Teil der Konfliktpotenziale beseitigen und damit Gewalt, und zwar insbesondere direkte oder personale Gewalt vermindern kann. Am Beispiel der Armutsbekämpfung lässt sich allerdings zeigen, wie schwer es ist, eindeutig festzulegen, unter welchen Bedingungen soziale Gerechtigkeit herrscht.

Was ist Armut?

Wenn man diese Frage beantworten will, muss man zwischen „relativer“ und „absoluter“ Armut unterscheiden. Nach den Kriterien der Europäischen Union ist in einem Land wie der Bundesrepublik Deutschland Armut dann gegeben, wenn ein Alleinstehender weniger als 60 Prozent des durchschnittlichen Pro-Kopf-Einkommens verdient. Damit galten 2006 bei einem durchschnittlichen Realeinkommen der Deutschen von 32.680 US-$ pro Kopf[11] alle, deren Jahreseinkommen weniger als 19.608 US-$ betrug, statistisch gesehen als arm.[12] Demgegenüber geht die Weltbank von „absoluter Armut“ aus, die durch ein Leben am äußersten Rand der Existenz gekennzeichnet ist: „Von der gesamten Weltbevölkerung von sechs Milliarden leben 2,8 Milliarden – also fast die Hälfte – von weniger als 2 US-$ pro Tag und 1,2 Milliarden von weniger als 1 US-$ pro Tag. Fast zwei Drittel (62 %) jener Menschen, die mit weniger als 1 US-$ pro Tag um das Überleben kämpfen, leben in Südasien und ein weiteres Fünftel (20 %) in Afrika südlich der Sahara.“ (Weltbank 2000, zit. nach Social Watch Deutschland Report 2004: 55) Nimmt man die deutsche Armutsgrenze als Richtwert für internationale Vergleiche, dann lag 2006 in 161 Staaten sogar das Einkommen der Durchschnittsverdiener unterhalb der deutschen Armutsgrenze. Setzt man diese mit der von der Weltbank für Armut angegebenen Zahl von 1 US-$ pro Tag in Relation, dann müssen mit dem Einkommen, das einem Menschen, der in Deutschland schon als arm gilt, in einem Jahr zur Verfügung steht, 54 der Ärmsten ihr Leben fristen.[13]

---

[11] Hierbei handelt es sich um das Bruttonationaleinkommen pro Kopf in Kaufkraftparität, wie es von der Weltbank ermittelt wurde (vgl. Der Fischer Weltalmanach 2009 (2008): 536)

[12] Abweichend davon kommt der Dritte Armuts- und Reichtumsbericht der Bundesregierung 2008 für 2005 auf folgende Zahlen: Arm ist, wer in Deutschland als Alleinstehender weniger als 781 € netto im Monat verdient (der Zweite Armuts- und Reichtumsbericht nannte für 2003 noch 730,20 €). Als reich gelten danach Alleinlebende mit einem monatlichen Netto-Einkommen von mehr als 3418 €. (vgl. Bundeszentrale für politische Bildung 2008). Diese Steigerung der relativen Armutsgrenze innerhalb weniger Jahre lässt erkennen, dass hiervon ausgehend z. B. bei einer kontrafaktischen Zunahme des Durchschnittseinkommens um 100 % alle Personen mit einem Einkommen von 1460 € als arm gelten würden.

[13] Eigene Auszählungen auf der Basis des Fischer Weltalmanachs 2009 (2008): 536 ff.

Angesichts der hier dargestellten ungeheuren Unterschiede zwischen relativer und absoluter Armut ist nach dem Maßstab zu fragen, der für die nationale und für die weltweite Armutsbekämpfung als Beitrag zur sozialen Gerechtigkeit gelten könnte. Allerdings zeigt sich, dass seit der Jahrtausendwende eine andere Zielsetzung der Forderung nach Gerechtigkeit den Rang abgelaufen hat, nämlich die, überall auf der Welt „menschliche Sicherheit" *(human security)* zu verwirklichen und ihr den Vorrang vor national-staatlicher Sicherheit zu geben (vgl. Ulbert/Werthes 2008). Diese Zielsetzung ist allerdings ebenfalls recht unpräzise und deshalb nicht unproblematisch.

Gewaltkultur und kulturelle Gewalt

Trutz von Trotha schreibt in seinem Aufsatz „Zur Soziologie der Gewalt" über die „Faszination der Gewalt", sie sei „die Faszination der Sinnlichkeit von Gewalt, die Erfahrung eines sinnlichen und emotionalen Erlebens, das die Grenzen des Alltäglichen verlässt, in der die Gegenwart, das Jetzt und das Tun triumphieren, in der die ganze Ambivalenz der Gefühle zum Tragen kommt und der Widerstreit der Emotionen doch zugleich dem Schein der Eindeutigkeit erliegt." (Trotha 1997: 32). Der Faszination der Gewalt erliegen nicht nur diejenigen, die sie selbst unmittelbar oder virtuell in Form von Videospielen ausüben, sondern auch zahllose, im Prinzip friedfertige Bürgerinnen und Bürger, wenn sie allabendlich Fernsehkrimis konsumieren, in denen ihnen fortwährend Gewaltakte Gerechter wie Ungerechter vorgeführt werden.

Gewalt anwenden zu können oder tatsächlich anzuwenden, hat gleichermaßen mit dem weit verbreiteten Bedürfnis nach Überlegenheit wie mit dem nach Sicherheit zu tun und ist ein Bestandteil des alltäglichen Lebens. Insofern kann von einer *Gewaltkultur* gesprochen werden, und dies nicht nur mit Blick auf Gesellschaften, in denen ein „Kult der Waffe" gepflegt wird, wie z. B. in den USA oder auf dem Balkan oder in arabischen Ländern. Auf den Soziologen Heinrich Popitz geht die in diesem Zusammenhang wichtige Unterscheidung zwischen „absoluter Gewalt" und „totaler Gewalt" zurück: Unter der absoluten versteht er den Akt des Tötens als stärkster Ausdruck der Verletzungsmächtigkeit von Gewalt; unter der totalen ein „Syndrom von Handlungselementen bestehend aus der Verbindung von *Glorifizierung ausgeübter Gewalt* mit der *Indifferenz gegen die Leiden der Opfer* und der *Technisierung des Gewaltvollzugs*" (Imbusch 2005: 21 nach Popitz 1992). „Es sind genau diese Elemente, die einen Gutteil der Gewaltphänomene des 20. Jahrhunderts gekennzeichnet haben, vor denen die geschichtlich erprobten Mittel der Gewalteinhegung bzw. der Gewaltbegrenzung versagten. Das Bedrohliche an dieser ‚totalen Gewalt' ist, dass sich ihre einzelnen Elemente nicht nur zusammenfügen, sondern sich noch wechselseitig steigern." (Imbusch 2005: 21 f.)

Alle drei Elemente sind am unmittelbarsten bei der physischen Gewaltausübung zu beobachten. Doch sie sind ebenfalls für die psychische, kulturelle und symbolische Gewaltanwendung von Bedeutung, drei Formen, die nicht immer scharf von einander getrennt werden können.

Psychische Gewalt nimmt durch Worte, Gebärden, Bilder und Symbole Einfluss und ist auf deren psychische Wirkung gerichtet, was vom Aufbau eines Feindbildes bis zur Androhung von Folter, dem berühmt-berüchtigten „Zeigen der Instrumente“, ein breites Spektrum umfassen kann (vgl. Imbusch 2005: 22).

Unter dem Begriff „kulturelle Gewalt“ (was nicht mit Gewaltkultur verwechselt werden sollte) fügte Galtung Anfang der 1990er Jahre seinem erwähnten Gewaltspektrum ein weiteres Element hinzu. Er bezeichnete damit jene Aspekte von Kultur, „die dazu benutzt werden können, direkte oder strukturelle Gewalt zu rechtfertigen oder zu legitimieren“ (Galtung 1993: 106). Die Medien, die dafür zur Verfügung stehen, sind dieselben, die uns schon bei der psychischen Gewalt begegneten, nämlich Worte, Gesten, Bilder und Symbole, doch jetzt aus der Perspektive des Senders betrachtet, der durch ihre massenwirksame Verbreitung ein möglichst breites Publikum für seine Position einnehmen will.

Der französische Kulturtheoretiker Pierre Bourdieu spricht in ähnlichen Zusammenhängen von „symbolischer Gewalt“. Hierunter versteht er eine, die in Begriffen, Sprache und Symbolsystemen eingelagert ist und darauf zielt, „nicht offen eingestandene Herrschaftsverhältnisse zu ‚*ver*larven‘, zu verklären und zu beschönigen“. Allerdings gibt es bei ihm insofern einen perspektivischen Unterschied zu Galtung, als er denjenigen sozialen Akteur der „Mittäterschaft“ bezichtigt, der „der Herrschaft unterworfen ist, und zwar über den Mechanismus der Verkennung: Macht- und Herrschaftsstrukturen sowie die Gewaltverhältnisse werden in dem Maße unkenntlich, wie sie als nicht-hinterfragbar erscheinen, und damit anerkannt und eben verkannt“ werden (ref. bei Imbusch 2005: 25).

Gewalt im Spannungsfeld von „potestas“ und „violentia“

Wenn wir von Gewalt sprechen und darüber, wie ihr vorgebeugt oder wie sie abgebaut werden kann, müssen wir beachten, dass der Begriff gerade in der deutschen Sprache doppeldeutig verwendet wird. Dessen sollte man sich stets bewusst sein. Im Englischen wird zwischen „power“ und „violence“ unterschieden. Diese beiden Begriffe gehen auf *potestas* und *violentia* im Lateinischen zurück. Lothar Brock hat die Doppeldeutigkeit Mitte der 1990er Jahre in einem lesenswerten Aufsatz über „Gewalt in den internationalen Beziehungen“ problematisiert. Dort heißt es: „*Potestas*, das wäre … die Gewalt, die ordnet, reguliert, Kräfte ausbalanciert. *Violentia*, das wäre die Gewalt, die verletzt, zerstört, das Leben verhöhnt. *Potestas* stünde für Zivilisation und als geteilte Gewalt für Demokratie; *violentia* hingegen wäre der Inbegriff der Barbarei." (Brock 1996: 27)

Insbesondere die Gewalt des Staates kann für beides stehen. Brock geht es deshalb nicht um die bloße Gegenüberstellung, sondern um das „Verhältnis dieser beiden Gestalten der Gewalt zueinander. Zu fragen ist nach der Gewalt, die zerstört, *indem* sie ordnet: nach der Gewalt, die befreit, *indem* sie zerstört." (Brock 1996: 27) Die Nähe der beiden Gewaltbegriffe zueinander und ihre Ambivalenz führen den Autor zu einem Postulat, das gleichermaßen als Friedensforschungs- wie als friedenspolitisches Ziel angesehen werden kann. Im Rahmen einer wissenschaftlichen Analyse komme es darauf an, zwischen beiden Gestalten zu unterscheiden, „um die praktische Aufgabe, die sich im Umgang mit der Gewalt stellt, genauer definieren zu können. Diese Aufgabe besteht darin, die *violentia* zu überwinden und die *potestas* zu transformieren – oder inhaltlicher: zu demokratisieren, wobei wir hoffen können, dass eine Demokratisierung der *potestas* zu einer nachhaltigen Einschränkung der *violentia* beiträgt." (Brock 1996: 30)

Staatliches Gewaltmonopol und privatisierte Gewalt

Die Erfahrung, dass die von Staaten ausgeübte Gewalt sowohl ein Zeichen für Zivilisation als auch eines für Barbarei sein kann, macht die Ambivalenz des staatlichen Gewaltmonopols deutlich. Dieses hat sich vor allem in Europa beim Übergang von Feudalgesellschaften zu modernen Staaten herausgebildet. Es ist idealtypisch dadurch gekennzeichnet, dass der Staat die alleinige Verfügungsgewalt über die innerhalb seiner Grenzen befindlichen Waffen hat. In Deutschland ist es dadurch gekennzeichnet, dass die Sicherheit nach außen durch das Militär und nach innen durch die Polizei geschützt werden soll, wobei diese Trennung als Lehre aus den schlimmen Erfahrungen mit staatlicher Gewalt in der Nazi-Diktatur politisch gewollt ist. Andere Länder leben relativ problemlos mit Mischsystemen, z. B. unterstehen die italienischen Carabinieri und die französische Gendarmerie dem jeweiligen Verteidigungsministerium.

Den Prozess zum Gewaltmonopol hat der Sozialhistoriker Norbert Elias als Weg von der beständigen Unsicherheit, welche die Gewalt und die Bedrohung, die von ihr ausgeht, für den Einzelnen in früheren Zivilisationsphasen bedeutete, zu einer „eigentümliche(n) Form von Sicherheit" beschrieben (Elias 1977: 325).

Dem staatlichen Gewaltmonopol zu misstrauen, ist grundsätzlich nicht unbegründet. Dieter Senghass bezeichnet es sogar als „nicht erträglich", wenn eine solche Gewaltkonzentration ohne *rechtsstaatliche Kontrolle* bleibt. Deshalb müsse im Verfassungsstaat beides miteinander kombiniert werden (vgl. Senghaas 1997: 572). Im zweiten sowie im letzten Teil dieses Bandes wird hierauf noch näher einzugehen sein.

Offenbar ist die Herausbildung des Gewaltmonopols kein unumkehrbarer Prozess. Dies zeigt sich an Phänomenen wie dem Auseinanderbrechen von Staaten oder den Schwierigkeiten von Militär und Polizei, gegen terroristische Gewalt erfolgreich vorzugehen. Bedeutsam ist in diesen Zusammenhängen eine neue Tendenz, die der ehemalige deutsche Entwicklungsminister Erhard Eppler unter dem Stichwort der *„privatisierten Gewalt"* beschrieben hat. Er thematisiert in seinem Buch „Vom Gewaltmonopol zum Gewaltmarkt" die kommerzialisierte Gewalt, ihre Kennzeichen, ihre Herkunft, ihre Wirkungen, ihre Bekämpfung und ihre Konsequenzen. Sie unterscheidet sich von der privaten Gewalt, die etwa ein Vater ausübt, der seine Kinder verprügelt oder ein Einbrecher, der einen Tresor aufstemmt, um sich an dem Inhalt zu bereichern, dadurch, dass hier Individuen oder Gruppen für sich in Anspruch nehmen, „was nur dem Staat zusteht. Sie missachtet das staatliche Gewaltmonopol, durchbricht es, nicht selten in der Absicht, es schließlich abzuschaffen." (Eppler 2002: 14; vgl. auch Ruf 2003)

Es ist klar, dass da, wo diese privatisierte Gewalt zunimmt oder gar gegenüber dem staatlichen Gewaltmonopol die Überhand gewinnt (etwa wenn sich die Polizei in bestimmte Stadtviertel nicht mehr hineinwagt), die Sicherheit der Bürger in höchstem Maße gefährdet ist. Wer reich ist, kann sich dann vielleicht noch durch Bodyguards, hohe Mauern und vergitterte Fenster schützen oder Schutzgelder zahlen. Doch wer sich dies nicht leisten kann und eigentlich auf den staatlichen Schutz angewiesen ist, lebt gefährlich.

3.3 Gewaltkontrolle – ein menschenunmögliches Unterfangen? Exkurs zur These der Hirnforschung, der freie Wille sei eine Illusion

Die Forderung der Friedens- und Konfliktforschung, entweder die Eskalation eines Konfliktes über die Gewaltschwelle zu verhindern oder den schon gewaltsamen Austrag eines Konfliktes zu de-eskalieren, ist zunächst einmal normativ und schon deshalb politisch nicht unumstritten. Sie ist aber auch praxisorientiert. Dabei wurde und wird sie von jenen wissenschaftlichen Positionen belächelt, die z. B. die Aggressivität des Menschen für eine anthropologische Grundkonstante oder bestimmte Ideologien für unbeeinflussbar expansionistisch halten. Diese Kontroversen gingen und gehen jedoch vor allem um die These, ob man der Aggression und Gewalt nicht nur durch Gewaltandrohung (Abschreckung), Zwang und Gegengewalt begegnen kann.

Ende der 1990er Jahre erreichte die breite Öffentlichkeit indes eine Diskussion, die in der Hirnforschung schon seit den 1980er Jahren geführt wurde. Sie betraf die Frage, ob unser *freier Wille* überhaupt existiere oder eine bloße Illusion sei, wie der Verhaltensphysiologe Gerhard Roth Erkenntnisse der kognitiven Neurobiologie deutet (vgl. Roth 1997: 303 ff.). In dieser Disziplin, einem Zweig der

Hirnforschung, wurden von dem Amerikaner Benjamin Libet in den 1980er Jahren Experimente durchgeführt, bei denen gemessen werden sollte, wie die spontane Entscheidung eines Menschen, eine bestimmte Bewegung durchzuführen, und der Beginn dieser Bewegung zeitlich zusammenhängen.

Um das im folgenden wiedergegebene Untersuchungsergebnis zu verstehen, muss man wissen, dass uns nur diejenigen Prozesse bewusst sind, die in der Großhirnrinde (cortex) stattfinden, während wesentliche Anteile unserer Handlungssteuerung aus Teilen des Gehirns stammen, die dem Bewusstsein grundsätzlich unzugänglich sind, z. B. den Basalganglien und dem Kleinhirn. Roth zufolge wird „das *unmittelbare Starten* einer Handlung, also die letzte Entscheidung darüber, dass ich dies tue und nicht jenes, bzw. dass ich jetzt überhaupt etwas tue, … durch die Basalganglien und das Kleinhirn veranlasst“, die auf die verschiedenen Areale des Cortex einwirken. „Dies geschieht dann, wenn die Summe der bewussten und unbewussten Handlungsantriebe die Aktivitätshemmung durch die Basalganglien und das Kleinhirn aufhebt. Dies bedeutet, dass die *aktuelle Entscheidung*, etwas zu tun, *unbewusst* erfolgt.“ (Ebenda: 307)

Roth schreibt ferner, dass sich bei Willkürbewegungen eine langsame negative neuronale Aktivität registrieren lasse, das so genannte *Bereitschaftspotenzial*. Dieses starte 0,5 bis 2 Sekunden vor der Bewegung, während das *Motorsignal* im Cortex selbst meist 50 bis 100 Millisekunden (ms) vor der Bewegung auftrete. In dem Libet'schen Experiment ging es nun darum, über diese Zeitabstände hinaus jenen zu erfassen, der zwischen der *bewussten* Entscheidung „Ich will die Hand bewegen“ und dem Einsetzen der Bewegung liegt. Was kam dabei heraus?

Zum einen ging der Willensakt der Motorreaktion immer um durchschnittlich 200 ms voraus. Zum anderen ging aber der Beginn des Bereitschaftspotenzials dem Willensentschluss voraus und zwar im Durchschnitt zwischen 550 und 350 ms, mit einem Minimum bei 150 ms und einem Maximum bei 1025 ms. „In keinem Fall fiel das Bereitschaftspotenzial mit dem ‚Willensentschluss‘ zeitlich zusammen oder folgte diesem gar. Dieser Befund wird von manchen Neurobiologen und Philosophen dahingehend interpretiert, dass der Willensentschluss nicht die *Ursache* der Bewegung ist, sondern ein *Begleitgefühl* für die Handlung selber.“ (Ebenda: 308)

Roth Untersuchungen zufolge haben, die eigentlichen Antriebe für unser Verhalten einen unbewussten Ursprung. Sie kommen nämlich aus dem limbischen Bewertungs- und Gedächtnissystem. „Dieses aktiviert die Basalkerne und das Kleinhirn, die wiederum die corticalen Prozesse in Gang setzen. Dann erst setzt das Gefühl, etwas zu wollen, ein. … Der Willensakt geht also den neuronalen Prozessen nicht voraus, sondern ergibt sich aus ihnen.“ (Roth 1997: 309) Deshalb sei „die Autonomie menschlichen Handelns … nicht im subjektiv empfundenen Willensakt begründet, sondern in der Fähigkeit des Gehirns, *aus innerem Antrieb* Handlungen durchzuführen. Das Gehirn oder besser: der ganze Mensch ist also das autonome System, nicht das empfindende Ich.“ (Ebenda: 310)

Soviel zum Verständnis dessen, was diesen Untersuchungen zufolge in unseren Hirnen abläuft. Welche Bedeutung das für die Beurteilung von Konflikten und von Gewalthandlungen haben könnte, zeigt ein Interview mit dem Hirnforscher Wolf Singer aus dem Jahre 2001 zu den genannten Befunden. Singer wurde gefragt „Wenn sich einmal Ihre Erkenntnis durchsetzt, der ‚freie Wille' … sei nur in der Erste-Person-Perspektive real, aus Sicht der Naturwissenschaft nicht existent, was würde sich in unserem Leben, in unserer Gesellschaft ändern, wenn der Uraltgedanke, die Menschen könnten ihre Entscheidungen ‚frei' treffen, sich als hinfällig erweist? Könnten wir dann niemanden mehr zur Verantwortung ziehen?" Singers Antwort: „Ich glaube, dass sich an der Art, wie wir miteinander umgehen, nicht sehr viel ändern würde … Wir würden allerdings – und das wäre erfreulich – vermutlich ein wenig toleranter werden, nachsichtiger, verständnisvoller. … (Ich) könnte … mir vorstellen, dass unser Umgang mit Menschen, die wir heute als ‚Kriminelle' bezeichnen, verständnisvoller werden könnte – ohne dass sich allerdings unser Strafvollzug grundlegend änderte." (Singer 2003: 33)

Die Gesellschaft würde dann, so gibt Singer zu verstehen, jemanden, der eine sehr niedrige Tötungsschwelle hat und aus einem nichtigen Anlass mordet, nicht mehr schuldig sprechen können. Allerdings müsste sie ihn trotzdem wegsperren, um ihre Mitglieder vor ihm zu schützen (vgl. Ebenda: 34).

Der Philosoph Otfried Höffe stellte sich anlässlich Immanuel Kants 200. Todestag 2004 die Frage, wie der bedeutendste Freiheitstheoretiker der Neuzeit wohl auf Roths und Singers These reagiert hätte, dass der Mensch weder Freiheit noch Verantwortung habe und damit der für das Strafrecht wesentliche Begriff der Schuldfähigkeit sein Recht verliere. Höffe macht zunächst darauf aufmerksam, dass die erwähnten Experimente Libets nur Kurzvorgänge betreffen, während fast alle psychischen Prozesse langzeitig sind, Entschlüsse sogar Jahre zu ihrer Entwicklung brauchen könnten. Dann kommt er zu Kants Freiheitsbegriff, der drei Bedeutungen habe. „Im ersten, bescheidensten Sinn heißt nämlich eine Bewegung frei, die wie der freie Fall nicht von außen gehemmt ist. Daran schließt sich die zweite Bedeutung an, ein Handeln, das nicht aus äußerem Zwang erfolgt, sondern vom Handelnden selbst ausgeht. Wird jemand so stark gestoßen, dass er fällt, so ist der Stoßende frei, der Fallende aber nicht." (Höffe 2004: 33)

Zur anspruchsvolleren dritten Bedeutung der Freiheit gehöre ein Wissen, etwa um die Folgewirkungen einer Handlung, die moralisch gut oder schlecht sein können. Die für Kant entscheidende Willensfreiheit, die vielzitierte Autonomie des Willens, bedeute daher nicht irgendeine Selbstbestimmung, sondern die Selbstbestimmung dieser dritten, höchsten Stufe. „Frei ist der Wille, sofern er sich das Gesetz (Nomos) selbst gibt. Da ‚selbst' auf griechisch ‚autos' heißt, spricht Kant von Auto-nomie." (Ebenda: 33) Die Frage der Willensfreiheit entscheide sich deshalb nicht an einer „atomaren" Handlung wie dem Heben einer Hand, „sondern an der Art des zugrunde liegenden Gesetzes. Da sich aber weder das Libet-Experiment noch deren Verbesserungen mit ihm befassen, ist ihnen … rein thematisch die Willensfreiheit entzogen." (Ebenda: 33)

Allerdings behaupten Libet, Roth und Singer nicht, der Mensch sei quasi ein Opfer seiner jeweiligen Gehirnzustände. Roth berichtet vielmehr über Libet, dieser habe festgestellt, „dass Versuchspersonen manchmal, nachdem sie einen Entschluss fassten, ein ‚Veto' gegen das Ausführen der bestimmten Reaktion verspürten, und dass die Bewegung in der Tat dann nicht folgte. Daraus schloss Libet, dass es einen corticalen Willen gib, der die subcortical aufkommende Bereitschaft zu einer bestimmten Handlung lenken und sogar blockieren kann. Hierdurch sieht er den freien Willen gerettet." (Roth 1997: 308)

Roth spricht im Zusammenhang mit der Verhaltenssteuerung durch das vom limbischen System gefütterte Bewertungsgedächtnis sowohl von unbewussten wie von *bewussten* Faktoren, durch welche die Willensfreiheit im Kantschen Sinne doch wieder ins Spiel kommt: „Dieses Bewertungsgedächtnis, in dem unsere gesamte Lebenserfahrung abgelegt ist, steuert unser Verhalten. Es entscheidet unter Berücksichtigung der jeweiligen Reize aus der Umwelt und meinem Körper, was ich im nächsten Augenblick tue. Dies bedeutet, dass die eigentlichen Antriebe unseres Verhaltens aus den ‚Tiefen' unserer unbewussten Gedächtnisinhalte und den damit verbundenen Gefühlen und Motiven stammen. Allerdings gehen durchaus Komponenten der bewussten Handlungsplanung mit ein, die vor allem im präfrontalen Cortex stattfindet." (Ebenda: 306 f.) Allerdings müssten bei einem *starken* Willen, den Roth keineswegs leugnet, „über viele Jahre dominante Denkprozesse (‚Zielsetzungen') mit motivationalen Zuständen in Einklang gebracht werden, d. h. es müssen sich spezifische Belohnungsmuster im limbischen System entwickelt haben, welche das Erreichen bestimmter Ziele als sehr lustvoll erscheinen lassen." Insofern seien „sehr willensstarke" Menschen „überhaupt nicht frei, sondern von ihren Zielsetzungen getrieben, mit deren Erreichen sie sich belohnen wollen" (Ebenda: 311).

Auch Singer, der, wie erwähnt, dem Mörder keine Schuld an seinem Tun zusprechen, ihn aber wegsperren will, räumt ein, dass er „den Betreffenden also zunächst einmal daran hindern (muss), dass er seine Tat wiederholen kann und zweitens versuchen, ihn durch erzieherische Maßnahmen, durch Verhaltensbeeinflussung, zum Besseren hin zu bewegen. Ich muss daran arbeiten, diejenigen Attraktoren in seinem Gehirn zu stärken, die die fragliche Tötungsschwelle höher setzen würden. Wir würden Straftäter also wegsperren und bestimmten Erziehungsprogrammen unterwerfen, die durchaus auch Sanktionen einschließen würden. Wir wissen doch, dass Erziehung sowohl der Belohnung als auch der Sanktionen bedarf. Mit anderen Worten: Wir würden hübsch das Gleiche tun wie jetzt auch schon. Allein die Betrachtungsweise hätte sich geändert." (Singer 2003: 34)

Sowohl aus Roths These zur Bedeutung der über längere Zeit im Gehirn abgespeicherten lustbezogenen Zielsetzungen wie aus Singers Statement zur Erziehung kann zunächst abgeleitet werden, dass es keineswegs menschenunmöglich ist, bei sich selbst wie bei anderen auf Gewaltkontrolle hinzuwirken. Dabei legt Roths Darstellung nahe, dass es dazu keiner dressurartigen Erziehung bedarf, wie sie aus Singers Aussage hervorscheint. Vielmehr kann dies auch über die in der Kindheit einsetzende Förderung des Vermögens geschehen, die Folgewirkungen des eigenen Handelns moralisch zu bewerten, bevor die Entscheidung getroffen wird, etwas bestimmtes zu tun oder zu unterlassen. Dabei geht es um die Vermittlung und Festigung des Grundwissens, in Konfliktsituationen nicht sofort den scheinbar einfacheren Weg der gewaltsamen Willensdurchsetzung zu gehen, sondern sich über die Folgen ihrer verschiedenen Handlungsalternativen Gedanken zu machen und nach der Möglichkeit zu suchen, die anderen kein Leid zufügt und auch den ungewissen Ausgang einer Eskalation zu vermeiden versucht.

4 Worauf Konfliktbearbeitung zielt: Konfliktlösung oder Suche nach einem modus vivendi?

> Die Windmühle hob ihre Flügel
> leise, ganz leise
> und schwebte im Abendrot davon.
> Sie hatte Don Quijote
> heute
> schon von weitem
> erkannt. (Meyer 1966: 7)

Bemühungen, in einem Konflikt eine gewaltsame Eskalation oder gar Krieg zu vermeiden oder eine solche Entwicklung umzukehren, zielen einerseits darauf, Ressourcen der Beteiligten zu sparen. Andererseits sind sie grundsätzlich ethisch positiv zu bewerten, wenn sie darauf gerichtet sind, menschliches Leid zu verringern. Ihr Spektrum reicht dabei vom Bestreben, einem Kampf auszuweichen, bis zum wohl dosierten Einsatz von Gewalt durch Dritte, um größeres oder längeres Leid zu verhindern und vielleicht sogar einen Konflikt zu beenden. Die Befreiung der Geiseln eines Bankräubers durch die Polizei, bei welcher der Geiselnehmer kampfunfähig geschossen und anschließend festgenommen wird, wäre hierfür ein Beispiel. Ein anderes sind mit militärischen Mitteln durchgeführte „humanitäre Interventionen“, die unter bestimmten Umständen gerechtfertigt sein können. Sie werden in einem Aufsatz in Teil IV dieses Bandes ausführlich behandelt. Bemühungen um Gewaltvermeidung konzentrieren sich grundsätzlich nur auf die Austragungsform, nicht jedoch auf den Konflikt selbst.

Ob es für die Konfliktparteien oder für Dritte, die mit der Absicht der Konfliktbearbeitung hinzukommen, nützlich oder hilfreich ist, eine *Konfliktlösung* anzustreben, wenn man darunter versteht, dass die dem Streitfall zugrunde liegende Positionsdifferenz verschwindet, hängt sowohl vom Konfliktgegenstand als auch von den Konfliktparteien und ihrem Verhältnis zueinander ab. Abstrakt betrachtet beinhaltet eine so definierte Lösung nicht notwendigerweise ein „gutes Ende" im Sinne der Herstellung harmonischen Einvernehmens oder eines Konsenses. Vielmehr kann die Aufhebung der Positionsdifferenz auch durch die aggressive Einverleibung, wie wir sie im Zusammenhang mit dem Kampf um Marktpositionen z. B. bei der „feindlichen Übernahme" eines Unternehmens durch einen Konkurrenten beobachten können, oder durch die Vernichtung der einen Konfliktpartei durch die andere geschehen – der von den Nazis dafür gewählte zynische Begriff „Endlösung" will nicht aus dem Ohr.

Grundsätzlich variieren die Antworten, ob überhaupt eine Lösung oder Beilegung eines Konfliktes möglich ist oder ob es „nur" zu einer seine Austragung entschärfenden oder erleichternden *Regelung* kommen kann oder soll, je nach Konfliktlage. Für bestimmte Konflikte gibt es schon allein deshalb keine Lösung, weil von keiner der Parteien zu erwarten ist, dass sie ihre für legitim erachtete Position aufgibt. In diesen Fällen ist zu überlegen, ob es sinnvoller ist, zu versuchen, die Parteien und ihre Positionen an einander anzunähern (*assoziative* Strategie) oder von einander zu trennen (*dissoziative* Strategie).

In bestimmten Fällen, vor allem bei Interessenkonflikten wie dem Tarifkonflikt (s. u.) erwartet keine Partei von der anderen die Beseitigung der zugrunde liegenden Positionsdifferenz, sondern einen Beitrag zu einem akzeptablen Interessenausgleich. Eine solche Kompromisssuche ist typisch für eine assoziative Strategie. Demgegenüber kommt es bei Werte- und Identitätskonflikten darauf an, nach Wegen zu suchen, die es beiden Seiten erlauben, ihre Wertvorstellungen zu wahren, ohne die der anderen zu verletzen. Wo dies mit Toleranz oder mit der Berufung auf Einschränkungen, wie sie sich aufgrund der Menschenrechte ergeben, nicht zu erreichen ist, hilft es nur, dissoziativ auf eine räumliche Trennung der Parteien hinzuwirken.

Eine *Konfliktlösung*, mit der eine *Positionskongruenz* angestrebt wird, ist am ehesten in einer Situation zu erwarten, in der sich die Positionsdifferenz nicht auf ein Ziel, sondern nur auf die Mittel bezieht, dieses zu erreichen. Ein Beispiel hierfür wäre die Auseinandersetzung innerhalb der Geschäftsführung eines Unternehmens um das bessere Werbekonzept, die in der einen oder anderen Richtung entweder einvernehmlich oder autoritativ entschieden und damit beendet wird, die freilich später wieder aufflammen kann, wenn das Produkt am Markt nicht eingeschlagen hat. Dieses Beispiel zeigt, dass am ehesten Konfliktfälle geringer Intensität *gelöst* werden können.

Demgegenüber sind Bemühungen um eine *konstruktive Konfliktbearbeitung*[14] über alle Schwierigkeitsgrade hinweg keineswegs weniger anspruchsvoll und führen im Erfolgsfall zu allseits tragfähigen *Konfliktregelungen*. Sowohl bei der Bearbeitung wie bei der Regelung wird ein Konflikt verändert oder *transformiert*. Der Begriff der Bearbeitung betont dabei stärker den *Prozess*, der der Regelung mehr das *Ergebnis*. Beide sollen dafür sorgen, dass der weitere Konfliktaustrag für alle Beteiligten in Bahnen verläuft, mit denen sie auf absehbare Zeit leben können, dass also ein *modus vivendi* gefunden wird.

Nachfolgend sollen derartige Bemühungen an zwei Beispielen für die Regelung bedeutsamer Konflikte illustriert werden, einem internationalen und einem innergesellschaftlichen, bevor im letzten Abschnitt dieses Kapitels noch einmal grundsätzlich auf assoziative und dissoziative Strategien eingegangen wird.

4.1 Das Beispiel der KSZE im Ost-West-Konflikt

Nahezu die gesamte zweite Hälfte des 20. Jahrhunderts hindurch hielt der *Ost-West-Konflikt* große Teile der Menschheit in Atem.[15] Während dieser Zeit wurden auf beiden Seiten des Eisernen Vorhangs Gewaltpotenziale von bis dahin nicht gekannten Ausmaßen angehäuft (zigtausend unterschiedlich große Nuklearwaffen und dazugehörige Trägersysteme, abertausende Tonnen chemischer Kampfstoffe, gigantische See- und Luftflotten, riesige Arsenale von Panzern und anderen Waffen sowie die dazugehörigen Munitionsvorräte, dazu Millionen von Soldaten, von denen viele in ständiger Alarmbereitschaft gehalten wurden). Begründet wurde dieser Aufwand mit einer dreifach paradoxen Argumentation:

- Das rüstungspolitische Ziel beider Seiten war in dieser auch als *Kalter Krieg* bezeichneten Zeit die systematische Vorbereitung eines heißen, ja thermo-

[14] Diesem Begriff verpflichtet ist insbesondere die Arbeit des Berliner „Berghof Forschungszentrums für konstruktive Konfliktbearbeitung“. Diese Qualifizierung lässt erkennen, dass man sich von tendenziell destruktiven Formen der Konfliktbearbeitung, etwa der militärischen Intervention, absetzen will, aber auch von Verhaltensweisen, die erheblichen Psychostress verursachen, etwa dem Unter-den-Teppich-Kehren von Gegensätzen um des lieben Friedens willen.

[15] Czempiel (1993: 25) zufolge besaß der Ost-West-Konflikt eine komplexe Schichtung: Sie bestand 1. aus einem *originären Konflikt*, der in Positionsdifferenzen über die gesellschaftliche, wirtschaftliche und politische Ordnung seinen Ausdruck fand. 2. beinhaltete er ein *Sicherheitsdilemma*, das aus der Unsicherheit über den Nichtangriff des anderen resultierte. 3. umfasste er einen *sekundären Konflikt* über die Machtverteilung in der Dritten Welt, während 4. die Rüstungsdynamik unbeschadet der von ihr unmittelbar ausgehenden Gefahren nur als *abgeleiteter Konflikt* anzusehen war. Auf diese Komplexität soll hier jedoch nicht näher eingegangen werden.

nuklearen Krieges, den sie zugleich erklärtermaßen verhindern wollten (Stichwort: *Abschreckung*).

- Die Mittel, die den Konflikt anheizten, weil sie den Gegner zwangen, mit derselben Intensität aufzurüsten (Stichwort: *Wettrüsten*), waren daher dieselben, mit denen er begrenzt werden sollte.
- Dabei unterstellten die Gegner einander gleichermaßen Irrationalität wie Rationalität: Sollte die der eigenen Rüstung zugeschriebene Abschreckungswirkung ausbleiben und es zum Krieg kommen, dann sollte das eigene Arsenal sie in die Lage versetzen, diesen ins Unermessliche zu eskalieren, um den gegnerischen Machtbereich so sehr zu zerstören, dass diesem ein eventueller Sieg keinen Vorteil brächte (Stichworte: *Mutual assured destruction (MAD)* und *Overkill*). Da die Verantwortlichen beider Seiten wussten, dass ihr Gegner über ähnliche Kapazitäten verfügte, erwarteten sie, dass dieser zu demselben rationalen Kalkül kommen und keinen Angriff wagen würde.

Wie riskant diese Politik der atomaren Kriegs(-verhinderungs)vorbereitung war, zeigt die erwähnte Kuba-Krise von 1962. Nur knapp entging die Welt damals einer Katastrophe. Die danach einsetzende erste Phase der *Entspannung* zwischen den beiden Blockführungsmächten USA und Sowjetunion ermöglichte zwar Verhandlungen über Rüstungsbegrenzung *(arms control)*, also über die Einhegung der Gewaltpotenziale. Sie waren jedoch über viele Jahre hinweg wenig erfolgreich, ja überwiegend kontraproduktiv. Charakteristisch hierfür waren die SALT-Verhandlungen, in denen die USA und die Sowjetunion zwar Höchstzahlen für die Trägersysteme ihrer strategischen Nuklearwaffen (ballistische Raketen interkontinentaler Reichweite, die in der Lage sind, die Machtzentren der gegnerischen Seite zu treffen) vereinbarten, aber Modernisierungen wie die Einführung von Mehrfachsprengköpfen innerhalb dieser Rahmendaten zuließen (vgl. Senghaas 1972).

Wahrscheinlich wäre diese Art von Bemühungen um eine Konfliktbearbeitung auch noch über die achtziger Jahre hinaus mit ähnlich zweifelhaftem Erfolg fortgesetzt worden, wenn nicht ab 1972 die Konferenz über Sicherheit und Zusammenarbeit in Europa (KSZE) getagt und zu einem außerordentlich erfolgreichen multilateralen Gesprächsforum geworden wäre, ohne das der Ost-West-Konflikt wahrscheinlich nicht so glimpflich zu Ende gegangen wäre.

Dieser Erfolg war keineswegs vorauszusehen. Vielmehr zeigt die Geschichte der KSZE (vgl. Jopp et al. 1985; Schlotter et al. 1994; Schlotter 1999) bis zu diesem Datum, die hier kurz umrissen werden soll, wie schwierig es war, die Konferenz zustande zu bringen und sie über die zweite west-östliche Eiszeit hinweg am Leben zu halten. Als erster hatte der Warschauer Pakt Mitte 1966 eine „Konferenz über Fragen der europäischen Sicherheit“ vorgeschlagen. Diese war von der NATO abgelehnt worden, weil sie darin einen Versuch sah, die USA und Kanada im Sachbereich Sicherheit von ihren europäischen Partnern zu trennen. Statt dessen schlugen die NATO-Staaten zwei Jahre später Verhandlungen über „Mutual and Balanced Forces Reductions“ (MBFR) vor. Das wiederum ließ die Sowjetunion um ihren direkten Einfluss auf die anderen Warschauer Pakt Staaten fürchten. Erst nachdem der Präsident des blockfreien Finnlands 1969 angeboten hatte, die Sicherheitskonferenz in Helsinki abzuhalten, kam Bewegung in die Angelegenheit. Doch auch danach bedurften die Diplomaten aller damaligen europäischen Staaten außer Albanien sowie der USA und Kanadas noch vielfältiger Vorgespräche, bis sie sich über den Verhandlungsrahmen für die KSZE soweit geeinigt hatten, dass er einerseits sehr breit war, andererseits aber das Feld der Rüstungskontrolle, und damit die militärische *hardware,* bewusst ausklammerte. Dieser Bereich wurde der später parallel zur KSZE in Wien tagenden, jedoch von den Teilnehmern her auf die Mitgliedstaaten der beiden Bündnissysteme NATO und Warschauer Pakt beschränkten, MBFR-Konferenz zugewiesen. Diese Abtrennung sorgte (unbeschadet des nicht vorhersehbaren, späteren Misserfolges der Wiener Konferenz) dafür, dass die am stärksten von gegenseitigem Misstrauen belasteten und deshalb zu jener Zeit kaum lösbar erscheinenden Probleme den Ablauf der so genannten Kommissionsphase der KSZE in Genf (18. September 1973 bis 21. Juli 1975) nicht zusätzlich beeinträchtigten. Darüber hinaus wurden die Kommissionsarbeit und die Verabschiedung der Schlussakte von Helsinki am 1. August 1975 von einer Reihe weiterer Faktoren begünstigt:

- Hierbei sind als erstes die sorgfältige Vorbereitung der *Verfahrensprinzipien* und die Einigung auf sie zu nennen. Unter ihnen ist das *Konsensprinzip* besonders hervorzuheben, das jedem Teilnehmerstaat gleiches Gewicht verschaffte und zugleich sicherstellte, dass keine der beiden Staatengruppen NATO und Warschauer Pakt sich hinterher übervorteilt sehen konnte und dass die kleine Gruppe der neutralen und nichtgebundenen Staaten ernst genommen werden musste. Nur dadurch war es ihr möglich, Vermittlungsvorschläge einzubringen, die nicht einfach beiseite gewischt werden konnten. Da die Kommissionsphase auch nicht unter Zeitdruck stand, konnten es sich die Diplomaten leisten, Fragen auszudiskutieren, um den Konsens aller zu finden.
- Für die Flexibilität der Verhandlungsteilnehmer war die *thematische Breite* der Verhandlungsmaterie besonders wichtig. Sie reichte von den Prinzipien der Internationalen Beziehungen über Fragen der Sicherheitspolitik, etwa Vertrauensbildende Maßnahmen, über Themen wie Umweltschutz und Möglichkeiten der Wirtschaftskooperation bis hin zum Jugend- und Studentenaustausch und Tourismus. Diese Vielfalt erlaubte es, „Pakete“ zu schnüren, die

über die Ränder der einzelnen „Körbe“[16] Sicherheit, Wirtschaft und humanitäre Beziehungen hinausreichten. In diesen „Paketen“ hielten sich für die einzelnen Länder die Punkte mehr oder weniger die Waage, in denen sie eigene Forderungen durchgesetzt oder denen anderer Staaten nachgegeben hatten. Dadurch fiel es ihnen leichter, Punkte zu akzeptieren, denen sie sonst kaum zugestimmt hätten.

- Zu den ausgehandelten und in Helsinki verabschiedeten „Prinzipien, die die Beziehungen der Teilnehmerstaaten leiten“, gehörten auch die wechselseitige Garantie der „Unverletzlichkeit der Grenzen“, der „Territorialen Integrität der Staaten“ und der „Nichteinmischung in die Inneren Angelegenheiten“ (Auswärtiges Amt 1990: 52 ff.). Damit wurde der *territoriale und gesellschaftspolitische Status quo*, wie er sich in der Zeit nach 1945 in Europa herausgebildet hatte, in der Schlussakte bis auf weiteres festgeschrieben. Diese im weiteren Sinne dissoziative Strategie trug dazu bei, den Argwohn gegenüber tatsächlichen oder nur vermuteten systemverändernden Absichten der Gegenseite zu zerstreuen.
- Da es sich bei diesem Dokument um *keinen völkerrechtlichen Vertrag*, sondern nur um eine (allerdings bei den Vereinten Nationen hinterlegte) von den Staats- und Regierungschefs der 35 Teilnehmerstaaten unterzeichnete *politische Willenserklärung* handelte, wurden diese Vereinbarungen zu Recht als etwas angesehen, das aufgrund künftiger Erfahrungen mit der Schlussakte weiter ausdifferenziert werden konnte. Auch dadurch gelang es, in vielen Punkten Kompromisse zu finden, und dort, wo das noch nicht möglich war, eine Angelegenheit zu vertagen. All das trug dazu bei, dass alle Seiten bereit waren, sich auf eine im weiteren Sinne assoziative Strategie einzulassen, die darin bestand, grenz- und blocküberschreitende Bewegungen sowohl für Politiker und Diplomaten, für Wirtschaftsunternehmen und sogar für einfache Bürgerinnen und Bürger zu erleichtern.
- Dies alles hätte der KSZE allerdings noch nicht jene Ausstrahlung und *Eigendynamik* verliehen, die später den Begriff „KSZE-*Prozess*“ aufkommen ließ, wenn nicht in der Schlussakte vereinbart worden wäre, dieses Dokument in allen Teilnehmerstaaten zu veröffentlichen und umfassend bekannt zu machen, sowie in der zweiten Hälfte von 1977 ein Folgetreffen abzuhalten, auf dem über die Anwendung der getroffenen Vereinbarungen gesprochen werden sollte.

[16] In der Anfangsphase hatten die Vertreter der einzelnen Staaten die Möglichkeit, ihre Forderungen in drei im Tagungszentrum aufgestellten Körben abzulegen, wodurch ein wenig Ordnung in die Vielfalt der Vorschläge gebracht werden sollte.

Die Veröffentlichung der Schlussakte führte in den Ländern des Warschauer Paktes zu dem nicht vorhersehbaren Effekt, dass sich „Helsinki-Monitoring-Gruppen“ bildeten, die von ihren Regierungen die Verwirklichung der Menschenrechtsbestimmungen einforderten, die sie in Helsinki unterschrieben hatten (vgl. Schlotter 1999: 182 ff.). Damit wurde in diesen Ländern der Boden für die weitgehend friedlichen Revolutionen von 1989 bis 1991 gelegt.

Der Dissens über die Einhaltung der Menschenrechte in der Implementierungsdebatte beim I. Belgrader Folgetreffen von 1977/78 war einer der Hauptgründe dafür, dass dieses Treffen in allen Sachbereichen der Schlussakte ergebnislos blieb. Immerhin wurde wenigstens beschlossen, den Prozess fortzuführen und im November 1980 in Madrid erneut zusammenzutreffen sowie in der Zwischenzeit mehrere Expertentreffen abzuhalten. Nachdem sich jedoch ab 1979/80 eine neue „Eiszeit“ zwischen den USA und der Sowjetunion herausgebildet hatte, wurde das II. Folgetreffen von Madrid zeitweilig sogar zum einzigen Forum, auf dem noch zwischen West und Ost verhandelt wurde. Dass es bis zum September 1983 dauerte, bevor es möglich wurde, ein „abschließendes Dokument“ dieser Konferenz zu unterzeichnen, lässt erahnen, wie schwer es war, weiterreichende Beschlüssen zu vereinbaren.

Niemand hätte zu diesem Zeitpunkt vorhersagen können, dass es nur noch sieben Jahre dauern würde, bis die Teilnehmerstaaten der KSZE auf dem Pariser Sondergipfel am 21. November 1990 die „Charta für ein neues Europa“ unterzeichnen konnten, die das Ende der Konfrontation und der Teilung Europas feierte (vgl. Auswärtiges Amt 1991: 147). Doch es war auch nicht das Ziel der KSZE gewesen, den Ost-West-Konflikt zu „lösen“. Vielmehr sollte von der zwischenzeitlich abgehaltenen Stockholmer Konferenz über Sicherheits- und Vertrauensbildende Maßnahmen (1984–1986) und dem III. Folgetreffen in Wien (1986–1989) unter den Bedingungen des – von den damaligen Akteuren für unabsehbar dauerhaft gehaltenen – *Status quo* des Systemgegensatzes ein *modus vivendi* der Stabilität erreicht werden: Er sollte auf der menschlichen Ebene denen, die nicht in einem demokratischen Rechtsstaat leben durften, dieses Leben durch etwas mehr Meinungs- und Bewegungsfreiheit erträglicher machen, vor allem aber auf der militärischen Ebene mit Hilfe Vertrauensbildender Maßnahmen beiden Seiten zu ihrer eigenen und damit zur wechselseitigen Sicherheit vor einem Krieg aus Versehen ermöglichen, „klar zwischen feindlichen und nicht-feindlichen Absichten zu unterscheiden“ (Alford 1980: 590; vgl. Meyer 1985).

4.2 Tarifkonflikte als Beispiele innergesellschaftlicher Streitkultur

Auch im innergesellschaftlichen Bereich muss eine Konfliktbearbeitung nicht die Beilegung des Streitfalles selbst zum Ziel haben, sondern kann einen Zustand anstreben und/oder erreichen, in dem eine Regelung greift, mit der eine Einigung bewusst nur *für eine bestimmte Zeit* festgeschrieben und damit eine Eskalation verhindert wird. Ein Beispiel für solch eine *Streitkultur* ist die *Tarifpolitik* von Arbeitgebern und Industriegewerkschaften in Deutschland, auf die in einem ergänzenden Aufsatz zum zweiten Teil im Zusammenhang mit den „Bündnissen für Arbeit" noch unter den Aspekten der Konfliktverlagerung und Konfliktverwaltung näher eingegangen wird.

Tarifauseinandersetzungen sind im deutschen Rechtssystem klar geregelt. Ihre Grundlagen sind die *Tarifautonomie* nach Artikel 9, Absatz 3 des Grundgesetzes, das Tarifvertragsgesetz, das Betriebsverfassungsgesetz sowie die jeweils geltenden Tarifverträge selbst.[17] Diese Regelungsdichte ist über einen langen Zeitraum entstanden. In ihr spiegelt sich gleichermaßen die Anerkennung der legitimen Interessen beider Konfliktparteien wie das gesellschaftliche und politische Bedürfnis danach, ein tendenziell eskalationsträchtiges Konfliktpotenzial unter Kontrolle zu halten, und schließlich die Tatsache, dass es sich hierbei um einen nicht lösbaren *Dauerkonflikt* im Rahmen eines marktwirtschaftlichen Systems mit Tarifautonomie handelt. Seine grundlegende Positionsdifferenz besteht darin, dass auf der einen Seite die Arbeitgeber so kostengünstig und zeiteffektiv wie nur möglich produzieren wollen und deshalb bemüht sind, die Kostenfaktoren Lohn- und Lohnnebenkosten möglichst niedrig zu halten, während auf der anderen Seite die Gewerkschaften die Aufgabe haben, für ihre Mitglieder günstige Arbeitsbedingungen, vor allem möglichst hohe Löhne und nicht zu lange Arbeitszeiten, durchzusetzen. Dass dieser Interessenkonflikt unter Umständen einen ideologischen oder Wertekonflikt zwischen kapitalistischen und sozialistischen Wirtschafts- und Gesellschaftsvorstellungen überlagert, mag für die Analyse der Rhetorik in den Tarifauseinandersetzungen von Bedeutung sein, für die hier betrachteten prozeduralen Fragen der Streitkultur und Einigungspolitik ist es eher nebensächlich.

Tarifkonflikte um Arbeitsentgelte und Arbeitsbedingungen (z. B. tägliche und wöchentliche Arbeitszeiten sowie Jahresurlaub) vollziehen sich in Deutschland nach einem über die verschiedenen Industriezweige hinweg relativ einheitlichen Regelsystem. Ihre Dynamik wird dadurch bestimmt, dass die Vereinbarungen für die Dauer einer bestimmten Zeit, häufig für ein Jahr, getroffen werden und danach für Veränderungen offen sind. Daraus folgt: Einige Zeit vor Ablauf dieser Frist werden neue Verhandlungen aufgenommen, in denen meist zuerst die Gewerkschaften ihre Forderungen präsentieren, die taktisch – einem dem orientalischen Teppichhandel ähnelnden Ritual folgend – von vorn herein wesentlich höher angesetzt werden als das, was für erreichbar gehalten wird, und die prompt von den

[17] Nach Auskunft der Bundesvereinigung der Arbeitgeberverbände gab es am Jahresende 2004 in Deutschland rund 34.000 Branchentarifverträge und 28.000 Firmentarifverträge. Zu unterscheiden ist dabei zwischen Entgelt-, Mantel- und Rahmentarifverträgen.

Arbeitgebern schon allein deshalb jedesmal in dieser Höhe als völlig unakzeptabel abgelehnt werden.

In den meisten Fällen verlaufen die Verhandlungen über mehrere ein- oder mehrtägige Runden, zwischen denen es manchmal wochenlange Pausen gibt, die von den Gewerkschaften und den Arbeitgeberverbänden zur internen Abstimmung gebraucht werden. Der weitere Konfliktverlauf sah während der Jahrzehnte, in denen vor allem in der alten Bundesrepublik Deutschland dank eines mehr oder weniger kontinuierlichen Wirtschaftswachstums ein Verteilungsspielraum bestand, nach der ersten Kontaktaufnahme häufig so aus, dass bei der oft die Rolle des Schrittmachers übernehmenden Metall- und Elektroindustrie in einem Tarifbezirk nach mehreren Runden ein Kompromiss gefunden wurde. Meist wurde dann das Ergebnis des Musterbezirks für die anderen in dieser Branche mit geringen Modifikationen übernommen. Zugleich wurde damit die Richtung für die Abschlüsse in anderen Wirtschaftszweigen vorgegeben.

Wenn sich die Positionen nach zwei oder drei Runden nicht annähern, kann es schon zu Demonstrationen oder kurzzeitigen, meist nur wenige Stunden dauernden *Warnstreiks* in einzelnen Betrieben kommen, jedoch noch nicht zu regulären *Arbeitskämpfen* (Streiks). Grundlage für das von den Gewerkschaften zu organisierende und auf die „Wahrung und Förderung der Arbeits- und Wirtschaftsbedingungen" beschränkte (d. h., für allgemeinpolitische Ziele nicht zulässige) *Streikrecht* ist Artikel 9, Absatz 3 des Grundgesetzes. Streiks sind erst von dem Tage an zulässig, zu dem ein Vertrag gekündigt wird oder ohnehin ausläuft, denn damit endet die so genannte *Friedenspflicht.* Sie gelten darüber hinaus nach Rechtsprechung des Bundesarbeitsgerichts nur als *ultima ratio* der Auseinandersetzung, wenn alle Möglichkeiten in den Tarifverhandlungen ausgeschöpft sind (BDA 2003:2).

Wird in einer von der Gewerkschaft vorbereiteten *Urabstimmung* ein *Streik* beschlossen, so ist schon ein hohes Maß an Eskalation erreicht. Um nicht leichtfertig zu eskalieren, aber auch um diesem Schritt eine hohe Legitimität zu verleihen, bedarf es bei der Urabstimmung einer Mehrheit von 75 Prozent der an ihr teilnehmenden organisierten Beschäftigten. Der Streik selbst und im Gegenzug die *Aussperrung*, bei der die Unternehmen die Werkstore schließen und niemanden arbeiten lassen, was je nach Dauer zu erheblichen Einkommenseinbußen für die nicht organisierten Arbeitnehmer führt, da sie anders als die Gewerkschafter kein Streikgeld erhalten, sind die höchsten in Deutschland praktizierten Eskalationsstufen des Arbeitskampfes. Die hochgradige Spezialisierung einzelner Unternehmen macht es möglich, dass durch das Bestreiken eines relativ kleinen Zuliefererbetriebes größere Unternehmen derselben Branche oder auch andere Wirtschaftszweige in Mitleidenschaft gezogen werden, so dass von einer zusätzlichen Eskalation gesprochen werden kann. Solche punktuellen Streiks ermöglichen es den Gewerkschaften, die Streikkasse zu schonen und den Arbeitskampf zu verlängern. Zugleich spekulieren sie darauf, dass die indirekt betroffenen Unternehmen ihrerseits Druck auf die an den Verhandlungen beteiligten Verbände ausüben, um ein Einlenken zu bewirken.[18]

Gelangen die Tarifparteien nicht ohne fremde Hilfe zu einem Kompromiss, können sie einen *Schlichter* zurate ziehen; einige Tarifverträge sehen auch zwei Schlichter vor. Für diese Rolle kommen meist erfahrene Sozialpolitiker in Frage, die hohes Ansehen auf beiden Seiten und in der Öffentlichkeit genießen. Sie führen häufig erst einmal Einzelgespräche mit den Parteien, um die Grenzen ihrer Kompromissbereitschaft auszuloten. Das Geschick der Schlichter besteht anschließend darin, den zu verteilenden „Kuchen", also die Verhandlungsmasse, so zu vergrößern oder zu verändern, dass sich Kompromisse finden lassen, die es beiden Seiten erlauben, ihr Gesicht zu wahren. Das ist am ehesten dann zu erreichen, wenn jeder Seite das Ergebnis als relativ dicht bei dem Limit liegend interpretieren kann, das sie vorher öffentlich verkündet hatte. Das erleichtert es den Unterhändlern, damit vor ihre Gremien zu treten, um deren Zustimmung zu erhalten. Erfahrungsgemäß liegt der Spielraum für die Schlichter dabei in einer Kombination von Einmalzahlungen, einer Besserstellung der niedrigen Lohngruppen, einem späteren Beginn und einer längeren Laufzeit der neuen Vereinbarungen.

Wenn es einen Streik gegeben hat, so wird in einer erneuten Urabstimmung entschieden, ob das Ergebnis ausreicht, um ihn zu beenden. In den allermeisten Fällen wird danach die Arbeit sofort wieder aufgenommen. Für beide Seiten ist aber klar, dass die neue Einigung ein *Kompromiss auf Zeit* ist, nach deren Ablauf die so geregelte Tarifauseinandersetzung in ihre nächste Runde geht.

Seit den 1990er Jahren hat sich das Bild der Tarifverhandlungen erheblich verändert. Seither kam häufig, insbesondere in großen Unternehmen, in denen Haustarife gelten, der Anstoß zu neuen Verhandlungen von der Arbeitgeberseite. Sie wollen ihre Personalkosten senken, was indirekt durch Verlängerung der Arbeitszeiten ohne Lohnausgleich erreicht werden kann. Ein solches Ansinnen wird von den Gewerkschaften aus Gründen der Besitzstandswahrung zunächst abgelehnt. Doch angesichts hoher Arbeitslosigkeit mit vielen Langzeitarbeitslosen, vermag die Arbeitgeberseite mit Massenentlassungen zu drohen. Dies versuchen die Gewerkschaften zum Schutz ihrer Mitglieder zu verhindern. In diesen Fällen kam es bisher mit oder ohne Schlichtungsverfahren am ehesten dann zu Einigungen, wenn die Zeitachse verlängert und ein *Maßnahmenbündel* geschnürt wurde, das die Kalkulierbarkeit für beide Seiten vergrößerte. Beispielsweise wurden

[18] Bei den Tarifauseinandersetzungen im Öffentlichen Dienst fährt die Gewerkschaft *ver.di* eine ähnliche Strategie, wenn sie diejenigen Bediensteten zu Warnstreiks oder regulären Streiks einsetzt, deren Arbeitsniederlegung eine möglichst breite Wirkung in der Bevölkerung erzeugt, also bei der Müllabfuhr oder im öffentlichen Nahverkehr. Allerdings ist dies keine Garantie dafür, dass ein solcher Streik schneller zu Ende geht; dies zeigt die Dauer des Tarifkonflikts über die Verlängerung der Arbeitszeit von städtischen und Landesbediensteten im Frühjahr 2006.

einerseits variable Arbeitszeiten je nach Auftragslage vorgesehen, andererseits nur geringe Lohnsteigerungen, die schon für mehrere Jahre im Voraus festgelegt wurden, und schließlich die Garantie für die Beschäftigten, während der gesamten Laufzeit keine betriebsbedingten Kündigungen vorzunehmen, wenn Arbeitsplätze abgebaut werden sollen.

4.3 Assoziative und dissoziative Konfliktbearbeitungsstrategien

Die beiden Beispiele machen deutlich, dass ein für alle Seiten erfolgreicher, d. h. zu einer *Win-Win*-Lösung führender Verhandlungsabschluss bei Interessen- und Verteilungskonflikten am ehesten zu erreichen ist, wenn der „Kuchen", der zu verteilen ist, so klug „vergrößert"[19] werden kann, dass niemand den Eindruck hat, selbst mehr verloren als erhalten zu haben. Darüber hinaus ist beiden Beispielen für die Suche nach einem *modus vivendi* gemeinsam, dass die Konfliktparteien selbst oder – soweit eingeschaltet – wohlwollende Dritte versucht haben oder versuchen, ihre Positionsdifferenzen einander anzunähern oder wenigstens auf Zeit zu überbrücken. Eine Kompensation für das eigene Nachgeben kann dabei darin bestehen, dass ein gemeinsamer Nutzen der Vereinbarung herausgestellt wird, der möglichst sogar noch Außenstehende einschließt. So konnte während der erwähnten neuerlichen „Eiszeit" im Ost-West-Konflikt ein Ersatz für die nur dem eigenen Nutzen verpflichtete Doktrin der Abschreckung darin gefunden werden, dass beide Seiten begriffen, nur eine „Gemeinsame Sicherheit" (Bahr 1996: 511 ff.) erreichen zu können. Ähnlich ließen sich Tarifkonflikte in Deutschland häufig dadurch de-eskalieren, dass der Verzicht darauf, Maximalforderungen durch Streik durchzusetzen, als Beitrag zur Sicherung des Wirtschaftsstandortes und der daran hängenden Arbeitsplätze deklariert wurde. Derartige Möglichkeiten bestehen jedoch nicht bei allen Konfliktarten.

---

[19] Man kann sich das am Beispiel eines Stücks frischen Pflaumenkuchens deutlich machen, das zwischen zwei Menschen mit unterschiedlichen Essensbedürfnissen aufgeteilt werden soll. Wenn diese vorher nicht darüber gesprochen haben, dass der eine gern Hefeteig isst, aber keine Pflaumen mag, während der andere sich an den Pflaumen erfrischen möchte, aber mit Rücksicht auf die schlanke Linie den Boden nicht essen möchte, werden sie das Stück einfach senkrecht durchschneiden und jeder lässt auf seinem Teller hinterher das liegen, was er nicht mag. Falls sie aber ihre unterschiedlichen Vorlieben kennen, können sie den Pflaumenbelag vom Boden abheben und haben beide individuell einen größeren Nutzen von dem Teil, den sie erhalten, und gemeinsam das Gefühl, miteinander und füreinander etwas Positives vollbracht zu haben.

Schema 1 Dimensionen von Konfliktbearbeitungsstrategien

	Bewahrung des Status quo	Veränderung des Status quo	
		Richtung Status quo ante	Richtung neues Strukturmuster
assoziativ			
dissoziativ			

Grundsätzlich lassen sich sowohl beim Konfliktaustrag wie bei der Konfliktbearbeitung die Handlungsoptionen der Akteure (Konfliktparteien wie auch Drittparteien) mit Blick auf ihre Zielrichtung auf zwei Koordinatenachsen eintragen. Auf der einen ist zu unterscheiden zwischen *assoziativen* Strategien, bei denen die Beteiligten sich von ihren unterschiedlichen Positionen aus aufeinander zu bewegen oder von dritter Seite in diese Richtung bewegt werden, und *dissoziativen* Strategien, bei denen sie selbst einer Auseinandersetzung aus dem Wege gehen (wie die weitsichtige Windmühle in dem kleinen Gedicht) bzw. die Trennung anstreben oder getrennt werden (vgl. Galtung 1971). Quer dazu liegt eine andere Dimension. Sie betrifft die zeitbezogene Interessenorientierung der Konfliktparteien und der eventuell einbezogenen Dritten: Eine Strategie kann auf die *Bewahrung des gegenwärtigen Zustandes (Status quo)* einer Beziehungsstruktur ausgerichtet sein. Sie können aber auch deren *Veränderung* anstreben, wobei dies nochmals zu unterteilen wäre in die Zielsetzungen *Wiedererrichtung des Status quo ante* oder *Herstellung eines neuen Strukturmusters.*

Das obige Schema kann als Hilfe dienen, um bei einer Konfliktanalyse die Positionen der Beteiligten zu ordnen, denn die unmittelbar beteiligten Parteien verfolgen, wie folgende Beispiele zeigen, keineswegs immer parallele Strategien:

1. In manchem schwerwiegenden Ehekonflikt verlangt einer der Partner, um eine neue Beziehung eingehen zu können, die Scheidung, verfolgt also eine dissoziative Strategie mit dem Ziel eines neuen Strukturmusters, während der andere um der gemeinsamen Kinder willen die Ehe aufrecht erhalten, also den Status quo ante mit einer assoziativen Strategie wieder herstellen möchte. Möglicherweise verfolgt in demselben Fall das Jugendamt wiederum eine dissoziative Strategie, weil es den Eindruck hat, dass den Kindern das fortwährende Miterleben des elterlichen Streits psychisch schadet.
2. Nach der Eroberung Kuwaits durch die irakischen Truppen unter Saddam Hussein im August 1990 war das Interesse des Iraks assoziativ auf die Bewahrung des von ihm geschaffenen Status quo ausgerichtet. Demgegenüber verfolgten das entmachtete kuwaitische Herrscherhaus as-Sabah und der die-

ses unterstützende Sicherheitsrat der Vereinten Nationen eine dissoziative Strategie zur Wiederherstellung des territorialen Status quo ante. In einigen westlichen Demokratien wurde darüber hinaus allerdings gefordert, man solle die militärische Unterstützung der Befreiung Kuwaits davon abhängig machen, dass dieses danach mehr Demokratie, also einen neuen gesellschaftlichen Status zulasse, was jedoch nach der Rückkehr des Emirs und seiner Familie nur marginal erfüllt wurde.

5 Die Bedeutung von Kommunikations- und Beziehungsstörungen sowie (weiteren) psychologischen Hindernissen

5.1 Konflikte sind Kommunikationsprozesse

Ein Kind, das noch niemals gesprochen hatte, obwohl es längst im sprachfähigen Alter war, verblüffte seine Mutter eines Tages am Mittagstisch damit, dass es sagte, „Die Suppe schmeckt mir nicht“. Die Mutter daraufhin: „Du kannst ja sprechen! Weshalb hast Du bisher noch nie etwas gesagt?“ – „Bisher hat mir das Essen immer geschmeckt.“

Diese kleine Geschichte ist ein Beispiel dafür, dass erst ein „Nein“ aktive Kommunikation erfordert, während Zustimmung stillschweigend gegeben werden kann. Mehr noch: erst dadurch, dass Widerspruch in irgendeiner Form kommuniziert wird, wird eine Positionsdifferenz erkennbar und begründet einen Konflikt. Ob dieser schnell dadurch beseitigt wird, dass die Mutter die Suppe wegnimmt und dem Kind etwas vorlegt, das ihm schmeckt, oder ob sie aufgrund der Missachtung ihrer Kochkunst beleidigt ist und es zu einer sich weiter aufschaukelnden Beziehungsstörung kommt, soll am konkreten Fall nicht weiter interessieren. Doch dass durch Kommunikation als einer Quelle von Verständigungsproblemen Konflikte bis zum Äußersten eskalieren können, ist allenthalben zu beobachten, was der Schweizer Journalist Andreas Iten mit dem an Clausewitz angelehnten Bonmot „Der Krieg ist die Fortsetzung der Kommunikation mit anderen Mitteln“ (Iten 1995: 15) sehr gut auf den Punkt gebracht hat.

Wir hatten eingangs die Bedeutung von Wahrnehmen und Handeln für die Entstehung von Konflikten betont. Beides können zunächst einmal nur Individuen. Sie tun dies entweder für sich oder stellvertretend für eine Gruppe, eine Organisation, einen Staat oder sogar eine Staatengruppe. Dabei treten sie in einen Kommunikations- oder Interaktionszusammenhang.[20] Eugene und Ruth

[20] Paul Watzlawick und seine Mitautoren trennen definitorisch zwischen Kommunikation und Interaktion dahingehend, dass sie eine *einzelne* Kommunikation als Mitteilung oder *message* bezeichnen und den *wechselseitigen Ablauf* von Mitteilungen zwischen zwei und mehr Personen Interaktion nen-

Hartley haben Kommunikation als das „grundlegende soziale Geschehen“ bezeichnet (Hartley/Hartley 1955). Jede zwischenmenschliche Verhaltensäußerung, alles Handeln und nicht nur das gesprochene, geschriebene oder gesendete Wort, ja selbst Nicht-Handeln oder Schweigen lässt sich nach Paul Watzlawick als eine Mitteilung innerhalb eines Kommunikationsprozesses ansehen, weshalb er das metakommunikative Axiom aufstellt „Man kann nicht *nicht* kommunizieren“ (Watzlawick et al. 2000: 53).

Daraus folgt für die Konfliktforschung: Zwar generieren nicht sämtliche Kommunikationsakte Konflikte, aber *sämtliche Konflikte sind zugleich Kommunikationsprozesse, und auch sämtliche Bemühungen um Konfliktbearbeitung bestehen aus Abfolgen von Kommunikationsakten, sind Kommunikationsprozesse.* Kommunikation ist, wie Richard Münch schreibt, „eine höchst zweischneidige Angelegenheit. Sie eröffnet Chancen der Verständigung, birgt aber auch stets die Gefahr des Missverständnisses, der Störung und der Konfrontation bis hin zum totalen Zusammenbruch der Kommunikation im Schweigen und/oder in der gewaltsamen Auseinandersetzung in sich.“ (Münch 1995: 80)

Für alle Kommunikationsakte und damit auch für alle Konflikte gilt, dass sie mindestens zwei miteinander verbundene Aspekte enthalten:

- einen *inhaltlichen*, bei dem es zwischen Personen, Gruppen oder Staaten um einen Austausch über einen bestimmten *Sachverhalt* und/oder die Klärung und/oder Veränderung der dazu bestehenden Positionsdifferenz (Konfliktobjekt) geht, und
- einen *Beziehungs*aspekt, der das *Verhältnis* zwischen den Kommunikationspartnern/Konfliktparteien betrifft und entweder selbst der den Beteiligten bewusste Gegenstand des Konfliktes ist oder sich unterschwellig auf seine Austragung auswirkt.

Bei dem inhaltlichen Aspekt der Kommunikation geht es um die Vermittlung von „Daten“, während der Beziehungsaspekt darüber entscheidet, „wie diese Daten aufzufassen sind“ (Watzlawick et al. 2000: 55).[21] Insofern stellt der Beziehungsaspekt eine Kommunikation über eine Kommunikation dar, weshalb man bei ihm auch von einer „Metakommunikation“ sprechen kann (Watzlawick et al. 2000: 55), die jedoch für das Gelingen einer Kommunikation von zentraler Bedeu-

nen (Watzlawick et al. 2000: 50 f.). Wir wollen hier hingegen Carl-Friedrich Graumann (1972: 1179) folgen und „für die Zwecke der empirischen Forschung zwischen menschlicher Interaktion und Kommunikation kein(en) Unterschied mehr“ machen.

[21] Friedemann Schulz von Thun (2002: 45) unterscheidet sogar vier Aspekte einer Nachricht, die durch vier Zungen bzw. vier Ohren symbolisiert werden: 1. den Sachinhalt der Nachricht, 2. die Selbstoffenbarung meiner Absichten, Gefühle etc., 3, die Beziehung zwischen Sender und Empfänger und 4. den mit der Nachricht verbundenen Appell des Senders an den Empfänger.

tung ist. Eng damit zusammen hängt eine Eigenschaft von Kommunikations- oder Interaktionsprozessen, die Watzlawick und seine Mitautoren als *Interpunktion* bezeichnen, was ihre Darstellung auf der nächsten Seite verdeutlicht (entnommen aus Watzlawick et al. 2000: 59). Während ein Außenstehender ein Gespräch als einen ununterbrochenen Austausch von Mitteilungen wahrnimmt, erleben ihn die Teilnehmer selbst als wesentlich kleinere Einheiten, die in der Psychologie als *Reiz* und *Reaktion* bezeichnet werden.

Schema 2 Kommunikationsstörungen: Reiz und Reaktion

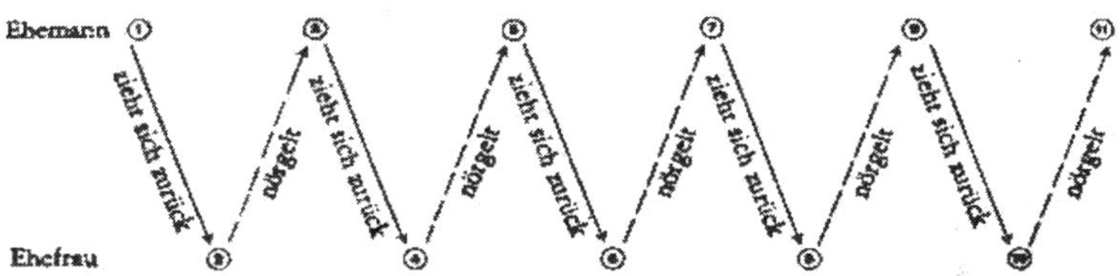

Die Äußerung von A ist für B ein Reiz, der bei ihm eine Reaktion auslöst. Diese wiederum ist ein Reiz für A, der bei ihm zu einer Reaktion führt, usw. Sowohl A als auch B interpretieren oder interpunktieren ihr eigenes Verhalten immer nur als Reaktion auf die Äußerung des andern. Sie sehen also völlig unterschiedliche Wirkungsketten, was dann, wenn die Kommunikation zum Konflikt wird, zu dessen Verstärkung beiträgt. Dies zeigt das in der Grafik wiedergegebene Beispiel zweier Eheleute, die sich auseinanderleben: Während der Ehemann nur die Triaden 2–3–4, 4–5–6, 6–7–8 usw., also seinen Rückzug aus dem Eheleben als Folge ihrer Nörgelei wahrnimmt, hält die Ehefrau seinen Rückzug für die Ursache ihres Klagens, d. h. sie nimmt nur die Triaden 1–2–3, 3–4–5, 5–6–7 usw. wahr.

Kommunikationsstörungen können dazu führen, dass sich ein Konflikt verschärft. Hierfür können verschiedene Faktoren ursächlich sein:

- Sie können bei den unmittelbaren *Kommunikationsteilnehmern* (*Sender* und *Empfänger*) selbst zu verorten sein, also dem Ausdrucksvermögen des Senders und der Aufnahmefähigkeit des Empfängers, aber auch bei der Informationswilligkeit des Senders oder einem schon der Kommunikation vorgeschalteten Interpretationsmuster des Empfängers (z. B. Vorurteile gegen den Sender oder die Gruppe, zu der er gehört);

- der *Inhalt* der Nachricht kann durch ihre *Ausgestaltung* so verfälscht werden, dass der Empfänger das, was für den Sender an der Nachricht wesentlich ist, nicht oder unzulänglich genau wahrnimmt;
- der *Kanal*, auf dem eine Nachricht gesendet wird, kann ungeeignet sein, sie vollständig oder rechtzeitig zu übermitteln;
- und schließlich kann es Störfaktoren in der *Umgebung* des Senders, des Kanals und des Empfängers geben, welche die Aufmerksamkeit der Akteure und die Zuverlässigkeit der Übertragung beeinträchtigen.

In der nachfolgenden Tabelle (nach Fachdidaktik Einecke 2006) werden die wichtigsten Störfaktoren erklärt und mit Beispielen versehen.

Tabelle 1 Kommunikationsstörungen – Störfaktoren

Typ der Störung	**Erklärung**	**Beispiele**
Irreversibilität sprachlicher Äußerungen	Schimpfwort, Beleidigung, ... könnte der Hörer nicht auch zum Sprecher sagen	He, ihr Schlafmützen!
Codedifferenz	Verschiedener Dialekt, Jargon, Fachsprache	Woll'n wer mal n'bisschen surfen? – ein Keiler
Mangelnder Kontextbezug	Zusammenhang des Gesagten ist unklar: aktueller, historischer, biografischer Bezug	Fenster öffnen: Haus oder Computer? – Endlösung
Mangelnde Konvention	Beachtung der gesellschaftlichen Vereinbarung über die Bedeutung sprachlicher Zeichen	abschnallen – die Schnalle
Mangelnde Eindeutigkeit	Missverständnis, Ironie, Zweideutigkeit, Anspielung	Ich komm ja bald – guck 'mal die Mutter
Mangelnde Sachkenntnis	Inkompetenz des Sprechers in bestimmten Fachbereichen – Unverständnis beim Hörer	Klirrfaktor
Mangelnde Ausführlichkeit in der Darstellung	Unklare, dem Gegenstand oder der Situation nicht angemessene Sprache	Zuerst waren wir drin, danach ging es weiter.
Mangelnder Adressatenbezug	Sprecher achtet nicht auf Verständlichkeit und Aufnahmefähigkeit des Hörers	Beim Vortrag vor Erstsemestern: „Wie Sie sicher wissen ..."
Mangelnde Hörbereitschaft	Nicht zuhören können oder wollen; falsches, unkritisches oder misstrauisches Zuhören	Abgelenktheit durch Fußballspiel im Fernsehen; Reaktion auf eine Information: Glaub ich nicht!

Mangelnde Selektionsfähigkeit	Keine Unterscheidung von wichtigen und unwichtigen, nebensächlichen Informationen	Jemand erfasst nicht den Kern eines Textes
Negative Sozialbeziehung	Ablehnung, Rivalität, Abgrenzung, Isolation, Neid, Arroganz …	Der lügt doch sowieso!
Widersprüche im Inhalts- und Beziehungsaspekt	Unklarheit, wie eine inhaltliche Aussage tatsächlich gemeint ist	Arno zu Iris (ärgerlich): Ich lieb dich doch!
Aneinandervorbeireden (und wechselseitiges Nicht-Zuhören)	Sprecher achten nur auf eigenen Standpunkt, eigenes Image etc. – verschiedene Perspektiven, anderes Vorverständnis, verschiedener Erfahrungshintergrund	A: Wollen wir morgen zusammen in die Oper gehen? B: Ich habe heute den Dr. Müller getroffen. A: Es gibt dort Mozarts Zauberflöte. B: Der Dr. Müller ist ein toller Chirurg.
Übermäßige Redundanz	Zu viele Informationen überlagern das Wichtigste einer Nachricht; Wiederholungen mit anderen Worten …	… also der Michael Jackson, der Popsänger, der mit der Gesichtsoperation, weißt du, der mit dem Mundschutz …
Formelhafter, phrasenhafter Sprachgebrauch	Keine individuellen, spezifischen Informationen	Das war immer schon so! Da könnte ja jeder kommen!
Sprachlenkung	Durch öffentlichen Meinungsdruck oder gar staatliche Macht bewirkte Sprachregelung	Freiheit für Autofahrer! Das gebietet unsere nationale Verantwortung!
Emotionale Beeinflussung	Besonders Nutzung der konnotativen Komponente der Sprache	Bauknecht weiß, was Frauen wünschen.
Zurückhaltung von Informationen	Alle Formen der Zensur oder der Überbetonung unwichtiger Informationen zur Ablenkung von den wichtigen	Artikel der Regenbogenpresse mit dem Effekt der Entpolitisierung und der Privatisierung des Öffentlichen
Störung der Übertragung von Informationen	An den verschiedenen Stellen des Kommunikationsmodells	Zwischenrufe; Rauschen in der Telefonleitung etc.

Kommunikationsstörungen, die sich auf die inhaltliche Ebene beschränken, können von einem auf den anderen Augenblick auftreten und grundsätzlich genauso schnell behoben werden, etwa durch Nachfragen, nochmaliges Senden einer Nachricht oder das Einschalten eines Dolmetschers. Demgegenüber haben Störungen auf der Beziehungsebene ein Beharrungsvermögen, das sich auf die Konfliktregelung negativ auswirkt. Hier ist weniger der Dolmetscher gefragt als ein glaubwürdiger Vermittler, für dessen Erfolg es allerdings von großem Vorteil ist, wenn er die Sprache(n) der Parteien beherrscht. Bei einer Kommunikation, die mehrsprachig erfolgen muss, ist die Störanfälligkeit besonders groß.

Ein bekanntes Beispiel dafür stammt aus dem Nahost-Konflikt. Nachdem Israel im Sechs-Tage-Krieg vom Juni 1967 den Gazastreifen, das Westjordanland, Ost-Jerusalem, die Golanhöhen und die Sinai-Halbinsel besetzt hatte, beschloss der Sicherheitsrat der Vereinten Nationen die berühmt gewordene Resolution 242/1967, die je nach der englischen oder französischen Version des Textes den Rückzug Israels *aus Gebieten* oder aus *den* eroberten Gebieten verlangt. Seither geht der Streit darüber, welche der beiden Versionen den Willen des Sicherheitsrates zutreffend wiedergibt. Dabei vertritt Israel die für die eigene territoriale Position vorteilhaftere Auffassung, es habe sich nicht aus *den*, also *allen* besetzten Gebieten zurückzuziehen, sondern es sei der Resolution schon dadurch nachgekommen, dass es sich Ende der 1970er Jahre vom Sinai und 2005 aus dem Gazastreifen zurückgezogen habe. Demgegenüber vertreten die Palästinenser als potenzielle Nutznießer eines vollständigen Rückzugs die Position, Israel habe sich aus *den* besetzten Gebieten zurückzuziehen.

Verhandlungen, in denen jede Seite versucht, ihre Position möglichst lange aufrecht zu erhalten, können kurz vor einer Einigung aufgrund kognitiver und motivationaler Hindernisse scheitern. Lehnt z. B. die Partei A nach längeren Verhandlungen einen als Kompromiss gedachten Vorschlag der Partei B ab, kann dies B so sehr frustrieren, dass sie nun selbst völlig „auf stur schaltet", obwohl sie weiß, dass ihr abgelehnter Vorschlag nur noch eine für sie selbst gar nicht so wichtige Nuance enthält, die der Verhandlungsführer von A seinen eigenen Leuten nicht mit nach Hause bringen darf.

In vielen Fällen schreiben Konfliktparteien, die von der Kompromissverweigerung der anderen Seite frustriert sind, die Ursache dafür, dass die Verhandlungen in einer Sackgasse stecken, allein der Sturheit der Gegenseite zu und nicht der eigenen Unnachgiebigkeit. Da ihnen die Distanz zum Konfliktgeschehen fehlt und es ihnen auch aus anderen Gründen oft nicht gelingt, die Wechselwirkung verschiedener psychologischer Prozesse sowie die Voreingenommenheit *(biases)* ihrer *eigenen* Auswertung und Reaktionen zu erkennen, ziehen sie falsche Schlüsse über die subtilen strategischen Motive der Gegenseite. Dadurch nimmt die Wahrscheinlichkeit zu, dass ungerechtfertigte Schlussfolgerungen über des Gegners gute Absichten, seinen Charakter oder seine Intentionen die weiteren Verhandlungen beeinträchtigen oder sogar zum Abbruch führen (vgl. Mnookin/Ross 1995: 11). Deshalb ist es für die Analyse von Konflikten, vor allem aber für die Bemühungen Dritter um deren Regelung wichtig, den Kommunikationsverlauf der jüngsten Vergangenheit rekapitulieren zu können, um festzustellen, worin sich die Interpunktionen der Teilnehmer unterscheiden.

5.2 *Kriterien für die Konfliktregelung auf der inhaltlichen und auf der Beziehungsebene*

Differenzen auf der *inhaltlichen* Ebene lassen sich dann überwinden oder ausgleichen, wenn aufgrund rationaler Überlegungen oder vor dem Hintergrund positiver emotionaler Beziehungen eine Bereitschaft zur Überwindung oder zum Ausgleich vorhanden ist und/oder Regeln bestehen oder vereinbart werden können, nach denen ein Ausgleich vorzunehmen ist. Dies allein genügt aber noch nicht, vielmehr muss noch eine der folgenden Bedingungen hinzukommen:

- Der Gegenstand ist teilbar und vermag, auch in geteiltem Zustand, beiden Konfliktparteien einen gleichen oder ähnlichen Nutzen zu bringen, zumindest aber darf die Teilung nicht von einer Seite als erheblicher Nachteil bewertet werden, oder
- das Objekt der Begierde des einen kann mit etwas getauscht werden, das der andere haben will oder für ihn etwa genauso wertvoll ist (Realtausch, Ware gegen Geld), oder
- der Verzicht der einen Konfliktpartei auf den Gegenstand kann von der anderen oder der intervenierenden Dritten Partei mit der Aussicht auf einen anderen Vorteil ausgeglichen werden, oder
- eine Partei kann dadurch, dass sie von einer Position abrückt, einen absehbaren erheblichen Schaden durch die andere Konfliktpartei oder die intervenierende Dritte oder eine weitere Partei vermeiden.

Aus den letzten beiden Bedingungen folgt für die Rolle von intervenierenden Dritten Parteien oder *Mediatoren*, dass es weniger auf ihre Neutralität und Unvoreingenommenheit als auf ihr Vermögen ankommt, „die Dinge in Bewegung zu setzen", den Konfliktparteien Vorteile zu verschaffen oder Schaden für den Fall anzudrohen, dass sie sich für Kompromisse unzugänglich zeigen (vgl. Bercovitch1995: 100 ff.; Glasl 2004; Montada/Kals 2001; weiteres zur Mediation in Teil II). Deshalb konnten die USA als reiches und mächtiges Land diese Rolle bei der internationalen Konfliktregelung häufig – aber auch nicht immer – besser einnehmen als andere Staaten.

Die zuletzt genannte Bedingung zeigt darüber hinaus, dass eine Güterabwägung unter dem Gesichtspunkt, eine absehbare Selbstschädigung zu vermeiden, ein Motiv sein kann, innerhalb eines Konfliktes eine Position zu verlassen. Dies spielte während des Rüstungswettlaufs der achtziger Jahre eine Rolle. Damals erkannte die Sowjetunion unter Michail Gorbatschow, dass die Belastung durch eine weitere Runde im nuklearen Wettrüsten mit den USA jede Chance vereiteln würde, ihre marode Zivilwirtschaft zu modernisieren. Dies bewirkte den Paradigmenwechsel von der allgemeinen Abrüstungsrhetorik seiner Vorgänger zu konkreten Abrüstungsinitiativen.

Differenzen auf der *Beziehungsebene* sind demgegenüber am ehesten dann zu entspannen oder zu überwinden, wenn zumindest eine Partei bereit ist, das Verhältnis zur anderen zu überprüfen und gegebenenfalls das eigene Verhalten zu ändern. Dies ist insbesondere dann schwierig, wenn die Beziehungsstörung aufgrund längerer Erfahrungen im Umgang miteinander oder unterschiedlicher Interpretationen gemeinsam erlebter Geschichte aufgebaut wurde und eventuell sogar als Teil der eigenen Identität erlebt wird. Erschreckende Beispiele hierfür liefert die „Vergangenheitspolitik" im ehemaligen jugoslawischen Raum (vgl. u. a. Höpken 1998; Sundhausen 1999).

Grundsätzlich wird eine Konfliktregelung auf der Beziehungsebene auch dadurch erleichtert,

- dass die Parteien für ihre Auseinandersetzung Regeln akzeptieren, die einer unkontrollierten Eskalation entgegenwirken, oder
- dass eine als schwerwiegend erlebte Gefährdung durch einen Dritten die Parteien dazu veranlasst, wenigstens vorübergehend ihre Differenz hintanzustellen und eine Koalition gegen diesen zu bilden, oder
- dass es zu einer länger andauernden räumlichen Trennung der Konfliktparteien kommt, durch die vermieden wird, an der bloßen Gegenwart der anderen Seite Anstoß zu nehmen.

Aus den beiden Aufzählungen von Bedingungen für eine Erfolg versprechende Konfliktbearbeitung wird dreierlei deutlich: *Erstens* ist auf beiden Ebenen die Bereitschaft wenigstens einer Partei, ihre Position zu relativieren, eine wichtige Voraussetzung. Sie ist in der Realität freilich eher auf der inhaltlichen Ebene und dort bei Interessendifferenzen als bei Wertekonflikten gegeben. Dort ist es leichter möglich, nach einer Kosten-Nutzen-Abwägung zu entscheiden, ob die Verwirklichung eines umstrittenen Ziels den Aufwand lohnt, der für die Überwindung des Widerstandes erforderlich ist, und welche Handlungsoption gegebenenfalls die günstigste Relation im Verhältnis von Zeit-, Energie-, Nerven- oder materiellem Aufwand und Ertrag bringt. *Zweitens* erleichtern das Vorhandensein und die Akzeptanz von Verhaltensregeln auf beiden Ebenen den Umgang mit der Differenz. *Drittens* scheint der Faktor Dauerhaftigkeit bei Beziehungskonflikten eine andere Rolle zu spielen als bei inhaltlichen Konflikten. Lassen sich inhaltliche Differenzen in vielen Fällen dauerhaft überwinden, so ist bei angespannten Beziehungen die jeweils aktuelle Austragungsform häufig Bestandteil einer länger andauernden Auseinandersetzung, die schon tiefe Narben hinterlassen hat, die auch nach längerer Zeit wieder aufbrechen können.

Da inhaltliche und Beziehungskonflikte häufig miteinander verwoben sind, lassen sie sich oft weder von den Parteien selbst noch von dritter Seite trennen und einer separaten Lösung zuführen. Daher ist es für Bemühungen um eine Konfliktregelung wichtig, stets beide Ebenen im Blickfeld zu haben. Allerdings ist es schwierig zu erkennen, *wie* die Inhalte des Verhaltens der Konfliktparteien und die auf der Beziehungsebene dahinter liegenden Kommunikations- und Konfliktstrategien zusammenhängen. Spannungen auf der Beziehungsebene sind vor allem bei lang andauernden und schon weit eskalierten Konflikten für die Parteien wichtiger als die inhaltlichen Differenzen. Sie lassen sich oftmals nicht durch Mittel, die auf der Inhaltsebene plausibel erscheinen (rationaler Diskurs, Kompromissfindung, Interessenausgleich), beheben, sondern nur durch eine Umstrukturierung der Beziehungen, gegebenenfalls sogar durch deren Auflösung (z. B. Ehescheidung, Kündigung eines Arbeitsverhältnisses). Ihnen ist deshalb bei der Analyse und Bearbeitung eines Konfliktes ein hohes Maß an Aufmerksamkeit zu widmen.

5.3 Probleme bei der Suche nach einem gerechten Kompromiss

Konfliktregelungen oder -lösungen sowie Friedensschlüsse sollen möglichst gerecht sein, wobei es weniger darauf ankommt, dass dies aus einer „objektiven" Vogelperspektive so wahrgenommen wird, als dass es die unmittelbar Beteiligten subjektiv so erleben. Da bei einer Kompromisssuche jede Seite etwas geben muss, um etwas anderes zu erhalten, stellt sich für beide das Ergebnis insofern unterschiedlich dar, als jeder das, was er gibt, anders bewertet als das, was er erhält. Ein Kompromiss wird von den Beteiligten am ehesten dann für gerecht angesehen, wenn jede Seite den Eindruck hat, nicht mehr als die Gegenseite nachgegeben und ihr keinen größeren Nutzen überlassen zu haben als sie selbst davonträgt. Dabei muss ein solches Ergebnis nicht unbedingt aus der Perspektive eines unbeteiligten Beobachters auch als gerecht erscheinen.

In eine Verhandlung hineinzugehen ist natürlich nur sinnvoll, wenn eine Seite etwas von der anderen will, sei es eine Sache kaufen oder verkaufen, Bedingungen für ein Projekt zu klären usw. Vor vielen Verhandlungen haben die Parteien eine relativ klare Vorstellung davon, welchen Nutzen sie selbst erzielen möchten, und sie glauben auch eine Vorstellung davon zu haben, wie groß der Nutzen für den anderen wäre, wenn sie von vornherein auf dessen Vorschläge eingingen. Die Suche nach einem gerechten Kompromiss wird dadurch erschwert, dass die Beteiligten manchmal gar keinen gemeinsamen Nutzen für möglich halten oder diesen nur erahnen können. In solchen Situationen will jede Verhandlungspartei zwar die wahren Interessen der Gegenseite durchschauen, neigt aber häufig selbst dazu, ihre eigenen möglichst verborgen zu halten, eventuell sogar ihr Gegenüber zu täuschen, um einen größeren Vorteil zu erzielen. Eine solche Taktik kann in vermeidbare Sackgassen und damit zu kostspieligen Verzögerungen führen. Mindestens so wichtig ist aber, dass es an ihr scheitern kann, die effizientesten Ergebnisse herauszufinden.

Doch auch wenn beide Seiten einer Verhandlung alle relevanten Informationen haben und sich ihrer potentiellen Gewinne bewusst sind, kann ihnen ein strategisches Aushandeln das Geschäft verderben, wenn beide Seiten hartnäckig bleiben und der Handel aufgrund ihrer Kompromissunwillig- oder -unfähigkeit nicht zustande kommt.[22]

Insbesondere bei Verteilungskonflikten werden Vorschläge häufig zurückgewiesen, weil sie nicht den Gleichheits- oder Gerechtigkeitsvorstellungen einer oder beider Seiten entsprechen. Dieses Hindernis ist dann relativ leicht zu überwinden, wenn sich die Parteien einer guten Beziehung erfreuen und diese auch aufrechterhalten wollen (vgl. Mnookin/Ross 1995: 12).

Mnookin und Ross machen auf ein Paradox bei der Suche nach Parität oder Gleichheit aufmerksam: Die Kunst und Wissenschaft der erfolgreichen Streitbeilegung verlange danach, (Vertrags-)Bedingungen zu entdecken oder notfalls zu erfinden, die die wichtigsten Streitparteien in Bezug auf ihre Bedürfnisse und Belange für fair und verantwortbar halten und nicht für faule Kompromisse. Die Beobachtung zeige jedoch, dass die *ausdrückliche* Forderung nach Fairness und Proportionalität sich dabei selbst als Barriere für eine Lösung erweise. Die Autoren schlagen daher vor, Verhandlungsprozesse hiermit nicht zu belasten, sondern ausdrücklich als Verhandlungsziel nur den wechselseitigen Vorteil zu benennen, und beim Abschluss zu würdigen, dass beide Seiten einen Beitrag zum Zustandekommen geleistet haben (vgl. ebenda: 13).

Konfliktparteien haben nicht nur unterschiedliche Interpretationen und Konstruktionen vom *Kontext* (context) ihres Streites, sondern auch vom *Inhalt* (content) sämtlicher Vorschläge, die zu seiner Beilegung gemacht werden. Diese Differenzen hängen sowohl mit ihrer kognitiven wie motivationalen Voreingenommenheit zusammen: Die menschliche Neigung, primär das zu „sehen“ und sich daran zu erinnern, was den eigenen Theorien und Glaubenssätzen, Erwartungen und Interessen entspricht, gleicht der Wahrnehmung durch eine „gefärbte Brille“. Gleichzeitig fällt es den Menschen schwer, den Einfluss dieser Brille auf die eigene Sicht zu erkennen. Vielmehr glauben sie, die Dinge objektiv wahrzunehmen, und dass nur diejenigen, die ihre Sicht nicht teilen, eine solche Brille aufhaben (vgl. ebenda: 13).

---

[22] Mit taktischen und strategischen Hindernissen bei der Konfliktregelung befasst sich die Spieltheorie, deren wichtigste Vertreter John von Neumann, Anatol Rapoport, Martin Shubik und Thomas Schelling sind. Hier kann auf sie nicht näher eingegangen werden. In dem Band von Arrow et al. 1995 befassen sich die Beiträge von Daves and Orbell: 62–85, Wilson: 108–119, Rubinstein: 120–130 sowie Gilson and Mnookin: 184–211 mit spieltheoretischen Ansätzen.

Ein Mehr an Information muss sich indes nicht unbedingt positiv auswirken (vgl. die Ausführungen zur Vertrauensbildung in Kap. 7). Wenn z.B. in einem Verhandlungsablauf eine Seite hört, wie die andere den Inhalt und die Rechtmäßigkeit ihres Vorschlags kritisiert, kann dies durchaus die Feindseligkeit und das Misstrauen vergrößern (vgl. Mnookin/Ross 1995: 15). Außerdem verändert sich die Bewertung bestimmter Lösungsvorschläge oder Kompromissangebote durch das Wissen darum, von wem sie eingebracht worden sind. Belege für eine „reaktive" Abwertung von Vorschlägen enthält eine Studie von Daniel Kahneman und Amos Tversky (in: Arrow et al. 1995: 44–60). Ihr zufolge wird ein Kompromissvorschlag des Gegners weniger positiv bewertet als der eines neutralen Dritten. Die reaktive Abwertung scheint dann am deutlichsten auszufallen und sogar destruktiv zu wirken, wenn eine Seite ihr Entgegenkommen mit dem expliziten oder impliziten Vorschlag verbindet, die andere möge sich genauso verhalten. In solchen Situationen ist der Empfänger der Konzession geneigt zu glauben, der Gegner habe ihm etwas Wertloses gegeben. Deshalb widerstrebt es ihm, etwas Wertvolles zurückzugeben (vgl. Mnookin/Ross 1995: 15).

Die Autoren kommen zu dem Schluss, dass Versuche, durch einseitige Konzessionen guten Willen zu zeigen und damit eine Sackgasse zu verlassen oder wechselseitige Konzessionen zu stimulieren, mit erheblichen Hindernissen zu rechnen haben (vgl. dazu die Ausführungen zum Gradualismus in Kap. 7). Wenn die Konzessionen groß sind, kann dies beim Empfänger die Hoffnung wecken, durch Unnachgiebigkeit noch mehr zu erreichen. Sind sie hingegen klein, so werden sie möglicherweise als belanglos wahrgenommen und deshalb nicht erwidert. Da meistens jede Partei meint, sich selbst im bisherigen Verlauf der Beziehungen flexibler und vernünftiger als die andere verhalten zu haben, und deshalb auch glaubt, dass es jetzt an der anderen Partei sei, Konzessionen einzuräumen, sind die Aussichten für Enttäuschungen, Misstrauen und Missverständnisse groß (vgl. Mnookin/Ross 1995: 16).

Zu beachten ist schließlich auch, dass es in den einzelnen Kulturen unterschiedliche Vorstellungen davon gibt, wie Verhandlungen geführt werden. Dabei ist es zweitrangig, ob es sich um den Abschluss eines Geschäfts oder um die Suche nach einem anderen Interessenausgleich handelt. Wenn z.B. jemand mit der zentraleuropäischen Gewohnheit, direkt auf sein Ziel zuzusteuern, um möglichst schnell zu einem Abschluss zu gelangen, auf einen Verhandlungspartner trifft, der gewohnt ist, sich an fernöstliche Höflichkeitsregeln zu halten, nach denen ein solches Verfahren geradezu als barbarisch gilt, sind unerfreuliche Abläufe und unbefriedigende Ergebnisse vorherzusehen. Ähnliches kann ein Zentraleuropäer in einem orientalischen Basar erleben, wenn er die dortigen Spielregeln nicht kennt. Diese bestehen darin, dass der Händler zunächst eine stark überhöhte Preisvorstellung äußert, ohne zu erwarten, dass ein Kunde, der halbwegs bei Sinnen ist, diese Summe zahlt. Er möchte aber ein Verkaufsgespräch führen, in dem man sich in einer Reihe von wohl abgewogenen Schritten auf einen Preis zu bewegt, den beide akzeptieren können. Vor diesem kulturellen Hintergrund empfände es der Händler als beleidigend, wenn der Kunde nur zum Scherz dieses wechselseitige Bieten über einige Schritte mitmachte und nachdem der Händler schon erheblich nachgegeben hätte, die Verhandlungen abbräche oder mit seinen Preisvorstellungen auf eine Position zurückfiele, die er schon für überwunden glaubte. Im Zeitalter globaler Verhandlungen ist es also ratsam, die Mentalität und Kultur des Gegenübers zu berücksichtigen, wenn man einen fairen Preis oder gerechten Kompromiss erzielen will.[23]

6 Strukturelle Probleme

6.1 Symmetrie und Asymmetrie

Die Konfliktaustragung wird nicht nur von der subjektiven Beziehung, sondern auch von der sozialen Position der Parteien zueinander beeinflusst. Dabei ist zwischen *symmetrischen* und *asymmetrischen* Konstellationen zu unterscheiden. Exakt symmetrische Verhältnisse kommen in der Wirklichkeit nur selten vor. Trotzdem wird bei der Konfliktanalyse wie bei den Bemühungen um Konfliktregelung gern auf die Figur der Symmetrie zurückgegriffen. So etwa bei innergesellschaftlichen Konflikten, wo dies z. B. im *Prinzip der Gleichheit vor dem Gesetz* (etwa im Grundgesetz, Artikel 3) zum Ausdruck gebracht wird, obwohl faktisch schon der Zugang zu den Rechtsinstanzen gesellschaftlich höchst asymmetrisch verteilt ist (dazu mehr in Teil II). In der internationalen Politik kennen wir die Symmetriefigur im Bild vom *Gleichgewicht der Kräfte.* So wurde für die relative Stabilität des Ost-West-Konflikts einer seiner militärpolitischen Aspekte, das „nukleare Patt" zwischen den beiden führenden Mächten USA und Sowjetunion als von herausragender Bedeutung erachtet.

In den meisten Konfliktfällen haben wir es, auf welchen Ebenen zwischenmenschlicher Beziehungen sie auch ausgetragen werden, mit asymmetrischen Differenzen zu tun, in der eine Seite schwächer als die andere ist. Johan Galtung nannte die stärkere Partei *topdog* und die schwächere *underdog* (vgl. Galtung 1971). In dieser Konstellation manifestiert sich ein Konflikt entweder dadurch, dass der *topdog* daran interessiert ist, diese Differenz aufrecht zu erhalten oder zu

[23] Das Institut für Auslandsbeziehungen e. V. (www.ifa.de) und die Nachfolgeorganisation im Bereich interkulturelles Management und Training, cifa crossculture (www.cifa-crossculture.de), Stuttgart, bieten seit den 1970er Jahren Seminare für international arbeitende Fach- und Führungskräfte aus Wirtschaft, öffentlichen Institutionen und obersten Bundesbehörden an. Diese zielen auf den Erwerb handlungsorientierter interkultureller Kompetenz.

vergrößern, um wie auch immer geartete Vorteile daraus zu ziehen, oder dass der *underdog* die Differenz ausgleichen oder gar das Positions- und/oder Machtgefälle zu seinen Gunsten umkehren oder, wenn beides nicht möglich ist, die Nachteile, die er hieraus erfährt, beseitigen will. Solange die beiden Parteien mit dieser Differenz ohne einen Eingriff von außen umzugehen haben, gibt es grundsätzlich zwei Möglichkeiten:

- Die eine Partei kann die andere *zwingen*, sich ihrer Interessenlage oder ihren Wertpräferenzen anzupassen, oder daran hindern, die eigene Position zu verwirklichen.
- Beide können aber auch eine Veränderung ihrer Konstellation *aushandeln*, etwa indem eine Partei die andere durch eine Kompensation, also den Ausgleich in Bezug auf einem anderen Gegenstand, zum Nachgeben veranlasst oder sich beide auf einen Kompromiss verständigen.

Grundsätzlich gilt: Je ausgeprägter die Asymmetrie, desto größer ist die Möglichkeit für den topdog, den underdog zu zwingen. Doch underdogs lassen sich dies nicht ohne weiteres gefallen, sondern suchen nach Wegen, die Asymmetrie für sich zu nutzen. In Auseinandersetzungen, bei denen eine Seite militärische Mittel einsetzt, um ihre Ziele zu erreichen, welche die andere nicht hat, greift diese daher häufig zur Guerillataktik oder zu terroristischen Mitteln.

Je ausgeglichener die Ressourcen beider Seiten sind, desto schwieriger ist vorherzusehen, wer die Oberhand behält oder bekommt, so dass ein Konflikt leicht eskaliert und eventuell in eine Patt-Situation (z. B. in Form eines Stellungskrieges) führt. Wenn beide Seiten sich ausrechnen, ohne übermäßige Kosten keinen Erfolg nach Hause zu tragen, kann allerdings auch schon frühzeitig die Methode des Aushandelns gesucht werden.

Zwingen und Ver- bzw. Aushandeln sind insofern typische Methoden einer *dyadischen* Konfliktaustragung, in der zwei Parteien auf sich gestellt sind. Konflikte können aber auch durch Hinzuziehung oder Intervention Dritter bearbeitet und geregelt werden. Eine typische *triadische* Konstellation liegt vor, wenn die *Dritte Partei* vermittelt, schlichtet oder richtet.[24] Holt sich die unterlegene Konfliktpartei hingegen Verstärkung im Sinne eines *Bündnis-* oder *Koalitionspartners*, so übernimmt diese nicht die Rolle einer Dritten Partei und es entsteht auch keine Triade. In welchen Gesellschaftsformen die dyadische oder die triadische Methode überwiegt, hängt „von der ökologischen Basis und der politischen Organisation einer Kultur" ab (Ohe 1988: 221).

---

[24] Vgl. zu Dyade und Triade ausführlich Aubert 1972: 192 ff.

6.2 Rollenerwartungen als Konfliktauslöser

Ob eine Konstellation eher zur Symmetrie oder Asymmetrie neigt, hängt zum Teil von den Rollen ab, in denen sich die Konfliktparteien begegnen, und den Erwartungen, die an diese Rollen geknüpft werden. Wenn wir in Anlehnung an Ralf Dahrendorf unter „sozialer Position" einen „Ort in einem Feld sozialer Beziehungen" (Dahrendorf 1967: 141) verstehen, den eine Person oder eine Gruppe einnimmt, dann gehören dazu gewisse Verhaltensweisen, die „man" von ihrem Träger erwartet, mit anderen Worten: „Zu jeder sozialen Position gehört eine soziale Rolle." (Ebenda: 143) Dieser Befund dient Dahrendorf als Grundlage für seine berühmte These vom „homo sociologicus": „Am Schnittpunkt des Einzelnen und der Gesellschaft steht *homo sociologicus*, der Mensch als Träger sozial vorgeformter Rollen. Der Einzelne *ist* seine sozialen Rollen, aber diese Rollen *sind* ihrerseits die ärgerliche Tatsache der Gesellschaft." (Ebenda: 133)

Rollen sind Dahrendorf zufolge 1. „gleich Positionen quasi-objektive, vom Einzelnen prinzipiell unabhängige Komplexe von Verhaltensvorschriften"; ihr besonderer Inhalt wird 2. „nicht von irgendeinem Einzelnen, sondern von der Gesellschaft bestimmt und verändert"; und 3. begegnen die „in Rollen gebündelten Verhaltenserwartungen … dem Einzelnen mit einer gewissen Verbindlichkeit des Anspruchs, so dass er sich ihnen nicht ohne Schaden entziehen kann" (Ebenda: 145). Dies gilt im übertragenen Sinne auch für das Verhalten von Institutionen oder Staaten im Kontext internationaler Beziehungen.

Soziale Rollenerwartungen üben dadurch einen *Zwang* auf ihre Träger aus, „dass die Gesellschaft *Sanktionen* zur Verfügung hat, mit deren Hilfe sie die Vorschriften zu erzwingen vermag. Wer seine Rolle nicht spielt, wird bestraft; wer sie spielt, wird belohnt, zumindest aber nicht bestraft. Konformismus mit den vorgeprägten Rollen ist keineswegs nur die Forderung bestimmter moderner Gesellschaften, sondern ein universelles Merkmal aller gesellschaftlichen Formen." (Ebenda: 146)[25]

Einerseits kann Rollenkonformität zu einer Identifizierung mit einer bestimmten Rolle führen. Andererseits können die Erwartungen einen Rollenträger als Person völlig „kalt" lassen, so dass er die Rolle tatsächlich nur „spielt" und abstreift, sobald er in einen anderen sozialen Kontext tritt.

[25] Wir werden uns der Frage nach der Bedeutung von Rollenerwartungen im Zusammenhang mit der Funktion des Rechts für die Verhaltenssteuerung noch einmal in Teil II zuwenden.

Intra- und Interrollenkonflikte

Kompliziert und tendenziell konfliktträchtig wird das Leben in der Gesellschaft für das Individuum dadurch, dass es einerseits gleichzeitig mehrere Positionen besetzt, und andererseits die meisten Positionen ihren Träger nicht nur in einer einzigen Beziehung zu einer anderen Position, wie etwa Ehemann – Ehefrau, involvieren, sondern ihn „in ein Feld von Beziehungen zu Personen und Kategorien oder Aggregaten von Personen" stellen.[26]

Rollenkonflikte entstehen aus Diskrepanzen zwischen den Erwartungen einzelner anderer bis hin zur ganzen Gesellschaft an den Rolleninhaber. Dabei ist zwischen *Intra*- und *Inter*-Rollenkonflikten zu unterscheiden (Dahrendorf 1967: 178 f.). Ein *Intra-Rollenkonflikt* ist in Erwartungsdifferenzen von Segmenten des gesellschaftlichen Umfelds *einer* bestimmten Rolle selbst begründet: So besteht z. B. für einen Werkmeister *an seinem Arbeitsplatz* ein Spannungsverhältnis zwischen den Solidaritätserwartungen seiner Arbeitskollegen und den Kontrollansprüchen der Firmenleitung, das etwa dann verschärft zutage tritt, wenn Produktionsergebnisse nicht termingerecht vorgelegt werden. Hierbei handelt es sich Günter Wiswede zufolge um eine Unterkategorie des Intra-Rollenkonflikts, die er mit *Intersender-Konflikt* bezeichnet. Er kommt in diesem Fall durch die unterschiedlichen Erwartungen der Rollensender Arbeitskollegen und Firmenleitung zustande. Ihm stellt Wiswede den *Intrasender-Konflikt* gegenüber, der daraus resultiert, dass der Rolleninhaber die Erwartungen *eines* Rollensenders als unklar oder widersprüchlich wahrnimmt (Wiswede 1998: 179 ff.). Dies könnte z. B. der Fall sein, wenn der Geschäftsführer seine Unzufriedenheit mit der Leistung der Gruppe des Werkmeisters in die ironische Bemerkung kleidet: „Macht nur so weiter, Ihr werdet schon sehen, wo das hinführt!"

Konflikte, die dort auftreten, wo auf eine Person *mehrere* Rollen mit widersprechenden Erwartungen entfallen, werden *Inter-Rollenkonflikte* genannt. Ist z. B. der Werkmeister *auch ein Familienvater*, so erwarten seine Frau und Kinder, dass er sich ihnen in seiner Freizeit widmet. Wenn er jedoch, um sein berufliches Fortkommen und seine Position in der Firma zu sichern, Überstunden macht und regelmäßig Fortbildungskurse besucht, läuft er Gefahr, seine Familie zu frustrieren. Vernachlässigt er jedoch der Familie zuliebe den Beruf, macht er dieser zwar

---

[26] Dahrendorf macht dies an den Rollensegmenten des Studienrats deutlich. Dieser „ist als solcher mit Schülern, Eltern, Kollegen und Vorgesetzten verknüpft, und er kennt für jede dieser Gruppen einen eigenen, isolierbaren Satz von Erwartungen. Er soll den Schülern, nicht aber den Vorgesetzten Wissen vermitteln, mit den Kollegen, nicht aber mit den Eltern über Zensuren entscheiden. Wenn er zu Kollegen unfreundlich ist, treffen ihn deren Sanktionen, nicht die der Schüler; ob er seinen Vorgesetzten Respekt erweist, ist den Eltern gleichgültig." (Dahrendorf 1967: 153).

kurzfristig eine Freude, doch wenn er dadurch seinen Job verliert, sinkt der Lebensstandard der Familie.

Wiswede führt noch eine Kategorie ein, den *Person-Rolle-Konflikt*, in dem der Rolleninhaber mit der Rolle in Konflikt steht, weil sie ihm aufgrund seiner bisherigen Sozialisation „nicht auf den Leib geschnitten ist" (Wiswede 1998: 186). Dies könnte z. B. dann der Fall sein, wenn jemand wie der gegenwärtige Wehrbeauftragte des Deutschen Bundestages, Reinhold Robbe, selbst den Kriegsdienst verweigert hat, in seiner Rolle jedoch vertrauensvolle Beziehungen zu den Soldaten pflegen soll. Es könnte aber genauso schwierig sein, der Rollenerwartung „Kontrolle" der Anforderungen der Offiziere an ihre Untergebenen zu entsprechen, wenn ein Wehrbeauftragter, bevor er diese Rolle übernahm, selbst eine hohe Affinität zur Bundeswehr oder zum Verteidigungsministerium hatte (vgl. Rosenow 2008). Der Person-Rolle-Konflikt lässt sich insofern auch als ein Inter-Rollenkonflikt über die Zeitachse hinweg ansehen.

Im Zweifel gibt bei Entscheidungen über das eigene Verhalten in Intra- wie bei Inter-Rollenkonflikten das Rollensegment bzw. die Rolle den Ausschlag, bei dem die stärkeren Sanktionen durch einen Erwartungsbruch zu befürchten sind: Der Werkmeister wird also eher seiner Aufsichtsfunktion als den Solidaritätserwartungen seiner Mitarbeiter genügen, wenn er anderenfalls seine Stelle verliert, und er wird aus demselben Grunde sogar mit einiger Berechtigung die Frustration der Familie in Kauf nehmen müssen, wenn er für deren Lebensunterhalt verantwortlich ist.

Allerdings kann dies zur Folge haben, dass sich der Konflikt mit den Kollegen bzw. mit der Familie verschärft. Durch eine ehrliche Darstellung der Beweggründe für die eigene Prioritätensetzung kann zwar auf die Einsicht derer gehofft werden, die das Nachsehen haben. Doch meist genügt das nicht, um das Betriebsklima zu retten oder den „Haussegen" wieder gerade zu rücken. Eher ist das durch Kompensationen zu erreichen, etwa dadurch, dass sich der Werkmeister bei anderer Gelegenheit mit Nachdruck für seine Kollegen einsetzt, oder dass er seine knappe Freizeit dann tatsächlich der Familie widmet.

Rollenkonflikte und Gruppenkohärenz

An der Arbeitswelt lässt sich zeigen, dass nicht nur Konflikte *in* Gruppen, wie sie schon das Beispiel des Werkmeisters illustrierte, sondern auch *zwischen* Gruppen häufig Rollenkonflikte sind. Dahrendorf zufolge stehen Unternehmer und Arbeiter in einem Konflikt, weil sie „Träger zweier Rollen" sind, „die (unter anderem) durch widersprüchliche Rollenerwartungen definiert sind. Der Gegensatz zwischen ihnen ist strukturell gegeben, d. h. er ist von den Gefühlen und Vorstellungen der Rollenspieler prinzipiell unabhängig. … (Er) besteht nur, insoweit die Herren A,

B, C Träger der Position ‚Unternehmer' und die Herren X, Y, Z Träger der Position ‚Arbeiter' sind. In anderen Positionen, z. B. als Mitglieder eines Fußballklubs, können A, B, C und X, Y, Z Freunde sein. Alle soziologischen Aussagen über ihr Verhältnis lassen sie als Menschen unberührt; sie sind Aussagen über den Menschen als Träger von Positionen und Spieler von Rollen." (Dahrendorf 1967: 180)

Konflikte zwischen Gruppen tragen zur Förderung von *Gruppenkohärenz* und *-solidarität* bei: Sie können die Herausbildung eines „Wir-Gefühls" in einer Gruppe stärken und sichern, indem die Differenzen zu anderen Gruppen betont werden. Inwieweit dies möglich ist, hängt allerdings auch von der Attraktivität der Gruppe und dem Klima der Zusammenarbeit in ihr ab (Vgl. Feger 1972: 1604 f.). Über die Herstellung eines „Wir-Gefühls" lässt sich jedoch nicht nur der Zusammenhalt der Gruppe fördern. Es ist auch ein Instrument, einen Binnendruck zu produzieren, der es erleichtert, die Hierarchie innerhalb einer Gruppe aufrecht zu erhalten und gruppeninterne Machtkonflikte zu minimieren.

Typisch für beides ist die *Fraktionszwang* bzw. *Koalitionszwang* genannte Gruppenkohärenz im Deutschen Bundestag. Er macht es nahezu unmöglich, dass Mitglieder einer der Regierungsparteien einen Vorschlag aus den Reihen der Opposition vor dem Plenum uneingeschränkt gutheißen oder umgekehrt. Inhaltliche interfraktionelle Vereinbarungen kommen deshalb über die Scheidegrenze zwischen Koalition und Opposition fast nur im hinter verschlossenen Türen tagenden Ältestenrat oder in inoffiziellen Zirkeln (für die in den 1990er Jahren der Begriff „Pizza-Connection" aufkam) zustande, in denen sich die einzelnen Abgeordneten dem Gruppendruck entziehen können. An diesem institutionalisierten Konformitätsdruck scheitern häufig vorwärts weisende Konzepte, die nur mehrheitsfähig werden könnten, wenn Abstimmungen frei gegeben würden.

Rollenerwartungen und -konflikte im internationalen Bereich

Staaten spielen auf der internationalen Bühne Rollen. Diese werden durch nationale Gegebenheiten wie die geografische Lage und Größe eines Landes sowie seine Ausstattung mit natürlichen Ressourcen, sowie militärischen und wirtschaftlichen Potenzialen bestimmt, aber auch durch die Erwartungen, die andere Akteure an dessen Verhalten aufgrund historischer Erfahrungen und vertraglicher Vereinbarungen richten, um nur einige wichtige Faktoren zu nennen. Zu den prägnantesten Rollen gehören die der Supermacht, der aufstrebenden Großmacht, des saturierten Handelsstaates, des neutralen Vermittlers oder des notorischen Störenfriedes, wobei es Überschneidungen zwischen ihnen oder Veränderungen im Laufe der Zeit geben kann.

Jede dieser Rollen lebt sowohl von der Selbstinszenierung ihrer Träger als auch von der Interaktion mit der internationalen Umwelt. Frankreich z. B. gefiel sich seit den Zeiten Charles de Gaulles darin, seine Größe und seine Selbstständigkeit durch eine Außenpolitik zu demonstrieren, die von Partnern wie Gegnern schwer berechenbar war. Genau eine gegenteilige Außenpolitik betrieb der langjährige deutsche Außenminister Hans-Dietrich Genscher, dem es darauf ankam, der Bundesrepublik als Nachfolgestaat des notorischen Störenfriedes Nazi-Deutschland als verlässlichem Partner neues Ansehen zu verschaffen.

Manche internationalen Konflikte entstehen dadurch, dass ein Land in einer bestimmten Situation oder Konstellation „seine" Rolle einnehmen will, während seine Nachbarn, Verbündeten oder auch seine Gegner von ihm gerade ein anderes Verhalten erwarten. So wollte die Bundesrepublik Deutschland auch nach der Vereinigung mit der ehemaligen DDR möglichst überzeugend in der Rolle eines kooperationsfähigen friedlichen Handelsstaates auftreten, nicht zuletzt, um Befürchtungen vor einem „Vierten Reich", wie sie insbesondere in Großbritannien lanciert wurden, deutlich zu widerlegen. Doch die Bewahrung dieser Rolle war im Herbst 1990 insofern schwierig, als sich gerade eine von den Vereinten Nationen zugelassene Koalition der Willigen unter der Führung der USA darauf vorbereitete, Kuwait von den irakischen Invasionstruppen zu befreien, und hierbei auch eine deutsche Beteiligung erwartete. Um dem eigenen Rollenverständnis treu zu bleiben, widersetzte sich die Bundesregierung den Anforderungen ihres Hauptverbündeten USA, Truppen an den Golf zu schicken, unterstützte ihn aber logistisch und finanzierte den Golfkrieg auch in einem hohen Maße mit. Dies wurde ihr aber von vielen ihrer Partner nicht positiv angerechnet, sondern als „Scheckbuchdiplomatie" und Versuch, dadurch eigene Opfer zu vermeiden, scharf kritisiert. Das wiederum hinterließ bei der Bundesregierung den Eindruck, durch militärische Zurückhaltung ihren Ambitionen auf einen Ständigen Sitz im UN-Sicherheitsrat zu schaden. Daher schaltete sie militärpolitisch um und begann ab 1991, die Bundeswehr weltweit in UN-Missionen zu entsenden. Dieser Rollenwechsel brachte ihr allerdings nicht den erwünschten Platz im Sicherheitsrat ein.

6.3 Institutionelle Hindernisse

In funktional hoch ausdifferenzierten Gesellschaften ist „die" Gesellschaft in funktionsspezifische Teilbereiche wie Wirtschaft, Wissenschaft, Politik, Recht, Religion, Kunst, Sport usw. aufgespalten. Da jedes dieser Teilsysteme seine eigenen Verfahren der Problembewältigung und Konfliktregelung ausgebildet hat und eigenständig fortentwickelt, treten übergreifende Rationalitätskriterien immer mehr zurück. Die Folge davon ist: Was als „vernünftige Lösung eines gesellschaftlichen Problems betrachtet wird, lässt sich nicht mehr nach Maßgabe einer allgemeinen Vernunft entscheiden, sondern nur noch nach subsystemspezifischen Rationalitätskriterien. [...] Was im Zuge der funktionalen Differenzierung mithin aus dem Blick gerät, ist das Ganze der Gesellschaft." (Dubiel 1997: 29) Hierin liegt ein zentrales Dilemma für die Entscheidungs- und Durchsetzungsfähigkeit von Politik in gegenwärtigen Gesellschaften begründet, denn „auf dem hohen Niveau von Autonomie", auf dem die gesellschaftlichen Teilsysteme operieren, können sie „nicht mehr im Namen irgendeiner übergreifenden Rationalität ‚von außen' gesteuert und in ihrem Möglichkeitsraum beschränkt werden... Dies ist deshalb schlimm, weil diese Teilsysteme wegen der Selbstbezüglichkeit, d. h. rekursiven Geschlossenheit ihrer Operationsweise über keine systeminternen ‚Stoppregeln' (Luhmann) verfügen." (Dubiel 1997: 30)

Doch dies sind nicht die alleinigen Gründe dafür, dass Verhandlungen und andere Bemühungen um Regelung oder konstruktive Bearbeitung eines Konflikts häufig selbst dann scheitern, wenn eine Problemlösung schon nahe liegt, und dass am Ende mühseliger Verhandlungen oft Ergebnisse stehen, die weit hinter dem zurückbleiben, was bei besserer Information über die Ziele der Konfliktparteien mit weniger Aufwand hätte erreicht werden können.

In manchen Konflikten sind die Kanäle, auf denen die Parteien miteinander kommunizieren könnten, entweder gar nicht existent oder so eingeschränkt, dass die Betroffenen keine Gelegenheit haben, einander mit denjenigen Informationen über Prioritäten und Interessen zu versorgen, die nötig wären, um effiziente Vorschläge für eine Beilegung des Konfliktes zu formulieren. Solche Informationsbarrieren können bürokratischen oder institutionellen Ursprungs sowie politischer oder rechtlicher Natur und insofern auch beabsichtigt sein (Vgl. Mnookin/Ross 1995: 19). So war es israelischen Regierungsvertretern viele Jahre lang gesetzlich untersagt, mit Angehörigen der als Terrororganisation gebranntmarkten palästinensischen Befreiungsorganisation PLO zu sprechen. Nachdem durch die Vermittlung norwegischer Wissenschaftler und Politiker Geheimverhandlungen mit der PLO in Oslo vorbereitet worden waren, musste die Knesset, das israelische Parlament, am 19. Januar 1993 erst einmal dieses Kontaktverbot aufheben, um die Verhandlungen zu ermöglichen (Johannsen/Schmid 1994: 246). Diese führten am 18. August 1993 zur Paraphierung jener Prinzipienerklärung, die als Grundlage für den nahöstlichen Friedensprozess galt und trotz des Scheiterns dieses Prozesses im Jahr 2000 (vgl. Meyer 2001) noch als Ausgangsbasis für ein friedliches Nebeneinander von Israelis und Palästinensern angesehen wird.

Institutionelle Hindernisse können auch dort auftreten, wo Verhandlungen mehrere Interessengruppen gleichzeitig betreffen. Hier können sich endgültige Regelungen dadurch verzögern, dass die Vertreter der verschiedenen Gruppen keine weit reichende Prokura besitzen und sich deshalb immer wieder bei ihrer eigenen Organisation vergewissern müssen, ob sie bestimmte Zugeständnisse machen dürfen, oder in welcher Weise die durch eine Vereinbarung entstehenden Kosten auf die verschiedenen Beteiligten aufgeteilt werden sollen.

Schließlich erwähnen Mnookin und Ross noch das „Principal/Agent Problem", das sich daraus ergibt, dass Beauftragte einer Konfliktpartei in Verhandlungen, insbesondere vor Gericht, nicht nur die Sache ihres Mandanten vertreten, sondern auch ihre eigenen Interessen verfolgen (Mnookin/Ross 1995: 20). So verdienen Anwälte beispielsweise mehr, wenn sie einen Fall gerichtlich ausfechten und womöglich noch bei einem sie nicht befriedigenden Urteil in die nächste Instanz gehen, als wenn sie sich – was bei zivilrechtlichen Streitfällen leichter als bei Strafsachen möglich ist – um einen außergerichtlichen Vergleich bemühen würden. Hier schließt sich übrigens der Kreis der beschriebenen Hindernisse, denn eine Verhandlungsstrategie der Unnachgiebigkeit kann auch dadurch begründet sein, dass derjenige, der sie verfolgt, sich als Anwalt gegenüber seinem Mandanten profilieren will, um im Erfolgsfall mit weiteren Aufträgen rechnen zu können.

7 Spannungsabbau und Vertrauensbildung als Friedensstrategien

Vom ehemaligen israelischen Ministerpräsidenten und Friedensnobelpreisträger Jitzhak Rabin ist der Satz überliefert: „Frieden schließt man nicht mit seinen Freunden" (zit. nach Clinton 2004: 884). Er lässt erkennen, dass jemand, der Frieden schließen will, sich auf ein höchst unsicheres Terrain begibt, das durch schwer abschätzbare Risiken, Spannungen und deren zeitweilige gewaltsame Entladung sowie durch ein hohes Maß an wechselseitigem Misstrauen gekennzeichnet ist. Deshalb gehören Bemühungen um Vertrauensbildung zu den Maßnahmen, die einen Spannungsabbau bewirken können.

Was ist in diesem Zusammenhang unter *Vertrauen* zu verstehen? Martin Hartmann und Claus Offe nennen es „die Grundlage des sozialen Zusammenhalts" (Hartmann/Offe 2001). Vertrauen erleichtert die zwischenmenschlichen Beziehungen. Es wird in einem bescheidenen Umfang benötigt und eingesetzt, damit in einer bestimmten Situation die Person A das Verhalten der Person B soweit vorhersehen kann, dass es für A selbst möglich ist, sein Verhalten daran zu orientieren. Es funktioniert, wenn dies auch in umgekehrter Richtung gilt. Wenn ich z. B. in unserem Kulturkreis einem anderen Menschen begegne und ihm die Hand entgegenstrecke, kann ich davon ausgehen, dass dieser nicht hinein beißt, sondern sie ergreift und mäßig schüttelt. Genauso kann der andere in dem Moment, in dem er meine Hand auf sich zukommen sieht, davon ausgehen, dass ich ihn damit weder schlagen noch stoßen will. Wir haben es also mit einer wechselseitigen „generalisierten Erwartungshaltung" (Rotter 1981: 23; vgl. Luhmann 1973: 27) zu tun[27] Dabei spielen „lebensweltlich generierte Vorstellungen“ der Menschen von einander eine Rolle, aber auch „Intuition“ (Offe 2001: 204).

Vertrauen als generalisierte Erwartungshaltung ist nicht mit Vertrautheit oder gar dem Vertrauensverhältnis zwischen Freunden identisch, sondern kann durchaus zwischen einander Fremden oder sogar Gegnern funktionieren. In diesem Sinne könnte auch von Verlässlichkeit gesprochen werden. Wo eine solche nämlich nicht gegeben ist, das künftige Verhalten des anderen nicht hinreichend eingeschätzt werden kann, ist Vorsicht am Platze, kann sich dann, wenn dieser etwa über Waffen verfügt, Misstrauen oder sogar Angst einstellen. Wenn zwei Personen oder Parteien über Mittel verfügen, mit denen sie der jeweils anderen schaden können, und eine oder beide schwer einschätzen können, was die andere mit diesen Mitteln im Schilde führt, kommt notgedrungen Spannung auf. Wenn also Vertrauen im Sinne von größerer Verlässlichkeit gebildet wird, kann dies dazu dienen, in bestimmten Situationen Spannungen nicht aufkommen zu lassen oder abzubauen. Allerdings ist Vertrauensbildung nicht der einzige Weg zur Spannungsreduktion. Im folgenden sollen nun einige theoretische Ansätze des Spannungsabbaus und der Vertrauensbildung vorgestellt und auf ihre praktische Nutzanwendung in den internationalen Beziehungen hin befragt werden.

7.1 Der gradualistische Ansatz von Charles Osgood

Die von dem amerikanischen Psychologen Charles Osgood (1962) entwickelte gradualistische Strategie des Spannungsabbaus, bekannt unter dem Kürzel GRIT (Graduated and Reciprocated Initiatives in Tension-Reduction), entstand, nachdem in den späten 1950er Jahren erstmals zwei Atommächte einander gegenüberstanden, die fähig waren, sich wechselseitig auszulöschen. Die Hochspannung des dadurch geprägten Kalten Krieges erforderte nach Überzeugung des Autors „eine radikale Erneuerung der Politik“ (Osgood 1968: 357). In dieser Absicht schlug er eine Strategie vor, „die es einer Nation erlauben würde, durch Maßnahmen wechselseitiger Spannungsverminderung die Initiative zu ergreifen und sich dabei dennoch jederzeit innerhalb tragbarer Sicherheitsrisiken zu bewegen. Diese Strategie würde die beiderseitigen nuklearen Vernichtungskapazitäten zur Unterstützung

[27] Diese Erwartungshaltung unterscheidet sich z. B. grundlegend von einer Situation, die sich ergibt, wenn sich in meiner Hand in diesem Moment ein Messer oder eine Pistole befindet. Aber auch dann wird mein Gegenüber je nachdem, wie ich das Messer oder die Pistole halte, vorhersehbar reagieren. Habe ich das Messer in der Faust oder die Pistole auf den anderen gerichtet, wird dieser einen Angriff erwarten und entweder die Arme hochreißen, um sich zu ergeben, oder mit einer Abwehrreaktion beginnen. Habe ich dagegen das Messer oder die Pistole auf der offenen Hand liegen, kann ich erwarten, dass er dies nicht als Bedrohung wahrnimmt und nicht so reagiert, dass ich mich dadurch bedroht fühlen müsste.

von Aktionen benutzen, mit deren Hilfe schließlich gerade diese Kapazitäten selbst beseitigt werden sollen." (Ebenda: 357).

Osgoods Argumentation folgte einer sorgfältigen Analyse der Mentalität der Hauptakteure des Kalten Krieges. Dazu gehörte als erstes die Erkenntnis, dass dieser nicht nur aus dem Wettrüsten bestand, sondern dass der Konflikt vor allem um den „way of life" zwischen westlicher Demokratie und Kommunismus geführt wurde (vgl. auch Czempiel 1993: 25). Bei seinen Überlegungen, wie man aus der Sackgasse des Kalten Krieges herausfinden könnte, sah Osgood die Schwierigkeiten nicht in einer unabänderlichen menschlichen Natur, sondern „in jener besonderen Form menschlichen Verhaltens" begründet, „die wir Nationalismus nennen. Die außenpolitischen Kennzeichen des Nationalismus sind Machtkonkurrenz in Verbindung mit gegenseitigen *Misstrauen* und Aversion gegenüber Kompromissen ..." (Osgood 1968: 360, Hervorh. B. M.). Diese Kombination führe in der Konstellation der wechselseitigen Abschreckung unausweichlich zum Wettrüsten, da es schwierig sei, genau den richtigen Grad an Bedrohung aufrecht zu erhalten. Er dürfe nicht so gering sein, dass ein Feind aus Selbstvertrauen zum Angriff ermutigt wird, und nicht so stark, dass er aus Furcht zum Angriff getrieben wird. Daher diene jeder Schritt, der dazu beitrage, die eigene Unsicherheit zu verringern, gleichzeitig dem Anwachsen der Unsicherheit jenseits der Grenzen. Die „auf Wettbewerb eingestellte militärische Psychologie" führe „nicht zu dem Minimum, das für eine wirkungsvolle Abschreckung notwendig wäre, sondern zu einem progressiv ansteigenden Auf und Ab im Wettrüsten." (Ebenda: 363)

Osgood erkannte, dass die damaligen ersten Versuche, zu einer Abrüstungsvereinbarung zu gelangen, an denselben Verhaltensweisen und Überzeugungen scheiterten, welche die Spannungen begründet und das Wettrüsten geprägt hätten. „Was die eine Seite als gleichwertig wahrnimmt (fair, ausgewogen, gerecht), wird wahrscheinlich von der anderen als ungleich wahrgenommen. Dieselben amerikanischen Überseebasen, die wir als ‚defensiv' betrachten, werden von den Russen als ‚offensiv' angesehen. Die Russen wollen zuerst die atomare Abrüstung und erst dann die Inspektion (sie haben die traditionelle Furcht einer geschlossenen Gesellschaft vor Spionage), die Amerikaner wollen zuerst die Inspektion und danach die atomare Abrüstung (sie haben die traditionelle Furcht einer offenen Gesellschaft vor Geheimhaltung)." (Ebenda: 370)

Außerdem sah er eine Kraft gegen erfolgreiche Verhandlungen am Werke, die als sich selbst bestätigende Voraussage *(self-fulfilling prophecy)* bezeichnet wird. Sie besteht darin, dass die Parteien schon mit der Überzeugung in Verhandlungen hineingehen, es werde nichts dabei herauskommen, weil die andere Seite keinen Frieden wolle.

Ohne hier näher auf die einschlägigen sozialpsychologischen Untersuchungen einzugehen, ist in diesem Zusammenhang wichtig, dass immer dann, wenn einander widersprechende Erkenntniselemente zu Behauptungen zusammen gezogen werden, eine so genannte „kognitive Dissonanz“ entsteht. Sie wirkt als psychologischer Druck zur Übereinstimmung und ist darauf gerichtet, die bisherige „Weltsicht“ wiederherzustellen (vgl. Festinger 1957). Diese kognitive Dissonanz hatte auf der Ebene der Akteure des Kalten Krieges die Folge, dass sie einander – entgegen möglicher andersartiger Erfahrungen – als unveränderlich unverbesserlich ansahen.

Das prekäre Gleichgewicht des Kalten Krieges

Osgood fragte, was zu tun sei, um die damalige Eiszeit des Ost-West-Konfliktes zu überwinden. Er verglich sie mit der Situation zweier kräftiger Männer, die sich auf einer langen und steifen Wippe, die sich über einem Abgrund im Gleichgewicht befindet, anfangs noch nahe der Mitte gegenüberstehen. Sobald einer der Männer einen Schritt nach außen macht, muss dies der andere auch tun, um das Gleichgewicht zu bewahren. Doch je weiter sie sich von einander entfernen, desto mehr kommt das Brett ins Schwanken oder sogar an die Grenze seiner Belastbarkeit, so dass beide in der Gefahr sind, in den Abgrund zu stürzen. Obwohl beiden Männern klar ist, dass sich ihre Sicherheit auf dem schwankenden Brett dann vergrößern würde, wenn sie beide wieder langsam und mit kleinen Schritten zur Mitte zurückkehrten, tun sie es nicht, weil sie einander dazu vertrauen müssten. Aber da ihnen dieses Vertrauen fehlt, nimmt jeder vom anderen an, dieser sei irrational genug, beide in den Abgrund stürzen zu lassen, wenn er selbst nicht das Gleichgewicht halte.

„Nehmen wir nun aber an“. fährt Osgood fort, „es geht einem der Männer auf, dass sich der andere vielleicht genauso fürchtet wie er und deshalb ebenfalls irgendeinen Weg begrüßen würde, dieser unerträglichen Situation zu entkommen. So beschließt dieser Mann, auf seine neue Einsicht zu setzen, und er ruft laut aus: ‚Ich gehe einen kleinen Schritt auf dich zu!‘ Der andere Mann unternimmt, eher als dass er das Gleichgewicht aufgibt, ebenfalls einen zögernden Schritt vorwärts, woraufhin der erste einen weiteren, größeren Schritt macht. Somit bahnen sich beide durch eine Reihe einseitiger, jedoch wechselseitiger Schritte den Weg zurück zur Sicherheit; sie müssen genauso viele Schritte machen, wie sie ursprünglich nach außen gegangen waren.“ (Osgood 1968: 381)

Dieses Gleichnis übertrug Osgood auf das Wettrüsten. Er nannte seinen Vorschlag eine „Friedensoffensive“, und erwartete von ihr, dass sie in der Lage sei „beim Gegner eine Wechselwirkung hervorzurufen. Es handelt sich eher um eine Offensive der Taten als der Worte, aber die Taten sind im Umfang des Risikos, das sie aufweisen, so sorgfältig abgestuft, dass ein erträgliches Maß an Sicherheit und Würde aufrecht erhalten werden kann.“ (Ebenda: 381) Um diese Wechselwirkung zu erzeugen, komme es darauf an, dass die einseitige Handlung eine Erwiderung auslöst. Dazu seien folgende Schritte wichtig:

1. ist es nötig, dass die einseitige Initiative vom Gegner als Verminderung seiner äußeren Bedrohung empfunden werden kann.
2. muss die Initiative von ausdrücklichen Aufforderungen zur Erwiderung begleitet sein, wobei es nicht darauf ankommt, dass der Gegner quantitativ oder qualitativ genau den gleichen Schritt tut.
3. muss die einseitige Handlung auch dann vollzogen werden, wenn der Gegner sich nicht vorher verpflichtet, sie zu erwidern. Hierin liegt der entscheidende Unterschied zu Verhandlungen, die auf bestimmte Maßnahmen beider Seiten zielen.
4. müssen einseitige Handlungen unabhängig von ihrer Erwiderung durch den Gegner in Fortsetzungen oder Schrittfolgen geplant und über lange Zeit hinweg fortgesetzt werden, auch wenn es nicht sofort zu den gewünschten Erwiderungen kommt. Bliebe es bei dem einen ersten Schritt, so müsste damit gerechnet werden, dass der dem „alten Denken" verhaftete Gegner dies als Propaganda oder Trick bewertet. Demgegenüber macht die Schrittfolge deutlich, dass man es mit seiner Entspannungsabsicht ernst meint.
5. bedarf es, um dies zu unterstreichen, einer breiten Öffentlichkeitsarbeit, d. h., die Folge der einseitigen Schritte muss bereits vor ihrer Ausführung den verbündeten, neutralen und gegnerischen Ländern als Teil einer zusammenhängenden Politik verständlich gemacht werden. Dabei kommt es darauf an, die Aktion so zeitig anzukündigen, dass der Gegner darauf eingehen und sich überlegen kann, in welcher Weise und auf welchen Feldern er erwidern will, um auch seinerseits die Weltöffentlichkeit darauf einzustimmen, dass auch er den Frieden will und etwas dafür tut (vgl. ebenda: 382 ff.).

Osgood war sich darüber im Klaren, dass er diese Aktionen für einen hochsensiblen Bereich vorschlug. Wer auch immer die Initiative ergreife, müsse bedenken, was er der Sicherheit des eigenen Landes zumuten könne und was nicht. Deshalb komme es *zuerst* darauf an, die Schrittfolge vorher so abzustufen, dass sie vom Gegner als nützlich und nicht belanglos angesehen, aber auch nicht in böswilliger Weise zum Nachteil der eigenen Sicherheit ausgenutzt werden könne. Dies sei für die Anfangsphase auch deshalb wichtig, weil derjenige, der die Initiative ergreife, mit Schwierigkeiten im eigenen Lager rechnen müsse, wenn die Erwiderung ausbleibe oder gar eine gefährliche Situation dadurch entstehe.

Als *zweite* Bedingung formulierte Osgood, die einseitigen Handlungen müssten „ihrer Natur nach verschiedenartig und (für einen Gegner) nicht voraussagbar sein, was den Ort ihrer Anwendung und den Zeitablauf in Serien betrifft" (ebenda: 385). Diese Forderung halte ich für problematisch, denn sie hat, wie weiter unten erörtert wird, zur Folge, dass es für den Gegner schwieriger wird, in einer klar erkennbaren und damit den Prozess voranbringenden Weise zu reagieren.

Die *dritte* sicherheitspolitische Bedingung versteht sich eigentlich von selbst: „Einseitige Handlungen dürfen niemals unser ‚Kernland' gefährden oder unsere grundsätzliche Fähigkeit verringern, einen Vergeltungsschlag zu führen." (Ebenda: 385)

Schließlich forderte Osgood *viertens*, spannungsverringernde einseitige Handlungen müssten „von einer ausdrücklich entschlossenen Haltung auf allen Gebieten begleitet sein" (ebenda: 386). Dem Gegner sei von vornherein deutlich zu machen, das Entgegenkommen nicht straflos ausnutzen zu können und die Initiative zur Entspannung nicht als Schwäche oder gar Kapitulation missverstehen zu dürfen.

Auf den ersten Blick scheinen einige der in Kapitel 5.3 genannten Untersuchungsergebnisse gegen zentrale Elemente der „einseitigen Initiative" und der „schrittweisen Entwicklung" in Osgoods Strategie zu sprechen. Doch diese Erkenntnisse lassen sich auch dahingehend interpretieren, dass es darauf ankommt, auf der Grundlage einer „rhythmischen Folge" von Schritten in Richtung Aussöhnung vorzugehen, um sowohl *glaubwürdiger* als auch *flexibler* sein zu können. Dabei empfiehlt es sich, dem Gegner schon frühzeitig zu signalisieren, man werde bestimmte Maßnahmen, von denen man weiß, dass sie in seinem Interesse liegen, erst dann verwirklichen, wenn auch er sich entgegenkommend verhält. So vorzugehen, bringt einen doppelten Vorteil: Werden die eigenen Pläne und Absichten in dieser Weise offen gelegt, so fällt es einerseits dem anderen leichter, die Initiative zur Entspannung von einer arglistigen Täuschung oder einer von innenpolitischen Zwängen geleiteten Handlung zu unterscheiden und sie zutreffend als auf die Entwicklung positiver Beziehungen bedachte Maßnahme zu interpretieren. Andererseits demonstriert der Initiator, dass er im eigenen Machtbereich Herr seiner Entscheidungen bleibt, so dass ihm das Entgegenkommen auch nicht als Schwäche ausgelegt werden kann (vgl. Meyer 1985: 102).

7.2 Die Übertragung der GRIT-Strategie auf die Vertrauensbildung

Zwar ist die hier vorgestellte GRIT-Strategie nicht *expressis verbis* als Vertrauensbildungsstrategie, sondern zur Förderung von Entspannung und Rüstungsabbau konzipiert worden, doch Spannungen werden auf der Wahrnehmungsebene meist von hochgradigem Misstrauen begleitet. Deshalb liegt es nahe, sich bei systematischen Bemühungen um Vertrauensbildung an der GRIT-Strategie zu orientieren, auch wenn dies nicht ganz unproblematisch ist. So betont Amitai Etzioni, die Aufteilung des Wandlungsprozesses in viele Schritte lasse es zu, „bei jedem Schritt nur minimal von jenem ‚sicheren' Zustand abzuweichen, an den man sich gewöhnt hat. Wenn man nur einen kleinen Schritt auf einmal unternimmt, lässt dies auch Experimente zu [...] Die kleinen Schritte geben ein Gefühl des Wiederumkehrenkönnens. Das alles ergibt eine ‚Strategie der geringsten Verluste', bei der die sich addierenden Gewinne groß sein können, aber die tatsächlichen Risiken und die eingebildeten Befürchtungen auf ein Minimum beschränkt bleiben." (Etzioni 1965: 280 f.)

Diese Hervorhebung entspricht Ernst-Otto Czempiels Betonung des „risikofreien" Charakters solcher Induktionen (Czempiel 1972: 101 ff.). Damit stehen sie im Widerspruch zu einer Beobachtung Niklas Luhmanns, dass Vertrauen letztlich erst entstehe, wenn *Risiken in Kauf genommen* würden, ja wenn es zur „riskanten Vorleistung" komme. Vertrauen sei stets dann zu investieren, wenn eine „kritische Alternative" vorliege, „in der der Schaden beim Vertrauensbruch größer sein kann als der Vorteil, der aus dem Vertrauenserweis gezogen wird. Der Vertrauende macht sich mithin an der Möglichkeit übergroßen Schadens die Selektivität des Handelns anderer bewusst und stellt sich ihr." (Luhmann 1973: 24 f.) „Vertrauen bleibt ein Wagnis." (Ebenda: 27)

Hierzu könne es überhaupt erst kommen, wenn ein Anlass gegeben sei, Vertrauen zu erweisen: „Der Vertrauende muss eine Situation definieren, in der er auf seinen Partner angewiesen ist. Sonst kommt das Problem gar nicht auf. Er muss sich sodann in seinem Verhalten auf diese Situation einlassen und sich einem Vertrauensbruch aussetzen. Er muss, mit anderen Worten, das einbringen, was wir oben ‚riskante Vorleistung' genannt haben. Der Partner muss, als Rahmenbedingung, die Möglichkeit haben, das Vertrauen zu enttäuschen, und nicht nur die Möglichkeit, sondern ein gewichtiges Interesse daran. Er darf nicht schon von sich aus, in eigenem Interesse, auf der Vertrauenslinie laufen. Er muss sodann in seinem Verhalten das Vertrauen honorieren und sein anderes Interesse zurückstellen." Dabei sei es erforderlich, so fährt Luhmann fort, dass diese Zurückstellung „Faktizität" erlange, also Folgen im Sinne einer verpassten Gelegenheit zeitige und somit vom Vertrauenden nicht mehr als bloßer „vorläufiger Aufschub des Vertrauensbruchs" wahrgenommen werden könne. Erst beides zusammen macht für ihn die erste Sequenz der Vertrauensbildung aus. „An ihr lässt sich ein wichtiges Ergebnis schon ablesen: dass der Prozess einen *beiderseitigen Einsatz* erfordert und nur dadurch erprobt werden kann, dass beide Seiten sich auf ihn einlassen; und zwar in nichtumkehrbarer Reihenfolge: zuerst der Vertrauende und dann der, dem vertraut wird." (Ebenda: 45)

Luhmanns Darstellung der Bedeutung der Bereitschaft, ein für den anderen erkennbares Risiko einzugehen, besitzt hohe Plausibilität. Deshalb kommt Daniel Frei bei einer kritischen Überprüfung des von Etzioni auf kleinste Schritte reduzierten GRIT-Konzepts zu der Frage: „Hat man also nur die Wahl zwischen kleinen risikofreien oder risikoarmen Vorleistungen, denen freilich zu wenig vertrauensbildende Kraft innewohnt, oder großen, vielleicht Vertrauen schaffenden Vorleistungen, die jedoch unzumutbar viel Risiken und Verwundbarkeit mit sich bringen und vor allem gegenüber der herkömmlichen (Gefangenen-, B. M.) Dilemma-Situation nichts Neues bedeuten?" (Frei 1983: 14)

Für Frei hat es den Anschein, als gebe es keinen dritten Ausweg. Darüber hinaus kranke die Theorie des Gradualismus ähnlich wie die der einseitigen Abrüstung „am mangelnden Sinn für interkulturelle Unterschiede im Bereich der Verhaltensnormen, die den Ausgang eines Konflikts bestimmen. Sie gehe implizit von der Vorstellung der „Fairness" aus, von der Erwartung, „die andere Seite denke genau gleich und strebe im Grunde nichts anderes an als auch die Entwicklung dieser Fairness". Dies aber könne möglicherweise auf einem „eurozentrisch-angelsächsischen Vorurteil" beruhen, „einem Missverständnis, das blind macht für alle Haltungen gegenüber Macht, Machtgebrauch, Schwäche und Ausnützung von Schwäche, wie sie beispielsweise in den Bezugsrahmen des Marxismus-Leninismus, der arabischen ‚Bargaining'-Kultur und des ostasiatischen Konfliktstils beobachtet werden können" (ebenda: 15).

Derartige Bedenken sind durchaus begründet. Initiativen zur Vertrauensbildung und zum Spannungsabbau lassen sich gerade auf internationaler Ebene nicht in jeder beliebigen Situation starten, denn dort ist das, was Luhmann zutreffend über die erste Sequenz der Vertrauensbildung auf der interpersonalen Ebene schreibt, nicht nur für ein Individuum lebensgefährlich, sondern kann unter Umständen ganze Völker auslöschen. Was hier an Erfordernissen genannt wird, reicht über die in der Politik schwierige Zurückstellung eigener Interessen weit hinaus. Es geht auch um die Überwindung von Zweifeln und Ängsten, dass das eingegangene Risiko zu groß sein könnte, und damit um die Einschätzung der Verantwortung, die ein Staatsmann für sein Land übertragen bekommen hat. Luhmann weist deshalb zu Recht auf die erkenntnismäßigen und normativen Aspekte hin, die zu dem schon beschriebenen hinzukommen: „Es genügt nicht, dass der Prozess so abläuft. Die Beteiligten müssen wissen, dass dies alles sich so verhält, und sie müssen voneinander wissen, dass sie es wissen. Vertrauensbildung ist deshalb auf leicht interpretierbare Situationen angewiesen und nicht zuletzt deswegen auf Möglichkeiten der Kommunikation." (Luhmann 1973: 45 f.) Dies ist der Grund, warum ich Osgoods erwähnte Forderung nach der Nichtvoraussagbarkeit des Ortes und des Zeitablaufs der Serien für problematisch halte. Hinzu kommt Luhmann zufolge ein Problem der Kommunikation, das den Vertrauensbildungsprozess gefährden kann: „Störanfälliger werden kann er übrigens auch durch zu viel Wissen, nämlich dann, wenn die Beteiligten auch noch wissen oder sich gegenseitig unterstellen, dass der Prozess dem Aufbau von Vertrauen dient. Denn dann wird die Frage nach dem Wozu, die Frage nach dem Motiv unabweisbar, die sehr leicht in Misstrauen umschlagen kann." (Ebenda: 46)

Klugerweise bezeichnet Luhmann dieses Wissen nur als Störfaktor und nicht als ein unüberwindbares Hindernis auf dem Weg zur Vertrauensbildung. Dennoch stellt sich damit die Frage, wie in einer Demokratie dieser Störfaktor minimiert werden kann, wenn außenpolitisch Handelnde für ihre Handlungen innenpolitische Rückendeckung brauchen und Erklärungen, die nach innen gerichtet sind, auch von der Außenwelt wahrgenommen und nach Belieben interpretiert werden können? Hier besteht gleichermaßen ein normatives wie ein praktisches Problem, das noch seiner Auflösung harrt. Normativ insofern, als hiervon der Anspruch des demokratischen Souveräns, über das Handeln derer, die in seinem Namen handeln, informiert zu sein, berührt wird, und praktisch insofern, als es den für die Außenpolitik Sprechenden nur begrenzt möglich ist, Aussagen so zu formulieren, dass sie gleichzeitig nach innen wie nach außen unmissverständlich sind. Gerade wenn man sich der grundsätzlichen Störanfälligkeit der Prozesse bewusst ist, vermag man das Gelingen von Spannungsabbau und Vertrauensbildung in den internationalen Beziehungen erst richtig einzuschätzen.

Um die Anwendbarkeit der GRIT-Strategie für Entspannung und Vertrauensbildung zu verbessern, hat Sven Lindskold zehn Strategieelemente von GRIT mit zehn sozialpsychologischen Prinzipien verbunden (s. Tabelle 2). Der Autor betont dabei mehrfach die Wichtigkeit des „Verstärkerprinzips“, vielleicht besser, des Verstärkungseffekts, der zunächst durch Klarheit und Glaubwürdigkeit der Initiative, sodann durch risikobewusstes konsistentes Verhalten auch beim Ausbleiben der erwünschten Antwort zur Wirkung kommen soll, und von dem schließlich langfristig positive Folgen ausgehen sollen, was erfordert, dass derjenige, der die Initiativen gestartet hat, im Falle positiver Reaktionen der anderen Seite auch in der Lage ist, weitere Initiativen zu lancieren, um unter Beweis zu stellen, dass er auf Dauer ein positives Verhältnis zur anderen Seite anstrebt.

Tabelle 2 Die Beziehungen zwischen GRIT und Vertrauensbildung (nach Lindskold 1978, vgl. Meyer 1985: 107)

GRIT	*Sozialpsychologische Prinzipien*
1. Allgemeine Erklärung, die Spannung verringern zu wollen	*Es ist notwendig, die geplanten Schritte in einem konsistenten Rahmen aufeinander aufbauen zu lassen, um dem Gegenüber ihre Interpretation zu erleichtern; die öffentliche (Selbst-)Verpflichtung bewirkt, dass ein Abweichen von ihr für das internationale Ansehen kostspielig wird; dritte Parteien werden aktiviert, die Freiwilligkeit der Initiative wird sichtbar.*
2. Klare Ankündigung der einzelnen Initiativen	*Vermeidung jeder Fehlinterpretation durch Vagheit, Zweideutigkeit oder Ungenauigkeit; Herstellen der Verbindung der einzelnen Initiativen zu der allgemeinen Erklärung, die Spannung verringern zu wollen, um die Konsistenz des Programms deutlich zu machen.*
3. Durchführung der Initiative wie angekündigt	*Schaffung objektiver Glaubwürdigkeit.*

4. Einladung zur Erwiderung durch die andere Seite, aber keine Forderung nach einer positiven Reaktion	*Keine Freiheitseinschränkung für die andere Seite: Verstärkerprinzip durch das Risiko der eigenen Verwundbarkeit; es ist wichtig, eine Ablehnung durch die andere Seite zu vermeiden.*
5. Fortführung einseitiger Initiativen auch im Falle ausbleibender Reaktionen	*Beweis des konsistenten Verhaltens; Bewahrung der objektiven Glaubwürdigkeit entsprechend der allgemeinen Erklärung (1); Verstärkerprinzip*
6. Verifikationsmöglichkeiten der Maßnahmen durch die andere Seite	*Kann die objektive Glaubwürdigkeit erhöhen, jedoch besteht die Gefahr, dass zuviel demonstrative Offenheit Vertrauen zerstört, da es Anlass zu Misstrauen gibt.*
7. Aufrechterhaltung der Vergeltungsfähigkeit	*Interessenausgleich sollte eine Wahlmöglichkeit sein, nicht – wie im Falle einseitiger, vollständiger Abrüstung – die einzige Strategie; die andere Seite kann das Verhalten als wohlmeinend wahrnehmen, weil sie erkennt, dass vorhandene Druckmittel nicht angewandt wurden.*
8. Präzise Erwiderung im Fall der Eskalation durch die andere Seite	*Vermeidung von Überreaktion, die die Eskalationsspirale ingang setzen und den Eindruck von Feindseligkeit erwecken würde; günstig ist, dass der Gegner die Adäquatheit der Reaktion wahrnehmen kann.*
9. Vielgestaltigkeit der Initiativen	*Wichtig ist die Konsistenz der Maßnahmen und ihr längerer Zeithorizont.*
10. Erwiderung jeder positiven Reaktion der anderen Seite durch weitere Initiativen	*Eine Unterlassung würde als Verletzung der selbstgesetzten Normen angesehen und zu Unglaubwürdigkeit führen, weil das Verstärkerprinzip verletzt würde.*

7.3 Spannungsreduktion durch Vertrauensbildung: die KSZE 1975–1986

Wie in Kapitel 4. 1 dargestellt, hatte die KSZE einen bedeutenden Anteil an der Entschärfung, ja letzten Endes Überwindung des Ost-West-Konfliktes. Zum Kernbestand der „KSZE-Schlussakte von Helsinki" gehört ein erster Satz „Vertrauensbildender Maßnahmen" (vgl. Auswärtiges Amt 1993: 27–30), mit denen nicht nur die Absicht, die Beziehungen zwischen den gegnerischen Staaten und Bündnissystemen zu entspannen, dokumentiert wurde, sondern die darauf angelegt waren, durch ihre Implementierung das militärpolitische Verhalten der Staaten zu verändern. Als Vertrauensbildende Maßnahmen (VBM) galten damals

- die „vorherige Ankündigung" von größeren militärischen Manövern von Landstreitkräften in einer Gesamtstärke von mehr als 25.000 Mann 21 Tage vor deren Beginn,
- die „vorherige Ankündigung anderer" (sprich kleinerer) Manöver als Kann-Vereinbarung,
- der freiwillige Austausch von Manöverbeobachtern,

- die vorherige Ankündigung von größeren Militärbewegungen nach eigenem Ermessen und schließlich
- die Förderung des Austauschs zwischen ihrem militärischen Personal einschließlich des Besuchs von Militärdelegationen auf Einladung.

Wie erwähnt war die Schlussakte kein völkerrechtlicher Vertrag, sondern nur eine politische Willenserklärung der 35 Teilnehmerstaaten. Deshalb war auch die Vereinbarung der VBM nicht *rechts*verbindlich, sondern in der hier genannten Reihenfolge abnehmend *politisch* verbindlich. Ziel der Maßnahmen war es Jonathan Alford zufolge, „militärische Vorhaben offenzulegen", um klar zwischen feindlichem und nicht-feindlichem Verhalten zu unterscheiden (Alford 1980: 590). Alford nannte dabei drei Arten „objektiver" VBM: „Mit der ersten Art soll es einem Staat schwerer gemacht werden, unbemerkt Kriegsvorbereitungen zu treffen, die zweite Art soll gewährleisten, dass ein Staat für Kriegsvorbereitungen mehr Zeit benötigt, und die dritte Art soll gewährleisten, dass zwischen dem, was gesagt wird, und dem, was getan wird, Übereinstimmung herrscht" (Alford 1980: 591).

Andere Klassifizierungen unterscheiden Maßnahmen zur Transparenz durch Information, Inspektion und Kontrolle und solche, die auf die Einschränkung militärischer Aktivitäten gerichtet sind. Gemeinsam ist allen Konzepten aber, dass es nicht um die Reduzierung militärischer Potenziale geht, sondern um die Kontrolle ihres Gebrauchs durch Verhaltensregeln (vgl. Schlotter 1999: 222).

Dieser Zielvorgabe entsprach eine begriffliche Neuorientierung im Mandat des Madrider Folgetreffens für eine Sonderkonferenz, die über Vertrauens- und Sicherheitsbildende Maßnahmen (VSBM) verhandeln sollte. Diese Stockholmer KSZE-Folgekonferenz über Vertrauens- und Sicherheitsbildende Maßnahmen und Abrüstung in Europa (KVAE) verabschiedete 1986 einen Satz weiterreichender VSBM. Sie sollten, um gegenüber den in Helsinki vereinbarten weitgehend unverbindlichen VBM einen Fortschritt zu dokumentieren, „militärisch bedeutsam", „politisch verbindlich" und „von angemessenen Formen der Verifikation begleitet" sein (Auswärtiges Amt 1993: 91). Inhaltlich bestanden sie vor allem aus einer Halbierung der Truppenstärke, ab der Manöver angekündigt werden mussten, von 25.000 auf 13.000 Mann sowie einer Verdoppelung der Fristen für die Ankündigungen sowie einer Vereinbarung von vorausschauenden Jahresübersichten und einer detaillierten Regelung für den Austausch von Beobachtern. Darüber hinaus wurde als neues Instrument die Möglichkeit der „Inspektion vor Ort" für Fälle geschaffen, in denen ein Teilnehmerstaat Zweifel daran hat, dass ein anderer die vereinbarten Maßnahmen einhält.

Dass es zu einer solchen Verfeinerung des Maßnahmenkatalogs überhaupt kommen würde, war nicht von vornherein zu erwarten gewesen. Die 1975 vereinbarten VBM waren nämlich in den ersten Jahren eher schlecht als recht eingehalten worden: Zwar wurden in den ersten neun Jahren insgesamt etwa 100 Manöver angekündigt. Jedoch hielten sich die drei Staatengruppen NATO, Warschauer Pakt und Neutrale und Nichtgebundene (N+N)Staaten unterschiedlich eng an die Schlussakte. So wurden auf Seiten der NATO alle größeren Manöver angekündigt. Dies geschah beim Warschauer Pakt hingegen nicht nur unvollständig, vielmehr wurden die anderen Staaten manchmal auch nur unzureichend über Größe und Zweck der militärischen Übungen unterrichtet. West und Ost unterschieden sich am deutlichsten bei der Ankündigung kleinerer Manöver und der Einladung von Manöverbeobachtern. Die NATO-Staaten zeigten hierbei ein wesentlich größeres Maß an Offenheit. Die Unterschiede nahmen zu, nachdem es infolge der Nicht-Ratifizierung des SALT-II-Abkommens durch den US-Senat, des NATO-Nachrüstungsbeschlusses und des Einmarschs von Truppen der Sowjetunion nach Afghanistan im Dezember 1979 erneut zu einer Eiszeit in den Ost-West-Beziehungen gekommen war. Während die NATO auch danach weiterhin zu den meisten größeren Manövern ausländische Beobachter einlud, gab es von Seiten des Warschauer Paktes über die folgenden fünf Jahre hinweg keine Einladungen mehr. Die N+N-Staaten kündigten während des gesamten Zeitraums nicht nur alle größeren Manöver an, sondern luden auch Beobachter zu ihnen ein (vgl. Jopp et al. 1985: 20 ff.).

Dies war einer der Gründe dafür, dass es der Stockholmer Konferenz nach zweieinhalb Jahren gelangt, die erwähnten weitergehenden VSBM zu verabschieden: Die kontinuierliche Befolgung der ursprünglichen VBM durch jene Länder, die großen Wert darauf legten, dass das Ost-West-Verhältnis sich wieder entspannte, allen voran die an der gefährlichen Nahtstelle der beiden Blöcke liegenden Bundesrepublik Deutschland, wirkte als Eisbrecherfunktion. Der andere war, dass die Sowjetunion unter dem neuen Generalsekretär der KPdSU, Michail Gorbatschow, erkannte, dass es der Glaubwürdigkeit seines neuen außenpolitischen Kurses nicht dienlich war, wenn er fortlaufend von „Glasnost" redete, was soviel wie Transparenz bedeutet, während sich ihre Verhandlungsführer in Stockholm den Verifikationsvorschlägen des Westens widersetzten (vgl. Meyer 1990: 87 f.).

Nachdem jedoch bei der KVAE der „Durchbruch" in Sachen Transparenzförderung gelungen war, wurde es auch möglich, bei den parallel dazu zwischen den USA und der Sowjetunion geführten Verhandlungen über den Abbau der nuklearen Mittelstreckenwaffen (INF) eine Vereinbarung zu erreichen, die ein Minimum an Transparenz sicherte. Dies geschah durch dauerhafte wechselseitige Inspektionen vor den Toren der gegnerischen Raketenfabriken, um nach der Zerstörung der bei den Truppen vorhandenen Bestände eine „Null-Lösung" dadurch zu sichern, dass den Streitkräften unbeobachtet keine neuen Raketen zugeführt werden konnten (vgl. Meyer 1990: 93).

8 Zu den ergänzenden Texten

Es war in den sieben Kapiteln dieses Einführungsteils weder beabsichtigt noch möglich, alle Aspekte der Entstehung von Konflikten, sämtliche Arten von Hindernissen bei ihrer Regelung und alle Strategien, derartige Probleme friedlich zu überwinden, zu behandeln. Einiges wurde für eine eingehendere Behandlung in den weiteren Teilen dieses Bandes aufgespart. Anderes, was hier thematisch nur gestreift wurde, soll anhand der folgenden vier ergänzenden Studientexte vertieft werden können.[28] Die ersten drei erschienen mir wichtig genug, um sie aus anderen Publikationen zu übernehmen, während der Beitrag von Bernhard Moltmann extra für diesen Band neu gefasst wurde.

Der Aufsatz von *Barbara Müller* und *Christine Schweitzer* über Gewaltfreiheit als „Dritten Weg“ zwischen Konfliktvermeidung und gewaltsamer Konfliktaustragung ist dem von Gerald Mader und anderen herausgegebenen Band „Konflikt und Gewalt“ (Mader et al. 2000) entnommen. Die Autorinnen verstehen unter Gewaltfreiheit sowohl eine innere Haltung, die sich von einem „bloßen“ Verzicht auf Gewaltanwendung (Gewaltlosigkeit) unterscheidet, wie auch eine strategisch durchdachte Verhaltensweise bei der Konfliktaustragung, wie sie von Neuen Sozialen Bewegungen und Kampagnen sowie Teilen der pazifistischen Bewegung praktiziert wird. Sie klären in ihrem Aufsatz zunächst einige Begriffe, geben dann aber einen Überblick über verschiedene Strategien gewaltfreien Handelns und diskutieren ihre Voraussetzungen und Bedingungen. Dabei kommen u. a. Konzepte wie „soziale Verteidigung“ und „gewaltfreie Aktion“ zur Sprache. Abschließend resümieren die Autorinnen, welchen Beitrag Gewaltfreiheit bei der Prävention, der Überwindung von Gewalt und der Transformation von Konflikten spielen kann. Der Aufsatz bietet einerseits einen Überblick über die einschlägige Literatur und regt andererseits auch dazu an, diesen Dritten Weg bei der Konfliktaustragung und -bearbeitung zu wagen.

Das Handbuch „Konfliktmanagement“ von *Friedrich Glasl* liegt inzwischen schon in der 8. Auflage vor und gehört damit zu den erfolgreichen Werken, mit denen Personen, die in Unternehmen und Behörden mit Spannungen, Reibungen und Gegensätzen umzugehen haben, dabei geholfen werden soll, diese Konflikte so zu diagnostizieren und zu regeln, dass die Betriebsabläufe durch sie nicht beeinträchtigt werden. Man sollte vor der Lektüre des hier ausgewählten Kapitels beachten, dass Glasl von einem Konfliktbegriff ausgeht, der sich von dem unserem Band zugrunde gelegten nicht nur durch die Hervorhebung seelischer Faktoren

[28] Zur weiteren Vertiefung seien darüber hinaus an dieser Stelle zwei englischsprachige Handbücher empfohlen, die inzwischen in zweiter überarbeiteter Auflage vorliegen: Cheldelin/Druckman and Fast (2008) sowie Deutsch/Coleman and Marcus (2006).

unterscheidet, sondern auch dadurch, dass er letztlich – was durch das Wort „Beeinträchtigung“ deutlich wird – von einem negativen Konfliktverständnis geprägt ist.[29] Er beschreibt den sozialen Konflikt als „Interaktion zwischen Aktoren (Individuen, Gruppen, Organisationen usw.), wobei wenigstens ein Aktor eine Differenz bzw. Unvereinbarkeiten im Wahrnehmen und im Denken bzw. Vorstellen und im Fühlen und im Wollen mit dem anderen Aktor (den anderen Aktoren) in der Art erlebt, dass beim Verwirklichen dessen, was der Aktor denkt, fühlt oder will, eine Beeinträchtigung durch einen anderen Aktor (die anderen Aktoren) erfolge.“ (Glasl 2004: 17) Unvereinbarkeiten, die nicht gleichermaßen im Wahrnehmen, Denken, Fühlen, Wollen wie im Handeln erlebt werden, bezeichnet Glasl noch nicht als Konflikte, sondern als logischen Widerspruch, Meinungsdifferenz, Missverständnis, Fehlperzeption, semantischen Unterschied, Gefühlsgegensatz, Ambivalenz, Antagonismus, Inzident, Spannung oder Krise. Allerdings können sie sich „zu einem vollen Konflikt auswachsen“ (Glasl 2004: 19).

Wer selbst im Bereich des Konfliktmanagements tätig werden will, wird sicher das ganze Handbuch durcharbeiten wollen. Für diesen Einführungsband wurde zum einen die ausführliche Darstellung der erwähnten neun Stufen der Konflikteskalation und zum anderen ein Kapitel ausgewählt, das einen Überblick über Interventionen in der Konfliktbehandlung gibt, der auch dann lohnend zu lesen ist, wenn man nicht ausschließlich von einem negativen Konfliktverständnis ausgeht. Dabei werden zunächst vier Richtungen, in die Interventionen wirken sollen, unterschieden: eine de-eskalierende, eine eskalierende, eine präventive und eine kurative. Sodann gruppiert der Autor ein umfassendes Spektrum von Interventionsmaßnahmen zu fünf seelischen Hauptfaktoren, die in Konflikten vielfältig beeinträchtigt werden und in ihrer Wechselwirkung zur Eskalation oder Fixierung der Konflikte beitragen.

Der hier nachgedruckte Aufsatz von *Mark Hoffman* wurde einem von Norbert Ropers und Tobias Debiel herausgegebenen Band über „Friedliche Konfliktbearbeitung in der Staaten- und Gesellschaftswelt“ (Ropers/Debiel 1995) entnommen. Er stellt das auf gesellschaftliche Akteure (jedoch nicht nur innergesellschaftliche Konflikte) zugeschnittene Konzept der Problemlösungs-Workshops vor, das von John Burton, Herbert Kelman und anderen als Reaktion auf die machtpolitischen Prämissen der traditionellen Konfliktbearbeitung entwickelt wurde (vgl. Burton 1990; Burton/Dukes 1990). Dieses Verfahren konzentriert sich auf menschliches,

[29] Glasl schreibt dazu: „Ohne die Realisierung und das Erleben der Beeinträchtigung (Behinderung, Widerstand, Abwehr oder Angriff) seitens immerhin einer Partei kann von einem sozialen Konflikt nicht gesprochen werden. Denn sonst wäre unsere ganze Erdenexistenz per definitionem nur Konflikt, weil wir wahrscheinlich anders perzipieren und denken, anders fühlen und wollen als unsere Mitmenschen.“ (Glasl 2004: 17)

nicht auf institutionelles Verhalten und zielt darauf, die Fähigkeit der Konfliktparteien zu steigern, kreative Entscheidungen zu erreichen und eine produktive Konfliktlösung in Gang zu setzen. Wichtig ist dabei, dass die Parteien selbst eine angemessene Lösung ihres Problems finden, denn damit erhöht sich die Chance der Einhaltung ihrer Beschlüsse. Hoffman sieht die besondere Stärke dieses Ansatzes dort, wo es zwischen den streitenden Parteien wenig Möglichkeiten gibt, offen und direkt miteinander in Kontakt zu treten (wie es z. B. lange Zeit im Zypern-Konflikt der Fall war), aber auch dort, wo offizielle Verhandlungen blockiert werden oder ins Stocken geraten sind. Außerdem sieht er Chancen für solche Fälle, in denen eine der Konfliktparteien aufgrund ihrer vermeintlichen Überlegenheit meint, einen Konflikt leugnen oder aussitzen zu können (vgl. Ropers/Debiel 1995: 28).

Der Beitrag von *Bernhard Moltmann* über „Friedensprozesse" stellt schon im Titel die Forderung auf, „im Krieg mit dem Frieden zu beginnen". Dabei hat der Autor nicht die klassischen zwischenstaatlichen Kriege im Blick, sondern die „neuen" Bürgerkriege, die durch ein sehr hohes Maß an Brutalität und privatisierter Gewaltanwendung gekennzeichnet sind. Der Formenwandel des Krieges mache auch einen Wandel der Formen, Frieden zu stiften, erforderlich. Zwischenstaatliche Kriege ließen sich durch Friedensschlüsse beenden, die die Krieg auslösenden Gegensätze nach einem erreichten neuen Machtgleichgewicht unter den Kriegsgegnern beilegten. Die Dynamik der aktuellen Bürgerkriege erfordere hingegen andere Modi, um dem gewaltsamen Austrag von gegenläufigen Interessen ein Ende zu bereiten. Dabei begännen Bemühungen um einen Frieden häufig schon, während die Kämpfe noch tobten.

Was in dem von Moltmann immer wieder als Beispiel eingebrachten Nordirland-Konflikt spätestens seit dem Karfreitags-Abkommen als Friedensprozess bezeichnet wird, begann noch im Schatten von Bombenanschlägen, Repression und Missachtung jeder Rechtstaatlichkeit mit persönlichen Kontakten, mit dem Austausch von Optionen und tastenden Versuchen, jenseits aller Differenzen gemeinsame Anliegen zu definieren. In diesem wie auch in anderen Fällen fasse der Friedensgedanke zunächst in den Köpfen einiger Akteure Fuß, paare sich mit wirtschaftlichen Interessen am Frieden, finde Unterstützung von außen und münde in konsentierte Vorhaben, die Regeneration von Gesellschaften und Staaten, die durch bewaffnete Auseinandersetzungen zerrissen sind, auf den Weg zu bringen. Ab diesem Zeitpunkt kann von einem „Friedensprozess" die Rede sein, der den Kontrapunkt zu dem noch nicht beendeten Bürgerkrieg setzt, und der durch allerlei Rückschläge beeinträchtigt werden kann, aber aufgrund der nun vorhandenen inländischen wie internationalen Interessen an seinem Fortbestehen nicht mehr vollständig zum erliegen kommt. So hat sich in Ländern wie in Nordirland eine „Friedensindustrie" herausgebildet, die – zumindest in diesem Fall – schon mehr Personen beschäftigt als die Sicherheitsorgane.

Literatur

Alford, Jonathan (1980): Vertrauensbildende Maßnahmen und Sicherheit in Europa. Perspektiven des Madrider KSZE-Folgetreffens, Europa-Archiv, 19, 589–598.

Arrow, Kenneth/Mnookin, Robert H./Ross, Lee/Tversky, Amos/Wilson, Robert (1995): Barriers to Conflict Resolution, New York/London.

Aubert, Vilhelm (1963): Competition and Dissensus: Two Types of Conflict and of Conflict Resolution, in: Journal of Conflict Resolution, 7, 1963, S. 26–42;

Aubert, Vilhelm (1972): Interessenkonflikt und Wertkonflikt: Zwei Typen des Konflikts und der Konfliktlösung, in: Bühl, Walter L. (Hrsg.): Konflikt und Konfliktstrategie, München, 2. Aufl., S. 178–205.

Auswärtiges Amt (Hrsg.) (1990): Sicherheit und Zusammenarbeit in Europa. Dokumentation zum KSZE-Prozeß, Bonn.

Auswärtiges Amt (Hrsg.) (1991): Sicherheit und Zusammenarbeit in Europa. Dokumentation zum KSZE-Prozeß 1990/91, Bonn.

Auswärtiges Amt (Hrsg.) (1993): 20 Jahre KSZE 1973–1993, Bonn.

Bahr, Egon (1996): Zu meiner Zeit, München.

BDA (2003): Für eine neue Balance in der modernen Tarifautonomie. Beschluss des Präsidiums der Bundesvereinigung der Deutschen Arbeitgeberverbände vom 15.9.2003.

Bercovitch, Jacob (1995): Mediation in der Staatenwelt: Bedingungen für Erfolg und Scheitern internationaler Vermittlungsbemühungen, in: Ropers, Norbert/Debiel, Tobias (Hrsg.): Friedliche Konbfliktbearbeitung in der Staaten- und Gesellschaftswelt, Bonn, S. 89–111.

Bercovitch, Jacob/Jeffrey Z. Rubin (Eds.) (1992): Mediation in International Relations. Multiple Approaches to Conflict Management, New York.

Bonacker, Thorsten/Imbusch, Peter (2006): Zentrale Begriffe der Friedens- und Konfliktforschung: Konflikt, Gewalt, Krieg, Frieden, in: Imbusch, Peter und Ralf Zoll (Hrsg.): Friedens- und Konfliktforschung. Eine Einführung, Friedens- und Konfliktforschung, Band 1, 4., überarb. Aufl., Wiesbaden, S. 67–142.

Brock, Lothar (1996): Gewalt in den internationalen Beziehungen, in: Meyer, Berthold (Red.): Eine Welt oder Chaos? Friedensanalysen Band 25, Frankfurt a. M., S. 27–46.

Bühl, Walter L. (Hrsg.) (1972): Konflikt und Konfliktstrategie, München, 2. Aufl.

Bundeszentrale für Politische Bildung (2008): Armuts- und Reichtumsbericht der Bundesregierung 2008, http://www2.bpb.de/themen/S5PR6G,0,0,Armuts_und_Reichtumsbericht_der_Bundes regierung.html (04.09.2009)

Burton, John (1990): Conflict. Resolution and Provention, New York.

Burton, John und Frank Dukes (Eds.) (1990): Conflict. Readings in Management and Resolution, New York.

Clinton, Bill (2004): Mein Leben, Berlin.

Cheldelin, Sandra/Druckman, Daniel and Fast, Larissa (eds.) (2008) Conflict. From Analysis to Intervention, Second Edition, London – New York.

Coser, Lewis (1965): Theorie sozialer Konflikte, Neuwied.

Czempiel, Ernst-Otto (1972): Schwerpunkte und Ziele der Friedensforschung, München.

Czempiel, Ernst-Otto (1975): Friede und Konflikt in den internationalen Beziehungen, in: Haftendorn, Helga u. a. (Hrsg.): Theorie der Internationalen Beziehungen, Hamburg, S. 89–113.
Czempiel, Ernst-Otto (1981): Internationale Politik: Ein Konfliktmodell, Paderborn u. a.
Czempiel, Ernst-Otto (1993): Weltpolitik im Umbruch. Das internationale System nach dem Ende des Ost-West-Konflikts, 2. Aufl. München.
Czempiel, Ernst-Otto (1999): Kluge Macht. Außenpolitik für das 21. Jahrhundert, München.
Daase, Christopher (1996): Vom Ruinieren der Begriffe. Zur Kritik der Kritischen Friedensforschung, in: Meyer, Berthold (Red.): Eine Welt oder Chaos? Friedensanalysen 25, Frankfurt a. M., S. 455–490.
Dahl, Robert (1957): The Concept of Power, zuerst in: Behavioral Sciences 2, 1957, S. 201–215.
Dahrendorf, Ralf (1957): Soziale Klassen und Klassenkonflikt in der industriellen Gesellschaft, Stuttgart.
Dahrendorf, Ralf (1967): Homo Sociologicus: Versuch zur Geschichte, Bedeutung und Kritik der Kategorie der sozialen Rolle, in: Ders.: Pfade aus Utopia. Arbeiten zur Theorie und Methode der Soziologie, München, S. 128–194.
Dahrendorf, Ralf (1992): Der moderne soziale Konflikt, Stuttgart.
Dahrendorf, Ralf (1996): Zu einer Theorie des sozialen Konflikts, nachgedruckt in: Bonacker, Thorsten: Konflikttheorien. Eine sozialwissenschaftliche Einführung mit Quellen, Friedens- und Konfliktforschung, Band 2, Opladen, S. 279–295.
Daves, Robyn M. /Orbell, John M. (1995): The Benefit of Optional Play in Anonymos One-Hot Prisoner's Dilemma Games, in: Arrow, Kenneth et al.: Barriers to Conflict Resolution, New York/London, S. 62–85.
Der Fischer Weltalmanach 2009 (2008), Frankfurt a. M.
Deutsch, Morton/Coleman, Peter T./Marcus, Eric C. (eds.) (2006): The Handbook of Conflict Resolution. Theory and Practice, Second Edition, San Francisco.
Diez, Thomas, Stetter, Stephan and Albert, Mathias: The European Union and Border Conflicts: The Transformative Power of Integration. In: International Organization, No. 60, Summer 2006, S. 563–593.
Dubiel, Helmut (1997): Metamorphosen der Zivilgesellschaft I. Selbstbegrenzung und reflexive Modernisierung (unv. Manuskript).
Elias, Norbert (1977): Über den Prozess der Zivilisation. Soziogenetische und psychogenetische Untersuchungen. Erster Band: Wandlungen des Verhaltens in den weltlichen Oberschichten des Abendlandes, Frankfurt a. M.
Eppler, Erhard (2002): Vom Gewaltmonopol zum Gewaltmarkt. Die Privatisierung und Kommerzialisierung der Gewalt, Frankfurt a. M.
Etzioni, Amitai (1965): Siegen ohne Krieg, Düsseldorf.
Etzioni, Amitai (1968): Das Kennedy-Experiment in: Krippendorff, Ekkehart (Hrsg.): Friedensforschung, Köln, S. 393–412.
Fachdidaktik Einecke (2006): www.fachdidaktik-einecke.de/9b_meth_umgang_mit_texten/kommunikationsst… (Abruf 27.02.2006)
Feger, Hubert (1972): Gruppensolidarität und Konflikt, in: Graumann, Carl-Friedrich (Hrsg.): Handbuch der Psychologie, 7. Band, Sozialpsychologie, 2. Halbband, Göttingen, S. 1594–1653.

Festinger, Leon (1957): A Theory of Cognitive Dissonance, Evanston, Ill.
Frei, Daniel (1983): Friedenssicherung durch Gewaltverzicht? In: Aus Politik und Zeitgeschichte, B 15-16/83.
Galtung, Johan (1971): Gewalt, Frieden und Friedensforschung, in: Senghaas, Dieter (Hrsg.): Kritische Friedensforschung, Frankfurt a. M., S. 55–104.
Galtung, Johan (1989): Solving Conflicts. A Peace Research Perspective, Honolulu.
Galtung, Johan (1993): Kulturelle Gewalt, in: Der Bürger im Staat, 43, 2/1993, S.106–112.
Gilson, Ronald J. and Robert H. Mnookin (1995): Cooperation and Competition in Litigation: Can Lawyers Dampen Conflict? In: Arrow, Kenneth et al.: Barriers to Conflict Resolution, New York/London, S. 184–211.
Glasl, Friedrich (2004): Konfliktmanagement. Ein Handbuch zur Diagnose und Behandlung von Konflikten für Organisationen und ihre Berater, 8. aktualisierte und ergänzte Aufl., Bern/Stuttgart.
Graumann, Carl-Friedrich (1972): Interaktion und Kommunikation, in: Ders. (Hrsg.): Handbuch der Psychologie, 7. Band, Sozialpsychologie, 2. Halbband, Göttingen, S. 1109–1262.
Hartley, Eugene/Hartley, Ruth (1955): Die Grundlagen der Sozialpsychologie, Berlin.
Hartmann, Martin/Offe, Claus (Hrsg.) (2001): Vertrauen. Die Grundlage des sozialen Zusammenhalts, Frankfurt a. M./New York.
Höffe, Otfried (2004): Der entlarvte Ruck. Was sagt Kant den Gehirnforschern? In: Frankfurter Allgemeine Zeitung v. 11. Februar 2004, S. 33.
Höpken, Wolfgang (1998): Kriegserinnerung und nationale Identität(en) – Vergangenheitspolitik in Jugoslawien und in den Nachfolgestaaten, in: Transit, Nr. 15, 1998, S. 83–99.
Imbusch, Peter (2005): Moderne und Gewalt. Zivilisationstheoretische Perspektiven auf das 20. Jahrhundert, Wiesbaden.
Imbusch, Peter (2006): Sozialwissenschaftliche Konflikttheorien, in: ders. und Ralf Zoll (Hrsg.): Friedens- und Konfliktforschung. Eine Einführung, Friedens- und Konfliktforschung, Band 1, 4., überarbeitete Auflage, Wiesbaden, S. 143–178.
Iten, Andreas (1995): Medien und Krieg – Krieg in den Medien. Die Sprache bereitet den Krieg vor, in: Imhof, Kurt/Schulz, Peter (Hrsg.): Medien und Krieg – Krieg in den Medien, Zürich, S. 13–18
Johannsen, Margret/Schmid, Claudia (1994): Ende einer Feindschaft? Der Friedensprozess im Nahen Osten, in: Solms, Friedhelm/Mutz, Reinhard/Krell, Gert: Friedensgutachten 1994, Münster, S. 243–260.
Jopp, Mathias/Meyer, Berthold/Ropers, Norbert/Schlotter, Peter (1985): Zehn Jahre KSZE-Prozess, Frankfurt a. M.
Kahn, Herman (1962): Thinking about the Unthinkable, New York
Kahn, Herman (1965): On Escalation, Methaphors and Scenarios, New York (deutsche Fassung: Eskalation. Die Politik der Vernichtungsspirale, Berlin 1966). X
Kralewski, Wolfgang (1994): Friedensstrategien in Theorie und Praxis am Ende des 20. Jahrhunderts – Heitere Hoffnungslosigkeit angesichts der ökologischen Katastrophe? In: Meyer, Berthold/Moltmann, Bernhard (Hrsg.): Konfliktsteuerung durch Vereinte Nationen und KSZE, Frankfurt a. M., S. 6–20.

Lindskold, Sven (1978): Trust development, the GRIT proposal, and the effects of conciliatory acts on conflict and cooperation, in: Psychological Bulletin, 85, S. 772–793.
Link, Werner (1994): Überlegungen zu einer strukturellen Konflikttheorie, in: Krell, Gert und Harald Müller (Hrsg.): Frieden und Konflikt in den internationalen Beziehungen, Festschrift für Ernst-Otto Czempiel, Frankfurt a. M./New York, S. 99–115.
Luhmann, Niklas (1973): Vertrauen. Ein Mechanismus der Reduktion sozialer Komplexität, 2. erw. Aufl., Stuttgart.
Mader, Gerard, Wolf Dieter Eberwein und Wolfgang R. Vogt (Hrsg.), Kempf, Wilhelm (Koordination) (2000): Konflikt und Gewalt. Ursachen – Entwicklungstendenzen – Perspektiven, Münster.
Matthies, Volker (Hrsg.) (1993): Frieden durch Einmischung? Der Schrecken des Krieges und die (Ohn)Macht der internationalen Gemeinschaft, Bonn.
Matthies, Volker (Hrsg.) (1995): Vom Krieg zum Frieden. Kriegsbeendigung und Friedenskonsolidierung, Bremen.
McDonald, John und D. Bendahmane (Eds.) (1987): Conflict Resolution. Track Two Diplomacy, Washington D. C..
Meyer. Berthold (1966): Die Windmühle hob ihre Flügel, in: aspekte, impulse 7/8.
Meyer, Berthold (1985): Atomwaffenfreie Zonen und Vertrauensbildung in Europa, Frankfurt a. M./New York 1985.
Meyer, Berthold (1990): Auf Vertrauen bauen? Über die Erfolge und Effekte des KSZE/KVAE-Prozesses für die Friedensentwicklung, in: Vogt, Wolfgang R. (Hrsg.), Mut zum Frieden. Über die Möglichkeiten einer Friedensentwicklung für das Jahr 2000, Darmstadt.
Meyer, Berthold (1997): Formen der Konfliktregelung. Eine Einführung mit Quellen, Opladen.
Meyer, Berthold unter Mitarbeit von Hannes Vorhofer (2001): Aus der Traum? Das Scheitern des Nahost-Friedensprozesses und seine innenpolitischen Hintergründe, HSFK-Report 2/2001, Frankfurt a. M.
Mnookin. Robert H./Ross, Lee (1995): Introduction, in: Arrow, Kenneth et al. (1995): Barriers to Conflict Resolution, New York/London, S. 1–24.
Montada, Leo/Kals, Elisabeth (2001): Mediation. Lehrbuch für Psychologen und Juristen, Weinheim.
Münch, Richard (1995): Dynamik der Kommunikationsgesellschaft, Frankfurt a. M.
Offe, Claus (2001): Wie können wir unseren Mitbürgern vertrauen? In: Hartmann, Martin/Offe, Claus (Hrsg.): Vertrauen. Die Grundlage des sozialen Zusammenhalts, Frankfurt a. M./New York, S. 241–294.
Ohe, Werner von der (1988): Konflikt, in: Lippert, Ekkehard/Wachtler, Günther (Hrsg.): Frieden. Ein Handwörterbuch, Opladen 1988, S. 216–229.
Osgood, Charles E. (1962): An Alternative to War and Surrender, Urbana.
Osgood, Charles E. (1968): Wechselseitige Initiative, in: Krippendorff, Ekkehart (Hrsg.): Friedensforschung, Köln, S. 357–392.
Popitz, Heinrich (1992): Phänomene der Macht, Tübingen.
Rapoport, Anatol (1970): Chicken à la Kahn, in: Senghaas, Dieter (Hrsg.): Zur Pathologie des Rüstungswettlaufs. Beiträge zur Friedens- und Konfliktforschung, Freiburg, S. 182–201.
Raiser, Thomas (1987): Rechtssoziologie, Frankfurt a. M.

Ropers, Norbert und Tobias Debiel (Hrsg.) (1995): Friedliche Konfliktbearbeitung in der Staaten- und Gesellschaftswelt, Bonn.
Röhl, Klaus F. (1987): Rechtssoziologie, Köln/Berlin/Bonn/München.
Rosenow, Dörthe (2008): Der Wehrbeauftragte im Transformationsprozess: vom Kontrolleur zum Ombudsmann, Baden-Baden .
Roth, Gerhard (1997): Das Gehirn und seine Wirklichkeit. Kognitive Neurobiologie und ihre philosophischen Konsequenzen, Frankfurt a. M.
Rotter, Julian (1981): Vertrauen. Das kleinere Risiko, in: Psychologie heute, März 1981, S. 23.
Rubinstein, Ariel (1995): On the Interpretation of Two Theoretical Models of Bargaining, in: Arrow, Kenneth et al.: Barriers to Conflict Resolution, New York/London, S. 120–130.
Ruf, Werner (Hrsg.) (2003): Politische Ökonomie der Gewalt: Staatszerfall und Privatisierung von Gewalt und Krieg, Opladen
Sandole, Denis J. D./I. Sandole-Starorte (Eds.) (1987): Conflict Management and Problem Solving. Interpersonal and International Applications, London.
Schlotter, Peter (1999): Die KSZE im Ost-West-Konflikt. Wirkung einer internationalen Institution, Frankfurt a. M./New York
Schlotter, Peter, Ropers, Norbert und Meyer, Berthold (1994): Die neue KSZE. Zukunftsperspektiven einer regionalen Friedensstrategie, Opladen.
Schulz von Thun, Friedemann (2002): Miteinander reden, Band 1, Reinbek.
Senghaas, Dieter (1972): Aufrüstung durch Rüstungskontrolle, Stuttgart.
Senghaas, Dieter (1981): Abschreckung und Frieden. Studien zur Kritik organisierter Friedlosigkeit, Frankfurt a. M., 3. Aufl.
Senghaas, Dieter (1992): Friedensprojekt Europa, Frankfurt a. M.
Senghaas, Dieter (1997): Frieden machen, Frankfurt a. M.
Senghaas-Knobloch, Eva (1990): Subjektivität in der internationalen Politik. Über das Zusammenspiel persönlicher und institutioneller Faktoren der Konfliktbearbeitung, in: Steinweg, Reiner/Wellmann, Christian (Red.): Die vergessene Dimension internationaler Konflikte: Subjektivität, Friedensanalysen Band 24, Frankfurt a. M., S. 29–61.
Singer, Wolf (2003): Das Ende des freien Willens? In: Ders. Ein neues Menschenbild? Gespräche über Hirnforschung, Frankfurt a. M., S. 24–34.
Social Watch Deutschland Report (2004): In Angst und Not. Bedrohungen menschlicher Sicherheit, o. O.
Sundhausen, Holm (1999): Kosovo: Himmlisches Reich und irdischer Kriegsschauplatz. Kontroversen über Recht, Unrecht und Gerechtigkeit, in: Südosteuropa, Jg. 48, Nr. 5-6, S. 237–257.
Trotha, Trutz von (1997): Zur Soziologie der Gewalt, in: ders. (Hrsg.): Soziologie der Gewalt, Sonderheft der Kölner Zeitschrift für Soziologie und Sozialpsychologie 37/1997, S. 9–56.
Ulbert, Cornelia/Werthes, Sascha (2008): Menschliche Sicherheit. Globale Herausforderungen und regionale Perspektiven, Baden-Baden.
Vogt, Wolfgang R. (Hrsg.) (1997): Gewalt und Konfliktbearbeitung, Baden-Baden.
Waltz, Kenneth (1979): Theory of International Politics, Reading/Mass.
Wasmuht, Ulrike C. (1992): Wozu und zu welchem Ende untersuchen wir Konflikte? Überlegungen zu einem praktischen Leitfaden für die Analyse politischer Konflikte,

in: dies. (Hrsg.): Konfliktverwaltung. Ein Zerrbild unserer Demokratie? Analysen zu fünf innenpolitischen Streitfällen, Berlin, S. 18–62.

Watzlawick, Paul/Beavin, Janet H. /Jackson, Don D. (2000): Menschliche Kommunikation. Formen, Störungen, Paradoxien, Bern-Stuttgart-Wien, 10. unv. Aufl.

Weber, Max (1964): Wirtschaft und Gesellschaft, 1. Halbband, Köln/Berlin.

Wendebourg, Dorothea (2005): Der Augsburger Religionsfrieden, in: Frankfurter Allgemeine Zeitung v. 24. September 2005, S. 9.

Wilson, Robert B. (1995): Strategic and Informational Barriers to Negotiation, in: Arrow, Kenneth et al.: Barriers to Conflict Resolution, New York/London, 108–119.

Wiswede, Günter (1998): Soziologie. Grundlangen und Perspektiven für den wirtschafts- und sozialwissenschaftlichen Bereich, 3. neubearb. Aufl. Landsberg a. L.

Zoll, Ralf (1996): Friedens- und Konfliktforschung als Studiengang, in: Imbusch, Peter und Ralf Zoll (Hrsg.): Friedens- und Konfliktforschung. Eine Einführung mit Quellen, Friedens- und Konfliktforschung, Band 1, Opladen, S. 162–174.

Gewaltfreiheit als Dritter Weg zwischen Konfliktvermeidung und gewaltsamer Konfliktaustragung*

Barbara Müller, Christine Schweitzer

1 Einleitung: Konflikt, Gewalt, Gewaltfreiheit

[...] Gewalt ist anscheinend überall, allumfassend und durchdringt jeden Aspekt der Wirklichkeit. Gewaltfreiheit wird dagegen kaum sichtbar, höchstens in wenigen spektakulären Ereignissen von Massenbewegungen wie 1989/1990 in Mitteleuropa oder in Handlungen von herausragenden Einzelpersönlichkeiten, die sich leicht auf „den" Gandhi oder „den" King reduzieren lassen – zur Nachahmung nicht geeignet. Schon gar nicht sichtbar wird Gewaltfreiheit, wo sie im Konflikt erfolgreich ist. Denn sie wird dadurch erfolgreich, dass Gewalt *nicht* geschieht. Und wo etwas nicht geschieht, hat dieses auch niemand wirklich gewollt [...]

Schon hier soll festgehalten werden, dass es sich bei Gewaltfreiheit sowohl um eine innere Haltung als auch um eine praktische Verhaltensweise handelt. Ihr erstes und wesentlichstes Merkmal ist der Verzicht einer Konfliktpartei auf eigene Gewaltanwendung bei der Konfliktaustragung. Hierauf aufbauend, entwickelt Gewaltfreiheit praktische Handlungskonzepte und Strategien, die eine Konfliktaustragung allein mit politischen und sozialen Mitteln aussichtsreich erscheinen lassen sollen. Diese praktische Handlungsorientierung ist ihr zweites Merkmal. Gewaltfreiheit kann sich auf die individuelle Sphäre beziehen, als ein Gestalten der eigenen Lebenswelt („Gewaltfreiheit als Lebensprinzip"). Auch dieser individuelle Ansatz kann in die soziale und politische Umgebung ausstrahlen. In diesem Beitrag soll es aber um die Gewaltfreiheit gehen, die sich auf die öffentliche Sphäre bezieht, um die Möglichkeiten und Grenzen von Gewaltfreiheit als einem Weg der Konfliktaustragung und -trans-formation im politischen Raum.

Die gängige These lautet, dass Gewalt nur durch Gewalt überwunden werden kann. Gewalt wird entweder einer einzigen, zur Gewalt berechtigten Autorität zugestanden (Gewaltmonopol) oder als reinigende Katharsis von Revolutionären (Frantz Fanon) gerechtfertigt. Die Alternative zur Gewalt sei eine Konfliktvermei-

---

* Gekürzte und redaktionell leicht überarbeitete Fassung des gleichnamigen Aufsatzes in: Konflikt und Gewalt: Ursachen – Entwicklungstendenzen – Perspektiven (Koordination Wilhelm Kempf), Münster 2000, S. 82 ff.

dung oder Verleugnung, ein Ignorieren, Wegschauen oder ein hilfloses Zuschauen. Die These dieses Beitrages lautet demgegenüber, dass sich Gewaltfreiheit als „Dritter Weg“ anbietet: als Ausweg zwischen dem desinteressierten Wegschauen bzw. der Hinnahme von Unrecht als unveränderlich und der Anwendung von Gewalt. Allerdings hat dieser Weg auch seine Voraussetzungen. Soll Gewaltfreiheit zum Zuge kommen, müssen ihre Wirkungsmechanismen beachtet werden. Dies gilt für Konfliktszenarien, bei denen soziale Bewegungen mit Gewaltfreiheit soziale Kämpfe zur Durchsetzung von Anliegen und zur Bekämpfung von Unrecht führen, bis hin zu gewaltfreien Revolutionen. Gleichermaßen gilt es für jene Konfliktszenarien, bei denen es primär um die Verhinderung von Gewalteskalation durch Prävention oder Konfliktintervention geht.

Nach der Klärung einiger Begrifflichkeiten sollen beide Anwendungsfelder von Gewaltfreiheit näher betrachtet werden. Dabei werden sowohl die Strategien gewaltfreien Handelns als auch ihre Voraussetzungen und Bedingungen diskutiert. … Abschließend wird zu resümieren sein, welchen Beitrag Gewaltfreiheit bei der Prävention, der Überwindung von Gewalt und der Transformation von Konflikten leisten kann.

2 Begriffe und Ansätze

Gewaltfreiheit ist kein besonders exakter Begriff. Am ehesten lässt sich sagen, dass er eine ganze Gattung[1] von Handlungsweisen und Einstellungen beschreibt. Zur Beschreibung von gewaltfreiem Handeln werden unter anderem benutzt: Gewaltfreie Aktion, Zivile Konfliktbearbeitung, Soziale Verteidigung, Ziviler Ungehorsam, gewaltfreier Aufstand, gewaltfreier Widerstand und ziviler Widerstand. Diese Begriffe sind nicht synonym zueinander, sondern machen den Charakter von Gewaltfreiheit als generischem Begriff (Gene Sharp) deutlich. Entsprechend vielfältig sind die Träger von gewaltfreiem Handeln und die Anwendungsbereiche. Gewaltfreiheit ist in Neuen Sozialen Bewegungen und Kampagnen zu finden, in friedenspädagogischen Ansätzen, im Pazifismus, in gewaltlosen Aufständen und Konzepten Sozialer Verteidigung, in staatlichem Handeln, wo zivile Konfliktbearbeitung betrieben wird und in Projekten von ziviler Konfliktbearbeitung im In- und Ausland.

[1] „Nonviolent action is a generic term covering dozens of specific methods of protest, noncooperation and intervention, in all of which the actionists conduct the conflict by doing – or refusing to do – certain things without using physical violence.“ (Sharp 1973:64).

2.1 Gewaltfreiheit und Gewaltlosigkeit

Im Deutschen wird oftmals zwischen Gewaltfreiheit und Gewaltlosigkeit unterschieden. Das erste meint das Handeln aus einer prinzipiellen Überzeugung heraus, das zweite beschreibt schlicht den Verzicht auf direkte, physische Gewaltanwendung (vgl. Sternstein 1981). In der Praxis ist es oft nicht einfach, diese Unterscheidung nachzuvollziehen. Viele der besonders herausragenden und bedeutsamen Beispiele gewaltfreien Handelns – Prag 1968, die Anti-Vietnam-Bewegung, der Sturz von Präsident Marcos auf den Philippinen 1986, die Umstürze in Mittel- und Osteuropa 1989, die Demokratiebewegung in China 1989 und der Widerstand der Kosovo-Albaner 1989–1997, um nur einige der jüngeren Fälle zu nennen, würden in dieser Unterscheidung eher das Prädikat „gewaltlos" oder sogar nur „gewaltarm" verdienen, weil die Aktivistinnen sich aus pragmatischen Gründen für gewaltfreie Mittel entschieden hatten. Das gleiche mag im übrigen auch für viele der AnhängerInnen der bekannten gewaltfreien Spitzenfiguren von Bewegungen – von Mohandas K. Ghandi über Martin Luther King bis zu Danilo Dolci und Cesar Chavez – gelten, auch wenn es diese Persönlichkeiten gewesen sind, die Gewaltfreiheit als prinzipiellen Ansatz begründeten. [...]

2.2 „Prinzipieller" und „pragmatischer" Ansatz von Gewaltfreiheit

Gewöhnlich werden zwei Ansätze von Gewaltfreiheit unterschieden, eine „prinzipielle" und eine „pragmatische" Gewaltfreiheit. Beiden gemeinsam ist die Überzeugung, dass Gewaltfreiheit ein effizientes und ein ethisch verantwortbares Mittel für die politische Auseinandersetzung ist, da sie Schäden zu minimieren sucht, die nicht wieder rückgängig zu machen sind, vor allem Verluste an Menschenleben. Beide Ansätze teilen weiterhin die Einschätzung, dass Gewaltfreiheit sowohl zu reformerischen wie zu revolutionären Zwecken eingesetzt werden kann (Burrowes 1996) und dass mit ihr sowohl sozialer Wandel vorangetrieben werden kann als auch unerwünschte Veränderungen des Status quo verhindert werden können.

Die Hauptunterschiede zwischen beiden Ansätzen liegen in der ethisch-religiösen Basis, der Grundhaltung gegenüber dem Gegner, dem Konfliktverständnis, den angenommenen Wirkungsweisen gewaltfreien Handelns und dem Zweck-Mittel-Verhältnis.

Die prinzipielle Gewaltfreiheit, von Gandhi als Satyagraha, „Festhalten an der Wahrheit", von Martin Luther King, als „Kraft zum Lieben", von Wolfgang Sternstein als „Feindesliebe" und von Martin Arnold (2004) neuerdings als „Gütekraft" bezeichnet, beruft sich gewöhnlich auf ein religiös begründetes Tötungsverbot als höchster sittlicher Norm. Sie sucht die Gegnerschaft in einem Konflikt in eine gemeinsame Suche nach einer Konfliktlösung zu transzendieren. Die

Hauptwirkungsweise prinzipieller Gewaltfreiheit wird in der Kraft gesehen, das Gegenüber davon zu überzeugen, dass es Unrecht hat – notfalls dadurch, dass die AktivistInnen eigenes Leiden auf sich nehmen: „Bei der Anwendung von Gewaltfreiheit entdeckte ich schon sehr früh, dass die Wahrheitssuche es nicht erlaubt, dem Gegner Gewalt anzutun. Er muss vielmehr durch Geduld und Mitgefühl von seinem Irrtum abgebracht werden. Was aber dem einen als Wahrheit erscheint, mag dem anderen als Irrtum erscheinen. Geduld aber bedeutet Selbstleiden. Von da an bedeutete die Lehre von der Gewaltfreiheit, dass man die Wahrheit verteidigt, indem man nicht dem Gegner, sondern sich selbst Leiden zufügt.“ (Gandhi 1951: 6 f. nach Gugel 1983:4).

Gegen diese Sicht wird von verschiedenen Seiten Einspruch erhoben, sowohl von Kritikern der Gewaltfreiheit wie auch von den Befürwortern des „pragmatischen“ Ansatzes. Zum einen wird bezweifelt, dass man eine gemeinsame ethische Basis, die von sehr vielen Menschen geteilt wird, überhaupt voraussetzen könne (Ryan 1995). Von feministischer Seite wird darauf hingewiesen, dass das Auf-sich-Nehmen von Leiden der traditionellen Rolle von Frauen entspreche, einer Rolle, die es zu überwinden gelte (Eberhard 1986). Im Kontext der Pazifismus-Bellizismus-Diskussion wurde vielfach der Vorwurf laut, Gewaltfreiheit sei eine Sache von „Gesinnungsethikern“, die sich weigerten, Verantwortung für das Ganze zu übernehmen.

Für den pragmatischen Ansatz ist Gewaltfreiheit eine Kampftechnik, die auf den Einsatz von physischer Gewalt verzichtet und zu fast beliebigen Zwecken eingesetzt werden kann. Die wichtigsten Protagonisten dieses Ansatzes, vorrangig Gene Sharp und seine Schule gehen dabei von einem negativen Konfliktverständnis aus. Das Gegenüber in dem Konflikt wird als Gegner gesehen, der besiegt werden muss. Gene Sharp hat hier den Begriff des „politischen Jiu-Jitsu“ geprägt. Der Hauptpfeiler von gesellschaftlicher und staatlicher Macht liegt nach dieser Theorie in der Zustimmung und der Kooperation der Regierten. Die Hauptwirkungsweise gewaltfreier Aktion liegt darin, den Regierenden diese Machtbasis zu entziehen (Sharp 1973).

Einwände gegen den pragmatischen Ansatz bringen insbesondere VertreterInnen der prinzipiellen Gewaltfreiheit vor. Die Kritik richtet sich nicht auf die Analyse der Machtbeziehung zwischen Regierenden und Regierten, die beide Ansätze teilen. Die Einwände zielen vor allem auf die Konsequenzen einer unzureichenden ethischen Basis, die darin gipfeln könnte, dass die Einheit von Weg und Ziel und der Respekt vor dem Gegner verloren gehen. Kritisiert wird die negative Konfliktauffassung dieses Ansatzes, die eine Schwächung von gewaltfreier Aktion bedeute, weil sie verhindere, das volle Potential gewaltfreien Handelns zu nutzen. Praktisch wurde dieser Gegensatz oft an der Frage diskutiert, ob gewaltfreie Aktionen allein auf die innere Umkehr des Gegners ausgerichtet werden sollten oder ob sie auch sozialen, politischen oder wirtschaftlichen Druck und damit einen Zwang entfalten dürften, der dem Gegner keine Wahl als den Rückzug lasse.

Weiter unten wird auf die Wirkungsweisen gewaltfreien Handelns näher eingegangen. An dieser Stelle soll nur schon angedeutet werden, dass die Kluft zwischen beiden Ansätzen wohl eher im Ideologischen als im Empirischen zu finden ist. So sind einerseits in der Praxis gewaltloser Aktion auch bei Kampagnen von Gandhi oder Martin Luther King, um nur die beiden vielleicht herausragendsten Vertreter der prinzipiellen Gewaltfreiheit zu nennen, Elemente von Zwang zu finden (Burrowes 1996: 117 ff.). Auf der anderen Seite spielt bei der Bewertung der Erfolgschancen gewaltfreien Handelns vor allem auch die Frage eine wichtige Rolle, inwieweit eine Lösung gesucht wird, die auch den Interessen des Konfliktgegners gerecht wird. Sie kann gerade von denen nicht völlig ausgeklammert werden, die von einem negativen Konfliktverständnis ausgehen und sich auf die pragmatischen Aspekte gewaltfreien Handelns konzentrieren.

Folgenreicher als die Differenzierung der Aktionsformen nach dem Anteil von Zwang und der gewaltfreien Akteure nach ihrer Motivation ist die Frage nach den Zielsetzungen, in denen sich „prinzipielle" und „pragmatische" VertreterInnen von Gewaltfreiheit merklich unterscheiden. Die am weitesten reichende Auffassung nimmt für sich in Anspruch, dass mit gewaltfreien Methoden nur gerechte Ziele zu erreichen seien. So postuliert z. B. Gernot Jochheim eine direkte Verbindung zwischen Mitteln und Zielen. „Von den Mitteln, von den Methoden des Kampfes geht eine gleichsam eigengesetzmäßige Wirksamkeit aus. Die Mittel haben hinsichtlich des Ziels eine prägende Kraft. Wird in den Mitteln, die man anwendet, nicht etwas von dem angestrebten Ziel deutlich, ja, sind die Mittel angesichts des Ziels unangemessen, widersprechen sie vielleicht sogar dem Ziel, dann kann dieses Ziel nicht erreicht werden." (Jochheim 1988: 17). Diesem direkten Mittel-Ziel-Zusammenhang widerspricht Hildegard Goss-Mayr. Sie führt aus: „Gewaltfreie Methoden können durchaus für eine ungerechte Zielsetzung mißbraucht werden." (Goss-Mayr 1981: 85). Beispielhaft nennt sie die Anwendung von Bestreikung und Boykott durch Großgrundbesitzer in Lateinamerika, um die Durchführung von Landreformen zu verhindern und Ausbeutung weiter aufrechtzuerhalten.[2]

[2] Diese Missbrauchsmöglichkeit begründet sie mit der fehlenden ethischen Basis, ohne die gewaltlose Methoden „rasch zu einem bloßen Druckmittel umfunktioniert werden können, das eine neue, subtile Form der Gewalt darstellt und weder die engagierte Gruppe noch den Gegner im Sinne größerer Gerechtigkeit verändert." (Goss-Mayr 1981:83).

Die folgende Übersicht soll die wichtigsten Unterschiede festhalten:

Ansatz:	*prinzipiell*	*pragmatisch*
ethische Basis	grundlegende Gemeinsamkeit	Trennung überwiegt
Sicht vom Gegner	Partner, der im Irrtum ist	Feind, der zu besiegen ist
Konfliktverständnis	positiv, win-win	negativ, win-lose
Wirkungsmechanismus	Bekehrung	Zwang
Zweck-Mittel-Verhältnis	nur für gerechte Ziele einsetzbar	für jeden Zweck einsetzbar

Hervorzuheben ist, dass die meisten VertreterInnen des pragmatischen Ansatzes nicht bestreiten, dass Gewaltfreiheit so funktioniere, wie es der prinzipielle Ansatz verstehe. Sie reklamieren jedoch, dass Gewaltfreiheit auch unter anderen Voraussetzungen funktioniere. Die VertreterInnen des prinzipiellen Ansatzes ihrerseits stellen zumindest teilweise die Frage, ob Gewaltfreiheit nach dem pragmatischen Ansatz funktioniert. Übereinstimmend betonen sie, dass Gewaltfreiheit, die nach dem pragmatischen Ansatz angewandt wird, viel von ihrem Potential zur Transformation der Beteiligten einbüßt.

Es wird sich in den weiteren Ausführungen zeigen, dass sowohl in den Strategien wie in den Praxisbeispielen immer wieder Mischungen aus beiden Ansätzen zu finden sind. Das erlaubt die These, dass eine der Stärken von Gewaltfreiheit darin liegt, das Spannungsverhältnis zwischen beiden Ansätzen immer wieder auszutarieren.

2.3 Zivile Konfliktbearbeitung und Gewaltfreiheit

In den letzten Jahren ist im Bereich der Friedensforschung und der politischen Diskussion oftmals weniger von Gewaltfreiheit und mehr von „Ziviler Konfliktbearbeitung“ die Rede. Daher erscheint es sinnvoll, beide Begriffe kurz aufeinander zu beziehen. „Ziviler Konfliktbearbeitung“ liegt wie dem prinzipiellen Ansatz von Gewaltfreiheit ein positives Konfliktverständnis zugrunde. Auch sie geht davon aus, dass Konflikte notwendig sind, auch wenn oftmals danach gestrebt werde, sie zu vermeiden oder ihr Vorhandensein zu leugnen. Im Unterschied zur prinzipiellen Gewaltfreiheit setzt zivile Konfliktbearbeitung aber keine religiös oder ethisch fundierte Basis voraus. Genauso wie der pragmatische Ansatz von Gewaltfreiheit geht zivile Konfliktbearbeitung davon aus, dass der bessere Weg der Konfliktbearbeitung ein „ziviler“ sei. Problematisch sei nicht der Konflikt, sondern die Form seiner Austragung, sprich das Zurückgreifen auf Gewalt zur Durchsetzung von Interessen.

Zivile Konfliktbearbeitung stellt wie Gewaltfreiheit ein Aktivitätsfeld dar, das in praktisch allen gesellschaftlichen Bereichen zu finden ist. Dabei sind Abgrenzungen zwischen der Bearbeitung von Konfliktinhalten und der Gewaltprävention (einschließlich Erziehung zu Toleranz und Demokratie) nur schwer vorzunehmen, da diese Bereiche ineinander übergehen. Was der zivilen Konfliktbearbeitung fehlt, ist im Burrowesschen Sinne die revolutionäre Komponente der gewaltfreien Aktion, die offensive Artikulation und Austragung von Konflikten zur Veränderung von Situationen. Gewöhnlich wird zivile Konfliktbearbeitung allein in den Kontexten der Gewaltprävention und der Gewaltdeeskalation angesiedelt und weniger als offensives Mittel zur Konflikttransformation verstanden.

Zu ziviler Konfliktbearbeitung zählen Verfahren zur Konfliktlösung wie die Mediation und andere Verhandlungskonzepte. Hier haben vor allem Handlungsweisungen Eingang gefunden, die wie die prinzipielle Gewaltfreiheit auf eine Konfliktlösung hinarbeiten, die sowohl die Beziehungen der Verhandlungsparteien berücksichtigt als auch ein beiderseits akzeptables Ergebnis anstrebt. Es geht nicht um einen Kompromiss, bei dem beide Seiten das Gefühl des Verlustes haben, sondern darum, eine Lösung zu finden, die einen zusätzlichen Gewinn (Win-Win) anstrebt, z. B. der Verhandlungsansatz des Harvard-Konzeptes (Fisher/Ury/Patton 1991). In dem Maße, wie eine zivile Konfliktbearbeitung Gewaltanwendung zurückzudrängen sucht und Lösungen anstrebt, die den Konflikt als eine Chance zum Wachstum aller Konfliktbeteiligten erlebbar werden lässt, vereint sie die Ansätze der pragmatischen mit der prinzipiellen Gewaltfreiheit.

2.4 Zum Verhältnis von Gewaltfreiheit und Gewaltmonopol

Eine gängige Vorstellung, wie Gewalt zu überwinden sei, besteht darin, ein Gewaltmonopol zu schaffen und es durchzusetzen. Die mit dem Gewaltmonopol ausgestattete Autorität besitzt dann sowohl allein die Verfügung über Gewaltmittel als auch die Legitimität , gewaltsames Handeln zu unterbinden und zu bestrafen (Koppe 1994; Tönnies 1996). Im Prozess der Entstehung des modernen Staates gelang dies zu einem beachtlichen Ausmaß. [...]

Dies ist nicht, was hier mit dem Begriff der Gewaltfreiheit beschrieben werden soll, auch wenn in der Umgangssprache gesetzestreues Handeln oftmals mit „gewaltlosem" Handeln gleichgesetzt wird. Gewaltfreiheit akzeptiert in ihrem Wesenskern kein Gewaltmonopol, weil sie keine Gewalt akzeptiert. Es geht nicht um legitime oder illegitime Gewaltausübung, sondern darum, andere Formen der Konfliktaustragung zu entwickeln und zu praktizieren. Daher ist sie auch bereit, Gesetze zu brechen und Regierungen zu stürzen, wenn diese als unrecht angesehen werden.

Im internationalen Kontext muss außerdem darauf hingewiesen werden, dass eine von manchen Autoren angestrebte „Weltpolizei“ nur ein anderes Etikett für Militär darstellen würde. Solange es Gruppen und Länder gibt, die auf Krieg als Mittel zur Erreichung ihrer Ziele nicht verzichten, würde eine Polizeitruppe zu dem gleichen Maß an Gewalt und Vorgehensweisen greifen müssen wie militärische Interventionskräfte. Als gewaltfreie Ansätze angesprochen werden können hingegen verschiedene Ansätze von Seiten zivilgesellschaftlicher Organisationen, ziviles Peacekeeping oder sog. „Friedensarmeen“ aufzubauen (z. B. Nonviolent Peaceforce).[...]

3 Strategien und Wirkungsweisen von Gewaltfreiheit als Mittel der politischen Auseinandersetzung

Entgegen dem Trend der Zeit, der mehr über zivile Konfliktbearbeitung und ihre Rolle bei der Deeskalation von Konflikten und von Gewaltprävention spricht, möchten wir mit der Rolle beginnen, die Gewaltfreiheit bei der Bekämpfung von Unrecht spielt, also von gewaltfreien Aufständen, „peoples struggles“ und der Rolle von Gewaltfreiheit als strategischem Element in Sozialen Bewegungen.

3.1 Methoden und Eskalationsschemata der gewaltfreien Aktion in politischen Kampagnen

Das Methodenspektrum gewaltfreien Handelns ist zu umfangreich, als dass es hier auch nur annähernd beschrieben werden könnte. Die bislang wohl ausführlichste Zusammenstellung hat Gene Sharp in seinem über 900 Seiten starken Werk über „The Politics of Nonviolent Action“ (1973) vorgelegt. Er unterscheidet Methoden des Protestes und der Überzeugung, Methoden der sozialen, ökonomischen und politischen Nichtzusammenarbeit und Methoden der gewaltfreien Intervention. Unter letzteren versteht er solche Vorgehensweisen, die den Gegner direkt an seiner Wirkungsstätte treffen, z. B. Besetzungen, Sit-ins und Streiks. Diese Methoden dürfen nicht mit dem Anwendungsfeld der Konfliktintervention verwechselt werden, von dem weiter unten berichtet werden wird.

John Paul Lederach hat den Begriff der „Konflikttransformation“ geprägt (Lederach 1994). Damit meint er die Entwicklung eines Konfliktes von einem statischen Zustand, in dem ein Problem zwar vorhanden ist, aber noch nicht zu einem Streitpunkt geworden und nicht gelöst ist, zu einem dynamischen Zustand, in dem das Problem bearbeitet werden kann. Damit umfasst er alle Phasen eines Konfliktes, von einem latenten Zustand struktureller Gewalt, über die Artikulation von Protest, zur Konfrontation der Konfliktparteien bis zu Verhandlungen und eine Neugestaltung der Beziehungen für die Zukunft. Ein entscheidendes Element bei diesem Veränderungsprozess ist die Infragestellung und Veränderung der Machtbalance in einer Gesellschaft. Sie muss ausbalancierter sein, damit für die Zukunft tragfähige Ergebnisse erzielt werden können. Die Bearbeitung von Konflikten hat nach Lederach sehr viel damit zu tun, zunächst von dem statischen Zustand in einen dynamischen zu kommen. Dafür muss der Dissens innerhalb der Gesellschaft über eine bestimmte Frage zunächst organisiert, artikuliert und in politische Forderungen umgesetzt werden. Erst auf dieser Grundlage können Akteure im Konflikt entstehen, kann Gegenmacht entwickelt werden und kann die Auseinandersetzung um die Verteilung der Macht vorangetrieben werden. Eine neue Verteilung der Macht ist sowohl die Voraussetzung für eine Klärung der Sachfragen als auch Ausdruck eines veränderten und positiv in die Zukunft wirkenden neuen Verhältnisses der Konfliktparteien zueinander.

Das Konzept der Konflikttransformation beschreibt die einzelnen Phasen einer Konfliktentwicklung und gibt gleichzeitig eine gewünschte Richtung vor, in die sich der Konflikt entwickeln soll, ist also deskriptiv und präskriptiv zugleich. Konflikte sollen so ausgetragen und bearbeitet werden, dass die am Konflikt Beteiligten eine bessere gemeinsame Zukunft entwickeln. In dieser Perspektive entspricht der Lederachsche Konfliktansatz einer originär gewaltfreien Perspektive und liefert ihr einen konsistenten theoretischen Ansatz, der den Kampf um die Neuverteilung der Macht nicht ignoriert und damit Gewaltfreiheit mit politischer Realität eng verzahnt. Auch bei Lederach kommen der prinzipielle und der pragmatische Ansatz von Gewaltfreiheit zur Deckung: Der prinzipielle in der Betonung, dass die Transformation eines Konfliktes in einer gemeinsamen Zukunft und in verbesserten Beziehungen der Konfliktbeteiligten liegen wird. Macht wird gesammelt, um gleichberechtigte Verhandlungspositionen erreichen, nicht, um die eigene Auffassung durchsetzen zu können. Der pragmatische Ansatz wird deutlich in der Betonung, dass die Frage der Verteilung und Veränderung der gesellschaftlichen Macht die Messlatte für die Stärke des Transformationsprozesses ist.

Der Beitrag gewaltfreier Aktionskonzepte zu einer solchen Transformation ist leicht erkennbar. Er liegt darin, den zunächst latenten Konflikt aufzudecken und in der Phase der Konfrontation mit allein gewaltfreien Mitteln dafür zu sorgen, dass sich die Machtbalance soweit verschiebt, dass mit Aussicht auf Erfolg Verhandlungen geführt werden können. Der machtbewusste und offensive Charakter der gewaltfreien Aktionskonzepte wird hier sehr deutlich, gleichzeitig die große Herausforderung, unabhängig von den Aktionen der Gegner die Machtfrage allein mit gewaltfreien Mitteln anzugehen und die Veränderung der Machtbalance durchzusetzen.

Wie diese Transformation auf gewaltfreiem Wege erreicht werden kann, damit haben sich verschiedene AutorInnen befasst, von Gene Sharp über Hildegard Goss-Mayr, Robert J. Burrowes bis zu Theodor Ebert. Sie alle betonen die Notwendigkeit sorgfältiger strategischer Planung, wenn ein gewaltfrei geführter Kampf sein Ziel erreichen soll. Grundsätzlich sind gewaltfreie Aktionskonzepte in dieser Art von politischen Auseinandersetzungen als Eskalationskonzepte angelegt. Eine Eskalation der Auseinandersetzung wird erzielt, indem

- die Reichweite der Aktivitäten (räumlich oder zeitlich) ausgeweitet wird,
- die Zahl der Aktiven sich vergrößert,
- Aktionen Zivilen Ungehorsams und andere direkte Aktionen zunehmen („Verschärfung der Kampfmaßnahmen", Ebert 1981: 144).

Im Unterschied zum bewaffneten Kampf, das wird immer wieder deutlich, ist es bei solchen gewaltfreien Kämpfen oftmals leichter, wieder auf eine vorherige Eskalationsstufe zurückzukehren, sofern kein Erfolg erzielt oder die Repression zu stark wird.

Wie ein solches Aktionskonzept aussieht, soll an dem von Hildegard Goss-Mayr vorgelegten Modell beschrieben werden. Sie stellt die Analyse des Konflikts an den Anfang einer gewaltfreien Kampagne. Darin ist eingeschlossen, die Wahrheit der Gegenseite zu erarbeiten. Dies beruht darauf, dass „... die Linie, die Recht und Unrecht trennt, nicht zwischen den Konfliktpartnern verläuft, sondern dass sich auf jeder Seite, wenn auch in oft radikal ungleichem Maße, Recht und Unrecht befinden. Daher muss man, um eine gerechte Lösung anstreben zu können, das Positive des Gegners entdecken und alle Bedingungen untersuchen, die zu seiner gegenwärtigen ungerechten Haltung geführt haben, sie begründen und sie stützen." (Goss-Mayr 1981: 88 f.)

In einem zweiten Schritt beginnen die Organisierung und Vorbereitung von Gruppen von Aktivisten. Sie werden in Gewaltfreiheit geschult, verbinden sich untereinander und entscheiden, mit welchen Aktionsmethoden sie die Anliegen der Kampagne in die Öffentlichkeit tragen wollen. Das Ziel ist es, andere gesellschaftliche Akteure aufmerksam zu machen und zum Mitmachen zu bewegen. Indem der Kreis der gesellschaftlichen Akteure wächst, die dasselbe Problem artikulieren und sich die Forderungen der AktivistInnen aneignen, kommt die Kampagne dem Ziel näher, „die Pfeiler, die das Unrecht stützen, zu schwächen, abzubauen und aktionsunfähig zu machen ... und die Kräfte, die in ihnen wirken, zur Unterstützung der Sache der Betroffenen zu gewinnen." (Goss-Mayr 1981: 93–99). Hier wird also ein groß angelegter Wandel in den Machtverhältnissen angestrebt.

Je mehr „Pfeiler" einer ungerechten Machtverteilung abgebaut werden, je mehr Institutionen und wichtige gesellschaftliche Akteure die Seite wechseln, desto näher rückt der Zeitpunkt, wo die bestehende Situation nicht mehr aufrechterhalten werden kann. Dies markiert einen besonders kritischen Punkt, da die Veränderung der Situation mit Machtverlusten einhergeht. Jetzt sind die Alternativen zu entwickeln, die eine neue Machtverteilung und Lösungsansätze für das Problem beinhalten. Hieran haben alle Kräfte, auch die ehemaligen Gegner, Anteil.

Konzepte wie diese sind nicht nur theoretische Konstrukte, sondern dienen der praktischen Entwicklung und strategischen Begleitung von Basisbewegungen, wie das folgende Beispiel illustriert. Seit 1984 bauten Hildegard Goss-Mayr, Jean Goss, Richard Deats und Pater Blanco in den Philippinen systematisch eine gewaltfreie Bewegung auf (Goss-Mayr (1989), Diokno (1991)), die als ein erstes Etappenziel einen Machtwechsel an der Staatsspitze anstrebte, indem sie eine Gegenkandidatin zum amtierenden Präsidenten Marcos unterstützte. Die Bewegung bestand aus Kontaktgruppen und unterhielt während der heißen Phase der Präsidentschaftswahl im Jahr 1986 „Zeltstädte" in den Zentren der Auseinandersetzungen und in der Hauptstadt Manila, auf die sich schließlich die Auseinandersetzung konzentrierte. Die aktuelle politische Konfrontation spitzte sich auf die Frage zu, ob die anstehenden Präsidentschaftswahlen einen demokratischen Machtwechsel erlauben würden oder ob der amtierende diktatorische Präsident Marcos dies unter Einsatz von militärischer Gewalt würde verhindern wollen. Zuvor waren mit den EntscheidungsträgerInnen der Opposition, Frau Aquino, die gegen den Diktator Marcos zur Präsidentenwahl antrat, und Kardinal Sin, der den mächtigen katholischen Radiosender Radio Veritas leitete, verschiedene Szenarien und gewaltlose Handlungsoptionen durchgespielt worden, darunter die Spaltung der Streitkräfte, die dann später eintrat, und auf die sofort reagiert werden konnte. Diese Vorarbeit und Begleitung bildeten den Hintergrund, vor dem sich die Massendemonstrationen in Manila im August 1986 abspielten, mit denen das Volk dem abgespaltenen Teil der Armee zu Hilfe kam, ein Blutvergießen zwischen den verschiedenen Armeeteilen verhinderte und den Diktator Marcos nach dessen verlorener Wahl, die er nicht anerkennen wollte, zum Abdanken zwang. Dass sich mit dem Auswechseln von Führungspersonen nicht automatisch Strukturen von Unrecht und Gewalt ändern, zeigt die weitere Entwicklung. An den Grundproblemen von struktureller Gewalt und weit verbreiteter Armut und Korruption hat sich nicht viel geändert. Aus der Perspektive dies Transformationskonzeptes von Lederach würde dies eine erneute Analyse der Machtkonstellation erfordern und einen erneuten Anlauf, diese zu verändern. Insofern sind Aktions- und Kampagnenkonzepte als eher kurzfristige Mobilisierungskonzepte anzusehen, die noch keine Gewähr für eine nachhaltige Transformation bieten. Sie dienen dazu, in der Phase der Konfrontation mit gewaltfreien Methoden erfolgreich zu bestehen.

Neuere Forschungsarbeiten zur Dynamik von Konflikten haben ergeben, dass ihnen eine Tendenz zur Eskalation innewohnt, welche die Bearbeitung von Konflikten mehr und mehr erschwert (vgl. Glasl 2004). Hierbei wirken verschiedene Faktoren zusammen, die in den verschiedenen Phasen des Konfliktes eine Spur der Eskalation ziehen und dafür sorgen, dass zuerst die Sachfragen nicht mehr zufriedenstellend gelöst werden können, dann die Beziehungen der Beteiligten zerstört werden und schließlich die Interaktion der Konfliktparteien zum zentralen Streitpunkt wird. Hier stellt sich nun die Frage, inwieweit „gewaltfreie Eskalationsschemata“ nicht genau diesen negativen Dynamiken verfallen und ob sie dann überhaupt noch eine konstruktive und offensive Konfliktbearbeitung zugleich leisten können? Eine Analyse der gewaltfreien Eskalationskonzepte bringt hier jedoch erstaunliche Ergebnisse.

Die PraktikerInnen gewaltfreier Kampagnen haben die Gefahr des negativen Eskalationsprozesses offensichtlich intuitiv sehr klar erkannt. Zu dieser negativen Spirale gehört immer die oft nicht bewusste Beeinträchtigung der kommunikativen Fähigkeiten aller Konfliktbeteiligten und die zunehmende Abwertung der Gegenseite. Gewaltfreie Eskalationskonzepte haben hier vorgesorgt: Eine durchgehende und glaubwürdige Dialogbereitschaft ist geradezu das Herzstück gewaltfreier Kampagnen. Diese Fähigkeit zu erhalten und die Bereitschaft der eigenen Seite zum Dialog aufrechtzuerhalten, gehört zu den Essentials und erklärt, warum auf die innere Vorbereitung, die Anerkenntnis eigenen Unrechts und auf die Unterscheidung zwischen Person und Rolle beim Gegner so viel Wert gelegt wird.

Weitere „Eskalationsbremsen“ betreffen das Konfliktverhalten. Hier werden dem eigenen Konfliktverhalten bewusst und gezielt vielfältige Begrenzungen auferlegt. So soll immer die mildeste Form des Konfliktaustrages gewählt werden, und die weiteren Schritte sollen angekündigt werden, um Überraschungs- oder Angstgefühle auf der Gegenseite zu vermeiden. Die Zusicherung des Gewaltverzichts spielt hier eine weitere wichtige, begrenzenden Rolle.

Auf der inhaltlichen Ebene wirkt das Gebot, die Ziele nicht auszudehnen, dem negativen Eskalationsprozess entgegen. So finden sich in „gewaltfreien Eskalationskonzepten“ Vorschriften, die bei allen wichtigen Elementen eines Konfliktes, bei den Inhalten, den Einstellungen und dem Verhalten, dafür sorgen sollen, dass die destruktive, immanente Dynamik des Eskalationsprozesses durch bewusste Gegenmaßnahmen nicht zum Zuge kommen kann (Galtung 1987: 113–118, 135–138, 179). Gewaltfreie „Eskalationskonzepte“ sind ihrer Anlage nach geradezu „Eskalationsverhinderungskonzepte“.

Entscheidend ist jedoch, ob sie diese Absicht ihren Kontrahenten tatsächlich vermitteln können. Dies ist eine Erkenntnis, die sich durch die neueren Forschungen jetzt aus der Dynamik gut erklären lässt. Gelingt es nicht, die Absichten wirklich zu vermitteln, laufen auch gewaltfreie Kampagnen in die Eskalationsfalle, die darin besteht, dass die eigenen echten guten Absichten von der Gegenseite als besonders arglistige Täuschungsmanöver wahrgenommen werden. Die bessere Einsicht in die negativen Eskalationsdynamiken erlaubt nun, gewaltfreie Kampagnen noch bewusster als gezieltes offensives Mittel der Konfliktaustragung zu konzipieren (Besemer 1997; Müller 1997).

3.2 Soziale Verteidigung

Die Erfahrungen gewaltfreier Kampagnen wurden zu Konzepten einer alternativen staatlichen Verteidigungsstrategie weiterentwickelt. Während sich die gewaltfreien Kampagnen auf Konflikte bezogen und beziehen, die sich innerhalb einer Gesellschaft abspielen, wurden die Konzepte Sozialer Verteidigung in den 1960er und 70er Jahren vor dem Hintergrund des Ost-West-Konfliktes entwickelt und griffen die Bedrohungsvorstellung einer fremden militärischen Besetzung auf. Der Einmarsch der Warschauer Pakt-Truppen in die Tschechoslowakei und der sich hierauf spontan entwickelnde gewaltfreie Widerstand war hier eine tiefgreifende Erfahrung. Die gängige Bedrohungsvorstellung in Westeuropa aufnehmend, konzeptionierte Gene Sharp (1985) den möglichen Ablauf einer Sozialen Verteidigung durch westeuropäische Staaten angesichts eines direkt bevorstehenden Angriffs des Warschauer Paktes.

Eine praktische Umsetzung hat das Konzept der Sozialen Verteidigung bislang nicht erfahren (Müller 1996), wohl aber sind die Grundideen durch Gene Sharp und seine Mitarbeiter vor allem nach Osteuropa gelangt und haben als praktische Politikberatung weitergewirkt. Dabei erlangten sie in verschiedenen Situationen beim Zerfall der Sowjetunion und der Herauslösung der baltischen Staaten eine möglicherweise große Bedeutsamkeit. Im Baltikum bestanden Kontakten zwischen der Opposition und Gene Sharp bzw. der Albert-Einstein-Institution vermutlich schon vor der gewaltlosen Verteidigung des Fernsehturms in Vilnius im Januar 1991. Seit Januar 1990 wurde in Lettland eine neue, loyale Schutzkommission für das lettische Parlament aufgebaut. Dabei wurden Schriften von Gene Sharp zu Rate gezogen und wichtige Vorschläge ins Lettische übersetzt. Im Februar 1991 legitimierte ein litauisches Informations-Bulletin des Parlaments die Bürger, sich mit allen Methoden zu verteidigen. Speziell wurden sie darauf hingewiesen, die Prinzipien des Ungehorsams, des gewaltlosen Widerstands, der politischen und sozialen Nichtzusammenarbeit als Hauptmittel des Kampfes für die Unabhängigkeit zu befolgen (Ebert 1992: 48, 52–59; CBD 1991).

Die erfolgreiche Abwehr des Putsches in Moskau im August 1991 wiederum zeichnete sich insbesondere durch eine außerordentlich schnelle Reaktion des russischen Präsidenten Boris Jelzin aus, der sofort die machtpolitisch entscheidende Frage nach der Legitimität der Putschisten stellte. Damit schuf er für alle Entscheidungsträger, aber auch für die Bevölkerung einen unmittelbaren Entscheidungszwang für oder gegen die Demokratie, für oder gegen die legitime Ordnung. Die zweite Reaktion war der Schutz des Parlaments durch Moskauer Bürgerinnen und Bürger. Dieser Entscheidungszwang spaltete das Militär, und die innere Schwäche der Putschisten trat zutage. Bei der Abwehr dieses Putsches wurden die zivilen Machtfaktoren derart klassisch ins Spiel gebracht, dass sich die Vermutung geradezu aufdrängt, dass hier ein systematisches Wissen zur Hand war und herangezogen wurde. Diese Spekulation ist tatsächlich noch nachzuprüfen. Eine mögliche Verbindungslinie zum Gedankengut Sozialer Verteidigung kann die Tagung in Moskau 1989 zur Ethik der Gewaltfreiheit darstellen, auf der auch Informationen zur Sozialen Verteidigung verteilt wurden (vgl. Schulz 1991, Jewtuschenko 1991).

3.3 Wirkungsweisen von gewaltfreier Aktion

Die Wirkungsweisen von Gewaltfreiheit als Mittel der politischen Auseinandersetzung lassen sich in drei Kategorien einteilen:

1. Methoden, die der Schaffung und Stärkung des Zusammenhalts der Aktiven gelten (Boserup/Mack 1973);
2. Methoden, die das Konfliktverhalten ändern, besonders die den Gegner daran hindern sollen, Gewalt anzuwenden. Dabei wird gewöhnlich nicht nur auf das Verhalten, sondern auch auf die Einstellung des Gegners eingewirkt;
3. Methoden, die die gegnerische Partei von ihren Zielen abzubringen suchen (also gerichtet auf den Konfliktinhalt).

Zu 1:
Eine wichtige Aufgabe in gewaltfreien Auseinandersetzungen ist, die Widerstandskraft zu erhalten, die Mobilisierung zu erhöhen und ein Zusammenbrechen des Widerstandes zu verhindern. Hierzu gehören symbolische Maßnahmen, die den AktivistInnen deutlich machen, wie viele ihrer Meinung sind (z. B. das Heraushängen von Bettüchern während des 2. Golfkrieges 1991 oder das Tragen von Buttons), Protestmärsche und ähnliches.

Zu 2:
Das herausragende Merkmal gewaltlosen Konfliktverhaltens ist der Verzicht auf physische Gewaltanwendung. Hier liegt der Schlüssel der Wirksamkeit gewaltfreier Aktionen. Es gibt eine Wahrnehmung, die per se gewaltlosem Verhalten gegenüber Waffengewalt keine Erfolgschance einräumt.[3] Diese verkennt jedoch, dass Gewaltanwendung von konkreten Rahmenbedingungen abhängig ist: „Wie jede andere Handlung in einem Krieg ist Unterdrückung keine sinnlose Zerstörungshandlung,

[3] Diese sehr verbreitete Wahrnehmungsverzerrung hat weitreichende Konsequenzen. Sie verhindert beispielsweise, dass historische Erfahrungen mit gewaltlosem Widerstand angemessen analysiert und eingeordnet werden. Die Folge davon ist, dass die Geschichte von gewaltlosem Widerstand sich oft erst erschließt, wenn die gängige Lehrmeinung hinterfragt und die Quellen neu gesichtet werden. Beispiele hierfür sind die Arbeiten von Jochheim (1977): antimilitaristische Aktionstheorie, Müller (1995): passiver Widerstand gegen die Besetzung des Ruhrgebiets, und Semelin (1995): ziviler Widerstand gegen das Naziregime.

sondern eine zweckbestimmte Aktivität. Sie wird ausgeübt in einem bestimmten sozialen, politischen, kulturellen und ideologischen Kontext, in dem sie auf irgendeine Art berechtigt und geeignet erscheint. … Physische Unterdrückung kann darum nicht als völlig willkürliche Handlung begriffen werden, als ‚im Prinzip' immer mögliche Handlung, die ihre Grenzen nur in den vorhandenen physischen Mitteln findet und in der Menschlichkeit der feindlichen Leiter oder deren Mangel an ausreichenden Motiven. Man kann die ‚psychologischen' und technologischen Seiten der Unterdrückung nicht von ihren politischen und soziologischen Aspekten trennen, ohne gleichzeitig auf jede Verbindung mit der Wirklichkeit zu verzichten." (Boserup/Mack 1973:140).

Gewaltlosigkeit kann als Aktionsform definiert werden, die klar darauf abzielt, die Gewalt in menschlichen Beziehungen auf das niedrigst mögliche Niveau zu reduzieren. Umso mehr ist der konkrete Konfliktkontext in einer sorgfältigen Analyse zu berücksichtigen. Dazu gehört insbesondere eine realistische Einschätzung, inwieweit Gewaltanwendung für die Konfliktbeteiligten oder für einen Teil von ihnen als ein völlig rationales Mittel der Konfliktaustragung erscheint und welche Gefährdungspotentiale in Rechnung gestellt werden müssen. In solchen Kontexten nutzen gewaltlose Methoden ihre Eigenschaft, bei gewaltbereiten Gegnern alle nur denkbaren Hemmschwellen zu aktivieren Die auf Gewalt verzichtende Seite steigert durch ihren Gewaltverzicht die ohnehin schon vorhandene Asymmetrie zwischen den Konfliktparteien soweit, dass beispielsweise exemplarischer Terror als eine geeignete Handlung erscheinen könnte, um den Widerstand zu zerbrechen und zu demoralisieren, dass aber dieser sogar auf der gewaltbereiten Seite schwerer oder gar nicht zu legitimieren ist. Diese Einschätzung ist eine schwierige Gratwanderung und nicht voraussetzungslos. Die Voraussetzungen sind weitgehend gegeben in Kontexten, in denen die Gegner im Konflikt große Gemeinsamkeiten haben und der Konflikt nicht soweit eskaliert ist, dass die gewaltbereite Seite keine menschlichen Bilder von ihren Gegnern mehr hat. Dies setzt voraus, dass entweder nur eine geringe soziale Distanz besteht oder dass eine vorhandene Distanz verringert werden kann (Galtung 1995: 39).

Herrschen jedoch bereits entmenschlichte Bilder vor, muss eine gewaltfreie Strategie die Chancen und Risiken noch sorgfältiger abwägen. Je nach der pragmatischen oder der prinzipiellen Einstellung zur Gewaltfreiheit sind die Voraussetzungen für eine erfolgreiche Gewalthemmung auf unterschiedliche Wirkungsmechanismen zurückzuführen. Die prinzipielle Gewaltfreiheit braucht Zugänge zur gewaltbereiten Seite, um die entmenschlichten Bilder wieder zu verändern. Dies kann durch gezielte, riskante gewaltfreie Aktionen geschehen. Aber diese Aufgabe können auch solidarische Dritte Parteien übernehmen, die ihrerseits eine größere Nähe zum Gegner haben und so Glieder einer „langen Kette der Gewaltlosigkeit" bilden können. Galtung weist am Beispiel des Vietnamkrieges darauf hin, dass dies manchmal nicht Aufgabe der Unterdrückten sein kann, deren „Entmenschlichung“ in der Wahrnehmung ihres Gegners zu weit fortgeschritten ist, sondern die Aufgabe anderer Gruppe, die näher bei dem Gegner anzusiedeln sind. Im Falle des Vietnamkrieges war dies die US-amerikanische Anti-Vietnambewegung, die diesen Brückenschlag vollzog. …

Die pragmatische Gewaltfreiheit, in einem so weit eskalierten Konflikt Gewalthemmungen wirksam werden zu lassen, schließt eine wie oben beschriebene Strategie nicht aus, sieht zieht ihre Schlüsse aber vorwiegend aus einer Analyse des Kalküls der Gegenseite zur Gewaltanwendung.

Zu 3:
Gene Sharp unterscheidet vier Mechanismen, wie gewaltfreie Aktion zum Erfolg führen kann: Konversion, d. h. die Überzeugung des Gegners, „Akkomodation“, das Einlenken des Gegners, ohne dass er innerlicht überzeugt worden wäre; Zwang und Desintegration des Systems (1973 und 1985). Ähnlich Sharp arbeitet George Lakey Zwang, Bekehrung und Überredung als die wichtigsten Wirkungsmechanismen gewaltfreier Aktionen heraus (Lakey 1979). Je nach dem Grad der Abhängigkeit des Konfliktgegners von der Partei, die gewaltfrei handelt, können gewaltfreie Methoden auf eine vollständige Zwangswirkung ausgerichtet werden (z. B. bei einem wirksamen Bokott eines Geschäftes, der existenzgefährdende Wirkungen hätte) oder aber auf Zwang verzichten und allein auf die Bekehrung abzielen (wenn z. B. beim Boykott dem boykottierten Geschäft neue Kunden gebracht werden, um deutlich zu machen, dass es den Boykotteuren nicht um die Schädigung des Geschäftsinhabers geht, sondern dass sie auf bestimmte Missstände aufmerksam machen wollen, die es ihnen verbieten, weiter in diesem Geschäft einzukaufen).

An dieser Stelle trennen sich die Wege derer, die einem negativen Konfliktverständnis folgen. Für diejenigen, die mit dem Gewinn-Verlust-Schema zufrieden sind, ist mit dem Sieg der Konflikt zu Ende. Diejenigen, die eine Lösung zu beiderseitigem Nutzen anstreben, können mit einem Einlenken der Gegenseite unter Zwang nicht zufrieden sein. Sie sind der Einschätzung, dass sich eine Entscheidung unter zwang nur so lange hält, wie der Zwang andauert. Nur eine freiwillige Sinnesänderung erlaubt in diesem Verständnis die Verinnerlichung des Wandels. Insofern ist die Veränderung aller Konfliktbeteiligten das wichtigste Erfolgskriterium: „Ein gelöster Konflikt, der die Beteiligten unverändert lässt, ist kein Erfolg. Das Erfolgskriterium ist daher ein dreifaches: erstens die Schlichtung des Streits, zweitens eine neue soziale Struktur als Ausdruck der Konfliktlösung im gewöhnlichen Sinn und drittens ein hoher Grad an Selbstläuterung bei gleichen Konfliktpartnern, also sowohl bei der satyagraha-Gruppe wie auf der Gegenseite.“ (Galtung 1987: 124).

In diesem Verständnis ist gewaltfreie Konfliktaustragung ein äußerst anspruchsvolles Programm der nachhaltigen Konfliktbearbeitung. Wesentlich ist hier, dass es den gewaltfrei Handelnden gelingt, den Mechanismus der Abwertung des

Gegners, der gewöhnlich mit Gruppenidentifikation zusammengeht, zu überwinden, und zwar nicht nur in der eigenen Gruppe, sondern auch beim Konfliktgegner. Die Abwertung erleichtert gewaltsames Verhalten, und die Hauptaufgabe besteht darin, das Gegenüber dahin zu bringen, in den AktivistInnen Mit-Menschen zu sehen. Dieses ist erst die Basis, die die Prozesse von Überzeugung und Bekehrung in Gang bringt. Wenn und insoweit dies gelingt, gewinnt die Diskrepanz des Verhaltens beider Konfliktparteien zusätzlich an Bedeutung, denn es entsteht eine Spannung zwischen einer positiveren Einstellung und einem weiterhin negativen, gewaltsamen Verhalten. Diese Spannung kann dazu führen, das gewaltsame Verhalten zu verändern. Sie kann darüber hinaus auch die Inhalte des Konflikts berühren und die bislang verfolgten Ziele in einem anderen Licht erscheinen zu lassen.

Eine Lösung und damit die Bearbeitung der Inhalte wird also umso tragfähiger bewertet, je mehr sie durch Bekehrung zustande gekommen ist. Um dies durch die Art der Konfliktaustragung bereits zu begünstigen, folgt für das gewaltlose Konfliktverhalten ein möglichst enger Kontakt zum Kontrahenten, möglichst eine Lösung, die zusammen mit dem Gegner gefunden wird, darin eingeschlossen die Fähigkeit zur selbstkritischen Veränderung der eigenen Position und eine Konfliktaustragung auf möglichst niedrigem Eskalationsniveau.

4 Gewaltfreie Strategien in der Konfliktintervention

Nachdem in den 1970er und 1980er Jahren Gewaltfreiheit als „gewaltfreie Aktion", „Ziviler Ungehorsam" in Sozialen Bewegungen eine so weite Verbreitung gefunden hat, dass die „samtenen Revolutionen" am Ende der 1980er Jahre den Übergang der meisten osteuropäischen Staaten zu demokratischen Systemen einleiteten, ist es in den 1990er Jahren um Gewaltfreiheit als politischem Instrument in innenpolitischen Auseinandersetzungen still geworden. Im Zusammenhang mit dem neuen Begriff der „Zivilen Konfliktbearbeitung" ist vor allem das Anwendungsfeld der Konfliktintervention in den Vordergrund getreten. [...]

4.1 Zu den Strategien der Konfliktintervention

Konfliktinterventionen[4] verfolgen unterschiedliche, manchmal mehrere Ziele gleichzeitig, wobei oftmals die Antwort auf die Frage, welche Ziele die „wahren"

---

[4] Czempiel (1994: 403) definiert Intervention folgendermaßen: „Herkömmlich wird unter Intervention nur der bewaffnete Eingriff eines fremden Staates verstanden. Dieser Extremfall wird erweitert um alle anderen nichtgewaltsamen Grade der Einwirkung bis zur Einflussnahme und Beeinflussung. Gleichzeitig werden die ‚inneren Angelegenheiten' eines Staates auf sein Herrschaftssystem ... ver-

sind, in der öffentlichen Debatte heiß umstritten ist. Einzelne Instrumentarien bzw. Methoden der Intervention können jeweils einem oder mehreren Zielen zugeordnet werden. Zum einen können Wirtschaftssanktionen oder Embargos dazu dienen, Konfliktparteien zum Umdenken zu bewegen (Beispiel: Südafrika). Sie können zum anderen einen Versuch darstellen, die Bevölkerung des Ziellandes gegen ihre Regierung aufzubringen (Beispiel: Irak, Serbien). Schließlich können sie auch mit der meist nicht offen geäußerten Absicht verhängt werden, eigene Interessen (z. B. ein zu hoher Ölexport, der die Preise drücken würde) zu schützen.

Nach wie vor fehlen umfassende Untersuchungen darüber, welchen Strategien welche Methoden dienen können.

Seit Boutros Boutros-Ghalis Agenda for Peace ist die Unterscheidung von Peacekeeping, Peacemaking und Peacebuilding weithin bekannt, auch wenn diese Begriffe ursprünglich von dem skandinavischen Friedensforscher Johan Galtung (dt. 1982) geprägt wurden.

Nach Stephen Ryan (1995: 105 ff.) beinhaltet *Peacekeeping* die „prevention, containment, moderation and termination of hostilities between or within states, through the medium of a peaceful third party intervention.“ Das heißt, es ist eine dissoziative Strategie, die sich an die bewaffneten Gruppen richtet und sie trennt. „*Peacemaking* is concerned with the search for a negotiated resolution of the perceived conflicts of interests between the parties“. Peacemaking richtet sich an die politische Führerschaft und kennt drei Verfahren der Problemlösung:

1. Den Versuch, eine Lösung durch Gewalt oder Macht aufzuzwingen, wobei Ryan diesen Versuch als langfristig wenig erfolgversprechend ansieht.
2. Durch Gesetz, wobei diese Unterstrategie nur dann funktioniert, wenn die Legitimität des Staates noch von allen Seiten anerkannt wird, was im Falle ethnischer Konflikte oft nicht der Fall sein dürfte.
3. Durch Verhandlungen und Mediation, entweder im herkömmlichen Sinne oder durch alternative Vorgehen (second-track-diplomacy, problem-solving workshops).

„*Peacebuilding* is the strategy which most directly tries to reverse those destructive processes that accompany violence …“ Diese Strategie richtet sich an die „normalen Leute“, also die breiten Massen. Hier lassen sich verschiedene Unterstrategien oder Ansätze unterscheiden, davon einige, die im religiösen Sinne Versöhnung zum Ziele haben, andere, die die ehemaligen Gegner bei der Verfolgung übergeordneter Ziele (von gemeinsamen Sportaktivitäten bis zur Eingliederung in die EU) zusammenbringen oder die die wirtschaftliche Entwicklung mit dem

engt. … Haben sich die Strategien der Einmischung erweitert, verfeinert und entmilitarisiert, so haben sie ihr eigentliches Objekt beibehalten: das Herrschaftssystem eines Landes.“

Ziel von wirtschaftlicher Gerechtigkeit für beide Seiten betreiben. Wieder andere versuchen, Vertrauen zu bilden (z.B. Verzicht auf bestimmte Symbole), sich im Bildungssystem um die nachfolgende Generation zu bemühen oder Vorurteilsreduzierung zu betreiben.

Ryan vertritt die These, dass alle drei Strategien gleichzeitig angewendet werden müssen, soll ein (ethnischer) Konflikt effektiv gelöst werden. Ohne Peacekeeping würde fortgesetzte Gewalt eine Suche nach Konfliktlösungen verhindern. Ohne Peacemaking blieben die Interessenkonflikte, die Ursache des Konfliktes sind, ungelöst. Und ohne Peacebuilding gelänge es nicht, die langfristigen Voraussetzungen für einen nachhaltigen Frieden zu schaffen. [...]

4.2 Merkmale gewaltfreier Interventionen

Das Thema der gewaltfreien Intervention ist wissenschaftlich noch wenig erforscht. Doch aus den vorliegenden Erkenntnissen lässt sich ablesen, dass sie auf anderen Wirkungsmechanismen beruhen muss als militärische oder sogenannte „zivile" Interventionen.[5] Wir sprechen hier von gewaltfreien Interventionen, wenn

- das Ziel der Intervention die Bearbeitung des Konfliktes unter Berücksichtigung der Interessen aller Konfliktseiten oder die Unterstützung einer Partei ist, die für eine solche Konfliktbearbeitung und/oder Verteidigung der Menschenrechte und Herstellung von Gerechtigkeit eintritt und wenn
- dabei auf tödliche Gewalt, sei sie direkter physischer oder struktureller Art, verzichtet wird (Schweitzer 1998).

Bei der Konfliktintervention bezieht sich gewaltfreies Handeln darauf, Eskalationsprozesse umzukehren und die Konfliktparteien darin zu unterstützen, wieder zu einer besseren Konfliktbearbeitung fähig zu werden. An dieser Stelle werden gewaltfreie Akteure als „Dritte" oder besser „externe Parteien" im Konflikt tätig, in den sie wie andere auch intervenieren, wobei sie ihre Ansatzpunkte aus der gewaltfreien Konfliktanalyse beziehen.

Eine Untersuchung von zehn Fällen gewaltfreier Interventionen (Müller/Büttner 1996) ergab erste Anhaltspunkte auf die Besonderheiten gewaltfreier Interventionen. Besonders auffällig ist hier, dass gewaltfreie Interventionen nicht auf einen gewaltsamen „Machteingriff" zurückgreifen wollen, um Konfliktparteien zu trennen. Um dieses Ziel zu erreichen, verfolgen sie bislang unterschiedlich erfolgreiche Strategien, die auf unterschiedlichen Wirkungsweisen beruhen. Als bislang wenig

[5] Wenn „zivil" als Gegensatz zu „militärisch" verstanden wird, bedeutet dies nicht implizit, dass die entsprechende Intervention deshalb „gewaltlos" sei.

erfolgreich haben sich dabei Aktionen erwiesen, die als Kopie des militärischen Peacekeeping versuchten, durch die Anwesenheit einer großen Zahl von ZivilistInnen in einem Kriegsgebiet auf die Parteien einzuwirken. Allerdings ist eine Aussage über das Potential solcher auf Dissoziation der Konfliktparteien gerichteter Aktionen noch nicht möglich, weil bei den untersuchten Beispielen die eine Aktion vor einer möglichen Konfrontation abgebrochen wurde (der Marsch „Mir Sada" nach Bosnien-Herzegowina 1993) und im anderen Fall (beim „Gulf Peace Team" 1991 im Irak) keine große Zahl an TeilneherInnen zustande kam.

Erfolgreicher war ein anderer Ansatz, der sich zunächst um gute und stabile Kontakte zu allen Konfliktparteien bemühte und damit eher eine verbindende als eine trennende Strategie verfolgte (z. B. Peace Brigades International, Balkan Peace Team). Dies ist in einem stark polarisierten Konflikt bereits eine große Leistung, weil die Parteien von einer bestimmten Eskalationsstufe an Außenstehende fast nur noch nach dem Freund-Feind-Schema einordnen. Diese sozialen Beziehungen waren die Grundlage dafür, dass den zahlenmäßig kleinen Teams von Gewaltfreien die moralische Autorität zugestanden wurde, Waffenstillstände zu überwachen, zwischen einander bedrohende Gruppen zu treten, erneute Eskalationen zu verhindern.

Ein weiterer Unterschied liegt darin, dass gewaltfreie Interventionen Methoden der repressiven Machtausübung vermeiden wollen. Der repressive Aspekt, der in den sog. „Alarmnetzen" und in der Mobilisierung internationalen Drucks liegt, kennzeichnet den Grenzbereich. Dieses Instrument haben als erste die Internationalen Friedensbrigaden (Peace Brigades International) entwickelt. Das Notfallnetz mobilisiert bei Übergriffen in kürzester Zeit eine relevante internationale Öffentlichkeit, die nicht ignoriert werden kann, wenn sie – wie im Fall Guatemala geschehen – z. B. Auswirkungen auf die US-amerikanischen Militärhilfen an den Staat hat, der die Repression ausübt.

Hier wird von repressiver Macht Gebrauch gemacht, die (weitere) Dritte auf eine spezifische Konfliktpartei ausüben können. Allerdings muss diese Macht erst aktiviert werden und sie muss sich für bestimmte Werte wie Menschenrechte gegen Rüstungshilfe mobilisieren lassen. Die Möglichkeit, diese Macht anzuwenden, ist demnach nicht immer vorhanden oder jederzeit abrufbar, sondern eher prekär.

Man kann also zwei unterschiedliche Quellen von Macht erkennen, aus denen gewaltfreie Interventionen ihre Kraft schöpfen. Die eine ist die der direkten und konstruktiven Beziehungen, die zwischen den einzelnen Konfliktparteien und den Intervenierenden entstehen, und die zweite ist die der negativen Sanktionen, die aus einem Reputationsverlust der Konfliktparteien bei weiterer Gewaltanwendung resultieren. Auch hier geht es letztlich darum, dass Beziehungen ins Spiel gebracht werden, im zweiten Falle Beziehungen von Akteuren auf anderen staatlichen, formelleren Ebenen. Mahony/Eguren (1997) sprechen in diesem Kontext von einer Strategie der Abschreckung.

Trifft die These zu, dass konstruktive Beziehungen den Kern gewaltfreier Einflussmöglichkeiten ausmachen, dann wäre dies eine Bestätigung für Lakeys These von der soziologischen Wirksamkeit von Gewaltfreiheit. Nachvollziehbar wird, wie die Beziehung von Respekt entstehen kann, die für Mitchell eine Bedingung der Effizienz von gewaltfreien, nicht auf Zwang beruhenden Verhaltensweisen ist. Es wird noch einmal deutlich, wie grundlegend die von Lakey postulierte Hauptaufgabe ist, mit gewaltfreier Aktion diesen Respekt bei der Gegenseite aufzubauen. [...**Kap. 5** ...]

6 Resümee: Welchen Beitrag kann Gewaltfreiheit zur Überwindung von Gewalt leisten?

Eine der am häufigsten anzutreffenden Annahmen und einer der Haupteinwände gegen Gewaltfreiheit ist, dass Gewaltfreiheit nur in niedrigen Eskalationsstufen eines Konfliktes Aussicht auf Erfolg habe, bevor offene Gewaltanwendung den Konflikt dominiert. Sie sei zwar immer dem gewaltsamen Handeln vorzuziehen, könne dieses aber nicht in dem Falle ersetzen. Gewalt bleibe das „letzte Mittel". Selten wird allerdings dieses sogenannte „letzte Mittel" daraufhin befragt, ob es diese Rolle zu Recht spielt.

Dieser meist pauschal vorgetragenen Auffassung widersprechen viele der KonfliktforscherInnen (z. B. die schon zitierten Sharp, Ebert, Galtung), die sich mit Gewaltfreiheit befasst haben, und auch etliche historische Beispiele dieses Jahrhunderts (Prag 1968, Philippinen 1986, Kosovo 1989–1998). Das Konzept der Sozialen Verteidigung wurde für die größte annehmbare Gewaltanwendung, den Krieg, entwickelt und beruht auf Erfahrungsschätzen aus zahlreichen Konflikten, in denen von einer Seite keine Gewalt angewendet wurde. Tatsächlich scheint es, als ob in vielen Fällen Gewaltfreiheit und nicht Gewalt das „letzte Mittel" gewesen ist. Sie war das Instrument der Konfliktaustragung, das auch dann zur Verfügung stand, wenn Gewalt nicht möglich schien, z. B. weil keine Waffen zur Verfügung standen, das Militär auf der anderen Seite stand oder ihm nicht zu trauen war (Kapp-Putsch, Prag 1968, Philippinen 1986) oder weil man wusste, dass Gewalt zur Vernichtung führen würde (was man im Kosovo bis 1997 wusste).

Ob jedoch Gewaltfreiheit in jedem Falle „funktioniert", diese Frage soll offen bleiben. Eine Antwort darauf bedarf im konkreten Fall einer sorgfältigen Analyse der Beziehungen der Konfliktparteien und ihrer inneren Stärken und Schwächen. Dennoch ist es immer wieder erstaunlich, in welchen Kontexten gewaltfreies Handeln stattfindet. [...]

Die Frage des „Was-kann-man-tun, wenn?" muss als von beiden Seiten – PazifistInnen wie MilitärbefürworterInnen – in ihrem Kern unbeantwortet betrachtet werden. Wohl können beide Seiten theoretische Alternativen benennen (z. B. große

Zahlen gewaltfreier AktivistInnen als Beobachter und Peacekeeper entsenden versus schneller und entschiedener militärisch vorgehen), aber in der Praxis gab es immer Gründe, warum dies bislang nicht ging.

Gewaltfreiheit wurde eingangs als der dritte Weg zwischen Nichtstun und Gewaltanwendung bezeichnet. Wir sind der Auffassung, dass ihr ein Potential innewohnt, das … noch immer nicht ausgetestet erscheint. Angesichts der Ungleichverteilung von Ressourcen, die für gewaltsame Konfliktaustragung bereitgestellt werden – aber weder für Prävention noch für gewaltfreie Optionen je zur Verfügung stehen, kann noch lange nicht davon gesprochen werden, dass es je einen ernsthaften Versuch gegeben hätte, diesen Dritten Weg zu beschreiten. So ist es an der Zeit, sich politisch endlich auf diesen Dritten Weg einzulassen und ihn zielsicher zu beschreiten.

Zitierte Literatur:

Arnold, Martin (2004): … immer noch von Gandhi lernen? Ziviler Widerstand, nonviolence, Gütekraft, in: W&F Wissenschaft und Frieden 3/2004 (Sonderheft Ziviler Widerstand), S. 22–25.

Besemer, Christoph (1997): Gewaltfreie Konfliktlösung durch Deeskalation? In: Politik von unten. Zur Geschichte und Gegenwart. Theodor Ebert zum 60. Geburtstag. Hrsg. v. Büttner, Christian W./Jochheim, Gernot/Luer, Nadya/Schramm, Torsten: Vierteljahreshefte für Frieden und Gerechtigkeit, 111/112, 29/1997/1-2: S. 101–118.

Boserup, Anders/Mack, Andrew (1973): Krieg ohne Waffen? Studie über Möglichkeiten und Erfolge sozialer Verteidigung, Reinbek bei Hamburg.

Burrowes, Robert J. (1996): The Strategy of Nonviolent Defense – A Gandhian Approach. Albany.

CBD (1991): Civilian-Based Defence: New and Opinion – A Publication of the Association for Transarmament Studies. Editors: Beckman, Melvin, G./Ellison Norman, Liane/ Bogdonoff, Philipp D. Omaha, USA, Jahrgänge 1990, 1991.

Czempiel, Ernst-Otto (1991): Die Intervention – Politische Notwendigkeit und strategische Möglichkeiten. In: Politische Vierteljahresschrift, 35/1994/3: S. 402 ff.

Diokno, Maria Serena I. (1991): People Power: The Philippines. In: Brian, Martin u. a.: Nonviolent Struggle and Social Defence. London: S. 24–30.

Eberhard, Ulla (1986): Wider eine männerorientierte Gewaltfreiheit. In: graswurzelrevolution 109, November 1986.

Ebert, Theodor (1981): Gewaltfreier Aufstand – Alternative zum Bürgerkrieg, Waldkirch.

Ebert, Theodor (1992): Lernen von Litauen und Lettland – Aus meinem Tagebuch einer Erkundungsreise des Bundes für Soziale Verteidigung nach Vilnius und Riga vom 17.–26. Juli 1992. In: gewaltfreie aktion 93-94/1992: S. 43–67.

Galtung, Johan (1982): Drei Annäherungsweisen an den Frieden: Friedenssicherung, Friedensstiftung, Friedensbewahrung. In: Ders.: Anders verteidigen – Beiträge zur Friedens- und Konfliktforschung. Reinbek bei Hamburg: S. 50 ff.

Galtung, Johan (1987): Der Weg ist das Ziel. Wuppertal.

Galtung, Johan (1995): Kein Zweifel: Gewaltlosigkeit funktioniert! Wirkungsweise und Aktualität gewaltlosen Widerstandes, Heidelberg.

Gandhi, M.K. (1983): Satyagraha. Ahmedabad 14, 1951: S. 6 f., nach: Gugel, Günther: Gewaltfreiheit – ein Lernprinzip, Tübingen: S. 4.

Glasl, Friedrich (2004): Konfliktmanagement – Ein Handbuch zur Diagnose und Behandlung von Konflikten für Organisationen und Berater. Bern/Stuttgart.

Goss-Mayr, Hildegard (1981): Der Mensch vor dem Unrecht – Spiritualität und Praxis gewaltloser Befreiung. Wien.

Goss-Mayr, Hildegard/Goss, Jean (1989): Gewaltfreies Ringen um kleine Fortschritte. In: gewaltfreie Aktion, 77-79/1989: S. 39–41.

Jewtuschenko, Jewgeni (1991): Die Panzer bewegten sich nur noch wie auf Zehenspitzen. In: gewaltfreie aktion, 89-90/1991: S. 12–20.

Jochheim, Gernot (1977): Antimilitaristische Aktionstheorie, soziale Revolution und soziale Verteidigung: Zur Entwicklung der Gewaltfreiheitstheorie in der europäischen antimilitaristischen und sozialistischen Bewegung 1890–1940 unter besonderer Berücksichtigung der Niederlande. Assen/Amsterdam/Frankfurt.

Jochheim, Gernot (1988): Soziale Verteidigung – Verteidigung mit einem menschlichen Gesicht. Eine Handreichung, Düsseldorf.

Koppe, Karlheinz (1994): Konfliktprävention, Konfliktregelung, Konfliktbeendigung mit nicht-militärischen Mitteln. In: Peaceful Settlement of Conflict II, 1994: S. 123 ff.

Lakey, George (1979): Sociological Mechanisms of Nonviolence: How it Works. In: Bruyn, Severyn T./Rayman, Paula M. (eds.): Nonviolent Action and Social Change. New York, London/Sydney/Toronto: S. 64–72.

Lederach, John P. (1994): Building Peace – Sustainable Reconciliation in Divided Societies. Harrisonburg.

Mahony, Liam/Eguren, Luis Enrique (1997): Unarmed Bodyguards. International Accompaniment for the Protection of Human Rights, West Hartford:Kumarian Press.

Müller, Barbara (1995): Passiver Widerstand im Ruhrkampf. Münster.

Müller, Barbara (1996): Zur Theorie und Praxis von Sozialer Verteidigung. IFGK, Arbeitspapier Nr. 3, Wahlenau.

Müller, Barbara (1997): „Gewaltfrei eskalieren!" – geht das noch? In: Politik von unten – Zur Geschichte und Gegenwart – Theodor Ebert zum 60. Geburtstag. Hrsg. v. Büttner, Christian W./Jochheim, Gernot/Luer, Nadya/Schramm, Torsten: Vierteljahreshefte für Frieden und Gerechtigkeit, 111/112, 29/1997/1-2: S. 119–124.

Müller, Barbara/Büttner, Christian (1996): Optimierungschancen von Peacekeeping, Peacemaking und Peacebuilding durch gewaltfreie Interventionen? Institut für Friedensarbeit und Gewaltfreie Konfliktaustragung. Arbeitspapier Nr. 4. Wahlenau.

Ryan, Stephen (1995): Ethnic Conflict and International Relations. Aldershot.

Schulz, Stefan (1991): Der Staatsstreich in der Sowjetunion 1991 – Drei Tage Widerstand aus der Perspektive der Sozialen Verteidigung. In: gewaltfreie aktion, 89-90/1991: S. 20–28.

Schweitzer, Christine (1998): „Intervention: zivil, militärisch oder gewaltfrei? In: Grundmann, Martin/Hummel, Hartwig (Hrsg.): Militär und Politik Ende der Eindeutigkeiten? Zum Wandel institutioneller Gewalt, Baden-Baden 1998: S. 76–89.

Semelin, Jacques (1995): Ohne Waffen gegen Hitler – Eine Studie zum zivilen Widerstand in Europa. Frankfurt/Main..

Sharp, Gene (1973): The Politics of Nonviolent Action, Boston.

Sharp, Gene (1985): Making Europe Unconquerable: The Potential of Civilian-Based Deterrence and Defence, Cambridge.

Sternstein, Wolfgang (1980): Strategien gewaltfreier Aktion – Ein Überblick. In: Schultz, Hans-Jürgen (Hrsg.): Politik ohne Gewalt? Beispiele von Gandhi bis Camara. Frankfurt/Main 1980: S. 165–179.

Tönnies, Sibylle (1996): Soldaten müssen Polizisten werden. Plädoyer für einen neuen Pazifismus. In: DIE ZEIT Nr 19, 3.5.1996: S. 45 f.

Konfliktmanagement*

Friedrich Glasl

Die nachfolgenden Auszüge aus Friedrich Glasls Handbuch für Führungskräfte, Beraterinnen und Berater „Konfliktmanagement" beginnen mit der graphischen Übersicht über das von diesem österreichischen Konfliktforscher entwickelte „Phasenmodell der Eskalation", das in allen Einzelheiten hier vorzustellen unsere Platzmöglichkeiten überschritten hätte. Es empfiehlt sich aber, immer dann, wenn in dem daran anschließenden Auszug aus Kapitel 11 „Interventionen der Konfliktbehandlung" die Rede von bestimmten Eskalationsstufen ist, deren Darstellung aufzuschlagen. Gleich zu Anfang tauchen zwei erklärungsbedürftige Begriffe auf, nämlich „heiße" und „kalte" Konflikte. Diese dürfen nicht mit den gängigen Metaphern vom „heißen" und „kalten Krieg" verwechselt werden, auch nicht mit dem im Einführungskapitel behandelten Gegensatzpaar „manifester" und „latenter" Konflikt. Glasl zufolge zeichnen sich bei „heißen" Konflikten die Parteien durch eine Begeisterung für ihre Sache aus, von der sie die Gegenseite überzeugen wollen. Sie haben daher – zumindest anfangs – kein negatives Bild ihres Gegenübers und verhalten sich zu diesem äußerst kommunikativ. Bei „kalten" Konflikten trifft man demgegenüber anstelle des Feuers der Begeisterung tiefe Enttäuschungen, eine weitgehende Desillusionierung und Frustration. Die Parteien haben es aufgegeben, einander überzeugen zu wollen und vermeiden daher die Auseinandersetzung, ja den Kontakt überhaupt. Dennoch kann ein solcher Konflikt auch eskalieren, weil die Parteien alle Gelegenheiten nutzen, die andere Seite zu schädigen, aber so, dass sie nicht bei offener Feindseligkeit ertappt werden können.

---

* Glasl, Friedrich: Konfliktmanagement. Ein Handbuch für Führungkräfte, Beraterinnen und Berater, 8. aktualisierte und ergänzte Auflage, Paul Haupt Bern Stuttgart Wien, Freies Geistesleben Stuttgart, 2004, Figur 9.2: Die 9 Stufen der Konflikteskalation: S. 236–237 sowie Kapitel 11: Interventionen der Konfliktbehandlung, S. 313–347 (Auszüge).

Figur 10.2 Die 9 Stufen der Konflikteskalation

1 Verhärtung

Standpunkte verhärten zuweilen, prallen aufeinander

zeitweilige Ausrutscher und Verkrampfung

Bewusstsein der bestehenden Spannung erzeugt Krampf

Überzeugung: Spannungen durch Gespräch lösbar

noch keine starren Parteien oder Lager

Kooperation > Konkurrenz

2 Debatte, Polemik

Polarisation im Denken, Fühlen und Wollen, Schwarz-Weiss-Denken

Taktiken: quasi-rational, verbale Gewalt

Reden zur Tribüne, über Dritte „scores“ gewinnen

zeitliche Subgruppen um Standpunkte

Diskrepanz „Oberton und Unterton“

Überlegener gegenüber Unterlegenem Transaktionsanalyse-Modell

gegenseitige Abwertungen

Kooperation > = < Konkurrenz

3 Taten statt Worte

„Reden hilft nichts mehr“ also: Taten! Strategie der vollendeten Tatsachen

Diskrepanz verbales, nonverbales Verhalten; noverbales dominiert

Gefahr: Fehlinterpretationen

„pessimistische Antizipation“: Misstrauen, Akzeleration

Gruppenhaut, Kohäsion, Rollen-Kristallisation

Drohgebärde

Empathie verloren

Kooperation < Konkurrenz

4 Images und Koalitionen

Stereotypen, Klischees, Image-Kampagnen, Gerüchte: auf Wissen und Können!

einander in negative Rollen manövrieren und bekämpfen

Werben um Anhänger, symbiotische Koalitionen

self-fulfilling prophecy durch Perzeptionsfixierung

dementierbares Strafverhalten

doppelte Bindungen durch paradoxe Aufträge

5 Gesichtsverlust

öffentlich und direkt: Gesichtsangriffe!

Vorwurf des Ehrverlustes, Verrats, Verbrechens

inszenierte „Demaskierungsaktion“ Ritual

Demasqué: „Enttäuschung“, Aha-Erlebnis rückwirkend

Engel-Teufel als Bild, Doppelgänger

Ausstossen, Verbannen

Isolation

Echo-Höhle, sozialer Autismus

Ekel

Ideologie, Werte, Prinzipien

Rehabilitierung!

6

Drohstragetien

Erpressung

Drohung und Gegendrohung:

Forderung
// \\
Sank-tion == Sank-tions-potential

Glaubwürdigkeit: Proportionalität Selbstbindungs-aktivitäten, Stolperdrähte

„second move“

Stress

Akzeleration durch Ultimata, Scherenwirkung

7

Begrenzte Vernichtungs-schläge

Denken in „Dingkategorie“

keine mensch-liche Qualität mehr

begrenzte Ver-nichtungsschläge als „passende Antwort“

Umkehren der Werte ins Gegen-teil: relativ kleinerer eigener Schaden wird als Gewinn be-trachtet

8

Zersplitterung

Paralysieren und Desintegrieren des feindlichen Systems

Abschnüren der Exponenten vom Hinterland

vitale System-Faktoren zer-stören, dadurch das Gegner-system unsteuerbar, zer-fällt gänzlich

9

Gemeinsam in den Abgrund

kein Weg mehr zurück!

totale Konfrontation

Vernichtung zum Preis der Selbst-vernichtung, Lust am Selbstmord, wenn auch der Feind zugrunde geht!

11 Interventionen der Konfliktbehandlung

11.1 Grundsätzliche Ausrichtung der Interventionen

Die Literatur über Konfliktbehandlungsinterventionen ist heute bereits schwer zu überblicken. Es wird darin für bestimmte Interventionsmethoden plädiert. Oft glauben die Autoren, diese Methoden seien immer und überall gleich sinnvoll und gleich wirksam. Jeder Praktiker und jede Praktikerin weiss aber, dass dem nicht so ist. Denn bestimmte Interventionen, z. B. der „Datenrückmeldung von Diagnosebefunden" sind in heissen Konflikten sehr zu empfehlen, während sie im kalten Konflikt nur zu einer weiteren Fixierung des Leugnungs- und Abwehrverhaltens beitragen würden. Und manche Interventionen, z. B. der Beziehungsklärung nach der Transaktionsanalyse, leisten in den Eskalationsstufen zwei bis vier sehr gute Dienste, während sie auf der fünften Stufe absolut unzureichend sind und deshalb kontraproduktiv wirken.

[...]

Im Kapitel 1.4 haben wir bereits unterschiedliche Begriffe für Interventionen der Konfliktbehandlung angesprochen, die entweder auf eine Beeinflussung des Konfliktpotentials, des Konfliktprozesses oder der Konfliktfolgen gerichtet sein können. Dies ist bloss eine mögliche Sichtweise für die Unterscheidung von Interventionen.

Eine zweite Sichtweise unterscheidet, ob die Interventionen in erster Linie präventiv oder kurativ sind.

11.1.1 Präventive Interventionen

Mit präventiven Interventionen wird beabsichtigt, dass es gar nicht erst zum Ausbruch eines Konfliktes kommt. Dies ist möglich, indem wir u. a. die bestehende Organisation und Führung regelmässig nach vorhandenem Konfliktpotential untersuchen. Wir tun dies mit Instrumenten, die wir als „Methoden der Gesundenuntersuchung" bezeichnen. Sie (...) erkunden, ob nach dem subjektiven Erleben der Mitarbeiter mögliche Störungen, Unstimmigkeiten, Widersprüche usw. in der Organisation gegeben sind und wie sie sich eine Lösung dieser Probleme vorstellen könnten (siehe Glasl, Kalcher und Piber 2004).

Oder die Präventivmassnahmen können sich auf einen möglichen Konfliktprozess beziehen: z. B. Schulung in Kommunikation, im Umgehen mit Druck und Stress, mit Konflikten usw. Damit kann verhindert werden, dass ein Konflikt, der vielleicht auf der ersten Eskalationsstufe angelangt ist, weiter eskaliert.

Und zum dritten können Präventivmassnahmen erreichen, dass im Konfliktfall der Schaden möglichst begrenzt wird. Dies geschieht z. B. durch Haftungsbestimmungen im Handelsrecht, oder durch eine vertragliche Regelung für den Fall der möglichen Auflösung einer Firma, des Aufteilens des Vermögens usw. Aber es kann auch um seelische Schadwirkungen gehen, die mit Schiedsklauseln oder anderen Massnahmen abgewendet werden sollen.

11.1.2 Kurative Interventionen

Mit kurativen Massnahmen soll ein bereits vorhandener Konflikt gelöst oder begrenzt, kontrolliert oder geregelt werden usw. Die meisten Interventionen dieses Buches sind vor allem für kurative Aktionen gedacht und darin erprobt. Darum wird mit der Diagnose bereits erhoben, welche Streitpunkte gegeben sind und wie diese erlebt werden, was sich im Konfliktverlauf bereits alles an gegenseitigen Konditionierungen und Verwundungen ergeben hat usw. Darauf können sich dann die Interventionen richten, um einen entspannten Zustand herzustellen, in dem die vormaligen Konfliktparteien wieder konstruktiv miteinander arbeiten mögen.

Die gewählten Interventionen können nun eine Lösung oder Beendigung des Konfliktes erreichen, indem sie die gegebene Eskalation *steigern* oder *reduzieren*. Dies ergibt die folgende Unterscheidung:

11.1.3 De-eskalierende Interventionen

Wenn wir die Faktoren und Mechanismen kennen und verstehen, die zur Eskalation von Konflikten führen, dann sind wir auch in der Lage, diese Kenntnis für das Reduzieren der Eskalation, d.h. De-Eskalieren, zu nutzen. Dies ist z.B. möglich, wenn wir die gerade beobachtbaren Eskalationsmechanismen den Parteien zu Bewusstsein bringen oder wenn wir mit ihnen die nicht gewünschten Wirkungen ihres Handelns untersuchen und mit den eigentlichen Intentionen vergleichen. Oder wenn wir verzerrte Perzeptionen des gegenseitigen Verhaltens überprüfen und korrigieren. Bestenfalls wird dies zu einer Minderung der Spannung führen. Die Konfliktparteien werden erkennen, dass sie den Konflikt wirksam unter Kontrolle bekommen können und trauen sich dadurch einen weiteren Schritt der Klärung zu. Vor allem bei heissen Konflikten empfehlen sich sofort derartige de-eskalierende Interventionen.

Aber es ist nicht von vornherein gesagt, dass nur de-eskalierende Interventionen sinnvoll oder effektiv sind. Es kann generell – oder wenigstens vorübergehend – geboten sein, einen bestehenden Konflikt sogar noch „anzuheizen“, also zu eskalieren.

11.1.4 Eskalierende Interventionen

Bei der Beschreibung kalter Konflikte haben wir bereits erwähnt, dass es im Interesse einer dauerhaften Konfliktlösung sehr nützlich sein kann, den Konflikt „aufzutauen", d. h. durch eskalierende Massnahmen noch zu steigern. Denn eines der grossen Probleme des kalten Konfliktes ist die unausgesprochene Vereinbarung zwischen den Parteien, so zu tun, als wäre alles gar nicht so schlimm! Oder in professionellen Organisationen mit starkem konfessionellem oder weltanschaulichem Hintergrund können Schuldgefühle der Konfliktparteien dazu führen, dass das Bestehen von Spannungen geleugnet wird. Damit unterbleiben aber auch Bemühungen zur Lösung der Probleme.

Mit verschiedenen Mitteln kann eskalierend gewirkt werden: Eine von der Drittpartei erstellte Prognose der möglichen Folgen der bestehenden Konflikte kann zum Auflodern der Gegensätze führen. Anschliessend kann geklärt werden, ob die Parteien dafür letztendlich verantwortlich gemacht werden möchten. Oder es können die gegenseitigen Behinderungen und Störungen verstärkt werden, um sie so unerträglich zu machen, dass sich die Parteien endlich zu einer wirklichen Bearbeitung ihrer Beziehungsprobleme entschliessen. (...)

In den späten sechziger Jahren des vergangenen Jahrhunderts wurden derartige Interventionen in Sozialarbeit, Gemeinwesenarbeit, Gruppendynamik sehr propagiert, um auf diese Art gesellschaftliche Veränderungen zu ermöglichen (siehe F. Glasl, 1973). Die sogenannte „offenlegende Konfliktstrategie" wurde der sogenannten „zudeckenden Harmoniestrategie" gegenübergestellt. In der Praxis führte dies zu den bekannten Protestbewegungen, Studentenstreiks, öffentlichen Störaktionen usw. der bewegten „68er-Generation".

11.1.5 Vier prinzipielle Interventionsrichtungen

Die vier letztgenannten Interventionsrichtungen verknüpfen wir jetzt in Form einer Matrix (Fig. 11.1):

Mit unseren Diagnose- und Interventionsmodellen kann grundsätzlich in jede der gewählten Richtungen gearbeitet werden. Das Vorhandensein eines Konfliktes bestimmt, ob wir präventiv oder kurativ intervenieren. Es ist aber einerseits von unserer Einschätzung der Situation abhängig, ob wir uns zu einem eskalierenden oder de-eskalierenden Vorgehen entschliessen, andererseits jedoch von unserer ethisch-philosophischen Grundeinstellung zum Konflikt (Kap. 5.5).

Figur 11.1 Vier prinzipielle Interventionsrichtungen

	de-eskalierend	eskalierend
präventiv	um Kommunikationsproblemen vorzubeugen, werden Informationsspielregeln vereinbart; Training in Kommunikationsmethoden	in Anwesenheit des Beraters werden Sorgen, Ängste, Unterstellungen gezielt angesprochen; Konfrontationssitzung, um zu vermeiden, dass ein beginnender Konflikt kalt gemacht wird
kurativ	der Konfliktverlauf wird rekonstruiert und geklärt; die Konfliktparteien klären ihre unterschiedlichen Perzeptionen des Verhaltens	bestehende kalte Konflikte werden durch Rollenspiele dramatisiert, übertrieben; ein Interessenvertreter ermutigt seine Klienten, sich für ihre Standpunkte stark einzusetzen

Neben unserer grundsätzlichen Haltung zu eskalierenden oder de-eskalierenden Interventionsstrategien sind vor allem auch pragmatische Überlegungen massgeblich:

- Kann durch eine eskalierende Intervention voraussichtlich grösserer Schaden abgewendet werden oder nicht?
- Werden die Konfliktparteien durch eskalierende Interventionen im Glauben an Eigenaktivitäten zur Konfliktbehandlung gestärkt oder geschwächt?
- Führt eine eskalierende Strategie zu definitiven Gewinnern und Verlierern unter den Parteien?
- Werden durch eskalierende Interventionen die Konfliktparteien mehr von der Drittpartei abhängig oder nicht?
- Können die Konfliktparteien aus den Interventionen lernen?
- Gefährdet eine eskalierende Intervention die Vertrauensbeziehung zur Drittpartei?
- Büsst die Drittpartei an Glaubwürdigkeit ein?

Zu Beginn einer Interventionsstrategie ist es immer gut, sich über die eigenen vorgefassten Meinungen Rechenschaft abzulegen. Denn durch sie verstellen wir uns die Sicht auf andere Möglichkeiten des Vorgehens. Wir bewegen uns dadurch immer nur in einem kleinen Kreis von Denk- und Handlungsgewohnheiten.

In den folgenden Kapiteln bringen wir die Interventionsmethoden nach derselben Systematik, mit der wir die Konfliktdiagnose dargestellt haben. Jedes Diagnoseergebnis soll dadurch auch Möglichkeiten des Handelns aufzeigen.

11.2 Die sechs seelischen Faktoren als Ansatzpunkte für Interventionen

Kapitel 2.3 erörtert die sechs seelischen Hauptfaktoren, die in Konflikten vielfältig beeinträchtigt werden und die in ihrer Wechselwirkung zur Eskalation oder Fixierung der Konflikte beitragen. Diese sechs Hauptfaktoren sind: (1) Die Perzeptionen, (2) das Denk- und Vorstellungsleben; (3) das Gefühlsleben und innere Einstellungen, (4) das Willensleben, Motive und Ziele; (4) das äussere Verhalten (verbal und non-verbal) der Parteien; (5) die Folgen des Verhaltens und der anderen Äusserungen der seelischen Situation. Dieselben Faktoren können nun Ansatzpunkte für gezielte Interventionen sein.

1. Perzeptionen als Ansatzpunkt für Interventionen: Die einseitigen bzw. verzerrten Perzeptionen der Parteien sollen korrigiert werden; die Mechanismen, welche im Zuge des Konfliktgeschehens zu Verzerrungen und Fixierungen der Perzeptionen geführt haben, sollen in ihrer Wirksamkeit gehemmt oder entkräftet werden; Vorurteile der Parteien sollen abgebaut werden usw.

2. Gedanken, Vorstellungen, Erinnerungen, Interpretationen: Ansatzpunkte für Interventionen sind: Die Parteien sollen sich ihrer Begrifflichkeiten, Vorstellungen und Deutungen der Sachverhalte und Ereignisse bewusst werden und sollen erkennen, inwieweit diese durch die Konfliktmechanismen beeinträchtigt sind.

3. Gefühle und Einstellungen als Ansatzpunkt für Interventionen: Die Parteien sollen Gefühle der Feindseligkeit, der gegenseitigen Diskriminierung usw. überwinden, sie sollen wieder Vertrauen zueinander fassen, einander tolerieren und respektieren.

4. Willensfaktoren (Triebe, Motive, Intentionen) als Ansatzpunkte für Interventionen: Die Parteien sollen Klarheit über ihre bewussten und unbewussten Absichten bekommen; erstarrte Zielvorstellungen sollen wieder gelockert werden; Ziele und Mittel sollen neu überdacht werden usw.

5. Äusseres Verhalten als Ansatzpunkt für Interventionen: Das unkontrollierte destruktive Verhalten soll wieder in konstruktive Bahnen geleitet werden; das Verhalten soll sich wieder mehr mit den Intentionen des Handelnden decken; Gewalthandeln soll reduziert werden usw.

6. Die Konfliktfolgen als Ansatzpunkt für Interventionen: Die Parteien sollen die unbewussten Folgen ihres Tuns sehen und anerkennen und dafür Verantwortung auf sich nehmen; Absichten und deren Folgen als Wirkung des Gegnerverhaltens sollen getrennt beurteilt werden usw.

Verschiedene Schulen betonen den einen oder anderen dieser Hauptfaktoren oder erklären ihn allgemein zum „archimedischen Punkt“ der Konfliktbehandlung. Dabei werden oft andere Faktoren unterschätzt oder nicht genutzt.

Wir wollen diese vielfältigen Interventionsmöglichkeiten in den nächsten Abschnitten konkret darstellen und nach ihrem Nutzen hinterfragen.

11.2.1 Auf Perzeptionen und Denken orientierte Interventionen

Wir haben beschrieben, wie sich die Bilder der Konfliktparteien (von den Issues, von der totalen Konfliktsituation und von sich bzw. von der Gegenpartei) im Konfliktverlauf ändern und wie sie diese deuten und im Gedächtnis fixieren. Die Perzeptionen der Konfliktparteien stimmen somit immer weniger überein:

- als Folge der abnehmenden Empathie der Konfliktparteien;
- durch die Störungen der Interaktion der Parteien, wodurch die selektive Wahrnehmung der Parteien nicht mehr an der Wirklichkeit korrigiert werden kann;
- als Wirkung der Komplexitätsreduktion und der Kausalitätssimplifizierung
- und als Ergebnis der pessimistischen Antizipation, wodurch sich die Aufmerksamkeit nur noch mehr auf die bedrohlichen, negativen Aspekte der Interaktion konzentriert.

Die Parteien kapseln sich zusehends voneinander ab, ihre Perzeptionen werden immer mehr „egozentrisch" und später „sozial autistisch". Weil Wahrnehmung und Denken aufs engste zusammenhängen, lassen sich die Interventionen nicht getrennt darstellen.

Eine grosse Zahl von Praktikern und Theoretikern konzentriert sich deshalb auf die positive Beeinflussung der Perzeptionen der Konfliktparteien. Viele der von R. Blake, J. Mouton und H. Shepard (1964); R. Beckhard (1969); R. Walton (1969) und vor allem von J. Burton (1969) angewandten Interventionen zielen in erster Linie auf eine Klärung der Perzeptionen der Parteien. Burton (p. 64) gründet seine Methoden der „kontrollierten Kommunikation" vornehmlich auf die „Missverstandstheorie" (J. Bernard, 1957): Parteien geraten aufgrund mangelnder Information oder unzureichenden Wissens, aufgrund von Perzeptionsverzerrungen oder wegen bestehender Vorurteile oder kultureller und semantischer Beschränkungen in Konfliktverhalten. Folgerichtig muss sich Konfliktlösung der Klärung der Perzeptionen zuwenden. Die dritte Partei lässt dazu die Konfliktparteien erkennen, in welcher Weise unsere Perzeptionssinne und unsere Interpretationen Täuschungen, Beschränkungen und Verzerrungen ausgesetzt sind. Die Konfliktparteien sollen mit dieser Hilfe das Wirken störender Einflüsse in ihren Bildern von den Geschehnissen und den Parteien erkennen. Sie lernen, die Faktoren bewusst zu kontrollieren, die im Konflikt die Kommunikation beeinträchtigt haben. Burton fasst darum diese Interventionen unter dem Begriff *„reperception"* (p. 73) zusammen.

Interventionen zur Klärung der Perzeptionen können sowohl die Perzeption der gesamten Konfliktsituation, d. h. der Issues, der Ereignisse im Konfliktverlauf, Ursachen und Wirkzusammenhänge und dergleichen zum Inhalt haben... Worauf sich die perzeptionsorientierten Interventionen zu konzentrieren haben, wird vom Typus des Konfliktes sowie vom Eskalationsgrad bestimmt. In kalten Konflikten verläuft dies in der Praxis wesentlich schwieriger als in heissen Konflikten; in den ersten drei Eskalationsstufen stehen die Aspekte der Objektsphäre bei den Konfliktparteien mehr im Vordergrund. Mit der vierten Eskalationsstufe kommt es zum Auskristallisieren und Erstarren der stereotypen Selbstbilder (Autostereotyp) und Fremdbilder (Feindbild, Heterostereotyp). Viele Interventionen haben auf dieser und der nächsten Stufe deshalb den Abbau der Feindbilder zum Gegenstand.

Insgesamt können perzeptionsorientierte Interventionen folgende Ziele anstreben:

a) die Parteien sprechen gegenüber einer dritten Partei ihre subjektiven Ansichten aus, d. h. sie „ventilieren“ ihre Perzeptionen, ohne dass diese sofort abgewehrt werden;
b) die Parteien können sich über Drittparteien gegenseitig mit den Perzeptionen konfrontieren und auseinandersetzen, d. h. sie nehmen zur Kenntnis, dass die andere Partei eine abweichende Sicht auf die Situation hat, sie müssen das *Bestehen solcher Unterschiede anerkennen* ohne diese sofort abwehren zu wollen; auf diese Weise wird die Egozentrizität der Perzeptionen wieder aufgelockert, es entsteht wiederum „Perzeptionsempathie“ für die Gegenpartei;
c) die Parteien können die Einflüsse im Konfliktverlauf *entflechten,* vergleichen und prüfen;
d) die Parteien können die *Diskrepanzen in ihren Perzeptionen analysieren:* Was sehen sie unterschiedlich, warum sehen sie es unterschiedlich?
e) die Konfliktparteien können erkennen, wo *Verzerrungsmechanismen* im Spiel gewesen sind und wie sich das auf ihr Verhalten ausgewirkt hat;
f) die Konfliktparteien können die Ergebnisse der genannten Mechanismen in ihrer eigenen Perzeption *korrigieren* bzw. gänzlich abbauen (Kurativwirkung);
g) die Parteien können das *Wirken der Mechanismen* erkennen lernen, so dass sie *in Zukunft* Perzeptionsverzerrungen rechtzeitig *unterbinden* können (Präventivwirkung);
h) die Konfliktparteien erkennen, wie ihre Perzeptionen auf ihr Verhalten gewirkt haben und wie dadurch die Reaktionen der anderen Partei provoziert worden sind;
i) die Konfliktparteien werden sich ihrer Kognitionen und Konzeptionen, d. h. ihrer Denkstrukturen, ihrer Grundauffassungen und Ansichten bewusst und erkennen, wie diese ihre konkreten Perzeptionen beeinflusst haben;
j) die Konfliktparteien können sich voneinander *neue Perzeptionen bilden*, die auch künftigen Mechanismen der Perzeptionsverzerrung standhalten können.

(In Glasls Buch folgen nun einige typische Interventionsmethoden, mit deren Hilfe mehrere der genannten Ziele verwirklicht werden können; auf deren Wiedergabe musste hier aus Platzgründen verzichtet werden, B. M.)

11.2.2 Auf Gefühle und Einstellungen gerichtete Interventionen

Im Zuge der Eskalation haben sich die Gefühle und die innere Einstellung der Konfliktparteien verändert: Von der kompetitiven Haltung über die auf Gewinn oder Verlust ausgerichtete Einstellung ist man zur Entschlossenheit gekommen, den Gegner mit ins Verderben ziehen zu wollen. Vertrauen ist dem grundsätzlichen Misstrauen gewichen. Die Achtung der Gegenpartei ist zur Verachtung geworden. Stress, Angst, Unsicherheit und Existenzangst sind die Stimmungen, in denen die Parteien nach Selbstbehauptung streben. Gefühle und Einstellungen müssen aus dem kurz- und mittelfristigen Verhalten sowie aus verbalen und non-verbalen Äusserungen mehr oder weniger intuitiv erfasst und interpretiert werden. Hierbei sind die Parteien gegenseitig auf fehlerhafte Informationsquellen und -kanäle angewiesen. Aus rudimentären Informationen müssen sie die Absichten und Ziele der Gegner zu einem Ganzen konstruieren. In diese Interpretationen mischen sich ihre eigenen Ängste und negativen Erwartungen. Die Parteien geben sich ungemerkt Projektionen hin. Einstellungen sind deshalb immer der Gefahr von Missperzeptionen ausgesetzt. Auf Gefühle und Einstellungen gerichtete Interventionen können dabei die folgenden optimalen Ziele verfolgen:

a) die Konfliktparteien werden sich ihrer *eigenen Gefühle und Einstellung* in den wichtigen Episoden des Konfliktverlaufes *bewusst;*
b) die Parteien geraten aus der *Isolierung* des Kommunikationsghettos, d. h. sie können ihre eigenen Einstellungen anderen mitteilen, sie können aus der monologischen in die dialogische Beziehung zur Drittpartei und zur Gegenpartei eintreten;
c) sie können ihre Perzeptionen der Attitüden ihrer Gegenpartei *korrigieren*;
d) und sie können die *Diskrepanzen* zwischen den Einstellungen und den äusseren Ausdrucksformen im Verhalten – sowohl bei sich selbst als bei der Gegenpartei – aufzeigen; sie können erkennen, inwiefern diese Diskrepanzen auf inadäquatem Verhalten des Gegners oder auf eigenen Perzeptionsverzerrungen beruhen;
e) die Parteien können die in ihnen und zwischen ihnen wirkenden *Mechanismen* erkennen und verstehen, die zum Entstehen und Fixieren der Einstellungen im Zuge des Konfliktes beigetragen haben;
f) die Konfliktparteien können die alten, im Konflikt fixierten Gefühle und *Einstellungen abbauen* und neue *entwickeln;*
g) die Parteien erkennen, welche *Grundprobleme* sich ihnen durch den Konflikt und durch die Gegenpartei als „Präsentator der Herausforderung“ präsentieren und welche Arbeit an den eigenen Einstellungen dies erfordert.

Durch die indirektere Äusserung von Gefühlen und Einstellungen gestalten sich die darauf bezogenen Interventionen weitaus schwieriger als perzeptionsorientierte Interventionen. Innere Einstellungen sind überdies tiefer mit dem Kern der Persönlichkeit eines Menschen verknüpft. Sie werden als Intimbereich meist nur unter bestimmten positiven Voraussetzungen zugänglich. Wegen der Verankerung der Attitüden mit dem Identitätsgefühl der Parteien sind Haltungen nur schwer direkt und von aussen zu beeinflussen.

Grundsätzlicher Respekt vor der inneren Freiheit der Konfliktparteien ist geboten. Mit der Arbeit an den Attitüden beginnt man letztlich immer an der Identität der Parteien, an ihren Grundauffassungen und Werten zu arbeiten. Angesichts der Tiefe derartiger Interventionen betont R. Harrison (1970) als Grundregel, dass man keineswegs tiefer intervenieren solle, als unbedingt geboten ist und als die Klienten in Selbständigkeit später auch allein bewältigen können.

Überdies tritt eine erkennbare Wirkung viel langsamer als bei anderen Interventionen auf.

Darum stellen sich der dritten Partei vor Beginn von attitüdeorientierten Interventionen die grundlegenden Fragen:

- sind die Parteien einer tieferen Konfrontation mit Gefühlen und Einstellungen überhaupt gewachsen? Werden sie nicht überfordert?
- soll tiefer interveniert werden, auch wenn sich die Parteien im Prozess der Konfliktbehandlung nicht die Fähigkeit erwerben können, um die initiierten Prozesse aus eigener Kraft fortzusetzen?
- erlaubt die verfügbare Zeit Interventionen, die keine Sofortwirkungen zeigen?

Viele *traditionelle Mittel* der Konfliktlösung versuchen eine direkte Beeinflussung der inneren Einstellungen der Konfliktparteien. Die folgenden, sehr direktiven Beeinflussungsmittel gehen davon aus, dass die Konfliktparteien solche Einstellungen annehmen, wie sie von der Drittpartei erwartet oder gefordert werden:

1. Zwang: Der Vorgesetzte oder der Vermittler kann mittels wirksamer Sanktionen die Konfliktparteien zwingen, von Feindseligkeiten abzusehen und „einander wieder zu respektieren“. Die dritte Partei kümmert sich nicht darum, ob die Konfliktparteien diese Haltung nur äusserlich annehmen oder ob sie diese innerlich akzeptiert und gefestigt haben.

2. Einschüchterung und Drohung: Die Drittpartei kann durch Einschüchtern Nachteile für die Konfliktpartei in Aussicht stellen, wenn sie sich den Forderungen der dritten Partei nicht fügt. Durch Drohung kann Angst oder Unsicherheit bewirkt werden. Diese wirkt vielleicht stärker als die ursprünglichen Absichten der Konfliktparteien, die für ihre Absichten eine Konfrontation riskiert haben. Zwingen und Drohen wirken auf das „Strategiekalkül“ der Konfliktparteien ein. Angesichts der möglichen Folgen für die weitere Position oder Karriere in der Organisation scheinen ihnen dann die Kosten einer Auseinandersetzung nicht lohnend zu sein.

Eine mildere, aber nicht weniger direktive Form der Beeinflussung ist

3. Moralisieren, Missionieren: Die dritte Partei appelliert an bestimmte ethische Überzeugungen, die von den Parteien nicht in Frage gestellt werden können. Auf diese Weise werden oft Konflikte in Organisationen mit starker weltanschaulicher, religiöser oder politischer Orientierung in Angriff genommen. Äusserliches Konformieren an diese Normen wird dann als innerliches Anerkennen betrachtet, auch wenn in Wirklichkeit die negativen Attitüden nur unterdrückt werden. Appellieren an Werte und Normen ist meistens ein indirekter Appell an Schuldgefühle der Konfliktparteien, und diese werden sich überlegen, ob sie mit dem Fortsetzen eines Konfliktes eine weitere Eskalation in Kauf nehmen wollen. Darum mag Moralisieren und Missionieren zwar zu einem vorübergehenden Waffenstillstand führen, unterschwellig kann aber die Auseinandersetzung heftiger werden. So kann der Einsatz der unter a, b und c genannten Mittel bewirken, dass ein heisser Konflikt zu einem kalten wird und kalt weiter eskaliert. Der Appell an einen der Grundwerte hat unter Umständen bei einer Konfliktpartei zur Folge, dass sie diesen Wert an sich in Frage stellt. Der Konflikt wird fortgesetzt und intensiviert, um diesen Wert ins Wanken zu bringen. Ähnliches kann bei „assertiven Techniken“ wie sie u.a. von D.E. Berlew (1977) als Universalmittel propagiert werden, auftreten.

Andere Methoden versuchen die Einstellungen der Konfliktparteien in eine bestimmte Richtung zu führen, ohne dass sich die Parteien dessen voll bewusst sind:

4. Indirektes Konditionieren der Parteien, Ablenken oder Ableiten: Die dritte Partei führt – z.B. über äussere Verhaltenszwänge – bestimmte Situationen herbei, in denen zu erwarten ist, dass sich mit der Zeit auch die inneren Einstellungen der Parteien angleichen werden: Konfliktparteien werden sorgfältig getrennt; die Drittpartei sorgt dafür, dass sie einander in der Arbeit nicht begegnen, denn „Zeit bringt Rosen“; zwei Konfliktparteien werden vor eine gemeinsame Aufgabe gestellt, die sie nur durch Zusammenarbeit lösen können (M. Sherif, 1958 und 1966), wobei der Einsatz für die Aufgabe für sie höheren Wert hat als die Ziele der Auseinandersetzung. In Ausführung der gemeinsamen Aufgabe verblassen mit der Zeit die ursprünglichen negativen Einstellungen. Dies wird volkstümlich oft so ausgedrückt: „Die Zeit heilt Wunden!“ [...]

Auf längere Frist arrangieren sich die Parteien dadurch neu und passen sich an die Umstände an. Dies kann die Illusion einer nachhaltigen Einstellungsänderung wecken. Sobald jedoch die äusseren Umstände wegfallen oder die Drittpartei nicht mehr anwesend ist, kann die negative Einstellung in der alten Intensität aufleben. Durch die Anwendung dieser Methoden ist schliesslich die Einstellung der Parteien mehr *von äusseren Einflüssen determiniert* worden. Sobald diese nicht mehr vorhanden sind, ist eine Änderung der adaptierten Einstellung wahrscheinlich. H. Kelman (1958) hat dies experimentell überprüft. Seine Befunde bestätigen, dass ein äusseres Anpassen der Einstellung unter dem Einfluss einer Macht über Mittel nur solange anhält, als eine Überwachung und Kontrolle der Mittel gewährleistet ist. Nur wenn eine Einstellungsänderung mit einer Internalisierung der neuen Werte, d.h. mit einer Integration in das Selbstkonzept der Person erfolgt, kann sie weiter bestehen.

5. Manipulative Beeinflussung: J.A.C. Brown (1963) zeigt, dass Manipulation verschiedene Formen und Intensitätsgrade annehmen kann: Von der Zwecklüge der Propaganda über die verborgene Stimulanz bestimmter Motivationsfaktoren bis zum „Brainwashing". In der Praxis der Konfliktlösung in Organisationen sind extreme Formen wahrscheinlich selten. Dennoch ist Manipulation gegeben, wenn ein Vorgesetzter die Motive einer Konfliktpartei so beeinflusst, dass diese sogar meint, sie hätte aus eigenem Antrieb ihre Einstellung verändert. Manipulation zeichnet sich dann durch drei Hauptmerkmale aus:

- es werden bestimmte Motivationsfaktoren bei den Parteien stark angesprochen, die ein Handeln in Richtung der Ziele anderer auslösen;
- die Konfliktparteien dürfen diesen Einfluss nicht durchschauen, darum wird ihre Aufmerksamkeit auf anderes abgelenkt;
- die manipulierten Parteien werden von anderen als Mittel zu den Zwecken der Manipulierenden gebraucht, gleichzeitig wird ihnen der unrichtige Eindruck vermittelt, dass sie in ihrem eigenen Interesse handelten.

Manche der von M. Sherif (1958 und 1966) angewendeten Techniken weisen durchaus manipulative Züge auf. In der betrieblichen Praxis wird sehr oft versucht, interne Rivalität und Aggression auf Konkurrenten, Lieferanten oder Kunden zu richten und aus der erhöhten Aggressivität der Mitarbeiter Kapital zu schlagen. Durch diese Ablenkungsmanöver können sich bei den Konfliktparteien Illusionen über ihre Fähigkeit zur internen Zusammenarbeit bilden.

Bei Motiv-Manipulation werden primitivere als die im Konflikt wirksamen Motivationsfaktoren gezielt stimuliert. Wenn ein heftiger Prestigekampf begonnen hat, dann kann man bewusst die von A. Maslow (1954) niedriger genannten Triebfedern ansprechen: Das Bedürfnis nach Geborgenheit, das elementare Bedürfnis nach Erhaltung der physischen Existenz. Durch Drohung kann Jobangst geweckt werden: Die Brotfrage führt dann die Parteien dazu, angesichts dieser vitalen Not ihre Differenzen aufzugeben. [...] Auch für diese Verfahren gilt der empirische Befund H. Kelmans (1958), dass diese Attitüdeänderung nicht länger anhält, als die gemeinsame Abhängigkeit von den zwingenden Umständen dauert.

6. Attitüdeänderung aus autonomem Antrieb: Bei der Behandlung von Konflikten können wir die Konfliktparteien zu einer Einstellungsänderung hinführen, indem wir ihnen Hilfe geben,

- ihre Einstellung in der Vergangenheit kritisch zu betrachten und zu Selbsterkenntnis zu kommen,
- ihre Einstellung aus eigenem Antrieb zu ändern.

Interventionen dieser Art führen uns vor ein ethisches Dilemma, indem wir zwar durch unser Eingreifen Bedingungen schaffen, die zu einem Durchbrechen der bisherigen Blindheit beitragen sollen und dennoch die Konfliktparteien nicht in eine bestimmte Richtung beeinflussen, die von uns bewusst oder unbewusst vorgegeben wird.

Das Respektieren der Entscheidungsfreiheit ist für uns das ausschlaggebende Unterscheidungsmerkmal der Methoden. Die ernsthafte Anerkennung des geistigen Wesenskerns des Menschen impliziert, dass das Individuum selbst

- erkennen sollte, inwiefern bisher unbewusste, aus der Vergangenheit wirkende Motive zu einem Verhalten geführt haben, für das es bei wachem Bewusstsein die volle Verantwortung nicht übernehmen könnte;
- erkennen sollte, welchen situativen Einflüssen man nachgegeben hat, die zu unverantwortlichen Reaktionen geführt haben;
- erkennen sollte, von welchen Wünschen, Leitbildern, Werten, Ambitionen usw. für die weitere Zukunft es sich konkret hat leiten lassen.

Es ist die Verantwortung des Individuums, neue Perspektiven zu entwickeln, Initiativen zu nehmen und seine Einstellung zu verändern. Mit Carl Rogers (C. Rogers und B. Skinner, 1956) sehen wir die Fähigkeit, sich der Einflüsse bewusst zu werden und sich für sein Handeln und dessen Folgen verantwortlich zu stellen, als Wesensmerkmal des Menschen überhaupt. Aber es ist undenkbar, dass sich Menschen gegenseitig nicht beeinflussen und in ihrer Freiheit nicht einengen. Darum *bleibt das ethische Dilemma für die intervenierende Dritte Partei immer bestehen:* Wenn wir mit anderen an psychischen Faktoren arbeiten, dann können wir uns von unseren Ideen und Zielen leiten lassen. Wenn wir diese vor dem andern verbergen und ihn zu einer unreflektierten Übernahme bewegen wollen, dann beeinflussen wir ihn manipulativ: Der andere wird zum Instrument und von uns zur Verwirklichung *unserer* Ziele benutzt bzw. missbraucht.

Genauso ist für die Drittpartei der faktische Entscheidungsspielraum durch innere und äussere Zwänge, Einflüsse, unbewusste Strebungen usw. immer eingeengt. Darum ist es unrealistisch, Interventionen immer an einem absolut reinen Freiheits-Ideal messen zu wollen. Eine Intervention der dritten Partei betrachten wir als ethisch positiv, wenn sie sich bei gegebenen Einschränkungen und unter dem grösstmöglichen Bewusstsein dieser Einschränkungen von dem Ziel leiten lässt, die verbliebenen Freiheitsspielräume bestmöglich in Richtung grösserer Selbstverantwortung zu nutzen. Damit muss die Fähigkeit des Klienten, zu unseren Absichten nein sagen zu können, respektiert und im Prinzip ständig vergrössert werden. *Anerkennen der Freiheit umfasst auch die Freiheit zum Missbrauch des gegebenen Handlungsspielraumes und damit die Fähigkeit zum „Bösen". Und eigentlich ist dies erst die Grundbedingung für das Entwickeln und Verwirklichen der Fähigkeit zur Freiheit.* [...]

(An dieser Stelle folgen in Glasls Buch zahlreiche Beispiele praktischer Interventionen zur autonomen Attitüdenänderung; auch auf deren Wiedergabe musste hier aus Platzgründen verzichtet werden, B. M.)

11.2.3 Auf das Wollen der Parteien bezogene Interventionen

Auf den intensiveren Stufen der Eskalation fürchten die Parteien, dass ihre ernst gemeinten Vertrauensbeweise von der Gegenpartei nicht erkannt, falsch gedeutet oder sogar missbraucht werden. Dadurch lassen sie gute Absichten wieder fallen.

C. Osgood (1966) hat eine Taktik zur einseitig initiierten Entspannung in internationalen Krisen vorgeschlagen, die „GRIT-Taktik" („graduated and reciprocated initiatives in tension reduction"). S. Lindskold (1978) hat diese Vorgehensweise in experimentellen Untersuchungen mit Individuen und kleinen Gruppen überprüft und die von Osgood erwarteten Wirkungen tatsächlich bestätigen können. Die Abrüstungsschritte M. Gorbatschows folgten genau diesem Weg!

(An dieser Stelle referiert Glasl die GRIT-Taktik nach C. Osgood, vgl. Teil I dieses Buches, Kapitel 7, S. 85ff.; danach folgen in Glasls Buch wieder Beispiele, die hier aus Platzgründen weggelassen werden müssen, B. M.)

11.2.4 Verhaltens-orientierte Interventionen

Das Verhalten der Konfliktparteien wird im Zuge der Eskalation immer vielschichtiger:

- das Verhalten verlagert sich schwerpunktmässig zusehends vom verbalen in den non-verbalen Bereich;

- die Diskrepanzen zwischen Absicht, Verhalten und Wirkungen werden grösser; in der Kommunikation sind Überton und Unterton immer weniger kongruent;
- im Verhalten kommen ein oder mehrere der 8 Funktionen zum Ausdruck, ohne dass dies von den Akteuren so erkannt wird;
- das Verhalten bezweckt mehr und mehr Nebenwirkungen auf Dritte, um diese eventuell zu Koalitions- oder Allianzpartnern zu machen, oder um sich bei Umstehenden zu rechtfertigen;
- destruktives, d.h. aggressiv zerstörerisches Verhalten und obstruktives Verhalten, um einander Hindernisse in den Weg zu legen, zu strafen, zu sanktionieren usw., dominiert;
- die *dämonisierte Zone* wächst;
- das Verhalten wird durch alle Wechselwirkungen in den Parteien und zwischen den Parteien zunehmend konditioniert und fixiert; es erstarrt zu einigen wenigen stereotypen und zwanghaft ablaufenden Verhaltensformen.

Interventionen können eine Beeinflussung des äusseren Verhaltens versuchen und die folgenden Ziele mögen dabei verwirklicht werden:

a) die Parteien werden sich der Funktionen ihres Verhaltens bewusst;
b) die Parteien lernen, die eventuellen Diskrepanzen zwischen ihren Absichten, ihrem Verhalten und den ungewollten Folgewirkungen zu überschauen und zu verringern (Kongruenz);
c) sie erkennen die Faktoren, welche konditionierend bzw. determinierend auf ihr Verhalten wirken;
d) das Verhalten der Parteien wird unter Kontrolle gebracht, so dass die schädlichen Folgen geringer werden (Verhaltenskontrolle);
e) das Verhalten wird in bestimmte Bahnen gelenkt, so dass es weniger gewaltsam oder destruktiv ist;
f) für die Kontrolle des Verhaltens werden explizite Beurteilungskriterien erstellt, so dass Abweichungen wirkungsvoll korrigiert werden können;
g) die bisherigen Interventionen, die auf Perzeptionen und Attitüden gerichtet waren, werden durch verhaltensorientierte Interventionen konsolidiert und operationalisiert, wodurch ihre Umsetzung verstärkt wird.

Die unter a bis c genannten Ziele können als Folgewirkung der perzeptions- und attitüdeorientierten Interventionen auftreten, weil sie auf Vertiefung der Selbstkenntnis ausgerichtet sind. Nicht jede verhaltensorientierte Intervention verfolgt alle genannten Ziele, sondern jeweils nur einige oder mehrere von ihnen. Im folgenden wollen wir verschiedene dieser Interventionen darstellen.

1. Verhaltensregelung: In den meisten Organisationen ist es gebräuchlich, auftretende Konflikte zu lösen, indem man das Verhalten der Parteien in geordnete Bahnen zu lenken versucht. Dies kann zweierlei Formen annehmen:

Konfliktregulatoren bewirken eine *generelle Regelung* des Verhaltens, die nicht nur für die aktuellen Konfliktparteien gilt, sondern für alle Mitarbeiterinnen und Mitarbeiter oder Angehörigen der Institution. Verhaltensnormen sind auch Voraussetzung dafür, dass ein Konflikt eventuell mit juristischen Verfahren behandelt oder für Schiedsverfahren zugänglich wird (S. LaTour, P. Houlden, L. Walker. J. Thibaut, 1976). Auf generelle Verhaltensregelung gehen wir deshalb an dieser Stelle nicht mehr weiter ein.

Die zweite Form ist die der *speziellen Verhaltensregelung.* Hiermit wird das Verhalten der direkt betroffenen Konfliktparteien in bestimmte Bahnen geleitet, ohne dass man sich weiters um eine Beeinflussung der Perzeptionen und Einstellungen oder anderer Faktoren kümmert. Mittels direkter Verhaltensanweisungen werden die äusseren Formen des Verhaltens, wie Gewalt, Aggression, Kampftaktiken usw., beeinflusst. Im Alltag geschieht dies, wenn sich der Chef bei seinen Mitarbeitern bestimmte Verhaltensweisen verbittet, „weil das nicht zu unserem Betrieb passt", „weil es unschön ist" oder Aufsehen erregt („Wir zanken uns nicht, wenn andere dabei sind!"). Verhaltensregelung kann durch Strafen, Versprechungen und andere Sanktionen unterstützt werden. Sie kann von anderen erzwungen oder von der Konfliktpartei selbst zur Auflage gemacht worden sein.

In der Regel lassen Interventionen der Verhaltensregelung die deformierten und fixierten negativen Perzeptionen und Attitüden unverändert. Auch ein Richter lässt unberücksichtigt, ob durch seinen Rechtsspruch mehr Verständnis, Liebe oder Kooperationsbereitschaft zwischen den streitenden Parteien auftritt. T. Newcomb (1947) weist auf empirische Befunde, nach denen eine generelle Verhaltensregelung zwar die direkte destruktive Wirkung eindämmt, nicht aber zu einer Verbesserung der gegenseitigen Einstellungen führt. Die wichtigste Wirkung war jedoch immer eine Unterbindung der sozialen Ansteckung, weil das Konfliktverhalten öffentlich als negativ diskriminiert worden war.

Trotz vieler Unzulänglichkeiten der Verhaltensregelung kann diese in manchen Konfliktsituationen oft die einzig mögliche Methode sein, die eine weitere Eskalation (wenigstens vorübergehend) unterbindet.

Bei Konflikten der fünften oder sechsten Stufe sind die Parteien oft nur zu verhaltensregelnden Massnahmen bereit. Sie beobachten dann sehr kritisch, wie die Gegenpartei mit diesen Vereinbarungen umgeht. Wenn die Konfliktparteien bestimmten Spielregeln für die nächste Konfrontation zustimmen, dann macht eine dritte Partei für diese Zeit Gebrauch von einer speziellen Konfliktregelung. Diese ist in den meisten Fällen unabdingbar, wenn man verhindern will, dass die Konfliktparteien bei der Arbeit an ihren Problemen wieder in ihr übliches Konfliktverhalten verfallen. M. Deutsch (1973, p. 385) weist auf die Unterstützungsfunktion solcher Kommunikationsregeln oder Spielregeln für die Konfrontationsbesprechungen: „Die Essenz fairer Spielregeln ist, dass sie unbevorurteilt sind. Ein Verhalten unter Achtung solcher Regeln setzt die Bereitschaft der Parteien voraus, von der Gegenpartei genau dasselbe Verhalten zu akzeptieren, das man auch ihr gegenüber an den Tag legt. Solche Spielregeln bieten beiden Seiten dieselben Chancen, ihre Anliegen vorzubringen und auf die der Gegenseite zu reagieren. Zusätzlich begrenzen oder definieren sie, inwieweit jede Seite die andere verletzen darf. Durch Regeln wird jede Seite klar für ihre Positionen und ihr Verhalten verantwortlich, so dass keine Partei die Wirklichkeit leugnen kann, nicht willentlich lügen oder die Verantwortung für ihr Verhalten der Gegenpartei in die Schuhe schieben kann.“

Diese Funktionen der Verhaltensregeln gelten im besonderen für die einzelnen Aktionen der dritten Partei im Rahmen der Orientierungsphase, wenn vorläufige Vereinbarungen zum Status quo und zur Strategie der weiteren Konfliktbehandlung getroffen werden müssen.

2. *Verhaltensbegrenzung:* Hiermit werden nicht so sehr Formvorschriften erstellt, sondern bestimmte Objekte (im Krieg: Kulturdenkmäler oder Rot-Kreuz-Lazaretts), Personen (in Nordirland ist es tabu, Frauen, Kinder oder geistliche Würdenträger willentlich anzugreifen), Issues („Debatten über Politik dulde ich nicht in meinem Büro!“), Räume („Konflikte tragen wir nicht auf der Strasse oder auf der Tribüne aus!“) oder Zeiten usw. für Konfliktverhalten zum Tabu erklärt.

Mit einer Verhaltensregelung oder Verhaltensbegrenzung sollen bestimmte unerwünschte Folgewirkungen verhindert werden. Es geht um das Beherrschen und Voraussagen der *direkt* erkennbaren Auswirkungen des Konfliktes. Die *indirekten* Folgen können jedoch unsichtbar bleiben. Verhaltensbegrenzung kann zu einem Aufstauen negativer Einstellungen führen, die schliesslich einen Ausweg in andere Gebiete, auf andere Personen usw. suchen. Konflikte werden dadurch verschleppt oder exportiert: Der von seinem Chef unterdrückte Arbeiter schlägt seine Frau, diese das Kind, das Kind den Hund usw.

3. *Verhaltenssublimierung, Ablenkung auf andere Objekte oder Personen usw.* A. Etzioni (1964) rät zu einer Ablenkung des Konfliktverhaltens auf ungefährliche Gebiete: Tätliche Auseinandersetzungen können lieber zu heftigen verbalen Gefechten werden; anstelle des Bürgerkrieges mit militärischer Gewaltanwendung können parlamentarische Debatten treten; nationale Gegensätze können so umdirigiert werden, dass sie sich in kultureller oder ökonomischer Konkurrenz entladen. Sport erfüllte schon bei den Griechen eine Ventilfunktion: Die Gegensätze der bislang autonomen Kleinstaaten konnten sich ausleben, ohne dass die Bildung eines überregionalen Gemeinwesens dadurch behindert worden wäre.

4. *Verhaltenskonditionierung:* Belohnung oder Strafe sollen bestimmte Verhaltensweisen begünstigen oder hemmen. Sie können zu einer positiven oder negativen Konditionierung werden. Mit den Methoden der Verhaltenstherapie

(siehe dazu N. Birbaumer, 1977) werden (a) die *äusseren* oder (b) *inneren Stimulusfaktoren* der einzelnen Personen so beeinflusst, dass sie bei den Konfliktparteien einen anderen Verhaltensreflex auslösen. (a) In Konfliktsituationen können *externe* Umstände, die mit unangenehmen Erinnerungen oder Vorstellungen behaftet sind, vermieden werden: Eine Sitzung des Managementteams findet nicht im berüchtigten Konferenzraum sondern in einer gemütlichen Ecke der Kantine statt. Hintergrundmusik bringt Entspannung, Blumen sorgen für eine freundliche Note usw. (b) *Innere Stimulusfaktoren* können beispielsweise mit Methoden der „Aversionstherapie" (S. Rachman und J. Teasdale 1969) beeinflusst werden.

[…]

5. Autonome Verhaltensänderung: Einige Methoden haben eine von den Konfliktparteien autonom vorgenommene Verhaltensänderung zum Ziel. Dazu müssen die Konfliktparteien ihr eigenes Verhalten kennen und verstehen lernen und ihr Verhalten aus eigenem Antrieb so ändern, dass sie Selbstkontrolle über ihr Verhalten gewinnen. Bisher haben wir Verhaltensregulierung als eine von anderen ausgeübte Kontrolle des Verhaltens erwähnt. Diese Kontrolle kann auch von den Konfliktparteien selbst ausgeübt werden.

Schulen des Verhaltens: Das Verhalten kann z. B. mit Hilfe von Tonband- oder Video-Aufnahmen durch Beobachter usw. der handelnden Konfliktpartei zu Bewusstsein gebracht werden. Die perzeptionsorientierten Interventionen sind zumeist feedback der Perzeptionen des Verhaltens der Gegenpartei. In Rollenspielen, strukturierten Übungen usw. kann neues Verhalten ausprobiert und so verbessert werden, dass eine grössere Kongruenz der Intention und des Verhaltens sowie der vorhersehbaren Folgewirkungen des Verhaltens erreicht wird. Die Konfliktparteien können einander aktiv beim Erlernen neuen Verhaltens unterstützen. Eine modifizierte Anwendung der Techniken des „Management by objectives" (siehe F. Glasl und B. Lievegoed, 1975) kann hierbei von grossem Nutzen sein. […] Die Konfliktparteien können sich bestimmte Spielregeln geben. Später können sie wieder auf die formalisierten Regeln verzichten, wenn das Lernen neuen Verhaltens genügend konsolidiert ist. […]

Zitierte Literatur:

Beckhard, R. (1969): The Confrontation Meeting, in: W. Bennis, R. Benne, R. Chin (eds.), The Planning of Change, New York, pp. 478–485.

Berlew, D. E. (1977): Conflict and Under-utilized Ressource, Referat Nive Najaarsdag 1977, Den Haag.

Bernard, J. (1957): The Sociological Study of Conflict, in: International Sociological Association, The Nature of Conflict, Paris.

Birbaumer, N. (Hrsg.) (1977): Psychophysiologie der Angst, München/Wien/Baltimore.

Blake, R., H. Shepard, J. S. Mouton (1964): Managing Intergroup Conflict in Industry, Ann Arbor/Houston.
Brown, J. A. C. (1963): Techniques of Persuasion, Harmondsworth.
Burton, J. W. (1969): Conflict and Communication.
Deutsch, M. (1973): The Resoulution of Conflict, Yale.
Etzioni, A. (1964): Winning Without War, New York.
Glasl, F. (1973): Gewaltsame und gewaltfreie Aktionsstrategien, in: Der Christ in der Welt, Jg. 23, 1973, Nr.4, pp. 94–107.
Glasl, F., Kalcher, T. und Piber, H. (Hrsg.) (2004): Professionelle Prozessberatung: Das Trigon-Modell der sieben OE-Basisprozesse , Bern-Stuttgart-Wien
Glasl, F., Lievegoed, B. (1975): Führungstechniken, in: E. Gaugler (Hrsg.), Handwörterbuch des Personalwesens, Stuttgart.
Harrison, R. (1970): Choosing the Depth of Organizational Intervention, in: Journal of Applied Behavioral Studies, Vol.6, 1970, pp. 181–202.
Kelman, H. C. (1958): Compliance, Identification, and Internalization, Three Processes of Attitude Change, in: Journal of Conflict Resolution, Vol. 2, 1958, pp. 51–60.
LaTour, St., P. Houlden, L. Walker, J. Thibaut (1976): Some Determinants of Preferents for Modus of Conflict Resolution, in: Journal of Conflict Resolution, Vol. 20, 1976, pp. 319–356.
Lindskold, S. (1978), Trust Development, the GRIT-Proposal and the Effects of Conciliatory Acts on Conflict and Cooperation, in: Psychological Bulletin, Vol. 85, 1978, pp. 772–793.
Maslow, A. H. (1954): Motivation and Personality, New York.
Newcomb, T. R. (1947): Autistic Hostility and Social Reality, in: Human Relations, Vol. 1, 1947, pp. 69–86.
Osgood, C. E. (1966): Perspective in Foreign Policy, Palo Alto (Calif.).
Rachman, S./Teasdale, J. (1969): Aversion Therapy and Behavior Disorders: An Analysis, Coral Gable (Fl.).
Rogers, C. R., B. F. Skinner (1956): Some Issues Concerning the Control of Human Behavior, in: Science, 1956, no. 124, pp. 1057–1066.
Sherif, M. (1958): Supercoordinate Goals in the Reduction of Intergroup Conflict, in: American Journal of Sociology, Vol. 63, 1958, pp. 349–356.
Sherif, M. (1966): In Common Predicament, Boston.
Steiner, R. (1967): Philosophie der Freiheit, Stuttgart.
Walton, R. E. (1969): Interpersonal Peacemaking: Confrontation and Third Party Consultations, Reading.

Konfliktlösung durch gesellschaftliche Akteure

Möglichkeiten und Grenzen von Problemlösungs-Workshops*

Mark Hoffman

Das internationale System ist gegen Ende dieses Jahrtausends in friedenspolitischer Sicht mit großen Problemen, aber auch mit neu eröffneten Chancen konfrontiert. Ruanda, Bosnien, Nagorny-Karabach – diese Gruppe von Fallbeispielen repräsentiert die anhaltenden Konflikte, die die internationalen Beziehungen in den Nachwehen des Kalten Krieges zu kennzeichnen scheinen. Sie sind in der Regel asymmetrisch, vornehmlich durch ethnische Spannungen innerhalb von Staaten geprägt, und sie sind gewöhnlich mit einer Kontroverse über das Wesen von Staat und Gesellschaft verbunden. Bei genauerer Betrachtung erkennt man, dass sich zahlreiche Themen überschneiden und verschiedene Akteure zugleich involviert sind. Diese verfolgen scheinbar unvereinbare Ziele: Sie betreffen ihre materiellen Interessen, die historische und kulturelle Basis ihrer Gemeinschaften und das Streben nach Formen legitimer Identität. Angesichts solcher Beispiele erscheint es fraglich, ob friedliche Lösungen für gewalttätige Konflikte überhaupt möglich sind.

Eine zweite Gruppe von Konflikten, für die sich beispielhaft Südafrika, Israel/PLO/Jordanien und Nordirland nennen lassen, steht dagegen für die Möglichkeit, dass sich in gewaltsam ausgetragenen Konflikten schließlich doch eine Lösung erarbeiten lässt und es Chancen für die Überwindung der Gewalt gibt. Sie veranschaulichen, dass es im Laufe der Zeit unter günstigen Umständen und mit angemessenen Maßnahmen möglich ist, hartnäckige, tief verwurzelte, gewaltsame Konflikte in steuerbare politische Prozesse umzuwandeln. Die zweite Gruppe ist vor allem deshalb interessant, weil sie Anhaltspunkte dafür bietet, wie sich Friedensprozesse entwickeln können und welche Lehren sich daraus für andere Konflikte innerhalb des internationalen Systems ziehen lassen. Bedeutsam ist hier nicht zuletzt die Rolle, die regierungsunabhängige Drittparteien im Friedensprozess spielen.

In diesem Beitrag sollen diese Einzelfälle nicht im Detail untersucht werden. Vielmehr soll ein besonderer Ansatz der Drittpartei-Intervention vorgestellt und

---

* Hoffman, Mark: Konfliktlösung durch gesellschaftliche Akteure. Möglichkeiten und Grenzen von Problemlösungs-Workshops, in: Ropers, Norbert und Tobias Debiel (Hrsg.): Friedliche Konfliktbearbeitung in der Staaten- und Gesellschaftswelt, Stiftung Entwicklung und Frieden, Bonn 1995, S. 284–303.

eingeschätzt werden: das Konzept problemlösender Workshops, das vor allem von Wissenschaftlern und Nichtregierungsorganisationen entwickelt worden ist und vier alternative Möglichkeiten der Konfliktbearbeitung eröffnet.

I Die Herausforderung von Identitätskonflikten

Anders als vor 1989 stehen heute bei den meisten international relevanten Konflikten nicht nur machtpolitische Fragen und „nationale Interessen" im Rahmen der gegebenen Staatenwelt auf dem Spiel. Sehr oft geht es um Kernfragen der Konstitution politischer Gemeinschaften. Dabei stellt das wachsende Bewusstsein ethnischer, rassischer oder sprachlicher Identitäten eine zunehmende Herausforderung an bestehende staatliche Formationen dar.

Die daraus resultierenden Konflikte werden in der Literatur meist als „tief verwurzelte (deep-rooted)" (Burton 1984, 1987), „langwierige (protracted)" (Azar 1986, 1990), „hartnäckige (intractable)" (Kriesberg 1990) gesellschaftliche Konflikte bezeichnet. Diese weithin ähnlichen Betrachtungsweisen versuchen, zwei Aspekte von Konflikten miteinander zu verknüpfen: Die Komponente der subjektiven Wahrnehmung im Hinblick auf Bedeutung und Definition des Konflikts sowie die objektiv-strukturelle Komponente, die die politische, wirtschaftliche und gesellschaftliche Machtkonstellation anspricht.

Der Hinweis auf die tiefe Verwurzelung und die Hartnäckigkeit dieser Konflikte bezieht sich auf die Nichterfüllung menschlicher Bedürfnisse. Von besonderem Gewicht sind dabei die Bedürfnisse von Parteien, an den politischen, wirtschaftlichen und gesellschaftlichen Prozessen auf wirksame und legitime Weise teilzuhaben, sowie der Wunsch nach Sicherheit hinsichtlich der gesellschaftlichen und kulturellen Werte der Gemeinschaft. Diese Bedürfnisse werden in der Regel durch religiös, rassisch oder ethnisch definierte Identitätsgruppen artikuliert und mobilisiert. Ihre Unterdrückung oder Nichterfüllung manifestiert sich häufig in ökonomischer, politischer und gesellschaftlicher Ungleichheit und erzeugt „strukturelle Benachteiligung (structural victimization)" (Azar 1990), die schließlich zum Ausbruch eines gewaltsamen Konflikts führt.

In langwierigen gesellschaftlichen Konflikten geht es mithin nicht nur um eine Regelung der Streitigkeiten, die aus sozialen Beziehungen erwachsen. Vielmehr wird der Konflikt zur Arena, in der die Grundannahmen, der Charakter, die Natur und Struktur dieser Beziehungen neu definiert werden. Ein zentrales Merkmal solcher Konflikte besteht darin, dass eine oder mehrere Gruppen sich in ihren Institutionen und Werten, ihrer Kultur, Identität und Sicherheit bedroht fühlen. Diese Konflikte sind charakteristisch für die „postmoderne" Entwicklung, die durch die Gleichzeitigkeit von Globalisierungs- und Fragmentierungstendenzen gekennzeichnet ist.

Senghaas (1992) weist darauf hin, dass es bislang für den Umgang mit solchen Konflikten kaum angemessene Institutionen und Verfahren gibt. Es kommt deshalb darauf an, das Instrumentarium der Konfliktbearbeitung umfassend zu erweitern und dabei auch nichttraditionelle Ansätze zu berücksichtigen, um deren Innovationspotential zu nutzen.

II Die Methode der Problemlösungs-Workshops

Einer der vielversprechendsten Ansätze bei den gegenwärtigen Bemühungen um innovative Methoden im Umgang mit Konflikten ist die Theorie und Praxis der interaktiven, unterstützenden („facilitative") Problemlösungs-Workshops. Dieses Konzept wurde Mitte der sechziger Jahre als Reaktion auf die machtpolitischen Prämissen der traditionellen Konfliktbearbeitung entwickelt. Es stützt sich auf Ideen und Überlegungen aus einem breiten Spektrum von wissenschaftlichen Disziplinen: Systemtheorie, Funktionalismus, Kommunikationstheorie, Organisationsentwicklung, Sozialpsychologie, Psychoanalyse, Soziobiologie und politische Philosophie.

Die Pioniere der Problemlösungsmethode waren John Burton[1], Herbert Kelman (1972, 1979, 1986, 1991, 1992a; Kelman u. Cohen 1986) und ihre Mitarbeiter (A. V. S. de Reuck 1974, 1983). Weiterentwickelt wurde der Ansatz in Theorie und Praxis von einer zweiten und dritten Generation von Forschern, die sich ebenso wie die Pioniere – zugleich als Praktiker verstehen („Forscher/Praktiker")[2]. Heute existiert ein internationales Netz von Personen, die an und mit dem umfassenden Konzept interaktiver Problemlösungsansätze arbeiten.[3]

---

[1] Burton wird weithin als einer der Gründerväter des interaktiven bzw. problemlösenden Ansatzes zur Konfliktlösung betrachtet. Die Hauptwerke seiner zahlreichen Veröffentlichungen aus fünf Jahrzehnten lassen – trotz mancher Wiederholungen – die Entwicklung seiner Gedanken leicht nachvollziehen. Den funktionalistischen Einfluss erkennt man in Burton 1941 und 1962. Der Einfluss der Systemtheorie wird deutlich in Burton 1965 und 1968. Der Einfluss von Sozialpsychologie, Pluralismus, Interdependenz und Drittparteien-Praxis findet sich in Burton 1969 und 1972a. Die Wendung zu der Theorie menschlicher Grundbedürfnisse erfolgte 1979 (Burton 1979) und – angewendet auf den Kontext des Zweiten Weltkrieges – auch in Burton 1982. Die Gedanken der lokalen Ursachen internationaler Konflikte und des tief verwurzelten Konflikts werden in Burton 1984 entwickelt. Diese verschiedenen Komponenten werden in seinem letzten Werk 1990 miteinander und mit dem Gedanken der „Provention" verbunden. Eine Reihe von Essays zur Diskussionsanregung und Kritik an Burtons Gedanken findet sich in Banks (Hrsg.) 1984.

[2] Eine anschauliche, aber keinesfalls vollständige Liste derartiger Forscher/Praktiker würde umfassen: Mitchell, 1981, 1989; Mitchell u. Webb (Hg.) 1989; Banks u. Mitchell 1995, Fisher 1972, 1990; Fisher u. Keashley 1988, 1990; Montville 1987; Rothman, 1992.

[3] Das Network for International Conflict Resolution (NICAR) wurde bei der Konferenz der International Society for Political Psychology 1993 in Boston gegründet. Zur Zeit wird eine Liste der in

1 Grundmerkmale des Problemlösungsansatzes

Zwischen den Ansätzen dieser verschiedenen Forscher/Praktiker gibt es zwar wichtige Unterschiede und Nuancen. Alle betrachten jedoch die Problemlösungs-Workshops-Methode als ein geeignetes Mittel, Konflikte zu lösen *(conflict resolution)* (Burton 1972b, Hill 1982, Fisher 1990). Damit heben sie sich von Ansätzen ab, die auf die Steuerung und Eindämmung von Konflikten *(conflict Management)* oder auf die Konfliktbeilegung unter Einsatz von Macht und Ressourcen *(conflict settlement)* abzielen.

Das zentrale Kennzeichen des Problemlösungsansatzes ist, dass er sich auf menschliches, nicht auf institutionelles Verhalten konzentriert. Im Vordergrund steht ein Konzept, das menschliche Grundbedürfnisse als angeborenes Wesensmerkmal der Menschen für ihr Überleben und ihre Entwicklung betrachtet. Es gibt zwar keine einheitliche Liste dieser Grundbedürfnisse, doch die meisten Aufzählungen enthalten diejenigen nach Sicherheit, Identität und Anerkennung. Diese sind nicht verhandlungs- und kompromissfähig. Das Versagen und Unterdrücken dieser Grundbedürfnisse, das sich in ungleichen, ungerechten oder illegitimen gesellschaftlichen Verhältnissen manifestiert, wird als wichtigste Quelle für Konflikte betrachtet.

Die meisten Forscher/Praktiker, die mit dem interaktiven Ansatz arbeiten, betonen den entscheidenden Unterschied zwischen einem machtpolitisch definierten Rahmen und einem Kontext, der sich an den menschlichen Bedürfnissen orientiert. Der erstgenannte Ansatz gilt als pragmatisch. Er basiert auf der Überzeugung, dass die Konflikt-Parteien durch ausreichenden Machteinsatz zu einer Vereinbarung gezwungen werden können. Freilich besteht die Gefahr, dass ein derartiges Vorgehen eher die Interessen externer als die Bedürfnisse der Konfliktparteien befriedigt.

Dagegen konzentriert sich die interaktive Problemlösung auf die immateriellen Ursachen des Konflikts. Sie strebt Beziehungen zwischen den Parteien an, die auf Legitimität beruhen.[4] Dieser Ansatz dringt durch die Hierarchie der Positionen, Themen, Interessen und Werte zur Ebene der menschlichen Bedürfnisse vor und damit zur Grundbeziehung zwischen den Konfliktparteien. Der interaktive Prozess analytischer Problemlösung hilft, eine beiderseitig akzeptable Lösung zu erreichen. Dazu gehört die grundsätzliche Restrukturierung der gesellschaftlichen, politischen, wirtschaftlichen und kulturellen Beziehungen und Institutionen. Dadurch soll es beiden Seiten möglich werden, ihre Grundbedürfnisse nach Sicherheit, Identität und Partizipation zu befriedigen.

---

diesem Bereich Tätigen zusammengestellt. Zwecks Information über die NICAR oder bei Interesse an einer Kopie der Liste bitte an den Autor wenden (die Adresse ist über das Berghof-Zentrum für konstruktive Konfliktbearbeitung, Altensteinstr. 48 a, D-14195 Berlin zu erfahren).

[4] Über „Legitimität als Zentralanliegen interaktiver Problemlösungen" siehe Light 1984.

Der Prozess der interaktiven Problemlösung erfordert ein kooperatives, nicht-hierarchisches Design frei von Zwang. Politisch aktive und einflussreiche Mitglieder der streitenden Parteien werden in einen diagnostischen und analytischen Prozess eingebunden. Die Rolle der Dritten Partei besteht darin, den Parteien zu helfen, Ursachen und Dynamik ihres Konflikts sowie die Konsequenzen, die sich aus der Annahme spezifischer Lösungen ergeben, zu verstehen. Ziel der Dritten Partei ist es weder, bestimmte Lösungen zu propagieren, noch beteiligt sie sich an direkten Verhandlungen oder Abmachungen. Ihr Hauptaugenmerk gilt vielmehr dem Wesen der Beziehung zwischen den Konfliktparteien und der Frage, wie sich die Bedeutung und die Rahmenbedingungen dieser Beziehung ändern lassen. Mithin geht es letztlich um eine *Transformation* der bestehenden Konfliktformation.

Das Ziel des Problemlösungsansatzes ist es, die Fähigkeit der Konfliktparteien zu steigern, kreative Entscheidungen zu erreichen und eine produktive Konfliktlösung in Gang zu setzen. Indem der Dialog über die unterschiedlichen Werte, Interessen und Ziele der Konfliktparteien sowie über ihre verschiedenartigen Interpretationen der Konfliktsituation gefördert wird, sollen die Interessen und Werte beider Seiten neu definiert, mit anderem Blick betrachtet und in einen veränderten Zusammenhang gesetzt werden. In diesem Prozess geht es darum, die den Parteien gemeinsamen Bedürfnisse hervorzuheben und anzuerkennen. Der Konflikt, der die Parteien trennt, soll dadurch in ein Problem umgewandelt werden, das sie teilen und bei dem die Parteien, wenn sie es lösen wollen, kooperieren müssen. Da die Lösung somit von den Konfliktparteien selbst kommt, bestehen gute Chancen, dass Vereinbarungen auch durchgeführt und eingehalten werden.

Auf diese Weise bedient sich der Problemlösungsansatz nicht nur instrumenteller Mittel, sondern fördert auch den Prozess der praktischen Zusammenarbeit, der sich auf die gemeinsamen Ziele, Interessen und Bedürfnisse richtet.[5] Dieser Kooperationsprozess wird durch die Struktur der Problemlösungs-Workshops unterstützt.[6]

2 *Stadien der Problemlösungs-Workshops*

In vertraulicher, neutraler Umgebung diskutieren die Vertreter der streitenden Parteien ihren Konflikt unter Anleitung eines Teams von Praktikern und Forschern.

---

[5] Diese Rolle von Konflikttheorie und -praxeologie wird bei Nardin 1980 und mit Bezug auf die Arbeiten von Habermas – in Dryzek u. Hunter 1987 diskutiert.

[6] Struktur, Form und Prozesse der problemlösenden Workshops wurden von einer Reihe von Forschern/Praktikern beschrieben und diskutiert (Burton 1969, de Reuck 1974, Fisher 1972, Kelman u. Cohen 1979, Mitchell 1981, Light 1984, Burton 1987, Fisher 1991, Rothman 1992, Banks u. Mitchell 1995).

Im Verlauf mehrerer Workshops begleiten diese Personen die Parteien durch drei Stadien.[7]

Im **ersten Stadium** wird versucht, zu einem präzisen und gemeinsamen Verständnis des Konflikts zu gelangen, indem ausführlich die grundlegenden und kontroversen Sichtweisen der streitenden Parteien artikuliert werden. Hierzu stellen die Vertreter beider Seiten ihre Ansicht des Konflikts, die gegenwärtige Situation, ihre zentralen Sorgen, Ängste und Bedürfnisse dar. Fragen der jeweils anderen Seite sind nicht nur zugelassen, sondern erwünscht. Denn sie helfen, zusätzliche Informationen zu gewinnen, um Inhalt und Sinn einzelner Ansichten zu beleuchten und insbesondere die „menschliche Dimension“ des Konfliktes zu erforschen. Bei diesen Diskussionen kann eine große Bandbreite von Kontroversen und Positionen auftauchen: Sicherheitsprobleme, Fragen der wirtschaftlichen Gerechtigkeit und Transformation, tief verwurzelte Systeme politischer und wirtschaftlicher Privilegien, Identitätsthemen (wie etwa kulturelle Werte, Normen und Prozeduren, Sprach- und Bildungsgesetze, der politische Status von ethnischen oder Minderheitengruppen), Verfassungsfragen, die Art der Zivilgesellschaft, Prinzipien der Demokratie und die Rolle von externen Akteuren bei der Konfliktbearbeitung.

Im **zweiten Stadium** geht es um eine neue Definition und umfassendere Sichtweise des Konflikts, indem die Vertreter der Dritten Partei eine Tiefenanalyse der im ersten Stadium des Prozesses entwickelten Themen, Positionen und Kontroversen vornehmen. Insbesondere ist es ihre Aufgabe, bei der Identifizierung der Prozesse und Institutionen zu helfen, die den Konflikt förderten und aufrecht erhielten, und diese mit Fragen der Legitimität der gesellschaftlichen Verhältnisse und der Verweigerung oder Erfüllung der menschlichen Bedürfnisse zu verknüpfen. Dazu ist es erforderlich, den Beteiligten Rückmeldungen zu geben über die Struktur (sowohl der Differenzen, wie auch der Gemeinsamkeiten), den Prozess (die Dynamik der Interaktion zwischen den Parteien) und die Interpretation des Konflikts auf einer theoretischen Ebene.

Das **dritte Stadium** des Workshops konzentriert sich auf eine Diskussion der zentralen Kontroversen unter dem Gesichtspunkt, welche Prozesse und Institutionen konstruktive Entwicklungen unterstützen könnten. Die Teilnehmer werden gebeten, kreativ über Lösungen nachzudenken, die nicht nur für sie selbst akzeptabel sein könnten, sondern auch für die Gegenseite. Bei diesen Ideen kann es sich um unilaterale, koordinierte oder gemeinsame Aktionen handeln. Sie können sich auf prinzipielle Fragen der künftigen Gemeinschaftsbildung oder Verfassungsstruktur

---

[7] Es muss betont werden, dass Workshops sich zwar allgemein an diese Form und die Leitlinien halten, sich jedoch in Einzelheiten stark unterscheiden – je nachdem, in welchem Kontext der Workshop stattfindet, welche Methoden, Ansätze und Techniken die bei der Problemlösung unterstützend tätigen Organisatoren („facilitators“) verwenden und welche Beteiligten einbezogen werden. Dies macht es problematisch, einen ‚typischen‘ Problemlösungs-Workshop zu beschreiben.

beziehen. Sie können aber auch bescheidenere Fragen betreffen wie vertrauensbildende Maßnahmen oder funktionale Kooperationen. In diesem Stadium bietet es sich auch an zu überlegen, wie das Problemlösungsverfahren für den gesamten Konfliktbearbeitungsprozess und eventuelle offizielle Verhandlungen fruchtbar gemacht werden kann.

Der geschilderte Prozess ist nicht so einfach und linear, wie er nach dieser Darstellung erscheinen mag. Für jedes Stadium sind mehrere Workshops notwendig.[8] Außerdem kann ein Workshop mehrere Stadien umfassen.

III Der Problemlösungsansatz in der Praxis

Der Problemlösungsansatz wurde von einer Reihe von Forschern und Praktikern bei verschiedenen Konflikten angewendet. Bei den indigenen Völkern Nordamerikas, in Nordirland, im Baskenland, in Ungarn, Rumänien, Bosnien, Moldawien/Transnistrien, Nagorny-Karabach, auf Zypern, im Libanon, zwischen Israel und der PLO sowie zwischen Israel und Ägypten, im Sudan, in Äthiopien, Eritrea, Uganda, Tansania, Simbabwe/Rhodesien, Angola, Mozambique, Südafrika, Kaschmir, Sri Lanka, Kambodscha, El Salvador und Nicaragua. In einigen dieser Fälle hat es nur ein oder zwei Interventionen gegeben, in anderen fanden zahlreiche Initiativen von verschiedenen Gruppen statt. In einigen Fällen dauerten die Initiativen einer bestimmten Gruppe von Forschern und Praktikern Jahre oder sogar Jahrzehnte (z. B. zwischen Israel und der PLO).

Vier allgemeine Schlussfolgerungen lassen sich aus der bisherigen Anwendung des Problemlösungsansatzes ziehen:

Erstens ist der Ansatz nicht an bestimmte Gebiete in der Welt gebunden. Er scheint anwendbar zu sein auf Konflikte in Europa, in der ehemaligen Sowjetunion, im Nahen Osten, Afrika, auf dem indischen Subkontinent, in Südostasien sowie Nord- und Südamerika.

Zweitens repräsentieren die genannten Beispiele ein breites Spektrum von Konfliktkonstellationen. Sie reichen von Dekolonisierungskonflikten über die Auf-

[8] Interessanterweise beinhalten dies Kelmans so genannte „Prä-Workshop-Sitzungen“, die einen Teil des ersten Stadiums abdecken. In ihnen treffen die „facilitators“ einzeln die Angehörigen der Parteien, um den Zweck, das Verfahren und die Grundregeln des Workshops zu diskutieren. Sie beginnen zudem eine Diskussion über die Teilnehmerperspektive des Konflikts und die Bedingungen, die zu einer Lösung führen können. Diese Sitzungen erlauben den Teilnehmern, die „facilitators“ kennen zu lernen, ein besseres Verständnis für den Workshop zu gewinnen, in die Prozesse der Problemlösung eingeweiht zu werden und ihrer Sicht des Konflikts und ihren Problemen Ausdruck zu verleihen. Sie ermöglichen dem „facilitators“-Team, die Unterschiede unter den Teilnehmern auszumachen. Man kann davon ausgehen, dass viele andere Praktiker diese Funktionen in einem weniger formellen Prozess verfolgen. (Kelman 1992b)

lösungsprozesse von Imperien bis zu kurzfristigen krisenbedingten Auseinandersetzungen. Gemeinsam ist jedoch allen ein Disput über die Qualität und Legitimität der Beziehungen zwischen den Konfliktparteien. In keinem der genannten Konfliktfelder ging es in erster Linie um die Verteilung der materiellen Ressourcen (obwohl dies oft ein wichtiges konfliktverschärfendes Element sein kann).

Drittens wurden die Problemlösungsansätze auf Konflikte mit unterschiedlichen Intensitätsgraden an Gewalt angewendet. Manche beziehen sich auf ‚heiße Konflikte' mit anhaltender Gewalt in größerem Umfang. Bei anderen Fällen ist die Gewaltanwendung eher sporadisch. Bei wiederum anderen ist eine für beide Seiten schwer erträgliche Pattsituation entstanden, oder eine angespannte Ruhe wird durch Blauhelm-Einsätze aufrechterhalten. Daraus ließe sich der Schluss ziehen, dass es im Verlauf eines Konflikts nicht unbedingt einen „richtigen" Moment („ripe" moment) geben muss, in dem der Versuch einer interaktiven Problemlösung sinnvoll ist.

Dennoch spricht einiges dafür, dass zu bestimmten Zeitpunkten des Konfliktverlaufs der Einsatz der interaktiven Methode erfolgversprechender und wirksamer ist als zu anderen. Erste Forschungen über dieses Thema deuten darauf hin, dass interaktive Interventionen dann am sinnvollsten sind, wenn wenig Möglichkeiten zu direktem, öffentlichem Kontakt oder zu direkten Verhandlungen zwischen den Parteien bestehen. Häufig ist es so, dass eine oder beide Seiten die Legitimität der anderen oder sogar deren Existenz nicht anerkennen. In einer solchen Situation ist ein Problemlösungs-Workshop leichter zu organisieren, da er zum „Vorverhandlungs-Stadium" gehört (Kelman 1992b, Rothman 1991). In anderen Situationen sind die offiziellen Verhandlungen vielleicht steckengeblieben oder völlig zusammengebrochen. An einem solchen Punkt kann ein Problemlösungsansatz das „Nebengleis" für die Suche nach einem Ausweg sein. In dieser Hinsicht ergänzt er die offiziellen Verhandlungen (Kelman 1992b, Rothman 1989).

In wiederum anderen Situationen stehen die Akteure womöglich kurz vor einer Vereinbarung, aber ein Element von Misstrauen durchdringt immer wieder den Verhandlungsprozess. Indem er hilft, die tiefer liegende Ursache hierfür aufzudecken, kann der Problemlösungsansatz in diesem Moment hilfreich sein.

Es ist allerdings wichtig, keine zu enge Verbindung zwischen den Problemlösungs-Workshops und den offiziellen Verhandlungen herzustellen, denn im ersten Fall geht es um die Überwindung der gesellschaftlichen und psychologischen Barrieren, die Verhandlungen im Wege stehen, im zweiten Fall geht es um verbindliche Vereinbarungen in der Sache (Kelman 1992a).

Die **vierte** Verallgemeinerung betrifft die Wirksamkeit der Problemlösungsmethode. In einigen der Konfliktfelder, in denen mit diesem Ansatz gearbeitet wurde, kam es zu einem Ende der gewaltsamen Auseinandersetzungen. In der Mehrzahl der Fälle steht eine „Lösung" allerdings noch aus.

Den Erfolg des Problemlösungsansatzes zu bewerten, ist aus einer Reihe von Gründen schwierig. Zunächst haben seine Vertreter das Bewertungskriterium sehr hoch gesteckt, da ihr Ziel letztlich die „Lösung" des Konflikts ist, sie selbst haben mit den Workshops jedoch zunächst nur eine Reihe kleiner Schritte in Gang setzen können.[9] Hinzu kommt, dass die Vertraulichkeit der Interaktionen und ihr explizit informeller Charakter der herkömmlichen empirischen Evaluation Hindernisse in den Weg legt. Nicht zuletzt spielt eine Rolle, dass dieser Ansatz bevorzugt in Situationen angewandt wird, die wenig erfolgversprechend sind.

In diesem Licht betrachtet können Problemlösungsinitiativen, auch wenn sie aus Sicht der traditionellen Diplomatie als gescheitert gelten mögen, sehr wohl die Fundamente für den Erfolg anderer Vermittlungsprozesse legen. Kelman meint sogar, dass Problemlösungs-Workshops, wenn sie „erfolgreich" sind, aus der Geschichte eines Konflikts und seiner Lösung zu verschwinden neigen (Kelman 1992a).

IV Theoretische, strukturelle und praktische Grenzen des Ansatzes

Das Konzept der Problemlösungs-Workshops lässt sich im Hinblick auf eine Reihe theoretischer, struktureller und praktischer Aspekte beleuchten.

1 Kritik auf der theoretischen Ebene

Auf der theoretischen Ebene gibt es zunächst **Fragen nach der Universalität menschlicher Grundbedürfnisse,** nach den impliziten ethnozentrischen und kulturellen Prämissen in diesem Konzept und nach den Objekten der Bedürfnisse selbst. Einige Kritiker meinen, dass die menschlichen Grundbedürfnisse, wie sie von Burton und anderen definiert wurden, zutiefst mit westlichen Vorstellungen

[9] Mitchell hat sieben Elemente identifiziert, die eine echte Konfliktlösung kennzeichnen:
a) Vollständigkeit: Die Themen des Konflikts verschwinden oder haben keine Bedeutung mehr.
b) Akzeptanz: Das Ergebnis ist für alle Beteiligten an einem Disput annehmbar, nicht nur für eine Seite oder die Eliten.
c) Selbsttragend: Es besteht keine Notwendigkeit für Sanktionen einer Drittpartei, um die Vereinbarung durchzusetzen.
d) Zufriedenstellend: Alle Parteien nehmen das Ergebnis als „gerecht" wahr, entsprechend ihrem Wertesystem.
e) Nicht-kompromittierend: Kein Ziel musste in Form einer „halben Lösung" geopfert werden.
f) Innovativ: Die Lösung erzeugt eine neue und positive Beziehung zwischen den Parteien.
g) Nicht erzwungen: Die Gegner gelangen aus freien Stücken zu der Lösung, ohne dass diese von einem Vermittler von außen verfügt wurde. (Mitchell 1990).

des „Selbst“ und dem Konzept der individuellen „menschlichen Entwicklung“ verbunden sind. Danach lässt sich fehlende Bedürfnisbefriedigung unter Ausschluss aller kulturellen Merkmale einer „Person“ feststellen. Avruch und Black (1990) weisen darauf hin, dass bei Burton die Kultur als Konfliktursache und als Beitrag zur Konfliktlösung auf einen wenig bedeutsamen Nebenaspekt reduziert werde.[10]

Ein zweiter Aspekt auf theoretischer Ebene hat praxeologische Relevanz, nämlich die **Unterscheidung zwischen Lösung und Beilegung.** Eine solche Unterscheidung mag zwar aus analytischen und pädagogischen Gründen nützlich sein, aber in der Praxis verwischen sich die Unterschiede. In bestimmten Fällen benutzen deshalb auch Mediatoren Methoden der interaktiven Problemlösung. Im Verlauf eines Problemlösungs-Workshops kann der Prozess sich durchaus zu einer substantiellen Verhandlung über konkrete Themen entwickeln. Es kann daher sinnvoll sein, dass Konfliktforscher in bestimmten Situationen zunächst „Zwischenergebnisse“ anstreben anstatt Lösungen, die sämtliche Bedürfnisse vollständig befriedigen (Mitchell 1990). Wie sehr dies die langfristige Zielsetzung der interaktiven Problemlösung beeinträchtigt, ist unklar.

2 *Strukturelle Grenzen*

Auf der strukturellen Ebene gibt es Zweifel hinsichtlich der **Anwendbarkeit** von Problemlösungsansätzen **in internationalen Konflikten.** Bercovitch meint, ihre Anwendung sei durch eine Reihe von Bedingungen begrenzt: Die anarchischen Züge des internationalen Systems, die unvollkommenen Kommunikationsstrukturen, die Asymmetrien zwischen den internationalen Akteuren, das Fehlen eines gemeinsamen Rahmens von Normen, Einstellungen, Wahrnehmungen und Rationalität. Gerade das gemeinsame System gesellschaftlicher Normen ist nach Bercovitch jedoch eine notwendige Vorbedingung für den Erfolg von Problemlösungsansätzen. Bei hartnäckigen internationalen Konflikten seien die interaktiven Konzepte deshalb vermutlich wenig wirksam (Bercovitch 1984, 1986; Kelman 1992a).

Ähnlich umstritten wie bei internationalen Konflikten ist die **Anwendbarkeit bei „heißen Konflikten“**. Aber hier stößt nicht allein der interaktive Ansatz auf Grenzen. In solchen Situationen kann es nämlich sein, dass die Parteien vom Konflikt mehr profitieren als von seiner Lösung, und das macht jede Form von Drittparteien-Intervention problematisch. Kelman und andere haben betont, dass

[10] Eine ähnlich angelegte Kritik könnte man aus der Perspektive der feministischen politischen Theorie formulieren, aber ein Großteil der Literatur über Geschlecht und Konfliktlösung stimmt mit den Grundthesen von Burtons Position überein; siehe z. B. Sandole-Staroste 1994. Eine interessante Aufsatzreihe, die den Gedanken der menschlichen Bedürfnisse untersucht und kritisiert, findet sich in Burton 1990.

interaktive Problemlösungen nicht möglich sind, wenn die Parteien kein Interesse daran haben.

Ein drittes Strukturproblem ist, dass in den meisten hartnäckigen Konflikten eine ausgeprägte **Asymmetrie** herrscht. Deshalb stellt sich die Frage, wie symmetrisch Konflikte sein müssen, damit die interaktive Methode sinnvoll eingesetzt werden kann. Erforderlich ist zumindest, dass beide Konfliktparteien die jeweils andere Seite als legitimen Gesprächspartner anerkennen. Das bedeutet allerdings nicht, dass die politischen, militärischen, wirtschaftlichen und rechtlichen Asymmetrien ignoriert werden. Sie müssen sogar in der Konfliktbearbeitung thematisiert werden. Der interaktive Ansatz konzentriert sich allerdings auf die nicht-materiellen Asymmetrien des Konflikts, nicht zuletzt deshalb, weil deren Bewältigung als eine Voraussetzung dafür angesehen wird, dass auch die materiellen Asymmetrien verringert werden können.

3 *Probleme auf praktischer Ebene*

Auf der praktischen Ebene gibt es zunächst einmal **zahlreiche Schwierigkeiten, einen Workshop zu organisieren** und zu leiten. Dazu gehören u. a. die Identifikation der Parteien im jeweiligen Konflikt und die Entscheidung, welche davon für einen Workshop wichtig sind bzw. welche die legitimen Repräsentanten eines bestimmten Standpunktes sind, der auf die Tagesordnung gehört. Ferner bringt die Festlegung der Ziele eines bestimmten Workshops Probleme mit sich. Oftmals herrscht starker Druck, in zu wenig Zeit zu viel zu versuchen, da keine Garantie dafür besteht, dass andere Workshops folgen werden. Schwierig ist es auch, die Teilnehmer dazu zu bringen, auf der Ebene der Tiefenanalyse zu arbeiten, statt sich auf oberflächliche Themen zu beschränken. Wie bei jedem Workshop gibt es zudem die Spannung zwischen dem Zulassen eines interessanten Austausches und dem Wunsch, die vereinbarte Tagesordnung durchzuarbeiten. Schließlich gehen Bedeutungsnuancen verloren, wenn Simultandolmetscherinnen und -dolmetscher in Anspruch genommen werden müssen.

Eine der größten praktischen Schwierigkeiten ist es zweitens, einen **längerfristigen Prozess** mit einer Serie von Workshops in Gang zu halten. Dies ist vorwiegend die Folge von begrenzten Ressourcen – menschlicher, organisatorischer und finanzieller Art. Die durchschnittlichen Kosten eines siebentägigen Workshops betragen etwa 30–40.000 Dollar. Da der Großteil der Arbeit von Forschern und Praktikern in Verbindung mit Lehr- und Forschungsinstitutionen oder regierungsunabhängigen Organisationen getragen wird, die nur begrenzte eigene Ressourcen haben, stellt die Mittelbeschaffung ein beträchtliches Problem dar. Dabei stellt sich das Problem, wie der Nutzen und der mögliche Erfolg von Drittpartei-Initiativen so dargestellt werden können, dass er den Kriterien der Geldgeber entspricht. Oftmals besteht die Gefahr sich selbst verstärkender Schwierigkeiten. Denn gerade die durch Finanzknappheit bedingten Probleme längerfristig angelegter Problemlösungs-Workshops haben auf Geldgeber leicht einen abschreckenden Effekt.

Auf der personellen Ebene gibt es ähnliche Schwierigkeiten. Da die meisten Praktiker in Institutionen der Forschung oder Lehre arbeiten, stehen sie unter zeitlichen Zwängen, so dass sie oft nur begrenzte Energie in eine bestimmte Initiative stecken können. Ein weiteres Problem besteht in der geringen wenn auch größer werdenden Zahl an ausgebildeten Personen und ihre Verfügbarkeit für einen bestimmten Workshop.

Nicht zu unterschätzen sind zudem der zeitliche und organisatorische Aufwand. Die sorgfältige Vorbereitung zu jeder Initiative ist besonders im Frühstadium umfangreich. So kann es bis zu zwei Jahren dauern, bis der erste Workshop stattfindet. In der Zwischenzeit kann sich die Konfliktdynamik erheblich verändern, was wiederum Auswirkungen auf den Erfolg der Workshops hat.

Ein drittes praktisches Problem ist die **Koordinierung mit anderen Drittpartei-Inititativen.** Da Problemlösungs-Workshops Teil eines umfassenderen Konfliktlösungsprozesses sind, stellt sich zwangsläufig die Frage, wie diese auf die relevanten Akteure, die zeitliche Abfolge der Interventionen sowie die diskutierten Lösungsperspektiven abgestimmt werden können. Der sensibelste Bereich ist hier die Verbindung zwischen interaktiven Ansätzen unabhängiger Zentren und der Arbeit von Repräsentanten staatlicher Institutionen und multilateraler Organisationen.

Wie können nun die Ergebnisse der interaktiven Workshops vom Nebengleis auf die offizielle Ebene der Diplomatie gelenkt werden? Der beste Weg ist es, wenn dies über die beteiligten Vertreter der Konfliktparteien geschieht. Je einflussreicher sie in ihrer jeweiligen Bezugsgruppe sind, desto größer ist die Chance, dass der Transfer gelingt. Allerdings sind es auch genau diese Personen, die für interaktive Ansätze nicht leicht zu gewinnen sind.

V Schlussfolgerungen

Trotz aller praktischen Schwierigkeiten, strukturellen Einschränkungen und theoretischen Einwände repräsentiert der interaktive Problemlösungsansatz einen wichtigen Beitrag zur Weiterentwicklung von Drittpartei-Interventionen. Die konzeptionelle Vielfalt derartiger Interventionen sollte weniger unter dem Aspekt der Konkurrenz gesehen werden als unter dem der wechselseitigen Ergänzung. Deshalb ist es auch wichtig, zwischen individuellen Drittpartei-Initiativen und dem umfassenderen Drittparteien-Prozess zu unterscheiden (Mitchell 1991). Die verschiedenen Drittparteien-Techniken sollten nicht mehr als rivalisierend oder unvereinbar betrachtet werden.

Nur durch ein besseres Verständnis, wie verschiedene Drittparteien-Initiativen zu einer Gesamtlösung beitragen können, vermögen wir gewaltsamen, tief verwurzelten und anhaltenden Konflikten zu begegnen. Dies führt auch zu dem Schluss, dass interaktive Problemlösungen allein nicht die Gesamtlösung eines tief verwurzelten Konflikts herbeiführen können. Dazu ist es erforderlich, dass sie mit anderen Drittparteien-Aktivitäten verbunden werden, wie Ausbildungsprogrammen und Know-How-Transfer, Entwicklungsprozessen, dem Aufbau von Institutionen sowie der Beobachtung und Überwachung von Wahlen. Diese Feststellung bedeutet auch, dass einige Drittparteien geeigneter sind als andere, um bestimmte Rollen und Funktionen in einem Konflikt einzunehmen. Es kommt darauf an, die komparativen Vorteile des interaktiven Ansatzes bei tief verwurzelten Konflikten systematisch weiter zu entwickeln.

Literatur

Avruch, K. u. P. W. Black (1990): Ideas of Human Nature in Contemporary Conflict Resolution Theory, in: Negotiation Journal Vol. 6, No. 3, S. 221–228.

Azar, E. (1986): Protracted Social Conflicts; Ten Positions, in: E. Azar u. J. W. Burton (Hg.), International Conflict Resolution: Theory and Practice. Brighton: Wheatsheaf.

Azar, E. (1990): The Management of Protracted Social Conflicts. Hampshire.

Banks, M. (Hrsg.) (1984): Conflict in World Society. Brighton.

Banks, M. u. C. R. Mitchell (1995): Resolution of Conflict. A Manual on the Problem-Solving Approach. London.

Bercovitch, J. (1984): Social Conflict and Third Parties: Strategies for Conflict Resolution. Boulder.

Bercovitch, J. (1986): A Case Study of Mediation as a Method of International Conflict Resolution: The Camp David Experience, in: Review of International Studies, Vol. 12, No. 2, S. 43–65.

Burton, J. W. (1941): Restrictive and Constructive Intervention. London: University of London PhD.

Burton, J. W. (1962): Peace Theory: Pre-Conditions of Disarmament. New York.

Burton, J. W. (1965): International Relations: A General Theory. Cambridge.

Burton, J. W. (1968): Systems, States, Diplomacy and Rules. Cambridge.

Burton, J. W. (1969): Conflict and Communication. New York.

Burton, J. W. (1972a): World Society. Cambridge.

Burton, J. W. (1972b): The Resolution of Conflict, in: International Studies Quaterly, Vol. 16, No. 1, S. 5–29.

Burton, J. W. (1979): Deviance, Terrorism and War. Oxford.

Burton, J. W. (1982): Dear Survivors. London.

Burton, J. W. (1984): Global Conflict: The Domestic Sources of International Crises. Brighton.

Burton, J.W. (1987): Resolving Deep-Rooted Conflict. A Handbook. Lanham, MD.

Burton, J. W. (1990): Conflict: Resolution and Provention. New York.
Dryzek, J. S. u. Hunter, S. (1987): Environmental Mediation for International Problems, in: International Studies Quaterly, Vol. 31, No. 1, S. 87–102.
Fisher, R. J. (1972): Third Party Consultation. A Method for the Study and Resolution of Conflict, in: Journal of Conflict Resolution, Vol. 16, No. 1, S. 67–94.
Fisher, R. J. (1990): Needs Theory, Social Identity and an Eclectic Model of Conflict, in: Burton, J. W. (Hrsg.), Conflict: Human Needs Theory. London.
Fisher, R. J. (1991): The Potential of Third Party Consultation as a Method of International Conflict Resolution. Ottawa: Occasional Paper, Canadian Institute for International Peace and Security.
Fisher, R. J. u. L. Keashly (1988): Third Party Interventions in Intergroup Conflicts: Consultations is not Mediation, in: Negotiation Journal, Vol. 4, No. 3.
Fisher, R. J. u. L. Keashly (1990): Towards a Contingency Approach to Third Party Intervention in Regional Conflicts: A Cyprus Illustration, in: International Journal No. 45.
Hill, B. J. (1982): An Analysis of Conflict Resolution Techniques: From Problem Solving Workshops to Theory, in: Journal of Conflict Resolution, Vol. 26, No. 1, S. 109–138.
Kelman, H. C. (1972): The Problem-Solving Workshop in Conflict Resolution, in: R. L. Merrit (Hrsg.), Communication in International Politics. Urbana, Ill., S. 168–204.
Kelman, H. C. (1979): An Interactional Approach to Conflict Resolution and its Application to Israeli-Palestinian Relations, in: International Interactions, Vol. 6, No. 1, S. 99–122.
Kelman, H. C. (1986): Interactive Problem Solving: A Social, Psychological Approach to Conflict Resolution, in: W. Klassen (Hrsg.), Dialogue Toward Interfaith Understanding. Tantur/Jerusalem: Ecomenical Institute for Theological Research.
Kelman, H. C. (1991): Interactive Problem Solving: The Uses and Limits of a Therapeutic Model for the Resolution of International Conflicts, in: Volken, V. D.; J. V. Monville u. D. A. Julius (Hrsg.): The Psychodynamics of International Relationships, Vol. 11: Unofficial Diplomacy at Work. Lexington, S. 145–160.
Kelman, H. C. (1992a): Informal Mediation by the Scholar/Practitioner, in: J. Bercovitch u. J. Z. Rubin (Hrsg.), Mediation in International Relations: Multiple Approaches to Conflict Management. London, S. 64–96.
Kelman, H. C. (1992b): Informal Mediation by the Scholar/Practitioner, in: J. Bercovitch u. J. Z. Rubin (Hrsg.), Mediation in International Relations: Multiple Approaches to Conflict Management. London, S. 71–72.
Kelman, H. C. u. S. P. Cohen (1979): Reduction of International Conflict: An Interactional Approach, in W. G. Austin u. S. Worchel (Hrsg.), The Social Psychology of Intergroup Relations. Montery, CA.
Kelmann, H. C. u. S. P. Cohen (1986): Resolution of International Conflict: An Interactional Approach, in: S. Worchel u. W.-G. Austin (Hrsg.): Psychological Intergroup Relations. Chicago.
Kriesberg, L. (1990): Intractable Conflict. Syracuse, NY.
Light, M. (1984): Problem-Solving Workshops: The Role of Scholarship in Conflict Resolution, in: M. Banks (Hg.), Conflict in World Society. Brighton.

Mitchell, C. R. (1990): Necessituous Man and Conflict Resolution. More Basic Questions about Basic Human Needs, in: J. W. Burton (Hrsg.), Conflict: Human Needs Theory. New York, S. 150–151.
Mitchell, C. R. (1981): Peacemaking and the Consultant's Role. Farnborough.
Mitchell, C. R. (1991): Person or Process. Paper Prepared for the Annual Conference of the International Society of Political, Helsinki, July 1991.
Mitchell, C. R. u. K. Webb (Hrsg.) (1989): New Approaches to International Mediation. Greenwood.
Montville, J. (1987): The Arrow and the Olive Branch: A Case for Track-Two Diplomacy, in: J. MacDonald u. D. Bendamahne (Hrsg.), Conflict Resolution: Track-Two Diplomacy. Washington, DC: US Department of State.
Nardin, T. (1980): Theory and Practice in Conflict Research, in T. R. Gurr (Hrsg.), Handbook of Political Conflict: Theory and Research, New York, S. 461–498.
Reuck, A. V. S. de (1974): Controlled Communication: Rationale and Dynamics, in: The Human Context, Vol, 6, No. 1, S. 64–80.
Reuck, A. V. S. de (1983): A Theory of Conflict Resolution by Problem-Solving, in: Man, Enviromnent, Space and Time, Vol. 3, No. 1, S. 27–36.
Rothman, J. (1989): Supplementing Tradition. A Theoretical and Practical Typology of International Conflict Management, in: Negotiation Journal, Vol. 5, No. 3, S. 265–277.
Rothman, J. (1991): Negotiation as Consolidation: Prenegotiation in the Israeli-Palestinian Conflict, in: The Jersusalem Journal of International Relations, Vol. 13, No. 1, S. 22–44.
Rothman, J. (1992): From Confrontation to Cooperation: Resolving Ethnic and Regional Conflict.
Sandole-Staroste, I. (1994): Overlapping Radicalisms. Convergence Between Feminist and Human Needs Theories in Conflict Resolution, in: A. Taylor u. J. Beinstein Miller (Hrsg.), Conflict and Gender. Creskill, NJ: Hampton Press.
Senghaas, D. (1992): Friedensprojekt Europa. Frankfurt/M.

Friedensprozesse: Im Krieg mit dem Frieden beginnen

Das Beispiel von Nordirland[1]

Bernhard Moltmann

1 Vom Wandel der Form des Krieges und des Friedens

Der Kriegslärm wird in der heutigen Welt beileibe nicht leiser: Zu Beginn dieses Jahrtausends zählte die Kriegsstatistik 44 bewaffnete Konflikte. In deren Verlauf haben bislang mehr als sieben Millionen Menschen ihr Leben verloren; die Zahl der Verwundeten, Vertriebenen und Flüchtlinge liegt um ein Vielfaches höher (zitiert in: Stiftung Entwicklung und Frieden 2003: 312). Anfang der 1990er Jahre hatten die weltweit geführten bewaffneten Konflikte einen Höhepunk erreicht. Seitdem ist zumindest zahlenmäßig ein gewisser Rückgang zu verzeichnen. Im Vergleich zu früheren Epochen und der inzwischen gewachsenen Zahl von Staaten ist auffällig, dass die Zahl der zwischenstaatlichen Kriege abgenommen und die der innerstaatlichen gestiegen ist. Diese zeichnen sich durch lange Dauer und hohe Intensität aus. Mehr als neunzig Prozent aller Kriege seit 1945 fanden und finden in Regionen der so genannten Dritten Welt statt. (Schlichte 2002: 115)

Die heute vorherrschende Form des Krieges ist die des „neuen“ Bürgerkrieges. Vom dem klassischen Typ des Bürgerkrieges unterscheidet sich dieser Typus durch (a) Dezentralisation und (b) Privatisierung der Gewaltakteure, (c) Kriminalisierung der internen und externen Versorgung der Kriegshandlungen sowie (d) eine Spreizung des Spektrums der Motivationen von ideologischen Zielen bis zu Identitätsinteressen von Gruppen. In der Summe zeichnen sich die heutigen Bürgerkriege durch eine zunehmende Brutalisierung der Kriegshandlungen aus, in deren Folge die Zivilbevölkerung mehr und mehr zum Opfer der Auseinandersetzung wird, neben den lang wirkenden Effekten von Vertreibung und Traumatisierung, die das Kriegsgeschehen auslöst. (Heupel/Zangl 2004: 350 ff.)

Krieg gilt als Modus, Gegensätze von Interessen mit Gewalt in organisierter Form von Kämpfenden auszutragen. (Herberg-Rothe 2003: 21) Nun bestätigt die gegenwärtige Dominanz von Bürgerkriegen das Diktum von Carl von Clausewitz,

---

[1] Der Aufsatz fußt auf dem Beitrag des Autors mit dem Titel: „Um des lieben Friedens willen ...“. Chancen und Risiken von Friedensprozessen, in: Friedensgutachten 2004, Hamburg/Münster 2004, S. 61–69. Er wurde für diesen Band überarbeitet und ergänzt durch Ausführungen zum Nordirland-Konflikt.

der den Krieg „als ein wahres Chamäleon" bezeichnet hat, „weil er in jedem konkreten Fall seine Natur etwas ändert". (Clausewitz 1980: 212; auch Daase 2003) Der diagnostizierte Formenwandel des Krieges macht – so die Annahme – auch einen Wandel der Formen, Frieden zu stiften, erforderlich. In der Vergangenheit ließen sich zwischenstaatliche Kriege durch Friedensschlüsse beenden, die die kriegsauslösenden Gegensätze nach einem erreichten neuen Machtgleichgewicht unter den Kriegsgegnern beilegten. (Fisch 1979: 512 f.) Heute sind angesichts der Dynamik der Konflikte, die aktuellen Bürgerkriegen ihr Gesicht geben, andere Modi gefragt, dem gewaltsamen Austrag von gegenläufigen Interessen ein Ende zu bereiten. Abweichend von traditionellen Formen der Friedensverträge, die nach einem Waffenstillstand einen Krieg abgeschlossen haben und als Daten in Geschichtsbüchern zu finden sind, beginnen Bemühungen um einen Frieden heute häufig schon, während die Kämpfe noch toben und deren Ende nicht in Sicht ist. Das Ergebnis ist nicht mehr die Rückkehr zu Prinzipien für das gewaltfreie Zusammenleben von Staaten, sondern die Eindämmung von Gewalt und oft die Herausbildung neuer Herrschaftsverhältnisse innerhalb einzelner Staaten und Gesellschaften. Der Friedensgedanke fasst zunächst in den Köpfen einiger Akteure Fuß, paart sich mit wirtschaftlichen Interessen am Frieden, findet Unterstützung von außen und mündet in konsentierte Vorhaben, die Regeneration von Gesellschaften und Staaten, die durch bewaffnete Auseinandersetzungen zerrissen sind, auf den Weg zu bringen. Nun ist von „Friedensprozessen" die Rede, die den Kontrapunkt zu Bürgerkriegen bilden.

Nordirland: ein Konflikt und das Modell eines Friedensprozesses

Der Nordirland-Konflikt ist komplexer, als es das Etikett „Konflikt" vermuten lässt. In ihm bündeln sich die Folgen einer Dekolonialisierung und der Nationalstaatsbildung auf der irischen Insel, die Konkurrenz religiös definierter sozialer Identitäten und das Fehlen von Demokratie und Rechtstaatlichkeit. (Als Überblick: Kandel 2005) In der Summe trugen und tragen die Auseinandersetzungen in Nordirland viele Merkmale eines „Identitätskonflikts". In Abgrenzung von „strategischen Konflikten" zeichnet sich diese Art von Konflikten durch die Unverhandelbarkeit von Streitgütern, den expressiv-rituellen Austrag der Gegensätze und eine konfrontative politisch-gesellschaftliche Alltagspraxis aus. (Dubiel 1997: 434)

Die vertikale Spaltung der nordirischen Gesellschaft, vorschnell als „ethnisch" bezeichnet, spiegelt den Kampf um ein Territorium (etwa in der Größe von Schleswig-Holstein), dessen britische Okkupation bereits über 400 Jahre zurückliegt. Von 1,6 Millionen Einwohnern gehören 43,8 Prozent zur römisch-katholischen Kirche, 50,6 Prozent zu protestantischen Glaubensgemeinschaften. Die eine Gruppe identifiziert sich mit der irischen Vergangenheit, die andere nimmt sich als britisch wahr; die eine formt heute das nationalistisch-republikanische Lager, die andere das unionistisch-loyalistische Lager; die eine will die Teilung der Insel von 1921/22 wieder aufheben, als sich im Süden die heutige Republik Irland etablierte und die sechs Grafschaften des Nordostens beim Vereinigten Königreich verblieben; die andere beharrt auf den Bindungen an Großbritannien. Unter solchen Vorzeichen wird in Nordirland um Souveränität, Selbstbestimmung und eine Balance zwischen (protestantischer) Mehr- und (katholischer) Minderheit gestritten.

Die Auseinandersetzungen, die seit 1969 bis heute mehr als 3.700 Menschenleben und über 47.000 Verletzte gefordert haben,[2] *ließen sich jedoch, je länger sie währten, desto weniger mit Waffengewalt beenden. Und so stieß seit den 1980er Jahren mehr und mehr der Gedanke auf positive Resonanz, die Gegensätze auf friedliche Weise zu verregeln. Was sich heute als Beginn eines Friedensprozesses darstellt, begann zunächst mit persönlichen Kontakten, dem Austausch von Optionen und tastenden Versuchen, jenseits aller Differenzen gemeinsame Anliegen zu definieren – dies allerdings noch im Schatten von Bombenanschlägen, Repression und Missachtung jeder Rechtstaatlichkeit. Ziel allen Unterfangens war von Beginn an, auch extreme Positionen an den Rändern der Lager einzubeziehen und davon zu überzeugen, dass ihren Interessen eher auf dem Weg der Kooperation, denn der Konfrontation gedient sein würde.*

Einen Höhepunkt erreichten die Bemühungen, als am 10. April 1998, dem Karfreitag jenen Jahres, die nordirischen Parteien und die britische wie irische Regierung in Belfast eine Übereinkunft über das weitere Vorgehen erreichten. Die amtliche Bezeichnung des Abkommens lautet „The Agreement – reached in the multiparty negotiations". Im politischen Alltag Nordirlands sind allerdings zwei konkurrierende Bezeichnungen im Umlauf, die unterschiedliche Interpretationsmöglichkeiten spiegeln: die optimistische Variante spricht vom Karfreitagsabkommen (englisch: Good Friday Agreement) und spielt auf den Hoffnungscharakter an, der dem Tag der Unterzeichnung im katholischen Verständnis des Kirchenjahres eigen ist – die pragmatische Variante benutzt den Ausdruck Belfast-Abkommen und reiht das Abkommen in die Folge vorangegangener Versuche einer Friedensregelung ein, durchaus wissend, dass diese erfolglos waren.[3] *Die Übereinkunft vom 10. April 1998 will nun einen Weg weisen, den „Identitätskonflikt" in einen „strategischen" zu verwandeln. (Überblick: MacGinty/Darby 2002, Hauswedell 2004)*

---

[2] Die Eames-Bradley-Kommission hält im Jahr 2009 fest, dass mehr als die Hälfte der Getöteten Zivilpersonen waren, ein weiteres Drittel entfiel auf Angehörige von Sicherheitsorganen. Zwischen 1969 und 2001 wurden 16.200 Bombenanschläge, 37.000 Fälle von Schusswaffengebrauch und 22.000 bewaffnete Überfälle gezählt. (Report of the Consultative Group 2009: 8)

[3] Ohne sich dieser fatalistischen Konnotation anzuschließen, wird im Folgenden auch vom Belfast-Abkommen gesprochen.

Nordirland hat im internationalen Vergleich inzwischen den Status eines Modells erreicht, wie es gelingen kann, einen innerstaatlichen und -gesellschaftlichen Konflikt, der mit Waffengewalt zwischen asymmetrischen Kontrahenten, durchaus mit internationalen Verbindungen, ausgetragen wurde und wird, durch Demokratisierung der politischen Strukturen, Verrechtlichung der politischen und sozialen Interaktionen sowie Demobilisierung der paramilitärischen Organisationen zu transformieren. Die Erfahrung, dass nach Phasen optimistischer Erwartungen auch immer Stillstände oder gar Rückschritte zu durchleben waren und sind, hat die Attraktivität des Ansatzes nicht gemindert. (Hain 2008)

Dieser Aufsatz, mit dem nordirischen Fall vor Augen, klärt zunächst in systematischer Absicht den Begriff des „Friedensprozesses", bevor er sich in einem zweiten Schritt den Faktoren zuwendet, die Verlauf und Ausgang von Friedensprozessen positiv oder negativ beeinflussen. Als Fazit lassen sich vier Warnungen formulieren, die jeder zu emphatischen Erwartung an Konzepte und Strategien von Friedensprozessen entgegenzuhalten sind.

2 Frieden als Prozess

Auf die Frage, wie denn die Idee des Friedens Wirklichkeit werden könne, antwortet die praktische Philosophie mit dem Verweis auf dessen Prozesscharakter. Mit der Vorstellung von Prozessen soll eine Brücke zwischen der Realität kriegerischer Gewalt und dem Streben nach Verhältnissen geschlagen werden, in denen diese als Institution und Praxis überwunden ist. Eine derartige Entwicklung ist als Veränderung über die Zeit und das Aufeinandereinwirken einander fördernder Schritte zu denken. In solchem Sinne sind die Vorstellungen über den Frieden in das neuzeitliche Fortschrittsdenken eingebettet. Alle prominenten Friedensdefinitionen unterstellen, dass der Frieden nicht unversehens vom Himmel fällt, sondern in einem andauernden, darauf gerichteten Prozess wächst.

Beim Gebrauch prozessualer Kategorien scheuen Friedenstheorie und -praxis nicht vor Anleihen bei anderen Fachdisziplinen zurück. So lehnen sie sich an naturwissenschaftliche Beschreibungen von Prozessen als Folge von Systemzuständen an, deren Charakteristika sich im zeitlichen Verlauf verändern. Man unterscheidet hier Prozesse, in denen jeder Zustand durch andere kausal verursacht wird, von solchen, in denen die Abfolge von Zuständen Regeln der Wahrscheinlichkeit gehorcht. Am Rechtswesen fasziniert dessen Fixierung auf Prozessverfahren, um den Sachverhalt eines Streitfalles zu ermitteln und ihn entsprechend vorgegebener Normen zu lösen. Denken und Handeln in Friedenssachen orientieren sich bei ihren Prozessvorstellungen am Wandel von Zuständen, an Kausalitätsvermutungen und an geregelten Abläufen, um Prozesse zielgerichtet zu steuern. Die Erwartung ist, am Ende einen, verglichen mit der Ausgangssituation, besseren Zustand vorweisen zu können.

Von solchen Prozessvorstellungen ist es nur ein kurzer Schritt, mit dem programmatischen Etikett „Friedensprozess“ eine Bezeichnung für all das zu finden, was zum Frieden führen soll. Den Teufelskreisen, die die Anwendung von Gewalt nähren, stehen mit den Friedensprozessen gleichsam „Engelskreise“ (Senghaas 1997: 24) gegenüber. Als solche gelten andauernde Bemühungen um Frieden, die die Konfliktakteure selbst in Verantwortung nehmen. Das Verhalten von Individuen, Gruppen oder Staaten ist aus der Fixierung auf die Gewalt herauszuführen. An deren Stelle treten wechselseitige Anerkennung und die Einwilligung, im Umgang mit zuwider stehenden Positionen oder Interessen allseits akzeptierten Regeln zu folgen. (Darby/McGinty 2003: 260)

Umfassend lassen sich Friedensprozesse als Vorhaben beschreiben, einen politischen Kontext zu schaffen, in dem die Parteien eines bislang gewaltsam ausgetragenen Konflikts in ernsthaften Dialog eintreten, um dessen Austrag zu zivilisieren und im weiteren Verlauf die Ursachen des Konflikts zu beseitigen. Dies wird im Sinne einer Keinen übervorteilenden und Niemandem aufgezwungenen Lösung gedacht, die die Parteien selbst in einer aufeinander abgestimmten Problembearbeitung finden. Im Einzelnen schließt dies ein:

- Beenden von Gewaltakten, ungeachtet des weiterhin offenen Streits über die Legitimation eines solchen Tuns;
- Schaffung von Verhältnissen, in denen politische Formen der Auseinandersetzung mehr Erfolg versprechen als die Androhung oder der Gebrauch von Gewaltmitteln;
- Demobilisierung von bewaffneten Organisationen, Demilitarisierung des öffentlichen Lebens und Reintegration der Kombattanten in das zivile Leben;
- Garantie des gleichen Rechtsstatus für alle Bürger: Dies befriedigt das Bedürfnis von Minderheiten nach Anerkennung und Schutz und gewährt der Mehrheit in einem Staat die Sicherheit, die sie für sich reklamiert;
- Versöhnung in Gesellschaften, die die Lasten von Rechtsbrüchen, Entwürdigung von Menschen und exklusive Bilder ihrer Geschichte abwerfen wollen;
- Ausschütten einer „Friedensdividende“ in Gestalt von Beschäftigung, wirtschaftlichem Wohlergehen und einer nachhaltigen Entwicklung.

Das Belfast-Abkommen vom 10. April 1998 und Nachfolgeregelungen

Das Abkommen von 1998 formulierte die Prinzipien, die für den nordirischen Friedensprozess bis zur Gegenwart leitend sind: die wechselseitige Anerkennung der Legitimität von zwei unterschiedlichen Traditionen auf einem Territorium – der

Verzicht auf Waffengewalt als Mittel der politischen Auseinandersetzung – die Geltung von Recht und staatlichem Gewaltmonopol – die Teilhabe beider Lager an der politischen Macht – die Möglichkeit, den Status von Nordirland zu ändern, wenn dies eine Mehrheit der Bevölkerung wünscht – Kooperation des Nordens und des Südens auf der irischen Insel. (Text des Belfast-Abkommens: http://cain.ulst.ac.uk/events/peace/docs/agreement/htm) Dies alles soll sich im Rahmen der „devolution", der Gewährung von Autonomie und Selbstverwaltung für alle Teile des Vereinigten Königreiches, und im Zuge einer Neuordnung der Beziehungen auf den britischen Inseln, einschließlich der Republik Irland, vollziehen.

Von der Sache her stellt das Belfast-Abkommen und seine britisch-irischen Rahmenverträge ein Novum im Umgang mit der vertrackten Beziehung zwischen Territorialität, Souveränität, Selbstbestimmung, Gruppenautonomie und Friedenssicherung dar. Die gefundenen Arrangements verschränken innenpolitische wie innergesellschaftliche Transformationsvorhaben mit zwischenstaatlichen Absprachen zwischen Großbritannien und der Republik Irland. Die Innovation zeigt sich in zweierlei Hinsicht: Zum einen sind die inneren Machtverhältnisse über Mechanismen einer Konkordanzdemokratie auszugestalten. Diese sehen eine Teilhabe beider Lager an der Gesetzgebungs- und Regierungsgewalt vor, wahrt den Bestand der derzeitigen Mehrheit und schützt Rechte wie Ansprüche der Minderheit. (Hadden 2003, 63; Lijphart 2004, 97; O'Leary 2004, 260–293) Zum anderen rücken Großbritannien und die Republik Irland in die Rolle von Garantiemächten für die Umsetzung des Abkommens und teilen sich faktisch die Oberhoheit über die nordirischen Geschicke, obwohl das Territorium weiterhin Teil des Vereinigten Königreichs bleibt. Das komplexe Konstrukt des Belfast-Abkommens hat in Referenden im Norden und im Süden der irischen Insel eine breite Unterstützung der Bevölkerung gefunden, was dem Ansatz eine nicht mehr aufzuhebende gesellschaftliche Legitimation verliehen hat.

So weit gesteckt die Vorgaben des Belfast-Abkommens waren, so mühsam und langwierig erwies sich auch dessen Implementierung. Insbesondere mussten die britische und die irische Regierung die Aufgabe von Promotoren des Friedensprozesses übernehmen. Dabei hatten sie an einer doppelten Front zu kämpfen: Einerseits mussten sie angesichts aller Widerstände lokaler Kontrahenten an den Inhalten des Belfast-Abkommens festhalten und alle Versuche abwehren, es schleichend wieder zu demontieren oder zu eigenen Gunsten umzuinterpretieren. Andererseits standen sie vor der Notwendigkeit, die politischen Exponenten der beiden Lager zu bewegen, gemeinsam Verantwortung für die Geschicke ihres Landes und seiner Menschen zu übernehmen. Bei Treffen in noblem Rahmen (Weston Park 2001, Leeds Castle 2005, St. Andrews 2006) suchten beide Regierungen, Vertrauen unter den nordirischen Parteiführern zu schaffen, gemeinsame Interessen auszuloten und den Willen zu einer Zusammenarbeit zu wecken. Doch erst die Drohung, das Ziel der Selbstverwaltung für Nordirland fallen zu lassen, die lokalen

Politiker zu entmündigen und das Territorium einer britisch-irischen Autorität zu unterstellen, schlug eine Bresche in die bis dahin aufrecht erhaltenen Blockaden. Das St. Andrews-Abkommen von 2006, das aufgetretene praktische Defizite des Belfast-Abkommens beseitigte, konnte den Weg zu einem Zusammengehen von Unionisten und Republikanern und zur Bildung einer nordirischen Exekutive im Mai 2007 ebnen, in der aller größeren Parteien vertreten sind.

Der optimistischen Vision von Friedensprozessen als Engelskreise widerspricht jedoch die Erfahrung, dass in ihnen oft genug Gewaltdynamiken und Friedensoptionen um Vorherrschaft ringen. In solchen Phasen, in denen unentschieden ist, was die Oberhand behält, bedarf es wie Choreographien organisierter Arrangements, um einen Gleichklang zwischen inhaltlichen Imperativen und zeitlicher Abfolge einzelner Schritte herzustellen, um den Prozess in Gang zu halten. Zudem bilden Friedensprozesse ihrerseits Projektionsflächen für unterschiedliche Interessenten. Dazu zählen die unmittelbar Beteiligten als Friedensmacher und die Adressaten, die vom Ertrag profitieren wollen und sollen. Hinzu kommen Dritte, die aus moralischen, ökonomischen oder politischen Motiven auf das Geschehen einwirken. Der Verlauf des nordirischen Friedensprozesses bietet genug Anschauung für Verwerfungen, die eintreten, wenn von Machtkalkülen und persönlichen Ränken geleitete Akteure ihm ihre eigenen Ziel- und Zeitvorstellungen aufdrücken wollen. Andere Beispiele erzählen davon, wie Friedensprozesse sich nur darauf beschränken, ein so genanntes Friedensabkommen hervorzubringen, oder aber der Kontrolle der Gewaltmittel eine solche Priorität einräumen, dass andere Aspekte des Friedens aus dem Blick geraten.

Aber dennoch bleibt als Ausgangspunkt und Essenz von Friedensprozessen das, was der nordirische Politiker und Friedensnobelpreisträger (1998) John Hume auf den Punkt gebracht hat: „Der Streit geht von den Menschen aus, nicht von umstrittenen Territorien." (The Irish Times, 05.02.2004) Damit decken Friedensprozesse die Felder ab, die auf anderen Ebenen gesellschaftlicher Interaktion Gegenstand „konstruktiver Konfliktbearbeitung" sind. Solche Ansätze setzen sich von destruktiven Zugangsweisen ab, zum Beispiel militärischen Angriffen und Besetzungen, aber auch von Strategien, Konflikte – bildlich gesprochen – ausbluten zu lassen.

3 Den Frieden ins Werk setzen

Angesichts des umfangreichen Aufgabenkatalogs eines Friedensprozesses fehlt es nicht an Ratschlägen, ihn trotz aller Verschränkungen der Probleme in Teilschritte zu zerlegen.

Auf der *Ebene des Verfahrens* beginnen sie mit informellen Kontakten und geheimen Gesprächen unter den Kontrahenten. So lassen sich Regierungen auf einen Meinungsaustausch mit Aufständischen ein, auch wenn diese offiziell als Terroristen gebrandmarkt sind. Ist das Feld für die Eröffnung offener Gespräche bereitet, sind Regelungen auszuhandeln, die in die Form eines Vertrages oder einer Übereinkunft gegossen werden. Ihnen schließt sich die Absicherung des Erreichten durch Akte der gesellschaftlichen Legitimation an, denen dann die praktische Implementierung der Absprachen und das Einüben in Macht- und Herrschaftsverhältnisse folgen, frei vom Primat der Gewalt.

Auf *inhaltlicher Ebene* setzen Friedensprozesse häufig ein, wenn alle am Konflikt Beteiligten trotz ungleich verteilter Gewaltpotenziale und -optionen zu der Einsicht kommen, dass die Fortführung der gewaltsamen Auseinandersetzungen aufwändiger ist als deren zivile Beilegung. Dazu mögen sie aus eigener Einschätzung finden, aber auch infolge äußeren Drucks, sei es, dass externe Akteure auftreten, sei es, dass relevante Ressourcen versiegen. Auch Beispiele der zivilen Konfliktbearbeitung in ähnlich gelagerten Konstellationen wirken auf den Start von Friedensprozessen stimulierend. Menschen, die von gelungenen Friedensprozessen berichten, sind die besten Botschafter. So waren es vor allem die Ereignisse in Südafrika zu Beginn der 1990er Jahre und deren Promotoren, die die nordirischen Kontrahenten ermutigten, sich an die Überwindung von Grenzen zu wagen, die man jahrzehnte-, wenn nicht jahrhundertelang für unüberwindbar gehalten hatte.

Das *Ende eines Friedensprozesses* ist dagegen weniger spektakulär. Es wäre dann zu diagnostizieren, wenn sich im Alltag politische und gesellschaftliche Normalität durchgesetzt hat und es gängige, allseits akzeptierte Praxis ist, Interessengegensätze ohne Rückgriff auf Gewalt auszuhandeln.

Kernstück und erster öffentlicher Höhepunkt eines Friedensprozesses stellen in der Regel Verständigungen über Prinzipien einer friedlichen Konfliktregelung dar, um gewaltförmige Auseinandersetzungen zu beenden. Der Einstieg in Verhandlungen bietet den Konfliktparteien zweierlei Anreiz: Einerseits verschaffen sie eine wechselseitige Anerkennung divergierender Positionen und Ziele; andererseits versprechen sie den Unterzeichnern, vorhandene Widersprüche im Rahmen eines Regelwerkes auszufechten, das keine einseitige Lösung des Konflikts vorherbestimmt. Den Mangel solcher Arrangements, die Ursachen der Konflikte nicht auf einen Schlag zu beseitigen, nehmen die Betreiber von Friedensprozessen in Kauf. Sie setzen darauf, damit bereits die Konfliktkonstellation zu verändern und Vertrauen unter den Widersachern zu erzeugen. Hilfreich ist häufig, wenn externe Akteure Vermittlungsdienste leisten. Gleichzeitig bietet das Aushandeln von Prinzipien und Verfahren den Konfliktparteien die Chance zu lernen, dass es für den Umgang mit Widersachern auch andere Perspektiven als die des Kampfes gibt. Gelingt dies, erweisen sich als „Friedensabkommen“ gefeierte Übereinkünfte als

Möglichkeit, aus Feinden *politische* Gegner zu machen, also einen Beitrag zur Entfeindung zu leisten.

Angesichts der offenkundigen Brüchigkeit solcher Hoffnungen, wie sie sich im Verlauf vieler Friedensprozesse zeigt, bedürfen Friedensarrangements fortwährend der Fürsorge. Sie hat zu gewährleisten, dass die Kontrahenten nicht zum ursprünglichen Konfliktverhalten zurückkehren oder Nebenschauplätze eröffnen, um möglichst wenig von ihren Ansprüchen preiszugeben. Gleichzeitig ist auf eine politische, wirtschaftliche und gesellschaftliche Rehabilitation von Nachkriegsgesellschaften zuzusteuern, damit die positiven Erwartungen der Menschen an den Friedensprozess nicht enttäuscht werden. In der Summe heißt dies jedoch, zumindest für eine bestimmte Zeitspanne mit der Unwägbarkeit über den Ausgang des Friedensprozesses leben zu müssen. Denn selbst wenn sich die Konfliktparteien auf den Frieden als Ziel einigen mögen, sind die Konturen einer neuen Ordnung zunächst unklar. Diese wird von einer anderen Verteilung von Macht und Rechten bestimmt sein als die überkommene: Frühere Vormachtstellungen werden schwinden, Machtpositionen sind zu teilen, traditionelle Bindungen lockern sich, neue Arenen der Auseinandersetzungen öffnen sich, bisher nicht bekannte oder erprobte Verfahren der sozialen und politischen Beziehungen erhalten Vorrang. Dies alles mag zunächst irritierend sein und Unsicherheit auslösen, die nur kompensiert werden kann, wenn der Friedensprozess als gerichtete Entwicklung voranschreitet und vorzeigbare Resultate produziert.

Friedensprozesse leben davon, dass sie hinreichend Zeit gewähren, Einstellungen und Verhaltensweise, die zu einem gewaltsamen Austrag der Gegensätze geführt haben, hinter sich zu lassen. Die zu Grunde liegende Konfliktformation wird nicht von heute auf morgen verschwinden, aber es stellen sich Erfahrungen ein, dass eine Transformation möglich ist. Das sollte sich in einem Zuwachs an wechselseitigem Vertrauen niederschlagen. Vertrauen erweist sich als Chance, der Gegenseite einen Vorschuss an Verantwortung zu gewähren, falls Glaubwürdigkeit und Verlässlichkeit in hinreichendem Maße eingekehrt sind. (Hartmann 2001, 30: aus Sicht von George Mitchell, dem ehemaligen US-Senator und Moderator der Verhandlungen, die zum Belfast-Abkommen geführt haben: Mitchell 1999)[4] Von den Mühen der damit einher gehenden Lernschritte aller Akteure weiß der nordirische Friedensprozess ebenfalls zu erzählen.

[4] George Mitchell steht ab 2009 erneut vor einer vergleichbaren, möglicherweise noch schwierigeren Aufgabe, seitdem ihn US-Präsident Barack Obama zum Vermittler im Nahost-Friedensprozess ernannt hat.

Zeit und Vertrauen

Seit den ersten öffentlich bekundeten Waffenstillständen der paramilitärischen Organisationen auf republikanischer wie loyalistischer Seite im Jahr 1994 sind inzwischen mehr als 15 Jahre vergangen. Je länger der Friedensprozess währt, desto mehr gewöhnen sich Politik und Gesellschaft an die veränderten Verhältnis und lernen die Vorzüge eines nicht mehr von Angst vor Anschlägen bestimmten Lebens schätzen. Inzwischen gehen selbst die heftigsten Gegner des Belfast-Abkommens davon aus, dass die eingeleiteten Entwicklungen nicht mehr umkehrbar sind. Dies gilt für die Nord-Süd-Kooperation auf der irischen Insel ebenso, die einmal für die Unionisten unvorstellbar war, wie für die Tatsache, dass Republikaner bereit sind, Regierungsämter im Rahmen des Vereinigten Königreichs zu übernehmen. Gleichzeitig lernen Unionisten, die nationalistische Seite als Partner in der Ausübung gemeinsamer Verantwortung für Nordirland zu akzeptieren.

Der nordirische Friedensprozess hat seit 1998 zwei Phasen durchlaufen: die erste reichte vom Belfast-Abkommen bis zum Jahr 2005 und stand unter der Maßgabe, die Gewalt aus der Politik zu verbannen – die zweite, beginnend im Jahr 2005 und bis in die Gegenwart reichend, erfasst die vorgesehene Demokratisierung und die Übernahme politischer Verantwortung durch gesellschaftlich legitimierte Amtsträger in Nordirland selbst.

***1. Phase**: In dieser Zeit standen die Bemühungen um Frieden und Ausgleich unter dem Druck der ausbleibenden Entwaffnung paramilitärischer Organisationen und des umstrittenen staatlichen Gewaltmonopols. Hier war es vor allem der Schatten der Irisch-Republikanischen Armee (IRA), der der Kooperationswilligkeit von Unionisten und Nationalisten/Republikanern im Wege stand. Die republikanische Seite pochte auf eine Realisierung aller Zusagen im Belfast-Abkommen, bevor sie das letzte, ihr noch verbliebene Druckmittel aus der Hand legen mochte. Dagegen schien es den Unionisten sinnlos, mit dem anderen Lager die Macht zu teilen, solange noch die Drohung im Raum stand, die bewaffneten Auseinandersetzungen könnten wieder aufleben. Die einen operierten mit dem Makel ihrer Nähe zu einer als „Terroristen" eingestuften Organisation, die anderen hatten gegen den Verdacht anzukämpfen, sich gegen ein friedliches Zusammenleben zu sperren. (Bew/Frampton/Gurruchaga 2009, 153–169)*

Zu der schließlich erfolgten Entwertung der Gewaltoption haben verschiedene Faktoren beigetragen: Zum einen haben die Terroranschläge auf US-amerikanische Ziele am 11. September 2001 alle politisch verkleidete Motive von Gewalttätern endgültig diskreditiert und republikanischen Aktivitäten jegliche Unterstützung im In- und Ausland entzogen. Zum anderen hat eine erfolgreiche Reform von Polizei- und Sicherheitskräften in Nordirland selbst das staatliche Gewaltmonopol (wieder-)hergestellt und in der Gesellschaft verankert. Gute Dienste bei der Entwaffnung zunächst der IRA (im Jahr 2005 abgeschlossen) und dann bei den loyalistischen Organisationen (im Jahr 2009 erreicht) leistete dabei eine international besetzte Kommission. Sie bot den Rahmen für Demobilisierung und Zerstörung von Waffen und Munition, der Vertraulichkeit wahrte und den Eindruck vermied, diese Maßnahmen seien als Zeichen des Eingeständnisses einer Niederlage zu werten.

***2. Phase**: Nachdem die Entwaffnung der IRA vollzogen und sich wenig später die politische Führung der republikanischen Seite zur Anerkennung der Polizei als Sachwalter des staatlichen Gewaltmonopols durchgerungen hatte, waren die Voraussetzungen für den Einstieg in eine politische Zusammenarbeit beider Lager in Nordirland gegeben. Für die Charakterisierung des erreichten Zustandes bietet sich die Bezeichnung einer ‚pragmatischen Konfrontation' an. Er erlaubte am 8. Mai 2007 die Wahl von Ian Paisley, des Führers der Democratic Unionist Party (DUP) und von Martin McGuinness, einem ehemaligen IRA-Kommandanten und späteren hochrangigen republikanischen Politiker von der Partei Sinn Féin, zu gleichberechtigten Ersten Ministern einer konkordanzdemokratisch besetzten Regierung. Mit deren Machtübernahme erhielt Nordirland das Maß und die Instrumente der Selbstbestimmung und -verwaltung, wie sie bereits das Belfast-Abkommen vorgesehen hatte, allerdings nicht unter den ursprünglich gedachten Bedingungen. Denn es waren nicht die gemäßigten Parteien und Politiker aus dem unionistischen bzw. nationalistisch-republikanischen Lager, die nunmehr das Sagen hatten, sondern die radikalen Positionen, die sich jeweils auf beiden Seiten durchgesetzt hatten. In den Wahlen zur Parlamentarischen Versammlung von 2003 und 2007 hatten sie die moderaten Kräfte an den Rand gedrängt und mit ihren Wahlsiegen die bipolare Konstellation festgeschrieben. Gleichzeitig ließen die Ergebnisse der Wahlgänge aber auch erkennen, dass die Wählerschaft inzwischen der politisch überhöhten Kontroversen überdrüssig war und sich stärker für die Bearbeitung der ‚Brot und Butter'-Themen interessierte. (Gesundheitsversorgung, Schulwesen, lokale Verwaltung, Wassergebühren, Energiepreise etc.) Schließlich haben personale Konstellationen den Übergang zur pragmatischen Konfrontation gefördert. Mit den absehbaren Rückzügen von Tony Blair (2007) in Großbritannien und von Bertie Ahern (2008) in der Republik Irland von ihren Ämtern als jeweilige Premierminister kündigte sich das Auslaufen des Engagements und der Kontinuität in der Fürsorge zweier Regierungschefs für die nordirischen Angelegenheiten an. Daneben stehen Konversionen nordirischer Politiker – am eindrücklichsten die des über 80-jährigen DUP-Führers Ian Paisley. Er hatte zuvor über Jahrzehnte hinweg gegen die republikanische Seite gewettert und beendete nun seine politische Karriere als ewiger Nein-Sager in lächelndem Zusammenwirken mit seinem republikanischen Regierungsgefährten. Paisley hatte zwar bereits zwölf Monate später das Amt an seinen Parteikollegen Peter Robinson abzugeben, aber seine*

Autorität war stark genug gewesen, die Spannungen im unionistischen Lager unter Kontrolle gehalten und den Weg zu einer Kooperation mit der nationalistisch-republikanischen Seite geebnet zu haben.

Die Charakterisierung des seit 2007 in Nordirland herrschenden Zustandes als ‚pragmatische Konfrontation' signalisiert, dass beide Seite nicht grundsätzlich von widerstreitenden Positionen und Optionen abgerückt sind. Sie haben sich jedoch auf einen Modus der Auseinandersetzung eingelassen, in dem Gewaltmittel keinen Platz haben und an deren Stelle zivile Regeln der Auseinandersetzung getreten sind. Dass gleichwohl die Verhältnisse noch labil sind, zeigt sich an anhaltenden Blockaden der politischen Maschinerie. Sie treten jeweils auf, wenn Sachfragen zu regeln sind, bei denen die eine oder die andere Seite ihre Identität berührt sieht, beispielsweise beim Umgang mit Opfern und Hinterbliebenen des zurückliegenden Gewaltkonflikts oder bei der Umwidmung von Gefängnissen zu Sportstätten.

Nun finden Friedensprozesse nicht im luftleeren Raum statt. Ihr Verlauf unterliegt einer Vielzahl von positiven bzw. negativen Einflüssen, die vom Kontext und Verhalten der Akteure abhängen. (Systematische und empirische Beiträge in Stedman/Rothchild/Cousens 2002)

Zum Kontext: Ist die Konfliktzone von Staaten umgeben, in denen Frieden herrscht, zieht ein Friedensprozess daraus unmittelbaren Nutzen. Umgekehrt nimmt er Schaden, wenn politische Instabilitäten in der Region auf innergesellschaftliche und -staatliche Auseinandersetzungen übergreifen. Ähnlich verhält es sich mit der wirtschaftlichen Einbettung: Wenn die Konfliktregion eng mit der Weltwirtschaft verwoben ist, ist zu erwarten, dass wirtschaftliche Interessen auf eine Streitbeilegung dringen, weil ihre Aktivitäten unter Kriegen und instabilen politischen Konstellationen leiden. Haben andererseits die konfligierenden Gruppen Zugang zu Ressourcen (Holz, Edelsteine, Mineralien, Öl), deren Vermarktung die Finanzierung ihrer Gewaltaktionen erlaubt, zeigen sie wenig Bereitschaft, die gewaltsamen Auseinandersetzungen zu beenden. Gleiches gilt, wenn der gewaltsame Austrag des Konflikts neue Erwerbsquellen für Einzelne oder Gruppen geschaffen hat, sei es, dass diese von der parallelen Gewaltökonomie profitieren, sei es, dass sie aus rechtsfreien Räumen ohne staatliche Kontrolle ihren privaten Nutzen ziehen. (Paes 2004) Erzeugt dann ein Friedensprozess statt einer Friedensdividende nur Friedensdefizite in Gestalt von zunehmender Unsicherheit, Gewalteskalation, Arbeitsplatzverlust und zerstörten Landschaften, sinkt der Grad an Unterstützung, die er in der Bevölkerung findet. Die jüngere afrikanische Geschichte enthält viele Beispiele, in denen die Friedensbemühungen an solchen Schwierigkeiten gescheitert sind. Dort wie auch auf dem Balkan zeigt sich zudem, dass eine umstrittene Staatlichkeit einem Friedensprozess weitere Hypotheken aufbürdet. Wenn Staatswesen zerbrochen oder Sezessionsbewegungen am Erhalt eines Staates desinteressiert sind, steht zunächst *state building* an. Dies schließt ein, Akzeptanz für einen territorial anerkannten Rahmen zu schaffen, einen einheitlichen Rechtsraum zu errichten und das Gewaltmonopol durchzusetzen. Umgekehrt profitiert ein Friedensprozess davon, falls sich Verhandlungen, Abkommen und Institutionenaufbau auf eine Rechtskultur und allseits anerkannte Ordnungsvorstellungen stützen können, die nicht das Stigma der Einseitigkeit tragen.

Zu den Akteuren: Die Mehrzahl der heutigen Friedensprozesse vollzieht sich unter internationaler Ägide. Die meisten Entsendungen von Soldaten, Militärbeobachter und Polizisten (2009: ca. 93.500 Personen aus mehr als neunzig Ländern) erfolgen unter einem UN-Mandat. Aber auch regionale Organisationen wie die Wirtschaftsgemeinschaft Westafrikanischer Staaten (ECOWAS) in Liberia, die NATO auf dem Balkan und in Afghanistan, die EU in Mazedonien und der Demokratischen Republik Kongo, die Afrikanische Union (AU) in Burundi, Somalia und im Sudan oder die Organisation für Sicherheit und Zusammenarbeit (OSZE) auf dem Balkan und in Staaten auf dem Gebiet der ehemaligen Sowjetunion engagieren sich bei solchen Aufgaben. Ziel solcher Einsätze sind vorrangig die Beendigung von Grausamkeiten, der Erhalt der Staatlichkeit und die Sicherung der regionalen Stabilität. Dabei ist das Spektrum externer Beteiligung weit gefächert: es beginnt mit diskreten Mediationen, geht weiter zu offiziellen Vermittlungen, dem Beenden des Sicherheitsvakuums in Bürgerkriegen oder der Überwachung von Wahlen und Verfassungsgebung und schließt die Reform des Sicherheitssektors und materielle wie personelle Hilfe bei dem Wiederaufbau von Wirtschaft und Gesellschaft in Nachkriegssituationen ein.

So hilfreich externe Teilnahme bei Beginn und Verlauf von Friedensprozessen sein mag, so öffnet sie auch die Möglichkeit, Hegemonialansprüche durchzusetzen. Umso wichtiger für den Erfolg oder das Scheitern der Friedensprozesse ist es deshalb, dem Grundsatz der Nachhaltigkeit Geltung zu verschaffen, das heißt, die Verantwortung für den Frieden möglichst rasch von Außen nach Innen zu verlagern. Damit richtet sich das Augenmerk auf die internen Konfliktparteien selbst und hier auf das Verhältnis der Repräsentanten zu den sie tragenden gesellschaftlichen Gruppen und politischen Kräften. Starke Führer erschweren den Ablauf von Verhandlungen, weil sie sich mit Kompromissen schwer tun, aber ihre Gefolgschaft hinter sich wissen – schwache Führer mögen auf der Verhandlungsebene reüssieren, ringen aber um Rückhalt im eigenen Lager. Wenn jedoch Durchlässigkeit und wechselseitiges Vertrauen bestehen, lassen sich Verhandlungsergebnisse und Kompromisse vermitteln und radikale Flügel in den Bewegungen unter Kontrolle halten. Tauchen Spannungen oder gar Brüche auf, drohen Machtkämpfe um die Führung, Ungewissheiten über das Verhalten der Anhänger und in der Summe zunehmende Distanz zu Inhalten und Verfahrensschritten der Friedensprozesse. Diese nehmen ohnehin in der Mehrzahl als *top-down*-Projekte ihren Anfang, beginnen also als Kooperationen der Eliten, und müssen dann die gesellschaftlichen Kräfte für sich gewinnen. Dieser Makel ist zu überwinden, wenn Friedensprozesse erfolgreich sein sollen. In dieser Phase steigern sich zudem die destruktiven Einflussmöglichkeiten der so genannten *spoiler* (Störenfriede). Zu dieser Kategorie von Akteuren zählen zum einen die *zealots* (Eiferer). Sie halten an unverhandelbaren Positionen fest und sehen in jeder Form des Friedensarrangements einen Verrat der eigenen Sache, für die sie bereit sind, ihr Leben zu geben. Zum anderen finden sich hier auch *dealer* (Händler), die im Umkreis von Verhandlungslösungen versuchen, einen möglichst großen Vorteil für sich herauszuschlagen.

Friedensprozesse profitieren davon, wenn sie Personen, Symbole und Rituale aufbieten, die nicht gruppenbezogenen Hass reproduzieren, sondern für gruppen- oder interessenübergreifende Gemeinsamkeit stehen. Wirksam sind hier oft Sportereignisse, die nicht einem der widerstreitenden Lager zugerechnet werden und gesamtgesellschaftliche Begeisterung wecken. Zudem schaffen Friedensprozesse den Bedarf an Aktivitäten einer neuen Profession: die der „Friedensarbeiter". Je länger ein Gewaltkonflikt währt und je mehr er sich in seinen Widersprüchen verfängt, desto notwendiger ist das Engagement von qualifizierten Personen und Organisationen, um den daraus erwachsenden Widrigkeiten des Alltags Herr zu werden. Die „Friedensindustrie" beschäftigt in Fällen wie in Nordirland zeitweise mehr Personen als die Sicherheitsorgane. (Moltmann 2004: 244)

Die Pathologie der Unsicherheit als Merkmal bewaffneter Auseinandersetzungen setzt sich in Friedensprozessen unter dem Vorzeichen einer vielfach von außen betriebenen, aber intern schwach institutionalisierten Demokratisierung fort. Gruppen, die sich zuvor mit Gewalt bekämpft haben, verwandeln sich zu politischen Bewegungen. Gleichzeitig halten sie aber an der Logik der Konfrontation fest, ohne die Standards von Demokratie und Rechtsstaatlichkeit zu respektieren. Nicht selten werden die gleichen Personen mit der Aufgabe betraut, einen Konflikt zu transformieren, den sie zuvor gewaltsam betrieben haben. Demgegenüber bleiben diejenigen auf der Strecke, die in den vorangegangenen Konfrontationen machtlos gewesen sind, weil sie für Alternativen jenseits der Lagerbildung eintreten. Ähnlich ergeht es auch oft genug den Opfern der Auseinandersetzungen. In Friedensprozessen sehen sie ehemalige Kriegsherren als Protagonisten des Friedens geadelt, mit der Folge, dass sie selbst resignieren.

4 Erfolg oder Misserfolg?

Die Beurteilung von Zustand und Aussichten eines Friedensprozesses endet oft wie die Frage, ob das Glas halbvoll oder halbleer ist. Erfahrungen und Analysen verweisen auf qualitative Merkmale von Friedensprozessen, die bei einem Urteil zu berücksichtigen sind:

- Friedensprozesse dauern sehr viel länger, als es die weltpolitische Öffentlichkeit aushält, sich mit einem Konflikt zu beschäftigen, oder die Amtszeiten von Politikern währen. Sollen Gesellschaften, die von Konflikten geprägt sind, zu einer Herrschaftsordnung gelangen, in der Anerkennung, Teilhabe und Recht gelten, sind dafür Zeitdimensionen bis hin zum Wechsel von Generationen in Rechnung zu stellen. Es liegt in der Natur solcher Veränderungen, dass sich nach der Euphorie angesichts eines sich abzeichnenden Endes der Gewalt Ernüchterung einstellt, wenn die Vereinbarungen zu verwirklichen sind. Umso mehr bedarf es eines langen Atems, damit nicht vorschnell Resignation um sich greift.
- Friedensprozesse durchlaufen Phasen mit unterschiedlichen Graden an Stabilität. Vor allem jene zwischen öffentlich bekundeten Waffenstillständen und dem Abschluss einer Friedensvereinbarung zählt zu den labilsten. In diesen Momenten zeigen sich erstmals Zeichen der Abkehr von den bisher vorherrschenden Konfrontationsmustern, ohne dass ehemaligen Kämpfern oder Repräsentanten der Konfliktparteien, aber auch der Bevölkerung schon klar vor Augen steht, was an die Stelle der eingeschliffenen Konflikte treten soll. Zu der situationsbedingten Unsicherheit treten Zukunftsängste. Ist ein Arrangement erst einmal über diese Phase hinweg gebracht, gewinnt es Widerstandskraft gegen Versuche, es zu Fall zu bringen.
- Friedensabkommen und ihre Implementierung sind nur möglich, wenn alle Kräfte einbezogen sind, die diese wirksam unterlaufen oder zerstören können. Moralische oder legalistische Skrupel im Blick auf den Status der Teilnehmenden und deren Vergangenheit müssen dabei zurücktreten.
- Die Repräsentanten der Konfliktparteien, die sich an Friedensprozessen beteiligen, stehen vor der doppelten Aufgabe, einerseits ihre Anliegen wirkungsvoll zur Geltung zu bringen, andererseits die durch Kompromiss oder Konsens erzielten Ergebnisse ihrer Gefolgschaft zu vermitteln. Dies ist am ehesten durch *win-win*-Konstellationen zu erreichen, das heißt, wenn jede Seite Gewinne verbuchen kann, die anderen nicht zum Schaden gereichen.
- Die Rückkehr von Angehörigen militärischer Organisationen ins zivile Leben und die Rehabilitation der Opfer des Konfliktes müssen zeitgleich erfolgen und die gleiche materielle Unterstützung erfahren. Ein Friedensprozess erleidet Schaden, wenn er neue Ungleichheiten und Diskriminierungen schafft.
- Friedensprozesse sind erfolgreich, wenn sie jenseits politisch-institutioneller Innovation auch das Leben von Menschen und Gruppen positiv verändern. Deshalb sind Promotoren von Friedensprozessen gehalten, neben den Fragen

von Status und Standards auch die Verbesserung der Lebensbedingungen, im Blick zu halten.

Ein bilanzierender Blick auf den nordirischen Friedensprozesses

Das Geschehen in Nordirland während der zurückliegenden 25 Jahre erlaubt in friedenspolitischer Hinsicht zunächst zwei allgemeine Einsichten:

(1) Der Übergang von einem langwährenden Gewaltkonflikt zu gesellschaftlichen und politischen Verhältnissen, die sich als friedlich bezeichnen lassen, beansprucht viel Zeit. Die „Zwischenwelten" zwischen Krieg und Frieden (Baumann 2008) erfassen nicht nur die hohe Politik, sondern erstrecken sich auch auf das alltägliche Zusammenleben von Menschen und Gemeinschaften. Sie hinter sich zu lassen, macht den Kern von Friedensprozessen aus.

(2) Friedensprozesse, die auf eine Transformation von Gesellschaft, Wirtschaft und Kultur im Bann von gewaltsamen Auseinandersetzungen zielen, bedürfen umfangreicher finanzieller Absicherung. Hier kommt Nordirland zugute, dass die britische und die irische Regierung, die Europäische Union, die internationale Staatengemeinschaft sowie die weltweite irische Diaspora erhebliche finanzielle Ressourcen zur Regeneration von Wirtschaft und Gesellschaft bereitgestellt haben.

Daneben profitierte die nordirische Entwicklung davon, dass mit Großbritannien und der Republik Irland zwei benachbarte Staaten Steuerungs- und Garantiefunktionen übernommen hatten. Die Lösung des Nordirland-Konfliktes diente gleichsam als Katalysator, um die historisch belasteten Beziehungen zwischen zwei ungleichen Partnern zu egalisieren. (Moltmann 2007: 8) Dass zwei veritable Regierungschefs keine Mühe scheuten, sich auch den kleinen Querelen der lokalen Akteure über Jahre hinweg anzunehmen, hat dem Friedensprozess zusätzlich Stabilität verliehen. Ein wohlwollendes internationales Umfeld, das Geld und Expertise zur Verfügung stellte, trug das Seinige zum Gelingen bei. Nicht zu unterschätzen sind schließlich die positiven Effekte, die von der medialen Aufmerksamkeit für das Geschehen vor Ort ausgingen. Obwohl der Nordirland-Konflikt, verglichen mit anderen Konfliktlagen, als klein bzw. überschaubar gelten konnte, wurde den Akteuren fortwährend auf die Finger geschaut und Fehlverhalten angeprangert. Einmal mehr bewährte sich, dass offene, demokratische Verhältnisse Friedensbrüche nicht schützen und konstruktives Verhalten würdigen. Davon zog auch ein vielfältiges gesellschaftliches Engagement zugunsten eines friedlichen Zusammenlebens seinen Nutzen.

Die insgesamt günstigen Vorzeichen mindern jedoch nicht den Aufgabenkatalog, dem sich die politischen und gesellschaftlichen Akteure in Nordirland nunmehr gegenüber sehen. Neben der Überwindung der wirtschaftlichen Rückstände im Vergleich zu seinen Nachbarn durch die Jahrzehnte langen Auseinandersetzungen gilt es, die gesellschaftlichen Spaltungen abzubauen. Nach dem Abklingen der Zahl und Intensität von Gewaltakten zeigt sich das hässliche Gesicht von gruppenbezogenem Hass (englisch: sectarianism), der sich über Jahre hinweg tief in den sozialen Alltag hinein gefressen hat. Dessen Opfer sind nicht nur Angehörige der jeweils anderen Gemeinschaft, sondern auch von ethnischen oder sexuellen Minderheiten. Die „peace walls", Trennmauern zwischen Wohngebieten der beiden Gemeinschaften, wachsen weiter an Zahl und Länge. Provozierende Umzüge von Traditionsverbänden auf angestammten Routen wecken Angst der Anwohner. Auch das segregierte Schulsystem erhält die gesellschaftliche Spaltung aufrecht, begleitet von der ungebrochenen Tendenz, in politisch und konfessionell homogenen Siedlungen Zuflucht zu suchen. Schon ist von Strukturen einer „freiwilligen Apartheid" in Nordirland die Rede. (Baumann 2008: 90)

An eine vorurteilsfreie Aufklärung der gewaltsamen Vergangenheit traut sich ohnehin keine Seite recht heran. Initiativen zur Wahrheitsfindung und Versöhnung versanden im Streit um Schuldzuweisung und haben sich dagegen zu wehren, dass in vielen Fällen die Opfer zugleich als Täter gelten. Die Neigung, Hierarchien von Opfern zu bilden, nimmt zu. Darunter leidet jeder Versuch, dem erlittenen Leid öffentliche Anerkennung zu gewähren und Rechtsbrüche, auch von staatlichen Instanzen, zu ahnden. So belastet der Streit um die Vergangenheit das tägliche Miteinander von Gruppen und Menschen unterschiedlichen Herkommens und divergierender politischer Visionen.

Den Umgang mit all diesen Problemen erleichtert nicht, dass sich die seit 2007 amtierenden Politiker in dem oktroyierten politischen Konstrukt der Konkordanzdemokratie bewegen. Es schafft aufgeblähte Institutionen, unübersichtliche Entscheidungsverfahren und ungleiche Gewichte zwischen Legislative und Exekutive. Denn sein Ziel ist nicht vorrangig effektives politisches Handeln, sondern die Einbindung widerstreitender Lager in die Verantwortung und die Vereinbarkeit von Mehr- und Minderheitsinteressen. Seine Mängel bieten Angriffsflächen, die Gegner jeglicher Kooperation über Lagergrenzen hinweg nutzen, aber auch jene, die den Ansatz als solchen in Frage stellen, weil er die Bipolarität der Verhältnisse zementiert. So werden in Zukunft Auseinandersetzungen über konkrete Sachfragen immer wieder mit Versuchen einhergehen, Mechanismen des Herrschaftssystems in Frage zu stellen, die der Friedensprozess hervorgebracht hat. Wenn dies jedoch ohne Rückgriff auf Gewalt geschieht, hätte dieser sein Ziel erreicht und Nordirland in eine politische Normalität überführt, die derartige Kontroversen aushält.

5 Vier Warnungen

Sollen Friedensprozessen erfolgreich den Übergang von gewaltsamen Auseinandersetzungen in Politik und Gesellschaft zu einem politischen Verfahren gestalten, welche das Zusammenleben von Bevölkerungsgruppen in Sicherheit und Wohlergehen gewährt, seien abschließend vier Warnungen formuliert. Sie richten sich sowohl an deren Betreiber als auch an die Beobachter:

Die *erste* Warnung gilt der Faszination, die die Begrifflichkeit vom Friedensprozess ausübt. Sie suggeriert eine Kohärenz und Kompatibilität der Ziele, Ebenen und Instrumente, den Frieden ins Werk zu setzen. Diese stellen sich jedoch in der Praxis kaum so schlüssig ein. Insofern müssen alle verallgemeinernden Ratschläge mit dem Vorbehalt leben, dass die Vielfalt der Konfliktursachen und -verläufe auch differenzierende Herangehensweisen erfordert. Zudem verunklaren sich häufig zeitliche und inhaltliche Parameter von Friedensprozessen: Was den Einen zu schnell geht, geht den Anderen zu langsam – was den Einen am Wichtigsten ist, gilt den Anderen als nachrangig. Zwischen dem Stellenwert einzelner, notwendiger Schritte (englisch: *prioritization*) und deren Reihenfolge (englisch: *sequenzing*) besteht nicht unbedingt ein Einklang. Dies irritiert die Beteiligten und schafft Verwerfungen, die Zweifel am eingeschlagenen Kurs wecken und das Vorhaben insgesamt diskreditieren.

Die *zweite* Warnung bezieht sich auf die Risiken, die Friedensprozessen innewohnen. Die Sehnsucht nach Frieden und das Bemühen darum dürfen nicht überdecken, dass das Unterfangen auch fehlschlagen kann. Deshalb ist bei der Anlage eines Friedensprozesses auch die Möglichkeit des Scheiterns – gleichsam als „Plan B“ – in Rechnung zu stellen. Hier ist der Illusion zu wehren, es handele sich bei Friedensprozessen um eine Entwicklung, die allen Widerständen zum Trotz letztlich zu einem guten Ende führe, wenn sie einmal in Gang gekommen ist. Wenn sich im ersten Anlauf grundsätzlich strittige Fragen nicht lösen lassen, kann deren Sprengkraft zu einem späteren, möglicherweise ungünstigen Zeitpunkt den Friedensprozess noch beschädigen.

Die *dritte* Warnung gilt dem Risiko, einen Friedensprozess von Anfang an zu überfrachten. Ist schon die erste Aufgabe, die Befriedung der Konfliktkonstellation, oft umfangreich genug, so gerät deren Umsetzung in Gefahr, wenn ihm vorschnell Demokratisierungskonzepte fremden Ursprungs aufgestülpt werden. Gleiches droht, wenn gerade externe Akteure erwarten, dass die regionale Stabilität unmittelbaren Nutzen aus dem Einstieg in einen Friedensprozess zieht.

Damit eng verbunden ist die *vierte* Warnung. Gewiss erfahren Friedensprozesse Auftrieb, wenn sie von außen politisch und materiell unterstützt werden. Aber jeder externe staatliche oder gesellschaftliche Akteur sollte wissen, dass der Beginn einer Intervention leichter ist als der Rückzug. Mit ihrer Einmischung unterwerfen sich die Externen der Dynamik eines Friedensprozesses. Dieser kann aber nur gelingen, wenn er selbst in den Status der Nachhaltigkeit hineinwächst, also die Konfliktparteien selbst den Frieden zu ihrer Sache machen.

Friedensprozesse gestalten drei Aspekte der Friedensstiftung: die Beendigung von gewaltsamen Auseinandersetzungen, die Suche nach Verfahren für eine

Bearbeitung der Konfliktursachen, die für alle Seiten annehmbar sind, und die Rehabilitation der politischen, sozialen und ökonomischen Beziehungen in Nachbürgerkriegsverhältnissen. So folgen Friedensprozesse trotz all ihrer Schwierigkeiten der historischen Logik, Gewalt als Form des Konfliktaustrags im Sinn eines gerichteten Wandels zu überwinden und Frieden zu schaffen.

Literatur

Baumann, Marcel (2008): Zwischenwelten: Weder Krieg noch Frieden. Über den konstruktiven Umgang mit Gewaltphänomenen im Prozess der Konflikttransformation, Wiesbaden.

Bew, John/Frampton, Martyn/Gurruchaga, Inigo (2009): Talking to Terrorists. Making Peace in Northern Ireland and the Basque Country, London

Clausewitz, Carl von (1980): Vom Kriege. Hinterlassenes Werk, 19. Aufl., Bonn.

Daase, Christopher (2003): „Der Krieg ist ein Chamäleon" – Zum Formenwandel politischer Gewalt im 21. Jahrhundert, in: Calliess, Jörg (Hrsg.): Zivile Konfliktbearbeitung im Schatten des Terrors, Rehburg-Loccum (Evangelische Akademie Loccum), S. 17–35.

Darby, John/MacGinty, Roger (2003): Contemporary Peacemaking. Conflict, Violence and Peace Process, Basingstoke/New York.

Dubiel, Helmut (1997): Unversöhnlichkeit und Demokratie, in: Heitmeyer, Wilhelm (Hrsg.): Was hält die Gesellschaft zusammen? Bundesrepublik Deutschland: Auf dem Weg von der Konsensgesellschaft zur Konfliktgesellschaft, Bd.2, Frankfurt am Main, S. 425–444.

Fisch, Jörg (1979): Krieg und Frieden im Friedensvertrag. Eine universalgeschichtliche Studie über die Grundlagen und Formelemente des Friedensschlusses, Stuttgart.

Hadden, Tom (2003): The Peace Process in Northern Ireland, in: Poggeschi, Giovanni (Hrsg.): Peace Processes trough Constitutional Arrangements in Northern Ireland, Bozen, S. 53–70.

Hain, Peter (2008): From Horror to Hope: Can Peacemaking in Northern Ireland Be a Model for Conflict Resolution Worldwide? Vortrag am 5. Juni 2008, Glucksman Ireland House, NYU, New York (www.irelandhouse.fas.nyu.edu)

Hartmann, Martin (2001): Einleitung, in: ders./Offe, Claus (Hrsg.): Vertrauen. Die Grundlagen des sozialen Zusammenhalts, Frankfurt am Main/New York, S. 7–34.

Hauswedell, Corinna (2004): Der nordirische Friedensprozess – ein Modell? Lehren für eine internationale Einhegung innergesellschaftlicher Konflikte, in: Wissenschaft und Frieden, Dossier 45 (Januar 2004).

Herberg-Rothe, Andreas (2003): Der Krieg. Geschichte und Gegenwart, Frankfurt am Main/New York.

Heupel, Monika/Zangl, Bernhard (2004): Von „alten" und „neuen" Kriegen – Zum Gestaltwandel kriegerischer Gewalt, in: Politische Vierteljahresschrift 45, 3, S. 346–369.

Kandel, Johannes (2005): Der Nordirland-Konflikt. Von seinen historischen Wurzeln bis zur Gegenwart, Bonn

Lijphart, Arend (2004): Constitutional Design for Divided Societies, in: Journal of Democracy 15, 2, S. 96–109.
MacGinty, Roger/Darby, John (2002): Guns and Governemnt: The Management of the Northern Ireland Peace Process, Basingstoke/New York.
Mitchell, George W. (1999): Making Peace. The Inside Story of the Making of the Good Friday Agreement, London.
Moltmann, Bernhard (2004): Die ‚Friedensindustrie' als Konfliktmotor? Das Beispiel Nordirland, in: Kurtenbach, Sabine/Lock, Peter (Hrsg.): Kriege als (Über)Lebenswelten. Schattenglobalisierung, Kriegsökonomien und Inseln der Zivilität, Bonn, S. 236–248.
Moltmann, Bernhard (2007): Nordirland: Die Außenwelt der Innenwelt. Die externe Dimension einer Konfliktgeschichte, Frankfurt am Main.
O'Leary, Brendan (2004), The Nature of the Agreement, in: McGarry, John/ders. The Northern Ireland Conflict. Consociational Engagements, Oxford, S. 260–293.
Paes, Wolf-Christian (2004): Friedensstifter oder Kriegsgewinnler – Zur Rolle der Privatwirtschaft in bewaffneten Konflikten, in: Friedensgutachten 2004, Münster/Hamburg, S. 218–226.
Report of the Consultative Group on the Past, Belfast 23 January 2009.
Schlichte, Klaus (2002): Neues über den Krieg? Einige Anmerkungen zum Stand der Kriegsforschung in den Internationalen Beziehungen, in: Zeitschrift für Internationale Beziehungen, Jg. 9, 1, S. 113–138.
Senghaas, Dieter (1997): Frieden machen, Frankfurt am Main.
Stedman, Stephen John/Rothchild, Donald/Cousens, Elizabeth (Hrsg.) (2002): Ending Civil Wars. The Implementation of Peace Agreements, Boulder, Col./London.
Stiftung Entwicklung und Frieden (Hrsg.) (2003): Globale Trends. Fakten, Analysen, Prognosen 2004/05, Frankfurt am Main.

TEIL II:

KONFLIKTREGELUNG IM DEMOKRATISCHEN RECHTSSTAAT

Recht, Gesetze und Verfahren als Konfliktregelungsinstrumente

1 Demokratie als Form der Austragung und Regelung von Konflikten

Durch das Ergebnis der Bundestagswahlen vom 27. September 2009 ging die zweite „Große Koalition“ in der Geschichte der Bundesrepublik Deutschland zu Ende. Den Wahlen war trotz der seit einem Jahr andauernden tief greifenden Weltfinanz- und Weltwirtschaftskrise ein relativ unspektakulärer Wahlkampf vorausgegangen: In ihm traten Bundeskanzlerin Angela Merkel (CDU) und Vizekanzler und Außenminister Frank Walter Steinmeier (SPD) gegeneinander an. Die Kanzlerin vermied dabei, irgendwelche Angriffspunkte zu liefern, so dass in den Medien das Wort von einem „präsidialen Wahlkampfstil“ aufkam. Aber auch ihr Herausforderer pflegte einen eher konzilianten Stil. Beide bemühten sich, ins Persönliche gehende Kritik zu vermeiden, was für Wahlkämpfe um das Spitzenamt eher ungewöhnlich ist. Doch da sie in ihren jeweiligen Bilanzen der vergangenen vier Jahre auf gemeinsame Leistungen verweisen mussten, konnten sie kaum anders als nur ihren je eigenen Anteil positiv hervorzuheben.

Die drei Oppositionsparteien FDP, Bündnis 90/Die Grünen und Die Linke stellten während des Wahlkampfes zwar in zahlreichen Politikfeldern heraus, was sie aus ihrer Sicht besser oder anders als die Koalitionsparteien gemacht hätten. Doch da sich die FDP auf eine künftige Koalition mit der CDU/CSU festgelegt hatte, hatte sie mit Blick auf diese Hälfte der schwarz-roten Koalition eine „Beißhemmung“. Ähnliches galt für die Grünen mit Blick auf die SPD, mit der sie hoffte, das 2005 durch die von niemandem wirklich gewollte „Große Koalition“ beendete rot-grüne Bündnis wieder beleben zu können. Einzig Die Linke konnte die schwarz-rote Regierungspolitik umfassend kritisieren, nicht zuletzt, weil der SPD-Kanzlerkandidat für 2009 expressis verbis eine rot-rot-grüne Koalition ausgeschlossen hatte.

Ein solch undramatischer Wahlkampf ist für politische Auseinandersetzungen in einer Demokratie untypisch und dürfte der Ausnahmesituation der „Großen Koalition“ geschuldet sein. Eine Folge davon war sicherlich der Rückgang der Wahlbeteiligung von 78 auf 71 Prozent, was vor allem zu Lasten der SPD ging. Ihre Bindungskraft ließ für die Stammwählerschaft so stark nach, dass sie um über 11 Prozentpunkte einbüßte, wobei sie Wähler an alle fünf anderen im Bundestag vertretenen Parteien abgab. Überdies dürfte Steinmeiers Kernargument, es gelte die von CDU/CSU und FDP angestrebte schwarz-gelbe Koalition zu verhindern, vor dem Hintergrund der von ihm als erfolgreich beschriebenen Zusammenarbeit mit der CDU/CSU wenig überzeugend gewirkt haben, da er gleichzeitig die FDP für eine Ampelkoalition unter Beteiligung von Bündnis 90/Die Grünen umwarb. Am Wahlabend hatte die CDU/CSU kaum Verluste zu verzeichnen, während alle drei Oppositionsparteien ihre historisch besten Ergebnisse einfahren konnten. Die Mandatsverteilung ermöglichte es Unionsparteien und Liberalen gleich Verhandlungen über die von ihnen angestrebte schwarz-gelbe Koalition aufzunehmen.

Das sofortige schnörkellose Eingeständnis der verlorenen Wahl fiel der SPD am Wahlabend insofern relativ leicht, als schon bei der ersten Hochrechnung klar war, dass sich eine klare Wählermehrheit für Schwarz-Gelb entschieden hatte. Dementsprechend reibungslos vollzogen vier Wochen später Frank Walter Steinmeier (SPD) und Guido Westerwelle (FDP) ihren „Ämtertausch“: Der bisherige Außenminister wurde Oppositionsführer und umgekehrt.

Das hier beschriebene Beispiel eines Wahlkampfes in einem demokratischen Rechtsstaat und des Umgangs mit seinem Resultat lassen sich als Belege für die Charakterisierung der Demokratie durch den Philosophen Karl Popper ansehen: „Das Entscheidende ist allein die Absetzbarkeit der Regierung, ohne Blutvergießen.“ (Popper 1994: 208) Mit anderen Worten: „Die Machtübergabe durch eine abgewählte Regierung an bis dahin oppositionelle Kräfte ist die demokratische Regel, deren Einhaltung am unwahrscheinlichsten erscheint. Dennoch wird sie in vielen Staaten befolgt. Darin besteht das „Wunder der Demokratie“, wie man es mit dem Demokratieforscher Adam Przeworski bezeichnen könnte.“ (Gromes 2004: 1)

Dieses „Wunder“ ist umso bemerkenswerter, als Wahlkämpfe in Demokratien unbeschadet der inhaltlichen Positionsdifferenzen zwischen den einzelnen Parteien Konflikte um Machterhalt und Machterwerb sind, denn um bestimmte inhaltliche Positionen wirksam werden zu lassen, bedarf es politischen Einflusses, der umso größer ist, je mehr man an der Macht partizipiert. Insofern sind diese Konflikte nach der in Teil I vorgenommenen Unterscheidung auch Beziehungskonflikte, da es in ihnen darum geht, gegenüber dem oder den anderen in eine Position zu gelangen, in der man seine inhaltlichen Vorstellungen leichter durchsetzen kann als diese/r.

Ohne hier auf die von der vergleichenden Demokratieforschung analysierte Vielfalt von Demokratien eingehen zu können (vgl. Schmidt 2000: 307 ff.), sollen folgende Elemente als zentrale Merkmale von Demokratien hervorgehoben werden:

- die *ergebnisoffene, von Argumenten gestützte Auseinandersetzung* aller mündigen Mitglieder eines Gemeinwesens oder ihrer Repräsentanten
    - über das, was für eben dieses Gemeinwesen gut oder schlecht ist,
    - welche Aufgaben vom Einzelnen und welche gemeinsam wahrgenommen werden sollen und
    - wie die Auf- und Ausgaben der öffentlichen Hand finanziert werden sollen

- und die *anschließende Abstimmung* desselben Forums oder Gremiums mit dem Ziel der *Festlegung auf ein Ergebnis*;
- sowie die *regelmäßige Entscheidungsfindung durch Wahlen*, welche Mitglieder, stellvertretend für alle, für eine vorgegebene Zeit Führungs- und Entscheidungsaufgaben wahrnehmen sollen.

Damit ist Demokratie nicht nur eine *Form der Austragung* gesellschaftlicher Konflikte, sondern zugleich die *Organisationsform für deren Regelung.*

Hierbei gehört die Regelung der Machtverteilung zum Kernbestand eines demokratischen Rechtsstaates. Maßgeblich dafür sind die diesbezüglichen Verfassungsvorschriften, das Wahlrecht und die Geschäftsordnungen der Parlamente. Dabei gibt es starke Variationen zwischen den einzelnen Demokratien, etwa dahingehend, ob nach einem relativen oder absoluten Mehrheitswahlrecht oder einem Verhältniswahlrecht gewählt wird, ob das Staatsoberhaupt zugleich Regierungschef ist und vom Volk direkt oder von einem Wahlmännergremium gewählt wird, ob es innerhalb des Rahmens des Gleichheitsprinzips („one person one vote") unterschiedliche Bestimmungen über das aktive und passive Wahlrecht gibt, ferner, ob und unter welchen Bedingungen ein Parlament vorzeitig aufgelöst oder eine Regierung vorzeitig abgesetzt werden kann etc. Unabhängig von ihrer Ausgestaltung müssen diese Vorschriften rechtmäßig zustande gekommen und prinzipiell auf Dauer angelegt sein. Das heißt zugleich, wenn sie durch eine demokratische und rechtmäßige Entscheidung verändert werden, muss diese so erfolgen, dass die hiervon Betroffenen, also Wähler und Gewählte, das Ergebnis mehrheitlich als gültig anerkennen.

Die Schaffung von Recht in Form von allgemein gültigen Gesetzen, deren rechtmäßige Durchsetzung mit Mitteln der Staatsgewalt (Polizei, Verwaltung) und die richterliche Entscheidung über die Anwendung geltenden Rechts auf konkrete Streitfälle folgen in einem demokratischen Rechtsstaat dem Prinzip der *Gewaltenteilung* in *Legislative, Exekutive und Judikative.* Auch diese institutionalisierte *Machtbeschränkung* ist keineswegs selbstverständlich, sondern musste denen, die eine „gottgewollte Macht" oder das „Recht des Stärkeren" ausübten, erst abgetrotzt werden. Wie Rechtsstaatlichkeit, Friedensbereitschaft und konstruktive Konfliktkultur einander gegenseitig stützen können, soll im Folgenden zunächst unter Bezugnahme auf das von Dieter Senghaas entwickelte zivilisatorische Hexagon näher betrachtet werden.

Danach geht es um die Bedeutung und Funktionen von *Recht* und *Gesetzen* für die Normierung und Steuerung des *Verhaltens* der ihm unterworfenen Individuen, Gruppen und Institutionen.

Gesetze und Verordnungen schaffen aber auch normative Rahmen für *Verfahren* zur Regelung von Konflikten zwischen Individuen sowie zwischen dem Einzelnen und privaten und öffentlichen Einrichtungen wie schließlich zwischen

Institutionen untereinander. Mit ihrer Hilfe wird der *Rechtsstreit* zu der am weitesten *institutionalisierten* Form der Konfliktaustragung. Der vor Gericht erwirkte Rechtstitel allein genügt jedoch noch nicht, wenn es nicht anschließend zur *Rechtsverwirklichung* (z. B. Schadensersatzleistung an den Geschädigten oder Strafvollzug für einen Straftäter) kommt.

Daneben gibt es im Rechtsstaat andere, mehr oder weniger institutionalisierte Formen der Konfliktaustragung und -regelung. Ein stark verregeltes Verfahren ist uns im ersten Teil dieses Bandes schon begegnet, der Tarifkonflikt. Die in diesem Zusammenhang erwähnte Schlichtung kann als ein besonderes *Mediationsverfahren* angesehen werden; auf diese Regelungsart wird hier in Kapitel 4 näher eingegangen.

Im 5. Kapitel wie in einem ergänzenden Text zum olympischen Sport geht es um Friedfertigkeit und Friedensfertigkeit als Ziele der *Friedenserziehung* und um Wege ihrer Umsetzung im schulischen wie im außerschulischen Bereich. Dabei spielt *Fairness* eine besondere Rolle.

Sie ist auch im Zusammenhang *vorbeugender Konfliktregelung* von Bedeutung, etwa wenn es gilt, innerhalb von Unternehmen das Unrechtsbewusstsein gegenüber Preisabsprachen oder Bestechung durch einen *Verhaltenskodex* zu stärken. Hierum soll es in Kapitel 6 gehen.

Der demokratische Rechtsstaat ist eine der großen zivilisatorischen Errungenschaften der Menschheit, die in Europa ihren Ausgang nahm. Ihn auch in anderen Weltgegenden zu verbreiten, ist sowohl aus ethischen wie aus pragmatischen Gründen legitim: Aus ethischer Sicht insbesondere dann, wenn man den *Menschenrechten*, die im demokratischen Rechtsstaat besonderen Schutz genießen, einen universalen Geltungsanspruch beimisst; aus pragmatischer Sicht, weil es Konfliktregelungen erleichterte, wenn das den Rechtsstaat kennzeichnende Prinzip der *Rechtssicherheit* möglichst überall gelten würde. Deshalb ist dieser Aufgabe das 7. Kapitel gewidmet.

Allerdings konkurriert nicht nur die Verbreitung des demokratischen Rechtsstaatsgedankens in seinen verschiedenen Spielarten mit Ordnungsmodellen, die sich durch andere kulturelle und politische Traditionen legitimiert sehen. Er ist außerdem auf doppelte Weise in seinem eigenen Bestand durch Terroristen bedroht, die das westliche Demokratiemodell ablehnen. In einem der diesen Teil ergänzenden Texte und in einem ersten – „Intermezzo" genannten – Prioritätenspiel geht es um das Paradox, dass der Rechtsstaat bei seinen Bemühungen, Sicherheit vor Terroranschlägen herzustellen, in der Gefahr steht, die in ihm geltenden Freiheitsrechte übermäßig einzuschränken und somit, ohne dies zu wollen, zum Erfüllungsgehilfen der Feinde der Freiheit zu werden.

Zwei lang andauernde innergesellschaftliche Konflikte werden in zwei weiteren vertiefenden Aufsätzen behandelt: die Dauerkontroverse um die Allgemeine Wehrpflicht als ein Beispiel der *Konfliktverwaltung* sowie das Problemfeld der

Arbeitslosigkeit unter besonderer Berücksichtigung der Auseinandersetzungen zwischen Arbeitgeberverbänden, Gewerkschaften und Regierung um „Bündnisse für Arbeit". Der Verlauf des Konflikts um ein solches Bündnis dient zugleich als Beispiel für *Konfliktverlagerung.*

2 Rechtsstaatlichkeit, Friedensbereitschaft und Konfliktkultur – eine Dreiecksbeziehung im zivilisatorischen Hexagon

Mitte der 1990er Jahre konstruierte Dieter Senghaas das „zivilisatorische Hexagon" als ein idealisiertes Beziehungsgeflecht zur Zivilisierung der Menschen innerhalb moderner Gesellschaften und damit für das Bedingungsgeflecht des *inneren Friedens* (Senghaas 1995: 196–223; siehe Schaubild nächste Seite). Seine Eckpunkte sind das staatliche Gewaltmonopol, die Rechtsstaatlichkeit, Interdependenzen und Affektkontrolle, demokratische Partizipation, soziale Gerechtigkeit und Konfliktkultur.

Senghaas hält alle diese Komponenten für das „Zivilisierungsprojekt Frieden" für unverzichtbar, doch sie sind nicht in der Weise gleichgewichtig, dass ihre Anordnung beliebig wäre. Auch gleicht seine Zeichnung nicht einfach einer Bienenwabe, sondern sie enthält auch die Diagonalen zwischen allen Eckpunkten, um die Beziehungen zwischen allen Elementen anzuzeigen, die sich wechselseitig stützen. Das staatliche Gewaltmonopol steht nicht nur deshalb an der Spitze des Hexagons, weil seine Herausbildung historisch den ersten Schritt zur modernen Staatlichkeit markiert, sondern auch weil ihm eine herausgehobene Bedeutung bei der Zivilisierung des Zusammenlebens zukommt (vgl. Teil I, Kapitel 3 dieses Bandes). Doch Senghaas hat das Hexagon absichtlich auf eine Spitze und nicht auf eine der Seitenlinien gestellt.[1] Dabei ist ebenfalls kein Zufall, dass das noch jüngste Element, die Entwicklung einer Konfliktkultur, die ungewisse und deshalb keineswegs standfeste Basis bildet.

---

[1] Die Anregung in Meyer 1997: 518, das Bild zielorientiert „vom Kopf auf die Füße" zu stellen und dabei so zu neigen, dass Konfliktkultur und demokratische Partizipation ganz oben rangierten, gefolgt von Rechtsstaatlichkeit und sozialer Gerechtigkeit auf mittlerer Höhe, während das Gewaltmonopol und Interdependenz/Affektkontrolle die Basis des inneren Friedens darstellten, kommentierte Senghaas in einem Brief an den Verfasser dahingehend, dass dem Hexagon dann der prekäre Charakter verloren ginge, der dem Zivilisierungsprojekt Frieden innewohne und der dadurch veranschaulicht werden sollte, dass die Figur kippen würde, wenn es an einer Ecke zu einer Gewichtsverlagerung käme.

Schaubild Das Zivilisatorische Hexagon

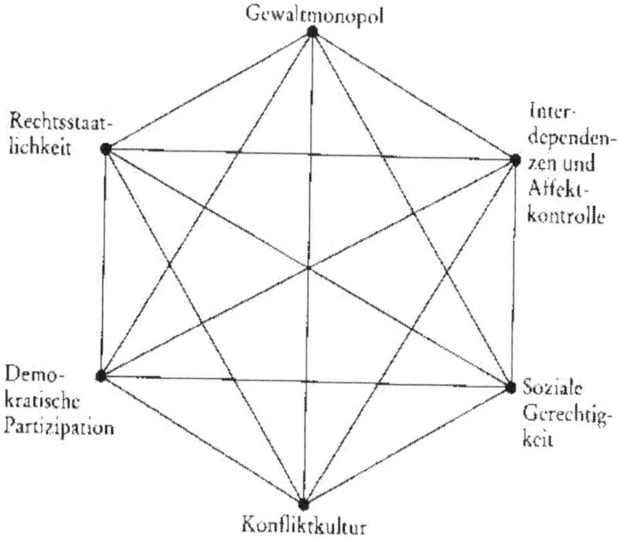

Unter den durch die diagonalen Verbindungslinien sichtbar werdenden Dreiecksbeziehungen zwischen den Eckpunkten möchte ich für unseren Zusammenhang eine besonders hervorheben. Sie verläuft zwischen den Elementen (1) *Rechtsstaatlichkeit,* (2) *Interdependenz und Affektkontrolle*, die ich unter dem Begriff der *Friedensbereitschaft* der Gesellschaftsmitglieder zusammenfassen möchte, und (3) konstruktive politische *Konfliktkultur.*

Die Schaffung und Bewahrung *rechtsstaatlicher Verhältnisse* ist für die Sicherung des innergesellschaftlichen Friedens von zentraler Bedeutung, weil im Rechtsstaat die Grundfreiheiten geschützt und die Menschenrechte gesetzlich gewährleistet sind und über die Gewaltenteilung die Unabhängigkeit der Gerichte garantiert ist. Hieraus folgen für die Regelung von Streitfällen der Bürger untereinander oder in anderen innergesellschaftlichen Konstellationen, dass wesentliche Prinzipien eingehalten werden oder anderenfalls eingeklagt werden können: die Gleichheit aller vor dem Gesetz, die Eindeutigkeit von Prozessregeln, das Recht auf Rechtsbeistand im Falle von Strafverfolgung, das Recht auf öffentliches und faires Gerichtsverfahren, das Recht auf Verteidigung, die Aufnahme einer Strafverfolgung nur bezüglich gesetzlich festgelegter Tatbestände sowie die Unschuldsvermutung bis zum richterlichen Nachweis der Schuld, um nur einige wichtige zu nennen (vgl. Senghaas 1995: 198 f.).

Rechtsstaatlichkeit ist – für sich genommen – noch keine Garantie für Gerechtigkeit, aber sie ist eine wesentliche Voraussetzung dafür, sich diese erstreiten zu können (s. u.).[2] Rechtsstaatlichkeit ist nicht zwingend an Demokratie gebunden, aber demokratische Staaten achten am ehesten darauf, sie zu bewahren.

Demokratische Partizipation (dazu näher Schmidt 2000: 251 ff.; s. auch Berg-Schlosser 1999; Schiller 1999) ist daher ein genauso wichtiger Eckpunkt des Hexagons. Wie die Bürger ihre Partizipationsrechte konkret wahrnehmen, ist in unserem Zusammenhang von geringerer Bedeutung als ihre Effekte bei der Machtbegrenzung und bei der Konflikttransformation über die Zeitläufte hinweg. So wird Macht und damit auch die Verfügung über das Gewaltmonopol in Demokratien nur auf Zeit und insofern auf Widerruf vergeben.[3] Im ersten Teil dieses Bandes wurde schon erwähnt, dass Senghass es als „nicht erträglich“ bezeichnet hat, wenn das staatliche Gewaltmonopol ohne *rechtsstaatliche Kontrolle* bleibe, weshalb beides im Verfassungsstaat miteinander kombiniert werden müsse (vgl. Senghaas 1997: 572). In diesem Sinne wurde z. B. 2004 in der Bundesrepublik Deutschland ein Parlamentsbeteiligungsgesetz verabschiedet, welches dem Bundestag ein konstitutives Mitentscheidungsrecht über Auslandseinsätze der Bundeswehr verschafft und somit sicherstellen soll, dass diese ein „Parlamentsheer“ ist (vgl. Meyer 2006). Demgegenüber gibt es z. B. in den USA eine Tendenz, bestimmte militärische Aufträge an Privatfirmen zu übertragen, die quasi in einem rechtsfreien Raum jenseits parlamentarischer Kontrolle operieren können und dadurch für Kriegsverbrechen und andere Menschenrechtsverletzungen nur schwer zu belangen sind (vgl. Löbel/Thurn 2010).

Die demokratischen Mechanismen sind zwar durch Recht und Gesetz geregelt und gesichert, aber damit die darin vorgeschriebenen Abläufe im Popper'schen Sinne „ohne Blutvergießen“ vonstatten gehen, kommen die beiden vorher genannten Eckpunkte *Friedensbereitschaft* (Affektkontrolle und Interdependenzen) und konstruktive politische *Konfliktkultur* ins Spiel.

Senghaas versteht unter *Affektkontrolle* das Ergebnis einer Sublimierung von Affekten, eine Selbstkontrolle und Selbstbeherrschung, die nicht nur die Grundlage von Aggressionshemmung und Gewaltverzicht, sondern – darauf aufbauend – auch von *Toleranz* und *Kompromissfähigkeit* ist (vgl. Senghaas 1995: 199 ff.). Für eine Fremdkontrolle von Affekten sorgt in unseren Breiten unter einem zentralen Aspekt schon das staatliche Gewaltmonopol, das es unter anderem Privatleuten verbietet, frei über Waffen zu verfügen, wenn sie keinen Waffenschein haben, und

---

[2] Das gilt auch für den speziellen Fall der *sozialen Gerechtigkeit*, auf die schon in Teil I, Kap. 3.2 des Bandes näher eingegangen wurde, die hier aber nicht weiter behandelt werden soll.

[3] Dies ist mehr als nur ein Trost für alle diejenigen, die bei einer Wahl unterlegen sind oder ihre Stimme den Schwächeren gegeben haben, denn es verschafft ihnen die Chance, Fehlentscheidungen in absehbarer Zeit durch Veränderung der Mehrheitsverhältnisse zu korrigieren.

in Deutschland in jüngster Zeit weiteren strikten Reglementierungen unterworfen wurde.[4] Allerdings lassen sich gelegentliche Amokläufe mit zahlreichen Toten allein dadurch nicht verhindern, wenn es an der individuellen Selbstkontrolle der Affekte gebricht.

Demgegenüber gibt es zahlreiche Länder, in denen das Gewaltmonopol nicht so ausgeprägt ist. Dies kann in einigen Fällen als Beleg für die Schwäche der zentralen Staatsorgane angesehen werden, die sich gegenüber den Befehlshabern lokaler privater Armeen (warlords) nicht durchsetzen können. Es kann aber auch Ausdruck einer allgemein akzeptierten gesellschaftlich-politischen (Gewalt-)Kultur sein. Und so ist es kein Zufall, dass unter beiden Rahmenbedingungen auch das Ausmaß der Affektkontrolle geringer ist als unter den gegenwärtig in Zentraleuropa anzutreffenden: In einigen Ländern gilt das Tragen von Waffen als Zeichen von Männlichkeit. Dort ist es nicht nur quasi selbstverständlich, dass diejenigen, die es sich leisten können, auf eigene Rechnung bewaffnete Schutzeinheiten bis hin zu Privatarmeen zu unterhalten. Auch sonst greift manch einer schnell zur Waffe, um die eigenen Vorstellungen über einen Sachverhalt durchzusetzen. Mit diesem Verhaltensmuster geht einher, dass in den gesellschaftlichen und politischen Kulturen dieser Länder das einzelne Menschenleben selten viel gilt.

Die USA hat im II. Zusatzartikel zu ihrer Verfassung 1791 ausdrücklich „das Recht des Volkes, Waffen zu besitzen und zu tragen" festgeschrieben. Nach Schätzungen verfügen rund 90 Millionen US-Bürger über ca. 200 Millionen Schusswaffen. Jährlich sterben etwa 30.000 Menschen in den USA durch Schusswaffen. Deshalb ist der II. Zusatzartikel in der Öffentlichkeit seit langem umstritten. Er wurde jedoch am 28. Juni 2010 vom Obersten Gerichtshof in einem Grundsatzurteil gestärkt. Es erklärt die von den Stadtbehörden Chicagos verhängten Beschränkungen für den Erwerb und Besitz von Waffen für ungültig und begründete dies damit, dass das Recht auf Waffenbesitz ein „zentraler Bestandteil" des Rechts auf Selbstverteidigung sei.

Das Kriterium der Affektkontrolle wird von Senghaas eng mit dem der *Interdependenzen* verbunden, also mit wechselseitigen Abhängigkeiten, worunter vor allem das Wissen um die Nützlichkeit zu verstehen ist, bestimmte Beziehungs-

[4] Deutschland hat im europäischen Vergleich eines der strengsten Waffengesetze. Als Reaktion auf den Amoklauf an einem Erfurter Gymnasium am 26. April 2002 verschärfte die Bundesregierung das Waffenrecht. Nachdem es trotzdem am 13. März.2009 zu einem weiteren Amoklauf eines Jugendlichen in Winnenden kam, der sich Zugang zu den Waffen und der Munition seines Vaters verschaffen konnte, wurde das Waffenrecht nochmals verschärft. Dabei wurden auch Regeln für eine sicherere Aufbewahrung von erlaubnispflichtigen Schusswaffen, Munition oder verbotenen Waffen und deren Überprüfung auch ohne konkreten Verdacht in das Gesetz aufgenommen. Bis 2012 sollen alle Waffen in Deutschland in einem einzigen zentralen elektronischen Register erfasst werden. Das Mindestalter für das Schießen mit großkalibrigen Waffen wurde von 14 auf 18 Jahre angehoben (vgl. http://www.sueddeutsche.de/politik/134/472657/text/).

geflechte unabhängig von eventueller gegenseitiger Sympathie aufrecht zu erhalten. Interdependenzen erhöhen in arbeitsteiligen Ökonomien die Berechenbarkeit und Erwartungsverlässlichkeit. Wer weiß, dass er bestimmte Fähigkeiten eines anderen morgen oder übermorgen noch braucht, wird z. B. auf ein unbedachtes Wort von diesem nicht so massiv reagieren, wie er es vielleicht täte, wenn er mit dem anderen künftig nichts mehr zu tun hätte. Und dies gilt nicht nur in symmetrischen Konstellationen, sondern auch da, wo Menschen in einem Vorgesetzten-/Untergebenen-Verhältnis auf einander angewiesen sind.

Das Wissen um die Vorteile wechselseitiger Verlässlichkeit erleichtert das Zusammenleben. Es trägt zusammen mit eingelebter Affektkontrolle dazu bei, dass sich eine grundsätzliche Bereitschaft herausbildet, friedlich miteinander auszukommen, Macken anderer Menschen zu ertragen und eher den Kompromiss zu suchen als den eigenen Willen mit allem Nachdruck durchzusetzen. Hierfür wurden schon oben die Begriffe Toleranz und Kompromissfähigkeit eingeführt. Dabei ist unter Toleranz nicht das uninteressierte oder gleichgültige Wegschauen in Situationen zu verstehen, in denen das Verhalten Anderer zum Widerspruch, ja vielleicht sogar zum Eingreifen Anlass gäbe, es aber an der nötigen Zivilcourage mangelt. Toleranz versteht sich auch nicht nur als ein bloßes Dulden und Ertragen von etwas, das als störend erlebt wird, obwohl es Situationen gibt, in denen diese passive Toleranz eskalationshindernd wirken kann. Darüber hinaus gibt es eine aktive Toleranz, die durch „die Anerkennung des Anderen als anders, aber wertvoll und gleichberechtigt" gekennzeichnet ist (Sader 2002: 54). Auf diese Ausprägung von Toleranz wird in Teil III; Kapitel 6, näher einzugehen sein.

Toleranz und Kompromissfähigkeit sind individuelle Voraussetzungen für die Herausbildung einer *konstruktiven politischen Konfliktkultur*, aber nicht mit dieser identisch, solange sie noch nicht die politische Interaktion einer Gesellschaft generell kennzeichnen. Wichtige Voraussetzungen für diese Art der Konfliktkultur sind die allgemeine Anerkennung, dass man sich ausschließlich mit Worten oder mithilfe symbolischer Handlungen (Demonstrationen, Protestmärsche, phantasievolle Aktionen etc.) ohne Anwendung von Gewalt darüber streitet, was zum Wohle des Ganzen getan oder gelassen werden soll, und dass nicht die Einen aufgrund ihrer körperlichen Stärke, ihres fortgeschrittenen Alters, ihres höheren Standes oder als „die Partei" *per se* Recht haben, sondern dass auch andere Meinungen und Interessen zur Geltung kommen können. Insofern hängt die konstruktive politische Konfliktkultur eng mit der demokratischen Partizipation zusammen. Dabei kann letztere auch durch eine konstruktive politische Konfliktkultur erkämpft werden. Ein Beispiel dafür sind die Montagsdemonstrationen, die sich im Herbst 1989 von Leipzig aus über zahlreiche Städte der damaligen DDR zu Massendemonstrationen der Bürgerrechtlerinnen und

Bürgerrechtler unter dem Motto „Wir sind das Volk"[5] ausweiteten und die friedliche Revolution einleiteten, die am 9. November 1989 die Berliner Mauer zu Fall brachte und am 18. März 1990 zu den ersten freien Wahlen in der DDR führte.

Der Zusammenhang zwischen demokratischer Partizipation und konstruktiver politischer Konfliktkultur zeigt sich besonders deutlich in jenen Arenen, die speziell für die politische Auseinandersetzung geschaffen wurden, in den Parlamenten, ganz gleich auf welcher Ebene. Wer dort hinein gewählt wird, mag sich bis dahin bei seinen Wählern als hemdsärmeliger und lautstarker Interessenvertreter profiliert haben. Doch nun hat er sich an einer Geschäftsordnung zu orientieren, über die ein Sitzungspräsidium wacht, das dafür sorgt, dass alle anderen ebenfalls gewählten und möglicherweise ähnlich hemdsärmeligen und lautstarken Abgeordneten genauso zu Wort kommen können wie er.

Debattenregeln und Abstimmungsverfahren

Diskutieren und insbesondere eine Streitfrage auszudiskutieren, will gelernt sein. Dazu gehört, die wichtigsten *Debattenregeln* zu kennen und anzuwenden. So sollte man wissen, welche Sprach-Stilmittel bei einer Diskussion erlaubt und welche verpönt sind, vor allem, dass man *in der Sache hart* für die eigene Überzeugung streiten, jedoch *die Person des Gegners nicht beleidigen* und schon gar nicht handgreiflich werden darf.

Die Sorge dafür, dass die Regeln beachtet werden, tragen auf allen parlamentarischen Ebenen Parlamentspräsidenten, welche die Debatten leiten.

- Sie selbst sprechen in dieser Rolle nicht zur Sache, sondern sind für die Einhaltung der Geschäftsordnung zuständig.

---

[5] Wenn man den Ablauf der Leipziger Montagsdemonstration vom 9. Oktober 1989, die mit einer Beteiligung von etwa 70.000 Menschen die bis zu diesem Zeitpunkt größte und gefährdetste war, näher anschaut, so fallen einige Elemente auf, die auf geschickte Weise dazu beitrugen, eine Konfrontation mit der Staatsmacht, die mit 8.000 bewaffneten Kräften in der Stadt präsent war, zu verhindern. Um sich selbst auf Gewaltfreiheit einzuschwören, aber auch der Staatsmacht aus Volksarmisten und Volkspolizisten dies zu signalisieren, wurden abwechselnd die Sprechchöre „Keine Gewalt", „Wir sind keine Rowdies" und „*Wir* sind das Volk" skandiert. Als der Zug über den Innenstadtring sich der „Runden Ecke", der Stasi-Bezirksverwaltung, und damit seinem gefährlichsten Punkt näherte, stimmten die Demonstranten die „Internationale" an, weil sie hoffen konnten, beim Singen dieser quasi offiziellen Hymne nicht gewaltsam attackiert zu werden. Dass der Demonstrationszug den Innenstadtring letztlich vollends umrunden konnte, hing allerdings auch damit zusammen, dass es einen Befehl der SED-Führung an die Sicherheitskräfte gab, nicht von der Schusswaffe Gebrauch zu machen, von dem jedoch die Demonstranten nichts wussten. Auf beide Seiten deeskalierend wirkte auch ein vom Gewandhauskapellmeister Kurt Masur im Stadtradio verlesener gemeinsamer Aufruf dreier prominenter Künstler und dreier SED-Bezirksfunktionäre zum Dialog und zur Besonnenheit. (Vgl. ARD-Dokumentation: Als die Mauer fiel. Deutschlands Schicksalsstunden in Gesprächen, Reportagen und Rückblicken. Sendeanstalt: MDR; Sendedatum: Montag, 9. November 2009, 21.00 Uhr im Ersten)

- Sie führen eine Rednerliste, bei der nach Möglichkeit abwechselnd Vertreter der kontroversen Positionen zu Wort kommen,
- Sie erteilen ihnen das Rederecht und achten darauf, wie lange die einzelnen reden dürfen und die übrigen zu schweigen haben sowie, ob es Zwischenfragen geben darf und wann sie gestellt werden können.
- Schließlich organisieren sie am Ende der Debatte das Verfahren, mit dem eine Entscheidung herbeigeführt werden soll.

Dabei ist eine wichtige Frage, ob die Entscheidung durch eine *Mehrheit,* einen *Konsens* oder *Einstimmigkeit* zustande kommen soll.

Es gibt Situationen, in denen man wahrscheinlich schneller zu einer Entscheidung gelangt, wenn man sich nur bemühen muss, eine *einfache* oder eine *qualifizierte Mehrheit* für eine Position zu gewinnen. Dies kann aber den Nachteil haben, dass sich die Minderheit übervorteilt fühlt, so dass es ungewiss ist, ob und wie lange sie sich an die Entscheidung hält. Vielleicht versucht sie, alsbald eine neue Entscheidung herbeizuführen oder hintertreibt das Ergebnis auf irgendeine Weise.

Deshalb ist es oft sinnvoller, wenn auch mühsamer und langwieriger, einen *Konsens* herbeizuführen. Dies ist nach der klassischen Konsensregel nicht mit expliziter Einstimmigkeit zu verwechseln. Vielmehr kann ein Verhandlungsleiter schon dann einen Konsens feststellen, wenn er in die Runde fragt, ob es Widerspruch gibt. Wenn sich dann niemand meldet, ist die Sache ohne förmliche Abstimmung beschlossen.

Es gibt aber auch Situationen, in denen es auf eine *explizite Einstimmigkeit* ankommt. Dies ist insbesondere dann der Fall, wenn sichergestellt werden muss, dass alle an der Abstimmung Beteiligten hinterher auch die beschlossenen Leistungen erbringen.

Ist es hingegen erforderlich, öffentlich zu dokumentieren, dass diejenigen, die für oder gegen ein Vorhaben gestimmt haben, für ihre Haltung einstehen und von anderen dafür haftbar gemacht werden können, dann empfiehlt sich eine *Mehrheitsentscheidung mit namentlicher Abstimmung.*

Wer davon überzeugt ist, die besseren Argumente zu haben (und wer ist das in einer solchen Auseinandersetzung nicht?) oder wer bei absehbar knappen Mehrheitsverhältnissen nicht sicher sein kann, eine Abstimmung zu gewinnen, sollte denen, die anderer Meinung sind, Gelegenheit geben, wenigstens bis zum nächsten Tag über die ausgetauschten Argumente nachzudenken, und erst danach eine Entscheidung herbeiführen. Schließlich gehört es zu einer konstruktiven Konfliktkultur, dass auch diejenigen, die bei der Abstimmung unterlegen sind, deren Ergebnis – wenigstens bis auf weiteres – akzeptieren, wenn das Verfahren den vorher getroffenen Übereinkünften entsprochen hat.

Politische Auseinandersetzungen, die für eine große Zahl von Menschen von Bedeutung sind, sollten nicht nur im Parlament, sondern auch in freien Medien, seien es Printmedien, Radio und Fernsehen oder Internet ausgetragen werden können.

Eine konstruktive politische Konfliktkultur kann weder in einer von der Regierung gelenkten Presse- und Medienlandschaft gedeihen, noch da, wo ein Journalist befürchten muss, seine Informationsquellen offen legen zu müssen, und schon gar nicht da, wo ein Zensor die Berichterstattung kontrolliert.[6] Dies ist kein Plädoyer für „ausgewogene Berichterstattung“ in allen Medien oder gar in jedem einzelnen Bericht, sondern eines dafür, dass einerseits hinlänglich transparent wird, welche politischen und wirtschaftlichen Kräfte hinter welchem Medium stehen, und dass andererseits in einem Konflikt jede Partei öffentlich und für jedermann/frau zugänglich zu Wort kommen kann, wobei wiederum die Regel zu gelten hat, dass persönliche Beleidigungen nichts in einer konstruktiven Auseinandersetzung zu suchen haben.

Alles in allem ist es auch eine Aufgabe der *Friedenserziehung,* Konfliktkultur und Affektkontrolle zu fördern. Senghaas hätte insofern statt des Hexagons auch ein Oktogon (Achteck) zeichnen können, in dem er zum einen Affektkontrolle und Interdependenz auf zwei Ecken verteilt und zum anderen der Friedenserziehung in einem allen zugänglichen Bildungssystem eine weitere Ecke gewidmet hätte, denn Gesellschaften mit einem starken Bildungsgefälle und einer hohen Analphabetenquote werden kaum die anderen Kriterien für den inneren Frieden erfüllen. Friedenserziehung ist aber nicht nur von Schulen zu leisten, sondern in vielen gesellschaftlichen Zusammenhängen bis hin zum Sport, wo das Leitbild der Fairness sehr anschaulich vermittelt werden kann (s. u., S. 319 ff.).

3 Zum Verhältnis von Recht und Konflikt

> „Das Recht lebt vom Konflikt. Es kommt nur darauf an, ihn unter Kontrolle zu halten, damit der Zusammenhalt der Gruppe nicht ernsthaft gefährdet wird. Diese Notwendigkeit des Konfliktes für eine lebendige Rechtsordnung, für ihre Bewährung und ihre Fortentwicklung macht deutlich, dass die Rechtsordnung nur in einem bedingten Sinne eine Friedensordnung ist.“ (Rehbinder 1993: 146 f.)

Eine solche Aussage wäre in der traditionellen Rechtssoziologie kaum zu finden gewesen. Dort war eine „harmonistische Grundkonzeption weit verbreitet“, die Konflikte „als prinzipiell unerwünschte oder gar pathologische Erscheinungen“ ansah (Raiser 1987: 288), obwohl schon Rudolf von Ihering in seiner erstmals

[6] Allerdings müssen Korrespondenten freier Medien etwa als Kriegsberichterstatter häufig aus Ländern berichten, in denen es eine Pressezensur gibt. Sie sollten dann aber ihr Publikum darüber informieren, dass ihre Berichte zensiert sind, so wie dies Christoph Maria Fröhder im 2. Golfkrieg dadurch tat, dass er seinen Kameramann vorab instruiert hatte, bei einer Life-Übertragung so weit aufzuziehen, dass der zwei Meter neben ihm stehende Zensor mit ins Bild kam (Fröhder 1999: 18).

1872 erschienenen Schrift „Der Kampf ums Recht" darauf aufmerksam gemacht hatte, dass alles Recht in der Welt erstritten worden ist: „Jeder Rechtssatz, der da gilt, hat erst denen, die sich ihm widersetzten, abgerungen werden müssen, und jedes Recht, das Recht eines Volkes, wie das eines Einzelnen, setzt die stetige Bereitschaft zu seiner Behauptung voraus." (zit. in Röhl 1987: 443) Doch erst seit den sechziger Jahren des 20. Jahrhunderts wird Recht auch unter dem Aspekt des Konflikts analysiert. Die Rechtssoziologie, die seither zwischen konstruktiven und destruktiven Konflikten unterscheidet, befasst sich dabei sowohl mit den Funktionen des Rechts für den Verlauf und die Regelung von Konflikten, wie auch umgekehrt mit der Funktion von Konflikten für die Fortentwicklung des Rechts (vgl. Röhl 1987: 445).

> „Es besteht kein Anlass, den Konflikt zu verherrlichen. Aber das Recht darf auch nicht versuchen, von vornherein jeden Konflikt zu vermeiden oder zu unterdrücken. Es muss sich vielmehr auf Konflikte einstellen, indem es Wege zu ihrer Austragung institutionalisiert, wie es durch Gerichtsverfahren, Wahlen oder den Rechtszwang zu Verhandlungen geschieht. Das Recht sollte aber auch Freiräume vorsehen, in denen sich die Gegensätze in einer offenen Kraftprobe, etwa in Streik und Demonstration, entladen können. *Konflikt ist eine bevorzugte Strategie sozialer Bewegungen,* in denen sich unterprivilegierte Gruppen durchzusetzen versuchen. Dafür muss auch in einem parlamentarischen System noch Raum bleiben, denn dieses System begünstigt die etablierten Interessen und ist für soziale Probleme nicht immer empfindsam genug." (Röhl 1987: 447)

Recht wird überdies häufig selbst zur Konfliktursache: „Es kommt oft vor, dass das positive Recht Ansprüche und Rechtspositionen gewährt, die unvereinbar oder doch unscharf gegeneinander abgegrenzt sind und aus diesem Grund Streitigkeiten provozieren … Man kann sogar sagen, dass die Wahrscheinlichkeit vom geltenden Recht ausgelöster, ‚iurisgener' Streitigkeiten desto höher ist, je dichter die Rechtsvorschriften in einer Gesellschaft sind. Insofern ist die Verrechtlichung aller sozialen Lebensbereiche in der Gegenwart eine der wesentlichen Ursachen für die Vermehrung der Prozesse." (Raiser 1987: 294)

Als eine Nachwirkung der alten harmonistischen Sichtweise des Konfliktbegriffes lässt sich die in der Rechtssoziologie anzutreffende Unterscheidung zwischen Konflikt und Wettbewerb (Konkurrenz) sowie Interessengegensatz sehen (Raiser 1987: 93). Röhl bezeichnet Konkurrenz zwar als „Konflikt im weiteren Sinne", definiert Konflikt im engeren Sinne dann aber als eine Situation, „in der die Beteiligten unvereinbare Ziele anstreben und mindestens einer der Mitbewerber das Ziel auf dem Wege über die Eliminierung, Behinderung oder Bedrohung eines anderen Handlungsteilnehmers verfolgt." (Röhl 1987: 454) Eine solche Beschränkung auf destruktive Konflikte ist unter Juristen keineswegs zwingend, wie die Fortsetzung des eingangs zitierten Textes von Rehbinder zur Bedeutung des Konfliktes für eine lebendige Rechtsordnung zeigt: „Einige Konflikte, wie etwa die rechtswidrige Tötung eines Menschen, wird sie stets bekämpfen und zu verhindern suchen, auch wenn Kriminalität ein durchaus ‚normales' Phänomen ist, mit dem wir rechnen müssen. Andere Konflikte wird sie lediglich kanalisieren und steuern, wie das z. B. im Wettbewerbsrecht der Fall ist. Hier hat die Rechtsordnung eine Friedensfunktion nur insoweit, als sie durch das Aufstellen von Kampfregeln den Konflikt unter Kontrolle hält." (Rehbinder 1993: 147, vgl. Durkheim 1970: 155 ff.)

Damit sind zwei der Hauptfunktionen des Rechts nach Karl N. Llewellyn (1939/40) angesprochen, die *Verhaltenssteuerung* und die *Bereinigung von Konflikten*. Beide stehen zumindest in einem zeitlichen Zusammenhang, denn erstere dient als eine Ordnungsfunktion vorausschauend und Norm setzend dazu, das Verhalten der Gruppenmitglieder, ihre Einstellungen und Erwartungen so zu steuern, dass Konflikte selbst oder deren Eskalation vermieden werden, während letztere erst dann reaktiv eingreift, wenn eine Handlungsnorm verletzt ist. Ihr kommt also, wie Werner Maihofer sagt, die Aufgabe der Hegelschen „Negation der Negation" zu (Maihofer 1970: 29, zit. nach Rehbinder 1993: 147).

3.1 Recht als Verhaltenssteuerung

Bei der Verhaltenssteuerung geraten, wie Llewllyn betont, zwei Leitbilder in Konflikt, nämlich zum einen das einer *möglichst großen Konformität* und zum anderen das eines *möglichst großen Handlungsspielraumes*, in dem der freien Initiative Raum gelassen wird. Wenn Recht also zur Verhaltenssteuerung formuliert wird, muss „jeweils eine Grenzziehung vorgenommen werden zwischen notwendig vom Recht zu regelnden Sozialabläufen und einem freien Spielraum der gesellschaftlichen Kräfte, der lediglich einer Regelung durch die anderen Ordnungsmechanismen wie Sitte, Anstand usw. unterliegt. Doch auch bei diesem Spielraum werden oft gewisse Spielregeln als Mindestbedingungen rechtlich festgelegt." (Rehbinder 1993: 150)

Rechtsnormen, die auf Verhaltenssteuerung zielen, sind „Bestimmungsnormen, die durch ihren psychologischen Verhaltensdruck jedenfalls all diejenigen Handelnden, die nicht aus eigener … Motivation zu dem gesollten Verhalten gelangen, von einem drohenden Andersverhalten abhalten und zum Rechtsverhalten anhalten sollen." (Maihofer 1970: 27, zit. nach Rehbinder 1993: 150 f.) Dabei geht der präventive Verhaltensdruck im Rechtssystem anders als in anderen Ordnungssystemen nicht so sehr von der Norm („Jeder soll…!") selbst aus, wie von ihrer Verknüpfung mit einer Sanktionsandrohung („Wer nicht…, dem geschieht…") und vor allem von deren Durchsetzung als Reaktion im Falle der Nichtbefolgung (vgl. Blankenburg 1995: 39). Das Ziel dieses Mechanismus ist die *Rechtssicherheit*, die soziologisch gesehen „beim Adressaten der Verhaltensnorm in der Orientierungssicherheit (besteht), die sich aus normkonformem Handeln ergibt: rechtgemäßes Handeln bedeutet für den Einzelnen soziale Sicherheit im Sinne von Risikofreiheit. Rechtssicherheit besteht beim Sozialpartner des Handelnden in der Sicherung von dessen Erwartungen, dass sich der Handelnde in bestimmter Weise und damit kalkulierbar verhalten wird: auf rechtmäßiges Verhalten darf vertraut werden.“ (Rehbinder 1993: 151)

Rechtssicherheit kommt dadurch zustande, dass bei der Setzung von Recht wie bei seiner Anwendung vier Leitideen verwirklicht werden, „die man als die formalen Prinzipien der *Gerechtigkeit* bezeichnen kann“, nämlich die Ideen der Reziprokität, der Dauer, der Rollendefinition und des Interessenausgleichs (Rehbinder 1993: 151).

1. Zur *Reziprokität* gehören die Gegenseitigkeit sozialer Beziehungen sowie die Verknüpfung gegenläufiger Rollen. Die Gegenseitigkeit sozialer Beziehungen kommt sowohl im „Talionsprinzip“, also der Vergeltung für einen zugefügten Schaden, als auch im „Remunerationsprinzip“, also der Austauschregelung *„do ut des“*[7], zum Ausdruck. Die Verknüpfung gegenläufiger Rollen führt dazu, dass die Austauschregelung nicht nur in Gleichordnungsverhältnissen, sondern auch in Unterordnungsverhältnissen greift, z. B. beim Schutz gegen Treue im Vasallenverhältnis oder bei der Daseinsvorsorge gegen Arbeitsleistung im modernen Arbeitsverhältnis (vgl. Rehbinder 1993: 151 f.). Verstößt einer der Beteiligten gegen eine solche Gerechtigkeit herstellende Regel, kommt es zu empfindlichen Beziehungsstörungen.
2. Rechtssicherheit als Verhaltens- und Erwartungssicherheit kann nur dann erreicht werden, wenn die Reziprozität auf *Dauer*, d. h. für die Zukunft gesichert erscheint. Recht ist unter diesem Aspekt nach Helmut Schelsky „die Planungsmacht schlechthin, die dem Menschen zur Gestaltung seiner sozialen Beziehungen zur Verfügung steht.“ (Schelsky 1970: 73) Erwartungssicherheit beruht zunächst einmal auf Erfahrungsstabilität, sie gründet also auf der Vergangenheit. Niklas Luhmann zufolge gewinnen bei der „Normierung von Verhaltenserwartungen“ manche Normen „ihre Stabilität durch Rückprojizierung in die Vergangenheit. Das alte Recht ist das gute Recht, und seine Normqualität ist menschlicher Setzung schlechthin entzogen.“ (Luhmann 1973: 72 f.) Auch wenn es einer Tatsachenprüfung nicht unbedingt standhält, wird dem „guten alten Recht“ attestiert, auch gerecht zu sein. Dementsprechend muss neues Recht sich erst in seiner Anwendung bewähren, damit es als Gerechtigkeit produzierend anerkannt wird.

---

[7] Lat. für „Ich gebe, damit du gibst“ oder „Ich gebe, weil ich erwarte, dass du dann auch gibst“.

3. Aufgrund der von Ralf Dahrendorf so genannten „ärgerlichen Tatsache der Gesellschaft“ (Dahrendorf 1967: 133) kommen deren Mitgliedern Rollen zu, aus denen sie tunlichst nicht fallen sollten. Vielmehr erwarten die anderen, dass wir ihnen gegenüber „rollengemäßes“ Verhalten an den Tag legen (vgl. Teil I, Kap. 6.2). Dabei bezieht jede Rolle „ihre Wirkung auf den Menschen aus zwei Umständen, nämlich einmal aus dem psychologischen Akt der Verinnerlichung ihrer Verhaltenserwartungen, die dann als richtig und ‚gerecht‘ anerkannt werden (*internalization*), und zum anderen aus ihrer Absicherung durch ein System negativer oder positiver Sanktionen.“ (Rehbinder 1993: 154) Bei einigen gesellschaftlichen Rollen werden Verhaltenserwartungen durch rechtliche Normierung definiert, z. B. die Rollen des Verkäufers und des Käufers in §§ 433 ff. BGB. Würde der Verkäufer eines bestimmten Gebrauchtwagens dem Käufer, der schon eine Anzahlung geleistet hat, diesen nicht aushändigen, wenn er zum vereinbarten Zeitpunkt kommt, um den Rest zu bezahlen und den Wagen abzuholen, weil er ihn inzwischen schon jemand anderem verkauft und übergeben hat, so wäre dies ein grober Verstoß gegen die mit der Rolle „Verkäufer“ verbundenen Verhaltenserwartungen, der nicht einfach dadurch geheilt werden kann, dass der Verkäufer dem Käufer die Anzahlung wieder aushändigt.
4. Unter dem Leitgedanken des *Interessenausgleichs* kommt Rehbinder bei den Steuerungsfunktionen des Rechts auf die Beschränkung der Willkür der sozial Mächtigen im Interesse der Freiheit zu sprechen. „Die Zuerkennung subjektiver Rechte bedeutet die Eröffnung einer Machtquelle für den politisch oder sozial weniger Mächtigen. Interessenausgleich durch Recht ist damit formal die Durchsetzung von Gleichheit bei sozialer Verschiedenheit.“ (Rehbinder 1993: 156) Dass hierzu die Initiative im Regelfall nicht von den Mächtigen ausgeht, sondern die weniger Mächtigen sich diese Rechte erkämpfen müssen, braucht nicht noch einmal betont zu werden.

Schon die bei jeder der Leitideen genannten Einschränkungen machen offensichtlich, dass die Verhaltenssteuerungsfunktion des Rechtes in der gesellschaftlichen Lebenspraxis nicht ohne weiteres zu verwirklichen ist.

Recht ist überdies nicht allein dadurch, dass es zu „positivem Recht“ wird, schon rechtmäßig und gerecht. Genauso fragwürdig muss heute Max Webers Begriff der Rechtsordnung erscheinen, die dann schon gegeben sei, „wenn sie äußerlich garantiert ist durch die Chance physischen oder psychischen *Zwanges* durch ein auf Erzwingung der Innehaltung oder Ahndung der Verletzung gerichtetes Handeln eines *eigens* darauf eingestellten *Stabes* von Menschen.“ (Weber 1956: 24) Der positivistische Rechtsbegriff besagt nur, dass Normen beliebigen Inhalts formal korrekt erlassen wurden. Gustav Radbruch, der 1946 nach dem Unrechtssystem der Nazi-Herrschaft die „Radbruch-Formel“ vom „gesetzlichen Unrecht“ und „übergesetzlichen Recht“ prägte, betont mit dieser, dass Rechtsqualität nur solche Normen haben, die auf Gerechtigkeit bezogen und an ihr orientiert sind. (vgl. Kaufmann 1989: 57 f.)

3.2 Recht und Rechtsverwirklichung

Damit gelangen wir zu einer anderen Hauptfunktion des Rechts, der *Legitimierung und Organisation sozialer Herrschaft.* Bei ihr geht es nicht um die Einräumung subjektiver Rechte, sondern um die Instanzen, die in Konfliktfällen zu entscheiden haben. Dies betrifft gleichermaßen die Organisation der Gesetzgebung wie der Verwaltung und der Rechtsprechung, also die Ausstattung des Herrschaftsapparates mit Machtmitteln, aber auch um deren Begrenzung durch Zuständigkeits- und Verfahrensregeln. Durch sie wird Macht „in Recht transponiert“. (Rehbinder 1993: 158; vgl. Luhmann 1983)

Rechtssysteme enthalten ein sekundäres System von Rechtsnormen, das *Verfahrensrecht* (z. B. Zivilprozessordnung, Strafprozessordung), mit dem die Anwendung von Rechtsregeln ihrerseits einer besonderen Regelung unterworfen wird. Dort sind auch die Rollen der an einem Prozess beteiligten Personen (etwa Richter, Staatsanwalt, Verteidiger, Beschuldigter im Strafprozess) geregelt. Dieses Verfahrensrecht soll der Rechtsverwirklichung dienen, und zwar im Interesse der Ansprüche aller von einem Konflikt betroffenen Parteien:

> „Was nützt das beste materielle Recht (Zivilrecht, Strafrecht, öffentliches Recht), wenn es auf dem Papier steht und nicht im täglichen Leben immer wieder durchgesetzt wird? Nur so kann das Recht eine Friedensordnung und eine Ordnung des sozialen Zusammenlebens sein. Schlechtes Prozessrecht und schlechte Chancen der Rechtsverwirklichung führen entweder zum Terror weniger Mächtiger oder zur anarchischen Gesellschaft, in der jedermann das Faustrecht übt. … Einige wenige Vorschriften, die die staatlichen Verfolgungsorgane bestimmen und ihnen alle Macht einräumen würden, würden notwendig die Interessen der Bürger (auch des der Straftat verdächtigen Bürgers!) außer Acht lassen müssen. Recht … soll nicht auf Kosten ausreichender Verteidigungschancen, auf Kosten der menschenwürdigen Behandlung, unter rigoroser Beschränkung der Freiheitsrechte usw. durchgesetzt werden! Das ganze Strafprozessrecht ist eine Absage an den Grundsatz, dass der Zweck auch die Mittel heilige. Selbst ein noch so hohes Verfolgungsinteresse der Rechtsgemeinschaft legitimiert nicht kurzerhand jeden Eingriff in die Freiheitsrechte des verdächtigen Bürgers.“ (Baumann 1977: 48 f.)

Niklas Luhmann: Erlaubter Konflikt

In seiner Studie „Legitimation durch Verfahren“ befasst sich Niklas Luhmann (1927–1998) auch mit Gerichtsverfahren. Einer ihrer auffälligsten Züge sei, „dass in ihnen kontradiktorisch verhandelt wird, also gegeneinander gerichtetes Handeln erlaubt ist“. Der Erfolg dieser „Institutionalisierung von Konflikten“ beruhe darauf, dass hier „die Konflikte im elementaren Verhalten von Angesicht zu Angesicht dargestellt“ (Luhmann 1983: 100) und dabei Rollen gespielt werden müssten.

„Eine Institutionalisierung von Konflikten ist nur erreichbar, wenn es gelingt, Macht vorläufig zu suspendieren und doch zu erhalten. Die Macht muss mit einer gewissen Verzögerung zum Zuge kommen (was voraussetzt, dass das System Zeit hat). Zunächst müssen *hinreichend ambivalente Situationen* geschaffen und bis zur Entscheidung offen gehalten werden, welche eine allzu direkte Konfrontation der Gegner in ihrer Rolle als Gegner unterbinden und insbesondere verhindern, dass die einzelnen Akte der Beteiligten die Komplexität für einander so drastisch reduzieren, dass nur noch Verzweiflungsschritte Sinn haben.“ (Ebenda: 103) Das könne auf verschiedene Weise geschehen, bei Gerichtsverfahren „durch Spielregeln im Sinne von Verhaltensbedingungen, die zum Beispiel bestimmte Mittel ausschließen oder vorschreiben“ und durch eine „Entscheidungsinstanz, die einen Teil der Aktivität vom Gegner weg auf andere Personen hinlenkt und so Rollenrücksichten vielfältiger Art ins Spiel bringt“ (Ebenda: 103).

„Alle Gerichtsverfahren bauen somit auf einer Rollendifferenzierung auf, die sicherstellt, dass die Betroffenen nicht selbst entscheiden. Dadurch finden sich selten günstige Bedingungen für wechselseitige Disziplinierung und Kontrolle zusammen, nämlich: ein kleines, übersichtliches System, eine begrenzte, für alle gleiche Thematik und funktionale Differenzierung der Stellung der Beteiligten zu dieser Thematik.“ (Ebenda: 103) Diese Kompetenzverteilung allein sage allerdings noch sehr wenig über die Funktionsweise dieser Konfliktregelung aus. „Das erhellt erst, wenn man darauf achtet, welches Verhalten sie den Parteien nahe legt. Indem die streitenden Beteiligten, um einen Erfolg zu erreichen, sich bestimmten Verhaltensregeln unterwerfen und ihr Verhalten dem sich entwickelnden Verfahrenssystem einfügen, erkennen sie sich wechselseitig in ihren Rollen als Parteien an. Das ist möglich, weil damit über die Entscheidung selbst noch nicht vorentschieden wird.“ (Ebenda: 104)

Jede Partei gebe der anderen gleichsam einen Freibrief für Gegnerschaft, ohne dass dies den Ausgang des Konflikts beeinflusse. Insofern sei das Prinzip der Gleichheit der Parteien ein wesentliches Verfahrensprinzip. „Vor Gericht geschieht diese Umstrukturierung in der Form, dass der Interessenkonflikt gleichsam sistiert und nur noch als Dissens über Tatsachen oder Rechtsfragen weiterbehandelt wird. Denn vor der Wahrheit sind alle gleich. In solch einer Atmosphäre praktischer Enthaltsamkeit, in der eine Äußerung die Sache selbst nicht verrücken, die Wahrheit selbst nicht verändern, aber natürlich die Chance des Gewinnens beeinflussen kann, können die Parteien sich wechselseitig chancenneutrale Rollen konzedieren, in denen sie sich als Gegner darstellen und verhalten können. Jedes Verhalten impliziert so einen Gegner, der als solcher anerkannt ist, also ein Recht darauf hat, Gegner zu sein. Alles Streithandeln wird in eine Form gegossen, welche eine Vorstellung des Gegners vermittelt, die dessen eigener Selbstauffassung entspricht und von ihm in seinem eigenen Handeln bestätigt wird. Dadurch wird das Verfahren als System integriert und in Betrieb gehalten." (Ebenda: 104)

Während in einem direkten Streit um Recht oder um Wahrheit dem Gegner immer zugleich Recht zum Streiten bestritten werde, bestehe „im institutionalisierten Konflikt ... über das Recht zum Streiten kein Streit und daher auch kein Streit über die Vertretbarkeit kontroverser Selbstdarstellungen. Auf diese Weise werden die ärgsten Konsequenzen des Streitens für die Selbstdarstellung abgefangen; es wird verhindert, dass aus bedrohten oder zerstörten Masken immer neuer, immer stärker gefühlsbedingter Streit aufflammt; und es wird erreicht, dass die soziale Situation unter Kontrolle gehalten werden kann. Die Beteiligten können ihr Recht nicht mehr in der reinen Behauptung, in der Intensität des Durchhaltens ihrer Erwartungen darstellen; sie müssen es moralisieren, das heißt: es mit einer Projektion der Möglichkeiten weiteren gesellschaftlichen Zusammenlebens verbinden." (Ebenda: 105)

Der Preis hierfür sei ein gebrochenes Verhältnis zur Wahrheit und zum Recht. „Gerade auf diese ‚Vermittlung' von Wahrheit und Recht kommt es im Verfahren an. Jedenfalls wird ein existentielles Engagement nach Möglichkeit verhindert. ‚Andere Möglichkeiten' müssen im Blick behalten und mit dargestellt werden. Man kann etwas Bestimmtes behaupten und aussagen, muss aber zugleich im expressiven Stil des Verhaltens zum Ausdruck bringen, dass die Darstellung anderer Meinungen nichts Ehrenrühriges an sich hat. Dass ein Mensch sich selbst unbedingt aus der Wahrheit und dem Im-Recht-Sein versteht, kann im Verfahren nicht angemessen zur Sprache gebracht werden, weil solch eine Selbstdarstellung nicht in erlaubte Konflikte passt, weil über sie nicht verhandelt werden kann. Die Selbstdarstellung ist nur in Rollen zulässig. Das mag manch einer als unbefriedigend empfinden. Andererseits schützt das Verfahren durch solche Rollenbindung und durch sie symbolisierendes Zeremoniell den Menschen vor dem Unheil einer allzu engen persönlichen Identifikation mit Wahrheit und Recht." (Ebenda: 105)

Bei der Rechtsverwirklichung kommt dem *Richter* eine besondere Rolle zu. „Mit der Autonomwerdung des Systems der Rechtsnormen wird der Richter zu einer Person, von der sehr besondere Fertigkeiten verlangt werden, nämlich Entscheidungen zu treffen und zu begründen, die sowohl aus der Kenntnis des gesetzten Rechts und der Rechtsprechung wie der Rechtsprinzipien herrühren, um mit deren Hilfe das Gesetz auszulegen und eventuell die bestehenden ‚Lücken im Gesetz' zu überwinden." (König 1975: 203)

Anders als im angloamerikanischen Rechtsdenken, das ein Fallrechtssystem ist, bei dem der Richter im Mittelpunkt der Rechtsbetrachtung steht, denkt jedoch das kontinentaleuropäische Recht nicht ausschließlich vom Richter her (vgl. Rehbinder 1993: 144). Aus diesem Grunde wird hier anders als bei Llewellyn die Funktion des Rechts bei der Regelung und Bereinigung von Konflikten erst an dritter Stelle genannt und nicht an erster. Überdies stellt unter allen Konflikten, „die potenziell rechtlich behandelt werden könnten, … das, was vor die Gerichte gelangt, nur eine Auswahl“ dar (Blankenburg 1995: 41). Auch deshalb macht es Sinn, die Thematisierung und Mobilisierung des Rechts zum Zweck der Konfliktregelung weiter zu fassen.

3.3 Thematisierung und Mobilisierung des Rechts zur Regelung und Bereinigung von Konflikten

Unter den Formen der Konfliktregelung sind diejenigen rechtlich nicht relevant, bei denen wenigstens einer der Beteiligten einer konfliktträchtigen Situation ausweicht oder in ihr nachgibt und dem anderen das Feld überlässt. Dem gegenüber kann der Abbruch von Beziehungen durchaus rechtliche Qualität annehmen: die Beendigung eines Arbeitsverhältnisses setzt eine Kündigung oder einen Auflösungsvertrag voraus, die Ehescheidung muss in Deutschland sogar von einem Gericht ausgesprochen werden. Dort, wo eine Seite zum Nach- oder Hergeben dadurch veranlasst wird, dass die andere ihr zur Kompensation ihrer Interessen einen materiellen oder immateriellen Ausgleich anbietet und diese ihn annimmt, kann es sich implizit oder explizit um ein Rechtsgeschäft handeln.

Damit bei der Austragung von Konflikten Rechte „thematisiert“ werden und Recht mobilisiert werden kann, bedarf es in Anlehnung an Felstiner, Abel und Sarat dreier Schritte:

- „*Naming*: Wahrnehmung und Benennung eines Problems, das als Rechtsverletzung in Betracht kommt.
- *Blaming*: Benennung einer Person oder einer sozialen Gruppe, die für die Verletzung verantwortlich gemacht wird.
- *Claiming*: Erhebung einer Forderung gegenüber dem als verantwortlich Bezeichneten.“ (Röhl 1987: 491)

Diese Schritte können oftmals nicht risikofrei gegangen werden, wie im Folgenden an der Problematik des „Whistleblowings“ deutlich gemacht wird.

Whistleblowing: Gefährliches Insider-Wissen offen legen

Manch ein Lebensmittel- oder Umweltskandal wäre unter der Decke geblieben, wenn es in der betroffenen Firma oder Behörde oder sonstigen Einrichtung nicht eine Person gegeben hätte, die unter Missachtung der Loyalität, zu der sie durch ihren Dienstvertrag verpflichtet war, und damit unter Inkaufnahme des Verlustes des Arbeitsplatzes die Sache ans Licht der Öffentlichkeit gebracht hätte, die anrüchig war oder gar zum Himmel stank. Dieses Aufdecken von Rechtsverletzungen wird als „Whistleblowing" bezeichnet. Der Begriff geht auf den Warnpfiff des englischen Polizisten, des „Bobby", zurück.

Dieter Deiseroth, Richter am Bundesverwaltungsgericht, nennt Whistleblowing aufgrund von „Expertenwissen von Beschäftigten über Fehlentwicklungen in ihrem Arbeitsumfeld (zum Beispiel kartellartige Absprachen, Korruption)" deshalb eine wichtige „Ressource zur Aufdeckung von Rechtsverstößen", da „unlauteres oder gar betrügerisches Zusammenwirken zwischen kontrollierenden Behörden und deren Klientel etwa in Bauämtern oder bei öffentlichen Ausschreibungen … kaum allein von außen aufgedeckt werden" kann. (Deiseroth 2004: 130)

Seit 1999 verleiht die Vereinigung Deutscher Wissenschaftler (VDW) alle zwei Jahre gemeinsam mit anderen kritischen Wissenschaftsvereinigungen den *Whistleblower-Preis* für das mutige „Verpfeifen" der Verursacher eines Missstandes. Annegret Falter, Geschäftsführerin der VDW, schreibt über diese Aktionen in einer Stellungnahme für eine Anhörung des Bundestages: „Whistleblowing kann Öffentlichkeit in Bezug auf Gefahren, Risiken und Missstände herstellen, wo andere Informationszugänge strukturell verwehrt sind. Bereiche, in denen das der Fall ist, nehmen in Deutschland wie in anderen hoch industrialisierten und hochgerüsteten Ländern zu. Whistleblowing ist häufig auch Voraussetzung oder Anlass für BürgerInnen, namentlich journalistische Multiplikatoren, von ihrem Informationsfreiheitsrecht nach dem Informationsfreiheitsgesetz Gebrauch machen zu können. Dies sind zwei wesentliche Funktionen von Whistleblowing für die partizipative Demokratie." (Falter 2008: 2)

Die Autorin weist in diesem Zusammenhang auf gesellschaftliche Entwicklungen und Strukturen hin, durch welche die Möglichkeiten, sich selbst oder andere zu informieren, systematisch weiter eingeschränkt werden, nämlich durch die „Ausdehnung des Betriebs- und Geschäftsgeheimnisses im Zuge von Privatisierung und ‚public-private-partnership' zuvor formal öffentlicher Unternehmen und Vorhaben", sowie durch die „Schaffung oder Ausdehnung von sicherheitsrelevanten Bereichen" und schließlich durch „arbeits- und dienstrechtliche Sanktionen zur Unterdrückung von abweichenden Meinungen, von Warnungen vor Gefahren oder Hinweisen auf Missstände." (Falter 2008: 2 f.)

Sie fordert Politik und Gesetzgebung auf, „kritische diskursive Öffentlichkeit dort (zu) ermöglichen, wo zunehmende Geheimhaltung das Selbstbestimmungsrecht vieler Menschen gerade an den Fronten des technischen Fortschritts und immer kürzerer Innovationszyklen bedroht. Nur dann kann angesichts gefährlicher Entwicklungen rechtzeitig Alarm geschlagen werden." (Falter 2008: 3) Zu diesem Zweck sollte für Whistleblower eine „zuständige außerbetriebliche Stelle" geschaffen werden, „an die sich Arbeitnehmer mit einer Risikovermutung wenden können, ohne dass ihnen aus der Wahrnehmung dieses Rechts Nachteile erwüchsen". Dies entspricht der von der so genannten „Risikokommission des Bundes" in ihrem Bericht 2003 geforderten „zentralen Anlaufstelle" für das „Vorbringen von Verdachtsmomenten … durch die Öffentlichkeit".

Einen sachbezogenen Vorteil einer „zuständigen Stelle" nennt Falter: „Damit Hinweise auf Risiken nicht ins Leere laufen (‚non-decisions') und die befürchteten Unfälle oder Katastrophen – wie gehabt – trotzdem eintreten, muss das bezeichnete Risiko einer förmlichen Prüfung und Bewertung nach dem *Vorsorgeprinzip* unterzogen werden. Eine zentrale Anlaufstelle böte die Möglichkeit, die dafür notwendigen finanziellen und personellen Ressourcen zu bündeln." (Falter 2008: 4)

Dies sei auch deshalb wichtig, weil viele Whistleblower-Konflikte sich betriebsintern nicht regeln ließen, weil sie auf einer kontroversen Risikoeinschätzung beruhten. Dabei seien die unterschiedlichen Risikobewertungen „häufig auch von den Interessenkonstellationen" abhängig, „in die die Akteure eingebunden sind." Die hier angeregte Anlaufstelle könne den „sachlichen, häufig wissenschaftlichen und interessenbezogenen Kern" eines Konfliktes analysieren und die Risiken gewichten, um die es geht. (Falter 2008: 4)

Schließlich fordert die Autorin, unbedingt betriebsinterne Vorkehrungen zu treffen, „den Umgang mit Informationen von Whistleblowern über betriebliche Vorgänge und Mitarbeiter transparent zu gestalten und die Einhaltung entsprechender betriebsinterner Regelungen zu kontrollieren. Whistleblowing darf nicht zum Instrument scheinlegaler Ausforschung verkommen und für Zwecke der Unternehmensführung funktionalisiert werden." (Falter 2008: 5)

Ähnliche Probleme stellen sich bei der *Korruptionsbekämpfung*. Deshalb empfiehlt die Antikorruptionsorganisation *Transparency International* Unternehmen, einen neutralen internen *Korruptionsbeauftragten* oder einen externen *Ombudsmann* zu bestellen sowie eine *Hotline* zu installieren, damit Mitarbeiter, die Hinweise auf Bestechungsfälle geben wollen, sich unter Wahrung ihrer Anonymität und ohne Furcht vor Nachteilen offenbaren können. (ABC der Korruptionsbekämpfung 2004, Stichwort Hinweisgeber)

Grenzfälle des Whistleblowings stellen jene CDs dar, auf denen Kontendaten von Steuersündern, die Teile ihres Vermögens illegal in Liechtenstein und in der Schweiz angelegt hatten, 2008 und 2010 dem deutschen Fiskus gegen hohe Geldforderungen angeboten wurden. Durch sie sollte einerseits *Steuerhinterziehung* in großem Stil aufgedeckt werden, die aufgrund des in diesen Ländern praktizierten weit reichenden Bankgeheimnisses sonst verborgen geblieben wären. Andererseits hatten diejenigen, welche die Daten auf die CDs kopiert hatten, damit nicht nur Aufklärung fremder Straftaten im Sinn, sondern sie versuchten auch, sich durch den Datenverkauf selbst einen erheblichen

Vermögensvorteil zu verschaffen. Fraglich ist überdies, ob der deutsche Staat illegal erworbene Informationen über Steuerbetrug strafrechtlich verwenden darf.[8]

„Der Gang zum Gericht (ist) immer eine Eskalation, meist der Endpunkt eines längeren Konfliktprozesses." (Blankenburg 1995: 43) Rechtssoziologische Untersuchungen (Blankenburg 1995: 49 ff.) zeigen, dass für Privatpersonen der Weg zum Rechtsanwalt oder zum Gericht oft erst als letzte Stufe eines Problemlösungsversuchs infrage kommt. Vernünftigerweise werden z. B. in miet- oder arbeitsrechtlichen Konflikten erst einmal Mietervereine oder Gewerkschaften aufgesucht, die häufig schon den benötigten Rat geben können oder versuchen, eine außergerichtliche Lösung zu finden. Für die Zurückhaltung auf dem Rechtsweg sind neben sprachlichen und mentalen Barrieren vor allem finanzielle Überlegungen von Bedeutung. Rechtsberatung, Rechtsvertretung und Prozessführung sind mit erheblichen Aufwendungen verbunden, die gerade bei kleineren Streitwerten überproportional hoch sind.[9] Deshalb gibt in vielen Fällen eine Kosten-Nutzen-Rechnung den Ausschlag dafür, darauf zu verzichten, sein Recht vor Gericht oder gar bis zur letzten Instanz durchzusetzen – zumal mancher nichts von der Möglichkeit weiß, im Zivilprozess eine Prozesskostenhilfe zu erhalten, wenn er nur über ein geringes Einkommen verfügt und keine Rechtsschutzversicherung abgeschlossen hat.[10] Doch unbeschadet solcher potenzieller Einschränkungen muss

[8] Hier kann nicht auf die Details der straf- und datenschutzrechtlichen Bewertung dieser Fälle eingegangen werden. Während z. B. der emeritierte Strafrechtslehrer Klaus Lüderssen der Auffassung ist, die Käufer der entwendeten Daten würden sich strafbar machen, weil dies nicht durch einen Notstand oder eine staatliche Zwangslage gerechtfertigt sei (Lüderssen 2010:6), vertritt sein Kollege Kai Ambos sie Position, der Staat habe die Befugnis, die entwendeten Daten anzukaufen, weil Banken, die sich an Steuerhinterziehung beteiligten, keinen Schutz verdienten. (Ambos 2010: 6)

[9] So staffeln sich die Kosten für Zivilprozesse bei einer Klage vor dem Amts-/Landgericht (1. Instanz) und bei einer Berufung vor dem Land-/Oberlandesgericht (2. Instanz) wie folgt:

Streitwert	*1. Instanz*	*1.+2. Instanz zusammen*
600 €	395 €	787 €
2.500 €	1.293 €	2.518 €
5.000 €	2.293 €	4.463€
25.000 €	5.393 €	10.478 €
50.000 €	8.168 €	15.848 €
260.000 €	18.515 €	37.030 €

Dazu können dann noch Kosten für Zeugenvernehmungen oder Sachverständige kommen. Quelle: Advocard Rechtsschutzversicherungs AG: Gerichtskosten, Zugriff am 08.11.2009: http://www.advocard.de/internet/advocard/advocard.nsf/contentByKey/HRIK-67VH6C-DE-p

[10] Wer eine Rechtsschutzversicherung abgeschlossen hat, ist hier zweifellos im Vorteil. Es ist aber kaum nachzuweisen, dass Rechtsschutzversicherte häufiger vom Rechtsweg Gebrauch machen, weil sie versichert sind. Vielmehr scheinen Personen, die aufgrund ihrer beruflichen oder Vermögensverhältnisse häufiger mit Rechtsfällen zu tun haben, auch in höherem Maße rechtsschutzversichert zu

die *Rechtsweggarantie* nach Art. 19, 4 GG als optimaler Mechanismus für innergesellschaftliche Konfliktregelungen angesehen werden.

Die Frage des Gangs zum Gericht stellt sich manchen Bürgern freilich dann völlig anders, wenn sie einer strafbaren Handlung beschuldigt werden. Bekanntlich muss der Beschuldigte im Zweifelsfall nicht derjenige sein, der die Tat auch begangen hat. Deshalb hat jeder Anspruch auf ein faires Verfahren, in dem ihm die Schuld nachgewiesen werden muss, und er hat auch Anspruch auf Rechtsbeistand. Wenn er diesen nicht bezahlen kann, so übernimmt ein Pflichtverteidiger diese Aufgabe. Kommt es zu einem Schuldspruch, so ist dieser in der Regel mit Sanktionen (z. B. Geld- oder Haftstrafe) verbunden. Diese Sanktionen können im Zusammenhang mit dem Ziel der Konfliktregelung verschiedene Funktionen haben: Sie wollen zum einen bewirken, dass die betreffende Verhaltensnorm in Zukunft eingehalten wird. Diese repressive Funktion kann im Hinblick auf den einzelnen Normenbrecher (Spezialprävention) oder aber im Hinblick auf die Allgemeinheit (Generalprävention) ausgeübt werden. Zum anderen können sie darauf zielen, dass eine Entschädigung oder Genugtuung für die eingetretene Rechtsgutverletzung geleistet wird (Vergeltungsfunktion). (vgl. Rehbinder 1993: 147 f.)

4 Mediationsverfahren: Konfliktregelung ohne Gericht

Nachdem wir uns mit gerichtlichen Verfahren der Konfliktregelung, die letzten Endes zu einem Urteil führen, befasst haben, soll es in diesem Kapitel um Verfahren zur *außergerichtlichen* Regelung, ja möglicherweise Lösung eines Konfliktes durch die Parteien selbst, jedoch mit *Unterstützung* eines Dritten gehen. der unter Umständen sogar ein Anwalt ist. Dabei geht es um eine Vielfalt von Verfahren, die unter dem Stichwort *Mediation* zusammengefasst werden. Ihnen wird in zunehmendem Maße eine besonders große Wirksamkeit beigemessen, so dass leicht der Eindruck entstehen kann, es handle sich um Zaubermittel der Konfliktbearbeitung von der in die Brüche gegangenen Zweierbeziehung bis hin zur Beendigung von Kriegen und Bürgerkriegen:

- Eine Rechtsanwältin bietet im Internet ihre Dienste zur Vermittlung zwischen Scheidungswilligen an. Ihr Mediationsangebot, so die Verheißung, könne auf vertra(e)gliche Art und Weise dazu beitragen, dass die sich einst Liebenden Tisch und Bett „gerecht" aufteilen und auch für eventuelle Kinder zu allseits verträglichen Lösungen kommen. Und dies alles, bevor gerichtliche

sein. Allerdings wird von dieser Form der Versicherung von Privatpersonen vor allem bei Auseinandersetzungen um Schadensregulierungen nach Autounfällen Gebrauch gemacht; vgl. Blankenburg 1995: 53 ff.

Auseinandersetzungen die Fronten verhärten und schließlich ein Dritter, der Richter, den Spruch fällt.

- Ein Offenbacher Schulprojekt preist sich nach der Do-it-yourself Methode mit der Überschrift an: „Konflikte selber lösen – Mediation als Grundlage einer neuen Konfliktkultur an Schulen". Es folgt einem Konzept der „school-mediation", das in den USA schon lange von einer Vielzahl lokaler Initiativen und national arbeitenden Organisationen angeboten wird.
- Für Frankfurt und sein Umland wurde von 1998 bis 2000 ein Mediationsverfahren zum Ausbau des Rhein-Main-Flughafens durchgeführt. Dieses Verfahren sollte die Chancen für eine einvernehmliche Lösung der komplexen politischen Streitfrage verbessern, blieb aber in seinem Ergebnis umstritten (siehe Kapitel 4.4).
- Zu einer gewissen Berühmtheit sind die Bemühungen norwegischer Regierungsmitglieder und Sozialforscher gelangt, im Jahr 1993 Begegnungen zunächst zwischen israelischen und palästinensischen Wissenschaftlern und dann zwischen Politikern beider Seiten zustande zu bringen, an deren Ende die Beteiligten im August 1993 auf eine Prinzipienerklärung einigten, die dann im September 1993 in Washington von Yitzhak Rabin und Yassir Arafat unterzeichnet und als ein wichtiger Durchbruch im israelisch-palästinensischen Friedensprozess angesehen wurde.
- Ganz anders sah 1996 die Reisediplomatie des amerikanischen Diplomaten Richard Holbrooke zwischen den Hauptstädten Belgrad, Zagreb und Sarajevo in der Endphase des Krieges in Bosnien-Herzegowina und seine Vermittlungstätigkeit danach während der Verhandlungen in Dayton aus. Sie war dadurch gekennzeichnet, dass seine Aufforderungen, den Krieg zu beenden, zunächst durch militärische Luftangriffe der NATO auf Stellungen der serbischen Kriegspartei und dann durch massiven politischen Druck der USA auf alle Kriegsparteien unterstrichen wurden.

Die Literatur zur Mediation füllt inzwischen Bibliotheken.[11] Die Angebote zur Einübung von mediatorischen Fähigkeiten und zur Ausbildung zum Mediator oder zur Mediatorin sind ebenfalls kaum noch zu übersehen. Daher ist es notwendig geworden, seriöse Angebote von solchen zu unterscheiden, die daran Interessierten versprechen, innerhalb kürzester Zeit Fähigkeiten zu erwerben, mit denen sie in der Praxis nicht nur selber Schiffbruch erleiden werden, sondern diejenigen, die sich ihrer Hilfe anvertrauen, vielleicht noch tiefer in ihrem Konflikt verstrickt werden. Dies soll mit Hilfe von Zertifizierungskriterien geschehen. Dazu hat das Europäische Parlament am 23. April 2008 eine „Richtlinie über bestimmte Aspekte

[11] Ausführliche Literaturverzeichnisse finden sich bei Montada/Kals 2001: 275 ff. sowie Oboth/Seils 2008: 139 ff.

der Mediation in Zivil- und Handelssachen", die so genannte *Mediationsrichtlinie* angenommen. Sie soll bis zum 21. Mai 2011 unter Beteiligung der Berufsverbände[12] der Mediatoren in nationale Vorschriften, d. h. wahrscheinlich in ein Mediationsgesetz umgesetzt werden. Es ist vorgesehen, eine *Zertifizierungsstelle* der Mediatonsverbände in Deutschland einzurichten, die dann aufgrund eines Prüfungsgesprächs den Titel eines „zertifizierten Mediators" vergibt oder unter bestimmten Voraussetzungen auch aberkennt. Die Mitgliedschaft in dieser Zertifizierungsstelle ist so geregelt, dass nur diejenigen großen Verbände Mitglieder werden können, die selbst keine eigene Ausbildung anbieten.[13] Dies kann der Objektivierung von Zertifizierungsmaßstäben dienen, da so verhindert wird, dass verbandseigene Ausbildungsstandards bevorzugt werden.

Schon allein die Tatsache, dass Mediation auf verschiedenen Ebenen und Feldern praktiziert wird und damit sehr unterschiedliche Erfahrungen in die jeweils weitere Arbeit einfließen, wie auch dass Personen mit differierenden Ausbildungen und beruflichen Hintergründen (z. B. Anwälte, Psychologen, Sozialpädagogen, Theologen) daran beteiligt sind, hat dazu geführt, dass es keine einheitliche Definition dessen gibt, was Mediation bedeutet. Eine recht hilfreiche stammt von Hans Joachim Fietkau und Helmut Weidner. Sie verstehen unter Mediationen „Verhandlungsverfahren zur Regelung von Konflikten" verstehen, „an denen zwei oder mehrere Streitparteien freiwillig teilnehmen mit dem Ziel, in einem fairen und direkten (face-to-face) Kommunikationsprozess Differenzen gemeinsam zu erkunden, Handlungsspielräume auszuloten und zu einer von allen Teilnehmen entwickelten und getragenen Lösung in Form einer Vereinbarung zu kommen. Herbei werden sie von einer neutralen Person, dem Mediator oder der Mediatorin, unterstützt, deren Hauptaufgabe in der Gestaltung und Betreuung des Verfahrensablaufs liegt." (Fietkau/Weidner 1998: 15 f.)

Blicken wir noch einmal auf die fünf oben genannten Beispiele für Mediationsverfahren. Was haben diese Fälle gemeinsam, was unterscheidet sie? Was macht jeweils den Zugang, durch Mediation zu einer Konfliktbearbeitung oder gar -lösung zu gelangen, so attraktiv?

In allen beschriebenen Situationen geht es um Konflikte, die entweder kurz davor stehen, sich zu verschärfen (so der Scheidungsprozess oder der Streit um den Flughafenausbau), oder die schon mehr oder weniger gewalthaltige Formen angenommen haben (so die Auseinandersetzungen in der Schule und auch die beiden

---

[12] Die maßgeblichen Berufsverbände sind der Bundesverband Mediation e. V.(www.bmev.de); die Bundes-Arbeitsgemeinschaft für Familien-Mediation e. V. (www.bafm-mediation.de); der Bundesverband Mediation in Wirtschaft und Arbeitswelt e. V. (www.bmwa.de) und die Arbeitsgemeinschaft Mediation im Deutschen Anwaltsverein (DAV) (http://mediation.anwaltverein.de/frame2.html).

[13] Unter http://www.bmev.de/uploads/media/zmd_anerkennungsverfahren.pdf können beim Bundesverband Mediation die Satzung der geplanten Zertifizierungsstelle und die Informationen über das Anerkennungsverfahren herunter geladen werden.

Fälle interethnischer Auseinandersetzungen bis hin zum Kriege). Gemeinsam ist ihnen, dass die unmittelbar Beteiligten, wenn sie mit ihrem Konflikt allein gelassen würden, ihn voraussichtlich eher verschärfen als konstruktiv mit ihm umgehen würden. Deshalb lassen sich alle fünf Beispiele als Bestrebungen beschreiben, den Konfliktparteien dabei zu helfen, eine Wende im Konfliktverlauf und/oder in ihren Beziehungen herbeizuführen. Sieht man dabei vom letzten Fall ab, in dem der Mediator als Vertreter einer Weltmacht auftrat, die letztlich den Frieden diktierte, so hinterlässt die nähere Betrachtung der anderen Beispiele eher ein Bild von Vermittlern, die ihre „guten Dienste" mit einer gewissen Zurückhaltung anbieten und einbringen.

4.1 Neutralität, Unparteilichkeit oder Allparteilichkeit?

Diese allgemein erwartete Zurückhaltung hat ein Bild entstehen lassen, das auch durch den zitierten Definitionsversuch von Fietkau/Weidner unterstützt wird, demzufolge Mediatoren als Vermittler neutrale oder unparteiische Dritte sein sollten. Zwar muss ein Mediator von allen Konfliktparteien akzeptiert werden, anders kann er diese Aufgabe nicht wahrnehmen. Doch darf diese Akzeptanz mit Neutralität oder Unparteilichkeit gleichgesetzt werden? Die Forderung nach Neutralität des Mediators gehört zu einer *Mythenbildung* (vgl. Montada/Kals 2001: 38 ff.), bei der eine Konfliktfigur unterstellt wird, die nur in den seltensten Fällen mit der Realität übereinstimmt.

Norbert Ropers hat die Neutralität des Mediators wie folgt problematisiert: Die Annahme, eine dritte Partei könne nur dann die Rolle einer Brückenbildnerin oder Vermittlerin spielen, wenn sie von allen Beteiligten als unparteilich akzeptiert werde, erscheine zunächst einmal plausibel. „Allerdings zeigte eine genauere Betrachtung der Vielfalt von Drittpartei-Interventionen, dass sie näher qualifiziert werden sollte." (Ropers 1995: 44) Hierzu führt er vier Gesichtspunkte an:

1. Sofern die dritte Partei auch Machtmittel einsetze oder dies könne, werde die Bedeutung der Neutralität durch andere Formen der „Akzeptanz" verringert. Allerdings sei auch da der Gesichtspunkt der Unparteilichkeit nicht irrelevant, da die Ressourcen der dritten Partei in der Regel begrenzt seien.
2. Grundsätzlich solle die Unparteilichkeit „nicht als Neutralität im Hinblick auf Wertvorstellungen der Konfliktbearbeitung, wie der Orientierung an der Gewaltlosigkeit bzw. Gewaltverminderung oder an den Menschenrechten interpretiert werden." (Ebenda: 44) Zu Recht weist er darauf hin, dass diese Wertvorstellungen die dritte Partei in erhebliche Konflikte führen können, wenn sie es mit Akteuren zu tun hat, die diese Werte mit Füßen treten.

3. „Die Forschung zur Rolle und zu den Funktionen dritter Parteien in traditionellen und nicht-westlichen Gesellschaften hat ergeben, dass in vielen Fällen ‚insider' eher akzeptiert werden als ‚outsider', auch wenn sie keine Äquidistanz zu den Streitenden aufweisen. Entscheidend ist deshalb hier nicht die Neutralität, sondern das Vertrauen, dass die dritte Partei sich trotz der Nähe zu einer der streitenden Parteien gleichwohl um eine Regelung zugunsten aller Beteiligten bemühen wird." (Ebenda: 45; s. auch den Kasten zur Rolle lokaler Friedensstifter)
4. Dritte Parteien übernehmen in den meisten sozialen, vor allem aber in ethnopolitischen Konflikten unterschiedliche Rollen. Zugleich versuchen die Konfliktparteien die dritte Partei in den Konflikt hineinzuziehen, um sie zur Stellungnahme zu provozieren. „Neutralität … kann deshalb nicht statisch verstanden werden: Ihre konstruktive Wirkung kann sie nur als eine dynamisch verstandene Größe entfalten." (Ebenda: 45)

Einige Autoren postulieren deshalb anstelle von „Neutralität" oder „Unparteilichkeit" eine „Allparteilichkeit" des Mediators. „Das bedeutet, dass Mediatoren die Anliegen aller Parteien zu verstehen und zu vermitteln versuchen, dass sie, falls notwendig, den Parteien helfen, ihre Anliegen zu artikulieren und zu begründen. Mit dieser Allparteilichkeit ist durchaus vereinbar, dass die Mediatoren zeitweilig eine Partei unterstützen." (Montada/Kals 2001: 39)

Zur Rolle lokaler Friedensstifter als Vermittler

Kumar Rupesinghe, von 1992 bis 1998 Generalsekretär von International Alert, einer der wichtigsten Internationalen NGOs zur Verhinderung und Entschärfung gewaltsamer innergesellschaftlicher Konflikte, zitiert in seinem Aufsatz „Bürgerkriege verhindern durch Konflikttransformation" (1996) eine ernst zu nehmende Empfehlung Adam Curles an regierungsunabhängige Friedensstifter aus westlichen Ländern. Sie sollten „die zentrale Rolle des ‚ausländischen Experten' zurückweisen. Experten sind in diesem Fall die lokalen Friedensstifter, die Mitglieder der Friedensgruppen. Die Auswärtigen sollten eher als Teilnehmer, Unterstützer und Helfer, denn als Initiatoren kommen. Der ausländische Experte gerät viel zu leicht in die Gefahr, sich selbst für einen kleinen Herrgott zu halten, der ein Gesetz verkündet, dem andere gehorchen sollen. Dies ist nicht nur völlig unpassend, sondern widerspricht dem demokratischen Geist, der essentiell für eine friedliche Situation ist." (Rupesinghe 1996: 390)

Demgegenüber sei offenkundig, dass einflussreiche Mitglieder der Gemeinde oder der Region, in welcher ein Konflikt ausgetragen wird, diesen wie auch die an ihm beteiligten Akteure, die politische und wirtschaftliche Situation und den kulturellen Hintergrund aus erster Hand kennen. Sie hätten deshalb einen erheblichen komparativen Vorteil gegenüber anderen potentiellen Friedensstiftern, die als Drittpartei vermitteln wollen. Noch wichtiger sei, „dass der von ihnen ausgehandelte Frieden ihre *eigene* Lösung sein wird und sie sich dafür einsetzen, dass er erhalten bleibt. Zu den lokalen Friedensstiftern können Gruppen von Personen gehören, deren Integrität bekannt ist und die zugestimmt haben, in dem Prozess als ‚Katalysatoren' zu wirken. Es mag sich gelegentlich als hilfreich erweisen, wenn diejenigen, die diese Schlüsselpositionen erhalten, von ‚technischen Beratern' unterstützt werden, die über Expertise im Bereich der Konflikttheorie und -dynamik verfügen." (Ebenda: 391)

Rupesinghe schlägt deshalb vor, vorwiegend diejenigen um ihre Mitarbeit zu bitten, „die an strategischen Stellen in der Gemeinde tätig sind oder über Fähigkeiten verfügen, breite Bevölkerungsschichten zu beeinflussen. Dahinter steht die Absicht, einen möglichst großen Unterstützerkreis für den Frieden zu errichten. Soweit schon national oder international geförderte öffentliche Friedensbemühungen angelaufen sind, mag es unter bestimmten Umständen hilfreich sein, parallel dazu eine Anzahl von lokalen Foren fern vom öffentlichen Aufsehen einzurichten. Wo auch immer möglich, sollte dieser Typ der Friedensförderung so strukturiert werden, dass er nicht konfrontativ ist, sondern sich mit der Frage befasst, was getan werden kann, um Blockierungen zu überwinden." (Ebenda: 391)

Zwar habe sich das Modell der Vermittlung durch neutrale Außenstehende als Drittparteien für viele Konflikte als unverzichtbar erwiesen, es besitze aber erhebliche Mängel und sei nicht unter allen Umständen anwendbar. Rupesinghe übernimmt daher eine von John Paul Lederach in Nicaragua „entdeckte" Form der Vermittlung durch „parteiliche Insider". Diese besaßen das notwendige Vertrauen und hatten aufgrund langfristiger Beteiligung Zugang zu den Verhandlungstischen, die es zwischen der sandinistischen Regierung und den Aufständischen gab.

Verschiedene Vermittlungsbeispiele aus den 1980er und 1990er Jahren „lassen erkennen, dass es bei der Behandlung bestimmter Konflikte oder aufkeimender Konflikte notwendig ist, ‚parteiliche Insider' in die Entwicklung eines umfassenden Friedensprozesses einzubeziehen." Beispiele dafür seien Namibia und El Salvador. Allerdings könnten „angesichts der Komplexität und Elastizität länger andauernder Konflikte … parteiliche Insider, Graswurzelorganisationen, Bürgerbewegungen, neutrale Vermittler und all die anderen relevanten Akteure mit ihren individuellen Bemühungen allein nicht effektiv und dauerhaft Frieden schaffen. Nötig ist vielmehr eine Allianz, die von den Menschen vor Ort bis zu den internationalen Akteuren reicht und diese in der Vorbereitungsphase wie bei der Implementierung und der langfristigen Aufrechterhaltung des Friedensprozesses miteinander verbindet." (Ebenda: 392)

Außerdem solle durch das friedenspolitische Design dafür gesorgt werden, die Bemühungen auf mehreren Ebenen gleichzeitig voranzutreiben. „Formale Verhandlungen … legen kaum eine Basis für die langfristige Transformation eines Konfliktes oder von miteinander verwobenen Konflikten. …, sie wirken oftmals aus verschiedenen Gründen desintegrativ. Dazu gehört auch die Neigung der Parteien, die Verhandlungen als Foren für die eigene Selbstdarstellung zu nutzen, auf denen man gegeneinander Punkte erzielen kann. Schlimmstenfalls können Verhandlungen, die im Rampenlicht der Öffentlichkeit stehen, den Konflikt verschärfen und verlängern." (Ebenda: 392 f.)

Rupesinghe sieht bei einer doppelgleisigen, auch die kommunale Ebene einbeziehenden Diplomatie für die Parteien eine größere Chance, „diskret miteinander zu sprechen, an Problemlösungen zu arbeiten und Felder zu entdecken, auf denen nach dem Ende des Konfliktes zusammengearbeitet werden kann. Mediatoren innerhalb der doppelgleisigen Diplomatie können z. B. als Botschafter fungieren oder die Anwendung eines ‚freien Textes' ermöglichen, bei dem die Parteien ihre Übereinstimmungen und ihren Dissens in einen sich nach und nach entwickelnden Text hineinschreiben. Mediatoren in einem so angelegten Prozess können auch für ein Dach sorgen, unter dem Fragen diskutiert werden können, die nicht direkt zum Konflikt gehören, wie die wirtschaftliche und soziale Entwicklung einschließlich externer Finanzhilfen. Diese Fragen in den Prozess einzubeziehen, kann dazu beitragen, einen ‚Friedenskreis' zu entwickeln, an dem durch die gemeinwesenbezogene Entwicklungsarbeit alle relevanten Gruppierungen beteiligt sind." (Ebenda: 393)

Zwar würden die verschiedenen parallel verlaufenden Bemühungen je eine eigene Dynamik entwickeln, doch wenn man um die Beziehungen zwischen ihnen wüsste, könnten sie komplementär zu einander vorangetrieben werden. „Ebenfalls notwendig ist ein weiter politischer Rahmen, in dem Machtbeziehungen dazu genutzt werden können, um Konfliktparteien davon zu überzeugen, dass sie zu einem Waffenstillstand kommen und in Verhandlungen eintreten." (Ebenda: 393).

4.2 Grundtypen der Mediation

Im Allgemeinen wird zwischen drei Grundtypen der Mediation unterschieden: Facilitation und andere gute Dienste, non-direktive Mediation. direktive Mediation. Vergleicht man diese, so zeigt sich eine Linie absteigender „Neutralität" bzw. Unparteilichkeit und zunehmender Macht-Intervention *(power mediation).*

Bei der *Facilitation* und bei den *guten Diensten* kommt es zunächst darauf an, in separaten Gesprächen mit Vertretern der Konfliktparteien ihre Bereitschaft zu direkten Verhandlungen auszuloten, Voraussetzungen für deren Zustandekommen zu schaffen. Danach sind die Rahmenbedingungen für ein direktes Gespräch zwischen den Repräsentanten der Parteien so zu gestalten, dass dieses tatsächlich stattfindet und atmosphärisch nicht beeinträchtigt wird. Darüber hinaus nimmt der Mediator jedoch auf den Inhalt der Auseinandersetzung keinen Einfluss. Insofern bleibt er mit Blick auf die Kontrahenten unparteilich. Da eine Vielzahl internationaler Konferenzen in der Schweiz stattgefunden hat, strahlte deren Mythos der

Neutralität auf die öffentliche Wahrnehmung der Mediatoren aus, obwohl diese selbst in den wenigsten Fällen eidgenössische Diplomaten waren und sind.

Bei einigen *non-direktiven* Formen der Mediation wird der Mediator von sich aus aktiv. Er setzt sich inhaltlich mit dem Konflikt auseinander. Insbesondere dann, wenn es sich um einen mehrdimensionalen oder mehrschichtigen Konflikt handelt, müssen die einzelnen Parteien, ihre Relevanz für den Konflikt und seine Rahmenbedingungen sowie ihre inneren und äußeren Konstellationen identifiziert werden, um vor der Einladung zu einem Gespräch bzw. zu Verhandlungen diejenigen Parteienvertreter benennen zu können, die am ehesten geeignet sein dürften, an Verhandlungen teilzunehmen, um die Streitpunkte zu klären. Die Erfahrung zeigt nämlich, dass es besonders schwierig ist, diejenigen, die sich schon öffentlich als „Hardliner" in einem Konflikt profiliert haben, durch eine unmittelbare Begegnung mit der Gegenseite ins Gespräch und auf diese Weise zur Veränderung ihrer Positionen zu bringen. Erfolgreicher kann es sein, Personen aus der „zweiten Reihe" einzuladen, die einerseits innerhalb ihrer Gruppe relativ viel Einfluss ausüben, andererseits flexibel genug sind, um zunächst mit dem Mediator, vielleicht später sogar mit den Vertretern der anderen Partei(en) über Grenzen des für ihre Seite Zumutbaren zu sprechen und am Ende von Verhandlungen deren Ergebnis wiederum im eigenen Lager vertreten zu können.

Bei mehr oder weniger *direktiven* Formen der Mediation nimmt der Mediator Einfluss auf den Konferenzort[14] und -räumlichkeiten[15], die Sitzordnung[16] sowie die

---

[14] Die Wahl eines neutralen Ortes ist insofern wichtig, als der Weg auf das Territorium des Gegners für den jeweils anderen eine Zumutung sein kann, bei der die Gefahr besteht, dass sie schon als vorzeitiges Nachgeben gedeutet werden könnte. Es ist auch wichtig zu verhindern, dass bei den Beteiligten „Schwellenangst" entsteht, die schon das Zustandekommen von Verhandlungen verhindern oder eine Partei einseitig Stress aussetzt.

[15] Die Räumlichkeiten sollten so ausgestattet sein, dass sie den Parteien die Möglichkeit bieten, sich für vertrauliche interne Gespräche zurückzuziehen. Das ist vor allem dann wichtig, wenn man verhindern will, dass die Parteien zu diesem Zweck nach Hause reisen und die Verhandlungen erst wesentlich später fortgesetzt werden können. Außerdem sollte dafür gesorgt sein, dass bei längeren Gesprächen auch im nötigen Umfang Speisen und Getränke sowie Übernachtungsmöglichkeiten zur Verfügung stehen.

[16] Es gibt problematische Situationen, in denen die Parteien so sehr verfeindet sind, dass sie einander überhaupt nicht sehen wollen. Ein Beispiel dafür sind die von der „Balkan-Kontaktgruppe" im Februar 1999 angesetzten Verhandlungen über das Kosovo zwischen Serben und Kosovo-Albanern im Schloss Rambouillet bei Paris. Da die serbische Delegation nicht zu direkten Gesprächen bereit war, residierten beide in zwei unterschiedlichen Stockwerken des Schlosses. Zwischen diesen pendelten die drei Unterhändler Hill (USA), Majorski (Russland) und Petritsch (Europäische Union), um Nachrichten der jeweils anderen Seite auszutauschen und über den in der zweiten Konferenzwoche eingebrachten eigenen Vorschlag Hills zu „verhandeln" (vgl. Meyer/Schlotter 2000: 19). Bei weniger dramatischen Verhandlungen mag es von Bedeutung sein, ob die Parteien einander gegenüber sitzen oder ob sie an einem runden Tisch sitzen, an dem es kein oben und unten, also keine Hierarchie gibt. Bei der zweiten Genfer Außenministerkonferenz der vier Besatzungsmächte USA, Sowjetunion, Frankreich und Groß-

Tagesordnung und achtet dabei auch darauf, wie viele Vertreter die einzelnen Parteien dorthin entsenden und ob sie Möglichkeiten haben, Kontakte zur Außenwelt (insbesondere zur Presse) zu halten oder in strenger Klausur sitzen. Damit greift er schon relativ stark in das Geschehen ein, so dass nicht von Neutralität gesprochen werden kann. Trotzdem ist hier noch am ehesten eine Allparteilichkeit gegeben, in der sich der Mediator sich nach Beginn der Gespräche darauf konzentriert, dass die Parteien sich dem zu bearbeitenden Problem weiter widmen und nicht die Konferenz verlassen. So wird er die Gespräche protokollieren und ggf. Zwischenergebnisse festhalten oder bei einem Vertragstext einen so genannten *„rolling text"* schreiben. Dies alles dient dazu, um in Situationen, in denen das Gespräch schwierig wird, von der Sachebene in eine weitschweifige Polemik abgleitet oder überhaupt unterbrochen wird, wieder zu dem Punkt zurückkommen zu können, bis wohin sich die Parteien eventuell schon entgegen gekommen sind.

Bei der *direktiven Mediation* im engeren Sinne verfolgt der Mediator sein Ziel, den Konflikt mit allen ihm zur Verfügung stehenden Mitteln zu deeskalieren. Er wird zum „Herrn des Verfahrens". Er macht den Konfliktparteien schon frühzeitig klar, dass er ein bestimmtes Ergebnis, etwa einen Waffenstillstand, erreichen will. Ein Problem dieses Verfahrens ist, dass der Mediator selbst mit hohen Kosten rechnen muss, wenn er das von ihm angestrebte Ergebnis auch „halten" will (vergleiche etwa die Rolle der USA in Bezug auf den Dayton-Vertrag oder die Notwendigkeit, mit internationalen Truppen auf Jahre im Land zu bleiben).

Für welchen Konflikt welcher Mediationstyp angemessen ist, hängt davon ab, wie tief ein Konflikt sich bei den Parteien eingegraben hat, dann natürlich vom konkreten Verhalten der Konfliktparteien und von den Möglichkeiten der potenziellen Mediatoren. Im Vorfeld einer Mediation muss deshalb zwingend eine Konfliktanalyse stehen. Nicht jeder Konflikt ist mit jeder Methode oder überhaupt vermittelbar. Augenfällig asymmetrische Konflikte verlangen eine andere Vorgehensweise als annähernd symmetrische. In asymmetrischen Konflikten ist vor allem der Kontext zu beachten: Wer unterstützt die Asymmetrie? Wer hat welche Vorteile davon? In welchen generellen Strukturen ist die Asymmetrie verankert? Ist sie durch den Konflikt verursacht oder vergrößert worden?

Eine andere wichtige Frage ist, ob der Streitgegenstand teilbar ist oder nicht. Bei unteilbaren Konflikten geht es nicht um ein Mehr oder Weniger, sondern um ein Entweder/Oder. Es gibt daher kaum Kompromissmöglichkeiten und deshalb auch kaum Ansatzpunkte, um zwischen den Positionsdifferenzen zu vermitteln. Aber auch dann lohnt es sich, nach teilbaren Aspekten oder einem Minimum von Gemeinsamkeit zu suchen. Hierbei verfügen Vermittler mit guten Insiderkennt-

britannien über eine mögliche Wiedervereinigung Deutschlands 1959 saßen diese in Genf am runden Tisch, während die Delegationen der einander noch nicht anerkennenden beiden deutschen Staaten im selben Saal an separaten „Katzentischen" Platz nahmen.

nissen über ein besseres Einfühlungsvermögen als Außenstehende, die womöglich aus einem anderen Kulturkreis stammen.

Ablauf und Phasen der Mediation nach Montada/Kals

Leo Montada und Elisabeth Kals stellen in ihrem Lehrbuch zur Mediation dar, dass es je nach Anwendungsfeld spezifische Mediationsverfahren gibt. Trotzdem lasse sich ein „idealtypisches Ablaufschema" herauskristallisieren, „das in unterschiedlichen Mediationsfeldern (wie Familienmediation, Wirtschaftsmediation, Umweltmediation etc.) Gültigkeit besitzt. Es umfasst sechs Abschnitte mit insgesamt 21 Schritten oder Phasen.

I. Vorbereitung

1. Der Mediator muss sich über das Konfliktfeld orientieren.
2. Die Parteien für die Mediationsarbeit sind zusammenzustellen (es gibt gerade bei politischen Konflikten Parteien, die nicht unmittelbar Beteiligte, aber für die Mediation und/oder die Umsetzung ihrer Ergebnisse wichtig sind, sie sollten dabei sein).
3. Die Ziele des konkreten Falls sind zu klären, um nicht bei einer folgenlosen allgemeinen Übereinkunft zu landen.
4. Die Parteien erhalten eine Rechtsbelehrung (nur bei justiziablen Fällen).
5. Sie sind über die Regeln in der Mediation zu informieren.
6. Es sind formale Rahmenbedingungen (Dauer, Ost, Zeit) festzulegen.
7. Schließlich es ist der Mediationsvertrag abzuschließen.

II. Probleme erfassen und analysieren

8. Alle Probleme (bereits vorhandene, erwartete und mögliche) artikulieren;
9. Probleme analysieren;
10. Durch den Konflikt erhoffte und erzielte Gewinne artikulieren.

III. Konfliktanalyse

11. Tiefenstrukturen des Konflikts aufdecken (sich die eigenen betroffenen Anliegen bewusst machen und danach die Gegenseite darüber informieren);
12. Weitergehende Bedingungen des Konflikts analysieren (unmittelbare und mittelbare Bedingungen seines Entstehens, seiner Aufrechterhaltung sowie Analyse von Handlungen der Parteien, die zur Eskalation führen).

IV. Konflikte und Probleme bearbeiten

13. Kreative Lösungsoptionen generieren;
14. Wichtige persönliche Anliegen bewusst machen;
15. Anliegen nicht anwesender Dritter reflektieren;
16. Lösungsoptionen bewerten.

V. Mediationsvereinbarung
17. Lösungsalternativen eingrenzen und eine davon auswählen;
18. Begleitung und Überprüfung der Lösungsumsetzung vereinbaren;
19. Die Einigung vertraglich festhalten.

VI. Evaluation und Follow-up
20. Lösungsumsetzung kurz- und langfristig kontrollieren;
21. Summative Evaluation: War die Mediation erfolgreich?
(nach Montada/Kals 2001: 179 ff.)

4.3 Gibt es eine geschlechtsneutrale Mediation?

Weltweit herrscht – tief einsozialisiert – eine hohe Bewertung männlicher Richter- und Entscheidungskompetenz vor. Es gibt bisher nur eine Ahnung davon, dass es unterschiedliche Konfliktlösungsstile von Männern und Frauen gibt. Immerhin lassen sich Unterschiede zwischen Männern und Frauen in der Kommunikation, im Umgang mit Aggression und anderen Aspekten emotionaler Beteiligung in Konfliktschlichtungsprozessen feststellen, die bedeutenden Einfluss darauf haben, ob und wie ein Konflikt unter Frauen, unter Männern oder zwischen Frauen und Männern gelöst werden kann.

Diese Probleme betreffen auch und gerade die bewusste bzw. unbewusste Haltung einer Mediatorin oder eines Mediators in Konfliktsituationen. In Scheidungsmediationen ist z. B. nicht unerheblich, wie sich ein Ehemann bzw. einen Ehefrau angesichts eines Rechtsanwaltes als Mediator bzw. einer Anwältin als Mediatorin fühlt. Nicht zufällig haben Ehepartner im Einzelfall ein großes Misstrauen gegenüber der Mediation deshalb, weil sie befürchten, dass die Mediatorin oder der Mediator nicht oder nur unvollkommen ihre Loyalität gegenüber ihrem eigenen Geschlecht verleugnen können. Es könnte in solchen Fällen für alle Beteiligten hilfreich sein, wenn eine Mediatorin und ein Mediator gemeinsam einen Fall bearbeiten.

Von ähnlich großer Bedeutung ist die Geschlechtszugehörigkeit der Mediatoren auch bei anderen Feldern, etwa bei der Schulmediation oder im Arbeitsleben, wenn Fälle von Mobbing oder von sexuellen Belästigungen behandelt werden sollen; schließlich auch bei der Versöhnungsarbeit nach bewaffneten Konflikten, in denen sexualisierte Gewalt gegenüber Frauen und/oder Männern aufgearbeitet werden soll.

4.4 Mediation als Hilfsmittel zum Regieren?

Regieren ist in Demokratien ein schwieriges Unterfangen. Vielerlei Interessen versuchen, sich zu artikulieren und anstehende Entscheidungen in diese oder jene Richtung zu beeinflussen. Manche Interessenten haben autobahnähnliche Zugangswege zu den Regierenden, etwa wenn es eine parteipolitische Nähe zu ihnen gibt. Andere sehen vielleicht nach dem Scheitern einer Klage vor Gericht keine legalen Wege mehr, um ihren Anliegen Aufmerksamkeit zu verschaffen und beschreiten Wege, auf denen sie mit dem Strafgesetzbuch in Konflikt geraten, etwa wenn sie gewaltsam gegen Schädigungen der Umwelt protestieren oder polizeiliche Gewalt gegen Blockierer eingesetzt wird.

Ein Beispiel für die gewalthaltige Eskalation einer umwelt- und verkehrspolitischen Auseinandersetzung war der Streit um den Bau der Startbahn-West des Frankfurter Flughafens Anfang der 1980er Jahre. (Vgl. Geis 2005: 99 ff.) Es war abschreckend genug, um 1998 die Hessische Landesregierung, zu dieser Zeit noch eine rot-grüne Koalition, dazu zu bringen, den – auch innerhalb der Regierungskoalition umstrittenen – nächsten Schritt der Flughafen-Erweiterung sorgfältiger vorzubereiten und zu versuchen, die widerstreitenden Interessen frühzeitig in den Planungsprozess einzubeziehen und durch ein Mediationsverfahren politisch einzubinden.

Der von Ministerpräsident Hans Eichel (SPD) dazu formulierte Auftrag aus dem Frühsommer 1998 lautete: „Das Mediationsverfahren soll klären, unter welchen Voraussetzungen der Flughafen Frankfurt dazu beitragen kann, die Leistungsfähigkeit der Wirtschaftsregion Rhein-Main im Hinblick auf Arbeitsplätze und Strukturelemente dauerhaft zu sichern und zu verbessern, ohne die ökologischen Belastungen für die Siedlungsregion außer Acht zu lassen.“ (zit. nach Schwan 2009: 1)

Diese ausgewogene Formulierung hatte es in sich. Es galt, „ein ungewöhnlich groß dimensioniertes Projekt zu bearbeiten: (Es) sollte viele bis dato völlig unzureichend behandelte Fragen und Probleme aus den Bereichen Ökonomie, Verkehr, Ökologie, Gesundheit und Soziales klären, die ein weiterer Ausbau eines internationalen Flughafens in einem dicht besiedelten Ballungsgebiet aufwirft.“ (Geis 2005: 18)

Das Verfahren dauerte eineinhalb Jahre und umfasste 24 Tagungen und 15 Anhörungen von Experten. Dabei war schon die Methode während der gesamten Zeit höchst umstritten. So nahmen einige wichtige Konfliktparteien, nämlich Umweltverbände und Bürgerinitiativen, nicht teil, weil sie die Ergebnisoffenheit des Verfahrens bezweifelten und sich nicht an einer bloßen „Akzeptanzbeschaffungsmaßnahme“ beteiligen wollten. Denn in der Tat war nicht vorgesehen, dass sich die Politik das Ergebnis zu Eigen machen musste. Kritisiert wurde auch, dass zwei der drei Mediatoren offenkundig parteilich waren (vgl. Geis 2005: 19), wobei der eine als Befürworter, der andere als Gegner des Ausbaus galt. Trotzdem verkündeten alle drei am Ende eine einmütige Empfehlung: Frankfurt brauche den Ausbau, aber es müssten alle Anstrengungen unternommen werden, die Menschen im Umfeld des Flughafens besser vor Fluglärm zur schützen, was durch ein Nachtflugverbot zwischen 23 und 5 Uhr erreicht werden sollte. Außerdem wurde ein Regionales Dialogforum eingerichtet, um den Dialog fortzusetzen und Details zum Nachflugverbot und zum Anti-Lärm-Pakt gemeinsam zu erarbeiten.

Anna Geis kommt in ihrer Untersuchung über das Frankfurter Verfahren zu einem ambivalenten Resümee: Als der damalige SPD-Ministerpräsident Eichel die Initiative auf den Weg brachte, habe er „die Bearbeitung eines sehr unangenehmen politischen Problems, für das es keine politischen *Routinen* der Bearbeitung gibt, erst einmal aus dem parteipolitischen Raum auslagern (wollen), um Zeit zu gewinnen und Konfliktkosten zu reduzieren. Die Wahl eines ‚Mediationsverfahrens' hatte den zusätzlichen Vorzug, dass es aufgrund der mit ihm verknüpften Leitideen ‚Dialog' und ‚Konsens' nicht einfach irgendeine Kommission darstellen sollte, sondern ein gut gemeintes, faires Gesprächsangebot auch an die kritischen Akteure im Feld. Die vielen Vorfestlegungen durch den ‚Gesprächskreis Flughafen' lassen jedoch vermuten, dass das geplante Gespräch nicht völlig eigendynamisch ablaufen sollte; das Wagnis des informellen Verfahrens, mit dem man in Deutschlands bislang wenige Erfahrungen gemacht hat, sollte noch kalkulierbar bleiben. Insofern trägt das Mediationsverfahren ... durchaus Züge einer Regierungstechnik." (Geis 2005: 255)

Vom Ausgang her betrachtet werde demgegenüber eine andere Facette deutlich, „die List des Verfahrens. Der Ausgang der Mediation hat viele überrascht, das Mediationspaket beinhaltet zu Teil unerwartete bzw. unerwartet weitgehende Vorschläge, die bei ihrer vollständigen Umsetzung auch den Ausbau- und Verfahrensgegnern nutzen würden." Selbst wenn deren Behauptung, alles sei schon „längst beschlossene Sache" gewesen, für den Beginn des Verfahrens richtig gewesen wäre, so „müssten sie nach der Mediation ... einräumen, dass neben der ‚längst beschlossenen Sache' (dem Ausbau des Flughafens, B. M.) jetzt auch andere Forderungen mit Nachdruck vertreten werden können, die vorher nicht auf der politischen Agenda standen: umfassende Lärmschutzmaßnahmen und Nachtflugverbot. Wurde das Verfahren in der Gründungsphase politisch gesteuert, so steuerte umgekehrt das Verfahren später den politischen Prozess. Das Mediationspaket erzeugte bei den Entscheidungsträgern starke Bindungswirkungen. Der Mediationsgruppe gelang es sogar mühelos, ihre eigene Existenz in Form einer Neugründung eines weiteren Verfahrens, des Dialogforums, fortzuschreiben." (Ebenda: 255 f.)

Geis sieht in Mediationsverfahren einerseits „aufwandsintensive Unterbrechungen des politischen Normalbetriebes", die überdies „aufgrund ihrer unvermeidlich selektiv-inklusiven Partizipationsstruktur ... unklar legitimiert" sind. Andererseits gehe von „günstig" verlaufenden Verfahren „eine erhebliche Präformierungswirkung auf die Entscheidung aus". wodurch ihre Legitimität „allerdings nur ex post ... wieder zweifelhafter" werde. Nicht nur der Einsatz des Verfahrens bedürfe besonderer Rechtfertigung, „auch dessen Ergebnisse müssen der unabhängigen Prüfung durch die Öffentlichkeit und die parlamentarisch-administrativen Instanzen unterzogen werden." (Ebenda: 265)

So wurde in dem hier etwas näher betrachteten Fall das Nachtflugverbot zum Gegenstand weiterer langwieriger gerichtlicher Auseinandersetzungen. In einem Urteil des Hessischen Verwaltungsgerichtshofes, das über neun Jahre später, am 21. August 2009 erging, stellten die Richter fest, der Planfeststellungsbeschluss für den Ausbau trage dem Gebot, die Nachtruhe besonders zu schützen, nicht ausreichend Rechnung. Von den 150 planmäßigen Flugbewegungen pro Nacht (22.00 bis 6.00 Uhr) entfielen 17 auf die „sogenannte Mediationsnacht" zwischen 23.00 Uhr abends und 5.00 Uhr morgens. Die Zulassung dieser 17 Flüge sei „mit dem gesetzlich gebotenen Schutz der Bevölkerung" vor dem nächtlichen Fluglärm nicht zu vereinbaren. (Vgl. Staffen-Quandt/Schmidt 2009). Damit ist die Sache noch nicht ausgestanden: Am 16. Dezember 2009 ging die – nunmehr schwarzgelbe – Hessische Landesregierung vor dem Bundesverwaltungsgericht in Revision, um die 17 Nachtflüge doch noch durchzusetzen.

5 Die Verbindung von Persönlichem und Politischem: Friedfertigkeit und Friedensfertigkeit als Lernziele

Der Klagenfurter Friedenspädagoge Werner Wintersteiner hat die beiden wesentlichen Zielrichtungen der Friedenserziehung, ihren Unterschied und ihre Nähe sehr schön auf den Punkt gebracht: Es gehe idealtypisch einerseits um Erziehung zur *Friedfertigkeit* und andererseits um Erziehung zur *Friedensfertigkeit.*, dabei aber auch um die Verbindung von Persönlichem und Politischem. In der Sprache von Dieter Senghaas' Hexagon könnte man die beiden Zielsetzungen auch mit den Worten „Affektkontrolle" und konstruktive „Konfliktkultur" bezeichnen.

Zum Ziel der „Erziehung zur Friedfertigkeit" schreibt Wintersteiner, insbesondere Autoren des 19. Jahrhunderts wie z. B. die spätere Friedensnobelpreisträgerin Bertha von Suttner, hätten den friedlichen Menschen schaffen wollen; „sozusagen ein neues menschliches Wesen, den ‚Edelmenschen'. [...] Richtig an diesem Konzept ist die Tatsache, dass gesellschaftliche Veränderungen nicht ohne Veränderung der Protagonisten dieser Veränderungen möglich sind. Insofern ist die ständige Arbeit an der eigenen Persönlichkeit ganz entscheidend. Problematisch hingegen wird es, sobald versucht wird, friedliche Menschen auf pädagogischem, medizinischem (vgl. Clockwork Orange), genetischem oder sonst einem Wege zu ‚erzeugen', sodass sich Streit, Kampf und Krieg von selbst erübrigen. Das ist nicht nur ein unerfüllbares, sondern auch zutiefst unpolitisches und gefährliches Ideal, das den Konflikt als Grundelement menschlichen Zusammenlebens leugnet." Ziel sollte Wintersteiner zufolge deshalb „nicht sein, friedliche Menschen zu schaffen, sondern Strukturen, in denen eine möglichst friedliche Austragung der unvermeidlichen Konflikte erfolgen kann, d. h., in denen sich die ‚ganz normalen Menschen' erfolgreich friedlich verhalten können." (Wintersteiner 2005)

„Erziehung zur Friedensfertigkeit" nennt er die Aufgabe, „die Fertigkeit auszubilden, am Frieden zu arbeiten. Das Ziel besteht darin, die Lernenden zu befähigen, ein kritisches Bewusstsein aufbauen und gegen das Kriegssystem aufzutreten. Auch dies geht natürlich nicht ohne eine intensive, selbstkritische Auseinandersetzung mit eigenen Gewaltimpulsen und dem eigenen Umgang mit Konflikten, es geht nicht ohne Stärkung der Persönlichkeit." Dennoch gebe es einen deutlichen Unterschied zur ersten Position: „Friedens-Erziehung bedeutet nicht Erziehung zur Friedfertigkeit, zu Freundlichkeit, oder gar zur Scheu vor Konflikten, sondern sie stärkt den Willen und die Fähigkeit, gegen Unfrieden aktiv anzukämpfen. Rebellion, ‚Streitbarkeit' und eine wohl verstandene Konfliktbereitschaft sind demnach lauter Eigenschaften, die bei einer Erziehung zur Friedensfertigkeit gefördert werden. Der politische Ansatz steht nicht im Widerspruch zu einem persönlichen Zugang. [...] Subjektivität bedeutet daher zugleich die Anerkennung von Vernunft und Menschenrechten, und diese ‚demokratische Subjektivität' ist eben die Form, die das Politische heute annimmt. Das Persönliche ist politisch! – dieser Slogan der feministischen Bewegung bringt diese Dialektik auf den Punkt. Er war vielleicht noch nie so zutreffend wie heute." (Wintersteiner 2005)

Ähnlich sprechen die beiden Geschäftsführer des Tübinger Instituts für Friedenspädagogik Günther Gugel und Uli Jäger in ihren Prinzipien für die Friedenserziehung (1997) vom „Prinzip der Konfliktfähigkeit":

Prinzipien für die Friedenserziehung

„Friedenserziehung findet nicht im gesellschaftlichen Niemandsland statt, sondern hat es immer mit offen ausgetragenen oder versteckten Konflikten zu tun. Sie bemüht sich darum, Konfliktgegenstände offen zu legen, sichtbar zu machen und Möglichkeiten zur Auseinandersetzung zu bieten."

Prinzip der Konfliktfähigkeit: „Der Umgang mit Konflikten ist sogar gelegentlich als Mittelpunkt der Friedenserziehung bezeichnet worden. Manchmal kann Friedenserziehung zur positiven Beeinflussung von Konfliktverläufen beitragen, im besten Falle sogar Lösungen für die Konflikte erarbeiten. In allen Fällen möchte sie jedoch dazu beitragen, Konflikte weniger gewaltsam auszutragen. Dennoch darf sie um eines falschen Harmoniefriedens willen keinen Beitrag zur Gewöhnung an Konfliktpotentiale leisten. Friedenserziehung steht deshalb immer im Widerspruch zur friedlosen Realität und kann sich nicht darin erschöpfen, die durch gesellschaftliche Realität entstehenden Konflikte auf individueller und gesellschaftlicher Ebene ‚auszuhalten', sondern muss auf die Auseinandersetzung mit den dahinter stehenden Interessen zielen. Dieses Konfliktverständnis hat der Friedenserziehung oft Kritik eingebracht, weil man ihr vorwirft, durch Enttabuisierung und Problematisierung gesellschaftliche Konflikte erst auszulösen und anzustacheln. Zuletzt wurde dieser Art von ‚Konfliktpädagogik' sogar Mitverantwortung für die rechtsextreme Gewalteskalation bei Jugendlichen gegeben."

Prinzip der Offenheit: Bei der Friedenserziehung geht es „um die Initiierung von sozialen und politischen Lernprozessen im Sinne der Entwicklung von prosozialem Verhalten und der Fähigkeit zur politischen Beteiligung. Obwohl Friedenserziehung sich als wertgebundene Erziehung versteht, wäre es mit ihren Prinzipien unvereinbar, einseitig festgelegte Werte und Normen zu indoktrinieren. Deshalb ist der Ausgang der initiierten Lernprozesse prinzipiell offen."

Prinzip der Übereinstimmung: „Die Ziele, die Lerninhalte und die Lernmethoden müssen sich entsprechen."

Prinzip der Gewaltfreiheit: „Dies bedeutet u. a., dass im Erziehungs- und Bildungsprozess weder in der konkreten Situation, noch in der Organisation von Lernprozessen Gewalt angewendet oder produziert werden darf, um nicht in Widerspruch zu dem erstrebten Ziel der gewaltfreien Bearbeitung von individuellen, gesellschaftlichen oder internationalen Konflikten zu geraten."

Prinzip der Bedürfnisorientierung: „Friedenserziehung muss sich darüber hinaus an den Bedürfnissen und Problemen ihrer jeweiligen AdressatInnen orientieren."

Prinzip der Überprüfbarkeit: Sie „knüpft an den jeweiligen Stand der (Friedens-) Forschung an, ohne jedoch nur deren Mittlerin zu sein."

Prinzip der Eigenständigkeit: „Friedenserziehung ist wie jede andere pädagogische Anstrengung auf langfristige Lernprozesse und Veränderungen ausgerichtet und eignet sich nur bedingt für aktuelle Kriseninterventionen im Sinne einer ‚pädagogischen Feuerwehr'. Klar gesehen werden muss hier die Gefahr der politischen Instrumentalisierung, denn es kann nicht Ziel von Friedenserziehung sein, in Krisensituationen oder bei wachsendem Problemdruck bestimmte moralische Werte oder gar politische Überzeugungen zu vermitteln. Friedenserziehung muss gegenüber allen Autoritäten und Verantwortlichen immer ihre Eigenständigkeit bewahren."

Prinzip der Parteilichkeit: Anstelle der Vereinnahmung durch parteipolitische oder weltanschauliche Interessen geht es um ein konsequentes Eintreten „für die Berücksichtigung der Interessen der Opfer von Krieg und Gewalt." (nach Gugel/Jäger 1997)

In einer neueren Publikation nennt Wintersteiner Friedenspädagogik folgerichtig „ein ganzheitliches und umfassendes Konzept zur Entwicklung und Entfaltung einer Kultur des Friedens". (Wintersteiner 2009: 15) Die „Etablierung der Friedenspädagogik in allen Ländern auf allen Ebenen des Bildungssystems“ bedeute nicht unbedingt die Etablierung eines eigenen Schulfaches. Es müsse aber „sichergestellt werden“, dass sie „zum Gestaltungsprinzip von Lehrplänen, Schulprofilen und Schulentwicklung wird und dass geeignete ‚Trägerfächer‘ identifiziert werden, in denen systematisch an Friedenskompetenzen gearbeitet werden kann, z. B. ‚Politische Bildung‘, ‚Ethik-Erziehung‘, ‚Projektunterricht‘ usw.“ (Ebenda: 24 f.) Demgegenüber dürfe man nicht die Augen davor verschließen, „dass das Bildungswesen in den meisten Ländern von einer Kultur der Gewalt geprägt und nur sehr bedingt geeignet ist, zum Frieden zu erziehen.“ (Ebenda: 25)

Das Problem der Kompatibilität zwischen staatlichen Schulen und ihren zumeist reproduktiven Zielen und dem emanzipativen Anspruch von Friedenspädagogik ist schwerlich aufzulösen. Soweit sie als Erziehung zur Friedfertigkeit angelegt ist, ist sie der Kultusbürokratie willkommen, erhoffen sich auch Lehrer friedenspädagogische Hilfe, um der alltäglichen Gewalt zwischen Schülern beizukommen. Sobald es aber um die Befähigung zur Auseinandersetzung mit den gesellschaftlichen und politischen Verhältnissen geht, sieht es anders aus. In diesem Zusammenhang sei auch Gefahr des Missbrauchs und der Instrumentalisierung von politischer Bildung erwähnt, die Uli Jäger in seinem sehr lesenswerten Beitrag zur Friedenserziehung im Einführungsband dieser Reihe behandelt (Jäger 2006: 541). Dabei werden nicht nur in autoritären Staaten die Prinzipien der Offenheit und der Eigenständigkeit ausgehebelt, sondern dieser Versuchung können auch Kultusbehörden in demokratischen Rechtsstaaten erliegen.[17]

Daneben gibt es ganz unterrichtspraktische Probleme mit Blick auf die Etablierung von Friedenserziehung: Kann z. B. die Entwicklung von Empathie für Menschen, die ihr Leben als Ausgegrenzte oder Randständige fristen müssen oder die Opfer von Krieg und Gewalt wurden, benotet werden? Oder kann die Einübung von Fairness durch den Sportunterricht etabliert werden, wenn in den Fußballligen von der Kreisklasse bis zur Champions League nur zählt, was Punkte bringt? Wie

---

[17] So wurden in Baden-Württemberg in den 1970er Jahren Jugendoffiziere der Bundeswehr im Rahmen des „Wehrkunde-Erlasses“ und der Amtshilfe eingeladen, vor Schulklassen zu sprechen, während der Tübinger Arbeitsgruppe Friedensforschung aus Sorge, sie könnte subversiv tätig werden, große Schwierigkeiten bereitet wurden, Unterrichtsmodelle zur Friedenserziehung in baden-württembergischen Schulen zu erproben. Möglicherweise bahnt sich im selben Bundesland 2009 eine Wiederholung dessen an: Am 4.12.2009 vereinbarten das Baden-Württembergische Kultusministerium und die Bundeswehr, dass Jugendoffiziere im schulischen Kontext über die zur Friedenssicherung möglichen und/oder notwendigen Instrumente der Politik informieren sollen. Jugendoffiziere sollen darüber hinaus auch in die Aus- und Fortbildung von Referendarinnen und Referendaren sowie von Lehrkräften eingebunden werden. Dies geschieht zwar auch in anderen Bundesländern und ist an sich auch nicht zu kritisieren. Bedenklich an der neuen Vereinbarung ist aber die Einseitigkeit gerade in einem Land, in dem seit 30 Jahren ein bekanntes und hoch qualifiziertes Team von Friedenspädagogen tätig ist. (vgl. Offener Brief vom 17.12.2009 an das Ministerium für Kultus, Jugend und Sport, http://www.friedenspaedagogik.de/ (Zugriff 23.12.2009)

sollen Arbeiten, bei denen es auf das kreative Zusammenspiel in einer Gruppe ankommt, z. B. bei der Vorbereitung und Präsentation einer Konfliktsimulation, unter der Rahmenbedingung, dass der Einzelne für sein Fortkommen um Zehntelnoten kämpfen muss, individuell bewertet werden? Diese Fragen stellen sich übrigens genauso denjenigen, die Module der Friedens- und Konfliktforschung an Universitäten lehren und die Leistungen der Studierenden bewerten sollen.

6 Korruptionsbekämpfung durch vorbeugende Konfliktregelung

„Konkurrenz belebt das Geschäft" sagt ein altes Sprichwort. Marktwirtschaften können nur dann funktionieren, wenn es unternehmerischen *Wettbewerb* gibt und dieser auch tatsächlich ausgetragen wird und zwar unter fairen Bedingungen. Das parallel dazu gebrauchte Wort „Konkurrenzkampf" macht jedoch deutlich, dass es sich dabei um einen Konfliktaustrag handelt. Je härter dieser Kampf ausgetragen wird, desto schwerer können die Folgen für die Beteiligten sein. Dann wird der Konkurrenzkampf „mörderisch" und es bleiben einzelne Marktteilnehmer auf der Strecke, Unternehmer genauso wie die bei ihnen Beschäftigten, die arbeitslos werden. Preisabsprachen zwischen Anbietern zielen deshalb darauf, derartige Risiken für die Unternehmen zu vermindern. Sie sind aber nach § 298 StGB als „wettbewerbsbeschränkende Absprachen" verboten und mit Freiheitsstrafen von bis zu 5 Jahren bedroht oder werden von den Kartellbehörden mit hohen Geldbußen belegt. Ausreichend für die Strafbarkeit ist dabei schon die Beteiligung an einer rechtswidrigen Absprache.[18] Ebenso rechtswidrig ist es, wenn ein Anbieter versucht, seinem potenziellen Kunden, etwa den Leiter einer Dienststelle, die über die Vergabe eines Bauauftrages entscheidet, mit Geld oder anderen Geschenken „anzufüttern", damit er ihm statt der Konkurrenz den Zuschlag gibt. Wir haben es dann mit einem klaren Fall von Korruption zu tun. Zwar gibt es in Deutschland wie auch in den meisten anderen Ländern keinen umfassenden Straftatbestand der „Korruption".[19] Doch die Antikorruptionsorganisation *Transparency International Deutschland* fasst unter dem Korruptionsbegriff verschiedene Tatbestände des Missbrauchs öffentlicher oder privatwirtschaftlich anvertrauter Macht- oder Einflussstellung zu privatem Nutzen zusammen und meint damit insbesondere folgende Straftaten:

---

[18] So verhängte das Bundeskartellamt am 21.12.2009 gegen die Kaffeegroßröstereien Tchibo, Melitta und Dallmayr wegen jahrelanger Preisabsprachen durch einen „Gesprächskreis" Geldbußen in Höhe von insgesamt 160 Millionen Euro. (FAZ v. 22.12.2009)

[19] Bis 1999 gab es sogar einen merkwürdigen Doppelstandard: Während einerseits die Vorteilsannahme verboten war, war es nach dem Steuerrecht möglich, Schmiergelder an inländische oder ausländische Geschäftspartner oder Informanten als Werbungskosten abzusetzen.

- Bestechung, Bestechlichkeit
- Vorteilsgewährung, Vorteilsnahme
- Betrug, Untreue
- Wettbewerbsbeschränkende Absprachen
- Submissionsbetrug
- Geldwäsche, Schmuggel
- Käuflichkeit politischer Entscheidungen, Abgeordnetenbestechung
- Umgehung der Bestimmungen zur Parteienfinanzierung.

„Charakteristisch für die Mehrzahl der Korruptionsdelikte ist das Zusammenwirken von zwei oder mehr Tätern – Vorteilsgeber und Vorteilsnehmer – zum eigenen Vorteil, ohne dass ein Opfer unmittelbar erkennbar ist. Der Schaden entsteht durch die beeinflusste Diensthandlung, nicht durch die Vorteilsnahme; er entsteht beim Auftraggeber, beim Auftragnehmer oder bei der Allgemeinheit." (ABC der Korruptionsbekämpfung 2004: Stichwort Korruption)

Wie groß der jährliche Schaden allein in Deutschland ist, lässt sich schwer beziffern, da schon unklar ist, was von dem in der Statistik des Bundeskriminalamtes unter Wirtschaftskriminalität erfassten Schaden (2007: 4,12 Milliarden, 2008: 3,43 Milliarden)[20] genau durch Korruption verursacht wurde: Verteuerung der Güter durch Einpreisung der Korruptionszahlungen oder fehlenden Wettbewerb, Schäden durch Qualitätsverlust z. B. bei der Statik von Gebäuden, Vertrauensverlust in einzelne Unternehmen wie in das Wirtschaftssystem usw. „Wo Schätzungen versucht werden, ist deren Wert zudem ganz davon abhängig, wie hoch die Dunkelziffer bei Korruptionsdelikten eingeschätzt wird. Oft wird sie mit 95 % beziffert, wobei unklar bleibt, auf welcher Basis diese Zahl entstanden ist. Möglicherweise haben die erheblichen Anstrengungen zur Korruptionsprävention in Deutschland, vor allem im öffentlichen Bereich, zur gleichen Zeit die Wahrnehmung von Korruption durch die Bevölkerung gesteigert und die Dunkelziffer reduziert." (Transparency International Deutschland http://www.transparency.de/FAQ.1224.0.html)

[20] Im Bundeslagebild Wirtschaftskriminalität 2008 heißt es: „Der in der Polizeilichen Kriminalstatistik registrierte Schaden aller erfassten Delikte beträgt rund 10 Milliarden Euro. Damit hat die Wirtschaftskriminalität einen Anteil von rund 34 Prozent an der Gesamtschadenssumme. Besonders hohe Schäden werden im Bereich der Insolvenzdelikte und der Betrugsdelikte registriert. Das tatsächliche Schadenspotenzial der Wirtschaftskriminalität wird jedoch erst deutlich, wenn man die nicht quantifizierbaren immateriellen Schäden betrachtet. Wettbewerbsverzerrungen durch Wettbewerbsvorsprünge des mit unlauteren Mitteln arbeitenden Wirtschaftsstraftäters, die gesundheitliche Gefährdung und Schädigung Einzelner als Folge von Verstößen gegen das Lebens- und Arzneimittelgesetz, das Arbeitsschutzrecht oder das Umweltstrafrecht, aber auch mögliche Vertrauensverluste in die Funktionsfähigkeit der bestehenden Wirtschaftsordnung machen beispielhaft deutlich, welches Schadenspotenzial die Wirtschaftskriminalität in sich birgt. Hinzu kommt, dass in diesem Deliktsbereich ein hohes Dunkelfeld vermutet wird, das u. a. auf der mangelnden Anzeigebereitschaft der Geschädigten beruhen dürfte." (Bundeskriminalamt 2009)

Dabei ist Deutschland noch eines der Länder, die auf dem Korruptionswahrnehmungsindex (CPI) von Transparency International relativ hoch rangieren. Es liegt unverändert auf Platz 14 (8,0 Punkte) und befindet sich damit im Mittelfeld von vergleichbaren Staaten. Der CPI misst den Grad der bei Beamten und Politikern wahrgenommenen Korruption. Es ist ein so genannter zusammengesetzter Index, der sich auf verschiedene Experten- und Managerumfragen stützt. Die Mehrzahl der 180 untersuchten Länder hat auf einer Skala von 0 (als sehr korrupt wahrgenommen) bis 10 Punkten (als wenig korrupt wahrgenommen) weniger als fünf Punkte erzielt. Die besten Bewertungen im CPI 2009 erhielten Neuseeland (9,4 Punkte), Dänemark (9,3), Singapur (9,2), Schweden (9,2) und die Schweiz (9,0). Dies zeugt von politischer Stabilität, einer langen Tradition von Konfliktlösungsmechanismen und soliden politischen Institutionen. Die Schlusslichter des Index bilden hauptsächlich durch Kriege und dauerhafte Konflikte gebeutelte Länder wie Somalia (1,1 Punkte), Afghanistan (1,3), Myanmar (1,4), Sudan (1,5) und Irak (1,5). In den Ländern, deren staatliche Strukturen durch dauerhafte Konflikte zerrüttet worden sind, gerät Korruption außer Kontrolle und stärkt die Plünderung von öffentlichen Ressourcen sowie Unsicherheit und Rechtlosigkeit.

Korruptionsbekämpfung ist daher eine Aufgabe, die vom einzelnen Unternehmen ausgehend über die nationale Politik bis auf die internationale Ebene zu erfolgen hat. Dabei sollen an dieser Stelle nur die Bemühungen auf der Unternehmensebene betrachtet werden. Für die Umsetzung eines unternehmensinternen Antikorruptionsprogramms kommt es auf die Entschlossenheit und das ausdrückliche Bekenntnis der Unternehmensleitung an, jede Form von Korruption abzulehnen, sie also weder zu dulden noch zu fördern. Dazu bedarf es des Bewusstseins darüber, dass Preisabsprachen oder Bestechung, obwohl sie zur Minimierung des eigenen Geschäftsrisikos eingesetzt werden, wegen ihres kriminellen Charakters und der im Falle der Aufdeckung eintretenden Sanktionen letztlich risikofördernd und selbstschädigend sind (siehe Kasten).

Transparency: Verfahrensschritte für ein Anti-Korruptionsprogramm

„Unternehmer, Vorstand oder Geschäftsführer tragen die Verantwortung für den Bestand und die Entwicklung ihres Unternehmens. Dazu gehört die Verpflichtung, vermeidbare Risiken und Schäden von ihm abzuwenden („Risikomanagement“). Korruption ist eine dieser Gefahrenquellen mit hohem materiellem und immateriellem Schadenpotenzial. Das Programm zur Vermeidung von Korruption dient dem Ziel, dieses Risiko durch präventive Maßnahmen so gering wie möglich zu halten.

Die ethische und zugleich rechtliche Kernbegründung für diese Bemühungen folgt aus dem Gebot der Integrität und Fairness im Geschäftsverkehr. Diese Grundnorm jeder freien Gesellschaft und Marktwirtschaft findet in zahlreichen gesetzlichen Bestimmungen

Ausdruck. Das Bekenntnis gegen Korruption bedeutet demnach nichts anderes als ein Bekenntnis zur Gesetzestreue.

Um diesem Bekenntnis den ihm zukommenden Rang, Glaubwürdigkeit, Nachdruck und Verbindlichkeit nach innen und nach außen zu geben, ist die Unternehmensleitung gut beraten, die Integrität zusammen mit anderen Leitwerten, auf die das Unternehmen sich verpflichten will, in Unternehmensgrundsätzen zu formulieren, die einen gültigen Handlungsrahmen für die gesamte Geschäftspolitik fest schreiben. Mitarbeiterinnen und Mitarbeitern soll auf diese Weise deutlich gemacht werden, dass Ablehnen und aktives Bekämpfen von Korruption kein isoliertes Verhaltensgebot, sondern die Konkretisierung von Grundwerten bedeutet.

In einem zweiten Verfahrensschritt muss jedes Unternehmen untersuchen, an welchen Stellen seiner Organisation, bei welchen Geschäftsvorfällen und in welchen konkreten Situationen die Gefahr von Korruptionshandlungen entstehen kann. Ohne die Identifizierung dieser ‚Einfallstore', die zum einen Teil in vielen Unternehmen gleichartig oder ähnlich, zum anderen Teil aber abhängig von der Branche sein können, droht das Programm sein Ziel zu verfehlen. Die Untersuchung sollte nicht am ‚Grünen Tisch', sondern mit Beteiligung derjenigen Mitarbeiterinnen und Mitarbeiter vorgenommen werden, deren Funktion betroffen sein kann.

Im dritten Schritt geht es darum, Maßnahmen zu entwickeln, die geeignet sind, die festgestellten Risiken auszuschließen oder zu verringern. Dazu müssen sowohl die Aufbau- und Ablauforganisation als auch das Verhalten der Mitarbeiter berücksichtigt werden.

Organisatorische Maßnahmen sind zum Beispiel: Verbesserung der Buchführung, Einführung von Funktionstrennungen, Vier-Augen-Prinzip oder Personalrotation, Reorganisation der Kontrollsysteme. Sie können durch verbindliche Anweisungen eingeführt werden. Für die Regelung des Verhaltens der Mitarbeiter muss ein Katalog von Geboten und Verboten (‚Verhaltenskodex') entwickelt werden, der eine arbeitsrechtlich verbindliche Richtlinie für deren Handeln vorgibt. Primäres Ziel der Regeln muss es sein, schon das Entstehen von korruptionsgefährdeten Situationen zu verhindern. In zweiter Linie geht es darum, die Mitarbeiterschaft darauf einzustellen, wie sie reagieren soll, wenn eine solche Situation gleichwohl eintritt. Die Verbindlichkeit dieser Handlungsnormen muss nicht nur in ihrer Formulierung zum Ausdruck kommen, sondern auch durch Sanktionen für den Fall von Verstößen bekräftigt werden. Dieser Teil des Programms kann nur mit Zustimmung des Betriebsrates (§ 87 (1) Ziffer 1 BetrVG) in Kraft gesetzt werden.

Der vierte, für die Wirksamkeit des Programms ebenfalls unerlässliche Schritt ist seine praktische Umsetzung (‚Implementierung'). Die Richtlinie den Mitarbeitern auszuhändigen und sie den Empfang schriftlich bestätigen zu lassen, ist dafür notwendig, aber bei Weitem nicht ausreichend. Vielmehr geht es hier um einen kontinuierlichen und konsequenten Prozess der Sensibilisierung, dessen Ziel es ist, das Unrechtsbewusstsein zu schärfen und ein Klima zu schaffen, das allen – auch den neu hinzukommenden – MitarbeiterInnen deutlich macht, was in diesem Unternehmen erwünscht ist und was nicht.

Dazu ist regelmäßige Information, Erfahrungsaustausch und Schulung mit praxisnahen Fallbeispielen über die ‚kritischen Situationen', über die Erwartungen an das Verhalten sowie die dem zugrunde liegenden Werthaltungen erforderlich.

Nach dem Inkrafttreten muss das Programm in seiner praktischen Bewährung beobachtet und ausgewertet werden. Die Unternehmensleitung muss das Thema ‚auf der Tagesordnung halten' und darf nicht den Eindruck entstehen lassen, mit seiner Verabschiedung seien auch die Probleme gelöst." (ABC der Korruptionsbekämpfung 2004: Einleitung, http://www.transparency.de/Einleitung.537.98.html Zugriff 23.12.2009)

7 Mehr Demokratien schaffen durch Rechtsstaatsexport?

Empirische Studien haben gezeigt, dass Demokratien zwar nicht unbedingt friedlicher sind als andere Staaten, dass sie ihre Konflikte untereinander aber fast nie mit militärischen Mitteln austragen. (vgl. Geis 2001, Chojnacki 2004) Hieraus linear abzuleiten, in einer Welt, in der es nur noch Demokratien gäbe, bräche der „ewige Frieden" aus, scheint gewagt. Dennoch spricht aus friedenspolitischer Perspektive einiges dafür, sich zu bemühen, die Zahl der Demokratien zu vergrößern. Da Rechtsstaatlichkeit eine wichtige Komponente für das Funktionieren einer Demokratie ist, wäre es also auch wichtig, die Verbreitung der Rechtsstaatlichkeit zu fördern. Ehemals autoritäre Staaten und Nachkriegsgesellschaften dabei zu unterstützen, rechtsstaatliche Strukturen aufzubauen und ihr Fachpersonal so auszubilden, dass es in der Lage ist, die Transformation eines autokratischen Staates in einen demokratischen Rechtsstaat nachhaltig abzusichern, ist eine vielschichtige Aufgabe. Sie umfasst neben der Einführung der Gewaltenteilung insbesondere den Aufbau rechtsstaatlicher Institutionen, also eines sachorientierten Verwaltungsapparates, der die Anliegen der Bürger weitestgehend ohne Korruption regelt (vgl. Kapitel 6), eines unparteiischen Polizeiapparates, einer unabhängigen mehrstufigen Gerichtsbarkeit, die auf der Grundlage moderner, an das Rechtswesen anderer demokratischer Staaten angelegter Gesetze entscheiden kann, und eines menschenrechtlichen Standards genügenden Strafvollzugs.

Bei all dem kommt es vor allem darauf an, dass dieser Aufbau von den Gesellschaften der entstehenden Demokratien oder zumindest von ihren Meinungsführern mit getragen und akzeptiert wird. Eine von außen übergestülpte Demokratie ohne Demokraten, d. h. ohne Bürgerinnen und Bürger, die möglichst schon vorher für Freiheit, Gleichberechtigung und Partizipation eingetreten sind, kann nicht funktionieren. Oft aber waren gerade diejenigen, die für solche Ziele gekämpft haben, politisch verfolgt, eingesperrt oder aus dem Lande vertrieben worden. Manche mögen aus dem Exil Verbindungen in die Heimat gehalten und den Widerstand gegen die Machthaber unterstützt haben. Andere haben sich dort vielleicht ohne

Hoffnung, dass sie je wieder in die Heimat zurückkehren könnten, in die Gastgebernation integriert und verspüren in den unruhigen Zeiten eines Umbruchs nicht das Bedürfnis, sich auf das Risiko eines Neuanfangs in ihrem Vaterland einzulassen.

In einer Studie der HSFK geht Leopold von Carlowitz der Frage nach, inwieweit Migranten, wenn sie nach der Wende in ihrem Heimatland dorthin zurückkehren können, ein Potenzial sind, um dort einen Rechtsstaat aufzubauen. Carlowitz zufolge ist es für das Ziel, neue Rechtssysteme und Institutionen *nachhaltig* zu gestalten, notwendig, dass internationale und lokale Rechtsexperten bei der Entwicklung von neuen Rechtsvorschriftenpartnerschaftlich und dialogorientiert zusammenarbeiten: „In der Regel werden neue Gesetze nur dann von der örtlichen Bevölkerung akzeptiert und angewandt, wenn sie ausreichend in den lokalen Kontext eingeordnet sind und ihn achten. Um ein nur auf Papier existierendes Gesetz oder das, was üblicherweise als ungewollter Rechtspluralismus bezeichnet wird, zu vermeiden, verlangt dies eine umfassende Bestandsaufnahme und Analyse des örtlichen Rechts und der Rechtstraditionen, bevor ein neuer Gesetzentwurf erarbeitet wird. Nachhaltigkeit erfordert darüber hinaus, dass die relevanten Berufsgruppen in Politik und Recht ein Gefühl der Teilnahme und Urheberschaft an dem Legislativprozess haben und zu Verteidigern der neuen rechtsstaatlichen Institutionen werden. Idealerweise entsteht dies durch Partizipation der zuständigen politischen Entscheidungsträger und die Einbeziehung von Experten und Repräsentanten der von einer neuen Regelung besonders betroffenen Bevölkerungsgruppen." (von Carlowitz 2004: 3)

Aufgrund eigener Erfahrungen auf dem Balkan kommt er zu der Feststellung, dass es besonders im juristischen Bereich unwahrscheinlich sein dürfte, in den Personalpools der einschlägigen internationalen Organisationen sowie in denen der Geberländer ausreichend qualifiziertes, was auch heißt die Sprachen der Einsatzländer beherrschendes Personal zu finden, das für einen längeren Zeitraum zu Aufbaumissionen entsandt werden kann. „Idealerweise sollten Rechtsberater oder andere in Friedenseinsätzen tätige Juristen nicht nur Experten des entsprechenden Rechtsgebietes ihres Heimatlandes sein, sondern auch mit der bestehenden lokalen Gesetzgebung und den vorhandenen örtlichen Rechtstraditionen vertraut sein." Aufgrund ihrer Ausbildung fehle es aber den meisten an der notwendigen rechtsvergleichenden Perspektive. (von Carlowitz 2004: 4) In ehemaligen Kolonien werde die Situation überdies dadurch erschwert, „dass Stammes- oder Gewohnheitsrecht parallel neben staatlichem Recht aus der Kolonialzeit existiert". (von Carlowitz 2004: 6) Damit durch das hinzu kommende neue Recht keine Verwirrung entsteht, sollten die bestehenden Rechtstraditionen so weit dies sinnvoll ist, berücksichtigt und angeschlossen werden.

Juraprofessoren oder ehemalige Richter und Staatsanwälte schöpften zwar aus einem reichen Erfahrungsschatz, bei ihnen bestünde aber gleichzeitig die Gefahr, dass sie als „Besser-Wessis" aufträten. (von Carlowitz 2004: 4) Die Alternative dazu sei, junge Juristen und Gesellschaftswissenschaftler mit Migrationshintergrund einzusetzen. Sie besäßen „zumeist relevante Sprachkenntnisse und mit einer gewissen Wahrscheinlichkeit auch das für internationale Zusammenarbeit notwendige interkulturelle oder religiöse Verständnis und Sensibilität." (von Carlowitz 2004: 8) Sie könnten daher im Demokratisierungsprozess geeigneter sein, „als z. B. gestandene Diasporaexperten mit primärer Sozialisation in der alten Heimat und anschließender westlicher Karriere, die dann als Rückkehrer die ‚Daheimgebliebenen' missionieren bzw. sie verdrängen." (von Carlowitz 2004: 8) Ein Problem könnte sein, dass diese jungen Leute nicht an einer dauerhaften Rückkehr in die meist arme Heimat interessiert sind. Insofern sollten sie mit besserer Bezahlung und der Möglichkeit, nach einiger Zeit wieder in die Länder zurückzukehren, in denen sie ihre Ausbildung genossen haben, für diese Aufgaben gewonnen werden. (von Carlowitz 2004: 10)

8 Zu den ergänzenden Texten

Um weitere Facetten der hier abgehandelten Thematik vertiefen zu können, wurden diesem Teil ein Prioritätenspiel und vier Aufsätze beigefügt.

Prioritätenspiele können in Seminaren eingesetzt werden, um einzelne Themen ohne allzu großen Zeitaufwand interaktiv zu bearbeiten. Insgesamt werden drei, in der Hochschuldidaktik wie in der Erwachsenenbildung erprobte Spiele dieser Art hier wiedergegeben. Die Teilnehmenden an dem ersten zum Thema *„Prävention gegen Terrorismus – was tun?"* sollen dafür sensibilisiert werden, dass Entscheidungen zur Terrorismusabwehr in einem Spannungsfeld von Sicherheit und Freiheit zu treffen sind. Grundlage dafür sind Aussagen aus Bundestagsdebatten im Zusammenhang mit der Einführung verschiedener Antiterrorgesetze seit 2001.

Der Aufsatz *Terrorismusbekämpfung und die Selbstgefährdung des freiheitlichen Rechtsstaats* vertieft dieses Thema. Die Anschläge vom 11. September 2001 haben in den USA wie auch in anderen westlichen Ländern zu einer Vielzahl von Maßnahmen geführt, die darauf zielen, Terroristen frühzeitig dingfest zu machen, um die Öffentlichkeit vor weiteren Attentaten zu schützen. Der in letzter Minute vereitelte Anschlag auf einen Airbus 300 auf dem Weg nach Detroit am 25. Dezember 2009 zeigt indes, dass die Anstrengungen, ständig Daten über Fluggäste und Kommunikationsverbindungen aller Art zu sammeln wie auch die Kontrollen an Flughäfen und anderen Punkten offenbar wenig nutzen, aber fortlaufende in die Freiheitsrechte unbescholtener Bürger, insbesondere in das Recht auf informationelle Selbstbestimmung eingreifen. In dem Aufsatz geht es um die grundsätzlichen Schwierigkeiten, gleichermaßen Sicherheit herzustellen und Freiheit zu bewahren, die schon seit den 1970er Jahren (RAF-Terrorismus) zur Einschränkung von Freiheitsrechten geführt haben. Hierzu werden einige der seit 2001 von Bundestag und Bundesregierung beschlossenen Maßnahmen kritisch hinterfragt. Die Argumentationslinie des Autors stützt sich auf mehrere Entscheidungen des Bundesverfassungsgerichts, das seiner Aufgabe, oberster Wächter der Einhaltung der Bürger- und Menschenrechte zu sein, dadurch nachgekommen ist, dass es strikt darauf geachtet hat, den Kernbereich privater Lebensgestaltung zu schützen.

Auch der darauf folgende Aufsatz enthält eine Fallstudie zur Gesetzgebung in Deutschland. In *Unendliche Geschichte und Beispiel für Konfliktverwaltung: Die Dauerkontroverse um die Allgemeine Wehrpflicht* wird die Auseinandersetzung über die Wehrpflicht, ihre Dauer, ihre Beibehaltung oder Aussetzung sowie die Konsequenzen für den Zivildienst analysiert. Gesetzgebungsverfahren dienen in Demokratien in hohem Maße dazu, gesellschaftliche Konflikte zu kanalisieren und zu transformieren. Dabei ist ein gerechter Ausgleich sämtlicher widerstreitender Interessen eher unwahrscheinlich. Vielmehr spiegeln die letztlich getroffenen Entscheidungen parlamentarische Mehrheitsverhältnisse. Dabei dienen Formelkompromisse oder sogar zeitlich begrenzte echte Kompromisse der *Konfliktverwaltung,* durch die ein *modus vivendi* ermöglicht wird. Bisher war es in der Wehrgesetzgebung immer wieder möglich, Teilprobleme wie die Frage der Kriegsdienstverweigerung, die Beteiligung von Frauen an den Streitkräften oder die statistische Wahrung der Wehr- und Dienstgerechtigkeit zu regeln ohne eine Grundsatzentscheidung darüber zu treffen, ob eine Aussetzung der Wehrpflicht nicht die logische Konsequenz aus der veränderten Aufgabenstellung der Bundeswehr wäre. Die Frage ist jedoch, ob dies ad infinitum weitergehen kann, ohne gleichermaßen der Funktionsfähigkeit wie der Akzeptanz der Streitkräfte im Innenbetrieb wie in der Gesellschaft zu schaden.

Im Zusammenhang mit der Konfliktverwaltung kann es auch zu einer *Konfliktverlagerung* kommen, wie das obige Beispiel der Flughafenmediation und der ihr folgenden gerichtlichen Auseinandersetzung über das Nachtflugverbot gezeigt hat. Im Verlauf oder an ihrem Ende einer solchen Verlagerung können bestimmte Teilaspekte eines Konflikts – wenigstens vorübergehend – aus dem Gesichtsfeld des öffentlichen Interesses verschwinden, oder es wechselt der Streitgegenstand, z. B. weil es einer oder mehreren Konfliktparteien nützlicher erscheint, sich gegenüber der oder den anderen an einem neuen Objekt zu profilieren. Hierum geht es in der Studie *Die „Bündnisse für Arbeit" zwischen Konfliktverlagerung und Konfliktverwaltung.* In ihr wird dargestellt, warum das ursprüngliche Kernproblem der Arbeitslosigkeit bei der Konfliktverlagerung auf der Strecke blieb.

Schließlich wird in diesem Teil des Buches die Überarbeitung eines Vortrags zur Frage *Olympisches Fair play – ein Ansatz zur Friedenserziehung?* wiedergegeben.

Er befasst sich mit einem zentralen Aspekt demokratischer Konfliktaustragung, dem fairen Umgang unter den Konfliktparteien unter friedenspädagogischer Perspektive. Fairness könnten sehr viele Menschen im Zusammenhang mit sportlichem Engagement erlernen, denn Sport wird gern als die wichtigste Nebensache der Welt bezeichnet. Dass es dort häufig gar nicht fair zugeht, lässt sich an zahllosen Fouls und Doping-Affären belegen, die nicht nur durch den Ehrgeiz, siegen zu wollen, sondern auch durch die damit verbundenen materiellen Vorteile motiviert sind. All dies steht mit den Prinzipien des Olympismus im Widerspruch, um deren Verwirklichung es sowohl bei den Olympischen Spielen als auch in der olympischen Erziehung gehen soll, welche – ganz im Sinne des Begründers der modernen Olympischen Spiele, Pierre de Coubertin – ein Ansatz der Friedenserziehung ist.

Literatur:

ABC der Korruptionsbekämpfung (2004), herausgegeben von Transparency International Deutschland http://www.transparency.de/H.516.0.html (Zugriff 23.12.2009)

Ambos, Kai (2010): Die Chancen nutzen, in: Frankfurter Allgemeine Zeitung, 11. 2. 2010, S. 6.

Baumann, Jürgen (1977): Strafprozessrecht, in: Lüderssen, Klaus und Fritz Sack (Hrsg.): Seminar Abweichendes Verhalten III. Die gesellschaftliche Reaktion auf Kriminalität 2, Frankfurt am Main, S. 41–62.

Berg-Schlosser, Dirk (1999): Empirische Voraussetzungen und allgemeine Konstitutionsbedingungen von Demokratie, in: ders./Giegel, Hans-Joachim (Hrsg.): Perspektiven der Demokratie. Probleme und Chancen im Zeitalter der Globalsierung, Frankfurt am Main/New York, S. 57–81.

Blankenburg, Erhard (1995): Mobilisierung des Rechts. Eine Einführung in die Rechtssoziologie, Berlin/Heidelberg u. a.

Bundeskriminalamt (2009): Bundeslagebild Wirtschaftskriminalität 2008, http://computer-forensik.org/2009/09/11/bundeslagebild-wirtschaftskriminalitat-2008/ (Zugriff 23.12.2009)

Carlowitz, Leopold von (2004): Migranten als Garanten? Über die Schwierigkeiten beim Rechtsstaatsexport in Nachkriegsgesellschaften, HSFK-Standpunkte Nr. 6/2004.

Chojnacki, Sven (2004): Demokratien und Krieg: Das Konfliktverhalten demokratischer Staaten im internationalen System, 1946–2001. In: Schweitzer, Christine/Aust, Björn/Schlotter, Peter (Hrsg.): Demokratien im Krieg, Baden-Baden, S. 72–106.

Dahrendorf, Ralf (1967): Homo Sociologicus, Versuch zur Geschichte, Bedeutung und Kritik der Kategorie der sozialen Rolle, in: ders.: Pfade aus Utopia. Arbeiten zur Theorie und Methode der Soziologie, München, S. 128–194.

Deiseroth, Dieter (2004): Zivilcourage am Arbeitsplatz – Whistleblowing, in: Meyer, Gerd et. al. (Hrsg.): Zivilcourage lernen. Analysen, Modelle, Arbeitshilfen, Tübingen, S. 124–135.

Durkheim, Emile (1970): Regeln der soziologischen Methode, Neuwied/Berlin, 3. Aufl..

Falter, Annegret (2008): Stellungnahme zum Entwirf einer Regelung des Informantenschutzes für Arbeitnehmer im Zusammenhang mit dem Gesetz zur Änderung des Lebensmittel- und Futtermittelgesetzbuches sowie anderer Vorschriften (BT-DS 16/8100) für die Öffentliche Anhörung des Ausschusses Ernährung, Landwirtschaft und Verbraucherschutz des Deutschen Bundestages am 4.6.2008, (unv. Manuskript) 5 S.

Fietkau, Hans-Joachim/Weidner, Helmut (1998): Umweltverhandeln. Konzepte, Praxis und Analysen alternativer Konfliktregelungsverfahren, Berlin.

Fröhder, Christoph Maria (1999): Zeig den Zensor! Interview in MediumMagazin 5/1999, S. 18–19.

Geis, Anna (2001): Diagnose: Doppelbefund – Ursache ungeklärt? Die Kontroversen um den ‚demokratischen Frieden'. In: Politische Vierteljahresschrift 42/2001: S. 283–298.

Geis, Anna (2005): Regieren mit Mediation. Das Beteiligungsverfahren zur zukünftigen Entwicklung des Frankfurter Flughafens. Studien zur politischen Gesellschaft Band 6, Wiesbaden.

Gugel, Günther/Jäger, Uli (1997): Friedenserziehung – Anmerkungen zu Theorie und Praxis http://www.friedenspaedagogik.de/themen/friedenserziehung/friedenspaedagogik_1900_bis_heute/1990_2000/guenther_gugel_uli_jaeger_friedenserziehung_anmerkungen_zu_theorie_und_praxis_1997 (Zugriff 23.12.2009)

Jäger, Uli (2006): Friedenspädagogik – Grundlagen, Herausforderung und Chancen einer Erziehung zum Frieden, in: Imbusch, Peter/Zoll, Ralf: Friedens- und Konfliktforschung. Eine Einführung, 4. überarb. Aufl. Wiesbaden, S. 537–555.

Kaufmann, Arthur (1989): Vierzig Jahre Rechtsentwicklung – dargestellt an einem Satz des Grundgesetzes, in: Bleek, Wilhelm und Maull, Hanns (Hrsg.): Ein ganz normaler Staat? Perspektiven nach 40 Jahren Bundesrepublik, München/Zürich, S. 51–70.

König, René (1975): Das Recht im Zusammenhang der sozialen Normensysteme, in: Lüderssen, Klaus und Fritz Sack: Seminar Abweichendes Verhalten I. Die selektiven Normen der Gesellschaft, Frankfurt am Main, S. 186–207.

Llewellyn, Karl N. (1939/40): The Normative, the Legal, and the Law-Jobs, in: Yale Law Journal, 49, S. 1355–1400.

Löbel, Ulrike/Thurn, Raphael (2010): Private Militärfirmen und Menschenrechtsverletzungen (unveröffentlichte Hausarbeit im Masterstudiengang Friedens- und Konfliktforschung, Universität Marburg)

Lüderssen, Klaus (2010): Auf der schiefen Ebene, in: Frankfurter Allgemeine Zeitung, 11.02.2010, S. 6.

Luhmann, Niklas (1973): Vertrauen. Ein Mechanismus der Reduktion sozialer Komplexität, 2. erw. Aufl., Stuttgart.

Luhmann, Niklas (1983): Legitimation durch Verfahren, Frankfurt am Main.

Maihofer, Werner (1970): Die gesellschaftliche Funktion des Rechts, Jahrbuch für Rechtssoziologie I, S. 11–36.

Meyer, Berthold (2006): Die Parlamentsarmee – zu schön um wahr zu sein? In Vom Hagen, Ulrich (Hrsg.): Armee in der Demokratie. Zum Verhältnis von zivilen und militärischen Prinzipien, Wiesbaden, S. 51–71.

Meyer. Berthold/Schlotter, Peter (2000): Die Kosovo-Kriege 1998/99. Die internationalen Interventionen und ihre Folgen, HSFK-Report 1/2000, Frankfurt am Main.

Montada, Leo/Elisabeth Kals (2001): Mediation. Lehrbuch für Psychologen und Juristen, Weinheim
Popper, Karl R. (1994): Alles Leben ist Problemlösung. Über Erkenntnis, Geschichte und Politik, München
Raiser, Thomas (1987): Rechtssoziologie. Ein Lehrbuch, Frankfurt am Main.
Rehbinder, Manfred (1993): Rechtssoziologie, 3. neubearb. Aufl., Berlin.
Röhl, Klaus F. (1987): Rechtssoziologie. Ein Lehrbuch, Köln u. a..
Ropers, Norbert (1995): Friedliche Einmischung. Strukturen, Prozesse und Strategien zur konstruktiven Bearbeitung ethnopolitischer Konflikte. Berghof Report Nr. 1. Berlin.
Sader, Manfred (2002): Toleranz und Fremdsein. 16 Stichworte zum Umgang mit Intoleranz und Fremdenfeindlichkeit, Weinheim und Basel.
Schelsky, Helmut (1970): Systemfunktionaler, anthropologischer und personfunktionaler Ansatz der Rechtssoziologie, Jahrbuch für Rechtssoziologie I, S. 37–98.
Schiller, Theo (1999): Prinzipien und Qualifikationskriterien von Demokratie, in: Berg-Schlosser, Dirk/Giegel, Hans-Joachim (Hrsg.): Perspektiven der Demokratie. Probleme und Chancen im Zeitalter der Globalsierung, Frankfurt a. M./New York, S. 28–56.
Schmidt, Manfred G. (2000): Demokratietheorien, 3. Aufl., Opladen.
Schwan, Helmut (2009): Flughafen Frankfurt. Zurück auf Null, http://www.faz.net/s/Rub-FAE83B7DDEFD4F2882ED5B3C15AC43E2/Doc~ED73E0674FB954B1EB39C3B675E6C69FA~ATpl~Ecommon~Scontent.html (Zugriff 09.11.2009)
Senghaas, Dieter (1995): Frieden als Zivilisierungsprojekt, in: ders. (Hrsg.): Den Frieden denken, Frankfurt am Main, S. 196–223.
Senghaaas, Dieter (1997): Frieden machen. Frankfurt am Main.
Staffen-Quandt, Daniel/Schmidt, Katja (2009): Hessischer Verwaltungsgerichtshof erlaubt Frankfurter Flughafenausbau (21. 08. 2009) http://www.eturbonews.de/2249/hessische-verwaltungsgerichtshof-erlaubt-frankfurter-flughafenausbau (Zugriff 17.11.2009)
Weber, Max (1956): Wirtschaft und Gesellschaft, Erster Halbband, Tübingen.
Wintersteiner, Werner (2005): Friedenserziehung und Friedenspolitik. Bildung in Zeiten des Neoliberalismus: http://www.friedenspaedagogik.de/themen/friedenserziehung/friedenspaedagogik_1900_bis_heute/2000_heute/wintersteiner_friedenserziehung_und_friedenspolitik_bildung_in_zeiten_des_neoliberalismus_2005 (Zugriff 23.12.2009)
Wintersteiner, Werner (2009): Ganzheitlich, global, gesellschaftsverändernd. Zwölf Thesen zur Friedenspädagogik, in: Gruber, Bettina/Wintersteiner, Werner/Duller, Gerlinde (Hrtsg.): Friedenserziehung als Gewaltprävention. Regionale und internationale Erfahrungen, Klagenfurt/Celovec, S. 14–31.

Prioritätenspiel „Prävention gegen Terrorismus – was tun?“

Um gegen den internationalen Terrorismus mit Aussicht auf Erfolg vorgehen zu können, wurden und werden im Deutschen Bundestag sehr unterschiedliche Maßnahmen diskutiert:

verdächtige Personen festnehmen und in Gewahrsam halten, bis sie ihre Unschuld nachgewiesen haben	Personen, die Mitglieder einer terroristischen Vereinigung sind, härter bestrafen	sämtliche Flugreisenden vor Antritt ihrer Reise gründlich mit einem „Nacktscanner“ untersuchen
den Privatbesitz von Schusswaffen jeglicher Art verbieten	den Privatbesitz von Schusswaffen zur Selbstverteidigung erlauben	das Grundgesetz ändern, um den Einsatz der Bundeswehr im Inneren zum Schutz gegen Angriffe aus der Luft zu erlauben
den Zugriff des Bundeskriminalamtes auf private Computer mit Trojanern (online-Überwachung) generell zulassen	das Grundgesetz ändern, um den weltweiten Einsatz der Bundeswehr gegen Terroristen als eine Form der Verteidigung zu legitimieren	keine umfassende Speicherung von Daten über Telefonverbindungen vornehmen, sondern dies auf verdächtige Personen beschränken
das Bankgeheimnis aufheben, um Geldwäsche zu verhindern bzw. aufzudecken	das Bankgeheimnis höchstens für grenzüberschreitende Transaktionen aufheben	neben der akustischen Wohnraumüberwachung (großer Lauschangriff) auch die optische zulassen
der Bundespolizei erlauben, in ihrem Tätigkeitsbereich Personen anzuhalten und deren Ausweise zu kontrollieren	den für die Sicherheit zuständigen Diensten die präventive Liquidierung von potenziellen Attentätern erlauben	den Datenaustausch zwischen den inländischen Geheimdiensten und der Polizei erleichtern
der Anfälligkeit von Menschen in armen Ländern für antiwestliche Parolen durch eine verstärkte Entwicklungszusammenarbeit entgegenwirken	3-D-Fotos, Fingerabdrücke und biometrische Daten in die Personalausweise und Reisepässe aufnehmen	3-D-Fotos, Fingerabdrücke und biometrische Daten nur in die in die Personaldokumente von Zuwanderern und Asylbewerbern aufnehmen
keine Online-Überwachung privater Computer durch staatliche Stellen zulassen	alle Vorschriften zur Terrorismusbekämpfung regelmäßig auf ihre Zweckmäßigkeit überprüfen	außerdem sollte…

Aufgabenstellung

Der Spielleiter teilt die Teilnehmergruppe in fünf Untergruppen auf, von denen jede eine andere Fraktion des Deutschen Bundestages spielt. Dann verteilt er an alle die Seite mit der Matrix der Forderungen und folgendem Aufgabentext:

Auf diesem Blatt werden 20 Forderungen genannt, die in Deutschland, aber auch in anderen Demokratien in der Auseinandersetzung um den Schutz vor terroristischen Angriffen von verschiedenen Seiten vorgetragen wurden und werden.

1. Diskutiert diese Forderungen in Eurer Arbeitsgruppe.
2. Überlegt, welche sieben bis zehn Forderungen aus der Perspektive der von Euch vertretenen …-Fraktion nicht zu akzeptieren sind und streicht diese.
3. Ordnet die übrig gebliebenen Forderungen danach, welche Ihr aus der Sicht der …-Fraktion für die wichtigste, die zweitwichtigste etc. haltet. Falls Ihr den Eindruck habt, dass es aus Eurer Perspektive noch eine weitere wichtige Forderung gibt, könnt Ihr diese ergänzend formulieren und in die Prioritätenliste einordnen.
4. Bereitet Euch auf eine Debatte im Bundestagsplenum vor, indem Ihr die Argumente für Eure Entscheidungen für die Streichungen und Prioritätensetzungen notiert.
5. Falls es auch nach intensiver Diskussion nicht möglich sein sollte, Einigkeit bei den Streichungen oder den Prioritätensetzungen zu finden, dokumentiert die Mehrheits- und die Minderheitsposition.

Den fünf Gruppen wird eine Stunde Zeit gegeben, diese Aufgabe zu erledigen. Nötigenfalls kann diese Zeit auch etwas verlängert werden. Danach kommen alle im Plenum zusammen. Der Spielleiter übernimmt die Rolle des Bundestagspräsidenten. Er fordert die Sprecher der fünf Fraktionen (in der Reihenfolge ihrer Größe) auf, in der ersten Runde vorzutragen, welche Forderungen aus ihrer jeweiligen Position zu streichen sind. In der zweiten sollen sie erklären, welchen Forderungen sie jeweils die höchste, zweit- und dritthöchste Priorität gaben. Die Gruppen erklären dazu ihre Entscheidungen.

Auf einem Flipchart, auf dem vorher die Matrix mit den 21 Feldern aufgezeichnet wurde, wird festgehalten, was von der jeweiligen Seite gestrichen und was für besonders wichtig erachtet wurde. Hieraus ergibt sich auf der Matrix schon ein Strukturmuster, aus dem sich erkennen lässt, ob es für bestimmte Positionen Übereinstimmungen in der Streichwürdigkeit gibt und wo eventuell fraktionsübergreifende Gemeinsamkeiten erkennbar sind.

In einer dritten Runde kann dann, wenn die Spielzeit dafür reicht, in Verhandlungen eingetreten werden, um zu einer Entschließung des Bundestages zu gelangen. *Tipp für den Spielleiter:* Vielleicht zeigt die Matrix bei einigen Forderungen, dass sie auf allen Seiten, oder bei einer Mehrheit zwar keine hohe Priorität haben, für sie aber akzeptabel sind, so dass zunächst darüber verhandelt werden könnte, um überhaupt eine Basis für eine Einigung zu finden.

Anmerkung: Das Prioritätenspiel zum Terrorismusabwehr wurde erstmals am 8. April 2003 während der 13. Frühjahrsakademie Sicherheitspolitik der Hessischen Stiftung Friedens- und Konfliktforschung und der Atlantischen Akademie Rheinland-Pfalz „Terrorismus, äußere und innere Sicherheit" gespielt. Die Teilnehmerinnen und Teilnehmer hatten ein paar Tage vorher Auszüge aus den Debatten des Deutschen Bundestages um den Einsatz der Bundeswehr in Afghanistan und um die Sicherheitspakete zur Kenntnis genommen, was ihnen die Zuordnung der Statements erleichtert haben dürfte. Die hier abgedruckte Version wurde aufgrund einiger neuer Argumente leicht verändert.

Terrorismusbekämpfung und die Selbstgefährdung des freiheitlichen Rechtsstaats*

Berthold Meyer

Die etwa 300 Passagiere des Fluges Delta/Northwest 253 von Amsterdam nach Detroit hatten am ersten Weihnachtstag 2009 großes Glück. Wenn es dem Nigerianer Umar Faruk Abdulmutallab gelungen wäre, einen Beutel mit 80g Plastiksprengstoff PETN zur Explosion zu bringen, den er an seinem Bein zünden wollte, und wenn nicht ein beherzter Holländer und Mitglieder der Crew den schon brennenden Mann niedergerungen und die Flammen mit einer Decke erstickt hätten, wäre der Airbus 330 während des Landeanfluges zerfetzt worden. Dabei hätten die Passagiere dieses Glück gar nicht gebraucht, wenn die amerikanischen Sicherheitsbehörden nicht mehrfach unachtsam gewesen wären: Schon Monate vor dem gescheiterten Selbstmordattentat hatte der Vater des 23jährigen Umar Faruk, ein angesehener nigerianischer Bankier, die Behörden seines Heimatlandes wie auch die dortige amerikanische Botschaft davor gewarnt, dass sein Sohn sich religiös radikalisiert habe und den „Märtyrertod" suche. Die amerikanischen Behörden hatten ihn daraufhin zwar auf eine allgemeine Beobachtungsliste (Terrorist Identities Datamart Environment) von rund 500.000 Verdächtigen gesetzt, jedoch noch nicht auf ihre Liste derjenigen Terrorverdächtigen (Terrorist Screening Data Base) übertragen, auf der circa 4.000 Personen verzeichnet sind, die von internationalen Fluggesellschaften nicht befördert werden dürfen. Und das Kontrollpersonal in Amsterdam hatte den jungen Mann offenbar auch nicht so gründlich abgetastet, dass der Sprengstoff an seinem Bein aufgefallen wäre. (vgl. Rüb 2009: 3)

Das Ereignis zeigt, trotz der enormen Sicherheitsanstrengungen, welche die Terroranschläge vom 11. September 2001 auf das World Trade Center in New York und das Pentagon in Washington zur Folge hatten, um ähnliche Gefährdungen in der Zukunft zu vermeiden und potenzielle Attentäter frühzeitig dingfest zu machen, finden diese immer noch Schlupflöcher. Auch wenn künftig auf Transatlantikflügen niemand mehr in der Stunde vor der Landung seinen Sitzplatz verlassen darf, wenn alles Handgepäck in dieser Zeit eingeschlossen wird, wenn keine Decken mehr über die Knie gelegt und auf den Monitoren keine Landkarten mehr gezeigt werden dürfen, auf denen zu erkennen ist, wo sich die Maschine gerade

* Originalbeitrag.

befindet – so die Anordnungen nach dem Attentatsversuch vom 25. Dezember 2009 –, ist nicht auszuschließen, dass jemand mitten über dem Atlantik mit 80g Sprengstoff eine Katastrophe auslöst.

Es gibt aber noch eine andere Erkenntnis: Die Menge der Informationen, die fortwährend bei den Sicherheitsbehörden zusammenlaufen, um potenzielle Gefährder zu identifizieren, ist so groß und so unübersichtlich, dass selbst gezielte Warnungen wie die des Vaters des Attentäters darin untergehen. Dies führt zu der Frage nach dem Verhältnis von Aufwand und Ertrag all jener Vorkehrungen, die um der Sicherheit willen in die Freiheitsrechte aller Bürger eingreifen. Das Durchleuchten des Handgepäcks und die Kontrolle dessen, was Fluggäste beim Einsteigen am Körper tragen, erscheinen notwendig, um die Sicherheit der Reisenden selbst zu erhöhen, auch wenn die an den meisten Flughäfen eingesetzten Metalldetektoren wenig Schutz bringen.[1]

Andere Maßnahmen der Terrorismusbekämpfung wie die Speicherung sämtlicher Telefonverbindungen über längere Zeit hinweg scheinen demgegenüber eher einer übertriebenen Datensammelwut der Behörden zu entspringen. Welchen Preis zahlen die Bürger schon jetzt dafür, dass ihnen die Regierenden erklären, mit diesem oder jenem Eingriff in ihr selbst bestimmtes Leben sei dieses sicherer geworden? Und welchen Preis sollen sie darüber hinaus noch bezahlen?

Zunächst muss eingeräumt werden, manches von dem, was uns um der Sicherheit willen an Freiheitseinschränkungen zugemutet wird, empfinden wir, die wir uns mit elektronischen Medien ständig umgeben sowie von morgens bis abends „online" leben, und insofern dessen weitgehend unbewusst an der langen elektronischen Leine geführt werden, gar nicht als Zumutung. So melden wir freiwillig ständig unseren Aufenthaltsort an elektronische Netze, wenn wir unsere Mobiltelefone eingeschaltet haben. Wir lassen unsere Vorlieben für bestimmte Musik oder Nahrungsmittel speichern, wenn wir im Internet surfen oder bargeldlos einkaufen. Das Grundrecht auf „informationelle Selbstbestimmung", für das aus Anlass der Anfang der 1980er Jahre geplanten Volkszählung noch Massen protestierend auf die Straße gingen, haben wir längst in erheblichem Maße an den Kassen der Supermärkte und den Knotenpunkten des Internets abgegeben (vgl. Schaar 2007). Trotzdem würden viele Bürger lieber selbst darüber entscheiden,

[1] Tests in verschiedenen Flughäfen zeigten in den vergangenen Jahren dass es nur wenig Mühe macht, Teppichmesser, wie sie die Attentäter vom 11. September 2001 verwendeten, oder auch Sprengstoff trotz der Kontrollen in den Passagierraum zu schmuggeln. Experimente mit Nackt- oder Körperscannern zeigen hingehen, dass diese vielleicht effektiver sind, jedoch zu sehr in die rechtlich geschützte Intimsphäre der Fluggäste eindringen als dass man sie einführen dürfte. Allerdings sollen ab 2010 oder 2011 modernere Varianten verfügbar sein, die ähnlich leistungsstark sind, ohne Kontrollbedienstete zu professionellen Voyeuren werden zu lassen. Sie überall einzusetzen, würde jedoch erhebliche Investitionen auch im Personalbereich erfordern.

wann und wo „Big Brother“ etwas über sie erfährt und wie lange er seine Kenntnisse speichern darf.

Wenn eines der Motive für die Anschläge vom 11. September 2001 eine tiefe Verabscheuung der aus der Sicht von Islamisten unzüchtigen freiheitlichen Lebensweise des Westens und seiner Führungsmacht USA war, und wenn umgekehrt die Bewahrung der individuellen Freiheit, sein Leben zu gestalten, das Leitmotiv der Terrorabwehr ist, dann ist es angesichts des Ausbaus staatlicher Kontrollorgane und der Ausweitung ihrer Tätigkeit in den unmittelbar betroffenen USA sowie in Deutschland und anderen westlichen Demokratien berechtigt zu fragen, ob der „Ausnahmezustand“, der bis dahin eine mehr oder weniger kurzfristige Situation kennzeichnete, zu einer dauerhaften Regel wird, die den eigentlich damit bezweckten Schutz der individuellen Grundrechte *ad absurdum* zu führen droht. Um zu verhindern, dass die Hüter des Rechtsstaates auf diese Weise ungewollt den terroristischen Feinden der Freiheit in die Hände arbeiten, anstatt sie zielgenau zu bekämpfen, ist es wichtig, sich den Wertekonflikt zwischen dem Streben nach Freiheit und dem nach Sicherheit bewusst zu machen. Hierum geht es zu Beginn der nachfolgenden Betrachtung. In ihrem Mittelpunkt stehen jedoch die konkreten Probleme der Regelung dieses Wertekonfliktes. Sie konzentriert sich dabei auf die deutsche Anti-Terror-Gesetzgebung und ihre Kontrolle durch das Bundesverfassungsgericht.

1 Sicherheitsstreben und Risikobewertung

Das Streben nach Sicherheit liegt in der Natur des Menschen als einem „Mängelwesen“. Es ist eine „universale menschliche Eigenschaft“ (Kaufmann 1973: 10). Im Sinne einer Schutzvorkehrung gegen menschenunfreundliche natürliche Umweltfaktoren und gegenüber unfreundlichen Mitmenschen waren Bemühungen um Sicherheit ein wichtiger Antrieb im Prozess der Zivilisation (Vgl. Elias 1977). Doch erst im Laufe des 20. Jahrhunderts wurde Sicherheit zum Symbol einer gesellschaftlichen Wertidee.

Dabei erweist es sich in der deutschen Sprache im Vergleich zum Englischen oder Französischen als eine Besonderheit, dass der Begriff der Sicherheit äußerst vieldeutig verwandt werden kann. Er meint Franz Xaver Kaufmann zufolge gleichermaßen „Gefahrlosigkeit, Verlässlichkeit, Gewissheit und Sorgelosigkeit“. Die vier Bedeutungskomplexe stehen in einem Zusammenhang: „Nur die Gewissheit verlässlichen Schutzes führt zur Sorgelosigkeit oder: Das subjektive ‚Sicherheitsgefühl‘ soll berechtigt sein in dem Sinne, dass objektiv keine Gefahr droht.“ Dies sei nur dann gegeben, wenn die Wahrnehmung der Gefahrlosigkeit richtig sei, wenn also „auf das wahrgenommene Bild der Außenwelt Verlass ist und die Wahrnehmungsverarbeitung dem Kriterium der ‚richtigen Erkenntnis‘, der Gewissheit“

genüge. Auf die gesellschaftliche Ebene übertragen bedeutet dies: „Gesellschaftlich vermittelte Sicherheit erscheint als die Gewissheit einer verlässlichen Ordnung" als Zustand, in dem Handelnde „Verhaltenssicherheit im Sinne von Ruhe, Vertrauen und Entschlossenheit" dadurch gewinnen, dass gegebene Garantien und Schutzvorkehrungen berechenbar sind (Kaufmann 1973: 149). Der Ausfall eines einzigen dieser Bedeutungssegmente genüge, um die verbleibende „Sicherheit" als „unecht" zu erleben. Dementsprechend sei es durchaus verständlich, dass die als Zeiterscheinung diagnostizierte „Unsicherheit" auf verschiedene Faktoren zurückgeführt werde (Kaufmann 1973: 150).

Die „scheinbar evidente Eindeutigkeit" und gleichzeitige „Unbestimmtheit des informativen Gehalts" des Sicherheitsbegriffs ist der wichtigste Grund für seine „emotionale Appellqualität" (Kaufmann 1973: 32). Dadurch wurde er zum „Kristallisationspunkt für die verschiedensten Assoziationen" (Frei 1977: 13 f.). Drohende Verschlechterungen einer als relativ komfortabel erlebten Situation oder die bloße Ungewissheit darüber erzeugen Ängste. Hiergegen wirken Sicherheitsversprechen wie eine Droge, deren Wirkung allerdings nachlässt, sobald neue Ungewissheiten wahrgenommen werden. Daher und weil Sicherheit in der Bedürfnishierarchie[2] bei einem großen Teil der Menschen sehr hoch rangiert, kann jeder Politiker, der „Sicherheit" verspricht, mit vielen Wählerstimmen rechnen.[3]

Daniel Frei hat auf den Unterschied zwischen subjektiver und objektiver Ungewissheit aufmerksam gemacht und damit vier verschiedene Abstufungen zwischen Sicherheit und Unsicherheit definiert. Subjektive Ungewissheit sei dadurch bedingt, „dass das künftige Verhalten anderer eingeschätzt werden muss und nicht berechnet werden kann". Die objektive Ungewissheit ergebe sich dagegen aus den aktuellen und vor allem zukünftigen tatsächlichen Handlungsmöglichkeiten anderer Subjekte. Aus der Aufteilung der beiden Dimensionen der Ungewissheit in die Ausprägungen groß und gering gewinnt Frei die vier Typen „echte Sicherheit", „falsche Sicherheit", „Unsicherheit" und „Obsession". Echte Sicherheit herrsche, wenn sowohl objektiv wie subjektiv die Ungewissheit in Bezug auf ein negativ bewertetes Ereignis gering sei. Unsicherheit hingegen, wenn die subjektive Einschätzung wie auch die objektive Lage äußerst ungewiss sei (Frei 1977: 20 ff.).

[2] Zum Konzept der Grundbedürfnisse (basic needs) s. Maslow (1970). Dort werden fünf Klassen solcher basic needs unterschieden: physiologische Grundbedürfnisse, Sicherheitsbedürfnisse, Bedürfnisse nach Zuneigung und Liebe, Bedürfnisse nach Achtung und Selbstachtung sowie Bedürfnisse nach Selbstverwirklichung/Selbstentfaltung.

[3] Schon in der alten Bundesrepublik haben sowohl konservative wie auch sozialdemokratische Parteien sich dies in ihrer Wahlwerbung über Jahrzehnte zunutze machen können, während die Liberalen und später auch die Grünen, die statt dessen eher für Bürgerrechte eintreten, offenbar solange weit weniger Wähler für sich gewinnen, wie Freiheit weithin als Selbstverständlichkeit wahrgenommen wird (vgl. Meyer 1983).

Abbildung 1 Beziehungen zwischen Sicherheitserleben und Sicherheitspolitik (Meyer 1983: 18)

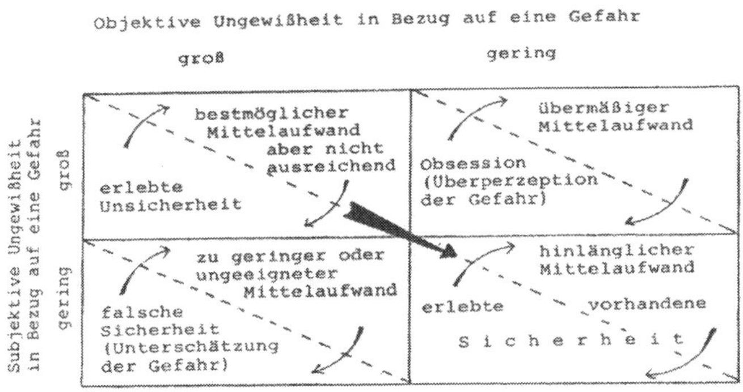

In unserem Zusammenhang interessieren vor allem die beiden asymmetrischen Typen: Wer sich in „falscher Sicherheit“ wähnt, verkennt entweder eine objektiv vorhandene Gefahr oder hat die falschen Mittel zu seinem Schutz gewählt. In beiden Fällen befindet er sich – versicherungstechnisch ausgedrückt – im Zustand der Unterversicherung. Wer demgegenüber von Ängsten besessen ist („Obsession“), reagiert übertrieben auf entweder geringfügige oder höchst unwahrscheinlich eintretende Gefahrenmomente. Er neigt also zur Überversicherung, was bedeutet, dass er mehr für seine Sicherheit aufwendet, als er im Schadensfall ohne die Versicherung verlieren würde.

Risikobewertungen, ganz gleich auf welcher Ebene, verlangen eine Einschätzung, ob, wann und mit welchen Auswirkungen ein als negativ angesehenes Ereignis in der Zukunft eintrifft. Um eine solche Einschätzung vorzunehmen, ist es erforderlich, Informationen über vergleichbare Ereignisse aus der Vergangenheit und deren Rahmenbedingungen daraufhin zu überprüfen, inwieweit sie Schlussfolgerungen auf die Zukunft zulassen. Wie schwierig das ist, mögen Beispiele aus verschiedenen Lebensbereichen verdeutlichen:

1. Bei Großveranstaltungen kann immer etwas passieren. Im Gedränge haben Taschendiebe gute Chancen, anderen den Geldbeutel zu stehlen; es kann Rempeleien geben, aus denen sich Schlägereien entwickeln, etwa bei Fußballspielen zwischen den Anhängern der beiden Mannschaften; aber es kann auch zu einer Panik kommen, wenn Feuer ausbricht oder eine Tribüne einstürzt. Da dies jedoch eher selten vorkommt, halten es die für die Sicherheit solcher Veranstaltungen Verantwortlichen in den meisten Fällen lediglich für geboten, Polizisten, Feuerwehrleute und Sanitäter für kleinere bis mittlere Schadensrisiken zugegen zu haben.

Dass große Menschenansammlungen auch Terroristen Anreize bieten, um mit schwersten Folgewirkungen zuzuschlagen, ist seit langem bekannt: So konnten Rechtsextremisten 1980 beim Münchner Oktoberfest unbemerkt einen Sprengsatz deponieren, der bei seiner Explosion 13 Menschen in den Tod riss und zahlreiche weitere verletzte. Weitere Beispiele sind ein Vorfall in der Tokioter U-Bahn am 20. März 1995, bei dem Anhänger der Aum-Sekte Saringift einsetzten und dabei 12 Menschen töteten und rund 5.000 verletzten, sowie die gleichzeitigen Anschläge auf drei Londoner U-Bahnen und einen Bus am 7. Juli 2005 mit über 50 Toten und Hunderten von Verletzten. Wollte man derartige Risiken präventiv weitestgehend ausschließen, bräuchte man entweder wesentlich mehr Polizisten, die an allen Eingängen von Stadien, Vergnügungsparks und Discos, aber auch an sämtlichen U-Bahn-Stationen strikte Personenkontrollen vornähmen. Eine kostengünstigere Alternative dazu wäre, die Zahl von Großveranstaltungen, aber auch der Bahnhöfe drastisch zu reduzieren. Dies hätte jedoch für alle harmlosen Bürger die Folge, dass sie erhebliche Einschränkungen an Lebensqualität und Mobilität auf sich nehmen müssten.

2. Die Regierung der USA hatte noch unter Bill Clinton damit begonnen, ein Milliarden Dollar teures und technologisch sehr anspruchsvolles Raketenabwehrsystem zu entwickeln, um ihr Land vor Luftangriffen von „Schurkenstaaten" zu schützen. Doch während sich die Experten auf Angriffe aus großer Distanz konzentrierten, kaperten am 11. September 2001 19 Terroristen vier Verkehrsflugzeuge, bedrohten die Crews mit Teppichmessern und lenkten zwei dieser Flugzeuge in das World Trade Center und eines auf das Pentagon. Sie führten damit zwar den Beweis, dass es durchaus sinnvoll gewesen war, über die Verletzlichkeit der USA auf ihrem eigenen Kontinent nachzudenken. Aber die Anschläge zeigten auch, dass die nahe liegenden Gefahrenquellen übersehen worden waren. Erst nachdem die Terroristen einen Weg eingeschlagen hatten, den sie auch schon Jahre oder Jahrzehnte früher hätten nutzen können, begann man darüber nachzudenken, wie mit äußerst primitiven Mitteln durchgeführte, aber höchst wirksame Anschläge verhindert werden können, etwa dadurch, dass – ebenfalls recht simpel und kostengünstig – die Tür zum Cockpit nicht vom Fahrgastraum aus geöffnet werden kann.

Ulrich Beck sprach schon vor zwei Jahrzehnten vom Problem der „Überproduktion von Risiken" im innergesellschaftlichen wie internationalen Bereich wie auch bei Großtechnologien, die „sich teils relativieren, teils ergänzen, teils wechselseitig den Rang ablaufen" (Beck 1986: 40). Zu den objektiven Schwierigkeiten von „Experten", einzelne Risiken und deren Zusammenwirken zuverlässig einzuschätzen, kommen Einzel- und Gruppeninteressen, die um ihres ökonomischen oder politischen Vorteils willen bestimmte Risiken hochspielen und andere bagatellisieren, und die einander den „Schwarzen Peter" der Verantwortlichkeit für die Vermeidung oder Behebung von Schäden zuschieben.

Mindestens drei weitere Aspekte sind für den gesellschaftlich-politischen Umgang mit Sicherheitsproblemen von Bedeutung: Zum einen verlangen die demokratischen Spielregeln, dass die Exekutive nach Recht und Gesetz handelt. Um auf ungewöhnliche Herausforderungen mit legalen Mitteln reagieren zu können, besteht daher entweder ein Bedarf an Regelungen, die offen sind für eine große Bandbreite des Regierungs- und Verwaltungshandelns oder an sehr detaillierten Regelungen, die auch noch nicht vorgekommene Fälle antizipieren. Zum anderen sind Politiker gemeinhin an ihrem Positions- bzw. Machterhalt interessiert. Diesen glauben sie am ehesten sichern zu können, wenn sie einer aufgeregten Öffentlichkeit gegenüber Aktivität demonstrieren, also wenn die Exekutive polizeiliche Präsenz zeigt und die Legislative neue Gesetze beschließt. Außerdem ist drittens auf Grund der erwähnten emotionalen Appellqualität des Sicherheitsbegriffs im Publikum die Auffassung weit verbreitete, einen „Anspruch", ja vielleicht sogar ein „Grundrecht auf Sicherheit" zu besitzen. Dieses Anspruchsdenken ist unter anderem darauf zurückzuführen, dass die meisten Mitglieder moderner Gesellschaften nicht um ihre nackte Existenz kämpfen müssen, sondern mehr oder weniger viel zu verlieren haben. Um dies zu vermeiden, sind sie bereit, allerlei Zumutungen zu akzeptieren, z.B. steigende Staatsausgaben, die sie mit hohen Steuern zu finanzieren haben, oder Freiheitsbeschränkungen, wenn diese ihnen entweder nicht direkt auffallen oder wenn sie angeblich „brave Bürger, die nichts zu verbergen haben" nicht betreffen und insofern ihnen unter dem Zauberwort der Sicherheitsvermehrung als notwendig vermittelt werden können. Mit anderen Worten: „Sicherheit" liegt der von Beck so genannten „Risikogesellschaft" als „normativer Gegenentwurf" zugrunde und treibt sie an (Beck 1986: 65).

2 Terrorismus: Anschläge auf das Sicherheitsbedürfnis und die Freiheit

Die staatlichen Reaktionen auf die Verunsicherung durch den 11. September zeigen sehr gut, und zwar nicht nur in den USA, sondern auch bei uns und in anderen freiheitlichen Demokratien, wie schwierig es ist, angesichts von Anschlägen auf das Sicherheitsbedürfnis und die Freiheit beides wirklich zu bewahren, denn jedes Mehr an Sicherheitsvorkehrungen engt Freiräume notwendigerweise ein so wie umgekehrt Freiheit für Risiken offen und damit der von diesen ausgehenden Unsicherheit ausgesetzt ist.

Zu Spannungen zwischen dem Streben nach Freiheit und dem nach Sicherheit kommt es grundsätzlich überall da, wo demokratische Rechtsstaaten es als ihre Aufgabe ansehen, ihren Bürgern beides zu garantieren. Allerdings gibt es wichtige Unterschiede zwischen den politischen Kulturen der einzelnen Länder. In den USA ist die Tradition der Freiheit tief verwurzelt und dabei mit einer genauso alten Grundüberzeugung von der individuellen Selbstverantwortung für die Sicherheit verbunden. Sie äußert sich z. B. darin, dass der Zusatzartikel II zur amerikanischen Verfassung das Recht der Bürger schützt, Waffen nahezu jeglicher Art und Größe zu besitzen und zu tragen. Dieser Bestandteil der amerikanischen politischen Kultur ignoriert weitgehend die aus der europäischen Staaten- und Verfassungsgeschichte gewonnene Erkenntnis von dem für die innere Sicherheit förderlichen Effekt eines *staatlichen Gewaltmonopols*. Dessen Herausbildung beschreibt Norbert Elias als Weg von der beständigen Unsicherheit, welche die Gewalt und die Bedrohung, die von ihr ausgeht, für den Einzelnen in früheren Zivilisationsphasen bedeutete, zu einer „eigentümliche(n) Form von Sicherheit" (Elias 1977: 325).

Terroristische Anschläge gegen *demokratische Staaten* – und nur um die soll es im Folgenden gehen – zielen darauf, diese öffentlich als unfähig darzustellen, Sicherheit für ihre Bürger zu garantieren. Sie nehmen dabei billigend in Kauf, das prekäre Gleichgewicht zwischen Sicherheit und Freiheit empfindlich zu stören: So übten die linksrevolutionären Terroristen der deutschen RAF und der italienischen Roten Brigaden gezielt Gewalt gegen Repräsentanten des Staates oder des kapitalistischen Gesellschaftssystems aus, in dem sie selbst lebten. Sie wollten damit die vom Staat bis dahin garantierte Ordnung unterminieren und letztlich beseitigen. Dabei spekulierten sie darauf, dass der Staat nun umso intensiver versuchte, seiner Ordnungsfunktion gerecht zu werden, und dass er sich dadurch als repressiv „entlarven" und damit auch das Vertrauen der Menschen verspielen würde, ihre Freiheit zu garantieren. Weitere spektakuläre Aktionen sollten dem Publikum dann zeigen, dass trotz zunehmender Einschränkungen von Freiheitsrechten kein Mehr an Sicherheit zu erreichen ist. Auf diese Weise hofften diese Terroristen, Staat und Bürger immer weiter zu entfremden und unter den Bürgern sogar Sympathisanten und potenzielle Mittäter für ihre umstürzlerischen Ziele zu gewinnen (Hoffman 2001: 209 ff.).

Da Terrorangriffe meist von einem Überraschungseffekt begleitet sind, der den von ihren ausgehenden Schrecken und die Angst vor neuen Anschlägen steigert, wirken sie unmittelbar auf das Sicherheitsbedürfnis der Menschen. Dabei verunsichert nicht so sehr die Größe des jeweiligen Anschlages, wie sein plötzlicher Einbruch in eine bis dahin als sicher wahrgenommene Situation und die Unbestimmtheit des Risikos weiterer Anschläge, wodurch die „politische Unsicherheit" als besonders bedrohlich erscheint (Vgl. Kaufmann 1973: 19).

Terrorakte setzen direkt oder mittelbar betroffene Regierungen unter Zugzwang. Unternähmen sie nichts, müssten sie befürchten, dass dies von der eigenen Bevölkerung, von anderen Staaten und nicht zuletzt von den Terroristen selbst als Schwäche ausgelegt würde. Deshalb versuchen sie zunächst, weitere Anschläge zu verhindern. Sie werden also Polizeikontrollen verstärken, um die Vorbereitung weiterer Aktionen zu vereiteln oder die von ihnen ausgehende Gefahr frühzeitig zu erkennen. Derartige Vorkehrungen sollen zwar der Bevölkerung die Rückkehr in ein weitgehend normales und von Ängsten unbeschwertes Alltagsleben ermöglichen. Aber Politiker fürchten offenbar Situationen, in denen sie für Lücken, die sie bei der Prävention gelassen haben, später zur Verantwortung gezogen zu werden, wenn jemand zu Schaden gekommen ist. Deshalb neigen sie dazu, durch allgemeine Notstands- und spezielle Antiterrorgesetze die Freiheitsrechte der Bürger stärker und vor allem länger einzuschränken als es für eine effektive Gefahrenabwehr erforderlich wäre.

3 Die gestiegene staatliche Neugier nach dem 11. September

Die ersten Reaktionen auf die Anschläge bezogen sich in den USA, in Deutschland und anderen Ländern auf die Sicherung des Flugverkehrs durch intensivierte Personen- und Gepäckkontrollen auf den Flughäfen sowie Vorkehrungen zum Schutz von Flugzeugen vor Entführungen. Allerdings holten sie etwa mit der Begleitung von Flügen durch bewaffnetes Sicherheitspersonal in Zivil *(sky marshalls)* nur nach, was bei der israelischen Fluggesellschaft El Al schon längst gängige Praxis war. Mit den dort außerdem schon vor Jahren vorgenommenen technischen Veränderungen, die ein Eindringen in das Cockpit erschweren, ließen sich die Gesellschaften hingegen Zeit.

Daneben gab es schnell geschnürte wesentlich weiter reichende Anti-Terror-Pakete, die mehr von staatlicher Neugier als von dem Bedürfnis geprägt waren, im Falle neuer Anschläge die Bürger vor deren Folgen zu schützen.

Dabei waren die Ausgangspositionen sehr unterschiedlich: So gab es in den USA aufgrund der anders gearteten Freiheitstradition weder eine allgemeine Meldepflicht noch Personalausweise. Erst infolge des 11. Septembers sollte eine Identitätskarte zunächst bei Angehörigen der Streitkräfte und Beamten gefährdeter Ministerien getestet werden, bevor sie dann möglicherweise für alle Bürger eingeführt werden sollte. In Deutschland gibt es hingegen nicht nur seit Generationen ein klar geregeltes Pass- und Meldewesen, sondern seit längerem schon mehr oder weniger fälschungssichere Identitätspapiere. Trotzdem gehörte es im Herbst 2001 sogleich zu den Plänen der Bundesregierung, Fingerabdrücke und weitere biometrische Daten ihrer Besitzer in einem Chip zu speichern und in die Identitätspapiere aller Bürger aufzunehmen, um zu verhindern, dass diese von nur ähnlich aussehenden Menschen missbraucht würden.[4]

---

[4] Das konnte damals innerhalb der rot-grünen Koalition aufgrund von Einreden der Fraktion der Grünen nicht sofort durchgesetzt werden. Allerdings kam es am 13. Dezember 2004 zu einem entsprechenden Beschluss des Europäischen Rates, nachdem die USA damit gedroht hatten, die Visumfreiheit für EU-Bürger aufzuheben. Nun musste die Bundesregierung mitziehen. Ab dem 1. November 2005 wurden nur noch Reisepässe ausgestellt, die maschinenlesbare biometrische Daten enthielten. Die „Große Koalition" ging zwei Jahre später noch weiter. Nach dem von ihr am 25. Mai 2007 ver-

Hierzulande war auch schon in den 1960er Jahren damit begonnen worden, Grundrechte im Zusammenhang mit der Notstandsverfassung einzuschränken: In den 1970er Jahren wurden Bestimmungen gegen Terrorismus und Extremismus in die einschlägigen Gesetze aufgenommen. Auch danach wurden weitere Bürgerrechte mit dem Ziel eingeschränkt, besser gegen die organisierte Kriminalität gewappnet zu sein. Dies gipfelte darin, dass sogar Eingriffe in die privateste Sphäre erlaubt wurden: 1998 höhlte der Bundestag das Grundrecht der Unverletzlichkeit der Wohnung für den „großen Lauschangriff" aus (mehr dazu in Kapitel 6). Drei Monate vor dem 11. September waren auch die Befugnisse für den Bundesnachrichtendienst beim Abhören von Telefonaten erweitert worden. Man hätte also erwarten können, dass es in Deutschland anders als in den USA keinen Nachholbedarf bei der Gesetzgebung zur inneren Sicherheit gegeben hätte. Doch weit gefehlt:

Die vom damaligen deutschen Innenminister Otto Schily auf den Weg gebrachten Vorschriften weisen nicht nur eine Reihe inhaltlicher Parallelen zu dem kurz zuvor vom amerikanischen Justizminister John Ashcroft durch den Kongress gepeitschten „U. S. A. PATRIOT Act"[5] auf. Vielmehr ähneln sich die Vorgehensweisen in ihrer Tendenz, in Krisenzeiten eilig Vorschriften zu verschärfen und die Kompetenz der Polizeiapparate zu erweitern, anstatt zuerst zu prüfen, ob der eingetretene Schaden nicht auf Pannen oder Unterbesetzung in den Sicherheitsorganen zurückzuführen ist und ob das vorhandene Instrumentarium nicht effektiver eingesetzt werden könnte. Doch solche Eingeständnisse der zuständigen Minister könnten ihnen von der Öffentlichkeit als Zeichen bisheriger Untätigkeit oder Inkompetenz angelastet werden. Stattdessen sollen forsch vorgetragene Aktionsprogramme zeigen, die Regierung werde das Problem bald „im Griff" haben.[6]

Dabei waren einige der Maßnahmen, die unmittelbar nach den Anschlägen als „Sicherheitspaket I" beschlossen wurden, schon vor dem 11. September von der Bundesregierung vorbereitet worden, etwa der Entzug des staatlichen Schutzes für Vereine, die unter dem Deckmantel der Frömmigkeit extremistische Aktivitäten entfalten wie die islamistische Gruppierung des „Kalifen von Köln", Metin Kaplan. Aber auch das von Bundesinnenminister Schily unmittelbar danach vorgelegte „Sicherheitspaket II" griff auf Überlegungen zurück, die in den für die innere Sicherheit sowie für die Kontrolle von Zuwanderern zuständigen Behörden

abschiedeten neuen Passgesetz werden seit dem 1. November 2007 in den Reisepässen zusätzlich die Abdruckbilder von zwei Fingern in den Chips gespeichert.

5 „PATRIOT Act" ist eine Abkürzung für Provide Appropriate Tools Required to Intercept and Obstruct Terrorism.

6 Eine solche Haltung entspricht einer der vollziehenden Staatsgewalt wohl überall innewohnenden Neigung, die ein Vorvorgänger Schilys im Amt, Gerhard Schröder (CDU), 1960 bei der Vorlage seines ersten Entwurfs der Notstandsgesetze in dem Satz zusammenfasste: „Der Notstand ist die Stunde der Exekutive." (zit. nach Seifert 2001: 93).

schon länger ventiliert worden waren, jedoch innerhalb der rot-grünen Koalition vor diesem Datum politisch nicht durchsetzbar gewesen waren.

Die meisten der in diesem Artikelgesetz enthaltenen Vorschriften[7] verfolgen den Zweck, den Sicherheitsbehörden des Bundes mehr Befugnisse zu geben und ihre Zusammenarbeit, vor allem ihren Informationsaustausch untereinander und mit denen der Länder zu verbessern. Sofern auf diese Weise organisatorische Defizite behoben werden, die aus Kompetenzvorbehalten der Bundesländer resultieren und gelegentlich die normale Kriminalitätsbekämpfung erschweren, ist dagegen wenig einzuwenden, sofern nicht die aufgrund der schlimmen Erfahrungen mit der Geheimen Staatspolizei während der Nazi-Herrschaft eingeführte strikte Trennung zwischen Polizei und Nachrichtendiensten dadurch aufgehoben wird. Doch wenn durch die Kompetenzerweiterung unbescholtene Bürger mit ihren privaten Lebensäußerungen in die Dossiers gelangen und nicht sofort wieder daraus entfernt werden, verstößt die Exekutive gegen die Verfassung und insbesondere gegen das Grundrecht der informationellen Selbstbestimmung.

Insgesamt lag zwar das Schwergewicht auf der Kontrolle von Ausländern, die entweder nach Deutschland einreisen oder einwandern wollen oder sich schon hier aufhalten. Doch eine Reihe der Maßnahmen hatte alle hier lebenden Menschen im Visier wie das erwähnte Beispiel der Aufnahme von Fingerabdrücken und biometrischen Daten in Personalausweise und Reisepässe zeigt.

4 Das Ende des Bankgeheimnisses kam durch die Hintertür

Eine ebenfalls potenziell jeden betreffende Bestimmung des „Sicherheitspaketes II", die dem Bundesamt für Verfassungsschutz und der Bundesnachrichtendienst erlauben sollte, von Banken Informationen einzuholen, wurde vom Bundestag im Dezember 2001 noch auf „den Einzelfall" beschränkt (Terrorismusbekämpfungsgesetz 2002, Art 1, Zf. 3b und Art 3). Das Parlament folgte auch nicht dem Begehren der Regierung, sämtliche inländischen Bankverbindungen in einem Zentralregister (Kontoevidenzzentrale) zu speichern, um der Geldwäsche vorzubeugen und um den Finanztransaktionen möglicher Terroristen nachzuspüren. Damals erkannten die Abgeordneten, dass dies einen tiefen Eingriff in das Bankgeheimnis[8] bedeutet hätte, auch wenn die Geldbewegungen selbst dort nicht unmittelbar erfasst worden wären.

---

[7] Das Gesetz änderte das Bundesverfassungsschutzgesetz, das MAD-Gesetz, das BND-Gesetz, das Bundeskriminalamtsgesetz, das Ausländergesetz und andere ausländerrechtliche Vorschriften; eine ausführliche Auseinandersetzung mit dem „Sicherheitspaket II" enthält Meyer (2002).

[8] Ein umfassendes Bankgeheimnis gab es allerdings zu diesem Zeitpunkt schon längst nicht mehr: Schon lange existierte neben den Mitteilungen der Banken über Kreditbeziehungen an die SCHUFA

Doch nur ein halbes Jahr später wurde das Kreditwesengesetz durch das Vierte Finanzmarktförderungsgesetz um einen § 24c ergänzt, der einen ähnlichen Effekt hat wie das, was im „Sicherheitspaket II" vorgesehen war. Dies geschah von der Öffentlichkeit weitgehend unbemerkt – und ich habe den Eindruck, dass auch die Abgeordneten des Bundestages nicht richtig mitbekommen haben, welch weit reichenden Veränderungen sie da zugestimmt haben. Das Gesetz erlaubt nun der neu geschaffenen Bundesanstalt für Finanzdienstleistungsaufsicht einen elektronischen Zugriff auf Dateien der Kreditinstitute, um zu prüfen, wer bei welcher Bank ein Konto, ein Wertpapierdepot oder die Verfügungsberechtigung über eine Bankverbindung hat oder in den letzten drei Jahren hatte, wenn diese nicht mehr besteht. Dabei muss jedes Kreditinstitut durch technische und organisatorische Maßnahmen auf eigene Kosten sicherstellen, dass ihm selbst die Abrufe der Bundesanstalt nicht zur Kenntnis gelangen, damit es nicht in Versuchung kommt, seine Kunden zu warnen.[9]

Damit nicht genug. Das Anfang 2004 verabschiedete „Gesetzes zur Förderung der Steuerehrlichkeit" wurde zu diesem Zeitpunkt nur unter dem Aspekt der Amnestie für Steuersünder, die Gelder am Finanzamt vorbei im Ausland angelegt haben, diskutiert. Erst acht Monate später erfuhr die Öffentlichkeit von einer darin enthaltenen noch weiter reichende Einschränkung des Bankgeheimnisses: Ab 1. April 2005 stand den Finanzbehörden, aber auch anderen öffentlichen Stellen, die etwas mit „Einkünften" und „Einkommen" zu tun haben, das erwähnte automatisierte Kontenabfragesystem zur Verfügung. Das schafft im Prinzip den „gläsernen Bankkunden". Einer Klage gegen dieses Gesetz vor dem Bundesverfassungsgericht wegen des Verstoßes gegen das Grundrecht auf informationelle Selbstbestimmung wurde am 13. Juni 2007 nur dahingehend stattgegeben, dass die Richter eine Präzisierung des § 93, Abs. 8 der Abgabenordnung verlangten.[10]

---

und der Mitteilungspflicht gegenüber dem Finanzamt im Falle des Ablebens eines Kunden die Verpflichtung, an der Aufklärung strafbarer Handlungen mitzuwirken. Weitere Löcher waren durch das Zinssteuerurteil des Bundesverfassungsgerichts von 1991 sowie durch die Offenlegungspflichten für die Herkunft größerer Bareinzahlungen im Zusammenhang mit der Bekämpfung organisierter Kriminalität hinzugekommen.

[9] In dem im Juni 2002 neu in das Kreditwesengesetz eingefügten § 24c „Automatisierter Abruf von Kontoinformationen" heißt es dazu wörtlich: „(1) Ein Kreditinstitut hat eine Datei zu führen, in der unverzüglich folgende Daten zu speichern sind: [...]Das Kreditinstitut hat zu gewährleisten, dass die Bundesanstalt *jederzeit* Daten aus der Datei nach Satz 1 in einem von ihr bestimmten Verfahren automatisiert abrufen kann. *Es hat durch technische und organisatorische Maßnahmen sicherzustellen, dass ihm Abrufe nicht zur Kenntnis gelangen.*" (Hervorhebungen B. M.)

[10] Dies geschah durch Artikel 6 des Unternehmenssteuerreformgesetzes 2008; vgl. Synopse in §§Buzer.de§§ Gesetze... http://www.buzer.de/gesetz/1966/al15331-0.htm (Abruf 23.12.2009).

5 Sicherheit zum Schutz der Freiheit?

Anti-Terror-Gesetze erfüllen im demokratischen Rechtsstaat nur dann ihren Zweck, wenn durch sie die Möglichkeiten des Staates, terroristische Angriffe abzuwehren, vergrößert, die Grundrechte der Bürgerinnen und Bürger aber nicht mehr als dafür unbedingt erforderlich eingeschränkt werden. Anders kann der Anspruch auf Schutz, der den Bürgern, dem Souverän, als Gegenleistung für die Übertragung des Gewaltmonopols auf den Staat zusteht, nicht eingelöst werden. Dieser Schutz bezieht sich aber nicht auf die Fortdauer irgendeines nach Gesetzen funktionierenden Staates, sondern auf den Bestand des demokratischen Rechtsstaates und damit auf die Fortdauer der schützenswerten freiheitlichen Lebensform seines Souveräns. Es geht also auch beim Schutz vor Terroranschlägen um die schon in der Vergangenheit mit Blick auf die innere Sicherheit diskutierte Frage, „wie die Republik verteidigt werden kann, ohne zu ihrer Freiheitsidee in Widerspruch zu geraten, ohne also die Grundrechte zu suspendieren: Liberalität und Effizienz müssen demokratieverträglich austariert werden. Die Verteidigung der Freiheit ist eine voraussetzungsvolle Sache, deren Schicksal sich schon bei der Wahl der Mittel entscheidet: diese muss ausgesprochen skrupulös getroffen werden." (Leggewie/ Meier 1995: 16)

Auch heute noch sollte deshalb die Zielvorgabe des ehemaligen FDP-Innenministers Werner Maihofer gelten, der im Zusammenhang mit der Erarbeitung der ersten Anti-Terror-Gesetze Mitte der 1970er Jahre argumentierte: So wie im Strafprozess „im Zweifel zwischen Freiheit und Sicherheit hinsichtlich Unschuld oder Schuld des Angeklagten der Grundsatz: ‚in dubio pro reo!' – also für Unschuld und damit Freiheit des Angeklagten (gilt),... heißt insgesamt im Widerspruch zwischen Freiheitsverbürgung und Sicherheitsgewährung in einem freiheitlichen Rechtsstaat die Antwort: ‚in dubio pro libertate!' – im Zweifel für die Freiheit." Maihofer forderte, dass „in einem freiheitlichen Rechtsstaat derjenige die zwingende Notwenigkeit eines Gesetzes dartun muss, der eine Freiheitseinschränkung des Einzelnen zugunsten der Sicherheit des Andern vornehmen will; und nicht umgekehrt .... Der freiheitliche Rechtsstaat steht so in seiner Bewährung unter dem doppelten Grundsatz: Soviel Freiheit wie möglich! Soviel Sicherheit wie nötig; und nicht umgekehrt." Deshalb sprach sich Maihofer insbesondere gegen eine „Sicherheitspolitik gewissermaßen auf Verdacht und Vorrat" aus, die „zutiefst freiheitlichen Wertvorstellungen" widerspreche (Maihofer 1976: 83 ff.).

Genau solche Gesetze auf Vorrat sind das Anti-Terror-Paket und das Vorratsdatenspeicherungsgesetz von 2007 (s. u.). Zu ihnen wird der Gesetzgeber nicht zuletzt dadurch motiviert, dass von konservativer Seite seit einigen Jahren versucht wird, die Fiktion eines Grundrechtes auf Sicherheit[11] in die staatsrechtliche Diskussion einzubringen. Dabei wird behauptet, dieses Grundrecht sei im Grundgesetz implizit vorhanden. Wenn dieses jedoch genauso wie die Freiheitsrechte gegen den Staat eingeklagt werden könnte, wäre der Staat zur grenzenlosen Vorsorge gegen alle nur denkbaren Unsicherheiten verpflichtet. Welche Folgen dies hätte, „zeigt sich besonders deutlich in dem Recht der Gefahrenabwehr: polizeirechtlich ist eine Gefahr eine Lage, in der bei ungehindertem Geschehensablauf ein Zustand oder ein Verhalten mit ‚hinreichender Wahrscheinlichkeit' zu einem Schaden für eines der polizeilichen Schutzgüter (Leben, Gesundheit, Eigentum, öffentliche Sicherheit u. ä.) führen würde. ‚Hinreichende Wahrscheinlichkeit' kann nur angenommen werden, wenn es eine ‚nach der Lebenserfahrung begründete Befürchtung der Gefahrenverwirklichung' gibt, wie es in den polizeirechtlichen Lehrbüchern heißt." (Preuss 1989: 489)

Auf welch schwankendem Boden man sich bewegt, wenn man mit Begriffen wie „hinreichender Wahrscheinlichkeit" und „Lebenserfahrung" arbeiten muss, zeigen die Ereignisse vom 11. September sehr plastisch: Vor diesem Datum schien es keine Anhaltspunkte dafür zu geben, dass Zivilflugzeuge in terroristischer Absicht in Hochhäuser gelenkt werden. Die seitherige Lebenserfahrung muss zwar das Risiko einer Wiederholung solcher Anschläge berücksichtigen, besitzt aber weder Hinweise auf deren Wahrscheinlichkeit noch auf mögliche Orte. Daher ist es z. B. völlig ungewiss, ob es erforderlich ist, um das vermeintliche Grundrecht auf Sicherheit derjenigen, die in Hochhäusern wohnen oder arbeiten, von Staats wegen zu schützen, sämtliche Gebäude eines Landes ab einer bestimmten Stockwerkzahl im Sinne des „Objektschutzes" polizeilich oder gar militärisch rund um die Uhr zu schützen, oder ob es genügt, für bestimmte Gebiete von Großstädten Überflugverbote auszusprechen und deren Einhaltung so gut es geht zu überwachen. Wie verzwickt die Einhaltung eines solchen Anspruchs wird, zeigt der Konflikt um das Luftsicherheitsgesetz (s. u.), in dem es darum ging, ob der Staat berechtigt sei, zum Schutz von Menschen, die sich in einem Hochhaus befinden, ein von Terroristen gekapertes Flugzeug abzuschießen, dessen Passagiere dabei ums Leben kommen.

Alles in allem wird, wenn man die Existenz eines Grundrechts auf Sicherheit akzeptiert, der Aufblähung der Sicherheitsvorschriften und -apparate Tür und Tor geöffnet. Demgegenüber hätte im Herbst 2001 eine genaue Prüfung der geltenden Sicherheitsgesetze erkennen lassen, dass es noch erhebliche Vollzugsdefizite gab, die erst einmal hätten behoben werden müssen, bevor vermeintliche Gesetzeslücken durch neue Vorschriften geschlossen wurden. Außerdem hätten vor der endgültigen Verabschiedung des „Sicherheitspaketes II" die einzelnen geplanten Maßnahmen daraufhin geprüft werden müssen, ob und inwieweit sie – falls es

[11] Vgl. in diesem Sinne Isensee (1984), dazu kritisch Bendrath (1997).

sie vor dem 11. September 2001 schon gegeben hätte – dazu beigetragen hätten, diese Anschläge zu verhindern oder die bis kurz zuvor in Deutschland unauffällig als „Schläfer“ lebenden Terroristen rechtzeitig dingfest zu machen. Manches hätte sich dabei schon als unbrauchbar erwiesen.[12]

Doch es fragt sich, ob es wirklich in erster Linie um die Terrorismusbekämpfung ging, oder ob diese nicht eine plausible Begründung dafür lieferte, staatliche Neugier gegen Bürgerrechte auszuspielen, um dem Sicherheitsbedürfnis der Exekutive nach einem „gläsernen Menschen“ näher zu kommen – sei er nun einreisewilliger oder schon im Inland lebender Ausländer oder deutscher Staatsbürger. Doch dieser „gläserne Mensch“ steht in jeder Hinsicht im Widerspruch zu dem vom Bundesverfassungsgericht 1983 aus den Artikeln 1 und 2 GG abgeleiteten Grundrecht auf informationelle Selbstbestimmung. Daher hatten die Datenschutzbeauftragten des Bundes und der Länder schon am 1. Oktober 2001 darauf hingewiesen, dass die Sicherheits- und Strafverfolgungsbehörden schon vor der Verabschiedung des Gesetzes über weit reichende Befugnisse zur Datenverarbeitung verfügten und sogar eine effektive Zusammenarbeit zwischen Polizei und Verfassungsschutz durch die geltende Rechtslage gewährleistet sei. Vollzugsdefizite seien kein Datenschutzproblem. „Zu pauschalen Forderungen nach Einschränkung des Bürgerrechts auf Datenschutz besteht deshalb kein Anlass. Die Datenschutzbeauftragten betonen, dass Datenschutz nie Täterschutz war und auch in Zukunft nicht sein wird.“[13]

6 Das Bundesverfassungsgericht schützt den Kernbestand privater Lebensgestaltung

Das Bundesverfassungsgericht hatte in den letzten Jahren mehrfach Anti-Terror-Gesetze daraufhin zu überprüfen, inwieweit die Sicherheitsbedürfnisse des Staates mit den im Grundgesetz verbürgten Freiheitsrechten der Bürger kollidieren:

---

[12] Aus diesem Grund war auch die Aufnahme biometrischer Daten in die Personalausweise und Pässe auf Kritik gestoßen: Mindestens zwei der Flugzeugentführer, die längere Zeit vorher in Deutschland gelebt hatten, waren hier unter ihren wirklichen Namen gemeldet. Der eine war ein Ägypter, der vermutlich erst nach seiner Einwanderung zu der Tat angestiftet wurde. Allein aufgrund seiner Frömmigkeit hätte man ihn auch bei verschärften Einreisevorschriften nicht daran hindern können, hier zu studieren. Der andere besaß sogar einen deutschen Pass, weil er hier als Sohn einer Deutschen geboren wurde. In keinem dieser Fälle wäre also durch biometrische Merkmale oder durch Fingerabdrücke in den Pässen den Tätern rechtzeitig auf die Spur zu kommen oder die Tat zu verhindern gewesen. Davon abgesehen würden auch Ausländer, die sich z. B. als Angehörige von EU-Staaten in Deutschland aufhalten und frei bewegen können, von der neuen Regelung nicht erfasst.

[13] Entschließung der Datenschutzbeauftragten des Bundes und der Länder bei ihrem Sondertreffen in Bonn am 1. Oktober 2001.

1. Bei der Beratung des „Sicherheitspaketes II" gab es eine Strömung im Bundestag, der dieses nicht weit genug ging. Den Unionsparteien genügte die am Ende der konservativ-liberalen Regierungszeit 1998 (von Teilen der FDP mit Bauchgrimmen) vorgenommene Durchlöcherung der Unverletzlichkeit der Wohnung für den Großen Lauschangriff noch nicht. Sie forderte am 8. Oktober 2001 eine Erweiterung der Wohnraumüberwachung mit der Begründung: „Angesichts des Ausmaßes der Bedrohung erscheinen die geltenden Einschränkungen der akustischen Wohnraumüberwachung und der Ausschluss der optischen Wohnraumüberwachung nicht mehr zeitgemäß."[14] Sie erhielten damals dafür keine Mehrheit. Mehr noch, die Vorschriften für die Durchführung des „Großen Lauschangriffs" wurden vom Bundesverfassungsgericht am 3. März 2004 großenteils kassiert: „Ein erheblicher Teil der Vorschriften der Strafprozessordnung (StPO) zur Durchführung der akustischen Überwachung von Wohnraum zu Zwecken der Strafverfolgung (ist) verfassungswidrig." Das Gericht begründete dies wie folgt: „Die Unverletzlichkeit der Wohnung hat einen engen Bezug zur Menschenwürde und zu dem verfassungsrechtlichen Gebot unbedingter Achtung einer Sphäre der ausschließlich privaten – ‚höchstpersönlichen' – Entfaltung. Die vertrauliche Kommunikation benötigt einen räumlichen Schutz, auf den die Bürger vertrauen können. Dem Einzelnen soll das Recht, in Ruhe gelassen zu werden, gerade in seinen privaten Wohnräumen gesichert sein, und zwar ohne Angst, dass staatliche Stellen die Entfaltung seiner Persönlichkeit im Kernbereich privater Lebensgestaltung überwachen. In diesen Kernbereich darf die akustische Überwachung von Wohnraum nicht eingreifen, und zwar auch nicht im Interesse der Effektivität der Strafrechtspflege und der Erforschung der Wahrheit. Eine Abwägung nach Maßgabe des Verhältnismäßigkeitsgrundsatzes zwischen der Unverletzlichkeit der Wohnung und dem Strafverfolgungsinteresse findet insoweit nicht statt. Selbst überwiegende Interessen der Allgemeinheit können einen Eingriff in diese Freiheit zur Entfaltung in den höchstpersönlichen Angelegenheiten nicht rechtfertigen." (Bundesverfassungsgericht 2004: 1 f.)

2. Die CDU/CSU wollte außerdem schon 2001 das Grundgesetz ändern, um Einsätze der Bundeswehr im Inneren beim Objektschutz zu ermöglichen, fand aber dafür keine verfassungsändernde Mehrheit. Die Frage des Einsatzes der Bundeswehr im Inneren spielte dann allerdings bei dem Ende September 2004 vom Bundestag verabschiedeten Luftsicherheitsgesetz eine Rolle.[15] Sein § 14 Abs. 3

[14] Zit. nach: Deutscher Bundestag 14. Wahlperiode Drucksache 14/... (Antrag der Fraktion von CDU/CSU noch ohne Nr.) 08. Oktober 2001, S. 4.

[15] Dieses war als Reaktion auf Unklarheiten hinsichtlich der Entscheidungskompetenz zwischen dem Bund und dem betroffenen Land zustande gekommen, die sich an einem Sonntag im Januar 2003 stellten, als ein entführtes Kleinflugzeug stundenlang gefährliche Flugmanöver über der Frankfurter Innenstadt vollzog und schon Abfangjäger der Luftwaffe aufgestiegen waren, um es notfalls abzuschießen, was dann aber doch nicht geschah, weil der Pilot zur Landung gezwungen werden konnte.

sollte dem Verteidigungsminister erlauben, der Luftwaffe den Befehl zum Abschuss eines mit unbeteiligten Passagieren besetztes Verkehrsflugzeugs zu geben, wenn anzunehmen sei, dass es von Terroristen entführt sei und als Waffe gegen ein schutzbedürftiges Objekt eingesetzt werden solle. Bundespräsident Horst Köhler unterzeichnete dieses Gesetz zwar, regte aber aufgrund erheblicher verfassungsrechtlicher Bedenken zugleich an, das Bundesverfassungsgericht anzurufen, weil durch diesen Paragrafen „Leben zugunsten anderen Lebens geopfert" werde. Der Erste Senat des Bundesverfassungsgerichts bestätigte die Zweifel des Bundespräsidenten und kassierte das Gesetz am 15. Februar 2006 mit folgendem Tenor: „Die Ermächtigung der Streitkräfte, gemäß § 14 Abs. 3 des Luftsicherheitsgesetzes durch unmittelbare Einwirkung mit Waffengewalt ein Luftfahrzeug abzuschießen, das gegen das Leben von Menschen eingesetzt werden soll, ist mit dem Recht auf Leben nach Art. 2 Abs. 2 Satz 1 GG in Verbindung mit der Menschenwürdegarantie des Art. 1 Abs. 1 GG nicht vereinbar, soweit davon tatunbeteiligte Menschen an Bord des Luftfahrzeugs betroffen werden." (Bundesverfassungsgericht 2006: 1)

3. Schon bald nach der Bildung der „Großen Koalition" bemühte sich Bundesinnenminister Wolfgang Schäuble (CDU) darum, dem Bundeskriminalamt zur Terrorismusbekämpfung die Online-Durchsuchung privater Computer (im Amtsdeutsch: heimliche Infiltration eines informationstechnischen Systems) zu erlauben. Da zu dieser Zeit aber eine Klage vor dem Bundesverfassungsgericht gegen ein ähnliches Gesetz des Landes Nordrhein-Westfalen anhing, warteten die Koalitionsfraktionen und die Bundesregierung mit der Einbringung ihres Entwurfes erst den Richterspruch aus Karlsruhe ab. In seiner Entscheidung hob der Erste Senat am 27. Februar 2008 hervor: „1. Das allgemeine Persönlichkeitsrecht (Art. 2 Abs. 1 i. V. m. Art 1 Abs. 1 GG) umfasst das Grundrecht auf Gewährleistung der Vertraulichkeit und Integrität informationstechnischer Systeme. 2. Die heimliche Infiltration eines informationstechnischen Systems, mittels derer die Nutzung des Systems überwacht und seine Speichermedien ausgelesen werden können, ist verfassungsrechtlich nur zulässig, wenn tatsächliche Anhaltspunkte einer konkreten Gefahr für ein überragend wichtiges Rechtsgut bestehen. Überragend wichtig sind Leib, Leben und Freiheit der Person oder solche Güter der Allgemeinheit, deren Bedrohung die Güter oder den Bestand des Staates oder die Grundlagen der Existenz der Menschen berührt. [...] 3. Die Infiltration [...] ist grundsätzlich unter den Vorbehalt richterlicher Anordnung zu stellen. Das Gesetz, das zu einem solchen Eingriff ermächtigt, muss Vorkehrungen enthalten, um den Kernbereich privater Lebensgestaltung zu schützen." (Bundesverfassungsgericht 2008: 1)

Die Koalitionsfraktionen und die Bundesregierung waren daraufhin bemüht, in ihrem Gesetzentwurf zur Novellierung des Gesetzes über das Bundeskriminalamt (BKA-Gesetz) den die Online-Überwachung betreffenden § 20k so zu fassen, dass den Anforderungen des Bundesverfassungsgerichts zum Schutz des „Kernbereichs privater Lebensgestaltung“ Rechnung getragen wird.[16]

4. Am 9. November 2007 verabschiedete der Bundestag das „Gesetz zur Neuregelung der Telekommunikationsüberwachung und anderer verdeckter Ermittlungsmaßnahmen sowie zur Umsetzung der Richtlinie 2006/24/EG“, besser bekannt unter dem Namen Vorratsdatenspeicherungsgesetz. Es verpflichtet die Anbieter von Telekommunikationsdiensten ohne das Bestehen eines Anfangsverdachts oder konkreter Hinweise auf Gefahren zur Registrierung aller elektronischen Kommunikationsvorgänge für sechs Monate. Auch dies zielt darauf, schwere Straftaten einschließlich des Terrorismus verhindern oder die Täter besser verfolgen zu können. Gegen dieses Gesetz wurden zahlreiche Klagen vor dem Bundesverfassungsgericht mit der Begründung erhoben, es verstoße gegen Art 10 GG (Brief-, Post- und Fernmeldegeheimnis). Am 2. März 2010 erklärte der Erste Senat das Gesetz mit einer äußerst knappen Mehrheit für verfassungswidrig und nichtig: Zwar sei eine Speicherungspflicht „nicht von vornherein schlechthin verfassungswidrig“. Es fehle dem Gesetz aber an einer dem Verhältnismäßigkeitsgrundsatz entsprechende Ausgestaltung“. (Bundesverfassungsgericht 2010: 2) Die Richter begründeten ihre Ablehnung damit, dass es sich bei der bisherigen Ausgestaltung der anlasslosen Speicherung um einen „besonders schweren Eingriff mit einer Streubreite (handle), wie sie die Rechtsordnung bisher nicht kennt. […] Je nach Nutzung der Telekommunikation kann eine solche Speicherung die Erstellung aussagekräftiger Persönlichkeits- und Bewegungsprofile praktisch jedes Bürgers ermöglichen. […] Zumal die Speicherung und Datenverwendung nicht bemerkt werden, ist die anlasslose Speicherung […] geeignet, ein diffus bedrohliches Gefühl des Beobachtetseins hervorzurufen, das eine unbefangene Wahrnehmung der Grundrechte in vielen Bereichen beeinträchtigen kann.“ (Bundesverfassungsgericht 2010: 4)

Es ist bedauerlich, dass das Bundesverfassungsgericht sowohl dem Gesetzgeber als auch den ihm die Gesetzesvorlagen liefernden Regierungen verschiedenster Zusammensetzung in all diesen Fällen bescheinigen musste, bei ihrem Sicherheitsbemühen die Wahrung der Freiheitsrechte der Bürger nicht genügend beachtet zu haben. Aber es ist gut, dass wenigstens das oberste Gericht seiner Wächteraufgabe nachkommt.

[16] Doch während der SPD-Abgeordnete Dieter Wiefelspütz in der abschließenden Beratung im Deutschen Bundestag meinte, die Karlsruher Vorgaben seien „millimetergenau umgesetzt worden“, kritisierte der FDP-Abgeordnete Max Stadler, das Gesetz sein „kein normales Polizeigesetz. Es ist ein weiterer Schritt zum ausufernden Präventionsstaat.“ (Deutscher Bundestag 2009: S. 19851 (Wiefelspütz), S. 18845 (Stadler))

Literatur:

Beck, Ulrich (1986): Risikogesellschaft. Auf dem Weg in eine andere Moderne, Frankfurt/M.
Bendrath, Ralf (1997): Von „Freiheit stirbt mit Sicherheit" zu „Keine Freiheit ohne Sicherheit"? Über die Umwertung des Staates und das „Grundrecht auf Sicherheit", in: antimilitarismus information 27. Jg., Heft 12.
Bundesverfassungsgericht (2004): Pressemitteilung Nr. 22/2004 vom 3. März 2004 http://www.bundesverfassungsgericht.de/pressemitteilungen/bvg04-022.html (Abruf 28.12.2009)
Bundesverfassungsgericht (2006): Leitsätze zum Urteil des Ersten Senats vom 15. Februar 2006 http://www.bundesverfassungsgericht.de/entscheidungen/rs20060215_1bvr035705.html (Abruf 20.12.2009)
Bundesverfassungsgericht (2008): Entscheidung 1 BvR 370/07 und 1 BvR 595/07 vom 27. Februar 2008 zur heimlichen Infiltration eines informationstechnischen Systems http://www.bundesverfassungsgericht.de/entscheidungen/rs20080227_1bvr037007.html (Abruf 20.12.2009)
Bundesverfassungsgericht (2010): Pressemitteilung Nr. 11/2010 vom 2. März 2010 http://www.bundesverfassungsgericht.de/pressemitteilungen/bvg10-011.html (Abruf 08.03.2010)
Deutscher Bundestag (2008): Stenographische Berichte 16/186 vom 12.11.2008
Elias, Norbert (1977): Über den Prozess der Zivilisation. Soziogenetische und psychogenetische Untersuchungen, Bd. 2, 3. Aufl. Frankfurt/M.
Frei, Daniel (1977): Sicherheit. Grundfragen der Weltpolitik, Stuttgart/Berlin/Köln/Mainz.
Hoffman, Bruce (2001): Terrorismus. Der unerklärte Krieg. Neue Gefahren politischer Gewalt, Frankfurt/M. 2001.
Isensee, Josef (1984): Das Grundrecht auf Sicherheit. Zu den Schutzpflichten des freiheitlichen Verfassungsstaates, Berlin – New York.
Kaufmann, Franz-Xaver (1973): Sicherheit als soziologisches und sozialpolitisches Problem, 2. umgearb. Aufl. Stuttgart.
Leggewie, Claus und Horst Meier (1995): Republikschutz. Maßstäbe für die Verteidigung der Demokratie, Reinbek.
Maihofer, Werner (1976): Innen- und Rechtspolitik: Im Zweifel für die Freiheit, in: Genscher, Hans Dietrich (Hrsg.): Liberale in der Verantwortung, München/Wien 1976, S. 83–98.
Maslow, Abraham H. (1970): Motivation and Personality, New York, 2. Aufl. 1970
Meyer, Berthold (1983): Der Bürger und seine Sicherheit. Zum Verhältnis von Sicherheitsstreben und Sicherheitspolitk, Frankfurt/M. – New York.
Meyer, Berthold (2002): Im Spannungsfeld von Sicherheit und Freiheit. Staatliche Reaktionen auf den Terrorismus. HSFK-StandPunkte Nr. 2/2002.
Müller, Reinhard (2004): Mit Sicherheit Freiheit, in FAZ vom 28. 09. 2004, S. 1.
Preuss, Ulrich K. (1989): Vorsicht Sicherheit. Am Ende staatlicher Neutralisierung? in: Merkur, Heft 6/1989.
Rüb, Matthias (2009): Ein beherzter Holländer und eine Fehlzündung, in: Frankfurter Allgemeine Zeitung, 28. Dezember 2009, S. 3.
Schaar, Peter (2007): Das Ende der Privatsphäre. Der Weg in die Überwachungsgesellschaft, München.

Seifert, Jürgen (2001): Verfassungspatriotismus im Streit um die Notstandsgesetzgebung. Erinnerungen aus der Zeit, in der ich ‚Notstands-Seifert' genannt wurde. In: Vorgänge 155, Heft 3, Sept. 2001, S. 93–113.

Terrorismusbekämpfungsgesetz (2002): Gesetz zur Bekämpfung des internationalen Terrorismus vom 9. Januar 2002, Bundesgesetzblatt 2002.

Unendliche Geschichte und Beispiel für Konfliktverwaltung: Die Kontroverse um die Allgemeine Wehrpflicht*

Berthold Meyer

1 Eine neue Koalition, aber die Kontroverse um die Wehrpflicht bleibt

Im Koalitionsvertrag zwischen CDU, CSU und FDP „Wachstum, Bildung, Zusammenhalt“ vom 26. Oktober 2009 gibt es einen kurzen Abschnitt über die Bundeswehr. Darin heißt es:

> „Die Wehrpflicht hatte in den letzten Jahrzehnten ihre Berechtigung und sich bewährt. Seit dem Ende des kalten Krieges haben sich die sicherheitspolitische Lage, Auftrag und Aufgabenspektrum der Bundeswehr grundlegend verändert. Diesen Veränderungen ist angemessen Rechnung zu tragen.
> Die Koalitionsparteien halten im Grundsatz an der allgemeinen Wehrpflicht fest mit dem Ziel, die Wehrdienstzeit bis zum 1. Januar 2011 auf sechs Monate zu reduzieren. Der Bundesminister der Verteidigung setzt eine Kommission ein, die bis Ende 2010 einen Vorschlag für Eckpunkte einer neuen Organisationsstruktur der Bundeswehr, inklusive der Straffung der Führungs- und Verwaltungsstrukturen, zu erarbeiten hat.“ (Koalitionsvertrag 2009: 124)

Während die Unionsparteien nie einen Zweifel daran gelassen hatten, die Wehrpflicht beibehalten zu wollen, war die FDP in diesem wie auch schon in früheren Wahlkämpfen dafür eingetreten, sie auszusetzen. Sie hatte dies vor allem damit begründet, dass infolge der Verringerung des Umfangs der Streitkräfte nur noch ein geringer Anteil eines jeden Jahrgangs junger Männer zum Wehrdienst einberufen werde, so dass keine Wehrgerechtigkeit mehr bestehe. Die vereinbarte Verkürzung des Grundwehrdienstes ist ein Kompromiss, durch den wieder mehr junge Männer eingezogen werden sollen. Das vergrößert zwar – statistisch gesehen – die Wehrgerechtigkeit, schafft aber mindestens zwei neue Probleme: Zum einen ist noch nicht abzusehen, ob es gelingen wird, die Grundwehrdienstleisten-

* Originalbeitrag, in den einige Teile von Meyer 2005 eingeflossen sind.

den in der verkürzten Ausbildungszeit für militärische Aufgaben hinreichend zu qualifizieren. Zum anderen gibt es heftige Proteste von Organisationen, die Zivildienstleistende beschäftigen. Da auch deren Dienstzeit auf sechs Monate verkürzt werden muss, fürchten sie, dass sie für zahlreiche Aufgaben etwa bei der Pflege von Schwerstbehinderten künftig für diese unzumutbar kurz in Kontakt mit ihren Bezugspersonen kommen.

Damit geht auch die seit vielen Jahren andauernde Kontroverse um die Wehrpflicht in eine weitere Runde. Von Seiten der Oppositionsparteien ist mit einer breiten Kritik am Kompromiss zu rechnen: Bündnis 90/Die Grünen wie auch Die Linke waren immer schon Kritiker der Wehrpflicht. In der in dieser Frage lange gespaltenen SPD könnten überdies, da sie keine Regierungsverantwortung mehr tragen muss, die Zweifel an der Notwendigkeit des Fortbestandes der Wehrpflicht lauter werden.

Die bisherige Handhabung des Konflikts um die Wehrpflicht ist ein typisches Beispiel für ein Verfahren, das Ulrike Wasmuht mit dem Begriff der „Konfliktverwaltung" (Wasmuht 1992: 38) gekennzeichnet hat. Hierunter ist zu verstehen, dass innergesellschaftliche Konflikte in einer Demokratie durch Gesetzgebung oder Rechtsverordnung und diesen folgende Verwaltungspraxis und Rechtsprechung so geregelt werden, dass sie nicht eskalieren, obwohl die den Konfliktgegenstand begründenden und strukturierenden Positionsdifferenzen zwischen dem Individuum oder den gesellschaftlichen Gruppen und dem Staat nicht überwunden sind. So zu verfahren, kann manchmal nützlich sein, um die Handlungsfähigkeit des Staates aufrecht zu erhalten oder um ein weitgehend einträchtiges Zusammenleben der Gesellschaftsmitglieder zu sichern. In solchen Fällen werden einzelne Betroffene zwar hin und wieder protestieren oder vor Gericht ziehen. Doch insgesamt wird sich eine hinreichende öffentliche Akzeptanz einstellen. Wenn jedoch die Legitimität staatlicher Verwaltungspraxis in Frage gestellt wird, weil sie nicht gerecht erscheint, ist es erforderlich, sie zu ändern.

Die vorliegende Untersuchung beginnt mit einigen grundsätzlichen Überlegungen zu den Dimensionen des Konfliktgegenstandes Wehrpflicht in der Demokratie und zum Problem der Wehrgerechtigkeit. Auf die Bundesrepublik Deutschland bezogen behandelt er dann die Diskrepanz zwischen der amtlich errechneten und der von den Menschen empfundenen oder, wie es in einer aktuellen Entscheidung des Bundesverfassungsgerichts heißt, zwischen der „Innen-" und der „Außenwirkung des Gebots der Wehrgerechtigkeit" (Bundesverfassungsgericht 2009, Absatz 12). Daran anschließend beleuchtet er die verschiedenen Bundeswehrreformen nach 1990 unter der Frage, inwieweit sich das Bemühen, die Wehrpflicht trotz einer drastischen Verringerung der Streitkräfte beizubehalten, als Hemmfaktor für deren Anpassung an neue Aufgaben erwiesen hat.

Da dieser Prozess nicht abgeschlossen ist, nimmt die Arbeit in ihren letzten Kapiteln zu der Frage Stellung, wie künftig den Anforderungen nach Wehrgerechtigkeit und nach Aufrechterhaltung einer möglichst hoch qualifizierten Truppe entsprochen werden kann. Dabei werden sowohl die Rasenmäherlösung einer allgemeinen oder einer besonderen sicherheitspolitischen Dienstpflicht als auch die Ausklammerung des Gerechtigkeitsproblems durch die Einführung einer Berufsarmee diskutiert und für ungeeignet befunden. Als Alternative dazu erläutert der Verfasser schließlich, warum eine ausschließlich aus kürzer und länger dienenden Freiwilligen bestehende Armee und parallel dazu ein mit einem Bonus verbundenes freiwilliges Dienstjahr eine vernünftige und akzeptanzfördernde Alternative zu der jetzt geplanten Verkürzung der Dauer des Grundwehrdienstes wäre.

2 Die Wehrpflicht in der Demokratie – ein mehrdimensionaler Konfliktgegenstand

Die allgemeine Wehrpflicht konstituiert in einem freiheitlich-demokratischen Rechtsstaat Konflikte zwischen individuellen Rechten, zivilgesellschaftlichen Prinzipien und Werten sowie den für das Funktionieren einer Militärorganisation charakteristischen Anforderungen. Diese werden zwischen der Staatsgewalt und dem ihr unterworfenen Wehrpflichtigen wie auch – in abnehmender Intensität – mit seiner Familie, seinen Freunden, Nachbarn und Arbeitskollegen ausgetragen:

- Indem ein Staat seine Bürger zum Wehrdienst verpflichtet, greift er massiv in verschiedene individuelle Freiheitsrechte ein. Geschieht dies zum legitimen Zweck der Verteidigung des eigenen Landes und seiner freiheitlich-demokratischen Rechtsordnung, so kommt es zwar zwischen der aktuellen Einschränkung individueller Rechte und dem Bedürfnis, eben diese Rechte für die Gesellschaft als Ganze zu schützen, zu einem Spannungsverhältnis. Jedoch wird den meisten Betroffenen und ihrem privaten und beruflichen Umfeld einleuchten, dass in solch einer Situation Opfer zu bringen sind.
- Der staatliche Eingriff in die Freiheitsrechte reicht über die tatsächliche Dauer des Wehrdienstes weit hinaus. Schon bevor der Wehrpflichtige – ganz gleich, ob in den Militär- oder (sofern das jeweilige Recht es für Kriegsdienstverweigerer vorsieht) in einen zivilen Ersatzdienst – eingezogen wird, muss er sich in seiner Lebensplanung darauf einrichten und z. B. seine Berufswünsche hintanstellen. Für die Dauer des Grundwehrdienstes steht der Soldat in diesen Teil seiner Lebensspanne dem Staat zur unmittelbaren Verfügung. Selbst nach seiner Entlassung unterliegt er noch etliche Jahre der Wehrüberwachung und muss sich für Übungen und wirkliche Einsätze bereithalten, auch wenn die Wahrscheinlichkeit, dazu herangezogen zu werden, gering ist und mit zunehmendem Alter weiter abnimmt. Doch immer dann, wenn der Fall eintritt, hat

es Konsequenzen für das private und Arbeitsleben des Betroffenen, seiner Familie und seiner Kollegen.

- Der Staat verlangt vom Wehrdienstleistenden, sich in eine Organisation einzufügen, die nicht dem gewohnten demokratischen Prinzip der Gleichheit aller entspricht, sondern auf strikter Über- und Unterordnung beruht, wofür die Begriffe „Befehl“ und „Gehorsam“ charakteristisch sind. Diese Struktur wird auch nicht dadurch aufgehoben, dass der Soldat in modernen Armeen das Recht hat, sich über das Verhalten von Vorgesetzten zu beschweren oder rechtswidrige Befehle zu verweigern.
- In dieser Organisation werden ihm für das Bestehen von Kampfsituationen Einstellungen und Verhaltensweisen bis hin zum Töten anderer Menschen beigebracht, die ihm als Zivilist streng verboten sind.
- Den weitestgehenden Eingriff in seine individuellen Rechte erfährt der Soldat dadurch, dass der Staat von ihm verlangt und erwartet, bei seinem Dienst Leib und Leben einzusetzen.

Da Staaten grundsätzlich über die Macht verfügen, ihren Bürgern dies alles zuzumuten, werden diese Konflikte mehr oder weniger autoritativ zu Lasten der Wahrnehmung individueller Rechte entschieden. Allerdings hat ein freiheitlich-demokratischer Rechtsstaat auf Grund seiner verfassungsmäßigen Verpflichtung, Gerechtigkeit gegen jede/n zu üben, dafür zu sorgen, dass die Zumutungen alle in einigermaßen gleichem Umfang treffen, damit sie von den Betroffenen wie auch in der Gesellschaft insgesamt in hohem Maße akzeptiert werden. Vermag der Staat dies zu leisten, so wird ihm *Wehrgerechtigkeit* attestiert. Maßstab hierfür sind auf staatlicher Seite die gesetzlichen Vorschriften und ihre Einhaltung, auf individueller Seite darüber hinaus das subjektive Gerechtigkeitsempfinden. Die zwischen beidem bestehende Diskrepanz konstituiert zusätzlich einen Konflikt um die Wehrgerechtigkeit.

3 Die Handhabung der Wehrpflicht bei der Bundeswehr als Problem der Wehrgerechtigkeit

Im Folgenden soll nun die deutsche Situation näher betrachtet werden. Als die vielen „Väter“ und wenigen „Mütter“ des Grundgesetzes dieses 1949 verabschiedeten, schrieben sie unter anderem folgende hehren Worte hinein:

> „Art. 3 [Gleichheit vor dem Gesetz] (1) Alle Menschen sind vor dem Gesetz gleich. (2) Männer und Frauen sind gleichberechtigt. (3) Niemand darf wegen seines Geschlechtes, seiner Abstammung, seiner Rasse, seiner Sprache, seiner Heimat und

> Herkunft, seines Glaubens, seiner religiösen oder politischen Anschauungen benachteiligt oder bevorzugt werden."
>
> „Art. 4 [Glaubens- und Bekenntnisfreiheit] ... (3) Niemand darf gegen sein Gewissen zum Kriegsdienst mit der Waffe gezwungen werden. Das Nähere regelt ein Bundesgesetz."

Die Allgemeine Wehrpflicht wurde bekanntlich erst 1956 eingeführt und 1968, was häufig übersehen wird, nur als Kann-Vorschrift im Grundgesetz verankert:

> „Art. 12a [Wehr- und Dienstpflicht] (1) Männer können vom vollendeten achtzehnten Lebensjahr an zum Dienst in den Streitkräften, im Bundesgrenzschutz oder in einem Zivilschutzverband verpflichtet werden. (2) Wer aus Gewissensgründen den Kriegsdienst mit der Waffe verweigert, kann zu einem Ersatzdienst verpflichtet werden. Die Dauer des Ersatzdienstes darf die Dauer des Wehrdienstes nicht übersteigen."

Ausgehend von diesen Bestimmungen des Grundgesetzes lassen sich drei Konfliktlinien zur Wehrgerechtigkeit aufzeigen. Die erste betrifft die Diskrepanz zwischen errechneter und empfundener Wehrgerechtigkeit, die zweite das Verhältnis von Wehrdienst und Zivildienst und die Dritte das Problem der Gleichbehandlung der Geschlechter.

3.1 Die Diskrepanz zwischen errechneter und empfundener Wehrgerechtigkeit

Der Grundkonflikt um die Wehrgerechtigkeit ergibt sich aus der Aufgabe des Bundesministeriums der Verteidigung, den Bedarf an Soldaten mit der demographischen Entwicklung der deutschen Bevölkerung, d. h. den jeweiligen Jahrgangsstärken, sowie den davon für die Bundeswehr zur Verfügung stehenden jungen Männer in Einklang zu bringen. Der Bedarf hängt dabei von der jeweils angenommenen Bedrohungslage und den Überlegungen ab, mit wie vielen wie gut ausgebildeten Soldaten dieser Herausforderung begegnet werden und wie hoch daran der Anteil von Grundwehrdienstleistenden sein soll.

Da fortlaufend neue Geburtenjahrgänge der Wehrpflicht unterliegen, wäre die ideale Berechnungseinheit für die Dauer des Grundwehrdienstes ein Jahr. Für diesen Zeitraum ist die optimale Ausschöpfung eines Jahrganges erreicht, wenn nach Abzug derer, die sich freiwillig länger verpflichtet haben, alle, die den Tauglichkeitskriterien entsprechen und weder Ausnahmeregelungen geltend machen noch den Kriegsdienst verweigern, dieses eine Jahr „beim Bund" dienen (und die Kriegsdienstverweigerer zum Zivildienst eingezogen werden). Reicht die Zahl der unter diesen Bedingungen zur Verfügung stehenden Männer nicht, um den sich aus der Bedrohungslage ergebenden Anforderungen zu genügen, so muss die Dauer des Wehrdienstes über das Jahr hinaus verlängert werden. Das war in der Zeit des Kalten Krieges für viele Jahrgänge der Fall, die 15 oder 18 Monate dienen mussten. Liegt die Zahl der verfügbaren Männer über der Bedarfszahl, so empfiehlt es sich sowohl aus finanziellen Gründen als auch um Wehrgerechtigkeit herzustellen, die Dauer um einige Monate zu verkürzen, was nach 1990 in zwei Schritten zunächst auf 10 und 2002 auf 9 Monate erfolgte.

Die Verkürzung der Grundwehrdienstzeit darf allerdings einen Grenzwert nicht unterschreiten, der sich aus den Anforderungen an eine zweckmäßige Ausbildung der Soldaten ergibt. Hieraus folgt: Um in Zeiten, in denen keine starke Bedrohung ein hohes Aufkommen von Soldaten erfordert, eine für statistische Zwecke optimal aussehende Ausschöpfung der Jahrgänge und damit rein rechnerisch Wehrgerechtigkeit zu erreichen, lassen sich noch andere „Stellschrauben" als die Dauer der Einberufung betätigen. Dabei handelt es sich um im Wehrpflichtgesetz kodifizierte „administrativer Wehrdienstausnahmen".[1] Durch Veränderungen von Details der Einberufung lassen sich mit ihnen potenzielle Konflikte um die Wehrgerechtigkeit auf dem Rechtsweg regeln.

Das Verwaltungsgericht Köln hat schon mehrmals Entscheidungen zugunsten Wehrpflichtiger getroffen, die aufgrund der von ihnen wahrgenommenen Ungleichbehandlung Widerspruch gegen ihre Einberufung eingelegt hatten. Es wandte sich im Dezember 2008 an das Bundesverfassungsgericht, um die gegenwärtige Wehrpflichtpraxis inhaltlich überprüfen zu lassen. Die Karlsruher Richter lehnten am 22. Juli 2009 die Kölner Entscheidung als unzulässig ab. Für unseren Zusammenhang interessant sind dabei die Aussagen des Urteils zu der „grundlegende(n) Frage, welche Bezugsgrößen für die Beurteilung, ob das Gebot der Wehrgerechtigkeit als Ausprägung des Gleichheitssatzes aus Art. 3 Abs. 1 GG verletzt ist, heranzuziehen sind". Sie werfen dem Kölner Verwaltungsgericht vor, diese Frage nicht in gebotener Weise zu erörtern. „In Betracht kommt einerseits, die Zahl derjenigen, die tatsächlich Wehrdienst leisten, der Zahl derer gegenüber zu stellen, die nach Maßgabe der gesetzlichen Bestimmungen für den Wehrdienst zur Verfügung stehen (sog. Innenwirkung des Gebots der Wehrgerechtigkeit), und andererseits, die Zahl der tatsächlich zum Wehrdienst Einberufenen ins Verhältnis zur Zahl aller Männer eines Geburtsjahrgangs zu setzen (sog. Außenwirkung des Gebots der Wehrgerechtigkeit)." (Bundesverfassungsgericht 2009: Absatz 12)

[1] Ab dem 1. Juli 2003 wurden nicht mehr eingezogen: Wehrpflichtige mit abgeschlossenem Ausbildungsvertrag oder die älter als 23 Jahre sind oder die mit dem Verwendungsgrad T 3 (verwendungsfähig mit Einschränkung in der Grundausbildung und für bestimmte Tätigkeiten) gemustert worden sind; außerdem keine verheirateten Wehrpflichtige, auch wenn diese noch keine Kinder haben, oder solche, die in einer eingetragenen Lebenspartnerschaft leben (zit. nach Bundesverwaltungsgericht (BVerwG) 2005: 9 f.).

Dass zwischen beiden Berechnungen ein erheblicher Unterschied besteht, zeigt die folgende Tabelle (Glenewinkel/Tobiassen 2009: 8), die auf Zahlen der Bundesregierung (Deutscher Bundestag, Drucksache 16/12522) beruht. Soweit sie den unter dem Einberufungsaspekt inzwischen abgeschlossenen Jahrgang 1985 betrifft, machen die 67.227 Männer, die entweder den Grundwehrdienst oder den freiwillig verlängerten Wehrdienst geleistet haben, nach dem Außenwirkungsansatz davon 15,4 % aus. Für das noch nicht abgeschlossene Geburtsjahr 1990 geht das Verteidigungsministerium von 58.800 Einberufungen aus, was 13 % der 452.076 erfassten jungen Männer entspricht.

Tabelle 1 Die Geburtsjahrgänge 1985 und 1990 im Überblick

Geburtsjahrgang	**1985**	In %	**1990**	In %
Jahrgangsgröße	**436.412**	100,0	**452.076**	100,0
Nicht gemustert	53.850	12,3	0	0,0
Nicht wehrdienstfähig (§§8a, 9 WPflG)	151.878	34,8	198.900	44,0
Ausschluss (§ 10 WPflG) Befreiung (§ 11 WPflG) Unzumutbare Härte (§ 12 WPflG) UK-Stellung (§ 13 WPflG)	12 2.401 666 418	0,8	10 2.400 700 0	0,6
Freistellung als Zeitsoldat (§ 7 WPflG) Freistellung für Zivilschutz (§ 13a WPflG) Freistellung Entwicklungsdienst (§ 13b WPflG) Freistellung Polizeivollzugsdienst (§ 42 WPflG)	11.500 7.521 0 1.156	4,6	11.500 7.500 0 1.200	4,4
Ohne Genehmigung im Ausland	1.018	0,2	1.000	0,2
KDV-Anerkennung ohne vorherige Wehrdienstleistung (§ 1 KDVG)	104.548	24,0	113.850	25,2
Für den Wehrdienst nicht Verfügbare	334.968	77,0	337.060	74,6
Für den Wehrdienst verfügbar Wehrdienst haben geleistet/werden leisten	101.444 **67.227**	23,0 15,4	115.016 **58.800**	25,4 13,0

Bei der auf die Innenwirkung ausgerichteten Statistik wird anders vorgegangen, um nachzuweisen, wie wenige Angehörige eines Jahrgangs tatsächlich zur Bundeswehr einberufen werden können, da darauf bezogen der Anteil derer, die den Wehrdienst geleistet haben, deutlich höher liegt. So wurden vom Jahrgang 1985 bis zu dem Tag, an dem sie die Altersgrenze von 23 Jahren erreicht hatten, 53.850 (rund 12 %) überhaupt nicht gemustert. 151.878 (rund 35 %) waren bei der Musterung als „nicht wehrdienstfähig" ausgesondert worden. Dann gab es eine Reihe von anderen Gründen, warum 3.497 (fast 1 %) nicht eingezogen wurden. Ferner wurden 11.500 freigestellt, weil sie sich sofort als Zeitsoldaten gemeldet hatten, und 8.677, weil sie zum Zivilschutz oder zur Polizei gingen. Schließlich standen 104.548 (24 %) nicht mehr zur Verfügung, weil sie den Kriegsdienst verweigert hatten,. Daraus folgt, dass nur 101.444 (23 %) des Jahrgangs überhaupt für den Grundwehrdienst verfügbar waren. Von diesen leisteten ihn 67.227 ab, was einer Einberufungsquote von zwei Dritteln entspricht. Bei den amtlichen Schätzungen für den Jahrgang 1990 liegt der Anteil der zur Verfügung Stehenden mit 115.016 jungen Männern (ca. 25 %) zwar etwas höher, aber da nur 58.800 von ihnen wahrscheinlich eingezogen werden, wären dies etwa 51 %.

In einem anderen, schon 2005 vor dem Bundesverwaltungsgericht ausgetragenen Revisionsverfahren gegen ein Urteil des Verwaltungsgericht Köln ging es in der Hauptsache darum, dass der Kläger, ein lediger junger Mann, der keine Ausbildung, sondern ein Studium begonnen hatte, seine Einberufung als Willkür des Kreiswehrersatzamtes wahrgenommen hatte. Darin hatte ihm in erster Instanz das Verwaltungsgericht Köln Recht gegeben, weil mit ihnen „ein derart großer Personenkreis von der Ableistung des Wehrdienstes ausgenommen (werde), dass gerade nicht mehr davon ausgegangen werden könne, dass die Wehrgerechtigkeit noch gewahrt sei". (BVerwG 2005: 4).

In der Hauptsache wiesen die Richter den Willkürvorwurf zurück. Vielmehr handelten die Kreiswehrersatzämter bei der Auswahl der Wehrpflichtigen nach „pflichtgemäße(m) Ermessen". Maßstab sei „die Eignung im Hinblick auf den Personalbedarf der Streitkräfte. Einberufungen ergehen ausschließlich im öffentlichen Interesse an einer optimalen Personalbedarfsdeckung … und nicht zugleich auch im privaten Interesse der Wehrpflichtigen. Diese können grundsätzlich nicht verlangen, von einer Einberufung verschont zu bleiben, weil andere Wehrpflichtige zu Unrecht nicht herangezogen werden (‚keine Gleichheit im Unrecht')." (BVerwG 2005: 10)

Das Urteil schrieb allerdings dem Gesetzgeber und der Exekutive einige grundsätzliche Überlegungen ins Stammbuch, die für die Zukunft der Wehrpflicht von Belang sein dürften. Der Gleichheitsgedanke nach Art. 3, Abs. 1 GG erfordere „in Verbindung mit Art. 12 a GG staatsbürgerliche Pflichtengleichheit in Gestalt der Wehrgerechtigkeit (BVerfGE 48, 127 <166>; 69, 1 <24>). Dieses Postulat zielt, da ihm der Grundsatz der gleichen Lasten für alle pflichtigen Bürger (BVerfGE 12,

45 <51>) zugrunde liegt, auch und gerade auf *Gleichheit im Belastungserfolg*." (BVerwG 2005: 12, Hervorhebung B. M.)

Der Gesetzgeber dürfe bei der Regelung von Ausnahmen „nicht den Umstand aus dem Auge verlieren, dass es sich bei der Wehrpflicht um eine allgemeine, nämlich im Grundsatz alle Männer ab Vollendung des 18. Lebensjahres treffende staatsbürgerliche Pflicht handelt." (BVerwG 2005: 14) Entsprechendes gelte für die Regelung der Eignungsanforderungen. Von Gesetzgeber und Exekutive fordert es darüber hinaus unter dem Aspekt der „Gleichheit im Belastungserfolg", „möglichst alle verfügbaren Wehrpflichtigen auch zum Wehrdienst heranzuziehen. Wehrgerechtigkeit ist also nur gewährleistet, wenn die Zahl derjenigen, die tatsächlich Wehrdienst leisten, der Zahl derjenigen, die nach Maßgabe der Bestimmungen des Wehrpflichtgesetzes für den Wehrdienst zur Verfügung stehen, zumindest nahe kommt." (BVerwG 2005: 14)

Zu einer Verletzung der Wehrgerechtigkeit könne es „namentlich dann kommen, wenn der Bedarf … an Wehrpflichtigen erheblich und andauernd abnimmt, so dass die Wehrersatzbehörden nur eine von Jahr zu Jahr geringere Zahl von Stellen mit Wehrpflichtigen besetzen können. Hat sich aus diesem Grunde zwischen der Zahl der … verfügbaren und der … tatsächlich einberufenen Wehrpflichtigen eine Lücke aufgetan, die sich mit dem Grundsatz der Wehrgerechtigkeit offensichtlich nicht mehr vereinbaren lässt, ist der Gesetzgeber zum Handeln verpflichtet. Dieser muss, wenn er nicht … überhaupt auf die Wehrpflicht verzichten will, die entstandene Lücke durch eine sachgerechte Neuregelung der Verfügbarkeitskriterien, insbesondere durch die Erweiterung der Wehrdienstausnahmen, schließen und damit für die Wiederherstellung verfassungsgemäßer Zustände sorgen. Bleibt der Gesetzgeber … auf Dauer untätig, führt dies zur Verfassungswidrigkeit der gesetzlichen Bestimmungen über die Wehrpflicht insgesamt." (BVerwG 2005: 14 f.)

Die hier zitierte Handlungsanleitung für die Politik scheint von den Unterhändlern des schwarz-gelben Koalitionsvertrages 2009 dahingehend verstanden worden zu sein, dass, nachdem es nicht mehr viel Spielraum für weitere Ausnahmen gibt, nur noch eine drastische Verkürzung der Grundwehrdienstdauer zu mehr Gerechtigkeit führen kann. Rechnet man die von der in der Tabelle genannten Planzahl für die Angehörigen des Jahrgangs 1990 auf einen Halbjahresturnus um, so kommt man auf knapp 90.000 Einberufungen. Das sind nach der Innenwirkungsrechnung 78 %, nach der Außenwirkungsrechnung jedoch auch nur knapp 20 % des Jahrgangs. *Daraus folgt, mit Blick auf die in der Öffentlichkeit wahrgenommene Ungerechtigkeit des Einberufungsverfahrens hilft die von der Regierung geplante Neuregelung nicht viel weiter.*

3.2 Das Verhältnis von Wehrdienst und Zivildienst

Die zweite Konfliktlinie betrifft das Grundrecht auf Kriegsdienstverweigerung aus Gewissensgründen und die Dauer des Zivildienstes. Wie erwähnt, heißt es in Art. 12 a, Abs. 2 GG unmissverständlich: „Die Dauer des Ersatzdienstes darf die Dauer des Wehrdienstes nicht übersteigen." Dieser Satz hatte bis zur Einführung des Art. 12 a 1968 in Art. 12, Abs. 2 GG gestanden, der außerdem die Ankündigung enthielt: „Das Nähere regelt ein Gesetz, das die *Freiheit der Gewissensentscheidung* (Hervorhebung B. M.) nicht beeinträchtigen darf und auch eine Möglichkeit des Ersatzdienstes vorsehen muss, die in keinem Zusammenhang mit den Verbänden der Streitkräfte steht."

Von einer freien Entscheidung konnte jedoch über Jahrzehnte hinweg keine Rede sein, denn diejenigen, die sich auf das Grundrecht berufen wollten, mussten ihre Gewissensnot begründen und diese Begründung notfalls von drei Instanzen überprüfen lassen.[2] Eine vom Bundestag mit der Mehrheit der sozial-liberalen Koalition 1977 verabschiedete Änderung des Wehrpflichtgesetzes, die das inquisitorische Anerkennungsverfahren für Kriegsdienstverweigerer aussetzte, wurde auf Antrag der CDU/CSU-Fraktion und dreier von der Union regierter Bundesländer 1978 vom Bundesverfassungsgericht gestoppt. Danach kam es erst im Februar 1983 zu einer Novellierung des Kriegsdienstverweigerungsrechts und des Zivildienstgesetzes: Darin wurde einerseits die bisherige Gewissensprüfung durch ein einfacheres, weitestgehend auf die Schriftform beschränktes Verfahren ersetzt, andererseits festgelegt, dass der Zivildienst um bis zu einem Drittel länger als die für den Wehrdienst jeweils vorgesehene Monatszahl dauern sollte. Begründet wurde diese Regelung offiziell damit, dass zum eigentlichen Wehrdienst noch die Verfügungsbereitschaft und die Wehrübungen hinzugerechnet werden müssten.

Doch schon in der mehrjährigen Debatte um die erste Aussetzung der Gewissensprüfung war unverhohlen davon gesprochen worden, dass der Zivildienst die „lästigere Alternative" bleiben müsse, damit es nicht zu einem „Massenverschleiß des Gewissens" käme (vgl. Lutz/Rittberger 1976: 98 f.). Gegen die Neufassung des Zivildienstgesetzes wurde zwar Verfassungsklage erhoben, aber das Bundesverfassungsgericht befand – wenn auch gegen ein Minderheitsvotum – am

[2] Dieses Verfahren bestand aus einer obligatorischen, nicht öffentlichen Verhandlung, bei welcher der um Anerkennung bemühte Kriegsdienstverweigerer vor einem Prüfungsausschuss die schon vorher schriftlich geäußerten Gründe für seine Gewissensentscheidung zur Verweigerung darlegen und weitere Fragen des dem Verteidigungsministerium angehörenden Vorsitzenden beantworten musste. Aufgrund dieser Anhörung sollten die Beisitzer des Ausschusses entscheiden können, ob wirklich Gewissensgründe und nicht nur „gewisse Gründe" für die Verweigerung vorlagen. Lehnte der Ausschuss einen Antragsteller ab, so konnte dieser in zweiter Instanz vor eine Prüfungskammer gehen. Wurde er dort ebenfalls abgelehnt, bestand noch die Möglichkeit der Revision durch ein Verwaltungsgericht.

24. April 1985 diese Regelung für zulässig, und zwar expressis verbis als eine „Probe auf das Gewissen“ (BVerfGE 69, B, I, Zf. 4).

Mit dieser Entscheidung wurde die aus der Ungleichbehandlung von Grundwehrdienst- und Zivildienstleistenden resultierende Konfliktlinie für nahezu zwei weitere Jahrzehnte festgeschrieben. Während dieser Zeit stieg die Zahl der Kriegsdienstverweigerer auf weit über ein Drittel der Jahrgänge. Ob dies trotz der längeren Dauer des Zivildienstes der Fall war oder gerade weil die Erschwernis ein gutes Argument war, die Kriegsdienstverweigerer vom anfänglich verbreiteten Odium der „Drückebergerei“ zu befreien, sei dahingestellt. Das Problem der Dienstungerechtigkeit blieb jedoch erhalten. Es wurde im Zuge der Verkürzung der Grundwehrdienstdauer in den 1990er Jahren so weit abgemildert, dass „Zivis“ zuletzt nur noch einen Monat länger dienen mussten. Erst am 24. September 2004 glich der Bundestag mit dem „Zweiten Zivildienständerungsgesetz“ die Dauer völlig an und beseitigte so diese zweite Konfliktlinie.

Zwar scheinen damit Wehr- und Zivildienst gleichwertig geworden zu sein. Doch ist der Zugang zum Zivildienst weiterhin davon abhängig, dass jemand den Kriegsdienst verweigert. Dies wird sich unter der neuen Regierung nicht ändern: „Die künftige Struktur der Wehrpflicht wird sich im Zivildienst widerspiegeln, der Dienstleistungen der sozialen Einrichtungen weiter zu sichern hilft.“ (Koalitionsvertrag 2009: 73)

3.3 Das Problem der Gleichbehandlung der Geschlechter

Die dritte Konfliktlinie entwickelte sich aus den unterschiedlichen Zugangsmöglichkeiten beider Geschlechter zur Bundeswehr. Während Männer durch das Wehrpflichtgesetz vom 18. bis zum 45. Lebensjahr zum Wehrdienst bzw. zum zivilen Ersatzdienst verpflichtet sind, bestimmt Art. 12a, Abs. 4 GG: „Kann im Verteidigungsfalle der Bedarf an zivilen Dienstleistungen im zivilen Sanitäts- und Heilweisen sowie in der ortsfesten militärischen Lazarettorganisation nicht auf freiwilliger Grundlage gedeckt werden, so können Frauen vom vollendeten achtzehnten bis zum vollendeten fünfundfünfzigsten Lebensjahr durch Gesetz oder auf Grund eines Gesetzes zu derartigen Dienstleistungen herangezogen werden. Sie dürfen auf keinen Fall Dienst mit der Waffe leisten.“

Schon frühzeitig gab es Frauen, die es als diskriminierend empfanden, keinen Zugang zu Arbeitsplätzen bei der Bundeswehr zu haben. Für sie öffneten sich 1975 erstmals die Kasernentore einen Spalt weit, als sie zum Sanitätswesen und zu den Musikkorps als Freiwillige zugelassen wurden. Doch die verfassungsmäßige Ungleichbehandlung der Geschlechter in Bezug auf den Dienst mit der Waffe blieb als rechtsimmanente Konfliktlinie bis zur Entscheidung des Europäischen Gerichtshofs vom 11. Januar 2000 erhalten, in der dieser der Bundesregierung vorhielt, dass der „vollständige Ausschluss von Frauen vom Dienst mit der Waffe“ nach Art. 12a, Abs. 4 GG nicht zu der Art von Ungleichbehandlungen gehöre, die dem Schutz von Frauen dienen (vgl. Meyer 2000: 1 ff.). Der Bundestag änderte daraufhin am 27. Oktober 2000 den letzten Satz von Art. 12a, Abs. 4 GG in „Sie dürfen auf keinen Fall zum Dienst mit der Waffe verpflichtet werden“. Er verschaffte Frauen somit seit Anfang 2001 die Möglichkeit, freiwillig in allen Truppenteilen Dienst zu leisten. Dadurch verlagerte sich diese Konfliktlinie jedoch auf die Frage, ob eine konsequente Anwendung des Gleichheitsprinzips nicht erfordere, entweder nun auch die Wehrpflicht für Frauen einzuführen oder sie für Männer aufzuheben. Ein Wehrpflichtiger, der mit Bezug auf die Gleichbehandlungsrichtlinie der EU vor dem Europäischen Gerichtshof gegen seine Einberufung klagte, scheiterte damit – allerdings weil sich der EuGH für Fragen der Wehrpflicht und der Landesverteidigung nicht zuständig erklärte (Vgl. Urteil des EuGH vom 11. 3. 2003).

Alle drei hier betrachteten Konfliktlinien betreffen die Ausgestaltung der Wehrpflicht und deren Wahrnehmung durch die Betroffenen sowie die Gesellschaft insgesamt. Von ihnen ließen sich die Gleichstellung der Zivildienstleistenden wie auch die Zulassung von Frauen zu allen Tätigkeitsfeldern der Streitkräfte durch die hier genannten Verwaltungsmaßnahmen nach und nach so regeln, dass die jeweiligen Konfliktpotenziale weitgehend marginalisiert sind. Bei dem Problem der Einberufungsgerechtigkeit für Männer ist dies hingegen angesichts der Diskrepanz zwischen errechneter und wahrgenommener Wehrgerechtigkeit, vor allem aber wegen des weiter absinkenden Bedarfs an Wehrpflichtigen nicht zu erwarten. Aufgrund dieser Tatsache trat in den letzten Jahren eine weitere Konfliktlinie in Erscheinung. In ihr geht es um die Frage, ob es angesichts der veränderten Aufgabenstellung der Bundeswehr noch zweckmäßig ist, Wehrpflichtige einzuziehen. Sie wird im folgenden Kapitel näher erörtert.

4 Die Wehrpflicht als Hemmfaktor der Militärreformen 1990–2004

Nach 1990 kam es in den meisten europäischen Staaten zu einschneidenden Veränderungen im Militärsektor. Drei Gründe waren dafür ausschlaggebend: Erstens erlaubte der Wegfall der Ost-West-Konfrontation deutliche Kürzungen des Streitkräfteumfangs. Er ermöglichte zweitens, die Staatshaushalte zu entlasten und den Steuerbürgern etwas von der erhofften Friedensdividende zukommen zu lassen. Drittens aber begannen sich am Rande und außerhalb Europas vorwiegend innerstaatliche Konflikte blutig zu entladen, denen entweder mit kleineren, aber professionell operierenden Militäreinheiten Einhalt zu gebieten war, oder bei denen Waffenstillstände und Wiederaufbaumaßnahmen militärgestützt abgesichert werden sollten, was ebenfalls Professionalität, wenn auch mit anderer Akzentsetzung verlangte. Für beides waren strukturelle Änderungen der Streitkräfte erforderlich, was in einer Reihe von Staaten durch den Verzicht auf die Wehrpflicht eingeleitet wurde.

Das vereinigte Deutschland nahm bei den Kürzungen schon deshalb eine Vorreiterrolle ein, weil der die Vereinigung ermöglichende Zwei-plus-Vier-Vertrag vorschrieb, die Personalstärke der Bundeswehr von Oktober 1990 bis Ende 1994 von 495.000 auf 370.000 Soldaten zu reduzieren und die zu diesem Zeitpunkt noch 90.000 Mann umfassende Nationale Volksarmee (NVA) der DDR aufzulösen, von der 18.000 politisch unbedenkliche Soldaten in die Bundeswehr übernommen werden sollten. Anders verhielt es sich mit Blick auf die Bemühungen, die Armee strukturell zu reformieren. Hierbei erwies sich das Festhalten an der Wehrpflicht als retardierendes Moment.

In der ersten Umbauphase gab es ein durchaus plausibles Argument, weiterhin Wehrpflichtige einzuziehen und auszubilden: Die damalige Bundesregierung von CDU/CSU und FDP sah in Übereinstimmung mit der SPD hierin eine Chance, in großer Zahl Jugendliche aus den neuen und den alten Bundesländern über einen Lern- und Arbeitszusammenhang mit einander in Kontakt zu bringen und so die gesellschaftliche Integration zu fördern. Soweit es dabei darum ging, einer bis dahin gegen die Bundesrepublik und ihr demokratisches System gerichtete politische Sozialisation durch persönliches Kennenlernen entgegenzuwirken, hätte dies spätestens 2000, nachdem acht bis zehn Jahrgänge den Grundwehrdienst abgeleistet hatten, als erledigt angesehen werden müssen.

Noch im Jahr der Einheit zeigte sich, dass sich die Aufgaben der Bundeswehr nicht nur durch den Wegfall des Ost-West-Konflikts grundlegend ändern würden: Zwar hatte sich die Bundesregierung noch während des Zweiten Golfkrieges 1990/91 den Wünschen, Militäreinheiten an den Golf zu entsenden, unter Verweis auf eine enge Auslegung des Art. 24, Abs. 2 GG entziehen können. Doch bald darauf entschloss sich die Bundesregierung, die militärische Zurückhaltung aufzugeben. Dieser Einstellungswandel wurde dadurch begünstigt, dass sie die Auffassung vertrat, das größer gewordene Deutschland habe international eine wichtige Rolle zu spielen, wofür sie einen Ständigen Sitz im Sicherheitsrat der Vereinten Nationen anstrebte. Um diesen zu erreichen, sah sie es als nützlich an, die Bundeswehr an Blauhelm-Missionen und ähnlichen Einsätzen zu beteiligen. Diese teils humanitär, teils auch friedensfördernd zu deutenden „Out-of-area"-Einsätze wurden von der deutschen Öffentlichkeit positiv bewertet. Das ermunterte Verteidigungsminister Volker Rühe (CDU) zu weiteren Verpflichtungen dieser Art: ab August 1992 mit einer Luftbrücke und ab August 1993 mit insgesamt 2.300 Soldaten bei der UNOSOM II-Mission in Somalia.

Insbesondere gegen diesen Einsatz klagten die Fraktionen von FDP, Grünen und SPD vor dem Bundesverfassungsgericht, weil er ohne parlamentarische Zustimmung zustande gekommen war. Das Gericht entschied daraufhin am 12. Juli 1994, „Out-of-area"-Einsätze im Rahmen der Vereinten Nationen wie der

NATO seien dann verfassungskonform, wenn sie „strikt auf die Friedenswahrung verpflichtet" seien und für sie eine „grundsätzlich vorherige – konstitutive Zustimmung des Deutschen Bundestages" eingeholt worden sei (dazu näher Meyer 2004). Diese Klarstellung legte den Grundstein für den Wandel der Bundeswehr von einer den Verteidigungsfall trainierenden Truppe zu einer weltweit operierenden „Armee im Einsatz".

Der Verteidigungsminister hatte – dem Karlsruher Urteil vorgreifend – schon am 4. April 1994 ein Weißbuch vorgelegt, das mit Blick auf die neuen Aufgaben erstmals die Begriffe „Hauptverteidigungskräfte" und „Krisenreaktionskräfte" als Unterscheidungsmerkmal für den Präsenzgrad bestimmter Teile des Heeres, aber auch für eine Arbeitsteilung verwandte. „Krisenreaktionskräfte" sollten „kurzfristig zusammen mit Verbündeten und Partnern zur Bewältigung der wahrscheinlichen internationalen Krisen und Konflikte" beitragen, „Hauptverteidigungskräfte" hingegen für den „unwahrscheinlichen Fall" der Landes- und Bündnisverteidigung bereit stehen (vgl. Weißbuch 1994: 89 ff.).

Diese Aufteilung präzisierte der Minister wenige Tage nach der Urteilsverkündung in einer „Konzeptionellen Leitlinie" für die Bundeswehrplanung: Von den mindestens 50.000 Mann umfassenden Krisenreaktionskräften werde ein so hohes Maß an Verfügbarkeit und Professionalität verlangt, dass sie „überwiegend aus Zeit- und Berufssoldaten bestehen" müssten. Wehrpflichtige seien in diesen Einheiten zuzulassen, „wenn sie sich bei Dienstantritt bereit erklären, für alle Krisenreaktionsaufträge zur Verfügung zu stehen" und „mindestens zwölf Monate dienen" (Konzeptionelle Leitlinie 1994: 46). Sofern sie diese freiwillige Verpflichtung für nicht mehr als 23 Monate eingingen, wurden sie – trotz einer während dieses Dienstabschnittes wesentlich besseren Vergütung – weiterhin als „Wehrdienstleistende" geführt, aber als „freiwillig länger Dienende" (FWDL) klassifiziert. Wer sich hingegen freiwillig zwischen 24 Monaten und 15 Jahren verpflichtete, galt als „Soldat auf Zeit".

Die Einführung der neuen Begriffe „Hauptverteidigungskräfte" und „Freiwillig länger dienende Wehrdienstleistende" zeigt, wie schwer sich die Führung der Bundeswehr in dieser Übergangszeit damit tat, die notwendigen Konsequenzen aus der veränderten Weltlage zu ziehen und dies der Öffentlichkeit zu vermitteln. Der eine Begriff suggerierte, dass die Bundeswehr nach wie vor hauptsächlich dem in Art. 87 a, Abs. 1 GG genannten Ziel der Verteidigung verpflichtet sei. Dementsprechend wurde diesem Teil der Streitkräfte auch der weitaus größte Teil des Personals, vor allem aber die Grundwehrdienstleistenden zugewiesen, obwohl der Verteidigungsfall im Weißbuch mehrfach als unwahrscheinlich bezeichnet wurde. Der andere Begriff ist dem Bemühen geschuldet, das Entstehen einer Zwei-Klassen-Armee oder die Aufspaltung der Streitkräfte in eine Interventionsarmee und eine Heimatschutztruppe durch die Verwendung eines gemeinsamen Begriffes zu verhindern. Dabei sollte die nunmehr fiktive Gesamtgröße der Wehrdienstleistenden als Scharnier zwischen den beiden Teilen der Truppe fungieren.

Da jedoch die im bis dahin üblichen Sinne Grundwehrdienstleistenden von der „Leitlinie" den „Hauptverteidigungskräften" zugewiesen und ihre Dienstzeit sogar von 12 auf 10 Monate verkürzt wurde, war zugleich klar, dass sie nicht mehr gründlich genug ausgebildet werden konnten, um in Krisengebieten eingesetzt zu werden. Doch damit stellte sich die Frage, weshalb es unter diesen Bedingungen noch länger erforderlich sein sollte, 180.000 bis 190.000 männliche Angehörige eines Jahrganges (Weißbuch 1994: 97) einzuziehen und trotz knapper Mittel einen erheblichen Teil des Stammpersonals dafür abzustellen, diese jungen Männer zehn Monate lang auf die eine oder andere Weise zu „betreuen".

Dementsprechend mahnte Bundespräsident Roman Herzog beim vierzigjährigen Bestehen der Bundeswehr 1995 vor den Kommandeuren der Streitkräfte: „Die Wehrpflicht ist ein so tiefer Eingriff in die individuelle Freiheit des jungen Bürgers, dass ihn der demokratische Rechtsstaat nur fordern darf, wenn es die *äußere Sicherheit des Staates* wirklich gebietet. Sie ist also kein allgemeingültiges ewiges Prinzip, sondern sie ist auch abhängig von der konkreten Sicherheitslage. Ihre Beibehaltung, Aussetzung oder Abschaffung und ebenso die Dauer des Grundwehrdienstes *müssen sicherheitspolitisch begründet werden können.* Gesellschaftspolitische, historische, finanzielle und streitkräfteinterne Argumente können dann ruhig noch als Zusätze verwendet werden. Aber sie werden im Gespräch mit dem Bürger nie die alleinige Basis für Konsens sein können. Wehrpflicht glaubwürdig zu erhalten, heißt also zu erklären, weshalb wir sie trotz des Wegfalls der *unmittelbaren äußeren Bedrohung* immer noch benötigen." (Herzog 1995: 943, Hervorhebungen B. M.)

Die hier hervorgehobenen Passagen zeigen, dass die von Herzog vermisste zeitgemäße sicherheitspolitische Begründung der Wehrpflicht auf eine vom Bürger einsehbare Bedrohung bezogen sein sollte, die eine Verteidigung gegen äußere Angriffe erforderlich mache. Diese blieb indes auch weiterhin aus.

Noch während Rühes Amtszeit sank der Umfang der Bundeswehr – vor allem aus finanziellen Gründen – von den zunächst vorgesehenen 370.000 weiter auf 338.000 Soldaten. Dieser Abbau konnte angesichts des zunehmenden Bedarfs für Auslandseinsätze, v. a. auf dem Balkan, nur zu Lasten der Hauptverteidigungskräfte erfolgen, was einen überproportionalen Rückgang bei den Plätzen für Wehrpflichtige zur Folge hatte. Deshalb sollte die erwähnte Kürzung der Grundwehrdienstzeit vor allem der Wehrgerechtigkeit dienen.

Als SPD und Bündnis 90/Die Grünen im Herbst 1998 Koalition bildeten, forderten die Grünen die Aussetzung der Wehrpflicht, was in der SPD großenteils abgelehnt wurde. Beide Parteien beschlossen daher in ihrer Koalitionsvereinbarung vom 20. Oktober 1998, eine Kommission zur Begutachtung der Lage und Zukunft der Bundeswehr einzusetzen. Das erlaubte, die Entscheidung über ihren Dissens mindestens bis zur Vorlage von deren Ergebnissen zu vertagen. Die Kommission unter Vorsitz des ehemaligen Bundespräsidenten Richard von Weizsäcker attestierte der Bundeswehr in ihrem Bericht vom 23. Mai 2000, sie sei „zu groß, falsch zusammengesetzt und zunehmend unmodern. In ihrer heutigen Struktur hat die Bundeswehr keine Zukunft. Die Wehrform produziert zu große Personalumfänge bei gleichzeitig zu schwachen Einsatzkräften." (Gemeinsame Sicherheit 2000: 13)

Konsequent überschrieb die Kommission daher den Tenor ihrer Forderungen mit „Erneuerung von Grund auf". Allerdings traute sich ihre Mehrheit nicht, diesen Anspruch auch durchzuhalten: Das Strukturmodell, auf das sich zwei Drittel ihrer Mitglieder verständigten, hätte die Bundeswehr auf 240.000 Soldaten verkleinert, dabei aber einen auf 30.000 Mann verringerten Anteil von Wehrpflichtigen behalten (Gemeinsame Sicherheit 2000: 15 f.). Nur sechs Kommissionsmitglieder waren in einem „Abweichenden Votum" bereit, den Systemwechsel zu Freiwilligenstreitkräften von 220.000 Soldaten und die Aussetzung der Wehrpflicht nach einer Übergangszeit von vier bis sechs Jahren zu fordern. Dabei kritisierten sie am Mehrheitsmodell vor allem, dass es der Wehrgerechtigkeit nicht genüge (Gemeinsame Sicherheit 2000: 147 ff.).

Keines der beiden in der Kommission entwickelten Konzepte kam zum Zuge. Vielmehr berief Scharping den bisherigen Leiter des Planungsstabs im Verteidigungsministerium, Harald Kujat, zum Generalinspekteur und gab ihm die Möglichkeit, ein von seinem Stab parallel erarbeitetes Modell umzusetzen, das nur eine Absenkung des Umfangs der Streitkräfte auf insgesamt 285.000 Soldaten anstrebte und an der Wehrpflicht nicht rüttelte. Es verkürzte den Grundwehrdienst 2002 auf neun Monate, wobei angeboten wurde, den Dienst in sechs Monaten plus zweimal sechs Wochen abzuleisten, um den Dienst für junge Männer, die zwischen ihrem Abitur und dem geplanten Studienbeginn eine Lücke von einem halben Jahr nutzen wollen, attraktiver zu machen. Dieses Angebot nahmen jedoch nur wenige tausend Wehrpflichtige wahr.

Als der SPD-Fraktionsvorsitzende Peter Struck kurz vor der Bundestagswahl 2002 das Verteidigungsressort übernahm, bekannte er sich sofort zur Wehrpflicht. Da die Grünen noch immer für deren Aufhebung eintraten, war es bei der Koalitionsvereinbarung der zweiten rot-grünen Regierung im Herbst 2002 wiederum erforderlich, einen Formelkompromiss in dieser Frage zu finden. Er bestand in der Absichtserklärung, noch vor Ende der Legislaturperiode zu überprüfen, ob weitere Strukturanpassungen oder Änderungen bei der Wehrverfassung notwendig seien. Hierzu kam es auf Grund der 2005 vorgezogenen Neuwahlen nicht mehr, doch wurden zwischenzeitlich weitere Reformschritte eingeleitet, ohne die Wehrverfassung zu ändern.

Schon am 5. Dezember 2002 hatte Struck öffentlich eingeräumt, der klassische Verteidigungsauftrag der Bundeswehr sei nicht mehr realistisch, stattdessen müssten Struktur und Ausrüstung optimal auf Auslandseinsätze vorbereitet werden, trotzdem sei die Wehrpflicht „unabdingbar" (FAZ 6. 12. 2002: 1). Wenig später begründete er seine Reformpläne mit der Formel, „Deutschland wird auch am Hindukusch verteidigt", deshalb müssten sich „alle Projekte und Vorhaben der Bundeswehr sich daran messen lassen" (Pressekonferenz 21.2.2003). Dabei blieb unklar, ob er den Begriff der Verteidigung nur deshalb wählte, weil es nicht als politisch korrekt galt, von einer Vertretung deutscher Interessen mit militärischen Mitteln zu sprechen, oder ob er damit pro forma Art. 87 a, Abs. 1 GG Rechnung tragen wollte, um der Fortbestand der Wehrpflicht legitimieren zu können, obwohl keine regulären Wehrdienstleistenden in Auslandseinsätze geschickt werden.

In den „Verteidigungspolitischen Richtlinien" vom 21. Mai 2003 wurde die Wehrpflicht schließlich bis auf weiteres festgeschrieben. Mit der vom neuen Generalinspekteur Wolfgang Schneiderhan zum Jahreswechsel 2003/04 präsentierten „Konzeption und Weiterentwicklung der Bundeswehr" wurde das Profil der Streitkräfte weiter zugunsten ihrer Fähigkeit zu Auslandseinsätzen verändert. Die Planung, die von der „Großen Koalition" 2005 unverändert übernommen wurde, sah vor, die Armee bis 2010 auf einem Niveau von 252.500 Soldaten festzuschreiben. Die bisherigen Teilstreitkräfte bestehen zwar formal weiter, wurden aber verteilt auf 35.000 Eingreifkräfte (für die Beteiligung an der NATO-Response-Force und an der EU-Eingreiftruppe), 70.000 Stabilisierungskräfte (für längerfristige friedenserhaltende Einsätze wie auf dem Balkan oder in Afghanistan) und 147.500 Unterstützungskräfte (die hauptsächlich von Deutschland aus die im Ausland befindlichen Kräfte logistisch unterstützen).[3] Dabei sank der Anteil der Grundwehrdienstleistenden, der 1990 noch 45 Prozent ausmachte, auf unter 15 Prozent.

Fasst man die Entwicklung seit der deutschen Vereinigung bis zum Ende der „großen Koalition" zusammen, so ergibt sich folgendes Bild: Zwar wurde die Bundeswehr auf etwa 50 Prozent ihres Umfangs verringert und dabei fortlaufend reformiert. Auch änderte sich ihr Aufgabenprofil vollkommen. Aber all das vollzog sich um die erratisch stehen gebliebene Säule der Wehrpflicht herum, an der nicht gerüttelt werden durfte. Dabei war es auf der politischen Ebene im Sinne der Konfliktverwaltung immer wieder möglich, die Kontroverse auf dem Wege der Koalitionsvereinbarung und Kommissionsbildung zu vertagen, und auf der praktischen Ebene durch Verringerung des Anteils und Einschränkung des Aufgabenfeldes regulärer Wehrpflichtiger sowie Verkürzung ihrer Dienstzeit „gerecht" zu verwalten. Allerdings wurden dadurch über all die Jahre hinweg Ressourcen verschwendet, welche der Bundeswehr zur Anpassung ihrer Ausrüstung an das neue Aufgabenprofil und damit zur Effizienzsteigerung benötigt hätte.

Da sich die neue schwarz-gelbe Koalition nur „im Grundsatz" zur Wehrpflicht bekennt und 2010 eine neue Strukturkommission einsetzen will, könnte es theore-

---

[3] Darin sind 2.500 Stellen für Reservistinnen und Reservisten enthalten (Weißbuch 2006: 93)

tisch möglich sein, dass diese für eine Aussetzung plädiert, aber sehr wahrscheinlich ist dies angesichts der Kräfteverhältnisse nicht. Überdies könnten dann, wenn es keine triftigen sicherheitspolitischen Gründe mehr für die Beibehaltung der Wehrpflicht gibt, andere ernst zu nehmende Argumente gegen deren Aussetzung sprechen. Diese sollen im Folgenden untersucht werden.

5 Dienstpflicht oder Berufsarmee – brauchbare Alternativen?

Die meisten Diskussionen über Alternativen zur Wehrpflicht haben jeweils nur eine Hälfte des Begriffes Wehr-Pflicht im Blick. Für die einen stehen die *Armee* und deren Optimierung im Mittelpunkt. Sie sagen, um die Effektivität des Militärapparates aufrechtzuerhalten oder zu steigern, sollte die Bundeswehr ähnlich wie andere NATO-Streitkräfte in eine Berufsarmee umgewandelt werden. Ein positiver Nebeneffekt eines solchen Systemwechsels bestünde darin, dass sich mit ihm das Problem der Wehrgerechtigkeit nicht mehr stelle. Die anderen sehen in der *Ableistung einer Pflicht* einen Wert an sich und etwas, das die Bürgerinnen und Bürger dem Staat als eine Art Gegenleistung für die ihnen zugesicherten Rechte zu erbringen hätten. Für sie bietet sich daher die allgemeine Dienstpflicht als Zukunftsmodell an, nicht zuletzt, weil sie das Problem der Wehrgerechtigkeit sozusagen nach der Rasenmähermethode löst. Im Folgenden soll das Für und Wider dieser Modelle betrachtet werden.

5.1 Die allgemeine Dienstpflicht – Holzweg statt Ausweg

Schon 1974 titelte der Publizist Sebastian Haffner im „stern" griffig „Wenn alle dienen, ist allen gedient" und forderte unter dieser Parole eine allgemeine Dienstpflicht für Männer und Frauen. Diese, weniger auf die Verteidigung als auf den Dienst an der Gesellschaft abhebende Forderung durchzieht in verschiedenen Varianten die Diskussionen um den Fortbestand der Wehrpflicht und wird vor allem in den Unionsparteien als ein Ausweg aus den Dilemmata der Wehr- und Dienstgerechtigkeit angesehen. So schrieb der CDU-Abgeordnete Otto Hauser: „Der Weg aus dem Dilemma der Wehr- und Dienstungerechtigkeit gelingt nur, wenn zunächst einmal alle Wehrdienstfähigen und sämtliche anerkannten Kriegsdienstverweigerer Dienst leisten. Das ist aber nicht genug. Vielmehr muss auch das Potential der untauglich gemusterten, aber trotzdem arbeitsfähigen Bürger einer Dienstleistung zugeführt werden. Die Lösung liegt in der allgemeinen Dienstpflicht." (Hauser 1994: 180; jetzt auch JU-Hessen 2009)

Die so oder ähnlich in Betracht gezogene allgemeine Dienstpflicht ist allerdings verfassungswidrig und würde obendrein auf einen Holzweg führen. Das

Grundgesetz hat Dienstverpflichtungen, die über den Wehr- und Ersatzdienst hinausgehen, auf den Verteidigungsfall und – soweit es sich um öffentlich-rechtliche Dienstverhältnisse handelt – auf polizeiliche und hoheitliche Aufgaben der öffentlichen Verwaltung, die nur in einem öffentlich-rechtlichen Dienstverhältnis erfüllt werden können, beschränkt (Art. 12a, Abs. 3 GG). Daher hat sich der Staat nach Auffassung des Hamburger Rechtsprofessors Michael Köhler genau wie andere Nachfrager „für die Erfüllung partikulärer Dienstleistungsinteressen und -notwendigkeiten, pragmatischer Bedürfnisse … gefälligst des Arbeitsmarktes zu bedienen" (Köhler 1994: 5). In ähnlicher Weise kommt sein Kölner Kollege Jost Pietzcker in einem Gutachten für den Bundestag zu dem Schluss: „Die gesetzliche Einführung eines sozialen Pflichtjahres wäre mit Art. 12 Abs. 2 GG unvereinbar, da es sich hierbei nicht um eine herkömmliche Dienstleistungspflicht handelt und da eine solche allgemeine Dienstleistungspflicht nicht der Spezialregelung des Art. 12a Abs. 1 GG unterfällt." (Pietzcker 1991: 53)

Zwar könnten die Voraussetzungen für eine Einführung eines solchen Dienstes durch Verfassungsänderung geschaffen werden. Dies ist bei den gegenwärtigen Mehrheitsverhältnissen nicht zu erwarten. Außerdem müsste in einem solchen Fall zwingend auch die nach Art. 12a, Abs. 4 GG gegebene Einschränkung von Dienstverpflichtungen von Frauen auf den Verteidigungsfall aufgehoben werden, was zur Konsequenz hätte, dass für ca. 400.000 Frauen pro Jahrgang Dienstplätze geschaffen werden müssten.

In diesem Zusammenhang wäre zu untersuchen, ob es für dann jährlich ca. 800.000 zu einem Dienst zu verpflichtende Männer und Frauen überhaupt genügend im weitesten Sinne soziale Tätigkeiten gäbe, um sie ein Jahr oder wenigstens sechs Monate lang individuell und volkswirtschaftlich sinnvoll zu beschäftigen (vgl. Zimmermann 1997: 76). Dabei ist zu berücksichtigen, dass dadurch keine regulären Arbeitskräfte, die bisher solche Dienstleistungen erfüllen, verdrängt oder daran gehindert werden dürfen, für den Erhalt ihres Arbeitsplatzes oder eine Verbesserung ihrer meist bescheidenen Einkommen notfalls zu streiken. Vor dem Horizont eines Millionenheeres von Langzeitarbeitslosen, wäre es geradezu grotesk, wenn z. B. im Pflegebereich angebotenen Tätigkeiten künftig zuerst Dienstverpflichteten zugewiesen werden müssten.

Würde die Dauer des Dienstes auf deutlich weniger als ein Jahr festgelegt, stellte sich außerdem zwingend die Frage, ob es nicht ein zu hoher Aufwand wäre, wenn das Gelernte nach einer mehrmonatigen Ausbildungszeit nur noch zwei oder drei Monate im Einsatz genutzt werden könnten. Auch deshalb ist Ekkehard Lipperts Frage berechtigt: „Kann die Volkswirtschaft es sich leisten, dass jeweils ein ganzer Jahrgang zwangsweise und nicht optimal – d. h. gemäß seinen erlernten Fähigkeiten und Fertigkeiten und so bald wie möglich – eingesetzt wird und damit auch längere Zeit keinen Beitrag zum Sozialprodukt leistet, sogar noch erhebliche Kosten verursacht?" (Lippert 1995: 77)

Alle diese pragmatischen Gesichtspunkte machen deutlich, dass es ein Irrglaube wäre, zu meinen, durch die allgemeine Dienstpflicht könne Wehr- oder Dienstgerechtigkeit produziert werden, ohne neue gesellschaftliche Probleme hervorzurufen. Davon abgesehen brächte die Organisation dieses Dienstes einen enormen Verwaltungs- und Kostenaufwand mit sich.

5.2 Probleme einer Berufsarmee und ihrer gesellschaftlichen Einbindung

Demjenigen, der es wagt, einer Aussetzung der Wehrpflicht das Wort zu reden, wird in Diskussionen gern vorgehalten, dass eine Berufsarmee keine bessere Alternative wäre. Militärische Personalplaner weisen dabei als erstes darauf hin, um intelligente Streitkräfte aufrecht zu erhalten, müssten die Jahrgänge voll ausgeschöpft werden können. Anderenfalls müsse man sich – vor allem um ausreichend Personal für die Mannschaftsdienstgrade zu bekommen – mit denjenigen begnügen, die auf dem Arbeitsmarkt keinen Job bekämen. Dieses Argument ist wahrscheinlich der eigentliche Grund für das unbeirrbare Festhalten der Bundeswehr an der Wehrpflicht, aber es gehört zu den von Bundespräsident Herzog nur als Zusatz akzeptierten streitkräfteinternen und nicht zu den sicherheitspolitischen Begründungen.

Weiterhin wird gesagt, für die Art von Professionalität, an der die Bundeswehr für ihre der Friedenswahrung verpflichteten Auslandseinsätze interessiert sei, brauche man keine Soldaten, die nur das Kriegshandwerk gelernt hätten. Vielmehr werde sie besser durch die Einbeziehung von Menschen erreicht, die Erfahrungen aus anderen Berufen mitbringen. Allerdings findet sie solche bei den Grundwehrdienstleistenden immer weniger, seitdem sie diese schon mit 23 Jahren nicht mehr einziehen kann, so dass sie bis zu ihrer Einberufung kaum Chancen hatten, Berufserfahrungen zu sammeln. Beide Argumente vernachlässigen überdies, dass die Bundeswehr bisher unter mehr Freiwilligen wählen kann als sie offene Stellen zu besetzen hat, was sicher auch damit zusammenhängt, dass sie attraktive Qualifizierungsmöglichkeiten anbietet.

Häufig werden gesellschafts- und innenpolitische Gründe vorgetragen, die gegen die Umwandlung in eine Berufsarmee sprechen. Es sind vor allem Sorgen um die gesellschaftliche Integration der Streitkräfte:

Befürworter der Wehrpflicht warnen insbesondere davor, die demokratische Durchdringung der Bundeswehr zu gefährden, und begründen dies immer wieder mit den Erfahrungen in der Weimarer Republik, in der die Reichswehr als Berufsarmee zum „Staat im Staate“ wurde. Diese Lehre hat die Entscheidung der Bundesrepublik für eine auf der Wehrpflicht beruhende Wehrverfassung zwar maßgeblich beeinflusst und hatte zu jener Zeit auch ihre Berechtigung. Aber sie sollte Anfang des 21. Jahrhunderts nicht mehr die Zukunft der Bundeswehr bestimmen: Zum einen darf nicht außer Acht gelassen werden, dass die Beschreibung der Wehrpflicht als „legitimes Kind der Demokratie“ eher ein Mythos ist, zumal dieses Wehrsystem im Kaiserreich und im Nationalsozialismus „den Militarismus mit ermöglicht hat“ (Bald 1994: 30). Zum anderen darf nicht übersehen werden, dass die Bundeswehr schon längst und mit steigender Tendenz zum weitaus größten Teil aus professionellen Soldaten besteht. Doch die allermeisten verstehen sich nicht als Angehörige eines Berufsstandes *sui generis*, sondern als „Staatsbürger in Uniform“. Soweit sie Zeitsoldaten sind, haben sie sich für einen mehr oder weniger langen Lebensabschnitt „beim Bund“ entschieden, leisten ihre Arbeit dort auch selbst- und verantwortungsbewusst, aber sie denken mit demselben Ernst über ihre zivile Anschlusstätigkeit nach. Zum dritten haben einige andere große demokratische Staaten wie die USA und Großbritannien schon lange, und selbst Frankreich seit einigen Jahren auf die Wehrpflicht verzichtet, ohne dass irgend jemand ernsthafte Sorgen um deren demokratischen Grundbestand hätte. Und schließlich bestehen in einer funktionsfähigen Demokratie wie der Bundesrepublik Deutschland – anders als in der Weimarer Republik – genügend Möglichkeiten, um eine Freiwilligenarmee, die aus Zeit- und Berufssoldaten zusammengesetzt ist, demokratisch eingebunden zu halten. Hierauf wird im letzten Kapitel noch näher eingegangen.

Anhänger der Wehrpflicht behaupten weiterhin, die Anwesenheit von Wehrdienstleistenden solle in zwei Richtungen ausstrahlen: Zum einen solle sich die fortwährende Begegnung mit Rekruten, die nur das Leben in einer offenen Gesellschaft kennen, „zivilisierend“ auf das militärische Stammpersonal auswirken. Je kürzer jedoch die Grundwehrdienstzeit und je kleiner der Anteil der Wehrdienstleistenden ist, desto geringer lässt sich auf diesem Wege eine demokratischen Durchdringung erreichen, denn die jungen Männer kommen fast nur noch in Ausbildungseinheiten mit Zeit- und Berufssoldaten in Berührung.

Zum anderen sollen diejenigen, die einige Zeit „beim Bund“ waren, danach so etwas wie Werbeträger der Bundeswehr in der zivilen Gesellschaft werden. Hierdurch könne dem „freundlichen Desinteresse“ der Bevölkerung an der Bundeswehr entgegengewirkt werden. Es wird befürchtet, dieses könnte zunehmen, wenn nur noch „Sicherheitsprofis“ dort Dienst täten. Die Abwendung der Bürger von ihrer Armee darf keineswegs auf die leichte Schulter genommen werden. Sollte sie tatsächlich darauf zurückzuführen sein, dass inzwischen bei vielen die persönliche oder familiäre Betroffenheit durch die Wehrpflicht fehlt, dann wäre dieser Trend wegen des vorhersehbaren weiteren Absinkens des Wehrdienstleistendenanteils nicht zu stoppen. Da es aber aus finanziellen wie aus sicherheitspolitischen Gründen unsinnig wäre, den Wehrpflichtigenanteil anzuheben, nur damit die Bürger der Bundeswehr wieder mehr Aufmerksamkeit schenken, müssen andere Wege gefunden werden, um das öffentliche Interesse an den Streitkräften wieder zu erwecken.

Zu den Argumenten, die seit den 1990er Jahren gegen eine Berufsarmee vorgetragen werden, gehört auch die Sorge, diese könnte zum Sammelbecken für rechtsradikal orientierte junge Männer werden. Allerdings ist schon die Wehrpflichtarmee seit längerem für solche Personen attraktiv. Bedingt durch das de-facto-Wahlrecht zwischen Wehr- und Ersatzdienst entscheiden sich eher „Rechte“ für den „Bund“, während eher „Linke“ lieber „Zivi“ werden. Dies hängt auch damit zusammen, dass sich rechtsradikale Parteien und Bewegungen in Deutschland überwiegend aus jungen Männern rekrutieren. „Zu ihrem Image gehört es, militärisch-kriegerisch zu sein. Ersatzdienst und Rechtsradikalismus schließen sich somit gegenseitig aus. Als Rechter geht man zur Bundeswehr, auch wenn man sie als ‚schlappen Haufen‘ betrachtet und wenn man in ihr keinen Widerhall findet.“ (Klein 1997: 68) Solange die Wehrpflicht noch besteht, kann die Bundeswehr niemanden wegen seiner politischen Orientierung davon ausschließen, solange er durch sie nicht straffällig geworden ist. Bei einer Freiwilligenarmee wäre es hingegen möglich und politisch geboten, schon bei den Auswahlgesprächen und Tests darauf zu achten, dass Angehörige dieses Personenkreises erst gar nicht aufgenommen werden.

Schließlich muss noch ein Argument erwähnt werden, das eigentlich keines sein dürfte, da die Ausnahme nicht den Regelfall zu legitimieren hat. Es lautet: Mit dem Wegfall der Wehrpflicht entfällt zwangsläufig auch der Zivildienst. Das würde bei einer großen Zahl von Einrichtungen der Gesundheits- und Altersfürsorge zu Personalengpässen führen. Zwar trifft es zu, dass sich in den Jahrzehnten, in denen die Zahl der Kriegsdienstverweigerer stetig zunahm und damit immer mehr Plätze für Zivildienstleistende zu schaffen waren, sehr viele Krankenhäuser, Senioren- und Pflegeheime, Rot-Kreuz-Stationen usw. sich mit „Zivis“ zu für sie günstigen finanziellen Konditionen über den viel beklagten Notstand im Pflege- und Gesundheitswesen hinweggeholfen haben. Doch seitdem es im Zuge der Absenkung der Zahl der Grundwehrdienstleistenden erforderlich wurde, auch die Zahl der Zivildienstleistenden von 1999 noch 150.000 auf 70.000 im Jahr 2004 zu senken, mussten sich die Dienststellen schrittweise darauf einstellen, mit deutlich weniger Hilfskräften auszukommen. Den meisten Dienststellen gelang die Umstellung, weil ein Teil der Zivildienstplätze in reguläre Arbeitsplätze umgewandelt und ein anderer durch Mini-Jobs und Hartz IV-Maßnahmen aufgefangen werden konnte.[4]

---

[4] Die inzwischen beschlossene Verkürzung des Wehr- und Zivildienstes auf sechs Monate führt bei einem Teil der Zivildienstleistende beschäftigenden Stellen zu einem anderen Problem: Die Zivis, die nach einer mehrere Monate dauernden Einweisung in ihre Aufgaben, z. B. bei der Schwerstbehindertenbetreuung, nur noch sehr kurze Zeit für den tatsächlichen Einsatz zur Verfügung stehen, können den Bedürfnissen der Behinderten nach einer vertrauensvollen Betreuung nicht gerecht werden. Deshalb wurde in dem neuen Gesetz erstmals die Möglichkeit einer freiwilligen Verlängerung des Zivildienstes vorgesehen.

Aus all dem ist zu schließen, eine Aussetzung der Wehrpflicht hätte nicht zwingend jene schlimmen Folgen, welche die Gegner eines solchen Schrittes mit dem Schreckensbild einer Berufsarmee an die Wand malen; dies vor allem dann nicht, wenn man sich bei der Suche nach einer Alternative nicht an der klassischen Berufsarmee, sondern am Konzept einer Freiwilligenarmee mit Zeit- und Berufssoldaten orientierte.

6 Die zukunftsweisende Alternative: Freiwilligenarmee und freiwilliges Dienstjahr

Betrachtet man die staatlichen Aufgaben der Kriegsverhinderung, Verteidigung und internationalen Solidarität sowie das breite Spektrum sozialer Dienstleistungen einmal aus der Sicht der Bürgerinnen und Bürger, so haben diese nicht nur als demokratischer Souverän ein Interesse daran, dass diese Aufgaben optimal organisiert werden. Vielmehr ist etwa jede und jeder Dritte bereit, sich selbst, ihre Arbeitskraft und ihre Ideen zum Wohle anderer oder aller *freiwillig* einzubringen (TNS Infratest 2005: 3).[5] Dabei bräuchten Bundeswehr und die von einer Aussetzung der Wehrpflicht betroffenen Zivildienststellen nicht um eine idealistische Partizipationsbereitschaft nachzusuchen, sondern sie könnten bezahlte Ausbildungs- und Arbeitsplätze anbieten. Wer nach einer zukunftsweisenden Alternative zur Wehrpflicht und dem an ihr hängenden Zivildienst sucht, muss diese Aspekte mit berücksichtigen.

Eine solche Alternative vertrete ich seit langem in Form eines Konzepts freiwilliger Dienste mit einem Bonus (u. a. Meyer 1997, 2005), das seither mit Sicherheitspolitikern sämtlicher Bundestagsparteien sowie einschlägiger Verbände diskutiert und von verschiedenen Seiten auch als Modell für gut befunden worden ist. In der hier wiedergegebenen, leicht aktualisierten Form durfte ich es am 14. Juni 2010 bei einer öffentlichen Anhörung des Verteidigungsausschusses des Deutschen Bundestages aus Anlass der Beratung des „Wehrrechtsänderungsgesetzes 2010“ (Deutscher Bundestag, 2010) vorstellen.[6]

---

[5] Die von TNS Infratest Sozialforschung 1999 und 2004 durchgeführten Freiwilligensurveys zeigen, dass in diesen fünf Jahren das bürgerschaftliche Engagement in Deutschland sogar weiter zugenommen hat. Waren es 1999 noch 22 Millionen Menschen ab 14 Jahren, die sich regelmäßig freiwillig engagierten, so waren es 2004 mehr als 23,4 Millionen Menschen oder 36 % aller Bürgerinnen und Bürger ab 14 Jahren. (TNS Infratest 2005: 3)

[6] Diese Anhörung fand unter bemerkenswerten Rahmenbedingungen statt: Die Fraktionen der schwarz-gelben Koalition hatten den Gesetzesentwurf am 8. Juni eingebracht. Schon am 11. Juni fand die Erste Lesung statt. Nach der Anhörung im Verteidigungsausschuss unter Beteiligung des für den Zivildienst zuständigen mit beratenden Ausschusses für Familie, Senioren, Frauen und Jugend am 14. Juni war für den 16. Juni die abschließende Beratung in den Ausschüssen und den 17. Juni

Das Konzept ersetzt die Wehrpflicht durch ein *freiwilliges Dienstjahr für alle*, also Männer und Frauen. Es baut darauf, für die verschiedenen gesellschaftlichen Dienste, die bisher teilweise durch Zwangsverpflichtete, teilweise durch Freiwillige geleistet werden (von der Bundeswehr bis zum Kindergarten, von der Feuerwehr bis zum Entwicklungsdienst, von der Altenpflege bis zum Umweltschutz, von der Polizei bis zum Katastrophenschutz wie auch bei internationalen Organisationen), genügend Freiwillige zu finden, die sich für ein Jahr verpflichten, so dass es nicht notwendig wird, irgendwo Stellen zu streichen. Zu einem solchen Optimismus berechtigt die erwähnte große Zahl von freiwillig Engagierten. Warum sollte es nicht gelingen, fortlaufend etwa 120.000 bis 130.000 junge Männer und Frauen dafür zu gewinnen, sich ein Jahr lang gegen Bezahlung und mit der Aussicht auf einen Bonus für die Gesellschaft einzusetzen? Diese Zahl entspricht in etwa der Größenordnung der zwischen 2005 und 2009 für junge Männer bereitgehaltenen Wehr- und Zivildienstplätze.[7]

Natürlich wird eine Umstellung auf freiwillige Dienste nicht ohne *Werbung* und auch nicht ohne ein ausdifferenziertes *Anreiz- oder Bonussystem* auskommen. Dass die Bundeswehr in den Medien mit großem Aufwand Personalwerbung treibt, wird seit Jahrzehnten für selbstverständlich gehalten – dass hingegen Zivildienststellen bisher nicht offensiv für ihre Plätze werben durften, lag daran, dass es sich rechtlich gesehen, nur um einen Ersatzdienst handelt.

Der Anreiz für die ein Jahr tätigen jungen Männer und Frauen sollte zunächst einmal in der freien Wahl des Dienstes (nach Maßgabe der offenen Plätze und der persönlichen Eignung) sowie in einem angemessenen finanziellen Entgelt bestehen. Da auf der Seite der nachfragenden Dienste ein Interesse daran besteht, einen Teil

---

die Zweite und Dritte Lesung im Plenum des Bundestages geplant, damit das Gesetz am 18. Juni auch vom Bundesrat beschlossen werden und am 1. Juli in Kraft treten konnte. Doch in der Woche der Ersten Lesung hatte Verteidigungsminister Karl Theodor zu Guttenberg erklärt, er könne sich aufgrund notwendig werdender Haushaltseinsparungen einen Verzicht auf die Wehrpflicht und eine dementsprechend drastische Verringerung des Umfanges der Bundeswehr vorstellen. Insofern hätte es nahe gelegen, die Beratung des Gesetzes wieder auszusetzen, um im Verteidigungsausschuss erst einmal über die Konsequenzen einer völligen Umstrukturierung der Bundeswehr nachzudenken. Doch obwohl der Vorsitzende des BundeswehrVerbandes und andere, darunter auch der Verfasser, in der Anhörung dringend zu einer Verlangsamung des Prozesses rieten, und auch verschiedene Abgeordnete bis hin zum Obmann der das Gesetz beantragenden Unionsfraktion dafür Verständnis äußerten, lief die Gesetzgebungsmaschinerie, wie auf Vollautomatik gestellt, weiter.

[7] Die erwähnte TNS Infratest-Studie zeigt, dass 4 % der Engagierten – das entspricht fast einer Million Menschen – ihre freiwillige Tätigkeit täglich, und 24 % immerhin zweimal wöchentlich ausüben. Selbst wenn man berücksichtigt, dass davon der allergrößte Teil in der Freizeit, und zwar abends oder nachts (38 %) und an Wochenenden (32 %) erbracht wird (TNS Infratest 2005: 119 ff.), so darf nicht übersehen werden, dass auch ein Vollzeitengagement wie das Freiwillige Soziale Jahr geradezu einen Boom erlebt. So stieg die Zahl der Teilnehmer am Freiwilligen Sozialen Jahr allein in Hessen von 2003 auf 2004 von 1.670 auf 2.500 (FSJ Hessen 2004: 3).

derer, die sich in dem Jahr bewähren, auch länger zu beschäftigen, werden sie Wert darauf legen, dass in dieser Zeit die Ausbildung für ihre Aufgabenbereiche nicht zu kurz kommt. Und da gerade bei jüngeren Freiwilligen von einem großen Qualifizierungsinteresse, ausgegangen werden kann (vgl. TNS Infratest 2005: 248–255), um auf dem Dienstjahr aufbauend beruflich tätig zu werden, dürfte deren Bereitschaft, sich für ein ganzes Jahr zu verpflichten, wenn dieses erklärtermaßen eine Ausbildungskomponente enthält, eher größer als kleiner sein. Daher sollte bei der Werbung für die Dienste wie auch bei der Besoldung der Gesichtspunkt der *Aus- und Weiterbildung* ausschlaggebend sein.

Die Attraktivität des freiwilligen Dienstjahres könnte sich deshalb daraus ergeben, dass es quasi als *Berufsfindungsjahr* für eine breite Palette von Berufen ausgestaltet wird, die im weitesten, wenn auch nicht unbedingt im tarifrechtlichen Sinne als öffentliche Dienstleistungen anzusehen sind. Alle, die sich entscheiden, einen solchen Dienst abzuleisten, erhalten während dieses Jahres mindestens eine Vergütung, die der Eingangsstufe der *Ausbildungsvergütung* im öffentlichen Dienst der Bundesrepublik Deutschland entspricht. Sofern sie schon einen beruflichen Abschluss vorweisen können, aber vielleicht als Arbeitslose dieses Jahr zur beruflichen Umorientierung benutzen wollen, erhalten sie einen Zuschlag, der dafür sorgt, dass sie während dieser Zeit besser gestellt sind, als wenn sie arbeitslos bleiben. Ähnlich wären diejenigen Fälle zu regeln, in denen jemand unter Ausnutzung der bei einer früheren Ausbildung erworbenen beruflichen Qualifikation im Rahmen des Dienstjahres tätig werden möchte. Dies käme z. B. infrage, wenn die Bundeswehr entsprechend ihrem Interesse an einer zivilberuflichen Professionalität Seiteneinsteiger aufnähme, die sich erst einmal nur kurzfristig verpflichten wollen.

Am Ende des Jahres kann in dem Tätigkeitsbereich eine dem Ausbildungsstand entsprechende *(Teil-)Abschlussqualifikation* erworben werden. Wer beabsichtigt, später hauptberuflich eine der Tätigkeiten aus dem Spektrum der einjährigen freiwilligen sozialen Dienste auszuüben, erhält dieses *Dienstjahr angerechnet* – gegebenenfalls auch als Ausbildungsjahr.

Alle, die einen solchen Dienst abgeleistet haben, erhalten einen *Bonus* bei der Zulassung zu weiterqualifizierenden Ausbildungswegen wie auch bei der Berechnung der Altersrente (entsprechend den Kindererziehungszeiten bei Müttern). Wer also nach Einführung des hier skizzierten Modells ein Jahr lang in irgendeinem Bereich einen Dienst für die Gesellschaft leistet, kommt später in den Genuss dieser Vergünstigungen. Wer hingegen aus welchen Gründen auch immer auf dieses gesellschaftliche Engagement verzichtet, geht leer aus.

Selbstverständlich kommt auch dieses Konzept nicht ohne Verwaltung aus. Es bedarf aber nur einer relativ kleinen zentralen Koordinierungseinrichtung, die darüber wacht, dass von den dezentralen Verwaltungsstellen der verschiedenen Dienste die Vergütungen regelmäßig gezahlt und die Qualifikations- und Bonusbescheinigungen ausgestellt werden. Demgegenüber sind Tauglichkeitsuntersuchungen, wie sie die Bundeswehr für ganze Jahrgänge durchführt, und die bisher auch für die Einberufung zum Zivildienst relevant waren, nicht mehr für alle Bereiche wichtig und brauchen deshalb auch nicht mehr flächendeckend von Kreiswehrersatzämtern vorgenommen werden. Dienststellen, für die amtsärztliche Untersuchungen wichtig sind, können hierfür die örtlichen Gesundheitsämter einschalten. Andere werden auf größeren Wert auf andere Kompetenzen legen, die sie bei Bewerbungsgesprächen in Erfahrung bringen können.

Einzelne Bewerber und Bewerberinnen werden vielleicht beim Zugang zum Dienst ihrer ersten Wahl aufgrund ihrer körperlichen oder geistigen Fähigkeiten keinen Erfolg haben. Dies könnte auch deshalb geschehen, weil es bei dieser oder jener Dienststelle nicht genügend Plätze gibt. Beides nimmt den jungen Menschen jedoch nicht die Möglichkeit, den Bonus zu erwerben, da sie sich für beliebig viele weitere Tätigkeitsbereiche bewerben können und es ihnen auch frei steht, den Zeitpunkt ihres Engagements um ein paar Jahre nach hinten zu verschieben.

Da jede und jeder selbst entscheiden kann, ob sie oder er dieses Angebot mit den darin enthaltenen persönlichen Herausforderungen, Belastungen sowie Aus- und Fortbildungschancen wahrnimmt, *erübrigt sich die bei allen Pflichtdiensten zwingende Frage nach einer Dienstgerechtigkeit.* Insofern hätte auf jeden Fall die sich daraus ergebende Konfliktverwaltung ein Endc.

Der Bundestag sollte initiativ werden, zu einem solchen System freiwilliger Dienste überzuwechseln, denn es liegt im Interesse der Volksvertretung, die obrigkeitsstaatliche Haltung des Misstrauens gegenüber den Bürgern, die in der Einrichtung von Pflichtdiensten zum Ausdruck kommt, zu überwinden.

Für die Bundeswehr selbst hätte dieses System den Vorteil, denen, die ein Jahr dabei sind, eine adäquate militärische Ausbildung zukommen zu lassen, und sie bei Bewährung und Interesse anschließend auch gleich in eine Einsatzverwendung übernehmen und damit die Spaltung in Grundwehrdienstleistende und Freiwillig Längerdienende zu den Akten legen zu können. Es müsste auch keine große Zahl von Ausbildern mehr für eine realitätsfremde, immer noch an der Landesverteidigung orientierte Grundausbildung abgestellt werden.

Der Bundestag ist auch dafür verantwortlich, dass es nach dem Übergang zu einer reinen Freiwilligenarmee nicht zu dem von Manchen mit Blick auf die Berufsarmee befürchteten weiteren Auseinanderdriften von Armee und Gesellschaft kommt: Zum einen würde die gesellschaftliche Einbindung durch die Beibehaltung einer Personalstruktur abgesichert, die nur einen relativ kleinen Anteil Berufssoldaten, hingegen einen hohen Anteil an Zeitsoldaten mit unterschiedlichen Verpflichtungszeiten (von den ein Jahr lang freiwillig Dienenden über Zeitverträge von zwei oder drei Jahren an aufwärts) kennt, so dass es innerhalb des Gesamtvolumens der Armee auch künftig in größerem Umfang fortlaufend personelle Auffrischungen gibt. Dies empfiehlt sich auch, um eine Überalterung der Armee insbesondere im Mannschaftsbereich zu verhindern.

Zum anderen wäre die demokratische Einbindung der Bundeswehr in den vergangenen Jahrzehnten kaum so gut gelungen, wenn es nicht das Konzept der Inneren Führung gegeben hätte – auch wenn es nicht immer zufrieden stellend umgesetzt wird. Ihm muss in einer reinen Freiwilligenarmee aus verschiedenen Gründen noch mehr Aufmerksamkeit gewidmet werden. Dazu gehört auch, dass weiterhin eine an demokratischen Werten ausgerichtete politische Bildung auf allen Ebenen der militärischen Ausbildung ihren Platz hat, vor allem aber, dass sie von hierfür qualifiziertem Lehrpersonal durchgeführt wird. Diese muss sogar größeres Gewicht erhalten, weil Soldaten der Bundeswehr in Auslandseinsätzen in Krisen- und Kriegsgebieten Frieden wiederherstellen oder sichern sollen, was letztlich nur dann gelingen kann, wenn es mit dem Aufbau demokratischer Strukturen und der Anleitung der Menschen zu demokratischen Denk- und Verhaltensweisen verbunden ist. (Vgl. Meyer 2009)

Literatur

Bald, Detlef (1994): Wehrpflicht – der Mythos vom legitimen Kind der Demokratie, in: Optiz, Eckart und Frank S. Rödiger (Hrsg.): Allgemeine Wehrpflicht. Geschichte – Probleme – Perspektiven, Bremen, S. 30–45.

Bundesrat (2004): Gesetzesantrag der Länder Bayern, Hessen, Sachsen, Thüringen, Entwurf eines Gesetzes zur Änderung des Grundgesetzes (Artikel 35 und 87 a), Drucksache 181/04 vom 05.03.2004.

Bundesverfassungsgericht (1985): BVerfGE 69, 1 – Kriegsdienstverweigerung II.

Bundesverfassungsgericht (2009): BVerfG, 2 BvL 3/09 vom 22. Juli 2009, in: www.bverfg.de/entscheidungen/lk20090722_2bvl000309.html

Bundesverwaltungsgericht (2005): Urteil vom 19. Januar 2005 BVerwG 6 C 9.04 VG 8 K 154/04

Deutscher Bundestag (2009): Drucksache 16/12522, 26.03.2009, Antwort der Bundesregierung auf die Kleine Anfrage der Abgeordneten Paul Schäfer (Köln) … und der Fraktion DIE LINKE, http://dipbt.bundestag.de/dip21/btd/16/125/1612522.pdf (Abruf 20.12.2009)

Deutscher Bundestag (2010): Gesetzentwurf der Fraktionen der CDU/CSU und FDP. Entwurf eines Gesetzes zur Änderung wehr- und zivildienstrechtlicher Vorschriften 2010 (Wehrrechtsänderungsgesetz 2010 – WehrRÄndG 2010), Drucksache 17/1953.

FSJ-Hessen (2004): 40 Jahre Freiwilliges Soziales Jahr in Hessen. Festveranstaltung mit dem Hessischen Ministerpräsidenten im Schloss Biebrich, 12.11.2004, Dokumentation.

Gemeinsame Sicherheit und Zukunft der Bundeswehr (2000): Bericht der Kommission an die Bundesregierung, Berlin, 23. Mai 2000.

Glenewinkel, Werner/Tobiassen, Peter (2009): Angst vor der eigenen Kompetenz? Anmerkungen zur Wehrpflicht-Entscheidung des Bundesverfassungsgerichts vom 22.7.2009, Werther/Bockhorn, im September 2009.

Haffner, Sebastian (1974): Wenn alle dienen, ist allen gedient, „stern", Heft 40/74.

Hauser, Otto (1994): Ende der Wehrpflicht – Beginn der Dienstpflicht? in: Europäische Sicherheit, Heft 4/1994, S. 180.

Herzog, Roman (1995): Vierzig Jahre Bundeswehr – Bilanz und Perspektiven. Bundespräsident Roman Herzog vor der 35. Kommandeurtagung der Bundeswehr in München am 15. November 1995, in: Bulletin vom 21. November 1995.

Holst, Christian (1995): Einstellungen zur Bundeswehr in der Bevölkerung in Ost- und Westdeutschland in drei Umfragen 1992 und 1993, Universität Bamberg.

JU-Hessen (2009): Allgemeine Dienstpflicht statt Wehrdienstverkürzung Presseinformation vom 1. 11. 2009 http://www.ju-hessen.de/files/jucast/media/35-091102_Allgemeine_Dienstpflicht_statt_Wehrdienstverkuerzung.pdf (Abruf 2.1.2010)

Kant, Immanuel (1998): Zum ewigen Frieden. Ein philosophischer Entwurf, 2. Präliminarartikel, Darmstadt.

Klein, Paul (1997): Zur Diskussion um die Wehrpflicht- oder Freiwilligenarmee in Deutschland, in: Ders./Zimmermann, Rolf P. (Hrsg.), Die zukünftige Wehrstruktur der Bundeswehr. Notwendige Anpassung oder Weg zur Zwei-Klassen-Armee? Baden-Baden, S. 60–71.

Koalitionsvertrag (2009): Koalitionsvertrag zwischen CDU, CSU und FDP vom 26. Oktober 2009: „Wachstum, Bildung Zusammenhalt", Berlin.

Konzeptionelle Leitlinie (1994): Bundesministerium der Verteidigung (Hrsg.): Konzeptionelle Leitlinie, in: BPA Stichworte zur Sicherheitspolitik 9/94, Bonn.

Köhler, Michael (1994): Rechtsphilosophische und verfassungsrechtliche Implikationen der Diskussion um Pflichtdienste, Beiträge zur Lehre und Forschung, 7/94, hrsg. von der Führungsakademie der Bundeswehr, Fachgruppe Sozialwissenschaften, Hamburg.

Kommission „Europäische Sicherheit und Zukunft der Bundeswehr" am IFSH (2004): Der Wegfall des Zivildienstes muss nicht mehr schrecken, in: Groß, Jürgen (Hrsg.): Europäische Sicherheit und Zukunft der Bundeswehr, Baden-Baden, S. 161–167.

Lippert, Ekkehard (1995): Allgemeine Dienstpflicht als sicherheits- und sozialpolitischer Ausweg? in: Vierteljahresschrift für Sicherheit und Frieden (S+F), Jahrgang 13, Heft 2, S. 72–78.

Lutz, Dieter S. und Volker Rittberger (1976): Abrüstungspolitik und Grundgesetz. Eine verfassungsrechtlich-friedenswissenschaftliche Untersuchung, Baden-Baden.

Meyer, Berthold (1997): Konfliktverwaltung am Beispiel der Auseinandersetzung um die Beibehaltung der Wehrpflicht, in: Ders.: Formen der Konfliktregelung. Eine Einführung mit Quellen, Opladen, S. 305–326.

Meyer, Berthold (2004): Von der Entscheidungsmündigkeit zur Entscheidungsmüdigkeit? Nach zehn Jahren Parlamentsvorbehalt für Bundeswehreinsätze naht ein Beteiligungsgesetz, HSFK-Report 4/2004, Frankfurt/M.

Meyer, Berthold (2005): Die Dauerkontroverse um die Wehrpflicht – Ein Beispiel für Konfliktverwaltung, HSFK-Report 11/2005, Frankfurt/M.

Meyer, Berthold (2009): Innere Führung und Auslandseinsätze: Was wird aus dem Markenzeichen der Bundeswehr? HSFK-Report 2/2009, Frankfurt/M.

Pietzcker, Jost (1991): Rechtsfragen der Einführung einer allgemeinen Dienstleistungspflicht, Ausarbeitung 450/91 für die Wissenschaftlichen Dienste des Deutschen Bundestages, Bonn.

TNS Infratest (2005): Freiwilliges Engagement in Deutschland 1999–2004. Ergebnisse der repräsentativen Trenderhebung zu Ehrenamt, Freiwilligenarbeit und bürgerschaftlichem Engagement, hrsg. vom Bundesministerium für Familie, Senioren, Frauen und Jugend, München.

Wasmuht, Ulrike C. (1992): Wozu und zu welchem Ende untersuchen wir Konflikte? In: dies. (Hrsg.): Konfliktverwaltung. Ein Zerrbild unserer Demokratie? Analysen zu fünf innenpolitischen Streitfällen, Berlin, S. 18–62.

Weißbuch (1994): Weißbuch 1994 zur Sicherheit der Bundesrepublik Deutschland und zur Lage und Zukunft der Bundeswehr, hrsg. vom Bundesministerium der Verteidigung, Bonn, 5. April 1994.

Weißbuch (2006): Weißbuch 2006 zur Sicherheitspolitik Deutschlands und zur Zukunft der Bundeswehr, hrsg. vom Bundesministerium der Verteidigung, Berlin, 25. Oktober 2006.

Zimmermann, Rolf P. (1997): Allgemeine Dienstpflicht – eine Idee auf dem Prüfstand, in: Klein, Paul und Rolf P. Zimmermann (Hrsg.): Die zukünftige Wehrstruktur der Bundeswehr. Notwendige Anpassung oder Weg zur Zwei-Klassen-Armee? (Militär und Sozialwissenschaften, Band 18), Baden-Baden, S. 72–80.

Die „Bündnisse für Arbeit“ zwischen Konfliktverlagerung und Konfliktverwaltung*

Berthold Meyer und René Steenbock

> „Ich bin entschlossen, zur Verbesserung der Lage der deutschen Arbeiter die Hand zu bieten, soweit die Grenzen es gestatten, welche meiner Fürsorge durch die Notwendigkeit gezogen werden, die deutsche Industrie auf dem Weltmarkte konkurrenzfähig zu erhalten und dadurch ihre und der Arbeiter Existenz zu sichern.“
>
> *Kaiser Wilhelm II, 1890*

> „Wenn wir es nicht schaffen, die Arbeitslosigkeit signifikant zu senken, dann haben wir es nicht verdient, wiedergewählt zu werden.“
>
> *Kanzler Schröder, 1998*

Die ungleichmäßige Verteilung der in Deutschland vorhandenen Erwerbsarbeit konstituiert seit über drei Jahrzehnten eine vielfältige gesellschaftliche Konfliktgemengelage. An ihr sind auf den verschiedenen Ebenen sehr unterschiedliche Akteure beteiligt. Vereinfacht ausgedrückt gehören dazu auf der Ebene des Arbeitsmarktes die unmittelbar Betroffenen, und zwar die Unternehmen, die gegen Entlohnung Arbeitsplätze bereit stellen, und die Individuen, die ihre Arbeitsfähigkeit anbieten, um ihre eigene Existenz und die ihrer Familien zu sichern. Die Tatsache, dass die für die einzelnen Arbeitsplätze geforderten Qualifikationen, ihre räumliche Lage und das angebotene Entgelt nicht immer mit dem in derselben Region vorhandenen Arbeitskräftepotenzial übereinstimmen, benennt einige wesentliche Rahmenbedingungen für die latenten und manifesten Interessenkonflikte, die mit der Besetzung und dem Besitz von Arbeitsplätzen verbunden sind. So nimmt z. B. die Konkurrenz zwischen Arbeitsplatzbesitzern zu, die darum fürchten müssen, diesen und damit ihr Einkommen zu verlieren. Aber es gibt auch Konflikte zwischen Arbeitnehmern, deren Einkommen mit Verweis auf die hohe Arbeitslosigkeit nicht steigt, und Arbeitslosen, die sich vorhalten lassen müssen, Schmarotzer zu sein. Auf diese und andere auf der Mikroebene mit dem Problem der Arbeitslosigkeit verbundene Konfliktlagen soll hier nicht eingegangen werden (vgl. dazu u. a. Kronauer et al. 1993).

---

* Originalbeitrag.

Statt dessen betrachtet dieser Aufsatz die Ebene der gesellschaftlichen Wirtschafts- und Sozialpolitik. Dort werden einige Aspekte des Interessenkonflikts manifest, wenn zwischen den Tarifparteien, also den Interessenvertretern der Arbeitnehmer, den Gewerkschaften, und denen der Arbeitgeber, den Unternehmerverbänden, über Arbeitsbedingungen (Arbeitszeiten und -kosten) ganzer Branchen verhandelt wird, denn dann geht es zumindest indirekt auch immer um Entlassungen oder Neueinstellungen. Allerdings fehlt hier eine vergleichbare Selbstorganisation zur Interessenwahrnehmung der Arbeitslosen. Da jedoch der Staat für deren Unterstützung verantwortlich ist, tritt die Bundesregierung auf dieser Ebene erklärtermaßen als derjenige Akteur in Erscheinung, der darum bemüht ist, die Zahl der Arbeitslosen zu verringern. Wir wollen deshalb im Folgenden zwei Versuche mit einander vergleichen, auf nationaler Ebene unter Beteiligung der Bundesregierung ein „Bündnis für Arbeit" zustande zu bringen, die beide von der öffentlichen Meinung – und zwar sowohl von Meinungsmachern wie in Meinungsumfragen – zumindest auch als Bündnisse gegen Arbeitslosigkeit wahrgenommen wurden.

Dabei geht es mit Blick auf das Erste, das 1995 initiiert wurde und 1997 im Debakel des Entgeltfortzahlungsgesetzes endete, darum, herauszufinden, warum es in eine Sackgasse führte.[1] Danach soll die Ende 1998 erfolgte Neuauflage daraufhin untersucht werden, warum die Beteiligten einige erkennbare Lehren aus dem ersten Bündnis nicht gezogen haben, so dass sie 2003 wieder das Scheitern feststellen mussten. Bei beiden Bündnissen gab es eine Tendenz, die Hauptkonfliktlinie von der Arbeitslosigkeit zu anderen sozialpolitischen Themen zu verlagern. Die Gründe hierfür sind zu untersuchen. Dabei ist zu fragen, wann und wo Chancen vertan wurden, um zu für Unternehmen wie für Arbeitnehmer tragbaren Kompromissen zu gelangen, und warum das ursprüngliche Ziel, die Überwindung der Arbeitslosigkeit, jedesmal auf der Strecke blieb. Dies führt schließlich zu Überlegungen, inwieweit das Konfliktfeld der Massenarbeitslosigkeit nur verwaltet werden kann.

1 Das erste Bündnis: Ein Konsensprojekt wird zum Konfliktobjekt

Ende Oktober 1995 hatte der damalige Vorsitzende der IG Metall, Klaus Zwickel, den Arbeitgebern ein „Bündnis für Arbeit" vorgeschlagen, dessen Kern in der Bereitschaft zur Lohnzurückhaltung (für 1997 nur Inflationsausgleich sowie für Langzeitarbeitslose auch untertarifliche Einstiegslöhne) bestand. Im Gegenzug

[1] Die Chronik dieses Konflikts ist ausführlich in Meyer (1997: 283 ff.) nachgezeichnet. Das erste Kapitel dieses Aufsatzes fasst jene Chronik zusammen und verzichtet daher auf die dort nachzulesenden detaillierten Quellenverweise.

sollten die dabei eingesparten Mittel in den Jahren 1996 bis 1998 von den Unternehmen verwendet werden, um bestehende Arbeitsplätze zu sichern und 330.000 neue zu schaffen, davon 30.000 für Langzeitarbeitslose; außerdem sollte die Zahl der Ausbildungsplätze um fünf Prozent pro Jahr erhöht werden. Die größte Einzelgewerkschaft wollte damit neue Wege zum Abbau der Massenarbeitslosigkeit einschlagen. Angesichts von zu jener Zeit vier Millionen amtlich registrierter Arbeitsloser konnte sie damit rechnen, dass ein solcher Vorschlag von der damaligen konservativ-liberalen Bundesregierung positiv aufgenommen würde und schon allein deshalb sich auch die Arbeitgeber ernsthaft mit dem Konzept auseinandersetzen müssten. Als erfahrenem Interessenvertreter des Arbeitnehmerlagers war Zwickel freilich auch klar, dass die mit seinem Angebot verbundene Forderung von der anderen Seite des Verhandlungstisches nicht ohne Abstriche gegengezeichnet werden würde.

In der Tat war der Begriff „Bündnis für Arbeit" bald in aller Munde. Doch schon während der ersten hochrangig besetzten Gesprächsrunden zwischen Regierung, Gewerkschaften und Arbeitgebern im Kanzleramt wurde deutlich, dass die Bundesregierung zwar das „Bündnis für Arbeit" unterstützte, aber völlig andere Vorstellungen davon hatte, welche Maßnahmen zur Schaffung von Arbeitsplätzen geeignet wären. Die Regierung und die sie tragenden Parteien sahen in weitgehender Übereinstimmung mit der Unternehmerseite die Problemlösung in einer Wirkungskette, in der durch Einsparungen von Lohn- und Lohnnebenkosten erhöhte „Gewinne von heute die Investitionen von morgen und die Arbeitsplätze von übermorgen schaffen" (Hickel 1996: 298). Für sie stand daher die Entlastung der Unternehmenserträge am Anfang aller erforderlichen Schritte.

So kündigten Bundeswirtschaftsminister Günter Rexrodt (FDP) und der CDU/CSU-Fraktionsvorsitzende Wolfgang Schäuble schon am 18. Januar 1996 vor dem Bundestag „schmerzhafte Einschnitte" in das soziale System an. Rexrodt beklagte in dieser Debatte, die Opposition habe die für die Wiederherstellung der internationalen Wettbewerbsfähigkeit wichtige Unternehmenssteuerreform blockiert und stellte diese neben der Senkung der Lohnnebenkosten in den Mittelpunkt seiner Zielvorstellungen. Schäuble mahnte zugleich bei der Bevölkerung einen „grundlegenden Einstellungswandel" an, um „eine höhere Wettbewerbsfähigkeit unserer Wirtschaft (und) damit … auch in Zukunft genügend Arbeitsplätze in Deutschland (zu) erhalten." (Das Parlament 6/1996: 3)

Da nahm es nicht Wunder, dass das nach einer „Kanzlerrunde" am 23. Januar 1996 von der Regierung und den Tarifpartnern unterzeichnete Konsenspapier zum „Bündnis für Arbeit" schon im Titel um die Formel „und zur Standortsicherung" erweitert wurde. Es beschreibt vor allem grundsätzliche Zielvorgaben wie die Halbierung der Arbeitslosenzahl bis zum Jahr 2000 und allgemein gefasste Maßnahmen. Damit wurde der Umfang der zu lösenden Probleme entscheidend ausgeweitet und der Gesamtbereich der Produktionsbedingungen mit der

Beschäftigungskrise verbunden. Obgleich beide Problemfelder eine relativ große Schnittmenge haben, sind sie nicht deckungsgleich. Eine Folge davon war, dass der mit dem „Bündnis"-Begriff in der Überschrift betonte Konsens, der vom damaligen Vorsitzenden des Deutschen Gewerkschaftsbundes (DGB) Dieter Schulte noch als „bemerkenswerter Schritt" bewertet worden war, eine Halbwertzeit von genau einer Woche hatte:

Am 30. Januar machte die Bundesregierung in ihrem, mit dem Jahreswirtschaftsbericht vorgelegten, „Aktionsprogramm für Investitionen und Arbeitsplätze" deutlich, dass sie die vom Bundeskanzler eine Woche zuvor mit unterzeichnete Zielvorgabe der Halbierung der Arbeitslosenzahl weiterhin nach der Leitidee „Freie Bahn für freie Marktwirtschaft" umsetzen wollte. Dazu gelte es, den staatlichen Einfluss zurückzuführen, die Staatsquote bis zum Jahr 2000 auf 46 Prozent – das Niveau von 1989 – zu senken, die Summe der Beitragssätze zur Sozialversicherung von über 41 auf unter 40 Prozent zu drücken und „Fehlentwicklungen" u. a. bei der Frühverrentung, im Gesundheitswesen und in der Vergabe des Arbeitslosengeldes zu korrigieren.

Nach der Vorstellung dieses Programms verhärteten sich die Fronten, denn Gewerkschaften und Oppositionsparteien (SPD, Bündnis 90/Die Grünen, PDS) sahen darin eine Brüskierung des Angebots der Gewerkschaften. Es verschlimmere die soziale Schieflage der Bundesrepublik und stelle die Wirksamkeit der meisten Maßnahmen für Beschäftigung und Wachstum in Frage. Vor allem kritisierten sie die einseitige Entlastung der Unternehmen und verlangten neben der Förderung des technischen Fortschritts eine Umverteilung der Arbeit, den Abbau von Überstunden sowie der Sozialbeiträge, die durch eine Ökosteuer gegenfinanziert werden sollten.

Was als Konsensgespräch zwischen Arbeitgebern, Gewerkschaften und Bundesregierung begonnen hatte, verlagerte sich nun zu einem typischen parteipolitischen Konflikt. Da zu dieser Zeit in drei Bundesländern gleichzeitig Landtagswahlen und in einem vierten Kommunalwahlen anstanden, wirkte dies fast schon wie eine frühzeitige Eröffnung des Wahlkampfes um die Bundestagsmehrheit 1998. Dabei verfiel das von allen Seiten weiterhin hochgehaltene Bekenntnis zum „Bündnis für Arbeit" in den Auseinandersetzungen um den einzuschlagenden Weg mehr und mehr zur Leerformel.

Zwar wurden die Gespräche zwischen Regierung, Wirtschaft und Gewerkschaften fortgesetzt. Doch am 24. April 1996 gab der DGB-Vorsitzende Schulte seinen Austritt aus den Kanzlerrunden bekannt. Er begründete diesen Schritt damit, dass Arbeitgeber und Regierung keine Suche nach Konsens mehr betrieben, sondern den Weg des Konflikts einschlügen. Der DGB warf beiden vor, aus dem „Bündnis für Arbeit" ein „Bündnis gegen Arbeit" gemacht zu haben, das die Arbeitslosigkeit erhöhe.

Auslöser hierfür war das inzwischen von der Bundesregierung vorgelegte „Programm für mehr Wachstum und Beschäftigung" („Sparpaket"), das u. a. die Kürzung der Lohnfortzahlung im Krankheitsfall und Änderungen im Kündigungsschutz vorsah. Hierzu verabschiedete das SPD-Präsidium ein Gegenkonzept, das davon ausging, „dass soziale Einschnitte zwecks kurzfristiger Sanierung des Staatshaushalts Gift für die ohnehin geschwächte Konjunktur sind; ‚sofort' wirkende Sparmaßnahmen wären so letztlich kontraproduktiv. Umgekehrt müsse die Lösung der Finanzprobleme in der aktiven Stärkung von Wachstum und Beschäftigung gesucht werden."[2]

Am 4. Juni legte auch der DGB ein Alternativprogramm vor und eröffnete damit die Kampagne „Für Arbeit und soziale Gerechtigkeit"[3], die ihren vorläufigen Höhepunkt erreichte, als der DGB zu einer Großkundgebung am 15. Juni rund 350.000 Menschen mobilisierte. Im Kern forderte er, die Bundesregierung solle, statt die Ausgaben zu senken und sozial ungerecht zu sparen, die Einnahmen erhöhen und weitere Kreditaufnahmen für die Dauer der Konjunkturkrise in Kauf nehmen. Mit dieser Forderung traf der DGB freilich die Regierung an einer Stelle, an der ihre Nerven besonders blank lagen, versuchte sie doch gerade, die Nettokreditaufnahme zu begrenzen, damit Deutschland die Kriterien für die Europäische Währungsunion nicht verfehlte. Daher konterten Vertreter der Bonner Koalition, sie hätten nicht vor, „dem Druck der Straße nachzugeben". Doch drei Tage nach der Demonstration erklärte sich der Kanzler selbst bereit, einige Maßnahmen aus dem Katalog zu streichen oder zumindest zeitlich zu verschieben. In der umstrittenen Frage der Lohnfortzahlung blieb es jedoch beim Kurs, den Kranken nur noch die Wahl zwischen Lohn- und Urlaubsverzicht zu lassen.[4]

Der zu jener Zeit von der SPD dominierte Bundesrat lehnte zwar am 20. Juli die Vorlage der fünf Gesetze zur Lohnfortzahlung im Krankheitsfall, zum Kündigungsschutz, zur Kostenentlastung im Gesundheitswesen und zur Anhebung des Rentenalters für Frauen ab. Doch hatte dies nur aufschiebende Wirkung. Die Gesetzesvorlagen gingen an den Vermittlungsausschuss. Weil auch in ihm die Oppositionsparteien die Mehrheit stellten, empfahl er am 26. August dem Bundestag, seinen Beschluss vom 9. Juli aufzuheben. Erwartungsgemäß lehnte dies die Koalitionsmehrheit am 29. August ab, so dass noch einmal der Bundesrat am 12. September zum Zuge kam. Doch schließlich wurden die umstrittenen Teile des „Sparpakets" am 13. September im Bundestag mit allen 341 Stimmen der Koalition verabschiedet.

---

[2] So zusammengefasst in: Blätter für deutsche und internationale Politik 1996: 870 ff.

[3] Auszüge des Alternativprogramms sind dokumentiert in: Blätter für deutsche und internationale Politik 1996: 881 ff.

[4] Vgl. Blätter für deutsche und internationale Politik, 7/96: 870.

Somit wurde für die Lohnfortzahlung im Krankheitsfall Gesetz, dass ein Arbeitnehmer zwar weiterhin während der Zeit der Arbeitsunfähigkeit bis zu sechs Wochen Anspruch auf Entgeltfortzahlung habe, aber nur in Höhe von 80 Prozent des ihm bei „regelmäßige(r) Arbeitszeit zustehenden Arbeitsentgelts“.[5] In diesem Falle könne er „vom Arbeitgeber spätestens bis zum dritten Arbeitstag nach dem Ende der Arbeitsunfähigkeit verlangen, dass ihm von je fünf Tagen, an denen (er) infolge Krankheit an seiner Arbeitsleistung verhindert ist, der erste Tag auf den Erholungsurlaub angerechnet wird. Mehrere Zeiträume, in denen der Arbeitnehmer arbeitsunfähig erkrankt ist, werden zusammengerechnet. Die angerechneten Tage gelten als Urlaubstage …“[6]

Damit gelangte der Konflikt wieder auf die Ebene der Tarifparteien. Da die Frage der Lohnfortzahlung in den Tarifverträgen der einzelnen Branchen unterschiedlich geregelt ist, hätte es eine quasi automatische Umsetzung des neuen Gesetzes nur dort geben können, wo die Tarifregelung an die Gesetzgebung gebunden ist. Dies ist unter anderem für die Chemie- und die Baubranche der Fall. In der Metall- und Elektroindustrie mit ihren rund 3,5 Millionen Beschäftigten war die volle Lohnfortzahlung für ca. 80 Prozent von ihnen zwar Praxis, tarifvertraglich aber nicht für alle Tarifbezirke einheitlich festgeschrieben.

Folglich waren harte Auseinandersetzungen in der Tarifrunde 1997 zu erwarten, da kein Zweifel darüber bestand, dass die Arbeitgeber die bestehenden Tarifverträge kündigen würden. Zeitdruck bestand indes hierfür nicht. Aufgrund der Veränderung der gesetzlichen Rahmenbedingungen hätten die Tarifverträge wie immer rechtzeitig gekündigt und neue Verhandlungen im Rahmen der Tarifrunde aufgenommen werden können. Doch die Arbeitgeberseite legte Eile an den Tag und spitzte damit die Lage zu.

In der Metall- und Elektroindustrie kommunizierten die Tarifparteien nur noch über Erklärungen in den Massenmedien miteinander. Dabei ließ keine der Seite eine Gelegenheit aus, ihre Bereitschaft zum Arbeitskampf zu versichern. Demgegenüber versuchte Hubertus Schmoldt, der Vorsitzende der IG Chemie, die unmittelbar vom Gesetz betroffen war, noch Kompromisse anzubieten, nämlich die Lohnfortzahlung nur auf den Tariflohn zu beschränken und Sonderzahlungen etwa für Überstunden nicht einzubeziehen. Bundeskanzler Helmut Kohl erklärte daraufhin: „Geltende Tarifverträge müssen eingehalten werden. Eine Verschärfung des Konflikts wäre auch wirtschaftlich schädlich.“ (Süddt. Zeitung 24.9.1996)

Dessen ungeachtet beschloss der Vorstand der Daimler-Benz AG, ab dem 1. Oktober 1996 die Lohnfortzahlung auf 80 Prozent des Bruttolohns zu kürzen. Damit setzte der größte deutsche Industriekonzern die neue Gesetzgebung als erster um. Dies löste eine Welle von Arbeitsniederlegungen und Kündigungen

---

[5] Neufassung des Entgeltfortzahlungsgesetzes, § 4 Abs. 1 Satz 1.
[6] Neufassung des Entgeltfortzahlungsgesetzes, § 4a Abs. 1.

über Sonderschichten sowohl innerhalb dieses Unternehmens wie bei anderen Firmen der Metall- und Elektroindustrie aus.

Anders ging die BMW AG mit dem Konflikt um: Die Konzernleitung traf mit ihrem Gesamtbetriebsrat eine Vereinbarung, nach der im Krankheitsfall der Lohn wie bisher weiterbezahlt, die Fehlzeiten jedoch auf einem Zeitkonto festgehalten werden und die Kürzungen erst nach erfolgter Einigung über Art und Höhe vorgenommen werden sollten. Damit wollte BMW zeigen, so ein Sprecher, dass man die Mitarbeiter als Erfolgsfaktor, und nicht als Kostenfaktor betrachte (Vgl. Süddt. Zeitung 27.9.1996).

Noch am 4. Oktober sah alles danach aus, als würde es einen harten Arbeitskampf geben. Als Gesamtmetall erkannte, dass sich keine geschlossene Front zugunsten des neuen Gesetzes herstellen ließ, erkläre sich der Verband zu einem Spitzengespräch mit der IG Metall bereit. Dieses fand am 7. Oktober statt. Es endete mit der Empfehlung Gesamtmetalls an seine Mitglieder, krankheitsbedingte Fehlzeiten festzuhalten, jedoch keine Lohnkürzungen zu verfügen, um keine Präjudizien zu schaffen, die einer rückwirkenden Inkraftsetzung einer tariflichen Regelung der Lohnfortzahlung im Wege stünden. Im Gegenzug verzichtete die IG-Metall auf weitere Protestaktionen in Unternehmen, die sich an diese Empfehlung halten. Der Präsident von Gesamtmetall, Werner Stumpfe, kritisierte nach dem Gespräch vor der Presse: Es sei ein „einmaliger Fall“, dass eine Regierung unter „großen Anstrengungen“ ein Gesetz zustande bringe und einzelne Regierungsmitglieder danach die Arbeitgeber davor warnten, das Gesetz anzuwenden (vgl. Handelsblatt 8.10.1996).

Während der vorgezogenen Tarifverhandlungen für 1997 blieb die Stimmung in der Metall- und Elektrobranche angeheizt. Dennoch wurde am 5. Dezember in Niedersachsen ein Kompromiss gefunden, der Pilotcharakter erhielt: Er schrieb die 100-prozentige Lohnfortzahlung bis zum Jahr 2001 fest; die Löhne sollten ab April 1997 um 1,5 und ein Jahr später um 2,5 Prozent steigen. Zwar sank das Weihnachtsgeld von 60 auf 55 Prozent eines Monatslohnes, aber die Einsparung sollte dafür verwendet werden, Langzeitkranken einen Zuschuss zu finanzieren (FAZ sowie Süddt. Zeitung 6.12.1996). Der Vertrag enthielt außerdem die Möglichkeit freiwilliger Betriebsvereinbarungen über ein Bonus-System, wodurch Mitarbeiter, die seltener krank sind, eine höhere Zahlung erhalten und diejenigen, die häufiger oder länger krank sind, gegebenenfalls ein gekürztes Weihnachtsgeld hinnehmen sollten (FAZ 6.12.1996).

Die niedersächsische Einigung strahlte auch auf andere Industrien aus. Schon am 19. Dezember meldete die Frankfurter Allgemeine Zeitung: „Immer mehr Branchen garantieren Lohnfortzahlung“.

2 Ein Pyrrhussieg nach dem anderen, oder wann wurden Chancen für eine zielführende Einigung vertan?

Sucht man nach Gründen dafür, warum 1997 sowohl das „Bündnis“ als auch das Entgeltfortzahlungsgesetz scheiterten und vor allem nicht zielführend im Sinne der Schaffung neuer Arbeitsplätze waren, so empfiehlt es sich, den Konfliktverlauf in drei Phasen zu unterteilen: 1. die Suche nach einem breiten Konsens, wobei das „Bündnis“ zwar unter sich verändernder Bezeichnung, aber immer noch im Mittelpunkt der Auseinandersetzung stand; 2. den typischen Parteienstreit des Gesetzgebungsprozesses, in dem es nur noch um das „Sparpaket“ ging; und 3. den von den Tarifparteien dominierten Kampf um die Lohnfortzahlung.

Diese Aufteilung macht zweierlei deutlich: Zum einen verschob sich der Konfliktgegenstand während der ersten Phase unmerklich, danach aber eindeutig von der Frage der Sicherung und Schaffung von Arbeitsplätzen zum Streit um die Einsparung von Lohnnebenkosten zu Lasten der Arbeitnehmer. Zum anderen lassen sich die Übergänge von der ersten zur zweiten und von der zweiten zur dritten Phase jedes Mal als „Siege auf dem Papier“ kennzeichnen. Das erste Mal war es das „Konsenspapier“, bei dem sich noch alle als Sieger fühlten, bei dem jedoch der Lorbeer sehr schnell welkte. Das zweite Mal war es das mit der Kanzlermehrheit durchgesetzte Gesetz, das danach von einigen als Sieger triumphierenden Arbeitgebern rasch verspielt wurde. Zwei Pyrrhussiege also, und es bleibt die Frage offen, ob der am Ende der dritten Phase in Niedersachsen schließlich ausgearbeitete Kompromiss, der zwar als „Sieg der Vernunft“ gelobt wurde, überhaupt noch Sieger kannte.

Hierauf dürfte es je nach Perspektive unterschiedliche Antworten geben: Die Gewerkschaften waren froh, die Anwendung eines Gesetzes, das einen vor Jahrzehnten erkämpften Besitzstand der Arbeitnehmer angetastet hätte, weitgehend verhindert zu haben, ohne dass sie tief in die Streikkasse greifen mussten. Aber sie hätten sich fragen müssen, ob die Kompromisse, die sie dafür in anderen Themenbereichen eingingen, nicht doch ein beachtlicher Preis hierfür waren. Arbeitgeber und Regierungskoalition versuchten sich demgegenüber wechselseitig dafür die Schuld zuzuweisen, dass dieser Versuch, die Lohnnebenkosten zu senken, kläglich gescheitert war. Andererseits konnten sie über moderate Tarifabschlüssen zufrieden sein sowie darüber, dass der Krankenstand deutlich zurückgegangen war. Für die vier Millionen Arbeitslosen, die vielleicht noch im Januar 1996 darauf gehofft hatten, dass sich ihr Schicksal durch das „Bündnis für Arbeit und zur Standortsicherung“ bessern würde, dürfte es hingegen kein Trost gewesen sein, dass sie dieses Los mit bis dahin weiteren 300.000 Menschen teilen mussten.

Es bedürfte einer umfangreichen und methodisch differenzierten Untersuchung, um alle taktischen strategischen und psychologischen Fehler sowie institutionellen Barrieren, die in diesem Fall eine konstruktive Konfliktbearbeitung be- oder verhinderten, zu analysieren. Dies ist hier nicht zu leisten. Dennoch sollen einige offen zutage liegende angesprochen werden, weil die Beteiligten hieraus für den zweiten Versuch, ein „Bündnis für Arbeit" zustande zu bringen, hätten lernen können.

2.1 Fehler während der Bemühungen um ein „Bündnis"

Ohne Zweifel besaß der Vorschlag des IG-Metall-Chefs Zwickel, ein „Bündnis für Arbeit" abzuschließen, einigen Charme. Dies zeigt sich darin, dass er tatsächlich den Anstoß gab, um das gesellschaftliche Problem der Beschäftigungskrise anders als bis dahin zu bewältigen. Aber hiervon ging nicht der „heilsame Druck" aus, den sicher nicht nur der Bremer Ökonom Rudolf Hickel noch im März 1996 erhofft hatte (Hickel 1996: 297). Dabei waren Hickel übrigens – bei allem Wohlwollen, das er Zwickels Vorschlag entgegenbrachte – keineswegs die erheblichen Probleme entgangen, die einer praktischen Umsetzung des Vorschlags im Wege standen: „Lohnzurückhaltung mit der Sicherung und Schaffung von Arbeitsplätzen zu verbinden, greift ... gezielt in die Entscheidungsautonomie der Unternehmen ein. ... Verbandspolitisch lassen sich solche Ziele in den Betrieben nur schwer umsetzen. Die Arbeitgeberverbände werden diese kontrollierte Tarifpolitik deshalb auch mit dem Hinweis auf ihre Eigentumsrechte zurückzuweisen versuchen. Dabei gibt es objektiv das Problem, dass selbst bei Zustimmung des Verbandes die Umsetzung in den einzelnen Unternehmen nur schwer zu realisieren sein wird. Wie soll Gesamtmetall etwa eine tarifpolitische Zusage von 110.000 Arbeitsplätzen auf die einzelnen Unternehmen aufteilen und dort deren Umsetzung gewährleisten? Würde dann die Flucht aus dem Arbeitgeberverband rapide zunehmen? Wichtig ist, dieses erst einmal unübersehbare Risiko auszuloten." (Hickel 1996: 303 f.)

Doch Zwickels Fehlkalkulation bestand nicht darin, dass er sein Angebot auf dem Gewerkschaftstag mit einer Forderung verbunden hatte, die die Arbeitgeber weder „schlucken" wollten noch praktisch umsetzen konnten. Sie zeigte sich vielmehr in der – für die deutsche Konsensgesellschaft eigentlich nicht überraschend – hohen Attraktivität des Schlagwortes „Bündnis für Arbeit". Hinter ihm konnten sich sofort alle relevanten politischen Richtungen versammeln. Seine Suggestivkraft mobilisierte angesichts der hohen und tendenziell steigenden Arbeitslosigkeit aber auch die öffentliche Meinung, was für die Suche nach einer Problemlösung die nachteilige Folge hatte, dass die Meinungsmacher die Akteure zu raschen Ergebnissen drängten, für die es weder eine inhaltliche Grundlage gab, noch einen angemessenen Rahmen für ein zielführendes Verfahren.

Die inhaltlichen Schwierigkeiten waren sowohl durch die äußerst komplexe Problematik vorgegeben (Stichworte: ökonomischer Strukturwandel durch Globalisierung und Informatisierung, leere Haushaltskassen und die europapolitisch motivierte Notwendigkeit zu rigoroser Begrenzung der Neuverschuldung der öffentlichen Hand etc.), wie durch die kontroverse Interessenlage der um eine Lösung Ringenden und die höchst verschiedenen Rezepturen, die daraus für die Bekämpfung der Arbeitslosigkeit und die Sicherung des Industriestandortes Deutschland abgeleitet werden. Zur inhaltlichen Komplexität kommt die Vielschichtigkeit der Ebenen hinzu, auf denen Lösungen gefunden und ausgehandelt werden müssen: da sind einmal die Tarifparteien, die autonom von Branche zu Branche und Bezirk zu Bezirk und zum Teil auch von Betrieb zu Betrieb spezifische Regelungen z. B. zur Arbeitszeitgestaltung treffen können. Da ist zum anderen der Gesetzgeber (Bundestag und Bundesrat), der über die wirtschafts- und sozialpolitischen Rahmenbedingungen zu entscheiden hat, etwa über die Höhe der Steuern oder der Sozialabgaben. Und da ist zum dritten die Regierung, die diesen Prozess mit ihren Vorlagen und durch ihr Handeln maßgeblich beeinflusst. Alle diese Institutionen befinden sich normalerweise nicht auf dem „Schmusekurs" einer Konsenssuche, sondern handeln interessengeleitet in gesetzlich vorgeschriebenen oder gewohnheitsmäßig eingespielten Verfahren Kompromisse aus (Moths 1996). Indem das „Bündnis" jedoch zur „Chefsache" erklärt und eine im Grundgesetz nirgendwo vorgesehene „Kanzlerrunde" dazu einberufen wurde, verschärfte sich der öffentliche Erwartungsdruck einer in der Sozialpolitik auf Konsens geradezu „eingeschworenen" Gesellschaft.

Dabei hätte eigentlich klar sein müssen, dass eine solche Runde, wenn überhaupt, nur einen äußerst vagen und damit nach allen Seiten interpretationsfähigen „Konsens" zustande bringen kann. In einem relativ großen Kreis, der nicht nur sehr heterogen zusammengesetzt ist, sondern in dem aufgrund der exponierten Rollen, die die hierin Versammelten in ihren jeweiligen Bezugsgruppen und in der Öffentlichkeit zu spielen haben und zu spielen gewohnt sind, herrscht auch hinter verschlossenen Türen ein quasi öffentliches Klima. In ihm können Positionen vorgetragen und zurückgewiesen werden. Aber es ist dort schwierig, aufeinander zu- und einzugehen, Flexibilität zu zeigen und darüber Nachgiebigkeit zu praktizieren, weil dies nicht zu dem nach außen verkörperten Habitus machtgewohnter Menschen gehört – und dies sind nicht nur die Regierungsmitglieder, sondern auch die Spitzenfunktionäre der hier vertretenen Verbände.

Überdies darf der dreipolige Charakter dieser Runde (Gewerkschaften, Arbeitgeberverbände und Regierung) nicht zu der Fehlannahme verleiten, die Regierung oder gar der Kanzler habe in ihr die Rolle einer wie auch immer moderierenden Dritten Partei gehabt oder könnte überhaupt eine „neutrale" Rolle spielen. Auch wenn die Ausgestaltung von Tarifverträgen ein autonomes Recht der Tarifparteien ist und die hierin festgeschriebenen oder offengehaltenen Arbeitsbedingungen in einem erheblichen Umfang Einfluss auf die Gewinnmargen, die Investitionstätigkeit und die hierdurch neu entstehenden oder auch im Rahmen weiterer Automatisierung verschwindenden Arbeitsplätze haben, ist die Regierung in der Frage der Arbeitsbeschaffung und Standortsicherung durch ihr Interesse an innenpolitischer Stabilität sowie durch ihren Einfluss bei der Ausarbeitung und Durchführung von Gesetzen Partei *sui generis* und kann sich deshalb nicht darauf beschränken, die Verhandlungen zu moderieren.

Daher wäre es für die Suche nach einem möglichst großen gemeinsamen Nenner besser gewesen, wenn ein weniger hochrangig besetztes Gremium von Vertretern der Tarifparteien und der Regierung sich nach der Kanzlerrunde für ein oder zwei Wochen in Klausur begeben hätte, um mit den dort eingebrachten Vorschlägen und anderen Ideen, die von Wissenschaft und Publizistik zu den Problembereichen bereits vorgetragen worden waren, ein tragfähigeres Kompromisspapier zu erarbeiten. Dieses hätte später durchaus wieder von einer Kanzlerrunde abgesegnet werden können. Hierfür wäre es möglicherweise nicht einmal erforderlich gewesen, eine solche Klausur im Sinne eines „Problemlösungs-Workshops“ (Hoffman) unter Zuhilfenahme eines Vermittlers ablaufen zu lassen, sondern wahrscheinlich hätte ein triparitätisch besetztes Leitungsgremium völlig ausgereicht, das zunächst einmal die Aufgabe gehabt hätte, die Diskussion zu strukturieren und zu protokollieren und danach die Substanz der Ergebnisse redaktionell zusammenzufassen.

Es bleibt fraglich, ob sich ein solches Programm allerdings leichter hätte umsetzen lassen als das nicht auf Ausgewogenheit bedachte Aktionsprogramm, das die Regierung wenige Tage nach dem „Konsenspapier“ vorlegte,. Die Aussichtslosigkeit für „Reformen“ gleich welcher Art hängt nämlich weniger mit den von Hickel konkret benannten Schwierigkeiten bei der Umsetzung des Bündnis-Konzepts zusammen als mit einer „Malaise der deutschen Politik“. Deren Unfähigkeit, „überfällige Strukturreformen in Angriff zu nehmen“, besteht nach Fritz W. Scharpf darin, dass die politische Verfassung der Bundesrepublik Deutschland „verständlich nach den Erfahrungen der Nazizeit – vor allem darauf angelegt ist, Machtmissbrauch durch Machtverteilung zu verhindern.“ Scharpf nennt in diesem Zusammenhang die international einzigartige bundesstaatliche Struktur, „die den Landesregierungen (über den Bundesrat, d. V.) bei allen wichtigen Entscheidungen des Bundes ein Veto gibt“; das Wahlrecht, „das fast notwendigerweise die Bildung von Regierungskoalitionen erzwingt“; „die extrem starke Stellung des Verfassungsgerichts und die Unabhängigkeit der Bundesbank, die wichtige Entscheidungen dem Einfluss der demokratisch verantwortlichen Regierung entziehen“; und schließlich die Selbstverwaltung der Ärzte und Kassen im Gesundheitswesen und „das Fiasko bei der Lohnfortzahlung“, das er auf „die verfassungsrechtlich garantierte Tarifautonomie“ zurückführt (Scharpf 1997: 35).

2.2 *Blockaden und Versäumnisse bei der Vorbereitung des „Sparpakets"*

Zwar verweist das Stichwort der Tarifautonomie auf ein grundlegendes Problem während der zweiten Phase des Konflikts, nämlich auf die beschränkten Eingriffsmöglichkeiten des Gesetzgebers. Darüber hinaus wirkten zwei weitere Faktoren als Hindernisse:

- die Selbstblockade der damaligen Koalition, in der in wirtschafts- und sozialpolitischen Fragen zwischen dem Arbeitnehmerflügel der Unionsparteien (CDA) und der mehrheitlich wirtschaftsliberal orientierten FDP häufig erst „Welten" zu überbrücken waren;
- die Vetoposition des Bundesrates, die vom Bundestag zwar mit der „Kanzlermehrheit" ausgehebelt werden kann, aber aufgrund der damaligen (grundsätzlich immer wieder möglichen) Pattsituation mit dazu beitrug, dass Regierung und Opposition bei weiter reichenden Reformprojekten einander blockieren.

Abgesehen davon lassen sich jedoch im hier betrachteten Fall noch weitere Fehler bzw. Fehlentscheidungen benennen, wobei hier nur einer hervorgehoben werden soll:

Über die Kürzung der Lohnfortzahlung hätte sich vielleicht reden lassen können, wenn nicht in der Begleitmusik der Arbeitgeber der Unterton mitgeschwungen wäre, dass viele Kranke eigentlich nur simulierten. Dadurch verstieß das Gesetz in doppelter Hinsicht gegen den Anspruch von Recht und Billigkeit: zum einen lastete es nur einer Gruppe, den Kranken, die in dem Moment, in dem es sie betrifft, ohnehin in einer misslichen Lage ist, die gesamte Sparleistung auf, und zum anderen unterstellte es indirekt allen irgendwann einmal kranken Arbeitnehmern – und das sind nun einmal alle –, sie seien potentielle Simulanten, also Betrüger. Wer auch nur etwas nachgedacht hätte, hätte vorhersehen können, dass dies den massivsten Protest der Interessenvertretung der Arbeitnehmer hervorrufen musste. Insofern ist zu fragen, warum sich die Koalition aus Regierung und Arbeitgeberlager nicht intensiver darum bemüht hat, mit den Gewerkschaften nach einem Kompromiss zu suchen, der – wenn schon ein Opfer notwendig war – alle Arbeitnehmer in gleicher Weise getroffen, aber nicht allzu weh getan hätte. Hierzu hätte vielleicht eher ein Vorschlag zur stufenweisen Kürzung des Jahresurlaubs um bis zu drei Tagen getaugt, der freilich auch erst die Kosten entlastet hätte, nachdem er in die Tarifverträge eingearbeitet worden wäre.

2.3 *Fehlperzeptionen und Fehler nach der Verabschiedung des Gesetzes*

Das Gesetz wurde nicht nur deshalb zum Rohrkrepierer. Vieles spricht dafür, dass der Arbeitgeberverband Gesamtmetall den Schulterschluss mit der damaligen Bundesregierung überschätzte, der während des Gesetzesvorlaufs bestanden hatte. Während die Bundesregierung ihre Aufgabe mit dem Kraftakt der Kanzlermehrheit am 13. September 1996 als erledigt ansah und davon ausging, dass die Arbeitgeber ihren neuen Handlungsspielraum erst in den anstehenden Tarifverhandlungen nutzten, aber aufgrund der zu erwartenden Einsparungen alsbald darangingen, neue Arbeitsplätze zu schaffen, unternahmen die Unternehmer in dieser Hinsicht nichts. Vielmehr kosteten die Verbandspitze sowie einzelne Konzerne den mit dem Gesetz errungenen Sieg aus und erwarteten wohl auch noch von der Regierung Rückendeckung bei ihrer riskanten Aktion, das Gesetz an bestehenden Tarifverträgen vorbei anzuwenden. Diese blieb aus, ja kehrte sich in dem Maße in offene Kritik um, in dem sich die Lage zuspitzte,. Dies traf die Arbeitgeber unerwartet und isolierte und schwächte ihren extrem legalistischen Flügel.

Ein weiterer Fehler kam hinzu: Indem Arbeitgeberverband und einzelne Konzernleitungen nach dem 13. September ihren Rechtsstandpunkt herauskehrten, demzufolge das neue Gesetz gegenüber bestehenden Tarifvertragsregelungen Vorrang habe, schürten sie nicht nur den ohnehin schon vorhandenen Protest der Gewerkschaften und ihrer Mitglieder gegen den Inhalt des Gesetzes, sondern riefen auch noch deren grundsätzlichen Widerstand gegen jeden Eingriff in die Tarifautonomie hervor, zu der sie sich selbst in anderen Situationen ebenfalls bekennen. Dies bestärkte die Arbeitnehmerseite darin, massiv ihre Besitzstände, soweit tariflich abgesichert, zu verteidigen und da, wo dies nicht der Fall war, für die Aufnahme der gerade abzuschaffenden vollen Lohnfortzahlung in die Tarifverträge zu streiten und zu streiken. Dagegen bildete sich auf der Arbeitgeberseite wegen der objektiv unsicheren Rechtslage keine geschlossene Front.

Schließlich schätzten die Arbeitgeber möglicherweise die Krise, in der sich die Gewerkschaften befanden, falsch ein. Die Individualisierung der Arbeitswelt, hohe Arbeitslosigkeit und geringe Lohnerhöhungen der vorangegangenen Jahre hatten die Mitgliederzahlen sinken lassen. Aber Arbeitskämpfe führen in der Regel zu Gewerkschaftseintritten. Insofern brauchten die Gewerkschaften einen Arbeitskampf nicht zu scheuen, zumal spontane Arbeitsniederlegungen noch die billigere Variante gegenüber regulären Streiks darstellen. Somit konnten sie die Kosten der Protestaktionen im Vorfeld der Tarifrunde 1997 als eine Investition in die Zukunft betrachten – vor allem, wenn sie den Macht- und Prestigeverlust mit in Rechnung stellten, den sie zu erleiden gehabt hätten, wenn es sowohl zur Kürzung der Lohnfortzahlung wie zu dem bestenfalls einen Inflationsausgleich bewirkenden Lohnabschluss gekommen wäre.

Damit standen die Tarifparteien wieder da, wo sie sich schon vor dem Beginn des ersten „Bündnisses" gestanden hatten, nur mit dem Unterschied, dass die zwischenzeitliche Eskalation des Konflikts wie auch seine von Betrieb zu Betrieb unterschiedliche Austragung das schon länger angeschlagene Vertrauen in das System der Flächentarifverträge weiter unterminiert hatten.[7] Und mit dem zweiten Unterschied, dass ihnen die in der Betriebsamkeit des Arbeitskampfes in Vergessenheit geratenen Arbeitslosen künftig nichts mehr glauben würden.

3 Die veränderte Ausgangslage 1998

Vor dem Horizont des katastrophalen Scheiterns des ersten „Bündnisses" erklärte der SPD-Kanzlerkandidat Gerhard Schröder 1998 während des Wahlkampfes die Senkung der Arbeitslosigkeit zum „zentralen Projekt" seiner Regierung, für das alle gesellschaftlichen Kräfte in einem neuen „Bündnis für Arbeit" mobilisiert werden müssten.

Schröders Ankündigung, unter demselben Begriff einen zweiten Anlauf zu versuchen, mag überraschen. Doch das positive Echo einschließlich des Wahlerfolges zeigen, dass korporatistische Bemühungen, Massenarbeitslosigkeit abzubauen, trotz der Erfahrungen mit den Kohl-Runden in der breiten Öffentlichkeit keineswegs diskreditiert waren: „Das ‚Bündnis für Arbeit' … könnte die zentrale institutionelle Arena werden, in der die wichtigen sozialen und politischen Akteure den neuen Gesellschaftsvertrag auszuhandeln in der Lage wären," (Esser/Schroeder 1999a: 51)

Demgegenüber hält die Theorie des effizienten Marktes, wie sie in Anlehnung an Adam Smith vom Neoliberalismus vertreten wird (unter anderem von Friedrich Hayek, Milton Friedman und Norbert Berthold), kollektive Absprachen für ungeeignet, wirtschaftspolitische Probleme effizient zu lösen Die möglichst freie, ungehemmte Entfaltung der Marktkräfte ist demnach Grundvoraussetzung für den wirtschaftlichen Erfolg eines Landes. Die Arbeitsmärkte funktionieren unzureichend, wenn eine inflexible Lohnstruktur den preislichen Koordinationsmechanismus ausgeschaltet hat. „Übertriebene Regulierungen, welche durch korporatistische Lösungen verstärkt und nicht gemindert würden, müssten abgebaut,

[7] Ein Nebeneffekt dieser Entwicklung war jedoch, dass es auf betrieblicher wie auch auf kommunaler Ebene zu „Bündnissen für Arbeit" kam, in denen Vertreter der Arbeitgeberseite und der Betriebsräte oder der örtlichen Gewerkschaften gemeinsam versuchten, neue Ausbildungs- und Arbeitsplätze zu schaffen und den Abbau vorhandener zu verhindern. Hierbei übernahmen gelegentlich Persönlichkeiten aus dem kirchlichen Bereich oder andere angesehene Bürger die Rolle eines Vermittlers. Derartige Bündnisse lassen sich jedoch mit dem bundesweiten Versuch nicht vergleichen, vor allem dort nicht, wo bei denjenigen, die von Kommunalverwaltungen betrieben wurden, der Oberbürgermeister gleichzeitig als „Regierung" und „Arbeitgeber" fungierte (vgl. Kißler et al. 2003: 169).

der Flächentarifvertrag geöffnet, die Tarifverhandlungen dezentralisiert und somit größere Gestaltungsmöglichkeiten auf Betriebsebene ermöglicht werden“ (Wiesler 1999: 28 f.).[8]

Dass fast unmittelbar nach dem Scheitern des ersten Bündnisses unter einer neuen Bundesegierung ein erneuter Versuch gewagt wurde, zeugt jedoch von einer immensen Anziehungskraft des Korporatismus. Horst Schmitthenner attestiert der politischen Kultur der Bundesrepublik eine „fest verwurzelte Sehnsucht nach klassen- und parteiübergreifenden Bündnissen zur Lösung großer Probleme“ (1998: 842). Dem liegt die Vorstellung zugrunde, dass ein konsensorientiertes, sozialpartnerschaftliches Handeln der maßgeblichen Interessengruppen die Problemlösungsfähigkeit von Marktwirtschaften erhöht. Durch kooperatives Handeln wird demnach eine Koordination von Interessen möglich, was bei unverbundenem Handeln unterbleibe. Die Kooperationsbereitschaft wächst, wenn sich die Akteure trotz ihrer Interessengegensätze darauf verlassen können, dass sich ihre jeweiligen Kontrahenten an die Spielregeln halten. Insofern sind gegenseitige Verlässlichkeit und Vertrauen wichtige Grundlagen von kooperativem Handeln. Hierauf setzte Bundeskanzler Schröder, als er am 7. Dezember 1998 Verbandsvertreter von Arbeitgebern und Arbeitnehmern zu sich ins Kanzleramt einlud.

Dabei war die inhaltliche Ausgangslage für den neuerlichen Anlauf grundverschieden. 1995 hatte Klaus Zwickel seinen Vorschlag unterbreitet, als sich die Gewerkschaften in der Defensive befanden. In der Defensive deshalb, weil die schwarz-gelbe Koalition den Sozialabbau verschärfte und die Arbeitgeber- und Wirtschaftsverbände auf breiter Front die Tarifautonomie attackierten (vgl. Esser/Schroeder, 1999b: 6). Die Gewerkschaften hatten in der öffentlichen Wahrnehmung eine erhebliche Teilschuld an der hohen Arbeitslosigkeit. In dieser Situation war der Vorschlag ein „Befreiungsschlag“. Klaus Lang (2001) sieht demgegenüber im Bündnisversuch von 1998 einen Fokus des Politikwechsels zur Überwindung der Arbeitslosigkeit und zur Reform des Sozialstaats. Es war dies die Zeit der Hoffnung auf eine neue reformpolitische Mehrheit in Bonn: Kanzler Schröder versprach, sich am Abbau der Arbeitslosigkeit messen zu lassen. Zudem war die Wirtschaft kompromissbereiter als noch einige Jahre zuvor. Die positive Entwicklung der Lohnstückkosten und anwachsende Unternehmensgewinne ermöglichten mehr materielle Spielräume. Nicht zuletzt beeinflussten erfolgreiche Bündnisse

[8] Ein über diese wirtschaftliche Argumentation hinausgehendes Bedenken am Korporatismus kann hier leider nicht entfaltet werden. Der ehemalige Verfassungsrichter Dieter Grimm hat auf dessen mangelnde politische Legitimation hingewiesen: „Zum einen gibt es nun Teilhaber an staatlichen Entscheidungen, die nicht in den Legitimations- und Verantwortungszusammenhang einbezogen sind, dem die Verfassung die staatlichen Entscheidungsträger unterwirft. … Zum anderen werden die bestehenden Entscheidungsorgane und -verfahren, wenn schon nicht außer Kraft gesetzt, so doch zumindest entwertet.“ (1991: 251)

im Ausland (u. a. das niederländische „Polder-Modell“) die innergesellschaftliche Debatte (vgl. Schmitthenner 1998).

Die Rahmenbedingungen waren 1998 also um einiges besser als 1995. Im Folgenden wird nachzuzeichnen sein, warum es trotzdem wieder nicht zu tragfähigen Entscheidungen kam und warum die Bekämpfung der Arbeitslosigkeit ein weiteres Mal vom Interesse am Erhalt von Arbeitsplätzen verdrängt wurde.

4 Das Bündnis als Spielfeld eitler alter Männer?[9]

Schon vor dem ersten gemeinsamen Treffen gab es Anzeichen dafür, dass erneut Skepsis am Erfolg des Bündnisses geboten war. Teile der Bundesregierung verhielten sich ungeschickt: Finanzminister Oskar Lafontaine drohte kurz vor Beginn der 1. Runde den Arbeitgebern eine gesetzliche Begrenzung der Überstunden an, falls diese nicht freiwillig gesenkt würden. Daraufhin polterten aus dem Arbeitgeberlager Hans-Olaf Henkel (Bundesverband der Deutschen Industrie) und Hans Peter Stihl (Deutscher Industrie- und Handelstag), dass es zu den Bedingungen der SPD nicht mal ein erstes Treffen geben werde. Auch die Gewerkschaften waren nicht vernünftiger: Dieter Schulte (Deutscher Gewerkschaftsbund) verlangte die Rücknahme von Einschnitten beim Kündigungsschutz und bei der Lohnfortzahlung, um überhaupt am Bündnisgespräch teilzunehmen. Dass derartige Vorbedingungen nicht vertrauensbildend sind, ist offensichtlich.

Gleichwohl gelang es Kanzler Schröder die „polit-ökonomische Heilige Dreifaltigkeit“ (Detlef Hensche) an einem Tisch zu versammeln, um Maßnahmen zu beraten, die geeignet wären, die hohe Arbeitslosigkeit zu überwinden. Ausgeschlossen waren allerdings jene, um die es eigentlich gehen sollte: die Arbeitslosen. Zwar verkündete Jürgen Peters, damals 2. Vorsitzender der IG Metall, vollmundig am 10. Dezember in der Saarbrücker Zeitung: „Wir sind sehr für dieses Bündnis. Es hat sich auf die Frage zu konzentrieren: Was können wir gemeinsam tun gegen die Massenarbeitslosigkeit?“ Doch wer hatte tatsächlich ein originäres Interesse an hoher Beschäftigung? Auch wenn Peters’ Aussage suggeriert, dass die Gewerkschaften genau hierfür eintreten, bedarf es einer differenzierten Analyse, um die tatsächlichen Einstellungen zu ermitteln.

Für ein ernsthaftes Engagement der Gewerkschaften spricht, dass sie zur Bewahrung ihrer tariflichen wie politischen Macht daran interessiert sind, eine möglichst großen Anzahl abhängig Beschäftigter zu repräsentieren. Nichts desto weniger sind sie natürlich in erster Linie ihren Mitgliedern und nicht den Arbeits-

[9] Dass zunächst nur Männer an den Gesprächen teilnehmen sollten, führte zu öffentlichem Protest. Daraufhin wurden – mehr oder minder pro forma – zwei Ministerinnen beteiligt (Vgl. Vogelheim 2001: 299 f.).

losen verpflichtet. Ihr Interesse muss sich notwendigerweise darauf konzentrieren, dass diejenigen, die Beschäftigung haben, diese nicht verlieren. Setzen sie sich nicht dafür ein, drohen ihnen die Mitglieder davon zu laufen.[10] Demgegenüber ruht die Mitgliedschaft von Arbeitslosen ohnehin. Daher setzen sich Gewerkschaften in schwierigen Zeiten primär für beschäftigungssichernde und erst danach für beschäftigungssteigernde Maßnahmen ein (Vgl. Wiesler 1999).

Eindeutiger ist die Position der Arbeitgeber. „Die Kapitalseite hat kein grundsätzliches Interesse an Vollbeschäftigung. Massenarbeitslosigkeit schwächt die Gewerkschaften im Verteilungskonflikt und stärkt die Position der Unternehmen. Bei Vollbeschäftigung ist es umgekehrt. Dies politisch anzustreben, kann von keinem Wirtschaftsvertreter ernsthaft erwartet werden.“ (Schmitthenner 1998: 845) Für die Unternehmen stehen die Steigerung oder zumindest Sicherung des Ertrags sowie die Behauptung am nationalen wie internationalen Markt im Vordergrund des Interesses. Sie bieten daher zusätzliche Arbeitsplätze im Inland nur an, wenn es mit diesen Zielen in Einklang steht.

Wirkliches Interesse an einer Reduzierung der Arbeitslosigkeit lässt sich hingegen am ehesten der Bundesregierung selbst attestieren. Hohe Beschäftigung führt sowohl zu höherem Steueraufkommen als auch zu geringeren Ausgaben für Transferzahlungen. Der dadurch gewonne finanzielle Spielraum sowie die soziale Stabilität durch hohe Beschäftigung erhöhen überdies die Chance wiedergewählt zu werden.

Eine Analyse der Arbeit des zweiten „Bündnisses“ zeigt, dass es trotz aller Lippenbekenntnisse nur sehr selektiv und in hohem Maße akteursabhängig um eine Reduzierung der Arbeitslosigkeit ging. Gewerkschaften, Arbeitgeber und Regierung versuchten in insgesamt neun Spitzengesprächen zwischen Dezember 1998 und März 2003 gemeinsame Interessen auszuloten und Entscheidungen zu treffen.[11] Dabei schien man aus den Fehlern der Vergangenheit insofern gelernt zu haben, als diese Treffen in sieben themenspezifischen und zwei übergreifenden Arbeitsgruppen vorbereitet, durch eine Steuerungsgruppe koordiniert und von einer aus Wissenschaftlern bestehenden Benchmarking-Gruppe[12] begleitet wurden (vgl. Schaubild auf der nächsten Seite). Deren Arbeitsweise bestand darin, einzelne Themen zunächst bis zu einem gewissen Reife- bzw. Konsensgrad zu bringen. In

[10] Der gewerkschaftliche Organisationsgrad in Deutschland betrug 1994 zirka 33 % und ist inzwischen weiter gesunken. Dies hängt nicht zuletzt damit zusammen, dass die von Gewerkschaften ausgehandelten Tarifverträge jeweils für alle in der Branche abhängig Beschäftigten gelten, weil auch für jene Arbeitnehmer übernommen werden, die nicht gewerkschaftlich organisiert sind und sich daher die Mitgliedsbeiträge sparen können. Um neue Mitglieder zu werben, müssen die Gewerkschaften also über die Tarifpolitik hinaus für die Arbeitnehmer attraktiv werden.

[11] Alle sieben gemeinsamen Erklärungen finden sich unter: http://www.igmetall.de/buendnis/.

[12] Die Ergebnisse der Benchmarking-Gruppe wurden weitgehend ignoriert. Dies bis zu dem Punkt, an dem die Bundesregierung sich weigerte, die Ergebnisse der Gruppe offiziell entgegenzunehmen.

der Steuerungsgruppe wurde dann darüber befunden, ob die Themen bereits für die Spitzenrunde geeignet waren oder nicht. Leitgedanke war bei allem das Konsensprinzip, denn schließlich sollten die gemeinsamen Erklärungen im Rahmen von Pressekonferenzen der Öffentlichkeit präsentiert werden.[13]

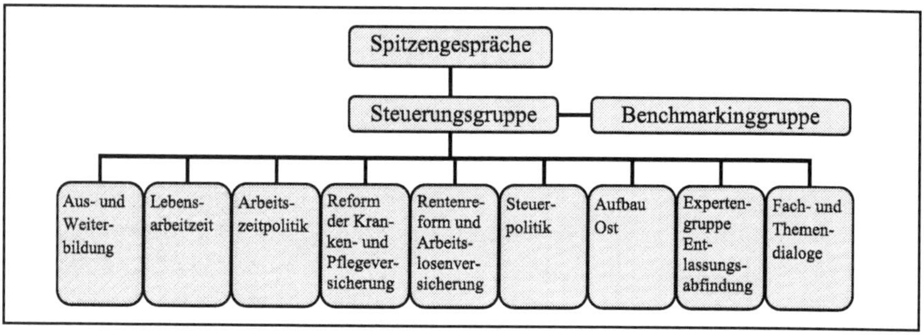

Während die ersten Gesprächsrunden von postiven Ergebnissen wie der Vorverlegung der Steuerreform und einer maßvoll angekündigten Lohnrunde 2000 begleitet waren, zeigten sich spätestens ab der vierten Runde Mitte Dezember 1999 deutliche Risse in der Fassade. Ein Grund hierfür war, dass konflikthafte Themen, wie die Fragen nach Lebensarbeitszeit (Stichwort: „Rente mit 60") und Tarifpolitik nicht gleich zu Beginn der Gespräche behandelt wurden. Doch genau diese Themen waren es, die zu Grabenkämpfen zwischen Arbeitgeber- und Arbeitnehmervertretern führten. Darüber hinaus zeigte sich immer deutlicher eine Instrumentalisierung für Ziele der rot-grünen Regierung, die – wenn überhaupt – nur indirekt mit der Arbeitsmarktpolitik zu tun hatten.

Vor allem die letzten beiden Treffen, in denen nicht einmal mehr eine gemeinsame Erklärung erreicht werden konnte, waren von einem ausgeprägten Antagonismus aller „Konfliktpartner" gekennzeichnet.[14] So blieb Bundeskanzler Schröder im März 2003 schließlich nur, resigniert das Scheitern seines „Reform-Projekts" bekannt zu geben. Was zur Reformwerkstatt für die gesamte Nation werden sollte, endete als Alteisenlager. So lässt sich das zweite „Bündnis" in einen einzigen Satz zusammenfassen. Weder ist zwischen 1998 und 2003 der Abbau der Arbeitslosigkeit vorangekommen, noch haben sich die Verkrustungen am Arbeitsmarkt gelöst. „Im Gegenteil: Seit der zweiten Hälfte der vergangenen Legislaturperiode

[13] Zur organisatorischen Struktur des zweiten Bündnisses vgl. Tegtmeier 2000: 446 f., Esser/Schroeder 1999b: 8, Haß/Künzel 2003: 204.

[14] Eine detaillierte Auseinandersetzung mit den getroffenen Beschlüssen und ihrer Umsetzung findet sich bei Eichhorst 2003: 275 f.

hat die Arbeitslosigkeit wieder deutlich zugenommen, die Beschäftigung wurde dagegen ebenso deutlich abgebaut“ (Haß/Künzel 2003: 205). Was sind die Gründe für das Scheitern des zweiten Versuchs?

5 Gründe des Scheiterns: Für einen Erfolg versprechenden Korporatismus fehlte die Vertrauensbasis

Gegenseitiges Vertrauen ist eine notwendige – wenn auch nicht hinreichende – Bedingung für korporatistisches Handeln. Doch mit Blick auf das zweite „Bündnis“ ist man versucht, mit Wilhelm Busch zu sagen: „Wer durch des Argwohns Brille schaut, sieht Raupen selbst im Sauerkraut“. Wechselseitiges Vertrauen gab es zu keinem Zeitpunkt. Schon vor Beginn der Gespräche wurde öffentlich polemisiert und die Gegenseite unnötig und wiederholt als unwillig, unfähig und hinterhältig diffamiert. Damit wurde eine Atmosphäre geschaffen, in der Verständigung einem kleinem Wunder gleichgekommen wäre. Hinzu kamen Egoismen der beteiligten Personen, die persönliche Machtallüren und Besitzstandswahrung über die eigentliche Sache stellten. Niemand wollte etwas abgeben. So sagte etwa Klaus Zwickel in einem Zeit-Interview: „Ich bin derjenige, der konstruktive Vorschläge macht, ich bin derjenige, der das Gespräch mit allen Beteiligten sucht, der immer wieder an neuen Lösungen arbeitet. Für ein Ergebnis in den Kanzlerrunden kämpft niemand so sehr wie ich“ (5. 1. 2000). Wahr ist vielmehr, dass der IG-Metall-Vorsitzende mit seinem starren Festhalten an einer „Rente mit 60“ das Bündnis mehrere Male an den Abgrund führte.

Wo Arbeitgeber und Arbeitnehmer alleine nicht zu einer nötigen Gesprächsatmosphäre finden, hätte es eines Vermittlers bedurft. Diese Rolle konnte die Bundesregierung nur bedingt wahrnehmen, da sie einerseits aufgrund ihrer gesamtstaatlichen Interessen selbst Partei war, andererseits aber auch nicht geschlossen handelte. So wurde der Kanzler von vornherein als „Genosse der Bosse“ abgestempelt, während sein in der Anfangsphase noch agierender „Superminister“ Oskar Lafontaine sich als Querdenker, wenn nicht gar Quertreiber profilierte. Nicht zuletzt dadurch zeigte sie sich unfähig, im Bündnis „eine Zielrichtung klar zu formulieren, einen ergebnis- und konsensorientierten Dialog … anzubieten und den gesetzgeberischen Weg zu Erreichung des Ziels im Blick auf das mögliche Scheitern des sozialreformerischen Dialogs vorzubereiten“ (Lang 2001: 295). Somit hat die Bundesregierung ihre Verantwortung für den Erfolg nicht ausreichend wahrgenommen.

Wenn Egoismus und mangelnde Fähigkeiten offen zutage liegen, wiegen Interessenunterschiede doppelt schwer. Auf die unterschiedliche Priorität beim Abbau von Arbeitslosigkeit wurde bereits hingewiesen. Jedes Bündnis ist zum Scheitern verurteilt, „wenn einzelne Partner eine Politik betreiben, die den erklärten Zielen des Bündnisses entgegen steht“ (Haß/Küntzel 2003: 205).

Vorrangiges Interesse der Bundesregierung war es, politische Rahmenbedingungen zu schaffen, wie etwa die Stärkung des Forschungs- und Entwicklungsstandorts Deutschland, die Modernisierung des Bildungssystems sowie die Bereitschaft, das System der dualen Berufsausbildung den veränderten Erfordernissen moderner Industrie- und Dienstleistungsarbeit anzupassen. Nur leider sollte das Ganze möglichst nichts kosten. Damit strangulierte die Regierung sich in ihrem Gestaltungsspielraum selbst. Die Politik der Gewerkschaften war primär auf Besitzstandswahrung ausgerichtet. In weiten Teilen ging es um die Aufrechterhaltung der Tarifautonomie. Zudem sollte mitgliederwirksam eine Lebensarbeitszeitverkürzung anvisiert werden. Demgegegenüber strebten die Arbeitgeber nach sozialem Frieden, vor allem wollten sie aber eine nachhaltige Deregulierung des Arbeitsmarktes und der Sozialversicherungen erreichen.

Zynisch ließe sich behaupten, alle Beteiligten waren letztlich glücklich mit dem Abbruch der Bündnisverhandlungen: Der Bundeskanzler, weil er sich der Öffentlichkeit als Moderator präsentiert hatte, aber für alle sichtbar an der starrsinnigen Haltung der Interessenvertreter gescheitert war; die Gewerkschaften, weil natürlich die Arbeitgeber am Scheitern schuld waren, und die Arbeitgeber, weil natürlich die Gewerkschaften schuld waren (vgl. Herrmann 2003: 13).

Solche Schuldzuweisungen verstellen allerdings den Blick dafür, dass selbst dann, wenn ein tatsächliches Interessse an Konsens bestanden hätte, die Grundannahmen über den richtigen Weg zu hoher Beschäftigung so kontrovers sind, dass sie sich einem branchenübergreifenden Kompromiss entziehen, wie die folgende Tabelle verdeutlicht:

Arbeitgeberverbände	Gewerkschaften
Zurückhaltung bei Lohnerhöhung	Kräftige Lohnerhöhungen
▼	▼
Geringe Produktionskosten	Nachfrageschub
▼	▼
Höhere Gewinne	Produktions- und Absatzsteigerung
▼	▼
Neue Investitionen	Höhere Gewinne/Neue Investitionen
▼	▼
Mehr Beschäftigung	**Mehr Beschäftigung**

Weder die klassisch keynesianisch orientierte Nachfrageideologie, noch die Idee eines lohnkosteninduzierten Wachstums haben sich bisher als Stein der Weisen erwiesen. Kein Wunder, dass es zu dem von Schröder geforderten „fairen Geben und Nehmen“ nicht kam.

6 Der Berg kreißte und gebar eine Reform der Arbeitslosenverwaltung

Obwohl der dauerhafte Mangel an Arbeitsplätzen ein die Gesellschaft insgesamt betreffendes Problem ist (vgl. Dahrendorf 1994: 209–221; Hondrich 1996: 3), vermag offenbar nur die *Angst vor Arbeitslosigkeit* die von dieser Gefahr unmittelbar oder tendenziell Bedrohten in solidarischen Aktionen auf die Straße zu bringen, etwa vor beabsichtigten Massenentlassungen oder im letzten Jahr aus Protest gegen die Hartz-Gesetze. So überrascht es nicht, dass beim ersten Bündnis das Interesse an den Arbeitslosen im Laufe der Verlagerung des Konfliktgegenstandes dorthin geriet, wo diese sich gesellschaftlich ohnehin befinden, nämlich an den Rand. Und so belegen die jüngsten Reformversuche der Wirtschafts- und Arbeitsmarktpolitik, dass das drückende Problem der Arbeitslosigkeit bis auf weiteres nur noch verwaltet werden kann:

Im Februar 2002 hatte die Bundesregierung – sicher auch vor dem Hintergrund, dass das zweite Bündnis nur noch nicht offiziell für tot erklärt worden war – die Kommission „Moderne Dienstleistungen am Arbeitsmarkt“, besser bekannt als „Hartz-Kommission“, ins Leben gerufen (vgl. Hartz 2002). Sechs Monate mühten sich 15 Interessenvertreter und Experten unter Leitung des VW-Managers Peter Hartz an Reformkonzepten für den Arbeitsmarkt. Ihr ursprünglicher Auftrag war jedoch ein anderer: Geschönte Vermittlungsstatistiken bei der Bundesanstalt für Arbeit hatten die Öffentlichkeit aufgeschreckt. Die Kommission bemühte sich folglich zunächst eng um Vorschläge zur Reform der Bundesanstalt. Sukzessiv wurde dieser Auftrag jedoch ausgeweitet, so dass im Endbericht Vorstellungen zu einem grundlegenden Paradigmenwechsel in der Arbeitsmarktpolitik geäußert wurden.[15]

Hauptziel des letztendlichen Konzepts war eine Halbierung der Arbeitslosigkeit bis 2005. „Dies sollte u. a. durch eine flächendeckende Einführung von Zeitarbeit, schnellere und effizientere Vermittlung, die Ausweitung eines Niedriglohnsektors aber auch neue Zumutbarkeiten für Arbeitslose erreicht werden“ (Arbeitnehmerkammer Bremen 2003: 3). Eine ausführliche Diskussion der einzelnen

---

[15] Peter Hartz benannte seine Kommission nach und nach um. Zunächst in „Kommission zur Weiterentwicklung der Arbeitsmarktpolitik und zur Umstrukturierung der Bundesanstalt für Arbeit“ und schließlich in „Kommission zum Abbau der Arbeitslosigkeit und zur Umstrukturierung der Bundesanstalt für Arbeit“ (vgl. Arbeitnehmerkammer Bremen 2003: 20).

Vorschläge kann hier nicht erfolgen.[16] Die wissenschaftliche und publizistische Auseinandersetzung zeigt jedoch, dass diese überwiegend kritisch bewertet werden. „Die Hartz-Vorschläge … machen einige wenige und kleine Schritte in die richtige Richtung, sind aber keinesweges auch nur annähernd dazu geeignet, die dramatische Unterbeschäftigungssituation in Deutschland … wieder ins Lot zu bringen" (Raddatz/Schick 2003: 75). Drastischer ist die Arbeitsgruppe Alternative Wirtschaftspolitik in ihrem Sondermemorandum 2002: „Die Qualität des Hartz-Gutachtens – falsche Diagnose, schlechte Therapie" (7). Und auch die „taz" vom 17./18. 8. 2002 urteilt kritisch: „Vermögen ist kein Thema, man konzentriert sich auf die Armut und debattiert: Zeitarbeit unter Tarif, Niedriglöhne oder neues ‚Arbeitslosengeld II'. Stets kreist der Diskurs um die unteren Schichten. … Die scheinbar so ‚überparteiliche' Kommission ist Partei – für die Wohlhabenden".

Es lässt sich konstatieren, dass auch die Empfehlungen der Hartz-Kommission sich nicht an dem grundlegenden Trilemma vorbeimogeln können, das sich aus dem Grundrecht auf freie Berufswahl nach Art. 12 GG, den unterschiedlichen Fähigkeiten und Möglichkeiten der Arbeitswilligen (einschließlich des Problems ihrer Mobilität) sowie der nicht beliebigen Aufteilbarkeit der insgesamt vorhandenen Arbeit ergibt. Daher sind die Vorschläge zu Leiharbeit, Überstundenabbau, effizienter Bürokratie und „Minijobs", so produktiv sie auch sein mögen, nur wenig geeignet, das in bedarfsdeckendem Maße zu schaffen, wovon es entweder nicht genug oder nicht die richtigen gibt: Arbeitsplätze.

7 Vollbeschäftigung – eine Schimäre

Fasst man die Erfahrungen mit den beiden Bündnissen zusammen, so wurde durch sie für die Beschäftigten wenig und für die Arbeitslosen nichts erreicht. Fast scheint es, als hofften die Politiker (einschließlich derer, die für ihre Verbände Politik machen) mit Hölderlins schönem Satz, dass, wo Gefahr ist, auch das Rettende wächst. Doch lebenslange Arbeit für alle Arbeitsfähigen wird es auf absehbare Zeit nicht mehr geben.[17] „1960 wandte die westdeutsche Erwerbsbevölkerung in der Summe 56 Milliarden Stunden auf, um das damalige Sozialprodukt zu erarbeiten; 35 Jahre später war die gesamtgesellschaftliche Arbeitszeit derselben westdeutschen Be-

[16] Vgl. hierzu ausführlich Arbeitsgruppe Alternative Wirtschaftspolitik (2002): 5–10, Gerndtke (2002): 123–126 und 128–134, sowie Arbeitnehmerkammer Bremen (2003): 30–34.

[17] Auch wenn durch eine noch stärkere Umkehrung der klassischen Alterspyramide der Anteil der Arbeitsfähigen gegenüber den Versorgungsbedürftigen weiter schrumpft, wird nur eine Linderung des Problems, jedoch wegen des oben genannten Trilemmas keine tatsächliche Vollbeschäftigung zu erwarten sein.

völkerung auf 44 Mrd. Stunden gesunken, um ein Sozialprodukt zu erarbeiten, das sich inzwischen verdreifacht hat“ (Hensche 2004: 905).

Menschliche Arbeit wird immer mehr durch Technologie ersetzt bzw. effizienter gestaltet, was gegenwärtig für einen Teil des Beschäftigtenpotenzials auf dem Wege der Konfliktverwaltung noch dadurch aufgefangen wird, dass in zunehmendem Umfang Bedürfnisse nach Dienstleistungen profitabel gemacht werden, die Ausbildungszeit im Verhältnis zur Berufszeit ausgedehnt ist, Menschen vorgezogen in die Rente entlassen werden etc. Aber alles das wird den Trend nicht aufhalten, dass nicht mehr jede/jeder lebenslang Arbeit finden wird und die von notwendiger Arbeit freie Zeit, die Arbeits-Losigkeit, zunimmt. Dabei ist das Problem, dass diejenigen, die davon in ihren „besten Jahren“ betroffen und nicht gleichzeitig so begütert sind, dass sie den Müßiggang auf eigene Rechnung genießen können, als „arbeitslos“ stigmatisiert werden. Dies vor allem dann, wenn dieser Zustand länger dauert, als die Betroffenen dafür Arbeitslosengeld I beziehen können, so dass sie als Langzeitarbeitslose und Bezieher von altdeutsch: Arbeitslosenhilfe oder Sozialhilfe, neudeutsch: Arbeitslosengeld II nach Hartz IV am Tropf der Allgemeinheit hängen. Angesichts dieser Stigmatisierungen werden die Politiker nicht müde, trotz ihres Wissens um die Aussichtslosigkeit des Kampfes gegen die Arbeitslosigkeit, an der Schimäre von der Vollbeschäftigung, jenem „Gründungsmythos des Kapitalismus“ (Jakob Augstein) festzuhalten.

Warum ist das so? Bekanntlich wollen Politiker wiedergewählt werden. Es ist für sie daher in doppelter Weise ungünstig, den Wählern einzugestehen, das Problem nicht in den Griff zu bekommen. Zum einen müssten sie den unmittelbar Betroffenen erklären, warum sie auch in Zukunft sozialer Überschuss, weil arbeitslos, sein werden. Zum anderen müssten sie damit zugeben, zumindest auf diesem Feld machtlos zu sein. Beides kostet Stimmen.

Ein Blick in die (Theorie-)geschichte zeigt, dass dieses Problem einen Kernbereich des seit dem 19. Jahrhundert geführten Streits um den Sozialstaat berührt, der auf zwei noch ältere gegensätzliche Auffassungen darüber, was die Qualität menschlichen Daseins ausmacht (vgl. hierzu ausführlich Kraiker, 2004), zurückgeht.

Die eine Antipode ist die Arbeitsgesellschaft. Max Weber analysiert sie in seiner Schrift über die protestantische Ethik, sie findet sich aber auch schon in Immanuel Kants Pflichtethik, im Wirtschaftsliberalismus Adam Smiths und bei anderen. Dieser Denkrichtung zufolge bemisst sich die Qualität menschlichen Lebens letztlich am materiellen Erfolg, an der erbrachten Leistung, an der Fähigkeit zur Selbstdisziplinierung im Dienste der Arbeit. Über Jahrtausende hinweg war diese Disziplinierung zur Arbeit nötig, um gesellschaftliche Reproduktion zu ermöglichen. Die Leistung der Moderne besteht nun darin, den Zwang der Arbeit von einer äußeren Bürde zu einem inneren Bedürfnis zu transformieren und als

Belohnung ein Mehr an Gütern, Prestige und mit Geld verbundener Freiheit in Aussicht zu stellen.

Aber es gab auch immer die andere Position, wie sie exemplarisch von Wilhelm von Humboldt und Karl Marx vertreten wird.[18] Diese haben die Qualität des menschlichen Daseins gerade darin gesehen, sich von den jahrtausendealten Notwendigkeiten der Lebensreproduktion zu befreien. Es finden sich auch zeitgenössische Kritiker der herrschenden Ideologie. Warum, fragt beispielsweise Robert Kurz in seinem Buch „Schwarzbuch Kapitalismus", kommen die ungeheuren Reichtümer, die von Maschinen erwirtschaftet werden, nicht ohne Gegenleistung den Menschen zu Gute, die durch die Technik vom Zwang der Arbeit befreit worden sind? Warum nutzen die Menschen diese Chance nicht dazu, sich vom Arbeitsmarkt zu lösen?[19]

Die Antwort ist recht einfach: Allenthalben wird an der alten Ideologie der traditionellen Arbeitsgesellschaft festgehalten. Verantwortliche aus Politik, Wirtschaft und Verbänden operieren mit veralteten Als-ob-Annahmen, wie beispielsweise jener, dass jeder Arbeit findet, der nur will.

Damit werden dann auch Sanktionen gegen jene erklärbar, die sich vermeintlich vor der Arbeit drücken. Dabei weiß die Mehrheit der Arbeitslosen am allerbesten, wie sehr das Selbstwertgefühl eines Jeden noch an das Leitbild der Arbeitsgesellschaft gebunden ist.[20] Arbeitslose haben und bilden nicht zuletzt deshalb keine ausreichende Lobby, weil dieses Merkmal ein Stigma ist, das man allenfalls in der privaten Sphäre offenbart. Hinzu kommt, dass die noch funktionierenden finanziellen Unterstützungssysteme (vom Arbeitslosengeld I bis zu den Hartz IV-Sätzen) den Eindruck vermitteln, für die Arbeitslosen sei ausreichend

---

[18] Auch ein Zitat aus Jean Jacques Rousseaus „Essais sur l'origine des langues" wird in diesem Zeitkontext verständlich: „Es ist unvorstellbar, bis zu welchem Punkt der Mensch von Natur aus faul ist. Man möchte fast sagen, dass er nur lebt, um zu schlafen, zu vegetieren, bewegungslos zu bleiben; kaum dass er sich entschließen kann, sich den Bewegungen zu widmen, die notwendig sind, um es zu verhindern, Hungers zu sterben. … Wenn man es recht betrachtet, würde man sehen, dass selbst unter uns jeder arbeitet, um zur Ruhe zu gelangen, dass es noch immer die Faulheit ist, die uns arbeitsam macht."

[19] Die Gewinne aus der Technologisierung und der Erhöhung der Produktivität dürften dann natürlich nicht mehr nur einer Minderheit zugute kommen (0,5 % der Bevölkerung Deutschlands besitzt ein Viertel des Geldvermögens). Beispielsweise müssten internationale Konzerne und andere Großunternehmen wieder zu Steuerzahlern werden, was sie gegenwärtig gar nicht sind oder nur in minimaler Größenordnung (Vgl. hierzu exemplarisch Hickel 2004).

[20] Erwähnt seien hier die fünf „latenten Funktionen" der Erwerbsarbeit, unter deren Verlust Arbeitslose zu leiden haben: Erwerbsarbeit „gibt dem wach erlebten Tag eine Zeitstruktur; sie erweitert die Bandbreite der sozialen Beziehungen über die oft stark emotional besetzten Beziehungen zur Familie und zur unmittelbaren Nachbarschaft hinaus; mittels Arbeitsteilung demonstriert sie, dass die Ziele und Leistungen eines Kollektivs diejenigen des Individuums transzendieren; sie weist einen sozialen Status zu und klärt die persönliche Identität; sie verlangt eine regelmäßige Aktivität" (Jahoda 1983: 136; zit. nach Kronauer 1993: 24).

gesorgt (auch hier wieder: Konfliktverwaltung). Zum anderen wird dieses System in erheblichem Maße von den Pflichtbeiträgen derer mitgetragen, die als Arbeiter oder Angestellte beschäftigt sind. Unbeschadet dessen, dass sie ihre nicht gerade niedrigen Zahlungen auch als Vorsorge für das eigene Risiko leisten, können sie deshalb – verständlicherweise – zu der Auffassung gelangen, schon genug für die Erwerbslosen getan zu haben. Dass es einer derartigen Lobby und der damit verbundenen Aufwertung der Arbeitslosen bedarf, zeigen auch die Beispiele der eklatant gescheiterten Bündnisse für Arbeit. Doch dafür gibt es in der praktischen Politik gar keine und in der Wissenschaft kaum Beachtung. Politik, ob der Wirtschaft oder des Staates, ist stets an den aktuellen Bedürfnissen und Interessen orientiert, an längerfristigen kaum. Darunter haben Tag für Tag Millionen Arbeitslose zu leiden.

Literatur:

Arbeitsgruppe Alternative Wirtschaftspolitik (Hrsg.) (2002): Gegen weiteren Kahlschlag bei der Arbeitsförderung – Hartz-Konzepte lösen Misere auf dem Arbeitsmarkt nicht. Sozialstaatliche Alternativen für mehr Beschäftigung, Bremen.

Arbeitsnehmerkammer Bremen (Hrsg.) (2003): Schöne neue Arbeitsmarktpolitik? Das Hartz-Konzept. Intentionen, Umsetzung und Auswirkung, Dokumentation der Fachtagung am 22. Januar, Bremen.

Bergmann, Joachim (2004): Die Reichen werden reicher – auch in Deutschland. Die Legende von den moderaten Ungleichheiten, in: Leviathan, H. 2., S. 185–202.

Berthold, Norbert/Hank, Rainer (1999): Bündnis für Arbeit – Korporatismus statt Wettbewerb, Tübingen.

Biedenkopf, Kurt H./Miegel, Meinhard (1982): Wege aus der Arbeitslosigkeit. Arbeitsmarktpolitik in der sozialen Marktwirtschaft., Bonn.

Dahrendorf, Ralf (1994): Der moderne soziale Konflikt, München.

Eichhorst, Werner (2002): Bündnis für Arbeit – Chancen vergeben?, Sozialer Fortschritt, H. 11, S. 274–278.

Esser, Josef/Schroeder, Wolfgang (1999a): Neues Ledben für den Rheinischen Kapitalismus. Vom Bündnis für Arbeit zum Dritten Weg, in: Blätter für deutsche und internationale Politik, H. 1/99, S. 51–61.

Esser, Josef/Schroeder, Wolfgang (1999b): Modell Deutschland: Von der Konzertierten Aktion zum Bündnis für Arbeit, in: Aus Politik und Zeitgeschichte, B37, S. 3–12.

Friedman, Milton (1953): Essays in Positive Economics, University of Chicago Press, Chicago.

Gemeinsame Erklärungen der Vertreter von Wirtschaft, Gewerkschaften und Bundesregierung, www.igmetall.de/buendnis/

Gerntke, Axel et al. (Hrsg.) (2002): Hart(z) am Rande der Seriosität? Die Hartz-Kommission als neues Modell der Politikberatung und -gestaltung?, Münster/Hamburg/London.

Gorz, André (1989): Kritik der ökonomischen Vernunft, Berlin.

Grimm, Dieter (1991): Die Zukunft der Verfassung, Frankfurt am Main.
Grottian, Peter/Bolle, Michael (1986): Arbeit schaffen, jetzt, Reinbeck bei Hamburg.
Haß, Hans-Joachim/Küntzel, Petra (2003): Das Bündnis für Arbeit, Ausbildung und Wettbewerbsfähigkeit – erfolgreiches Modell der Sozialpartnerschaft, Sozialer Fortschritt, H. 8, S. 204–207.
Hartz, Peter, et al. (2002): Moderne Dienstleistungen am Arbeitsmarkt. Vorschläge der Kommission zum Abbau der Arbeitslosigkeit und zur Umstrukturierung der Bundesanstalt für Arbeit, Berlin, http://www.bmwi.de/Navigation/Service/bestellservice,did=12168.html.
Hayek, Friedrich A. (1959): Verantwortlichkeit und Freiheit, in: Hunold, Albert (Hrsg.): Erziehung zur Freiheit, Erlenbach bei Zürich.
Hensche, Detlef (1999): Bündnis für Arbeit oder Die Versuchung, Politik zu delegieren, in: Blätter für deutsche und internationale Politik, H. 5/99, S. 524–529.
Hensche, Detlef (2004): 40-, 50-, 60-Stunden-Woche, in: Blätter für deutsche und internationale Politik, H. 8, S. 903–906.
Herrmann, Ulrike (2003): Bündnis für Arbeit: Scheitern muss Kanzler nicht stören – Klare Symmetrie der Schuld, in: Die Tageszeitung vom 20. Januar, S. 13.
Hickel, Rudolf (1996): Zwischen Marktentfesselung und Beschäftigungspolitik. Bündnis für Arbeit und Standortsicherung – Chancen und Probleme, in: Blätter für deutsche und internationale Politik, H. 3/96, S. 296–306.
Hickel, Rudolf (2004): Die Solidarische Einfachsteuer, in: Blätter für deutsche und internationale Politik, H. 7/04, S. 851–861.
Hondrich, Karl-Otto (1996): Die Mär vom Ende der Arbeit, in: Die Zeit, Nr. 41, 4. Oktober 1996.
Jahoda, Marie (1983): Wieviel Arbeit braucht der Mensch? Weinheim/Basel
Kißler, Leo/Greifenstein, Ralph/Wiechmann, Elke (2003): Kommunale Bündnisse für Arbeit. Neue Perspektiven für die Zukunft der Arbeit in den Städten, Berlin.
Kraiker, Gerhard (2004): Grundbegriffe politischer Theorie, Volesungsskript, Sommersemester 2004, Carl von Ossietzky Universität Oldenburg.
Kronauer, Martin/Vogel, Berthold/Gerlach, Frank (1993): Im Schatten der Arbeitsgesellschaft. Arbeitslose und die Dynamik sozialer Ausgrenzung, Frankfurt a. M./New York
Kurz, Robert (2002): Schwarzbuch Kapitalismus – Ein Abgesang auf die Marktwirtschaft, Frankfurt am Main.
Lang, Klaus (2001): Bündnis für Arbeit – jenseits von Ausstieg und Anpassung, WSI Mitteilungen, Heft 5, S. 294–298.
Meyer, Berthold (1997): Konfliktverlagerung: Vom „Bündnis für Arbeit“ zum Streit um die Lohnfortzahlung, in: ders. Formen der Konfliktregelung. Eine Einführung mit Quellen, Opladen, S. 283–304.
Moths, Eberhard (1996): Fauler Konsens: Plädoyer gegen die anonyme Verantwortung, in: Die neue Gesellschaft/Frankfurter Hefte, 43. Jg., Heft 8/1996, S. 722–724.
Offe, Claus (1984): Arbeitsgesellschaft. Strukturprobleme und Zukunftsperspektiven. Frankfurt am Main/New York.
Pielaka, Michael (2004): Grundeinkommen statt Hartz IV, in: Blätter für deutsche und internaitonale Politik, H. 9/04, S. 1081–1090.

Raddatz, Guido/Schick, Gerhard (Hrsg.) (2003): Damit Hartz wirkt, Berlin.
Scharpf, Fritz W. (1997): Nötig, aber ausgeschlossen. Die Malaise der deutschen Politik, in: Frankfurter Allgemeine Zeitung vom 5. Juni, S. 35.
Schmitthenner, Horst (1998): Bündnis für Arbeit – schon wieder?, in: Blätter für deutsche und internationale Politik, H. 8/98, S. 841–849.
Vanberg, Viktor J. (2004): Sozialstaatsreform und die soziale Gerechtigkeit, in: PVS, H. 2, S. 173–180.
Vogelheim, Elisabeth (2001): Bündnis für Arbeit – „Männerbande – Männerbünde“?, in: WSI Mitteilungen, H. 5, S. 299–302.
Weber, Max (2004): Die protestantische Ethik und der Geist des Kapitalismus, München.
Wiesler, Armin (1999): Bündnis für Arbeit – ein korporatistisches Konzept?, Freiburg.

Olympisches Fair play – ein Ansatz zur Friedenserziehung?

Berthold Meyer

1 Einleitung

Die an mich im Rahmen der Tagung „Werteerziehung durch Sport"[1] gestellte Frage „Welche Chancen bietet die olympische Idee für die Erziehung zum Frieden in der Schule?" geht davon aus, dass die olympische Idee einen Beitrag dazu leisten kann, den Auftrag der Schule zu erfüllen, zum Frieden zu erziehen. Wenn die olympische Idee Bedeutung für etwas außerhalb des Sports Liegendes haben soll, dann muss sie im Sport selbst so leuchten wie die olympische Flamme. Tut sie das?

Mir als Außenstehendem kommt beim Gedanken an die olympische Idee zwar auch der „olympische Frieden" in den Sinn, mehr aber noch der Begriff des *sportlichen Wettkampfs*, der v. a. durch die Prinzipien der Fairness und der Chancengleichheit bestimmt sein soll. Doch wenn ich nicht nur den olympischen Sport, sondern den *Wettkampfsport* insgesamt betrachte, dann frage ich mich manchmal, was diese Prinzipien angesichts von Doping und Fouls heute noch wert sind. Wenn die Idee des sportlichen Wettkampfs und die Wirklichkeit des Wettkampfsports so häufig auseinanderklaffen, eignet sich die Idee dann noch für die Werteerziehung, insbesondere für die Friedenserziehung?

Aber auch dort, wo Sport nach den jeweiligen Verbandsregeln betrieben wird, besteht zunächst einmal Anlass zu fragen: Friedenserziehung durch Sport, passt das überhaupt zusammen? Wenn zwei Ringer ineinander verknotet sind, ein Boxer den anderen durch K. O. zu Boden schickt oder zwei Eishockeymannschaften sich um den Puck knäulen, kommt kein Beobachter auf den Gedanken, hier würde

---

[1] Der vorliegende Beitrag geht großenteils auf meinen Vortrag „Welche Chancen bietet die olympische Idee für die Erziehung zum Frieden in der Schule?" bei der IFB-Veranstaltung „Werteerziehung durch Sport" am 10. Dezember 2003 in Trier zurück, hat aber eine Vorgeschichte: Nach den Terroranschlägen vom 11. September 2001 fühlte das Deutsche Nationale Olympische Komitee (NOK) sich „mehr denn je gefordert und verpflichtet, mit unseren Möglichkeiten die Jugend zu einem friedvollen Miteinander zu erziehen". Robert Marxen wandte sich daher Anfang 2002 im Namen des NOK mit der Bitte an die Hessische Stiftung Friedens- und Konfliktforschung (HSFK), einen Referenten für eine Veranstaltung für Sportlehrer zu stellen. Ich übernahm diese Aufgabe und wurde danach noch zu mehreren Vorträgen zum Themenbereich „Friedenserziehung und Sport" eingeladen (vgl. auch Meyer 2003, 2004). Ich danke vor allem Robert Marxen, Norbert Müller und Andreas Höfer für ihre Anregungen, mich mit dieser Thematik intensiver auseinander zu setzen.

gerade ein Weg zum Frieden gesucht oder gar beschritten. Lässt sich aus solchen Bildern schließen, Friedenserziehung und sportlicher Wettkampf hätten nichts miteinander zu tun, seien vielleicht sogar ein Gegensatz? Selbst wer einen Turner bei seiner Übung am Barren betrachtet oder eine Eiskunstläuferin bei ihrer Kür denkt vielleicht an Harmonie, aber Harmonie und Frieden sind nicht dasselbe.

Im folgenden möchte ich mich über mehrere Schritte der Frage annähern, was Sportunterricht und Friedenserziehung verbinden könnte. Zunächst geht es um die gemeinsame ideengeschichtliche Wurzel von Olympismus und Friedensbewegung. Danach möchte ich kurz auf ein olympisches Curriculum eingehen, wie es Norbert Müller entworfen hat, und diesem die nach dem Zweiten Weltkrieg aufgekommenen kaum realisierbaren Anforderungen an eine Erziehung zum Frieden gegenüberstellen. Zwischen beidem angesiedelt ist ein Aufgabenbereich, der für den Sport wie für die Konfliktbearbeitung im „tatsächlichen Leben" von Bedeutung ist: die gekonnte Anwendung von Verhaltensregeln. Dabei ist ausgehend vom Schlüsselbegriff der Fairness zu fragen, in welcher Weise ein im Sport internalisiertes *fair play* für die friedliche Austragung von Konflikten hilfreich sein kann.

2 Olympismus und frühe Friedensbewegung

Die Ideale des Olympismus waren vom Geist der Friedensbewegung des späten 19. Jahrhunderts geprägt: Für Pierre de Coubertin, den Begründer der Olympischen Spiele der Neuzeit hatte die von ihm geforderte *Pédagogie sportive* von vornherein etwas mit Friedenserziehung zu tun.[2] Die Frage von Krieg und Frieden war ihm bei seinen vielfältigen Aktivitäten „‚ständig präsent'. Den Olympischen Spielen traute er dabei – gemäß seiner These *‚le sport est pacificateur'* eine besondere Rolle zu, da sie geeignet erschienen, einem ‚fundamentalen Irrtum' im europäischen Erziehungssystem, der fehlenden Vermittlung von Kenntnissen über fremde Nationen und Völker entgegenzuwirken." (König 1994: 52) Er sah in den an den Olympischen Spielen teilnehmenden Athleten „Botschafter des Friedens". Für die Spiele selbst hatte er die Vision vom Zusammenspiel zwischen den Nationen, die vereint sind im Enthusiasmus für den Frieden und einem Internationalismus, der diesen friedlichen Ambitionen ein zeremonielles Siegel verleiht.

Auch die Gründung des Internationalen Olympischen Komitees (IOC) 1894 stand in einem engen Zusammenhang mit der damaligen internationalen Friedensbewegung. So wurde Coubertin von seinem väterlichen Freund Jules Simon

[2] Diesem Erziehungsaspekt hatte er schon 1889 in der Zeitschrift *La Réforme Sociale* einen Beitrag zum Thema *„L'éducation de la paix"* gewidmet, in dem allerdings noch nicht von den entsprechenden Möglichkeiten Olympischer Spiele die Rede war, über die er sich öffentlich erst drei Jahre später äußerte (König 1994: 51).

beeinflusst, der 1888 einer der Mitbegründer der Interparlamentarischen Union und 1892 des Internationalen Friedensbüros war. Zur selben Zeit veranlasste Bertha von Suttner, eine andere Mitbegründerin des Friedensbüros, den Industriellen Alfred Nobel, der sein Vermögen mit der Produktion des kriegswichtigen Dynamits gemacht hatte, in seinem Testament unter anderem den nach ihm benannten Friedenspreis zu stiften. Neben Simon hatte der Dominikanerbruder Henri Didon großen Einfluss auf Coubertin und führte ihn in den von seinem Orden propagierten Geist der Ökumene, also der Versöhnung zwischen den christlichen Konfessionen, ein. Auch dieser Friedensgedanke ist also eine Wurzel des Olympismus.

3 „Olympische Erziehung“ und Friedenserziehung

Am Beginn des 21. Jahrhunderts sollen Norbert Müller zufolge die folgenden Elemente „Olympische Erziehung“ in Schulen ausmachen:

1. Das Konzept einer harmonischen Entwicklung des gesamten Menschen (physisch und mental;) dazu gehört auch Sport für Alle.
2. Die Idee, durch hohe Leistung nach menschlicher Perfektion zu streben.
3. Die freiwillige Bindung sportlicher Aktivitäten an ethische Prinzipien wie *fair play* und Chancengleichheit, und die Bestimmung, diese Verpflichtungen zu erfüllen.
4. Das Konzept des Friedens und des guten Willens zwischen den Nationen, reflektiert durch Respekt und Toleranz in den Beziehungen zwischen Individuen.
5. Die Förderung der Gleichberechtigung zwischen den Geschlechtern im und durch den Sport. (vgl. Müller 2004: 11)

Speziell zum Gesichtspunkt Frieden und Harmonie zwischen den Nationen führt Müller aus, die Idee des Friedens sei neben dem fair play *der* olympische Wert, auf den heute die meiste Aufmerksamkeit gerichtet sei.[3] Olympischer Internationalismus könne deshalb in vielfältiger Weise als Teil eines Olympischen Curriculums gelehrt werden und umfasse dabei die Aspekte:

- das Verständnis für die kulturellen Besonderheiten anderer Nationen und Kontinente;

[3] So heißt es in Artikel 6 der Charta des IOC, wie sie seit dem 11.9.2000 in Kraft ist, die Olympische Bewegung ziele darauf, zum Aufbau einer friedlichen und besseren Welt beizutragen, insbesondere durch Sporterziehung. Die Charta verpflichtet die Nationalen Olympischen Komitees, den Olympismus in allen Gebieten der Erziehung zu fördern, und z. B. unabhängige Initiativen für Olympische Erziehung durch nationale Olympische Akademien aufzunehmen.

- das Kennenlernen von Formen des Sports, die in anderen Ländern anderen gespielt werden;
- eine wachsende Kenntnis der Kulturen jener Länder, welche die Olympischen Spiele organisieren;
- und der Aufbau und die Förderung von internationalen Sportkontakten und persönlichen Kontakten zwischen Individuen. (vgl. Müller 2004: 13)

Darin scheint das Idealbild der völker- und jugendverbindenden Spiele durch, wie es die Gestalter der spektakulären Eröffnungs- und Schlussfeiern der Olympischen Spiele oft recht anrührend in konkrete Showelemente umzusetzen verstehen, die dann life von einem Milliardenpublikum rund um den Globus an den Bildschirmen verfolgt werden – inwieweit die zwei dazwischenliegenden Wochen oder auch die Vorbereitungszeiten in den einzelnen Nationalmannschaften dem entsprechen, steht auf einem anderen Blatt. Ein Olympisches Curriculum für den Schulunterricht auf diese Lernziele auszulegen ist vor allem für jüngere Klassen sinnvoll[4], doch es ist nur *ein* Zugang zur Friedenserziehung, die weiter reichen muss und mehr aus der Kooperation mit dem Sportunterricht machen kann.

4 Pädagogische Verantwortung für den Weltfrieden?

Friedenserziehung verdient ihren Namen allerdings nicht erst, wenn sie dem hehren Anspruch entspricht, der in dem parallel verwandten Begriff „Erziehung *zum* Frieden" mitschwingt, und einem Postulat gerecht wird, das wenige Jahre nach dem Zweiten Weltkrieg an sie gerichtet wurde. Dieses geht auf die Präambel zur Satzung der UNESCO zurück, in der es heißt: „Da Kriege im Geiste des Menschen entstehen, (muss) auch die Verteidigung des Friedens im Geiste des Menschen ihren Anfang nehmen." Diese – in ihrem analytischen Ansatz sicher zutreffende – Forderung hatte Anfang der 1960er Jahre und damit mitten im Kalten Krieg den Philosophen und Pädagogen Otto Friedrich Bollnow zu der These veranlasst: „Die letzte Verantwortung für die Verwirklichung des Friedens liegt bei der Erziehung." (Bollnow 1966: 71)

Angesichts dieser Zuspitzung stellte sich Ingeborg Hiller-Ketterer schon vor gut 30 Jahren die Frage, „ob eine Erziehung zum Frieden in der Schule nicht völlig ohnmächtig bleibt, wenn sie in den politischen Prozessen innerhalb der verschiedenen gesellschaftlichen Gruppen keine Resonanz findet. Können es sich Lehrer überhaupt leisten, eine solche Aufgabe ins Auge zu fassen; öffnen sie nicht damit der Resignation, die ohnehin ständig bedrängt, notwendig Tür und Tor? Haben sie

[4] Vgl. dazu die vom NOK 2004 zum achten Mal herausgegebenen Unterrichtsmaterialien „Olympia ruft: mach mit!", die sich an Schülerinnen und Schüler von 6 bis 12 Jahren wenden.

nicht genügend Probleme und Sorgen mit ihren Klassen, mit schwierigen Schülern, mit dem Lehrplan, dem sie nicht nachkommen können? Ist es nicht realistischer, die täglichen Probleme so vernünftig wie möglich zu lösen und sich nicht von derart illusorischen Vorstellungen bedrängen zu lassen?“ (Hiller-Ketterer 1971: 18)

Doch Hiller-Ketterer wollte diesen Realismus nicht als Ausrede dafür gelten lassen, sich mit der Verantwortung für das Naheliegende zu bescheiden. Vielmehr setzte sie ihm die Forderung entgegen: „Wem an der Zukunft der Kinder, die erzogen werden, und damit an der Zukunft der Gesellschaft liegt, der ist gehalten, sich ganz dafür einzusetzen, dass diese Zukunft ermöglicht wird. Mit solchem Denken kann sich daher *niemand* der pädagogischen Verantwortung für den Frieden entziehen.“ (Hiller-Ketterer 1971: 18)

Dann versucht sie aber wieder Bodenhaftung zu bekommen: „Ebenso wie es unrealistisch wäre, diese Aufgabe abzuwehren oder sie (in vagen Empfehlungen) auf obere Klassen abzuschieben, wäre es nun aber auch unrealistisch, das Problem kleiner zu machen... Die Spannung zwischen der Ungeheuerlichkeit der Aufgabe und ihrer Realisierbarkeit – dies kann nicht oft genug betont werden – darf nicht aufgelöst werden.“ (Hiller-Ketterer 1971: 18)

Geht man von dieser Spannung aus, dann stellen die Vorschläge Müllers zum olympischen Curriculum nur ein paar Pflastersteine auf dem weiten Weg einer Erziehung zum Frieden dar, zu denen viele andere noch hinzukommen müssen. Wie soll schulische Friedenserziehung in diesem Spannungsfeld agieren? Sie muss einerseits darauf ausgerichtet sein, bei denjenigen, mit denen sie unmittelbar (den Schülern) und mittelbar (den Eltern) zu tun hat, prosoziales Verhalten zu fördern, weil dies mit beinhaltet, dass man Konflikte im Alltag konstruktiv zu regeln bemüht ist, auch wenn das nicht immer gelingt, bevor schon einiges Porzellan zu Bruch gegangen ist. Und sie muss zugleich das Bewusstsein dafür schärfen, dass ein friedlicher Umgang unter Mitschülern, zwischen Schülern und Lehrern, in der Familie, im Freundeskreis, in der Nachbarschaft, am Arbeitsplatz oder auch auf dem Sportplatz zwar gut und anzustreben ist, weil er das alltägliche Zusammenleben erleichtert, aber für sich genommen noch keinen Beitrag zum Weltfrieden leistet.

Schulische Friedenserziehung muss andererseits Kindern und Jugendlichen Instrumente an die Hand geben, die sie befähigen, sich mit Politik auseinander zu setzen, sei es mit der Politik im Nahbereich von der Vereins- über die Schul- bis zur Kommunalpolitik, sei es mit der überregionalen, der nationalen oder der transnationalen Politik. Politisches Denken und Handeln ist auf Einflussnahme ausgerichtet, d.h., es will mit Worten und Taten andere Menschen dazu bringen, etwas zu befürworten oder abzulehnen, zu tun oder zu lassen, auf das sie möglicherweise von selbst nicht gekommen wären. Daher müssen gerade junge Menschen lernen, politische Äußerungen und Handlungen auf die dahinter stehenden Motive und Zielsetzungen hin analysieren. Sie müssen befähigt werden, zu unterscheiden, wann sie geführt werden und dieser Führung trauen, ja vertrauen können, und wann sie verführt werden sollen und dem besser widerstehen. Dabei ist es zunächst wichtig, zu vergleichen, was einer auf seine Fahnen schreibt, und was er wirklich tut. Wenn es da Diskrepanzen gibt, ist zu fragen: warum? Aber auch dann, wenn beides übereinstimmt, ist zu fragen, wem nützt es und wem schadet es? Hat es für mich oder für andere vielleicht kurzfristigen Nutzen, aber möglicherweise langfristigen Schaden? Und schließlich: stimme ich dem zu, was er sagt, weil es schön klingt? Will ich auch das, was er tut? Und: bin ich bereit und in der Lage, es mit zu verantworten, wenn ich da mitmache?

Erziehung – nicht nur Friedenserziehung, und nicht nur schulische Erziehung, sondern möglichst auch schon die im Elternhaus – muss Kindern und Jugendlichen Maßstäbe für derartige Abwägungen an die Hand geben. Solche Maßstäbe können abstrakt als Goldene Regel vermittelt werden, aber auch konkret als Spielregeln und Grundsätze fairen Verhaltens.

Damit kommen wir zurück zum Sport. Hier eignet sich eine Auseinandersetzung mit dem Doping,[5] seinen Zielsetzungen und Methoden, gut dazu, die oben abstrakt aufgeführten Fragen von Politik und Moral zu konkretisieren.

Wer nicht in der Lage ist, mit eigenen Kraftanstrengungen den Sieg zu erreichen, sondern dies nur mit Hilfe von Pharmazeutica schafft, verstößt eklatant gegen das Prinzip der Chancengleichheit, betrügt die Zeitnehmer oder Schiedsrichter sowie die Öffentlichkeit und bringt unter Umständen denjenigen um den verdienten Sieg, dessen natürliche Kräfte oder bessere Trainingsmethoden ohne das Doping des „Siegers" für den ersten Platz gereicht hätten.

Wäre Doping bloß ein Hilfsmittel, um einzelnen besonders ehrgeizigen Sportlern zum Sprung aufs Treppchen zu verhelfen, so könnte seine Aufdeckung mit den blamablen Folgen als abschreckendes Beispiel persönlichen Fehlverhaltens im Ethikunterricht behandelt werden. Wie aber ist der Fall zu beurteilen, in dem alle oder fast alle am Wettkampf Beteiligten gedopt sind, weil es ihre Trainer und Manager so wollen, weil viel Geld im Spiel ist oder politisches Ansehen einer Nation davon abhängt; würde dann die Feststellung, „so machen es ja alle", den Betrugstatbestand aufheben? Sicher nicht. Solch ein Fall könnte neben der rechtlichen Diskussion über zulässige und unzulässige Stärkungs- und Unterstützungsmittel auch Fragen über der Wirkungsweise aufwerfen, was im Chemie-, aber auch im Biologieunterricht behandelt werden kann. Da Doping darüber hinaus wie in der untergegangenen DDR systematisch strategisch eingesetzt wird, um zu erreichen, dass dem internationalen Ansehen eines Staates wenigstens im Sport immer wieder

[5] Hierauf kann hier nicht ausführlich eingegangen werden. Es empfiehlt sich aber die sehr interessante sportsoziologische Arbeit von Eike Emrich (2004) zu lesen, in der u. a. die anomischen Spannungslinien im Leistungssport, die sich aus einer Verschiebung von der Wertrationalität zur Zweckrationalität ergeben, analysiert werden.

durch Edelmetall Glanz verliehen wird, wäre im Politik-Unterricht grundsätzlich über Sport als Mittel der Politik zu sprechen.

In diesem Zusammenhang könnte man in einem olympischen Jahr auch über die Frage diskutieren: Was ist vom Coubertin'schen Ideal eines „aufgeklärten Internationalismus" geblieben, der durch die Kultivierung eines „*nicht-chauvinistischen* Nationalismus" (Müller 2004: 5) verwirklicht werden sollte, seitdem nach Nationen geordnete Medaillenspiegel bei Olympischen Spielen und anderen internationalen Wettkämpfen aufgestellt werden und es Ministern und Medien fast wichtiger ist, auf welchem Platz ihr Land in der abschließenden Bilanz steht, als welche herausragenden Leistungen einzelne Athleten oder Mannschaften gebracht haben? – Insofern geben nicht allein unsportliche Vorkommnisse und Verhaltensweisen, sondern auch die politische und nicht zuletzt die wirtschaftliche Verwertung des Wettkampfsports Anlass, sich mit diesem im Schulunterricht kritisch auseinander zu setzen.

5 Zum Schlüsselbegriff der Fairness

„Fairness ist ein Hauptwert, den der Sport anderen Bereichen, in denen Wettstreit nach Regeln stattfindet, als anregenden verbindlichen Wert überlassen kann." (Lenk 2004: 10) Dabei stammt der Begriff selbst gar nicht aus dem Sport, sondern wurde „auf dem Hintergrund eines englischen Gentleman-Kodex in ihn importiert." (Gabler 2001: 70) Er kann und sollte in die Gesellschaft, und nicht nur in die feine englische, wieder zurück importiert werden. Allerdings ist es, wie Hartmut Gabler schreibt, schon für den Sport selbst nicht sehr sinnvoll, „die Begründung des heutigen Fairness-Verständnisses unreflektiert aus der damaligen Zeit abzuleiten, denn der soziale Hintergrund des Sports hat sich weitgehend verändert." Einer zeitgemäßen Begriffsbestimmung zufolge zeige sich daher Fairness im Rahmen sportlicher Wettkampfhandlungen „im Bemühen der Sportler, die Regeln konsequent und bewusst (auch unter erschwerten Bedingungen) einzuhalten oder sie zumindest nur selten zu übertreten, im Interesse der Chancengleichheit im Wettkampf weder unangemessene Vorteile entgegenzunehmen noch unangemessene Nachteile des Gegners auszunutzen und den Gegner nicht als Feind zu sehen, sondern als Person und Partner zu achten." (Gabler 2001: 70) „Fairness ist danach – ebenfalls i. S. von Coubertin – eine Grundhaltung, die mehr ist als die Einhaltung von Regeln, und die aus pädagogischer Sicht im Rahmen der sportspezifischen Sozialisation zu erlernen ist." (Gabler 2001: 71)

In dieser Definition sind schon einige wichtige Anknüpfungspunkte für die Friedenserziehung enthalten: Regelbefolgung, Chancengleichheit, Anerkennung des Gegners als Person und Partner. Doch bevor ich mich ans Anknüpfen mache, veranlasst mich der Hinweis auf die sportspezifische Sozialisation dazu, der Frage nachzugehen, ob die spezifische Situation von sportlichen Wettkämpfen sich nicht von anderen Situationen zu sehr unterscheidet, als dass bloße Begriffsgleichheit schon Anknüpfungen erlaubt – ein typisches Problem der Transdisziplinarität.

Bei Jürgen Court fand ich folgendes Zitat Frans De Wachters: „Beim Wettkampfspiel kann man die Zielsetzung ‚Gewinnen' nicht logisch abtrennen von den Spielregeln, in deren Funktion ‚Gewinnen' (z. B. mehr Tore zu erzielen) genau definiert wird. Ich kann ein Spiel nur dann echt gewinnen, wenn ich es echt spiele, und ich kann es nur dann spielen, wenn ich die Regeln einhalte; denn diese sind konstitutiv. Befolge ich die Regeln nicht, dann spiele ich überhaupt nicht mehr Fußball … Mit dem olympischen Schlagwort Coubertins könnte ich sagen, die Zielsetzung sei nicht, zu gewinnen, sondern teilzunehmen. Das kann aber nie eine Zielsetzung im Spiel oder des Spielers sein… Sobald ich an einem Spiel teilnehme, verpflichte ich mich zu einem Einsatz, um zu gewinnen, und ich bin ebenso gut ein Spielverderber, wenn ich nicht gewinnen will, wie wenn ich die Regeln überschreite, um um jeden Preis zu gewinnen." (Court 1994: 98 ff.)

Ich will hier nur zwei Aspekte dieses Gedankengangs hervorheben, die mir bedeutsam erscheinen: 1. Zu den Regeln von Wettkampfsportarten gehört, dass die Teilnehmer, seien es Individuen oder Mannschaften, gewinnen oder zumindest erfolgreich sein wollen. Das geht nicht ohne individuellen oder kollektiven Egoismus, wodurch es zumindest in der Tendenz in einem Spannungsverhältnis zum Gebot des Fair play steht. 2. Spielverderber, also Regelverletzer ist aber nicht nur der, der mit Fouls oder anderen Mitteln den Gegenspieler massiv daran hindert, zu gewinnen, sondern auch der, der sich ihm gegenüber zu altruistisch verhält und seine eigenen Chancen bewusst nicht nutzt. Dies setzt der Rücksichtnahme auf den anderen beim Fair play auch Grenzen.

Spielregeln sollen gewährleisten, dass ein fairer Wettkampf zwischen allen Beteiligten stattfindet. Dazu gehört, das sie die Gleichberechtigung der Spieler als Chancengleichheit, den Sieg oder ein gutes Ergebnis zu erringen, sicherstellen. Karl Otto Apel schreibt dazu: „Zumindest in einem Teilaspekt ihrer Funktion können die Spielregeln des Sports ebenso wie die Rechtsnormen als Konkretisierung einer allgemeinen Norm der Gegenseitigkeit angesehen werden, und ebenso wie die Rechtsnormen fungieren sie als einschränkende Rahmenbedingungen für strategisches Konkurrenzverhalten der Menschen" (Apel 1988: 113) Apel arbeitet hier das funktionale Moment der Fairness heraus, das „ als Metaregel aller konkreten Regeln (seien es solche des Sports oder des Lebens) fungieren" kann (Court 1994: 159) Wäre Fairness nur die notwendige Bedingung jedes sportlichen Wettkampfs und nur diese, dann drückte sie nicht das Wesen der Gerechtigkeit aus, weil sie dann reduziert wäre auf die faire Gegnerschaft im Kampf um den Sieg oder lediglich eine konstitutive Regel zur Maximierung der Chancengleichheit im Wettkampf. „Die Spielperson will dann die Fairness als Chancengleichheit nur, insofern sie den Sieg will, aber darüber hinaus geht sie dann nicht." (Court

1994: 160) Demgegenüber geht Rücksichtnahme auf die reale Person des Gegners als Fairness im vollen Sinn des Wortes über den Rahmen der Spielwelt hinaus. Doch auch wenn die Wettkampfregeln nur die fiktive Spielwelt in der realen Lebenswelt konstituieren, erfüllen sie nach Apel sowohl für die Sportler wie das Publikum noch eine andere, weiter reichende Funktion: „jene Spielwelt des Fair Play (fungiert) als ein Gleichnis der Fairness qua Gerechtigkeit für ihre Einübung im tatsächlichen Leben." (Court 1994: 160)

Dies ist ein wichtiger Aspekt bei unserer Suche nach Möglichkeiten, aus dem Sport Lehren für die Friedenserziehung zu ziehen. Court weist allerdings darauf hin, dass sich der Sport nicht unbedingt an den idealen Gerechtigkeitsprinzipien der Alltagswelt messen lasse. Vielmehr handele es sich um eine „Vorform" (Apel). Von außen werde vor allem ein spezifisches Moment des Wettkampfes verdrängt, nämlich „dass sportlicher Kampf mit Anstrengung, körperlicher Kraft, oft mit Gewalt verbunden ist, ja, dass er die Gewalt oft geradezu fordert" (Heringer 1990: 157). Dieser Hinweis zeigt, dass eine sportimmanente Definition von Fairness, von der Heringer fordert, sie solle sich an den Maßstäben des jeweiligen Spiels ausrichten, nicht linear zu für die Friedenserziehung relevanten Verhaltensregeln führt, weil z. B. Gewaltanwendung, wie sie in bestimmten Sportarten akzeptiert wird, dort keinen Platz haben sollte.

6 Was kann bei der Friedenserziehung vom Sport für das „tatsächliche Leben" gelernt werden?

Wir hatten mit Blick auf die Fairness im sportlichen Wettkampf die Stichworte Regelbefolgung, Chancengleichheit sowie Anerkennung des Gegners als Person und Partner festgehalten. Außerdem, dass es zu den Spielregeln gehört, gewinnen oder zumindest erfolgreich sein zu wollen, während der Verzicht auf diese Absicht als Regelwidrigkeit zu betrachten ist. Und schließlich, dass Fairness im Sport als Gleichnis der Fairness qua Gerechtigkeit für ihre Einübung im tatsächlichen Leben wirken kann. Was lässt sich damit nun in der Friedenserziehung anfangen?

Zunächst einmal ist es sowohl für das alltägliche Leben im persönlichen Umfeld wie für die Auseinandersetzung mit der großen Politik wichtig, dass Kinder und Jugendliche begreifen, dass Menschen, weil sie nicht allein auf einer Insel leben, fortlaufend in Situationen geraten, in denen sie mit anderen Menschen um etwas wetteifern, oder konkurrieren. Einem soziologischen Konfliktbegriff folgend stehen wir fortlaufend in Konfliktsituationen. Konflikte sind dabei nicht etwas, was es nicht geben sollte, sondern sie gehören zum Leben wie das Atmen und Laufen. Dies zu akzeptieren, ist eine wichtige Voraussetzung für alle Friedenserziehung, weil sie sich dann nicht an ein falsches Harmoniedenken klammert, das den Blick für das Wesentliche trübt. Weil wir, wie Ralf Dahrendorf einmal schrieb, wegen der „ärgerlichen Tatsache der Gesellschaft“ (Dahrendorf 1967: 133) nicht ohne Konflikte zusammenleben können, kommt es entschieden darauf an, wie wir diese Konflikte austragen: ob wir dabei andere seelisch oder körperlich verletzen, ob wir Gewalt einsetzen oder hinterlistig vorgehen oder ob wir nach fairen Bedingungen, kooperativen Wegen und gerechten Lösungen suchen.

Nun ist der sportliche Wettkampf möglicherweise eine Ausnahme unter den Konflikten um knappe oder nicht teilbare Güter: Bei ihm gibt es natürlich nur einen Sieger und bescheideneres Edelmetall für den zweiten und dritten Platz und das betrübteste Gesicht beim vierten, der die Bronzemedaille gerade verpasst hat. Aber wenn keiner gedopt wurde und alle Messungen korrekt waren, dann kann damit gerechnet werden, dass auch die Verlierer das Ergebnis akzeptieren, zumal für alle die Chance besteht, beim nächsten Mal besser abzuschneiden. Allerdings hat sich dieses Idealbild verändert, seitdem das Sporttreiben Hochleistungssportler in eine „Berufsrolle auf Zeit“ zwingt (Emrich 2004: 289), in der das persönliche Abschneiden auch und nicht zuletzt darüber entscheidet, wie viel Geld man auf seinem Konto hat, und Wettkämpfe insofern als „Betriebe zur Herstellung sozialer Ungleichheit“ (Emrich 2004: 293) anzusehen sind.[6] Doch schon weil das Publikum wirkliche und keine manipulierten Siege sehen und bezahlen will, wird auch von den Sportlern und ihren Funktionären darauf geachtet, dass der Gedanke des Fair play aufrecht erhalten bleibt.[7]

Fairnessregeln haben auch im „tatsächlichen Leben“ ihren Sinn. Dafür ein Beispiel: Es gibt Länder, da bedrängen den an einem Bahnhof oder Flughafen ankommenden Reisenden gleich zahllose Taxifahrer, reißen ihm förmlich den Koffer aus der Hand, um sicherzustellen, dass er bei ihnen einsteigt. Zwischen den Fahrern besteht eine ungeregelte Konkurrenzsituation, und der Fremde läuft außerdem Gefahr, von demjenigen, der ihn letztlich nötigt, bei ihm einzusteigen, auch noch betrogen zu werden. Vergleichen wir dies mit der Situation an den meisten Bahnhöfen bei uns: Hierzulande warten die Taxifahrer mit ihren Wagen (und darin den geeichten Taxamentern) geduldig in einer Reihe und achten peinlich darauf, dass sich keiner vordrängelt. Für jeden besteht die gleiche Chance, einen großen oder einen kleinen Auftrag zu erhalten, und zugleich die Sicherheit, dass nicht das Recht des Stärkeren allein darüber bestimmt, wer Kundschaft bekommt und wer nicht. Es ist leicht einzusehen, dass eine solche Spielregel oder ein solches „Regime“,

[6] Die im Januar 2005 ruchbar gewordenen Manipulationen von Fußballspielen beim DFB-Pokal sowie bei der Zweiten Bundesliga und der Regionalliga durch mindestens einen korrupten Schiedsrichter erschütterten das Vertrauen der sportbegeisterten Öffentlichkeit in die für einen fairen Ablauf verantwortlichen „Unparteiischen“ ganz erheblich.

[7] So weist Grupe (1996: 34) darauf hin, dass die Bindung an die Grundwerte der Olympischen Idee „durchaus auch (im) Eigeninteresse“ der Athleten liege: „denn letztendlich rechtfertigt nur ein sympathischer, ausstrahlungsfähiger, fairer, doping-freier, anspruchsvoller Sport öffentliche Anerkennung und wirtschaftliche und politische Unterstützung.“

wie der Fachausdruck dafür heißt, da, wo es zwischen den Teilnehmern an einem Wettbewerb um ein knappes Gut vereinbart wurde, auch in hohem Maße akzeptiert wird. Aber man muss Taxifahrer oder andere in vergleichbaren Situationen erst einmal dazu bringen, solche Verhaltensregeln zu vereinbaren, die zugleich einen reibungslosen Ablauf ihrer Geschäfte sichern wie auch einen gerechten Interessenausgleich fördern, anstatt sich nur auf die Ellenbogen zu verlassen. Es ist Aufgabe der Friedenserziehung, über solche Regelungsmöglichkeiten zu informieren und mit solchen praktischen Beispielen Kinder und Jugendliche davon zu überzeugen, dass die Stärke des Rechts dem Recht des Stärkeren vorzuziehen ist, um einen zivilisierten Konfliktaustrag zu ermöglichen.

Wo im Unterricht die Funktionen bestimmter Spielregeln diskutiert werden, können auch Einsichten darüber vermittelt werden, wie in bestimmten Situationen sowohl Konkurrenzverhalten wie kooperatives Verhalten angebracht sind und einander ergänzen.

Dies sei an einer anscheinend paradoxen Situation des Sports verdeutlicht, die sich bei der Rede vom „gemeinsamen Spiel“ ergibt: Ist der Begriff der Gemeinsamkeit bei einem Wettbewerb widersinnig, wenn doch nur jeder selbst gewinnen will? Heringer zufolge ist dieses je eigene Ziel, der Sieg, nur im Rahmen von Kooperation möglich: „Totale Kompetition gibt es nicht, weil in der Kompetition wenigstens einige Regeln gemeinsam befolgt werden müssen“ (zit. bei Court 1994: 187) Dazu gehört die wechselseitige Anerkennung des gemeinsamen Siegeswillens. Dies besagt für die Spieler, „dass ein Gewinnen nur dann möglich ist, indem sie das Spiel gemeinsam spielen. Jeder hat also eine egoistische, kompetitive Zielsetzung, die er nur in der vorgängigen Kooperation realisieren kann.“ (zit. bei Court 1994: 187)

Das führt zurück zu der Frage nach der Achtung des Gegners im Sport: Der Begriff der Achtung ergibt sich zunächst direkt aus der Anerkenntnis der gemeinsamen Zielsetzung: ich brauche meinen Gegner einfach, um gewinnen zu können. Aber muss ich ihn als Gegner nur so weit achten, wie es das Spiel als gemeinsame Tätigkeit erfordert, oder darüber hinaus auch als Person?

„Wenn Achtung sich aus der gemeinsamen Anerkenntnis des gemeinsamen Zieles ergibt, darf ich im Spiel nicht eigene Zwecke verfolgen, die es dem Gegner unmöglich machen, das gemeinsame Ziel weiterzuverfolgen: das jeweilige Spiel um den Sieg. Daher kann jedes absichtliche Foulspiel als ‚unfair‘ bezeichnet werden, denn es zerstört bewusst das Verhältnis von Kooperation und Kompetition.“ (Court 1994: 188)

Solche Zusammenhänge lassen sich an Beispielen aus dem Sport möglicherweise leichter vermitteln als anhand anderer Lebensbereiche, nicht zuletzt, weil es genügend Videomaterial gibt, das man dazu heranziehen kann. Aber lassen sie sich auf das „tatsächliche Leben“ im Sinne der Friedenserziehung übertragen? Hier wird man von Fall zu Fall überlegen müssen, wie mit dem Verhältnis von Kooperation und Kompetition umzugehen ist.

Wenn beispielsweise in einer Firma aus einem Team, das über einen gewissen Zeitraum gut und gleichberechtigt zusammengearbeitet hat, eine Person eine Leitungsfunktion erhalten könnte, für die mehrere von ihnen gleichermaßen qualifiziert sind und wegen des höheren Einkommens auch an ihr interessiert sind, könnte es sein, dass jemand von den Kandidaten versucht, sich beim Firmenvorstand lieb Kind zu machen oder Konkurrenten anzuschwärzen. Das eine fiele vielleicht unter die – im Fußball eingeführte – merkwürdige Kategorie „faires Foul", das andere wäre ein schweres Foul. Doch schon bevor jemand von sich aus falsch spielt, muss nach fairen Regeln gesucht werden, damit bei demjenigen oder denen, welche die Stelle nicht bekommen, keine Blessuren zurückbleiben und vor allem, damit sie weiterhin motiviert sind, gut zu arbeiten. Dabei gibt es mehrere, unterschiedlich erfolgversprechende Möglichkeiten, z. B.

- niemanden aus dem Team, sondern einen Außenstehenden einzustellen, nicht zuletzt, weil dies alle Teammitglieder gleichermaßen frustriert, oder
- das Prinzip, den Ältesten oder den am längsten schon zur Firma gehörenden zu nehmen, was den anderen signalisiert, eines Tages nachrücken zu können, oder
- eine Sonderprämie als partielle Entschädigung für diejenigen Teammitglieder, die nicht befördert wurden, oder
- der Losentscheid, der für die Ausgangssituation Chancengleichheit herstellt und bei denjenigen, die eine Niete gezogen haben, zumindest nicht das Gefühl hinterlässt, unfair behandelt worden zu sein.

Beim Umgang mit Regeln aus dem Wettkampfsport lässt sich aber auch lernen, dass es manchmal sinnvoll sein kann, aus Fairnessgründen Lücken im Regelwerk zu nutzen. Court bringt hierfür ein gutes Beispiel: „Gebe ich den Ball beim Einwurf an die gegnerische Partei zurück, weil sie ihn absichtlich ins ‚Aus' befördert hat, um einem verletzten Mitspieler ärztliche Hilfe zukommen zu lassen? Oder behält mein Team ihn, weil ein Rückstand kurz vor Spielende aufzuholen ist? Hier bin ich, wo die Sportregeln mich im Stich lassen, an meine eigene Fähigkeit zur Gesetzgebung verwiesen und muss mir selbst – in vernünftiger Abwägung – ein Gesetz geben, das als Bestimmungsgrund meiner Aktion fungiert. Gerade an diesem Exempel zeigt sich sehr schön die moralische Frage, denn ich entscheide mich eigenständig in einer Situation widersprüchlicher Handlungsalternativen nicht – wähle ich die erste Alternative – für die stärkere Verbindlichkeit – etwa den möglichen Sieg, sondern für den stärkeren Verpflichtungsgrund – den fair errungenen Sieg." (Court 1994: 276)

Möglicherweise wäre es leichter, Situationen sportlich vorbildlichen Verhaltens als Handlungsanleitung für außersportliche Situationen zu nutzen, wenn sie häufiger vorkämen oder außerhalb des Spielfeldes besser wahrgenommen würden.

Dies wäre vielleicht der Fall, wenn es anstelle einer Belohnung von Siegen oder wenigstens in Ergänzung dazu in allen zuschauerträchtigen Sportarten „Fairnessprämien" gäbe. Doch solange Sieger entweder den alleinigen oder den größeren materiellen Gewinn einstreichen, gelten diese Sportler auch als die größeren Idole als jene, deren Fairness bestenfalls in einem Nebensatz des Kommentators gewürdigt wird.

Damit komme ich zu einem weiteren Problem für die Übertragbarkeit von Erfahrungen aus dem Wettkampfsport auf die Friedenserziehung, zu der Art und Weise, wie Sportveranstaltungen kommentiert werden. Dies ist insofern nicht nebensächlich, als die meisten Kinder und Jugendlichen, aber auch ihre Eltern und andere Erwachsene, mit denen sie umgehen, Sportveranstaltungen nicht aktiv erleben, sondern über Radio und Fernsehen. Manche Reportage von einem Fußballspiel lässt in ihrer Wortwahl eher auf eine Kriegsberichterstattung schließen als auf ein sportliches Ereignis. Insbesondere bei Länderspielen ist die Parteilichkeit häufig so groß, dass es von den Spielern der eigenen Nation nur heißt, sie gingen „hart zur Sache", während die der anderen „schlimme Fouls" an unseren empfindlichen Jungs verüben, die obendrein von den Schiedsrichtern viel zu selten mit der gelb-roten Karte bedacht werden. Dies hat mit dem aufgeklärten Internationalismus eines Coubertin nichts mehr zu tun. Aber es prägt die Denkungsart vieler Fans. Was so an Sinn für Fairness platt gewalzt wird, kann weder im Sportunterricht noch durch Friedenserziehung ohne größere Schwierigkeiten erneut zum Leben erweckt werden.

Abschließend möchte ich auf eine Formulierung des bedeutenden Sportpädagogen Ommo Grupe eingehen, die mir gut gefallen hat. Er spricht vom „an Fairness *gebundenen* Könnens- und Leistungsprinzip" als Kennzeichen des olympischen Sports (zit bei Jäger 2000: 13, ähnlich auch Grupe 1996: 35). Diesbezüglich könnte das Leistungsprinzip, das unsere Schulen kennzeichnet, mehr von der olympischen Idee profitieren. Solange es Vorschriften gibt, um die Schülerzahlen zu steuern, einen bestimmten Prozentsatz durchfallen zu lassen, und solange der Ausgang des Wettkampfs um Zehntelnoten darüber entscheidet, ob jemand zu diesem oder jenem Studium zugelassen wird, hat es eine Friedenserziehung schwer, die nicht nur Kooperation predigen, sondern deren Nutzen auch sichtbar werden lassen will. Man wird und soll die an einer individuellen Leistungssteigerung orientierten Vorschriften und Verfahrensweisen nicht abschaffen, aber es gehört zur Konfliktkultur, mit den Schülern dann wenigstens die Problematik der Diskrepanz von Konkurrenz und Kooperation zu erörtern. Darüber hinaus sollte in der Schule Kooperation wenigstens da gefördert werden, wo dies möglich ist. Wo aber kann sie dies außer im Musikunterricht, wo der Zusammenklang des Orchesters erst den Ohrenschmaus ermöglicht? Am ehesten im Sportunterricht, wo neben den Einzelleistungen auch der Erfolg der Mannschaft zählt. Daher kann ich die Sportlehrerinnen und Sportlehrer nur einladen, sich als Friedenspädagogen zu verstehen.

Literatur

Apel, Karl Otto (1988): Die ethische Bedeutung des Sports in einer universalistischen Diskursethik, in: Franke, Elk (Hrsg.): Ethische Aspekte des Leistungssports, Clausthal-Zellerfeld, S. 105–134.

Bollnow, Otto Friedrich (1966): Krise und neuer Anfang. Beiträge zur pädagogischen Anthropologie, Heidelberg.

Court, Jürgen (1994): Kritik ethischer Modelle des Leistungssports, Köln.

Dahrendorf, Ralf (1967): Homo Sociologicus: Versuch zur Geschichte, Bedeutung und Kritik der Kategorie der sozialen Rolle, in: ders.: Pfade aus Utopia. Arbeiten zur Theorie und Methode der Soziologie, München, S. 128–194.

De Wachter, Frans (1983): Spielregeln und ethische Problematik, in: Lenk, Hans (Hrsg.): Aktuelle Probleme der Sportphilosophie, Schorndorf, S. 278–294.

Emrich, Eike (2004): Doping im Sport aus soziologischer Sicht, in: Messing, Manfred/ Müller, Norbert/Preuß, Holger (Hrsg.): Olympischer Dreiklang. Werte – Geschichte – Zeitgeist, Kassel, S. 285–321.

Gabler, Hartmut (2001): Fairness – Kern einer Olympischen Ethik?, in: DOI/BISP (Hrsg.).: Gibt es eine eigene Ethik des olympischen Sports? Köln, S. 69–74.

Grupe, Ommo (1996): Die Olympische Idee ist pädagogisch. Zu Fragen und Problemen einer „olympischen Erziehung", in: Müller, Norbert/Messing, Manfred (Hrsg.): Auf der Suche nach der Olympischen Idee, Kassel, S. 23–38.

Heringer, Jürgen.(1990): Regeln und Fairness. Woher bezieht der Sport seine Moral? in: Grupe, Ommo (Hrsg.): Kulturgut oder Körperkult? Sport und Sportwissenschaft im Wandel, Tübingen.

Hiller-Ketterer, Ingeborg (1971): Das Dilemma der Erziehung zum Frieden als deren eigener Gegenstand, in: Ackermann, Paul et al. (Hrsg.): Erziehung und Friede. Materialien zur Diskussion, München, S. 15–23.

Jäger, Uli (2000): Fair Life. Sport und internationale Zivilgesellschaft, in: Verein für Friedenspädagogik Tübingen e. V., Rundbrief 2/2000.

König, Andreas (1994): Der olympische Friede. Anspruch und Wirklichkeit einer Idee, St. Augustin.

Lenk, Hans (2004): Zum olympischen Menschenbild, in: Messing, Manfred/Müller, Norbert/Preuß, Holger (Hrsg.): Olympischer Dreiklang. Werte – Geschichte – Zeitgeist, Kassel, S. 9–19.

Meyer, Berthold (2003): Friedenserziehung und sportlicher Wettkampf – ein Gegensatz? In: Deutsches Olympisches Institut (Hrsg.): Friedenserziehung durch Sport. Utopie oder pädagogische Option? DOI-Dokumente Band 9, Berlin, S. 21–32.

Meyer, Berthold (2004): Fünf Thesen zur Friedenserziehung als Aufgabe der olympischen Bewegung, in: Messing, Manfred/Müller, Norbert/Preuß, Holger (Hrsg.): Olympischer Dreiklang. Werte – Geschichte – Zeitgeist, Kassel, S. 73–87.

Müller, Norbert (2004): „Olympic education", Centre d'Estudis Olympic (UAB), Barcelona

Nationales Olympisches Komitee (Hrsg.) (2004): Olympia ruft: Mach mit! Frankfurt a. M.

TEIL III:

KONFLIKTREGELUNG IM INTERETHNISCHEN UND INTERKULTURELLEN BEREICH

Ethnische und kulturelle Zugehörigkeit als Konfliktursachen und wie mit ihnen umgegangen werden kann

1 Einleitung

Kurz bevor Aygül Özkan am 27. April 2010 zur ersten muslimischen Ministerin in Deutschland gewählt wurde, trat die in Hamburg geborene Tochter eines türkischen Schneiders, Juristin und CDU-Politikerin bei ihren Parteifreunden ins Fettnäpfchen. In einem Focus-Interview hatte sie erklärt, christliche Symbole wie das Kruzifix gehörten so wenig wie das Kopftuch in eine staatliche Schule, denn diese müsse ein „neutraler Ort“ sein. (Focus 2010) Das erregte die Gemüter, und so pfiff der Landesvater Christian Wulff (ebenfalls CDU) die von ihm gerade erst stolz präsentierte Frau Özkan zurück, so dass sie sich noch vor ihrer Vereidigung für ihre Aussage entschuldigte. Dabei hatte das Bundesverfassungsgericht schon 1995 entschieden, der Staat müsse in Glaubensfragen Neutralität zeigen. Auch der Europäische Gerichtshof für Menschenrechte hatte im November 2009 ein – allerdings noch nicht rechtskräftiges – Urteil gesprochen, demzufolge das obligatorische Anbringen des Symbols einer bestimmten Glaubensüberzeugung in Klassenzimmern gegen das Recht der Eltern auf Erziehung ihrer Kinder und gegen die Religionsfreiheit der Kinder verstößt, „zu glauben oder nicht zu glauben“. (FAZ 27.4.2010: 2) Wulff hielt es stattdessen im ARD-Frühstücksfernsehen für erforderlich, zu betonen: „Wir werden dafür kämpfen, dass es in vielen Schulen Kreuze gibt und dass das auch im Konsens der Schulgemeinschaft passiert.“ (ARD-Morgenmagazin, 27.04.2010)

Dieses Ereignis steht exemplarisch für mehrere Konfliktlinien der interkulturellen Beziehungen in Deutschland:

1. Faktisch wurde schon die alte Bundesrepublik zum Einwanderungsland als sie Millionen von „Gastarbeitern“ anwarb und ihnen erlaubte, hier dauerhaft ihren Wohnsitz zu nehmen sowie Familienangehörige nachziehen zu lassen. Dadurch entstanden und entstehen je nach Heimatland und Anpassungsfähigkeit und -bereitschaft der Zuwanderer wie auch des aufnehmenden Umfeldes unterschiedlich große Probleme des individuellen wie gesellschaftlichen Neben- und Miteinanders, die umso schwerer wiegen, je größer die kulturellen und religiösen Unterschiede sind.

2. Obwohl inzwischen etwa ein Fünftel der Einwohner Deutschlands einen „Migrationshintergrund“[1] hat, taten sich maßgebliche Politiker, insbesondere aus CDU und CSU, über Jahrzehnte hinweg äußerst schwer damit, diese Entwicklung zu akzeptieren und die rechtlichen und politischen Voraussetzungen für eine optimale Integration der Einwanderer zu schaffen. Zwar wurden inzwischen zahlreiche Migranten und deren Nachkommen politisch aktiv und nehmen von Gemeinderäten bis hin zum Deutschen Bundestag auch Abgeordnetenmandate wahr. Aber vor Aygül Özkan ist keiner Muslima der Aufstieg in ein Ministeramt gelungen. Dass sie in Niedersachsen auch für Integrationspolitik zuständig wird, ist selbst ein bemerkenswerter Versuch, zur Integration beizutragen.
3. Offenbar wollte Frau Özkan mit der Verbannung von Kopftuch und Kruzifix einen laizistischen, auf die strikte Trennung von Staat und Religion bedachten Ansatz der Gleichbehandlung von Schülern unterschiedlichen Glaubens verfolgen. Indem der Ministerpräsident bei seiner Rüge darauf verwies, dass u. a. wegen des Konkordats mit der Katholischen Kirche (vgl. ARD-Morgenmagazin, 27.04.2010) die „Erziehung auf der Grundlage des Christentums“ in § 2, 1 des Niedersächsischen Schulgesetzes festgeschrieben ist, überging er einen Widerspruch zwischen diesem Paragrafen und § 3 desselben Gesetzes, auf den sich die designierte Ministerin hätte berufen können. Dort heißt es: „(1) Die öffentlichen Schulen sind grundsätzlich Schulen für Schülerinnen und Schüler aller Bekenntnisse und Weltanschauungen. (2) In den öffentlichen Schulen werden die Schülerinnen und Schüler ohne Unterschied des Bekenntnisses und der Weltanschauung gemeinsam erzogen und unterrichtet. In Erziehung und Unterricht ist die Freiheit zum Bekennen religiöser und weltanschaulicher Überzeugungen zu achten und auf die Empfindungen Andersdenkender Rücksicht zu nehmen.“
4. Das offensive Eintreten des Ministerpräsidenten für mehr Kreuze in den Schulen kann auch als Bestandteil eines Wettbewerbs um die Seelen der Menschen angesehen werden, der in Teilen der Gesellschaft vor dem Horizont ausgetragen wird, dass die hier lebenden Muslime ihre Frömmigkeit in zunehmendem Maße offen zeigen, etwa durch den Bau großer Moscheen, während die beiden großen christlichen Kirchen aufgrund von Austrittswellen finanziell in Not und aufgrund des Besucherschwundes seelsorgerisch in die Defensive geraten sind.

[1] 2008 lebten in Deutschland 82,1 Mio. Menschen, davon 15,6 Mio. oder 19 % mit Migrationshintergrund, d. h. sie waren seit 1950 entweder selbst zugewandert oder sind Nachkommen von Zuwanderern. Von ihnen sind 8,3 Mio. Deutsche. Besonders deutlich wird die Veränderung der Bevölkerungszusammensetzung beim Blick auf die Alterspyramide: 34,4 % der unter Fünfjährigen, 32,7 % der unter Zehnjährigen, 27,3 % der unter 35jährigen haben einen Migrationshintergrund, aber nur 8,5 % der über 65jährigen (Beauftragte 2010: 36–41).

Anders als im zweiten Teil dieses Buches wollen wir uns im Folgenden mit Konflikten befassen, die zwar auch „innergesellschaftlich" ausgetragen werden, bei denen jedoch die ihnen zugrunde liegende Positionsdifferenz zwischen den Parteien vor allem darin besteht, dass sie sich entweder gerade über ihre *Zugehörigkeit* zu ein und derselben Gesellschaft oder über die *Angemessenheit ihrer Vertretung* in einem Staat streiten – und dies manchmal mit aller Heftigkeit, zu der Menschen fähig sind.

Konflikte, in denen zumindest eine der Parteien ihre Position mit der unterschiedlichen ethnischen oder Volkszugehörigkeit der anderen begründet, in denen also *Ethnizität* entweder auslösender oder verschärfender Faktor ist, werden ethnische, auch interethnische, ethnonationalistische oder ethnopolitische, manchmal auch aufgrund der Bevölkerungsanteile innerhalb eines Landes Minderheitenkonflikte genannt. Sie spielen, wie zunächst dargestellt wird, seit dem Ende des Ost-West-Gegensatzes eine viel größere Rolle als in der Zeit davor. Für ihre Regelung ist es wichtig zu wissen, dass Ethnizität kein auf genetischen Erkenntnissen beruhendes Unterscheidungsmerkmal, sondern ein – allerdings sehr wirksames – gesellschaftspolitisches Konstrukt ist. Dies ist bei den Maßnahmen zu bedenken, die in der Staaten- wie in der Gesellschaftswelt entwickelt werden, um solche Konflikte zu entschärfen.

Relativ häufig tritt in diesen Konflikten das Merkmal der Religionszugehörigkeit als ein die kulturelle Differenz prägender Faktor hervor, der die Parteien ihre Auseinandersetzung als einen für Kompromisslösungen unzugänglichen Identitätskonflikt wahrnehmen lässt. In dem Kapitel über die Religionen soll jedoch deren ambivalenter Einfluss herausgearbeitet werden, zu dem auch gehört, dass Amtsträger von Religionsgemeinschaften aufgrund des in ihren heiligen Schriften enthaltenen Friedensauftrags gehalten sind, Menschen miteinander zu versöhnen. Was bedeutet in diesem Zusammenhang das Toleranzgebot?

Dieser Einführungstext wird um ein Intermezzo in Form eines Prioritätenspiels zum israelisch-palästinensischen Konflikt ergänzt, außerdem um vier Aufsätze, die sich mit dem Minderheitenschutz am Beispiel Südtirols, mit der Problematik der Demokratisierung nach einem Bürgerkrieg am Beispiel Bosnien und Herzegowinas, mit der Früherkennung terroristischer Kampagnen und schließlich mit Ausbildungskonzepten zur beruflichen Qualifizierung für die zivile Konfliktbearbeitung befassen.

2 Und willst du nicht mein Bruder sein... Der Trend zu ethnisch begründeten Konflikten in den 1990er Jahren

> „Mich packt das Grauen. Nicht darüber, dass Menschen zu töten imstande sind, sondern darüber, dass man es ihnen nicht ansieht.“ (Zeh 2003: 84)

Die beiden in Deutschland Konflikt- und Kriegsstatistiken führenden Institute, die Arbeitsgemeinschaft Kriegsursachenforschung (AKUF)[2] und das Heidelberger Institut für internationale Konfliktforschung (HIIK)[3] verwenden leider nicht dieselben Kriterien, um zwischen Kriegen, bewaffneten und anderen Konflikten zu unterscheiden. Insofern stimmen ihre Statistiken nur in der Tendenz miteinander überein. Diese aber ist eindeutig: Seit 1945 hat es nur noch wenige zwischenstaatliche Konflikte hoher Intensität, jedoch eine deutlich steigende Zahl innerstaatlicher Konflikte dieser Intensitätsstufe gegeben, wobei der Höhepunkt in den frühen 1990er Jahren erreicht wurde. Danach sank ihre Zahl zunächst merklich, nahm aber in den ersten Jahren seit der Jahrtausendwende erneut zu. Seither schwankt die Kurve auf einem mittleren Niveau (s. Grafik aus Konfliktbarometer 2008: 2).

Bei innerstaatlichen Konflikten und Kriegen unterscheidet die AKUF grundsätzlich zwischen solchen, in denen es um den „Sturz der Regierenden oder um die Veränderung oder den Erhalt des politischen Systems oder gar der Gesellschaftsordnung“ geht („Antiregime-Kriege“) und solchen, „in denen um größere regionale Autonomie innerhalb des Staatsverbandes oder um die Sezesssion vom Staatsverband gekämpft wird“ („Autonomie- und Sezessionskriege“) (AKUF 2009: 8). Während die Konfliktparteien beim ersten Typ primär (macht-) politisch motiviert sind, spielen beim zweiten Typ Fragen der ethnischen oder kulturellen Zugehörigkeit die entscheidende Rolle. Diesem Typ waren 13 der 2009 registrierten 34 Kriege und bewaffneten Konflikte zuzurechnen, während nur neun dem ersten Typ und die übrigen nicht eindeutig zuzuordnen waren.

---

[2] Die Arbeitsgemeinschaft Kriegsursachenforschung an der Universität Hamburg (www.akuf.de) veröffentlicht ein Jahrbuch über das Kriegsgeschehen. Dabei folgt es der Kriegsdefinition István Kendes (1917–1988), für den Kriege gewaltsame Massenkonflikte sind, bei denen an den Kämpfen zwei oder mehr bewaffnete Streitkräfte, und mindestens auf einer Seite reguläre, von der Regierung befehligte Streitkräfte beteiligt sind, ein Mindestmaß an zentral gelenkter Organisation der Kriegführenden und des Kampfes gegeben ist und die bewaffneten Operationen einer planmäßigen Strategie folgen und sich mit einer gewissen Kontinuierlichkeit ereignen. Wenn diese Kriterien nicht alle erfüllt sind, handelt es sich nur um einen bewaffneten Konflikt. (vgl. AKUF 2009: 7).

[3] Das Heidelberger Institut für internationale Konfliktforschung (HIIK) gibt jährlich ein Konfliktbarometer heraus (www.hiik.de). Es bezeichnet Kriege als „Formen gewaltsamen Konfliktaustrags, in denen mit einer gewissen Kontinuität organisiert und systematisch Gewalt eingesetzt wird. Die Konfliktparteien setzen, gemessen an der Situation, Mittel in großem Umfang ein. Das Ausmaß der Zerstörung ist nachhaltig.“ Für leichtere Formen der gewaltsamen Auseinandersetzung werden die Begriffe „Krise“ und „Ernste Krise“ verwandt (Konfliktbarometer 2008).

Die Zunahme innerstaatlicher Konflikte Anfang der 1990er Jahre hängt damit zusammen, dass nach der Auflösung der Sowjetunion in fünfzehn selbständige Staaten in diesen neue ethnische Mehrheitsverhältnisse entstanden. Gleichzeitig wurden auch in und zwischen anderen bis dahin kommunistisch regierten Staaten Südosteuropas Minderheitenkonflikte virulent. Doch zu regelrechten Kriegen und Bürgerkriegen kam es nur in einer kleinen Zahl von Fällen, insbesondere in der Kaukasus-Region und im Zusammenhang mit dem Zerfall Jugoslawiens.

Die Kriegsursachenforscher Klaus Schlichte und Jens Siegelberg sehen in dem verstärkten Auftreten ethnisch-kultureller Konfliktdimensionen weniger einen „plötzlichen Wandel der Ursachen", als „eine veränderte Wahrnehmung" gewaltsam ausgetragener Konflikte. „Wurden die Kriege unter den Bedingungen globaler Bipolarität noch vornehmlich als Stellvertreterkriege oder wegen der sozialrevolutionären Ausrichtung vieler Kriegsparteien als globale Klassenkämpfe interpretiert, sollen heute Ethnizität und Kultur die zentrale Deutungsachse für das Kriegsgeschehen bilden." (Schlichte/Siegelberg 1997: 137) Dieser „plötzlichen Entdeckung" ethnisch-kultureller Konflikte halten die Autoren entgegen, dass die Formierung von Kriegsparteien entlang ethnischer oder religiöser Bande „weder ein Novum der 90er Jahre noch gar die zentrale Ursache von Gewaltkonflikten" sei, „sondern vielmehr das Resultat konfliktiver gesellschaftlicher Entwicklungen und sozialer Transformationsprozesse, die als typische Begleiterscheinung der Moderne angesehen werden können." Gleichwohl lasse sich auch eine allmähliche Verschiebung der Formen und Konfliktfelder sozialer Auseinandersetzungen feststellen, „die sich auch in der *Selbstwahrnehmung* der konfliktbeteiligten Akteure niedergeschlagen hat." (Schlichte/Siegelberg 1997: 137 f., Hervorh. B. M.)

3 Ethnizität, ein Realität stiftendes Konstrukt

Diese Selbstwahrnehmung und Situationsdeutung ist der springende Punkt: Soziale Gruppen werden nämlich nur dann als Ethnien oder Volksgruppen bezeichnet, wenn es neben dem Befund einer eigenen Sprache, Geschichte, Kultur, eigener Institutionen, eines bestimmten Siedlungsraums und möglicherweise auch einer gemeinsamen Religion ein von ihren Mitgliedern geteiltes *Bewusstsein der Einheit und Zusammengehörigkeit* gibt. (Vgl. Waldmann 1989: 16 ff.) Dieses gemeinsame Bewusstsein ist der entscheidende Faktor für die Herausbildung von Ethnizität als „sozialer Organisation kultureller Unterschiede" (Barth 1969: 9).

Eckhard W. Dittrich und Frank-Olaf Radtke führen den Gedanken der Ethnizität auf die deutsche Romantik zurück, in der als Reaktion auf die Unterwerfung durch Napoleon der „Volksgeist", der kulturelle Äußerungen wie Sitte, Sprache, Moral und Literatur hervorbringe, sich zum „Nationalcharakter" fortentwickelte. Wenig später „veränderten sich die zunächst noch poetisch-semantischen Wertbegriffe in materielle und bald auch territoriale Ansprüche. Sprache wurde in der Folge zu einem Unterscheidungsmerkmal der Völker neben anderen wie Körperbeschaffenheit, Produktionsweisen oder … Hautfarbe." (Dittrich/Radtke 1990: 21) „Die Volksgeisttheorie der Sprache assoziierte sich endgültig nach dem 1. Weltkrieg mit der Rassentheorie, als es galt, die Juden aus der deutschen Sprachgemeinschaft zu vertreiben. Sprachgemeinschaft beruhte in dieser Vorstellung auf Blutsgemeinschaft." (ebenda: 22) Dem Nationalismus diente die Konstruktion der Bevölkerung eines Territoriums als „Volk" „zur Abgrenzung nach außen und zur Vergemeinschaftung nach innen". Damit wurde „Volk" zu einem „Unterscheidungskriterium, das die Differenz von oben und unten, die mit den Begriffen ‚Stand' und ‚Klasse' beschrieben wurde, überlagerte und ideologisch einebnete, einebnen *sollte*." (ebenda: 22 f.)

Weltweit werden zwischen 2500 und 8000 Völker, Ethnien oder Sprachgruppen geschätzt, es bestehen jedoch derzeit nur etwa 190 Staaten. Daher sind ethnisch ganz oder weitgehend homogene Staaten eher die Ausnahme, während in den meisten Ländern die Staatsnation (*demos*) aus verschiedenen Ethnien zusammengesetzt ist.

Die ethnische Homogenisierung durch die Konstruktion „Volk" „konstituiert zugleich aber für diejenigen, die innerhalb der Grenzen bleiben oder dorthin einwandern und nicht die emblematisch herausgestellten Homogenitätsmerkmale aufweisen können, einen Minderheitenstatus." Insofern sind ethnische Minderheiten die Kehrseite des Nationalstaates. Diese sehen sich in aller Regel benachteiligt und in ihren sozialen und politischen Rechten eingeschränkt. Dittrich und Radtke zufolge kann „die von der Mehrheit der Minderheit aufgenötigte und von der Ethnologie objektivierte Differenz … nun ihrerseits – bei Inanspruchnahme derselben Prämissen – zur Konstruktion einer Minderheitenidentität benutzt und als Mobilisierungsressource im Kampf um gleiche Rechte oder in Sezessionsbewegungen eingesetzt werden; oder sie dient zugewanderten Minderheiten dazu, sich gegen Abweisung und soziale Isolation durch reaktive Vergemeinschaftung zu schützen. Zur Herstellung ihrer ethnischen Besonderheit können sie sich dann wiederum auf ihre Sprache beziehen, die sie der Hegemonie der Mehrheitssprache entgegensetzen." (ebenda: 23)

Die Autoren weisen darauf hin, dass „die einmal in die Welt entlassene wissenschaftliche Konstruktion eines Volksgeistes bzw. einer nationalen oder ethnischen Identität ... im politischen Alltag als Sinnstiftungsangebot ergriffen, benutzt und vor allem *geglaubt*" werde. Nach einer Wirkungsgeschichte von mehr als zwei Jahrhunderten handele es sich „um historisch gewachsene Überzeugungen, die Kernbestandteil nicht nur des europäischen Weltbildes geworden sind und der Selbstkonzeptualisierung von Individuen und Gruppen dienen. Die wissenschaftliche Konstruktion ist nicht die Wirklichkeit, die zu sein sie behauptet, aber sie ist insofern sozial gültig, als sie sich – und solange sie sich – als brauchbar erweist." (ebenda: 23 f.)

Konfliktrelevant wird dies erst dadurch, dass zwei oder mehrere ethnokulturelle Gruppen in einem gemeinsamen Kontext operieren (vgl. Cohen 1974). In solchen Situationen können nämlich ethnische Gesichtspunkte, neben der Sprache insbesondere die gemeinsame Religion, Geschichte und Kultur dazu instrumentalisiert werden, *kollektive Identität* zu stiften, um ganze Gruppen hinter ihren Führern zu vereinen. In diesem Zusammenhang sei daran erinnert, dass „bloße" Interessenkonflikte kompromisshafte Vereinbarungen erlauben, während ethnonationalistische Konflikte Dieter Senghaas zufolge zumindest von den Beteiligten „oft zuallererst" als *Identitäts*konflikte wahrgenommen werden (Senghaas 1992: 72). Die hierbei vorgenommene positive Überzeichnung der *Wir-Gruppe*, der gegenüber sich die Fremdgruppe umso plastischer negativ darstellen lässt, kann für die Verschärfung eines Konfliktes entscheidend sein. Die so errichteten *Feindbilder* ermöglichen es, eine Auseinandersetzung mit hoher Emotionalität und äußerster Verbissenheit zu führen (Nicklas/Ostermann 1984).

Nach Senghaas lassen sich drei verschiedene ethnonationalistische Konfliktkonstellationen unterscheiden, aus denen auch hervorgeht, dass sich Interessen hinter Identitätsaspekten gut verstecken lassen (vgl. Senghaas 1992: 118 ff.):

1. Konflikte um die *Besitzstandswahrung*. Sie sind davon geprägt, dass eine Ethnie oder Nationalität zu der Auffassung gelangt, ihre eigenen Aufwendungen für die Aufrechterhaltung des Gesamtstaates seien höher als der Nutzen, den sie aus der Gemeinschaft mit anderen Nationalitäten ziehen könne. Dies trifft am ehesten auf jene Völker zu, die innerhalb des gemeinsamen Staates ökonomisch vergleichsweise besser dastehen als die Mehrheitsnationalität oder die anderen Nationalitäten (dies war z. B. 1991 für das verhältnismäßig

wohlhabende, jedoch wenig einflussreiche Slowenien ein gewichtiger Grund, den jugoslawischen Staatsverband verlassen zu wollen). Wenn Minderheiten nach Sezession streben, kann allerdings auch bei der oder den zurückbleibenden Nationalität(en) die Besitzstandswahrung zum Handlungsmotiv werden (so lässt sich das Streben der Serben erklären, Macht und Einfluss über das gesamte damalige jugoslawische Territorium zu behalten).

2. Konflikte um die *Überfremdungsabwehr*. Hierbei handelt es sich um das Streben einer ethnischen Gruppe, die in einem Ort, einer Region oder einem Staat die Mehrheit stellt (z. B. der Albaner, die in der serbischen Provinz im Kosovo etwa 90 Prozent der Bevölkerung ausmachten), die tatsächliche oder vermeintliche Vorherrschaft einer anderen Gruppe, die sich in einer Minderheitenposition befindet, abzuwehren (in diesem Fall die Dominanz der Serben, die den Albanern bis zum Kosovo-Krieg von 1999 keine kulturelle Selbständigkeit, etwa die Unterhaltung eigener Schulen gestatteten).
3. Konflikte um die *Assimilisationsabwehr*. Die meisten ethnonationalistischen Konflikte resultieren aus diesem Problem, d. h. aus den Bemühungen der Minderheiten, ihre Identität gegen den Anpassungsdruck der Mehrheit zu bewahren. „Wird Assimilierungsdruck penetrant, entstehen gewaltträchtige Minderheitenkonflikte, im Grenzfall eine dramatische Eskalation ethnonationalistisch motivierter Gewalt, die in aller Regel erhebliche Gegengewalt provoziert: Das bedeutet Bürgerkrieg.“ (Senghaas 1992: 120)

4 Aspekte der Regelung des Zusammenlebens von Mehrheit und Minderheit(en)

Sowohl die Austragung als auch die Regelung von interethnischen und interkulturellen Konflikten hängt von den Strategien ab, welche die Minderheit verfolgen, um innerhalb der größeren Einheit ihre Gruppenidentität zu bewahren, und die Mehrheit, um ihre Macht- und Ordnungsvorstellungen aufrecht zu erhalten. Nach Anthony D. Smith können ethnische oder kulturelle Minderheitsbewegungen gegenüber der herrschenden Gruppe eine Reihe unterschiedlicher Strategien verfolgen, die auf die Bewahrung ihrer Identität zielen: Isolierung, Kommunalismus, Autonomie, Separatismus oder Irredentismus[4]; sie können aber auch bemüht sein, sich anzupassen und zu integrieren (Smith 1981). Demgegenüber lässt sich beim Umgang der herrschenden Mehrheit mit Minderheiten grundsätzlich zwischen Formen unterscheiden, die den Angehörigen einer Minderheit oder der ganzen Gruppe

[4] Hierunter ist das Bestreben zu verstehen, sich einem anderen Staat anzuschließen, in dem die eigene (Volks-)Gruppe die Mehrheit stellt oder das Sagen hat.

respektvoll gegenübertreten, und solchen, bei denen es am Respekt vor den Anderen und ihren Eigenheiten mangelt.[5]

4.1 Minderheitsschutz durch Minderheitenrechte

Ethnische und Minderheitenkonflikte sind zwischen rein innergesellschaftlichen und internationalen Konflikten einzuordnen. Aufgrund dieser Zwischenstellung hat sich das *Völkerrecht* und haben sich internationale Organisationen wie UNO, Europarat und OSZE mit der Suche nach Regelungen für die dahinter stehenden Probleme erst spät befasst und stets schwer getan. Die *UNO-Charta* von 1945 betont zwar das „Selbstbestimmungsrecht der Völker", stellt es aber neben den Anspruch der Staaten auf „territoriale Unversehrtheit".[6] Als eine Organisation von Staaten interpretiert sie folglich das Selbstbestimmungsrecht als Recht der staatlich verfassten Nationen und nicht als Autonomie- oder gar Sezessionsrecht irgendwelcher Teile davon. Zwar griff die Generalversammlung im Rahmen ihrer „Erklärung über die Gewährung der Unabhängigkeit an Kolonialgebiete und Kolonialvölker" 1960 das Selbstbestimmungsrecht wieder auf, aber erst im *Internationalen Pakt über bürgerliche und politische Rechte* wurden 1966 die Rechte von „Angehörigen" ethnischer, religiöser oder sprachlicher Minderheiten insofern geschützt, als ihnen zugestanden wurde, ihre Muttersprache und kulturellen Traditionen zu pflegen und ihre Religion „gemeinsam mit anderen Angehörigen ihrer Gruppe" auszuüben. Hinter der Einschränkung auf Einzelpersonen steht einerseits ein am Individuum orientiertes Menschenrechtsverständnis, das darauf zielt, niemanden wegen seiner Nicht-Zugehörigkeit zu benachteiligen. Andererseits ist das Beharren der UNO, aber auch der KSZE/OSZE auf dieser Position auf den Widerstand derjenigen Mitgliedsstaaten zurückzuführen, in denen ethnische Minderheiten leben. Sie befürchten, kollektive, insbesondere politische Minderheitenrechte könnten Sezessionsbestrebungen erleichtern.

Die *Konferenz für Sicherheit und Zusammenarbeit in Europa (KSZE)* verabschiedete schon im Juni 1990 in Kopenhagen detaillierte Bestimmungen zur Sicherung der Menschenrechte und Grundfreiheiten sowie des Minderheitenschutzes, die ansatzweise über den individualrechtlichen Schutz hinausgehen.[7] Ein Jahr später nahm die KSZE in ihr „Moskauer Dokument" vom September 1991 sogar die Formel auf, dass „Fragen der Menschenrechte, Grundfreiheiten, Demokratie

---

[5] Letztere reichen von der Zwangsassimilierung über die Ghettoisierung und andere Formen der Diskriminierung und Benachteiligung bis hin zur Vertreibung und Vernichtung („ethnische Säuberung", Völkermord).

[6] Vgl. dazu zahlreiche Beiträge in dem Sammelband von Hans-Joachim Heintze (1997).

[7] Vgl. dazu auch den Aufsatz von Keifl in diesem Band, insbesondere S. 408–412.

und Rechtsstaatlichkeit", zu denen der Minderheitenschutz gehört, „eine nicht ausschließlich innere Angelegenheit des betroffenen Staates darstellen". Beim Jubiläumstreffen in Helsinki wurde 1992 speziell zur Früherkennung und Frühwarnung vor interethnischen Konflikten das Amt eines *Hohen Kommissars für nationale Minderheiten* geschaffen.

Zur Arbeitsweise des ersten Hohen Kommissars für nationale Minderheiten Max van der Stoel

Der Professor für Menschenrechte Max van der Stoel war 1973–1977 und 1981/82 Außenminister der Niederlande und wurde später von der KSZE zum ersten Hohen Kommissar für Nationale Minderheiten ernannt. Dieses Amt hatte er von 1993 bis 2001 inne. In einem Vortrag kurz vor Ende seiner Amtszeit beschrieb er seine Arbeitsweise: „Mit der Aufnahme meiner Tätigkeit als Hoher Kommissar segelte ich in unbekannte Gewässer. Eine Seekarte hatte ich nicht, und mein Schiff glich einer Nussschale. Ich bin mir ehrlich gesagt nicht ganz sicher, ob wirklich alle Teilnehmerstaaten besonders begeistert waren, dass es einen Hohen Kommissar für nationale Minderheiten geben sollte." (Stoel 2000: 31) Da es für die Art der Tätigkeit kein Vorbild gab, achtete van der Stoel auf die Unterstützung der politischen Gremien der OSZE, was sicherstellte, dass er starken Rückhalt hatte. Zugleich versuchte er, möglichst unabhängig zu arbeiten. „Das ist genau das, was ich zuweilen stille Diplomatie ‚plus' nenne. Ich rede sanft und mir stehen nur die Mittel der Überzeugung zur Verfügung; wenn meine Gesprächspartner allerdings auf diskrete, stille Diplomatie nicht reagieren, kann ich auf die Teilnehmerstaaten und andere Einflusshebel zurückgreifen. Im Übrigen erkennen die meisten Staaten aufgrund des kooperativen Charakters meiner Arbeit, dass ich versuche, mit ihnen zusammen und nicht gegen sie zu arbeiten." (ebenda: 32) Zu den Merkmalen seiner Arbeit gehörte von Anfang an, möglichst unparteiisch zu sein, was in der englischen Amtsbezeichnung „on national minorities" deutlicher zum Ausdruck kommt als in der deutschen, die in der Begriffswahl „für nationale Minderheiten" den Eindruck erweckt, er stünde auf deren Seite. Ferner bestand er bei seinen Gesprächen auf Vertraulichkeit.[8] „Ebenso hielt ich es für entscheidend, kontinuierlich vorzugehen und eine Angelegenheit auch später weiterzuverfolgen. […] (Ich) bin … bei meiner Arbeit immer Schritt für Schritt vorgegangen und habe diese Technik auch meinen Gesprächspartnern empfohlen. Will man etwas verändern, sind Kompromisse und manchmal auch Versöhnung gefragt – und das braucht

[8] Dieses Prinzip war für ihn und seine Gesprächspartner von so zentraler Bedeutung, dass es fast nie dazu kam, dass van der Stoel gegenüber dem Ständigen Rat der OSZE tatsächlich Frühwarnungserklärungen abgeben musste. Offenbar genügte es schon, dass er andeutete, eine solche quasi öffentliche Erklärung abgeben zu können, um die Vertreter der Regierungen oder der Minderheiten dazu zu bewegen, ihre harten Positionen zu überdenken oder von ihnen abzurücken. Dies wurde dem Verfasser von einem engen Mitarbeiter des Hohen Kommissars gegen Ende seiner Amtszeit berichtet.

Zeit. […] So reiste ich z. B. in sieben Jahren mehr als vierzigmal in die ehemalige jugoslawische Republik Mazedonien. Zur wirksamen Ausübung meines Mandats war es generell erforderlich, viel unterwegs zu sein. Die subtile Atmosphäre einer Situation und die Haltung der betroffenen Personen und Parteien kann man nur erfassen, wenn man ihnen von Angesicht zu Angesicht gegenübersteht. Außerdem demonstrieren häufiger Kontakt und stets Nachhaken auch das eigene Engagement bei der Suche nach einer erfolgreichen Lösung für ein Problem." (ebenda: 32)

Unter den Erfahrungen, die Max van der Stoel dann auflistet, steht an erster Stelle entsprechend dem grundlegenden Mandat von Helsinki die präventive Diplomatie von Frühwarnung und Frühmaßnahmen: „Rechtzeitiges und effektives Handeln kann eine kostspielige Krise abwenden. Statt im Nachhinein zu sagen, ‚wir hätten es kommen sehen müssen', und an Stelle von Normalisierungsmaßnahmen nach einem Konflikt, für die Millionen Dollar in den Wiederaufbau gesteckt werden müssen, sollten wir mehr Weitblick zeigen und mehr – insbesondere politisches – Kapitel investieren, wenn es um die Verhütung von Konflikten geht. In den meisten Fällen gibt es Warnsignale. Das Problem ist, auf sie zu reagieren – und zwar rechtzeitig. Das haben wir noch nicht genügend gelernt." (ebenda: 32 f.)

An zweiter Stelle geht es ihm um die tieferen Ursachen, die sich häufig an der Frage der Identität festmachen lassen. „Identität ist ein solch abstrakter Begriff, dass man ihn erst einmal in seine Bestandteile zerlegen muss, um feststellen zu können, um was es wirklich geht. Einerseits erfordern Fragen, die sich auf Kultur, Geschichte oder Symbole beziehen, Einfühlungsvermögen; gleichzeitig aber muss man versuchen, sie von romantisierenden Vorstellungen zu befreien, um zu den wesentlichen Fragen vorzudringen. Daher versuche ich stets die Konfliktparteien dazu zu bewegen, ihre Anliegen präzise zu formulieren. Nationalismus lebt von Stereotypen und vagen Verallgemeinerungen. Gelingt es, diese beiseite zu schieben und die eigentlich zugrunde liegenden Gedanken zutage zu fördern, kann man damit anfangen, ganz pragmatisch an konkrete – und in der Regel lösbare – Probleme heranzugehen, die sich, blieben sie unbearbeitet, leicht zu emotional geladenen ‚nationalistischen' Debatten aufschaukeln könnten." (ebenda: 33)

In diesem Zusammenhang bemüht sich der Hochkommissar darum, dass die Konfliktparteien erkennen, „dass politische Lösungen nach Kompromissen verlangen und gleichzeitig bestimmte grundsätzliche Standards eingehalten werden müssen." Dies sei „eine Frage von Pragmatismus, der auf Prinzipien beruht. Parteien, die Maximalpositionen einnehmen, treffen oft auch auf maximalen Widerstand, während Parteien, die bereit sind, sich ein wenig flexibel zu zeigen, nach und nach Gewinne verbuchen können." (ebenda: 33)

Darüber hinaus versucht van der Stoel drittens, zwischen den Parteien eine Kommunikationsbasis zu schaffen, da der Dialog zur Vertrauensbildung besonders wichtig sei. Dabei komme es darauf an, über die Gespräche, an denen er selbst steuernd beteiligt ist, hinaus darauf hinzuwirken, dass zwischen den Parteien ein *eigenes, auf Dauer angelegtes Kommunikationssystem* entsteht.

In diesem Kontext stehen viertens die Bemühungen um eine wirksame Beteiligung nationaler Minderheiten am öffentlichen Leben, da diese ein „unentbehrlicher Bestandteil einer friedlichen Gesellschaft ist. Durch wirksame Beteiligung an Entscheidungsprozessen und -gremien haben Minderheitenvertreter die Möglichkeit, den staatlichen Stellen ihre Sicht der Dinge darzulegen, was den Verantwortlichen wiederum dabei hilft, die Anliegen der Minderheiten zu verstehen und ihnen in ihrer Politik Rechnung zu tragen. Gleichzeitig haben die Regierungsstellen dadurch ihrerseits eine Plattform zur Darlegung ihrer Politik und ihrer Absichten. Dies kann zu einer stärker kooperativen und weniger konfrontativen Situation beitragen. Die Erfahrung lehrt uns, dass Integration durch Partizipation ein wichtiges Element zur Herstellung von gegenseitigem Verständnis und Loyalität zwischen Mehrheit und Minderheit innerhalb eines Staates ist.“ (ebenda: 34)

Max van der Stoel weist in diesem Zusammenhang auch darauf hin, was passiert, wenn es keine oder eine unzulängliche Partizipation der Minderheit gibt. „Wenn den Bedürfnissen der Menschen nicht innerhalb des Staates Rechnung getragen wird, suchen sie manchmal nach anderen Wegen, ihre Interessen zu schützen und zu fördern. Definieren sich diese Menschen als eine eigenständige nationale oder ethnische Gemeinschaft, kann ihre Unzufriedenheit in dem Ruf nach Trennung münden, sei es in Form separater Strukturen, sei es gar durch Sezession.“ Sezession sei aber „selten eine tragfähige Option, um darauf Frieden, Sicherheit und Wohlstand zu erreichen. Die Entstehung neuer Staaten schafft neue Minderheiten und führt zu einer Vielzahl schwacher Zwergstaaten. Sezession bringt wieder Sezession hervor: Was gut für eine Minderheit ist, ist auch gut für eine andere. Eingedenk dieser Tatsache behaupte ich, dass ‚ethnisch reine‘ Gebiete ein Mythos sind, und Bemühungen, solche zu errechen, verursachen Konflikte und gehen mit schweren Menschenrechtsverletzungen einher. Wir müssen die der Souveränität innewohnenden Rechte achten und an dem Prinzip festhalten, dass Grenzen nur mit friedlichen Mitteln und nur einvernehmlich geändert werden können. Wir müssen daher dem multi-ethnischen und multi-kulturellen Ideal treu bleiben, Das verlangt von uns, das westfälische Konzept des Nationalstaates zu überwinden und uns in Richtung integrierter Gesellschaften in und zwischen Staaten weiterzuentwickeln.“ (ebenda: 34 f.)

4.2 Föderalismus, Autonomie und Sezession

Die Warnung Max van der Stoels vor dem Glauben, Konflikte könnten durch *Sezession* entschärft werden, ist zwar vor dem Horizont zu sehen, dass er im Namen einer Organisation auftrat, die aus Staaten besteht, von denen die meisten ethnisch nicht homogen und etliche mit mehr oder weniger ausgeprägten Minderheitenkonflikten belastet sind. Von einer solchen Organisation kann nicht erwartet werden, dass sie Sezessionsbewegungen fördert. Eine derartige vollständige Heraustrennung ihres Siedlungsgebietes aus einem Staat streben Volksgruppen jedoch meist nur im Stadium fortgeschrittener Zerrüttung an, um ihre Eigenständigkeit wieder zu erlangen. Manchmal können Konflikte um Eigenständigkeit schon durch eine *föderale Staatsstruktur* entschärft werden,[9] die den Gliedstaaten (Bundesländern, Kantonen) eine Eigenständigkeit für bestimmte Politikbereiche einräumen, während der Bundesstaat diejenigen Bereiche regelt, die für den Zusammenhalt des Ganzen wichtig sind (z. B. Währungspolitik, Verteidigung). Oftmals sind Minderheiten auch schon mit Formen kultureller oder politischer *Autonomie* zufrieden, die es ihr ermöglichen, ihre Sprache und ihr Brauchtum zu pflegen.

Ein Beispiel dafür, wie Minderheitsrechte in einem Grenzgebiet, in dem auf beiden Seiten Angehörige des jeweils anderen Volkes wohnen, einvernehmlich garantiert werden können, liefern die Bonn-Kopenhagener Erklärungen von 1955 (Bonn-Kopenhagener Erklärungen, 1985: 122 ff.; vgl. Ipsen 1997). Auf ihrer Grundlage unterhält die ca. 50.000 Menschen umfassende dänische Minderheit in Schleswig-Holstein 48 eigene Schulen, in denen sowohl Dänisch als auch Deutsch auf Muttersprachniveau gelehrt wird. Umgekehrt gibt es für die 15.000 bis 20.000 Menschen umfassende deutsche Minderheit in Südjütland 15 eigene Schulen sowie ein Gymnasium und ein Internat. Die dänische politische Repräsentanz, der Südschleswigsche Wählerverband, braucht die für andere Parteien maßgebliche Fünf-Prozent-Hürde nicht zu überspringen, um in den Kieler Landtag einzuziehen und damit an der Landespolitik zu partizipieren. Von 1953 bis 1964 wurden die deutschen Interessen im dänischen Parlament, dem Folketing, durch die Schleswigsche Partei direkt und in den 1970er Jahren nach dem Huckepackverfahren über die Zentrumsdemokraten vertreten. Seit den Gebietsreformen von 1970 und 2005 ist es in Dänemark allerdings immer schwieriger geworden, den Minderheitsrechten über die Kommunalpolitik hinaus Rechnung zu tragen. Auf dieser Ebene geschieht es jedoch weiterhin problemfrei.

Demgegenüber bahnt sich im Sommer 2010 im slowakisch-ungarischen Grenzgebiet an, wo 500.000 Ungarn als slowakische Staatsbürger leben, ein Beispiel dafür an, wie ein nachbarschaftlicher Minderheitenkonflikt gefährlich es-

---

[9] Dieser Zielsetzung entspricht auch die Kulturhoheit der Bundesländer in der deutschen Verfassungstradition, die sich heutzutage vor allem auf dem Bildungssektor bemerkbar macht. Das zugrunde liegende Konzept ist insofern zu hinterfragen, als schon bei Gründung der Bundesrepublik Deutschland einige Länder die Siedlungsräume mehrerer Landsmannschaften oder „Stämme" umfassten (z. B. Rheinländer und Westfalen in Nordrhein-Westfalen; Altbayern, Franken, Oberpfälzer und Schwaben in Bayern). Darüber hinaus wurde die Homogenität durch den Zuzug von Flüchtlingen aus der DDR und Vertriebenen aus den ehemaligen deutschen Ostgebieten und danach durch die Einwanderung ausländischer Arbeitnehmer und ihrer Angehörigen relativiert. Darüber hinaus erweist sie sich aufgrund der hohen Mobilität, in der sich weite Teile der Gesellschaft berufsbedingt befinden, im persönlichen Bereich eher als konfliktfördernd, wenn es heißt „Vater versetzt, Kind sitzen geblieben".

kalieren kann, Nachdem die rechtskonservative Fidesz-Partei im April 2010 die Wahlen zum ungarischen Parlament gewonnen hatte, beschloss das Parlament am 26. Mai, den in den Nachbarländern (neben der Slowakei auch Rumänien und Serbien) lebenden Ungarn einseitig die ungarische Staatsbürgerschaft als Doppelstaatsbürgerschaft anzubieten. Daraufhin erklärte der slowakische Premier Robert Fico vor den in seinem Land am 12. Juni 2010 abgehaltenen Wahlen: „Wer slowakischer Staatsbürger ist und freiwillig Staatsbürger eines anderen Landes wird, soll den slowakischen Pass abgeben müssen. Wenn zehn Prozent unserer Bürger einseitig die Möglichkeit bekommen, sich eine zweite Staatsbürgerschaft zuzulegen, ist das für uns ein Sicherheitsrisiko. … Darauf müssen wir sehr schnell und sehr hart reagieren." (Janssen 2010: 3) Aufgeheizt hatte sich die Stimmung allerdings schon aufgrund eines neuen Sprachgesetzes in der Slowakei, das den Gebrauch von Fremdsprachen im öffentlichen Leben regelt und dem Slowakischen klar den Vorrang vor den Sprachen der Minderheiten einräumt (ebenda: 2).

Derartige Provokationen mit unabsehbaren Folgen sollten zwischen europäischen Staaten längst der Vergangenheit angehören: 1993 hatte der damalige französische Ministerpräsident Édouard Balladur den Plan für einen Stabilitätspakt für Europa entwickelt. Sein Ziel war es gewesen, Grenz- und Minderheitenkonflikte, die es nach der Auflösung des Warschauer Paktes zwischen dessen ehemaligen Teilnehmerstaaten in großer Zahl gab, durch bilaterale Vereinbarungen zu beenden, bevor diese Staaten in die Europäische Union und die NATO aufgenommen würden. Der Pakt wurde im März 1995 von allen 52 damaligen OSZE-Staaten unterzeichnet (vgl. Dunay/Zellner 1996). Ihm wurden als Anlagen die die Konflikte bereinigenden Dokumente, auch das zwischen Bratislava und Budapest, beigefügt. Aber offenbar ging es einigen der damaligen Unterzeichner mehr darum, sich Zugang zu den westlichen Gemeinschaften zu verschaffen, als ihre Streitigkeiten wirklich zu begraben, die seither immer wieder einmal aufbrechen.

Das Haager Rechtsgutachten zur Unabhängigkeitserklärung des Kosovo

Zwei Jahre lang beriet der Internationale Gerichtshof (IGH) in Den Haag über die einseitige Unabhängigkeitserklärung der ehemals serbischen Provinz Kosovo vom 17. Februar 2008. Serbien weigerte sich nicht nur, diese anzuerkennen, sondern hatte über die UN-Vollversammlung den IGH angerufen, um gutachterlich klären zu lassen, ob eine solche Sezession dem Völkerrecht widerspricht und ob sie im konkreten Fall gegen die Resolution 1244 (1999) des UN-Sicherheitsrates verstoße, in der Serbien nach dem Kosovokrieg territoriale Integrität zugesichert worden war.

In seinem rechtlich nicht bindenden, aber politisch bedeutsamen Rechtsgutachten (Advisory Opinion) vom 22. Juli 2010 erklärte der IGH, Kosovo habe nicht gegen das Völkerrecht verstoßen. Denn schon in der Vergangenheit habe es zahlreiche einseitige

Unabhängigkeitserklärungen, insbesondere ehemaliger Kolonien, unter Berufung auf das Selbstbestimmungsrecht der Völker gegeben. Es gebe keine völkerrechtlichen Bestimmungen, die eine Verkündung der Unabhängigkeit verböten.

Das Gutachten betont, dass der territorialen Integrität der Staaten im Völkerrecht große Bedeutung zukomme. Dennoch verstoße die Sezession nicht gegen die Resolution 1244, in welcher das Kosovo zeitweilig unter UN-Verwaltung gestellt wurde, da in ihr eine spätere Unabhängigkeit nicht ausdrücklich ausgeschlossen worden sei. In Abschnitt 81 des Gutachtens verweisen die Richter außerdem darauf, dass andere Fälle des vom Sicherheitsrat ausgesprochenen Sezessionsverbots anders gelagert gewesen seien, so mit Blick auf die Resolution 541 (1983) zu Nord-Zypern und 787 (1992) zur Republik Srpska. In diesen Fällen sei der Unabhängigkeitserklärung eine gewaltsame Loslösung vorausgegangen, die vom Sicherheitsrat eindeutig verurteilt worden sei. (vgl. ICJ 2010).

Das Gutachten des IGH sagt zwar nichts dazu aus, unter welchen Bedingungen eine Sezession völkerrechtlich zulässig ist. Trotzdem ist zu erwarten, dass nun auch andere separatistische Bewegungen versuchen, ihr Siedlungsgebiet durch einseitige Unabhängigkeitserklärungen aus dem Staat herauszulösen, dem es angehört. Um die Zulässigkeit und die Konsequenzen eines solchen Falles zu beurteilen, sind Kriterien zu formulieren, die es ermöglichen, dass im gegebenen Fall eine Konfliktregelung von den betroffenen Menschen auf beiden Seiten akzeptiert werden kann: Zunächst muss versucht werden, durch Demokratisierung, Verbesserung des Minderheitenschutzes und Stärkung dezentraler Strukturen zu erreichen, dass der bestehende Staat von allen ethnischen Gruppen als der Ihre anerkannt wird. Wenn jedoch stattdessen seine Strukturen nur noch mit Gewalt und Menschenrechtsverletzungen insbesondere unter den ethnischen Minderheiten gesichert werden, müssen von der internationalen Gemeinschaft Verfahren eingeleitet werden können, die eine Auflösung ermöglichen. Wichtig ist dabei allerdings – und insofern ist van der Stoels Monitum sehr ernst zu nehmen –, dass in dem neu entstehenden Staat Minderheitenrechte nach internationalem Standard gelten – und dies nicht nur auf dem Papier, sondern dass sie notfalls mit Aussicht auf Erfolg eingeklagt werden können, damit die eventuell nach der Trennung dort noch lebenden Angehörigen der Mehrheitsethnie des früheren Staates vor Übergriffen geschützt werden. (Vgl. Schlotter et al. 1994: 79 ff.)

4.3 Gesellschaftliche und politische Integration in Deutschland

Im vorangegangenen Abschnitt wurde dargestellt, dass die Verwirklichung der Rechte der dänischen Minderheit in Schleswig-Holstein sowohl im Bereich der Bildung und somit der Bewahrung kultureller Identität wie auch mit Blick auf die politische Partizipation als gelungen bezeichnet werden kann und dadurch ein friedliches Miteinander von Dänen und Deutschen sicher stellt. Die dänische Minderheit gehört allerdings nicht zu der zahlenmäßig viel größeren Gruppe der Menschen mit Migrationshintergrund, die 19 Prozent der Einwohner Deutschlands ausmachen, da sie nicht aufgrund von Zuwanderung, sondern einer Grenzverschiebung hier leben. Die gesellschaftliche Integration der Migrantinnen und Migranten und ihrer Nachkommen ist eine enorme Herausforderung an die Gesellschaft, was die politische Klasse erst spät über die verschiedenen politischen Richtungen hinweg akzeptiert hat. Am 12. Juli 2007 stellte Bundeskanzlerin Angela Merkel erstmals einen Nationalen Integrationsplan vor. Ein Zwischenbericht über seine Umsetzung wurde am 7. Juli 2010 von der Beauftragten der Bundesregierung für Migration, Flüchtlinge und Integration, Maria Böhmer (CDU), vorgelegt (Beauftragte 2010). Ihm ist zu entnehmen, dass zwar Fortschritte bei der Sprachvermittlung, Bildung und Ausbildung sowie bei der gesellschaftlichen und politischen Partizipation zu verzeichnen sind. Dennoch müsse die „Großbaustelle Integration in den nächsten Jahren verstärkt" angegangen werden.

In den 1960er Jahren hatte in der alten Bundesrepublik Deutschland noch die Vorstellung vorgeherrscht, die damals so genannten „Gastarbeiter" würden das Land nach ein paar Jahren wieder verlassen. Dies erwies sich mit dem Nachzug von Familienangehörigen und dem Sesshaftwerden der Immigranten jedoch als Illusion. Zwar wurde daraufhin das Wort „Gastarbeiter" gegen „ausländische Mitbürger" ausgetauscht. Doch gerade dieser so freundlich klingende Begriff *versperrte* den Weg für die Integration dieses Teils der Bevölkerung. Denn soweit die dauerhaft hier lebenden Ausländer lediglich als Mit-Bürger, also Bürger ohne politische Bürgerrechte angesehen werden, wird ihnen die für eine tatsächliche Integration notwendige politische Sozialisation vorenthalten.[10]

Ein wirkliches Zusammenleben ist für die Einheimischen nicht weniger als für die Hinzugekommenen ein Einschnitt in gewohnte Lebensverhältnisse. Integration kann nur gelingen, wenn sie auf einem Geben und Nehmen beider Seiten aufbaut, oder, wie es Bundespräsident Johannes Rau in seiner Berliner Rede 2000 sagte: „Integration kommt nicht von allein. Man muss etwas dafür tun. Das ist oft

[10] Integration muss und kann nicht alle Zugewanderten einbeziehen, sondern betrifft diejenigen, die auf Dauer hier leben und bleiben wollen. Den anderen, etwa Kriegsflüchtlingen oder Menschen, die um politisches Asyl nachgesucht haben, und die eines Tages wieder in ihre Heimat zurückkehren wollen, muss allerdings auch ein menschenwürdiges Leben in der Fremde ermöglicht werden. Das heißt u. a., sofern sie in der Lage sind, einer Arbeit nachzugehen, darf ihnen nicht von Amts wegen die Möglichkeit genommen werden, für ihren Lebensunterhalt selbst zu sorgen; sofern die Flüchtlinge Kinder und Jugendliche sind, muss ihnen Schulunterricht – zumindest *auch* in ihrer Muttersprache – zuteil werden, damit sie nach ihrer Rückkehr wieder Wurzeln schlagen können; sie sind außerdem weder in Abschiebehaft zu nehmen, wenn sie sich nicht nachweislich kriminell verhalten haben, noch in ihre Heimatländer zurückzuschicken, solange ihnen dort Gefahren für Leib und Leben drohen.

anstrengend." Der dann folgende Hinweis ist genauso wichtig: „Wir dürfen diese neue Anstrengung nicht missverstehen als einen mildtätigen Akt, mit dem wir Ausländern einen Gefallen tun. Wenn wir etwas für bessere Integration tun, dann tun wir das nicht nur aus Mitmenschlichkeit oder christlicher Nächstenliebe, sondern in unserem aufgeklärten Eigeninteresse." (Rau 2000: 7)

Bei der Frage, worauf es bei der Integration von Menschen ankommt, die schon längere Zeit oder dauerhaft in Deutschland leben oder als Neuzuwanderer hier leben wollen, aber (noch) keinen deutschen Pass besitzen, ist zwischen den Anforderungen und Angeboten des Staates und der aufnehmenden Gesellschaft einerseits und den Leistungen und Erwartungen der Migranten andererseits zu unterscheiden. Das Gelingen der Integration hängt daher zum einen davon ab, dass das Leistungsvermögen der zu Integrierenden nicht überfordert wird, zum anderen, dass es eine Balance zwischen den individuellen Erwartungen und den staatlichen und gesellschaftlichen Angeboten gibt, die verhindert, dass die Integration als Almosen bewertet wird.

Mit Jürgen Habermas lässt sich zwischen einer abstrakten, alle Staatsbürger gleichmäßig erfassenden *politischen* Integration und einer *ethischen* Integration von Gruppen und Subkulturen mit je eigener kollektiver Identität unterscheiden. Habermas fordert, beide Ebenen von einander zu entkoppeln. „Die Integration der Staatsbürger sichert Loyalität gegenüber der gemeinsamen politischen Kultur, … besser … (dem) gemeinsamen Interpretationshorizont." (Habermas 1993: 178) Habermas zufolge darf die „Neutralität der Rechtsordnung gegenüber den auf subpolitischer Ebene ethisch integrierten Gemeinschaften" vom ethischen Gehalt des Verfassungspatriotismus nicht beeinträchtigt werden. Dieser „muss vielmehr den Sinn für die differentielle Vielfalt und die Integration der verschiedenen koexistierenden Lebensformen einer multikulturellen Gesellschaft schärfen. *Entscheidend ist die Aufrechterhaltung der Differenz zwischen den beiden Ebenen der Integration.*" (ebenda: 178 f.)

Die Wertschätzung dieser Differenz kennzeichnet den Unterschied zwischen verschiedenen Integrationspolitiken. Auf diese bezogen lassen sich zwei Formen der Assimilation unterscheiden. Bei der ersten wird von den Immigranten die „Zustimmung zu den Prinzipien der Verfassung innerhalb des Interpretationsspielraumes" erwartet, „der durch das ethisch-politische Selbstverständnis und die politische Kultur des Landes bestimmt ist". Bei der zweiten wird die „Bereitschaft zur Akkulturation" verlangt, „d. h. nicht nur zur äußeren Anpassung an, sondern zur Einübung in die Lebensweise, in die Praktiken und Gewohnheiten der einheimischen Kultur; das bedeutet eine Assimilation, die auf die Ebene ethisch-kultureller Integration durchschlägt und somit die kollektive Identität der Herkunftskultur der Einwanderer tiefer gehend berührt als die … politische Sozialisation." (ebenda: 183)

Problematisch wird ein solches Ansinnen vor allem dann, wenn die Akkulturation zur Voraussetzung für die politische Partizipation gemacht wird, wie dies z. B. in der im Jahr 2000 vom damaligen Vorsitzenden der CDU/CSU-Bundestagsfraktion Friedrich Merz erhobenen Forderung nach Anpassung an die „deutsche Leitkultur" (vgl. Süddeutsche Zeitung vom 20.10.2000: 5) zum Ausdruck kam. Derartige Vorbedingungen zu stellen, entspricht einem statischen Gesellschaftsbild und der damit verbundenen Vorstellung, wer aufgenommen werden wolle, habe sich nahtlos einzupassen, damit die Identität des Ganzen nicht beeinträchtigt wird. Die Realität Deutschlands hat damit freilich wenig zu tun, denn zahllose Menschen mit Migrationshintergrund, die hier geboren und aufgewachsen sind oder seit Jahrzehnten in diesem Land wohnen, haben sich nicht nur selbst mehr oder weniger an die Verhältnisse angepasst, ohne ihre Herkunftsidentität aufzugeben, sondern gerade dadurch die Lebensgewohnheiten der einheimischen Bevölkerung verändert und bereichert. Wie anders wäre es z. B. zu erklären, dass die Pizza auf Platz eins der Lieblingsspeisen der Deutschen steht?

Gerade weil wechselseitiges Geben und Nehmen im Zusammenleben zwischen Einheimischen und Migranten im Alltagsleben vielfach völlig unauffällig geschieht und insofern eher die Regel als die Ausnahme ist, könnte sich der demokratische Rechtsstaat darauf beschränken, von den Einwanderern die Einhaltung der für das zwischenmenschliche Zusammenleben relevanten Gesetze[11] sowie die Bereitschaft zur politischen Sozialisation zu erwarten, wie dies Habermas (1993: 184) fordert, um sie dann auch am politischen Leben teilhaben zu lassen.

Doch dies ist nach jetzigem Stand der Gesetzgebung noch nicht für alle dauerhaft hier Lebenden möglich: Das bis dato letzte Stadium in einem langen Kampf um Bürgerrechte für die Untertanen gegen Fürstenwillkür und um die Souveränität des Staatsvolks stellt die Entscheidung des Europäischen Parlaments dar, dem Recht der Bürger der Mitgliedstaaten der Europäischen Union auf Freizügigkeit innerhalb der EU das Recht eines jeden EU-Bürgers folgen zu lassen, unabhängig von seiner Staatsbürgerschaft an seinem Wohnort nicht nur an Europa-, sondern auch an Kommunalwahlen teilzunehmen. Doch welchen vernünftigen Grund gibt es dafür, einem schon lange an seinem Wohnort praktizierenden iranischen Arzt zu

---

[11] Von den Stammtischen bis zu den Massenmedien wird häufig das Bild einer hohen Ausländerkriminalität verbreitet. Der Integrationsbericht 2010 legt auch dazu Daten vor, die es ermöglichen, das Problem differenzierter zu betrachten. Einerseits sei ein direkter Vergleich zwischen Deutschen und Nichtdeutschen bei der Kriminalitätsbelastung auf der Grundlage der Daten der Polizeilichen Kriminalstatistik nicht möglich, da Deutsche z. B. nicht gegen ausländerrechtliche Vorschriften verstoßen können. Andererseits liege bei Gewaltverbrechen der Anteil von Jugendlichen mit Migrationshintergrund deutlich höher als bei gleichaltrigen Jugendlichen ohne diesen. Dabei liegt die größte Differenz bei der Gruppe der 14–18jährigen (insgesamt 1,3 %; Nichtdeutsche 3,0 %). Allerdings sei die Gewaltbelastung Jugendlicher in Deutschland insgesamt in den letzten Jahren deutlich zurückgegangen (Beauftragte 2010: 429).

verbieten, seinen Gemeinderat zu wählen, während es dem neben ihm wohnenden, vor kurzem zugezogenen französischen Ehemann der Apothekerin erlaubt ist?

Auch wenn „Mitbürger" erst zu Staatsbürgern werden und damit alle politischen Rechte erhalten, wenn sie ihren deutschen Pass ausgehändigt bekommen haben, ist es im Interesse der Transparenz und undramatischen Regelung von Alltagskonflikten vernünftig, ihnen unabhängig von diesem Pass Mitsprache- und Mitentscheidungsrechte in all den Angelegenheiten einzuräumen, die sie persönlich angehen, also vor allem in den Bereichen der kommunalen Infrastruktur-, Wirtschafts- und Verkehrspolitik, sowie der Bildungs-, Jugend- und Sozialpolitik. So sollten demokratische Partizipationsmöglichkeiten in Eltern- und Schulbeiräten, innerbetrieblichen Gremien, Gewerkschaften, Parteien, Wirtschaftsverbänden und Medien keinen Einschränkungen auf Grund der Staatsbürgerschaft unterliegen. Gerade in diesen Bereichen ist es nicht integrationsfreundlich, die Menschen dahingehend zu vertrösten, dass sie nach einigen Jahren die Staatsbürgerschaft erwerben können, und damit automatisch alle Partizipationsrechte erhalten. Auf diesen Feldern hat sich in den letzten Jahren zwar einiges getan. Aber die gesellschaftliche und politische Partizipation von Menschen mit Migrationshintergrund liegt noch deutlich hinter der der übrigen Bürger zurück (vgl. Beauftragte 2010: 284–299).

4.4 Mit den Sprachbarrieren auch andere Fremdheitsbarrieren überwinden

Integrationshemmnisse gibt es sowohl in der einheimischen wie in der ausländischen Bevölkerung. Dabei hängt die Wahrnehmung von Fremdheit jedoch mehr von sprachlichen, kulturellen, religiösen, wirtschaftlichen und anderen gesellschaftlichen Faktoren ab als von der formalen Staatsangehörigkeit. Sie unterscheidet sich außerdem in Bezug auf die verschiedenen Ausländergruppen.[12]

Die Überwindung der Fremdheitsbarrieren beginnt auf der Seite der Zuwanderer mit dem Erwerb der einheimischen Sprache, die für alle unabdingbar ist, die in einem Lande dauerhaft wohnen und beruflich vorankommen wollen. Sind sich die verschiedenen Integrationskonzepte in diesem Punkt noch einig, so unterscheiden sie sich hinsichtlich ihrer Einstellung zur weiteren Pflege der Muttersprache der Zuwanderer erheblich. Auf möglichst weitgehende Akkulturation zielende Politiken sehen in ihr eher einen Ballast, der abgeworfen werden sollte. Demgegen-

12 So nehmen in Deutschland aufgewachsene und sich hier heimisch fühlende junge Türken z. B. die des Deutschen kaum mächtigen, jedoch sofort eingebürgerten deutschstämmigen Zuwanderer aus der ehemaligen Sowjetunion als „Ausländer" wahr. Ein anderes Beispiel zeigt, dass Unterschiede in der gegenseitigen Wahrnehmung von deutschen Jugendlichen und jungen Italienern einerseits, jungen Türken andererseits nicht mit einer gegebenen „Herkunftskultur" zusammenhängen, sondern damit, wie sie in der Auseinandersetzung mit den für sie signifikanten „Anderen" ihre „Herkunftskultur" biographisch rekonstruieren müssen. (Vgl. Apitzsch 1996)

über fördert ein reiner Multikulturalismus das Nebeneinander in wechselseitiger Ignoranz und behindert das Zusammenwachsen einer Gemeinschaft von Menschen unterschiedlicher Herkunft. Für ein wechselseitiges Verständnis wäre zweifellos die Mehrsprachigkeit aller Einwohner besonders förderlich. In Deutschland mit Zuwanderern aus zahlreichen Nationen ist Deutsch die *lingua franca*. Gerade deshalb kann es sich die Mehrheitsgesellschaft leisten, denjenigen, für die Deutsch Zweitsprache ist, eine zeitweilige Rückzugsmöglichkeit in die Muttersprache zu lassen (so wie viele Deutsche untereinander in ihrem Dialekt bleiben). Diese sollte Schulkindern (wenigstens für die Hauptzuwanderungsgruppen) als Wahl-Unterrichtsfach angeboten werden. Alle wichtigen Informationen über die örtlichen Gegebenheiten, die regionale Infrastruktur etc. sollten übrigens in möglichst vielen Sprachen vorhanden sein, damit neue Zuwanderer sich – zumindest solange sie es nicht anders vermögen – in ihrer Muttersprache hinreichend orientieren können.

Ebenfalls bedeutsam für die Integration ist es, ökonomisch mithalten zu können. Dazu ist es wichtig, uneingeschränkten Zugang zu allen Bildungseinrichtungen zu haben, sich auf dem Arbeitsmarkt einbringen zu können sowie die Möglichkeit zu haben, ohne weiteres selbständig unternehmerisch tätig zu sein. Darüber hinaus geht es bei der kulturellen und sozialen Integration um die Offenheit kultureller Einrichtungen wie auch von Vereinen für Angehörige der Mehrheit und von Minderheitsgruppen. Auch dort kann man einander nur kennen lernen und von einander lernen, wenn man bereit und in der Lage ist, miteinander zu kommunizieren, was wiederum Sprachkenntnisse voraussetzt. Auch im demokratischen Sinne miteinander zu streiten, d. h. Argumente und keine Schläge auszutauschen, setzt sprachliche Verständigungsmöglichkeiten voraus.

Weil die politische Kultur der Demokratie mehr beinhaltet als die Beteiligung an Wahlen, nämlich Liberalität und Toleranz, Solidarität und bewusst gelebten Pluralismus, sind die Fragen nach den gesellschaftlichen Integrations- und den politischen Partizipationsmöglichkeiten „ausländischer Mitbürger“ zugleich Fragen danach, wie viel Demokratie in einem Land gewagt wird.

5 Der ambivalente Beitrag der Religionen zur Überwindung der Gewalt[13]

Diskussionen um religiöse Fragen fallen zwischen gläubigen Menschen und Agnostikern, denen es relativ gleichgültig ist, wie andere ihrer Religiosität Ausdruck verleihen, solange sie selbst nicht in ihren Lebensgewohnheiten dadurch beeinträchtigt werden, weniger heftig aus, als wenn sie zwischen engagierten Anhängern

[13] Dieses Kapitel beruht auf Meyer 2007.

unterschiedlicher Bekenntnisse um den wahren Glauben geführt werden. Dem gegenüber verlaufen die allermeisten Konflikte im zwischenmenschlichen Alltag und darüber hinaus unspektakulär und gewaltarm, und zwar unabhängig davon, ob an ihnen Menschen mit einer starken, einer schwachen oder gar keiner religiösen Bindung beteiligt sind. Wie konfliktrelevant ist also die Renaissance des Religiösen um die Wende zum 21. Jahrhundert? Läst die *Bezugnahme* auf die Religion Gewaltverhältnisse eskalieren oder vermag sie zu ihrer De-Eskalation beizutragen? Bei dieser Frage verwende ich absichtlich den breiteren Begriff der Bezugnahme auf die Religion und beziehe mich nicht auf die Ausübung religiöser Praktiken.

Die Rolle von Religionen und Glaubensgemeinschaften in Bezug auf bewaffnete Konflikte ist ambivalent (vgl. Appleby 2000): Alle großen Religionen kennen neben der „Goldenen Regel", andere Menschen so zu behandeln, wie man selbst behandelt werden möchte, auch Traditionen, die Zwangsmittel unter bestimmten Bedingungen legitimieren, und die im Kampf für den eigenen Glauben Opfer fordern und Andersgläubige verteufeln.

5.1 Drohen weltweit Religionskriege?

1993 erregte ein Aufsatz des amerikanischen Politikwissenschaftlers Samuel Huntington unter dem noch mit einem Fragezeichen versehenen Titel *„The clash of civilizations?"* Aufmerksamkeit, dem zwei Jahre später das 1996 auch auf Deutsch erschienene Buch „Der Kampf der Kulturen" – jetzt ohne Fragezeichen – folgte. In diesem in der Fachwelt umstrittenen, jedoch durchaus einflussreichen Werk schreibt Huntington: „Politische Orientierungen, die durch Ideologie und das Verhältnis der Supermächte definiert waren, machen Orientierungen Platz, die durch Kultur und Zivilisation definiert werden. Politische Grenzen werden in zunehmendem Maße neu gezogen, um mit kulturellen, ethnischen, religiösen und zivilisationsbedingten Grenzen zusammenzufallen." (Huntington 1996: 193)

Huntington identifiziert darin insgesamt acht Kulturkreise, an deren „Bruchlinien" es zu größeren Konflikten bis hin zu Kriegen kommen werde. Dies sind vor allem der christlich geprägte Westen, den er mit der islamischen Welt und der konfuzianisch-fernöstliche Zivilisation in Kollision geraten sieht, wobei er an alte Klischees von den „Türken vor Wien" und der „Gelben Gefahr" anknüpft (vgl. Müller 1999). Daneben spielen der japanische Kulturkreis, ein hinduistischer mit Indien im Mittelpunkt, ein orthodoxer um Russland, ein lateinamerikanischer und ein afrikanischer Kulturkreis eher eine untergeordnete eine Rolle.

Huntington begründet seine These vom unvermeidlichen „Zusammenprall der Kulturen" in drei Schritten. Im ersten geht es um die Herausbildung von Identität als Voraussetzung für Interessenpolitik. Hierbei verweist er – im Großen und Ganzen zutreffend, wenn auch in der Gewichtung überzogen – auf die Bedeutung religiöser und kultureller Überlieferungen. Bedenklich wird seine Argumentation beim zweiten Schritt. Dort versucht er zu belegen, dass Kultur und Religion nicht nur Auskunft über das Selbstverständnis der Akteure gäben, sondern dass dies notwendigerweise mit der Abgrenzung von Akteuren mit fremden Identitäten einhergehe. Dies sei ohne den Aufbau von Feindbildern nicht möglich: „Wir wissen, wer wir sind, wenn wir wissen, wer wir nicht sind und gegen wen wir sind." (Huntington 1996: 21) An anderer Stelle wird er noch schärfer: „Menschen brauchen Feinde zu ihrer Selbstdefinition und Motivation." (Ebenda: 202) Im dritten Schritt prophezeit er, das durch den Zusammenbruch der Sowjetunion am Ende des Ost-West-Konfliktes entstandene Machtvakuum werde von islamischen Staaten und von China genutzt, um neue Bündnisse auf der Grundlage gemeinsamer kultureller und religiöser Werte und Überzeugungen zu schmieden, die für den Westen an den Bruchlinien gefährlich werden könnten.

Dabei bezieht er sich, soweit es den Islam betrifft, auf den Palästinakonflikt zwischen Juden und Muslimen sowie auf die Sezessionskriege in den 1990er Jahren im ehemaligen Jugoslawien. Beide Beispiele eignen sich jedoch schlecht für eine Untermauerung der These Huntingtons. Der Konflikt zwischen Israel und den Arabern ist zunächst einmal ein Konflikt „um ein Stück Land, das beide für sich beanspruchen" (Müller 1999: 84). Er wurde erst nach 1967 von einem Teil der Juden religiös eingefärbt und richtet sich selbst auf Seiten der „nationalreligiösen" (Johannsen 2004: 199) Hamas nicht gegen die Juden „as followers of a religion" (zit. bei Meyer 2001: 44), sondern gegen die Existenz des Staates Israel auf dem Boden Palästinas. Warum soll man überdies das Judentum eher dem christlichen Lager als dem sich ebenfalls auf den Gott Abrahams beziehenden Islam zuordnen?

In dem anderen Fall zeigt der Verlauf der Balkankriege – freilich erst in vollem Umfang nach dem Erscheinen von Huntingtons Buch –, dass sich die eingreifenden überwiegend christlichen Mächte Nordamerikas und Westeuropas als Schutzmächte der muslimischen Bosniaken gegen die ebenfalls christlichen, allerdings orthodoxen Serben erwiesen, und dass sie danach an der Seite der muslimischen Kosovaren wiederum gegen die Serben kämpften.

Nach den von islamistischen Terroristen ausgeführten Anschlägen vom 11. September 2001 stellt sich die Frage, ob sich der als Antwort darauf von den USA unter George W. Bush ausgerufene „Krieg gegen den Terrorismus" als Beleg für Huntingtons Theorem heranziehen lässt, zumal er von einer Kreuzzugsrhetorik begleitet wurde. Doch das war sicher mehr dem evangelikalen Umfeld des Präsidenten geschuldet als der Tatsache, dass seine Hauptschauplätze, Afghanistan und Irak, der islamischen Welt zuzurechnen sind. Denn der anfängliche Sieg der „Operation Enduring Freedom" über das islamistische Taliban-Regime in Afghanistan war nur dank der Unterstützung durch eine Allianz verschiedener muslimischer Warlords möglich. Und im Irak verhalfen die USA am Ende ihres völkerrechtswidrigen Krieges der bis dahin unterdrückten schiitischen Mehrheit sowie der ebenfalls muslimischen kurdischen Minderheit gegen das vorwiegend dem sunnitischen Teil der Bevölkerung verbundene, aber mehr oder weniger laizistische Baath-Regime zur Teilhabe an der Macht.

Die wissenschaftliche Kritik an Huntington hebt hervor, dass sowohl die Zahl der Kriege innerhalb der von ihm identifizierten Kulturkreise als auch die Zahl der militärischen Allianzen zwischen Angehörigen unterschiedlicher Kulturen zu groß ist, „um plausibel von einem neuen Blockbildungstrend sprechen zu können", sowie dass „die zu beobachtende weltweite politische Renaissance der Religionen eine Folge ökonomischer und sozialer Krisen" sei. Es gebe „demnach keine Religionskonflikte im engeren Sinne. Vielmehr werden religiöse Überzeugungen von Eliten bewusst für politische Zwecke instrumentalisiert." (Rittberger/Hasenclever 2001: 168; vgl. Hasenclever 2003: 73)

Die Bezugnahme auf die Religion spielt zwar bei zahlreichen Konflikten der Gegenwart eine Rolle, doch Joseph Nye (1995: 17) ist zuzustimmen, dass sich im Gegensatz zur These vom Zusammenprall der großen Kulturen immer häufiger ein „Narzissmus der kleinen Unterschiede" bemerkbar macht, bei dem vergleichsweise geringe religiöse Differenzen wie die zwischen Sunniten und Schiiten im mittleren Orient oder zwischen Katholiken und Protestanten in Irland hochgespielt werden, und danach nur mit wenig Aussicht auf Erfolg auf die übergreifenden Gemeinsamkeiten verwiesen werden kann, um den Konflikt zu de-eskalieren.

5.2 Hintergründe religiöser Radikalisierung

Religiöse Radikalisierung bis hin zum „Terror in the Mind of God" – so der Titel eines Buches von Mark Juergensmeyer (2000) – ist in allen Weltregionen und unter Angehörigen der verschiedensten Weltreligionen anzutreffen. Einige Untersuchungen zeigen, dass religiöse Radikalisierung häufig als Folge sozialer Verelendung auftritt: In solchen Situationen erhalten fundamentalistische religiöse Bewegungen Zulauf, können aufstrebende Eliten die in der Bevölkerung vorhandenen traditionellen religiösen Überzeugungen nutzen, um Protestbewegungen aufzubauen bzw. ihre Ge- und Entschlossenheit zu stärken (vgl. Gurr 1996). Da religiöse Wahrheiten mit Absolutheitsanspruch verkündet werden, bieten sie verunsicherten Menschen Halt.

Etwas anderes, für diese Situation nicht weniger wichtiges, kommt hinzu: Religiös-politische Bewegungen bauen häufig auch autonome soziale Sicherungssysteme auf, die Notleidenden Hilfe leisten, wo es staatliche Einrichtungen vernachlässigen. Dies verschafft ihnen oft breiteste Anerkennung. Man denke an die hohe gesellschaftliche Akzeptanz der Muslimbruderschaften im Gazastreifen, die schon frühzeitig soziale Aufgaben übernahmen, welche weder die israelische Besatzungsmacht noch die politische Repräsentanz der Palästinenser, die PLO, leisten wollten oder konnten. Als sie zu Beginn der ersten Intifada 1987 die Hamas gründeten, die sich sogleich mit Gewaltanwendung einen Namen machte, blieb das Ansehen der Muslimbrüderschaften davon unberührt. Ja, es trägt mit dazu bei, dass Hamas sich in der Gesellschaft nicht nur wie ein Fisch im Wasser bewegen kann, sondern auch in der Lage ist, das Gewaltpotenzial unter den Jugendlichen an sich zu binden und zu steuern. Und dies in einer Weise, bei der nicht nur Gewalt gegen andere, gegen Angehörige des politischen Gegners ausgeübt, sondern bewusst das eigene Leben geopfert wird.

Diese Bereitschaft, selbst in den Tod zu gehen, unterscheidet religiös motivierte Attentäter grundsätzlich von rein politisch motivierten Kämpfern. Das hat auch die Folge, dass selbst massivste Strafandrohungen bei ihnen keine abschreckende Wirkung erzielen können. Somit sind sie von niemandem außerhalb ihrer Gemeinschaft von ihren (selbst-)zerstörerischen Vorhaben abzubringen. Da auch im Islam der Suizid verwerflich ist, bedurfte es einer radikalen Umdeutung der einschlägigen Texte des Korans, um den Einsatz des eigenen Körpers als Waffe gegen den – ungläubigen – Feind als Martyrium zu interpretieren und damit moralisch aufwerten zu können. Wer seinen Sprengstoffgürtel seither in der trügerischen Hoffnung auslöst, gleich neben Allah am voll gedeckten Tisch Platz nehmen zu können, verabschiedet sich aus einem als beklagenswert wahrgenommenen in ein paradiesisches Leben und darf damit rechnen, dafür in seinem sozialen Umfeld postum gefeiert zu werden sowie eine beachtliche finanzielle Unterstützung für seine Familie zu erhalten. D. h., diejenigen, die andere darauf vorbereiten, sich in die Luft zu sprengen, verknüpfen bei ihnen auf eine fatale Weise religiöse und soziale Motive mit einem für diesseitig ausgerichtete Menschen kaum verständlichen Narzissmus. Nebenbei bemerkt haben diese religiösen (Ver-)Führer noch nie ihre eigenen Kinder dazu aufgefordert, den Weg des Märtyrers einzuschlagen (vgl. Victor 2005: 135 f.). Auch dies spricht dafür, dass sie ihre religiösen Überzeugungen weniger selber leben als machtpolitisch instrumentalisieren.

Religiös geprägte kulturelle Traditionen können in diesem Zusammenhang noch in einer anderen Weise von Bedeutung sein, wie dies die Geschichte von Wafa Idris zeigt. Sie war die erste Palästinenserin, die sich 2002 in einem israelischen Einkaufszentrum in die Luft sprengte und dabei einen Israeli mit in den Tod riss und 131 Passanten verwundete. Barbara Victor hat in zahlreichen Interviews nach den Lebensumständen und Motivationen dieser ersten Shahida geforscht. Wafa Idris war eine gebildete 26jährige Frau, sehr lebensbejahend und als Mitarbeiterin des Roten Halbmonds sozial engagiert und dadurch fortlaufend mit den Opfern der zweiten Intifada konfrontiert. Dies allein hätte allenfalls erklären können, dass sie sich am Widerstand gegen die Besatzung selbst beteiligen wollte, was während der ersten Intifada reine Männersache gewesen war. Bei ihr kam jedoch hinzu, dass sich ihr Ehemann, obwohl beide sich liebten, von ihr scheiden lassen hatte, weil sie ihm keine Kinder gebären konnte. Während er seine durch die kinderlose

Ehe angeschlagene soziale Reputation dadurch wieder aufpolieren konnte, dass er mit seiner neuen Frau Kinder hatte, war der verstoßenen Frau die familiäre und damit auch die gesellschaftliche Zukunft verbaut. Victor zitiert den Psychiater aus Gaza, Ijad Sarradsch, der die Hintergründe für Wafa Idris' Tat wie folgt zusammenfasst: „Kulturelle, religiöse und patriotische Gründe in Verbindung mit ihrer Depression haben Wafa die Motivation geliefert und den Mut gegeben, es zu tun." (Victor 2005: 62) Darüber hinaus zitiert sie die jüdische Frauenforscherin Mira Tsoreff, derzufolge Wafa Idris selbst am allerbesten gewusst habe, „dass sich umzubringen ihre einzige Möglichkeit war, aus dieser tristen Situation herauszukommen". Sie habe, obwohl es ihr als berufstätiger Frau physisch möglich gewesen wäre, nicht einfach weggehen können, weil man „in dieser Gesellschaft ... nicht einfach weglaufen, seine Familie und Freunde verlassen (kann), denn wenn man das tut, bringt man Schande über sie. Die Belastung für einen selbst ist dann noch größer, als wenn man bleibt. Die Schande für die Familie ist noch größer." (zit. bei Victor 2005: 63)

Ich habe diesen Fall hier deshalb ausführlicher geschildert, weil er zeigt, wie eine Tradition mit religiösem Hintergrund zwar nicht unmittelbar die Gewaltbereitschaft erzeugt, aber eine Situation entstehen lässt, in der das diesseitige Leben so entwertet wird, dass der Wunsch, möglichst schnell einen besseren Platz im Jenseits zu erlangen, entscheidend für die Tat wirkt.

Religiöse Radikalisierung kann auch durch das Festhalten an bestimmten Traditionen begünstigt werden, die mit der Religion selbst nichts zu tun haben. Man denke nur an die berüchtigten Märsche des nordirischen protestantischen Oranier-Ordens, die jedes Jahr am 12. Juli zur Erinnerung an den 1690 in der Schlacht am Boyne erfochtenen Sieg über die Katholiken stattfinden. Sie waren bis zum Karfreitagsabkommen von 1998 von einer fürchterlichen Blutspur gekennzeichnet. Doch selbst nachdem Nordirland seine Geschicke unter Beteiligung der Parteien beider Konfessionen selbst regelt, kommt es am Gedenktag zu gelegentlichen Gewaltausbrüchen.

Versucht man die Hintergründe der religiös verbrämten Mobilisierbarkeit von Menschen für Gewalt zusammenzufassen, so lässt sich mit Volker Rittberger und Andreas Hasenclever (2001: 175 ff.) festhalten, dass diese erstens vom Konfliktgegenstand abhängt. Wenn um einen zentralen Wert gestritten wird, der nur bewahrt oder verloren werden kann, wird eine eventuelle Niederlage als Totalverlust befürchtet. Dementsprechend groß ist die Bereitschaft, alles zu tun, was diese Niederlage verhindert. Deshalb sind die Menschen am ehesten dann dazu zu bringen, sich dafür einzusetzen, wenn ihnen vermittelt wird, wie wichtig dieser Wert für die Gemeinschaft, aber auch für sie als Individuen ist, denn die Mobilisierbarkeit hängt zweitens von der Opferbereitschaft der Konfliktparteien ab. Diese ist offenbar am größten, wenn die Mitglieder oder Anhänger einer Konfliktpartei sogar bereit sind, ihr eigenes Leben für eine „Lösung" des Konflikts in ihrem Sinne zu opfern. Dies kann durch eine ideologische Überhöhung von weltlichen Werten wie Vaterland, Heimat, Familie herbeigeführt werden, jedoch noch besser dadurch, dass demjenigen, der sich opfert, die eigene „Erlösung" zugesichert wird, so dass er den Tod als Tor zu einer besseren Zukunft geradezu herbeisehnt. Ein nicht minder wichtiger dritter Faktor für die Mobilisierbarkeit ist das Verhältnis zwischen den Konfliktparteien. Wo dieses nicht nur von einem tiefen Misstrauen, sondern sogar von einer Verteufelung des Gegenübers geprägt und mit einer offiziellen Rechtfertigung der Gewaltanwendung verbunden ist, fallen sämtliche Hemmungen, werden Vertreter der anderen Seite nicht mehr als Artgenossen, sondern nur noch als Inkarnation des Bösen wahrgenommen, das es zu vertilgen gilt, bevor es uns selbst vernichtet. Insofern gehen in diesem Moment Angst und Aggression eine sehr enge Verbindung ein. Für all das liefern religiöse Bezugnahmen, mit denen manichäische Weltbilder (Wir sind die Gottgefälligen, die anderen die Verdammten) transportiert werden, für diejenigen, die in sie eingebunden sind, genau jene Denkschablonen, mit denen bei Bedarf Gewalt mobilisiert werden kann.

5.3 Dialog der Religionen und andere Strategien zur Überwindung von Gewalt

Die obige Darstellung lässt sich in ihrer Folgerichtigkeit auch umkehren: Wer sich in seiner Motivation zuzuschlagen nicht sicher ist, weil er sich fragt, ob sein Gegenüber nicht vielleicht auch seine guten Seiten hat, oder weil er weiß, dass es genau so ein Mensch ist wie er selbst, dem fehlt von da an nicht nur die Kraft, sondern auch der Wille zur Gewaltanwendung. Nachdem er auf den anderen als Mit-Menschen aufmerksam geworden ist, möchte er überdies häufig auch wissen, was dieser wirklich macht, will näher hinsehen und wird deshalb auf ihn zugehen und, wenn eine Kommunikationsbasis gegeben ist, mit ihm reden.

Diese Beobachtung lässt sich zu einer Strategie der De-Eskalation ausformulieren, die auf Dialog setzt, um die Gewaltbereitschaft in einer Gesellschaft zu verringern. Da es ein vergebliches Unterfangen wäre zu versuchen, die militanten Fundamentalisten von der Unzulässigkeit ihres Tuns zu überzeugen, bemühen sich Dialogstrategien, die Gruppe der Gemäßigten in einer Religionsgemeinschaft zu stärken – auch um das Potenzial für die Gewalttätigen und ihre Förderer auszutrocknen. Dies kann auf der individuellen Ebene mit mehr oder weniger therapeutischer Absicht geschehen, aber auch in einem großen interkulturellen oder interreligiösen Rahmen unter einer langfristigen Versöhnungsperspektive. Einen viel versprechenden Versuch in dieser Richtung hat Hans Küng 1992 mit dem „Projekt Weltethos" (Küng 1999) unternommen. Er führte zu der vom Zweiten Parlament der Weltreligionen 1993 verabschiedeten „Erklärung zum Weltethos" (Küng/Kuschel 1996). Inhaltlich geht es darin um die Frage, was den verschiedenen Religionen an ethischen Grundgedanken gemeinsam ist, so z. B. unter dem Aspekt der „Verpflichtung auf eine Kultur der Gewaltlosigkeit" die Weisungen „Du sollst nicht töten!" oder positiv „Hab Ehrfurcht vor dem Leben!" (ebenda: 29) Um die Unterschiede und Gemeinsamkeiten herauszufinden und sich dadurch gegen von interessierter Seite vorgetragene Vorurteile über andere Religionen und Fehldeutungen ihrer Traditionen zu immunisieren (vgl. Müller 1999: 241 f.), spitzt Küng das Erfordernis eines solchen Dialogs zu der These zu: „Kein Religionsfriede ohne Religionsdialog" (Küng 1999: 137 ff.). Sie beruht gleichermaßen auf der Erkenntnis, dass „Dialogfähigkeit … im letzten eine Tugend der Friedensfähigkeit" ist (ebenda: 135) wie auf der Zielsetzung, einen ökumenischen Weg zwischen Wahrheitsfanatismus und Wahrheitsvergessenheit zu finden, bei dem sich „Dialogfähigkeit und Standfestigkeit verbinden" (ebenda: 125).

Papst Johannes Paul II. hatte sich, spätestens seit dem von ihm initiierten gemeinsamen Friedensgebet der Weltreligionen von Assisi 1987, um einen Dialog der katholischen Kirche mit anderen Religionsgemeinschaften bemüht und diesen bis zum Ende seines Pontifikats engagiert fortgesetzt.[14] Dabei war es ihm, insbesondere durch seinen entschiedenen Protest gegen den amerikanischen Irak-Krieg 2003, möglich, der muslimischen Welt zu vermitteln, dass der von der Bush-Administration häufig von einer Kreuzzugsterminologie begleitete „Krieg gegen den Terrorismus" kein neuer Kreuzzug der Christenheit gegen den Islam und somit kein *„clash of civilizations"* ist. Die Anwesenheit zahlreicher muslimischer Würdenträger beim Begräbnis des Papstes kann als eindrucksvoller Beleg dafür gewertet werden, dass diese Botschaft auch verstanden wurde.

Papst Benedict XVI. hatte noch als Josef Kardinal Ratzinger Jahre vor seinem Pontifikat gefragt: „Ist theistische, dogmatische und hierarchisch geordnete Religion notwendig intolerant? Macht der Glaube an die im Dogma formulierte Wahrheit dialogunfähig? Ist Friedensfähigkeit an Wahrheitsverzicht gebunden?" Er verneinte damals alle diese Fragen und ließ ihnen eine Antwort folgen, die Christian Geyer zutreffend mit einem Manifest vergleicht: „Begegnung der Religionen ist nicht durch Verzicht auf Wahrheit, sondern nur durch ein tieferes Eingehen in sie möglich." Religionsfriede verlange auch nicht, dass auf Mission verzichtet und durch einen Dialog ersetzt werden müsse, „in dem es nicht um Wahrheit, sondern darum geht, einander zu besseren Christen, Juden, Moslems, Hindus oder Buddhisten zu machen." (zit. bei Geyer 2005: 33)

---

14 Der ökumenische Dialog mit den anderen christlichen Kirchen wurde von Johannes Paul II. allerdings aus einer Standfestigkeit heraus geführt, die für mich als Mitglied einer evangelischen Kirche nur einen Schluss zulässt: Wenn dieser Dialog mehr ergeben soll als wechselseitige Erkenntnisse darüber, worin sich die Auffassungen der Kirchen unterscheiden, nämlich eine Annäherung, dann steht den Protestanten zwar der Weg unter das Dach der *una sancta ecclesia* offen, aber eine Bewegung Roms in die andere Richtung wird es nicht geben.

Auch in dem „Projekt Weltethos" von Ratzingers ehemaligem Tübinger Kollegen und Widerpart Hans Küng heißt es: „Kein Frieden unter den Religionen ohne Klärung der Wahrheitsfrage." (Küng 1999: 104) Küng hält jedoch bei den interreligiösen Bemühungen um die Wahrheitsfrage gleichermaßen die „Festungsstrategie" („Nur die eigene Religion ist die wahre! Alle anderen Religionen sind unwahr!" (ebenda: 105)), wie die „Verharmlosungsstrategie" („Jede Religion ist auf ihre Weise, ist in ihrer Essenz auf die gleiche Weise wahr." (ebenda: 106)) und die letztlich auch von Johannes Paul II. kultivierte „Umarmungsstrategie", nach der religiöser ‚Friede' am besten durch die Integration der anderen erreicht wird (ebenda: 108), für problematisch und empfiehlt darum als vierte Strategie eine, die das alle Religionen in unterschiedlicher Art und Weise kennzeichnende *„Humanum"*, die Menschenwürde, in den Mittelpunkt des Dialogs stellt (ebenda: 114 ff.).

Zurück zu den Strategien zur Verhinderung von religiös motivierten Gewalt-Eskalationen. Unter ihnen sind diejenigen, die auf Dialog setzen, sicher die wichtigsten. Daneben gibt es auch noch andere, insbesondere solche, die an dem erwähnten Tatbestand der Radikalisierung infolge von Verelendung ansetzen und diese zu überwinden suchen. Einige davon erwarten, dass eine Verbesserung der Wohlfahrtsituation in Entwicklungsgesellschaften mit einer sukzessiven Pluralisierung und Demokratisierung einhergeht, durch welche die politische und gesellschaftliche Bedeutung der Religion ähnlich wie in Europa abnimmt (vgl. Rittberger/Hasenclever 2001: 181 f.). Ob dies eine realistische Perspektive ist, lässt sich vor dem Horizont des starken Zulaufs zu Predigern des evangelikalen Fundamentalismus in den USA bezweifeln.

Harald Müller beschreibt in seiner Auseinandersetzung mit Huntington eine Strategie für das gedeihliche Zusammenleben der Kulturen als besonders wichtig, nämlich die Stärkung der Stellung der Frauen in den Gesellschaften. Müller begründet diese Zielsetzung zum einen damit, dass sich durch die Stärkung keiner anderen Gruppe gleichermaßen die Sache der Menschenrechte und der Demokratie fördern lässt, da die Frauen bekanntlich etwa die Hälfte der Menschheit ausmachen. Zum anderen lasse „sich die Besserung der sozialen Lage der ärmsten Bevölkerungsschichten gerade durch die Förderung der Wirtschaftstätigkeit der Frauen in geradezu verblüffender Weise erreichen." (Müller 1999: 239) Drittens lasse sich dadurch auch das Bevölkerungswachstum stabilisieren und viertens falle den Frauen der Brückenschlag über die Kulturgrenzen leichter als den Männern. Da sie in allen Kulturkreisen mehr oder weniger diskriminiert würden, verbinde sie „das Interesse an einer Verbesserung ihrer Lage …, wenn sie auch – je nach den Spielregeln ihrer eigenen Kultur – nach unterschiedlichen Idealrollen streben." (Ebenda: 240)

Wenigstens kurz soll an dieser Stelle auf eine in verschiedenen Religionsgemeinschaften anzutreffende Tradition eingegangen werden. Die in den heiligen Schriften vieler Religionen enthaltenen Weisungen zur Gewaltlosigkeit haben Traditionen entstehen lassen, deren Anhänger sich zur strikten Gewaltlosigkeit bei der Verfolgung ihrer Ziele verpflichten und die dabei große Erfolge aufzuweisen haben (vgl. Appleby 2000: 207 ff., Hasenclever 2003: 77 ff.). Man denke nur an die Quäker und verschiedene christliche Friedensbewegungen sowie an Persönlichkeiten wie Mahatma Gandhi, Khan Abdul Ghaffar Khan, Martin Luther King, Desmond Tutu oder den derzeitigen Dalai Lama. Gerade weil es diese segensreichen Traditionen gibt, werden Repräsentanten von Religionsgemeinschaften eingeladen, als Vermittler in innenpolitischen Konflikten aufzutreten.

Am Anfang dieser Erörterung stand die Frage, ob und inwieweit die Bezugnahme auf Religion oder Religiosität der Menschen Gewaltverhältnisse eskalieren lässt oder zu ihrer De-Eskalation beizutragen vermag. Offenbar kann beides der Fall sein. Allerdings ist es eher der politische Missbrauch des Religionsbezugs, der Menschen zur Gewaltanwendung verführt, als der Wille des jeweiligen Religionsstifters oder der heiligen Texte. Um diesen Missbrauch zu erkennen und sich nicht instrumentalisieren zu lassen, sollte es zur Allgemeinbildung gehören mehr über andere Religionen, ihre Inhalte und ihre Traditionen zu wissen. Insbesondere sollten sich diejenigen, die sich Gedanken über den Frieden machen, sei es der Weltfriede oder der innergesellschaftliche, in den Dialog der Religionen einbringen. Wie schwierig dies ist, sei im Folgenden am Fall des Konfliktes um den Hessischen Kulturpreis 2009 dargestellt.

Der Konflikt um den Hessischen Kulturpreis 2009

Im Frühjahr 2009 kam es um die Verleihung des Hessischen Kulturpreises zu einem Eklat. Dieser mit 45.000 Euro dotierte Preis sollte zunächst gemeinsam an den Mainzer Erzbischof Karl Kardinal Lehmann, den ehemaligen Kirchenpräsidenten der Evangelischen Kirche in Hessen und Nassau Prof. Peter Steinacker, den Vizepräsidenten des Zentralrates der Juden Salomon Korn und den muslimischen Wissenschaftshistoriker Prof. Fuat Sezgin verliehen werden. Nach einer eindeutigen Parteinahme des Zentralrates der Juden zum Gaza-Krieg Anfang 2009 teilte Sezgin indes mit, den Preis nicht gemeinsam mit Korn annehmen zu können. Um trotzdem einen Muslim mit in der Runde der für den interreligiösen Dialog Auszuzeichnenden zu haben, suchte das Kuratorium unter Vorsitz des Ministerpräsidenten Roland Koch nach einem würdigen Ersatz, den es in dem Schriftsteller persischer Herkunft Navid Kermani fand, der dann im Einvernehmen mit den anderen Preisträgern nominiert wurde. Kurze Zeit später erschien jedoch in der Neuen Zürcher Zeitung am 14. März 2009 ein Essay Kermanis, in dem er sich mit der Bedeutung des Kreuzes auseinander setzte und dazu einerseits schrieb:

„Kreuzen gegenüber bin ich prinzipiell negativ eingestellt. […] Es ist eine Absage. Gerade weil ich es ernst nehme, lehne ich das Kreuz rundherum ab. Nebenbei finde ich die Hypostasierung des Schmerzes barbarisch, körperfeindlich, ein Undank gegenüber der

Schöpfung […] Ich kann im Herzen verstehen, warum Judentum und Islam die Kreuzigung ablehnen. Sie tun es ja höflich, viel zu höflich, wie mir manchmal erscheint. […] Für mich formuliere ich die Ablehnung der Kreuzestheologie drastischer: Gotteslästerung und Idolatrie.“ Andererseits aber empfand er den Anblick des Kreuzigungsbildes von Guido Reni in der Kirche San Lorenzo in Lucina, Rom, „so berückend, so voller Segen, dass ich am liebsten nicht wieder aufgestanden wäre. Erstmals dachte ich: Ich – nicht nur: man –, ich könnte an ein Kreuz glauben.“ (Kermani 2009a)

Unbeschadet dieser überraschenden Wendung empfanden die beiden Kirchenrepräsentanten die vorangegangene Kreuzesschmähung als eine Art Kampfansage, so dass sie nicht mehr mit Kermani gemeinsam geehrt werden wollten. Daraufhin suchte das Kuratorium nicht etwa Ersatzkandidaten für die Kirchenmänner, sondern erkannte dem Muslim den Preis wieder ab, erklärte aber in der Pressemitteilung weiterhin, dass es beabsichtige, „mit dem Preis darauf aufmerksam zu machen, dass Religion ein entscheidender Bestandteil des kulturellen Lebens einer freien Gesellschaft ist. Die gesellschaftlichen Verhältnisse stehen nach Ansicht des Kuratoriums in vielfältiger Weise in Abhängigkeit zu dem friedlichen und gemeinschaftsbildenden Einfluss der Religionsgemeinschaften. Die Preisträger haben nach Ansicht des Kuratoriums in einer besonderen Weise zur toleranten, weltoffenen und zukunftsgewandten Perspektive der deutschen Gesellschaft beigetragen.“ (Pressestelle Staatskanzlei 2009)

Die Aberkennung des Preises für Kermani erntete in der veröffentlichten Meinung breite Kritik, ebenso die Haltung von Bischof Lehmann und Kirchenpräsident Steinacker. Nachdem es den an der Kontroverse Beteiligten von verschiedenen Seiten nahe gelegt worden war, untereinander in einen Dialog zu treten, was sie nach einigem Zögern auch taten, wurde der Hessische Kulturpreis am 26. November 2009 schließlich doch allen vier Persönlichkeiten verliehen.

In seiner Dankesrede erklärte Kermani, mit der Annahme des Preises wolle er seinen Teil der Verantwortung dafür übernehmen, dass von der Preisverleihung ein Signal der Verständigung und der Versöhnung ausgeht. Deshalb wolle er das Preisgeld nutzen, „um eine Geste zu erwidern, die mich und die wohl alle Muslime in Köln vor zweieinhalb Jahren auf ganz besondere Weise berührte und beschämte. […] Gerade als bundesweit der Kulturkampf gegen den Bau einer repräsentativen Moschee in Köln ausgerufen worden war, stand in den Zeitungen … eine kleine Meldung, wonach eine Kölner Kirchengemeinde sonntags in der Kollekte Geld für den Bau der Moschee gesammelt habe. Vermutlich war ich nicht der einzige Leser, der sich beim Frühstück die Augen rieb: Eine katholische Gemeinde toleriert nicht nur die Muslime, die eine Moschee errichten wollen, sie bietet nicht nur das Gespräch an, nein Gläubige sammeln in ihrem Gottesdienst Geld, damit Andersgläubige ihren eigenen Gottesdienst abhalten können. Diese Gläubigen gehören der Gemeinde St. Theodor in Köln-Vingst an, einem der sozialen Brennpunkte der Stadt, wo drei Viertel der Kinder Eltern haben, die nicht aus Deutschland stammen. Ihr Pfarrer heißt Franz Meurer und lebt den interreligiösen Dialog tagtäglich. […] Mit dem Preisgeld möchte ich die großartigen sozialen Projekte der Gemeinde St. Theodor unterstützen. Von Pfarrer Meurer und seinen christlichen und nichtchristlichen Mitstreitern ist zu lernen, wie das Zusammenleben von Menschen unterschiedlicher Herkunft und Religion auch unter sozial schwierigen Bedingungen gelingen kann. Und sie erinnern uns daran, worin der wichtigste Gottesdienst in allen drei Buchreligionen besteht: im Dienst am Nächsten." (Kermani 2009b: 35)

Ich möchte diesen Exkurs über den Hessischen Kulturpreis und den interreligiösen Dialog mit einem Zitat au der Dankesrede von Salomon Korn schließen. Er erinnerte darin an ein Gespräch mit Sari Nusseibeh, dem Präsidenten der Al-Quds-Universität in Ostjerusalem. Korn habe den Philosophen und Politiker, der aus jener berühmten muslimischen Jerusalemer Familie stammt, die seit Jahrhunderten die Schlüssel zur Grabeskirche verwahrt, gefragt: „Ist der Gott der Juden, Christen und Muslime jeweils derselbe Gott, oder sind es drei verschiedene Gottheiten?" Daraufhin Nusseibeh: „Wenn es Gott gibt, dann ist es derselbe Gott, wenn es ihn nicht gibt, dann sind es drei verschiedene Götter." (Korn 2009: 2)

6 Toleranz im Spannungsfeld von Macht und Moral

Toleranz erscheint in manchen Konflikten geboten, um die psychischen Kosten (Ärger, Frustration) einer Auseinandersetzung zu begrenzen oder einer eventuell gewaltsamen Eskalation entgegenzuwirken. Tolerant zu sein, gilt auch als Ausweis der Freiheit von Vorurteilen und eines liberalen „Lifestyle". Demgegenüber erscheint Intoleranz oder „Null-Toleranz" als reaktionär, allerdings dann trotz der dieser Formel innewohnenden Paradoxie tolerabel, wenn im Kampf gegen Extremismus „Keine Toleranz gegenüber Intoleranz" (Rheinland-Pfalz 2008: 54) gefordert wird. Dabei sind wir auch intolerant, wenn wir im Straßenverkehr von allen Verkehrsteilnehmern die bedingungslose Einhaltung etwa der Vorschrift, rechts zu fahren, erwarten. Es ist also lohnend, sich Begriff und Praxis der Toleranz näher anzuschauen. 2003 veröffentlichte Rainer Forst seine breit angelegte Studie „Toleranz im Konflikt. Geschichte, Gehalt und Gegenwart eines umstrittenen Begriffs". Ohne hier im Detail auf dieses Werk eingehen zu können, möchte ich die Systematik seiner Unterscheidungen aufgreifen, da ich sie für hilfreich halte, das eigene wie das Verhalten anderer beim Umgang mit anders Denkenden oder anders Handelnden zu analysieren und gegebenenfalls neu zu justieren.

Forst begründet vierfach, warum Toleranz ein Konfliktbegriff ist. Zunächst ist sie „eine Haltung bzw. eine Praxis …, die nur in einem Konflikt erforderlich wird." Dabei sei das Besondere, „dass die Toleranz die Auseinandersetzung, durch die sie auf den Plan gerufen wird, *nicht* auflöst, sondern nur einhegt und entschärft: der Widerstreit von Überzeugungen, Interessen oder Praktiken bleibt erhalten, verliert aber aufgrund bestimmter Erwägungen seine Destruktivität. [...] Das Versprechen der Toleranz lautet, dass ein Miteinander im Dissens möglich ist." (Forst 2003: 12)

„Toleranz im Konflikt" heiße zweitens auch, „dass die Forderung nach Toleranz nicht jenseits der Auseinandersetzungen in einer Gesellschaft angesiedelt ist, sondern in ihnen entsteht, so dass die konkrete Gestalt stets situationsgebunden ist." Toleranz ist Konflikt*partei*, „auch wenn ihrer Struktur nach ihre normativen Grundlagen möglichst unparteilich sein sollten, um eine wechselseitige Toleranz zu ermöglichen. Obwohl sie einen Ausgleich anstrebt, ist die Forderung nach Toleranz nicht in dem Sinne ‚neutral', dass sie nicht zugleich eine praktische Forderung von Konfliktparteien wäre – und zwar auf ganz unterschiedliche Weise, einmal als Parteinahme für die Unparteilichkeit, ein anderes Mal als Versuch, bestehende Machtverhältnisse durch Freiheitsgewährung aufrecht zu erhalten." (Ebenda: 13)

Damit werde Toleranz drittens selbst zum *Gegenstand* von Konflikten. Es komme beispielsweise vor, „dass ein und dieselbe Politik oder Einzelhandlung von den einen als Ausdruck der Toleranz, von den anderen dagegen als Akt der Intoleranz angesehen wird. Aber gravierender noch: Umstritten ist sogar, ob Toleranz *überhaupt etwas Gutes* ist. Während für die einen die Toleranz eine von Gott, der Moral, der Vernunft oder zumindest der Klugheit geforderte Tugend ist, ist sie für andere eine herablassende und paternalistische, potenziell repressive Geste; für die einen ist sie Ausdruck von Selbstsicherheit und Charakterstärke, für die anderen eine Haltung der Unsicherheit, Permissivität und Schwäche; für die einen ist sie ein Zeichen des Respekts für andere oder gar der Wertschätzung des Fremden, für die anderen eine Haltung von Indifferenz, Ignoranz und Abschottung." (Ebenda: 13 f.)

Forst führt die Differenzen über die Verwendung und Bewertung des Begriffs viertens darauf zurück, dass es zwar *ein Konzept* oder einen Bedeutungskern, aber *verschiedene Konzeptionen* oder Interpretationen der Bestandteile des Toleranzbegriffes gibt (vgl. ebenda: 14 und 30). Diese Bestandteile sind:

1. Der *Kontext der Toleranz*, etwa die Beziehung zwischen den Tolerierenden und den Tolerierten, die sehr unterschiedliche Gründe für die Praxis der Toleranz liefern kann (vgl. ebenda: 31) und entscheidend dafür ist, ob Toleranz einseitig oder wechselseitig (reziprok) geübt werden kann.
2. Die normativ gehaltvolle *Ablehnungskomponente*, durch die Toleranz sich von der bloßen Indifferenz abhebt, weil sie das Tolerierte aus zumindest für sich selbst überzeugenden Gründen für falsch oder schlecht hält (vgl. ebenda: 32 ff.).
3. Demgegenüber bewirkt eine *Akzeptanz-Komponente*, dass bestimmte Überzeugungen oder Praktiken, die zwar als falsch oder schlecht verurteilt werden,

jedoch so weit bedenkenswert erscheinen, dass man die eigene Sicht der Dinge nicht verabsolutieren mag (vgl. ebenda: 34 ff.);[15]

4. Toleranz hat ihre *Grenzen* gegenüber dem Nicht-Tolerierbaren. Sie ergeben sich daraus, dass eine unbegrenzte Toleranz schon allein deshalb nicht möglich ist, weil sie Karl Popper zufolge zu der *Paradoxie der Selbstzerstörung* führen würde, „dass dadurch die Toleranz insgesamt verschwinden würde" (ebenda: 37). Forst spricht deshalb von einer *Zurückweisungskomponente* gegenüber bestimmten Überzeugungen und Praktiken, die nicht von der Akzeptanzkomponente aufgefangen werden kann (ebenda: 38). Hieraus folge jedoch eine *Paradoxie der Grenzziehung*, die laute, „dass Toleranz stets in ihr Gegenteil, die Intoleranz umschlagen muss, wenn sie die unumgängliche Grenzbestimmung zwischen dem Tolerierbaren und dem Nicht-Tolerierbaren vornimmt" (ebenda: 39);
5. Toleranz müsse *aus freien Stücken* geübt und dürfe nicht erzwungen werden, anderenfalls wäre eher vom Erdulden oder Ertragen von Praktiken zu sprechen, gegen die man machtlos sei (ebenda: 40 f.).
6. Schließlich könne Toleranz sowohl als *Praxis* etwa eines Staates, einer Minderheit aufgrund internationaler Konventionen bestimmte Rechte zu gewähren, als auch als individuelle *Haltung* betrachtet werden, die in demselben Fall dies bejaht oder für zu weit oder nicht weit genug gehend betrachtet (vgl. ebenda: 41).

Nicht erst diese sechste Unterscheidung lässt erkennen, dass Toleranz nicht nur Ergebnis moralischer Abwägung, sondern auch des machtpolitischen Kalküls sein kann. Forst beschreibt zwei übergeordnete Perspektiven des Toleranzdiskurses, eine – vertikale – primär staatstheoretische, und eine – horizontale – intersubjektive und damit reziprokes Verhalten ermöglichende Perspektive. „In der ersten wird Toleranz primär als eine politische Praxis, als eine Form der Staatspolitik, verstanden, der es um die Erhaltung des Friedens, der öffentlichen Ordnung, der Stabilität, des Rechts oder der Verfassung – und dabei immer auch: der Macht – geht. Aus der zweiten Perspektive wird Toleranz als Haltung bzw. Tugend von Personen im Verhalten zueinander verstanden. Auf die Konflikte, die zwischen ihnen wegen der sie trennenden ethischen Überzeugungen entstehen, scheint ihnen Toleranz die richtige und angemessene Antwort zu sein." (Ebenda: 17) Zwar seien

[15] Forst macht in diesem Zusammenhang darauf aufmerksam, dass dann, wenn die Gründe für die Ablehnung wie auch für die Akzeptanz als moralisch bezeichnet werden, sich die Paradoxie zu der Frage steigere, „wie es moralisch richtig oder gar geboten sein kann, das moralisch Falsche oder Schlechte zu tolerieren". Und er zitiert Preston King, der vorschlage, diese Paradoxie durch eine Prioritätensetzung von Ablehnungen zu lösen, derzufolge das Handeln nach der ersten Ablehnung eine Konsequenz nach sich zöge, die man noch stärker ablehne. (Forst 2003: 35)

diese Perspektiven nicht immer klar zu trennen, „aber sie zu unterscheiden erhellt den komplexen Diskurs der Toleranz in hohem Maße.“ (Ebenda: 17)

Dabei sind laut Forst in den gegenwärtigen Gesellschaften vier Konzeptionen von Toleranz *gleichzeitig* präsent, wobei die ersten beiden eher aus der staatlichen Machtperspektive und die letzten beiden aus der intersubjektiven Moralperspektive praktiziert werden:

1. In der *Erlaubnis-Konzeption* besteht Toleranz darin, „dass die Autorität[16] (oder Mehrheit) der Minderheit die Erlaubnis gibt, ihren Überzeugungen gemäß zu leben, solange sie – und das ist die entscheidende Bedingung – die Vorherrschaft der Autorität (oder Mehrheit) nicht in Frage stellt.“ (Ebenda: 42) In dieser aus der Vormoderne überkommenen Konzeption kann der Faktor der Reziprozität höchstens in dieser – von der Autorität oder der Mehrheit erwarteten – Leistung der Tolerierten gesehen werden.
2. Auch in der *Koexistenz-Konzeption* wird Toleranz „als geeignetes Mittel zur Konfliktvermeidung und zur Verfolgung eigener Ziele“ angewandt und nicht selbst als ein Wert angesehen. „Was sich jedoch verändert, ist die Konstellation zwischen den Toleranzsubjekten bzw. -objekten. Denn nun stehen sich nicht Autorität bzw. Mehrheit und Minderheit(en) gegenüber, sondern ungefähr gleich starke Gruppen, die einsehen, dass sie um des sozialen Friedens und ihrer eigenen Interessen willen Toleranz üben sollten. Sie ziehen die friedliche Koexistenz dem Konflikt vor und willigen in Form eines wechselseitigen Kompromisses in die Regeln eines Modus vivendi ein. Die Toleranzrelation ist somit nicht mehr, wie in der Erlaubnis-Konzeption, vertikal, sondern horizontal: die Tolerierenden sind zugleich auf Tolerierte.“ (Ebenda: 44) Reziprokität ist dadurch gegeben.[17]

[16] Als historisches Beispiel einer solchen Autorität ist der französische König Heinrich IV zu sehen, der 1598 das Edikt von Nantes erließ, das die Auseinandersetzung zwischen Katholiken und calvinistischen Protestanten (Hugenotten) beenden sollte und letzteren alle Bürgerrechte gewährte, ohne den Katholizismus als Staatsreligion zu berühren. Es wurde 1685 von Ludwig XIV mit dem Edikt von Fontainebleau widerrufen, das die französischen Protestanten aller religiösen und bürgerlichen Rechte beraubte und sie in die Emigration in die Niederlande, die Schweiz und nach Preußen trieb.

[17] Als Beispiel hierfür kann die Prinzipienerklärung der KSZE-Schlussakte von Helsinki 1975 angesehen werden, in deren Prinzip 1 die liberalen Demokratien und die Staaten des Realsozialismus unbeschadet ihrer gegensätzlichen Vorstellungen von einer idealen Wirtschafts- und Gesellschaftsordnung einander zusicherten: „Die Teilnehmerstaaten werden gegenseitig ihre souveräne Gleichheit und Individualität sowie alle ihrer Souveränität innewohnenden und von ihr umschlossenen Rechte achten, einschließlich insbesondere des Rechtes eines jeden Staates auf rechtliche Gleichheit, auf territoriale Integrität sowie auf Freiheit und politische Unabhängigkeit. sie werden ebenfalls das Recht jedes anderen Teilnehmerstaates achten, sein politisches, soziales, wirtschaftliches und kulturelles System frei zu wählen und zu entwickeln sowie sein Recht, seine Gesetze und Verordnungen zu bestimmen.“ (Auswärtiges Amt 1990: 52 f.)

3. „Im Unterschied hierzu geht die *Respekt-Konzeption* der Toleranz von einer moralisch begründeten Form der wechselseitigen Achtung der sich tolerierenden Individuen bzw. Gruppen aus. Die Toleranzparteien respektieren einander als autonome Personen bzw. als gleichberechtigte Mitglieder einer rechtsstaatlich verfassten politischen Gemeinschaft." (Ebenda: 45) Forst hebt in diesem Zusammenhang hervor, dass in dieser Konstellation die Person des Anderen als eines rechtlich Gleichen *respektiert*, während seine mit dem Subjekt der Toleranz nicht übereinstimmenden Überzeugungen und Handlungen *toleriert* werden. Während Forst bei dieser Konzeption noch zwischen einem Modell *formaler* und einem der *qualitativen Gleichheit* unterscheidet, wobei dem letzteren zufolge wechselseitige Toleranz impliziere, „den Anspruch anderer auf vollwertige Mitgliedschaft in der politischen Gemeinschaft anzuerkennen, ohne zu verlangen, dass sie dazu ihre ethisch-kulturelle Identität in einem reziprok nicht forderbaren Maße aufgeben müssen" (ebenda: 47), geht er mit der vierten Konzeption einen Schritt weiter.
4. Diese finde sich zuweilen in den Diskussionen über das Verhältnis von Multikulturalismus und Toleranz und könne *„Wertschätzungs-Konzeption"* genannt werden. Sie enthalte „ eine anspruchsvollere Form wechselseitiger Anerkennung als die Respekt-Konzeption, denn ihr zufolge bedeutet Toleranz nicht nur, die Mitglieder anderer kultureller oder religiöser Gemeinschaften als rechtlich-politisch Gleiche zu respektieren, sondern auch, ihre Überzeugungen und Praktiken als ethisch wertvoll zu schätzen." (Ebenda: 47 f.) Forst weist zu Recht auf den schmalen Grat, der hier zwischen einer noch als Toleranz anzusehenden Verhaltensweise, welche die eigenen Überzeugungen und Praktiken wenigstens noch etwas höher schätzt als die der anderen, und einem Wertepluralismus besteht, in dem verschiedenste Überzeugungen nebeneinander existieren können und der Gefahr wechselseitiger Gleichgültigkeit ausgesetzt sind.

Forst weist an späterer Stelle in seinem Werk die Rede vom „toleranten Staat" zurück, da sie die obrigkeitsstaatliche bzw. majoritäre Bedeutung der Toleranz gemäß der Erlaubnis-Konzeption transportiere. „Wenn ‚der Staat' Toleranz übt, setzt dies seinerseits ein ablehnendes Urteil gegenüber den Praktiken und Überzeugungen bestimmter Individuen oder Gruppen voraus, die damit von vornherein als ‚politisch different' angesehen werden; auch wenn sie – aus welchen Gründen auch immer – toleriert werden, gehören sie nicht zu den ‚normalen' Bürgern oder entsprechen nicht den staatlichen Normen – sie sind lediglich ‚geduldete' Bürger. Der Staat erscheint somit als übergeordnete Autorität und zugleich als Akteur, der in einem Toleranzkonflikt seine übergeordnete, neutrale Stellung verlässt..." (Ebenda: 676) Deshalb erscheint es Forst „sinnvoller, das ‚Toleranzgebot' allein als *an die Bürger* gerichtet zu verstehen, während *an den Staat* ein ‚Neutralitätsgebot' zu richten ist." (Ebenda: 677)

7 Zum Umgang mit Bürgerkriegen und ihrem Erbe

7.1 Vorbeugende Diplomatie und Friedenskonsolidierung

Zahlreiche Fallstudien lassen erkennen, wie schwierig es ist, in einem sich aufschaukelnden Streit den richtigen Zeitpunkt („ripe moment“)[18] für eine wohlmeinend und de-eskalierend gedachte *Einmischung* zu treffen. Eng damit zusammen hängen die Dilemmata des 1992 vom damaligen UN-Generalsekretär Boutros Boutros-Ghali in der „Agenda für den Frieden“ vorgestellten Ansatzes der „vorbeugenden Diplomatie“ (Boutros-Ghali 1992: 31–37). Solange von den Vereinten Nationen wie auch von der OSZE so gut wie ausschließlich in staatlichen Kategorien gedacht wird, werden ihre Bemühungen innerstaatlichen Konflikten nur unzureichend gerecht. Hier sind möglicherweise Maßnahmen auf einer Ebene, die sich als „Bürgerdiplomatie“[19] bezeichnen lässt, effektiver, nicht zuletzt, weil sie ohne diplomatische Rücksichtnahmen frühzeitig einsetzen können. Doch auch deren Einsätze bedürfen einer Koordinierung untereinander wie mit den Aktivitäten staatlicher und internationaler Organisationen.

Die Bearbeitung ethnopolitischer Konflikte in der Staaten- und Gesellschaftswelt

Von Norbert Ropers stammt die folgende Übersicht von Vorschlägen zur Typologisierung der Formen, ethnopolitische Konflikte zu bearbeiten. Sie orientiert sich in erster Linie an dem institutionellen Umfeld der Akteure und der Interventionsebene. Dabei unterscheidet sie einerseits zwischen der Staaten- und Gesellschaftswelt, andererseits ob die Ansätze, ethnopolitische Konflikte zu bearbeiten, eher auf einer Mikro- oder Makroebene angesiedelt sind. Diese Unterscheidung ist lediglich idealtypisch zu verstehen, da es etliche Abstufungen dazwischen gibt und in diesen Bezeichnungen mehrere Definitionskriterien zusammengefasst werden. „Als eindeutige Maßnahmen auf der Makroebene können alle Interventionen verstanden werden, die entweder von ihrer Intention auf die Struktur der Gesamtgesellschaft zielen oder faktisch eine dementsprechende strukturelle Wirkung haben. Ein Beispiel sind Verfassungsänderungen zugunsten föderalistischer Strukturen. Eindeutige Maßnahmen auf der Mikroebene sind demgegenüber nur von begrenzter zeitlicher und räumlicher Relevanz. Sie sind prozessorientiert, z. B. eine Versöhnungsgeste der Regierung zur Bewältigung einer akuten ethnopolitischen Krise.“ (Ropers 1997: 354)

---

[18] Theoretische und praktische Überlegungen dazu finden sich bei Zartman 1989 sowie Rubin 1991: 237–246.

[19] Hierunter sind Initiativen von Organisationen zu verstehen, die nicht von der Regierung ihres Herkunftslandes gelenkt tätig werden können (Non Governmental Organizations, NGOs). Dazu gehören z. B. Kirchen oder das Rote Kreuz, aber auch Entwicklungsorganisationen, s. dazu den Aufsatz von Hoffman, in diesem Band S. 147 ff.

Schaubild 1 Ansätze zur konstruktiven Bearbeitung ethnopolitischer Konflikte in der Staaten- und Gesellschaftswelt

	Staatenwelt	Gesellschaftswelt
Mikro-ebene (prozess-bezogen)	• Krisenintervention • Ad-hoc-Programme zur Verbesserung der Situation von benachteiligten Gruppen • Minderheiten-Vertretungen mit vorwiegend symbolischen Rechten • Minderheitenrechte mit individuellem Bezug • OSZE-Langzeitmissionen	• „Empowerment" von benachteiligten Gruppen • Verbesserung multiethnischer Lebensbedingungen • Austausch- und Begegnungsprogramme • Förderung multipler Identitäten • Transnationale Netzwerke von Menschenrechts-NGOs • „Problem-Solving-Workshops"
Makro-ebene (struktur-bezogen)	• Mehr Demokratie und Rechtsstaatlichkeit • Minderheitsrechte mit kollektivem Bezug • Nicht-territoriale Autonomie • Territoriale Autonomie • Andere Konzepte des „power-sharing" (Große Koalition, Proportionalität, Minderheiten-Veto, Kondominium etc.) • Sezession	• Berufsethische Verhaltensregeln bei konfliktrelevanten Gruppen und Insittutionen (Lehrer, Journalisten) • Institutionalisierung von Konfliktkultur • Mobilisierung von gesellschaftlichen Akteuren zugunsten von „peace constituencies" • Institutionelle Stärkung von transnationalen Loyalitäten

Ropers möchte durch diese Aufteilung unterschiedliche Zugänge zur Konfliktbearbeitung verdeutlichen, die auch einen Teil der oft asymmetrischen Konfliktkonstellationen widerspiegeln: Während die den staatlichen Status quo repräsentierende Seite lediglich prozessorientierte „Mikro"-Maßnahmen für erforderlich halte, dränge die Minderheiten-Vertretung auf makropolitische Strukturänderungen. Struktur- und prozessbezogene Maßnahmen stünden in einer Wechselwirkung zueinander: „So kommt es in der Regel erst dann zu Strukturänderungen, wenn sie durch prozessorientierte Interaktionen vorbereitet worden sind. Charakteristisch sind dafür nicht selten direkte, persönliche (face-to-face) Begegnungen zwischen einflussreichen Personen beider Seiten, deren makropolitischer Effekt erst im Nachhinein beurteilt werden kann. Umgekehrt beeinflussen Strukturänderungen natürlich maßgeblich die interethnischen Prozesse." Ropers vertritt die These, „dass eine dauerhafte Befriedung ethnopolitischer Konflikte nur möglich ist, wenn entsprechende Initiativen sowohl in der Staaten- wie Gesellschaftswelt als auch auf der Mikro- und Makroebene unternommen werden". (ebenda: 355 f.)

Sowohl zur Gewaltvorbeugung wie zur Friedenskonsolidierung muss auch der Ansatz der *vertrauens- und sicherheitsbildenden Maßnahmen* (VSBM) für innerstaatliche Konfliktsituationen neu durchdacht werden. Hierunter wurde in der Anfangszeit der KSZE (wie in Teil I, Kapitel 7 näher ausgeführt) die wechselseitige Ankündigung von Manövern und größeren militärischen Bewegungen sowie die Manöverbeobachtung verstanden. Solche Maßnahmen vermögen es, den einzelnen *Staaten* oder *Bündnissen* zu erschweren, unbemerkt einen Krieg vorzubereiten. Auch verlangsamen sie eventuelle Kriegsvorbereitungen. Vertrauen soll dabei insbesondere dadurch entstehen, dass zwischen den Ankündigungen eines Staates und seinem tatsächlichen Verhalten Übereinstimmung herrscht. Diese auf reguläre Streitkräfte und mehr oder weniger symmetrische Verhältnisse zugeschnittenen VSBM sind indes kaum geeignet, *innerhalb eines Landes* bewaffneten Auseinandersetzungen zwischen der Staatsmacht und Rebellen bis hin zum Bürgerkrieg vorzubeugen. Möglicherweise können sie aber eine ausgehandelte *Waffenruhe absichern* oder auf andere Weise die *Konfliktintensität vermindern* oder zur *Friedenskonsolidierung beitragen*. Vermutlich sind ethnopolitische Konfliktparteien aufgrund der emotional aufgeladenen Situation nicht in ähnlicher Weise wie die Parteien des Kalten Krieges in der Lage, sich gegenseitig ein rationales Handeln zu unterstellen, was eine Voraussetzung für die Formulierung wie für die Einhaltung dieser Art von VSBM war. Es müssen deshalb andere Methoden und Inhalte der Vertrauensbildung entwickelt werden.

Die alte KSZE hatte im Zusammenhang mit den VSBM zwar über die Problematik *entmilitarisierter Zonen* diskutiert, jedoch keinerlei Beschlüsse in dieser Hinsicht gefasst. Indes können solche Zonen in bestimmten innerstaatlichen Konfliktfällen, z. B. als Korridore zwischen Siedlungsgebieten der im Streit liegenden Ethnien, sofern diese abgrenzbar sind, eine wichtige Funktion zur Vorbeugung bewaffneter Kampfhandlungen oder zur Verhinderung eines erneuten Aufflammens des Krieges haben. Ihre internationale Überwachung durch UN-Blauhelm-Missionen ist, wie der Fall Zypern zeigt, relativ leicht zu managen. Solche Zonen setzen allerdings wie der klassische Blauhelm-Einsatz generell die Bereitschaft der Konfliktparteien voraus, ihre Waffen zumindest zurückzuziehen, vielleicht sogar abzugeben.

Darüber hinaus sind Wiederaufbauprogramme, in denen ausländische Nichtregierungsorganisationen (NGOs) Angehörige beider Konfliktparteien dazu anleiten, unmittelbar miteinander zu kooperieren, möglicherweise ein geeignetes Instrument, einem Wiederaufleben des Zerstörungswillens entgegenzuwirken; außerdem fördern sie bei den Betroffenen die Erkenntnis, dass der jeweils Andere ähnliche menschliche Qualitäten besitzt wie man selbst.

7.2 Entwaffnung, Demobilisierung, Rehabilitation und Reintegration

Viele der Bürgerkriege, die seit der Mitte des 20. Jahrhunderts geführt wurden, dauerten Jahre, wenn nicht gar Jahrzehnte – ganz gleich, ob es dabei um kulturelle und/oder religiöse Differenzen ging oder ob deren Betonung nur dazu diente, andere Interessen zu verschleiern. In dieser Zeit wurden zahllose Menschen, nicht nur Männer, sondern sehr häufig auch Frauen – viele von ihnen schon als Kinder –, zu Kriegern und deren Helfern. Sie haben dabei nicht nur lange Zeit aktiv und passiv Gewalt ausgeübt und/oder erlitten, was bei manchen zu dauerhaften körperlichen Verletzungen, bei anderen zu schwerwiegenden psychischen Störungen geführt hat. Beides kann in unterschiedlichem Maße ihr Leben nach dem Krieg erschweren. Doch der Krieg selbst sicherte gerade in Ländern, in denen die Arbeitslosigkeit extrem hoch ist, das Einkommen der Krieger und oftmals auch das ihrer Familien. Da sie aber während dieser Zeit daran gehindert wurden, zur Schule zu gehen oder einen zivilen Beruf zu erlernen oder auszuüben, fehlen ihnen nach einem Waffenstillstand die wichtigsten Voraussetzungen, eine zivile Existenz zu begründen. Um zu verhindern, dass sie als marodierende Banden durchs Land ziehen oder ihre Existenz auf eine andere Weise durch Kriminalität sichern, müssen sie nicht nur entwaffnet und demobilisiert, sondern auch gesellschaftlich rehabilitiert und beruflich reintegriert werden.

Während z. B. in Kolumbien der Staat selbst, wenn auch mit bescheidenem Erfolg, sich um die Demobilisierung bemüht[20], sehen vor allem Friedensmissionen der Vereinten Nationen oder anderer internationaler Organisationen in so genannten DDR-Prozessen (wobei DDR für Disarmament, Demobilization and Reintegration steht) eine wichtige Aufgabe in den Ländern, in denen sie zum Einsatz kommen. Einen Schritt weiter gehen DDRR-Programme, wobei das zweite R für Rehabilitation steht. Beide zielen auf nachhaltigen Frieden. Insgesamt wurden seit 2000 16 solche Programme von der UNO aufgelegt.

Ein zentraler Programmpunkt ist die Einladung an ehemalige Krieger, ihre Kleinwaffen an zentralen Sammelstellen abzugeben, wobei sie meist mit einem kleinen Startkapital ausgestattet werden, mit dem sie sich eine zivile Zukunft aufbauen sollen. Problematisch sind solche Tauschprogramme in mehrfacher Hinsicht: Da es insbesondere in Afrika möglich ist, Kleinwaffen zu äußerst günstigen Preisen zu erwerben, melden sich an den Sammelstellen auch Personen, die gerade erst ihre Kalaschnikow gekauft haben, um sie gegen eine größere Summe einzutauschen. So war im August 2003 ein Comprehensive Peace Agreement für

---

[20] So gaben zwischen 2002 und 2009 51.992 ehemalige Kämpfer, darunter 31.715 Mitglieder paramilitärischer Gruppierungen augrund von Verhandlungen zwischen der Regierung Uribe und der Führung der AUC ihre Waffen ab (vgl. Millard 2010: 270 ff.), jedoch kam es zu keinen Verhandlungen mit der linken Guerillaorganisation FARC und ELN.

Liberia vereinbart worden. Darin war die Entwaffnung von 30.000 Kämpfern geplant. Das DDRR Programm sollte von 2004 an innerhalb eines Jahres umgesetzt werden. Es gab dann aber über 100.000 Kämpfer, was zu einer finanziellen Überforderung führte.

Ein anderes Problem besteht darin, dass die Rolle von Frauen in Bürgerkriegen nicht angemessen berücksichtigt wird. Programme, die ein Startkapital allein gegen Abgabe von Waffen aushändigen, vernachlässigen, dass viele Frauen selbst nicht als bewaffnete Kämpferinnen, sondern als Kundschafterinnen oder mit anderen Hilfsdiensten am Krieg beteiligt waren, jedoch genau wie die männlichen Kombattanten finanzielle Unterstützung benötigen, um ein neues, ziviles Leben aufzubauen. So zeigt eine Untersuchung der Umsetzung der DDR-Leitlinie für Sierra Leone, wie das Postulat der formalen Gleichbehandlung der Geschlechter dazu geführt hat, dass „Frauen in dem DDR-Prozess benachteiligt wurden…, und … vor allem erwachsene männliche Kombattanten von dem Programm profitierten“ (Strumpf 2010: 58).

7.3 *Bestrafen oder versöhnen?*

Waffenstillstände und Entwaffnungsprogramme allein genügen nicht, um den Angehörigen gegnerischer Seiten nach dem Ende eines Bürgerkrieges zu ermöglichen, wieder am gleichen Ort miteinander zu leben und ihre Kinder in derselben Schule zu unterrichten. Wie kann nach einem Krieg, dessen Spuren der Zerstörung ja nicht nur in den Städten und Dörfern noch längere Zeit sichtbar bleiben, sondern der in viele Familien nicht wieder gutzumachende Lücken gerissen und bei den Überlebenden körperliche und seelische Traumata hinterlassen hat, gesellschaftliches Leben neu beginnen, wenn die Opfer ihren Peinigern von gestern täglich begegnen können?

Ethnisch homogene Zonen zu schaffen, wie dies bei der de-facto-Aufteilung Zyperns oder im Vertrag von Dayton ansatzweise mit der Aufgliederung Bosnien-Herzegowinas in eine Bosnisch-Kroatische Föderation und eine Serbische Republik praktiziert wurde,[21] ist fast immer die schlechtere „Lösung“. Sie sind vor allem dann nicht zukunftsträchtig, wenn Menschen zu diesem Zweck von einem in den anderen Landesteil umgesiedelt und ihrer Heimat beraubt werden, und Familien, die weder der einen noch der anderen Seite zuzuordnen sind, sogar die Identität genommen wird. Damit werden Keime für neue Auseinandersetzungen gelegt. Wer dies vermeiden und ein neues Zusammenleben ehemaliger Feinde ermöglichen, also Frieden dauerhaft konsolidieren will, muss sich dem Dilemma von Sühne

---

[21] Vgl. dazu den Aufsatz von Gromes, S. 387 ff.

und Versöhnung stellen. Ob hierfür ein *internationaler Gerichtshof*, der schwere Kriegsverbrechen aburteilt, wie der für das ehemalige Jugoslawien in Den Haag eingerichtete, oder eine *Wahrheits- und Versöhnungskommission*, wie in Südafrika, der geeignetere Zugang ist, kann nur für den Einzelfall beurteilt werden. Auf die internationale Strafgerichtsbarkeit und ihre Schwierigkeiten wird in Teil IV näher eingegangen. Seit den 1970er Jahren, als die ersten Wahrheitskommissionen in Lateinamerika ins Leben gerufen wurden, stellen diese einen beliebten Ansatz der Aufarbeitung von Vergangenheit dar.

Nach Priscilla B. Hayner sind für eine Wahrheitskommission folgende vier Elemente von primärer Bedeutung:

- Die Konzentration auf die Vergangenheit;
- der Versuch, ein möglichst umfassendes Bild von Menschenrechtsverletzungen oder Verletzungen des internationalen humanitären Rechts während eines bestimmten Zeitraums zu entwerfen;
- die zeitliche Begrenzung ihrer Arbeit, die mit der Abgabe eines Ergebnisberichts endet;
- die Ausstattung mit Machtbefugnissen, was es erleichtert, an sonst schwer erhältliche Informationen zu gelangen, tiefer in sensible Bereiche vorzudringen und dadurch mit ihrem Bericht eine größere Wirkung zu erzielen. (Vgl. Hayner 1994: 604)

Beispiel Südafrika: Vergebung und Rehumanisierung

Große nationale und internationale Aufmerksamkeit fand die Arbeit der vom ehemaligen südafrikanischen Erzbischof und Friedensnobelpreisträger Desmond Tutu geleiteten Wahrheits- und Versöhnungskommission für Südafrika (Truth and Reconciliation Commission/TRC). Sie versuchte von 1996 bis 1998, einen Weg zur Aufarbeitung der Menschenrechtsverletzungen durch die verschiedenen Konfliktparteien während der Zeit der Apartheid zu finden, „der zwischen den Extremen der bedingungslosen Verfolgung bzw. der Siegerjustiz und einer blinden Schlussstrichamnestie liegt. Unter den herrschenden Bedingungen einigte man sich auf eine Wahrheits- und Versöhnungskommission unter dem Motto ‚Amnestie, keine Amnesie'." (Heß 1997: 382) Sie sollte gemäß dem den Text der neuen Verfassung abschließenden Einheits- und Versöhnungsartikel, der feierlich das Ziel der nationalen Einheit und des Friedens betont und die nationale Versöhnung als ihre unabdingbare Voraussetzung bezeichnet, eine Antwort auf die Frage geben, wie die neue Ordnung mit dem Unrecht der alten umgehen würde. Hierzu hatten die Positionen bei den Verhandlungen in der Phase des Umbruchs weit auseinander gelegen: „Die Vertreter der alten Ordnung machten eine Amnestieregelung zur unumstößlichen Bedingung für den Systemwechsel. Um ein Versinken des Landes im Chaos zu verhindern, ließen sich die Verhandlungspartner der Gegenseite mit dem TRC-Konzept auf einen Kompromiss ein. Dieser zieht der Auseinandersetzung mit der Vergangenheit Grenzen. Eine Generalabrechnung mit dem Systemverbrechen der Apartheid und mit ihren Repräsentanten scheidet damit aus. Ein südafrikanisches ‚Nürnberg', das von manchen gefordert wurde, ist mit dem Charakter des Systemwechsels unvereinbar.

Ein einfaches Amnestiegesetz hätte jedoch bedeutet, die Opfer der Gewalt vollständig zu ignorieren. … (D)ie Bildung einer Kommission für Wahrheit und Versöhnung … verband … die Regelung der Amnestiefrage mit der Wiederherstellung der Ehre und Würde der Opfer. Demnach soll(te) Südafrika mit seiner Vergangenheit ins Reine kommen durch Verständnis statt Rachsucht, Wiedergutmachung statt Vergeltung, und Ubuntu (Mitmenschlichkeit) statt Verfolgung." (Ebenda: 383)

Die TRC hatte den Auftrag

- „ein möglichst vollständiges Bild zu erstellen von Art, Ausmaß und Ursachen der Menschenrechtsverletzungen, die in dem Zeitraum vom 1. März 1960 bis (zum) 6. Dezember 1993 begangen wurden, einschließlich der Vorgeschichte, den Begleitumständen, des Kontextes sowie den Perspektiven der Opfer und der Motive und Perspektiven der Personen, die für die Verletzungen verantwortlich sind;
- die Bewilligung von Amnestieanträgen zu fördern;
- das Schicksal und den Verbleib von Opfern festzustellen und bekannt zu machen, und ihre menschliche und bürgerliche Würde wiederherzustellen, indem man ihnen die Möglichkeit gibt, über ihr Schicksal zu berichten; sowie Empfehlungen über geeignete Wiedergutmachungsmaßnahmen abzugeben;
- einen Bericht zu erstellen, der so umfassend wie möglich die Tätigkeiten und Ergebnisse der Kommission dokumentiert und Empfehlungen über Maßnahmen enthält, wie künftig Menschenrechtsverletzungen vermieden werden können." (Ebenda: 383 f.)

Der im November 1998 vorgelegte Bericht umfasst 2745 Seiten und enthält die Aussagen von 21.000 Menschen, Tätern und Opfern, wobei er Menschenrechtverletzungen sowohl auf Seiten des Apartheidregimes als auch der Befreiungsbewegungen auflistete. „Verlierer und Sieger gleich zu behandeln ist weltweit bislang einmalig." (Räther 1998) 13.000 Menschen sollten für das erlittene Unrecht entschädigt werden.

Ein Mitglied der Kommission, Pumla Gobodo-Madikizela, Professorin für Klinische Psychologie an der University of Cape Town, bilanzierte ihre Erfahrungen unter dem Stichwort „Vergebung und Rehumanisierung": „Es kann keine angemessene Wiedergutmachung für die moralischen Verbrechen der Vergangenheit geben und für den moralischen Verrat, der diese Verbrechen ermöglichte. Ich plädiere deshalb für Vergebung als eine notwendige und gesunde Antwort angesichts der Schuld den Menschen gegenüber, deren Zukunft durch eine Politik der Ausgrenzung gebrandmarkt wurde. Mit Vergebung meine ich nicht, dass wir vergessen sollten. Ich meine die einfühlsame Anerkennung der moralischen Verletzlichkeit menschlicher Wesen und dessen, wie glücklich sich manche von uns schätzen können, dass sie sich nicht der Probe aufs Exempel stellen mussten. Ich weiß nicht, wie ich mich verhalten hätte, wäre ich eine Weiße unter der Apartheid gewesen.

Vergebung verlangt, dass jene, die privilegiert waren und aus den in der Vergangenheit erlittenen Traumata Nutzen zogen, sich dieses eingestehen und ‚moralische Empörung' über die in ihrem Namen anderen Menschen zugefügten Traumata zeigen. Öffentliche Übernahme von Verantwortung und das öffentliche Eingeständnis der Vergangenheit bestärkt und bestätigt nicht nur unsere jeweiligen Erfahrungen in der Vergangenheit, erkennt nicht nur das Trauma an, sondern auch den moralischen Verrat, der die Traumata in unserer Gesellschaft bestimmt. Öffentlicher Dialog über eine Vergangenheit, die vorher von Geheimhaltung, Schweigen und Leugnung verborgen blieb, lädt sowohl Opfer als auch Täter dazu ein, gemeinsam ‚am Tisch der Menschlichkeit' Platz zu nehmen. Auf sensible und rücksichtsvolle Art geführt, kann und wird der öffentliche Dialog dazu beitragen, etwas Struktur in das Chaos zu bringen, das so charakteristisch ist für traumatischen Verlust und Generationen noch lange nach dem ursprünglichen Trauma entzweit."

Bei der Vergebung gehe es „um eine Veränderung des Umgangs mit der Erinnerung, um den Beginn einer neuen Reise, gemeinsam mit unseren Erinnerungen, unseren Traumata und der Art, wie Trauma und Hass die Beziehungen zu unseren Mitmenschen bestimmt haben. Vergebung ist Erinnerung, um Brücken zu unseren Mitmenschen zu bauen und uns von der hasserfüllten Wut zu erlösen, die uns manchmal gefangen hält. Vergebung muss nicht notwendig heißen, alle unsere Mitmenschen zu lieben (sie bedeutet aber definitiv nicht, sie zu hassen). Der Geist der Vergebung liegt in der Suche – nicht nach Dingen, die uns trennen, sondern nach etwas, das uns als Menschen gemeinsam ist, strebend nach dem Moment der Menschlichkeit und nach Mitleid und Mitgefühl, welche unsere Menschlichkeit ausmachen. [...]

Ich habe diesen Prozess als Rehumanisierung bezeichnet und meine damit den Punkt, an dem sich die unvereinbaren und dennoch untrennbar miteinander verbundenen Geschichten von Opfer, Täter und Mitläufer treffen. Denn wie sonst kann ein Opfer sein Trauma in Worte fassen, wenn nicht ein Täter seine Vergehen eingesteht und öffentlich bekennt? Wie kann ein Mitläufer sich seine Rolle als Nutznießer eingestehen und die Wahlmöglichkeiten erkennen, die er oder sie gehabt, aber nicht wahrgenommen hat, wenn er oder sie nicht als Zeuge der Aussagen von Täter und Opfer geladen wird? Die Vermenschlichung unserer früheren Feinde, die wir beschuldigen, uns ein Trauma zugefügt oder dies unterstützt zu haben, birgt ein Wagnis. Die Aufgabe, von Beziehungen, die von Angst und den früheren Unterscheidungen von ‚denen' und ‚uns' bestimmt waren, zu solchen zu gelangen, die von gegenseitigem Respekt und Mitgefühl bestimmt sind, braucht Zeit und verlangt mehr von uns als rachsüchtige Wut und Hass. Sie kostet Mühe. Doch wenn wir in den Dialog mit jenen treten, die wir als unsere Feinde betrachten, und jede Seite von der anderen Schmerz, Hoffnung und Ängste erfährt, erreichen wir eine ‚moralische Imagination' (Paul Lederach). Wir erheben uns über das, was so oft der natürliche Gang der Dinge ist – Hass –, und begeben uns so auf den Pfad gesellschaftlicher und institutioneller Transformation.

Einer der grundlegenden Ausgangspunkte des Dialogmodells der Rehumanisierung ist es, die Sprache abzulegen, die den von der Vergangenheit vererbten politischen Diskurs fortführt, und eine solche zu erschaffen, die zu einer bedeutenden gesellschaftlichen Transformation beitragen kann." (Gobodo-Madikizela 2006)

8 Zu den ergänzenden Texten

Dieser Einführungstext wird um ein weiteres Prioritätenspiel sowie vier Aufsätze ergänzt, die allesamt speziell für dieses Lehrbuch verfasst wurden.

Nach einem aus heutiger Sicht allzu hoffnungsfrohen Beginn 1993 geriet der Nahost-Friedensprozess schon bald in eine Sackgasse. Dies ist zum Teil der Komplexität des *ethnisierten Territorialkonfliktes* zwischen Israelis und Palästinensern geschuldet, zum Teil aber auch der fehlenden Friedensbereitschaft einiger Gruppen auf beiden Seiten. In dem hier wiedergegebenen, vom Verfasser seit 2004 mehrfach in Universitätsseminaren wie auch in der Erwachsenenbildung eingesetzten und aktualisierten *Prioritätenspiel* sind einige Argumente, die von Seiten der unmittelbaren Konfliktparteien als auch aus dem Nahost-Quartett vorgetragen wurden und werden, zusammengestellt. Ein Ziel dieses Spiels ist es, den Teilnehmern zu ermöglichen, sich zunächst in die Konfliktparteien bzw. die Rolle der Vermittler hineinzuversetzen, um anschließend in einer simulierten Verhandlungssituation herauszufinden, wo es bei aller Gegensätzlichkeit der Positionen noch Felder gemeinsamen Interesses gibt, die eine Chance bieten könnten, aus der Sackgasse herauszufinden.

In dem Aufsatz von *Thorsten Gromes* geht es um das Problem der *Demokratisierung des durch den Dayton-Friedensvertrag neu errichteten unabhängigen Staates Bosnien und Herzegowina.* Gemeinhin wird angenommen, dass zur Friedensstiftung auch die Demokratisierung eines bis dahin autoritären Regimes gehöre. Demgegenüber zeigen empirische Studien, dass der Übergang von Autokratien zur Demokratie häufig besonders kriegsträchtig verläuft. Deshalb gelte es, strikt zwischen der Friedensleistung etablierter Demokratien und dem Prozess der Demokratisierung zu unterscheiden. Bei dem Bemühen um Demokratisierung sieht Gromes mindestens sechs Gefahren, die den Friedensprozess torpedieren können. Eine davon betrifft gerade ethnisch gespaltene Gesellschaften, bei denen eine Anwendung des Mehrheitsprinzips einzelne Ethnien aus dem politischen Willensbildungsprozess ausschließen könnte. Dem versuchte der Dayton-Vertrag zwar durch die Schaffung einer Konkordanzdemokratie entgegenzuwirken. Doch auch eine ausgeklügelte Machtverteilung zwischen Bosniaken, Kroaten und Serben vermag bisher noch nicht sicherzustellen, dass politische Kräfte, die sich nicht mit dem gemeinsamen Staat anfreunden wollen, ihre zentrifugalen Bemühungen fortsetzen und damit den Frieden gefährden.

Der Beitrag von *Gudrun Keifl* befasst sich im ersten Teil mit der Entwicklung der *europäischen Bestimmungen zum Minderheitenschutz* und der darin erkennbaren Tendenz, Volksgruppenrechte gegenüber den Rechten der ihnen angehörenden Individuen zu stärken. Im zweiten Teil geht es um die Frage nach der Auswirkung von kollektivrechtlich angelegten Minderheitenschutzbestimmungen auf die konstruktive Transformation eines Minderheitenkonflikts. Hierzu betrachtet die Autorin das Fallbeispiel des Konflikts zwischen der deutschen, der italienischen und der ladinischen Sprachgruppe in *Südtirol*. Dieser bis in die 1970er Jahre besonders zwischen der deutsch- und der italienischsprachigen Gruppe zeitweilig sehr gewaltsam ausgetragene Konflikt gilt inzwischen als erfolgreich „gelöst", wozu auch ausgeprägte kollektivrechtliche Minderheitenschutzbestimmungen beigetragen haben. Sie wirken sich allerdings dahingehend aus, dass eine gesellschaftliche Integration der drei Sprachgruppen weitgehend verhindert wird. In dieser, hier exemplarisch beleuchteten Tendenz sieht Keifl Gefahren für eine langfristige Befriedung europäischer Minderheitenkonflikte und somit für ein stabiles und friedvolles Europa.

Terroristische Gewalt wird häufig als eine Form des interkulturellen oder interreligiösen Konfliktaustrags wahrgenommen. Ein von seinen Urhebern dramatisch in Szene gesetztes Ereignis wie der Einsturz der von Verkehrsflugzeugen getroffenen Twin Towers in New York am 11. September 2001 lässt terroristische Gewalt als eine immense Gefahr erscheinen. *Matenia P. Sirseloudis* Aufsatz zur *Früherkennung terroristischer Kampagnen* stellt zunächst einmal klar, dass durch Terroranschläge im Vergleich zu anderen Formen gewalttätiger Konfliktaustragung relativ niedrige Opferzahlen zu beklagen seien. Trotzdem trage Terrorismus signifikant zur Perpetuierung von Gewaltkonflikten bei. Deswegen bestehe ein großer Bedarf an wirksamen Ansätzen zur Prävention. Nach einer kurzen Darlegung der Konzepte Terrorismus und Früherkennung wird ein Modell zur Früherkennung terroristischer Kampagnen beschrieben, welches sich auf lang- und mittelfristige Vorbedingungen (Root und Proximate Causes) sowie auf kurzfristige Vorzeichen bezieht. Dabei sollen zugrunde liegende Strukturen, die terroristische Kampagnen ermöglichen und fördern, aufgedeckt werden. In jeder Phase der Entwicklung terroristischer Kampagnen ist eine Hinwendung hin zu anderen Formen der Konfliktaustragung möglich. Die am Ende des Artikels vorgestellten Indikatoren beruhen auf laufenden und abgeschlossenen Studien in diesem Bereich.

Im letzten zu diesem Teil gehörenden Beitrag geht es um die *Ausbildung(smöglichkeiten) von Menschen, die von Berufs wegen „Frieden machen"* wollen, was in den meisten Fällen bedeutet, dass sie im Zusammenhang mit interethnischen oder interkulturellen Konflikten tätig sein werden. Da es für diese Ausbildung kaum eine Standardisierung gibt, soll *Saskia Trittmanns* Artikel einen Einblick in die Vielzahl und Vielfalt der existenten deutschen Qualifizierungsmaßnahmen geben, um denjenigen, die sich nach einem Studium der Friedens- und Konfliktforschung oder anderen Tätigkeiten für das „Frieden machen" als Beruf entscheiden möchten, deren Inhalte, Arbeitsfelder und Akteure zu erschließen. Dazu erläutert sie zunächst grundlegend, was unter Ziviler Konfliktbearbeitung (ZKB) zu verstehen ist. Daran anschließend wird punktuell auf wichtige internationale Ereignisse der letzten 10 Jahre eingegangen und beleuchtet, welche theoretischen Überlegungen sie förderten, welchen Einfluss sie auf die (Fort-)Entwicklung der Schulungsmaßnahmen zur ZKB hatten und wie sie sich insgesamt auf die deutsche Akteurslandschaft Ziviler Konfliktbearbeitung auswirkten. Der zweite Teil des Artikels gibt einen Überblick über die derzeitigen deutschen Qualifizierungsangebote und ihre Träger. Dabei wird auf die Schulungsmaßnahmen *en détail* eingegangen, ihre Schwerpunkte, Zielgruppen, Inhalte, Zeiträume, auf die Ausdifferenzierung der Szenerie sowie deren Kommunikations- und Kooperationsformen. Zum Schluss werden dann konkrete Empfehlungen für Personen ausgesprochen, die in der ZKB tätig werden wollen.

Literatur

AKUF (2009): AKUF Analysen Nr. 8/Dezember 2009 (Wolfgang Schreiber: Kriege und bewaffnete Konflikte 2009. Ein erster Überblick), Hamburg

Apitzsch, Ursula (1996): Migranten und Traditionsbildung. Biographien Jugendlicher ausländischer Herkunft, in: Ernst Karpf/Doron Kiesel (Hg.), Politische Kultur und politische Bildung Jugendlicher ausländischer Herkunft, Frankfurt/Main, S. 11–30.

Appleby, R. Scott (2000): The Ambivalence of the Sacred: Religion, Violence, and Reconciliation. Lanham.

Auswärtiges Amt (1990): Sicherheit und Zusammenarbeit in Europa. Dokumentation zum KSZE-Prozess, hrsg. vom Auswärtigen Amt, Bonn 7. Aufl.

Barth, Frederik (Hrsg.) (1969): Ethnic Groups and Boundaries, Bergen/Oslo/London.

Bächler, Günther, Reiner Steinweg und Arno Truger (Projektleitung) (1996): Theorie und Praxis ziviler Konfliktbearbeitung. Friedensbericht 1996. 1. Jahrbuch für Konfliktlösung, Chur/Zürich

Beauftragte (2010): Die Beauftragte der Bundesregierung für Migration, Flüchtlinge und Integration (Hrsg.): 8. Bericht der Beauftragten der Bundesregierung für Migration, Flüchtlinge und Integration über die Lage der Ausländerinnen und Ausländer in Deutschland, Berlin.

Bercovitch, Jacob und Jeffrey Z. Rubin (1992): Mediation in International Relations, London.

Bonn International Center for Conversion (BICC), Forschungsstätte der Evangelischen Studiengemeinschaft (FEST), Hessische Stiftung Friedens- und Konfliktforschung (HSFK), Insitut für Entwicklung und Frieden (INEF) und Institut für Friedensforschung und Sicherheitspolitik an der Universität Hamburg (IFSH): Friedensgutachten, Münster (erscheint jährlich).

Bonn-Kopenhagener Erklärungen (1985): in „Die Bonn-Kopenhagener Erklärungen von 1955 – Zur Entstehung eines Modells für nationale Minderheiten" Grenzverein, Flensburg, 1985, S. 122 ff.

Boutros-Ghali, Boutros (1992): Agenda für den Frieden. In: Stiftung Entwicklung und Frieden (Hrsg.): Analysen und Empfehlungen des UN-Generalsekretärs. Forderungen an die deutsche Politik, Bonn, S. 19–65.

Burton, John (1990): Conflict: Resolution and Provention, London.

Cohen, Abner (Hrsg.) (1974): Urban Ethnicity, London.

Debiel, Tobias und Franz Nuscheler (Hrsg.) (1996): Der neue Interventionismus. Humanitäre Einmischung zwischen Anspruch und Wirklichkeit, Bonn.

Dittrich, Eckhard W. und Frank-Olaf Radtke (1990): Einleitung. Der Beitrag der Wissenschaften zur Konstruktion ethnischer Minderheiten, in: dies. (Hrsg.): Ethnizität. Wissenschaft und Minderheiten, Opladen, S. 11–40.

Dunay, Pal/Zellner, Wolfgang (1996): Der Stabilitätspakt für Europa – diplomatische Episode oder dauerhafter Erfolg? in: Institut für Friedensforschung und Sicherheitspolitik an der Universität Hamburg (IFSH) (Hrsg.): OSZE-Jahrbuch 1996, Baden-Baden, S. 319–333.

Focus (2010): Niedersachsens neue Sozialministerin gegen Kruzifixe http://www.focus.de/politik/deutschland/ayguel-oezkan-niedersachsens-neue-sozialmi… (Abruf 27.04.2010)

Forst, Rainer (2003): Toleranz im Konflikt. Geschichte, Gehalt und Gegenwart eines umsrittenen Begriffs, Frankfurt am Main.

Galtung, Johan (1971): Gewalt, Frieden und Friedensforschung, in: Senghaas, Dieter (Hg.): Kritische Friedensforschung, Frankfurt/M., S. 55–104.

Geyer, Christian (2005): Die Wahrheitsfrage als Friedensdienst. Benedict XVI. hat eine Botschaft: Der neue Papst begreift Mission und Dialog nicht länger als Gegensatz, in: Frankfurter Allgemeine Zeitung, 21. April 2005, S. 33.

Gobodo-Madikizela, Pumla (2006): Trauma und Versöhnung – Lehren aus Südafrika, in: Aus Politik und Zeitgeschichte, 42/2006, http://www.bpb.de/publikationen/KV8XBA,0,0,Trauma_und_Vers%F6hnung_Lehren_aus_S%FCdafrika.html (Zugriff 20.06.2010)

Gurr, Ted Robert (1996): Minorities, Nationalists, and Ethnopolitical Conflict, in: Crocker, Chester et al. (Hg.): Managing Global Chaos. Sources of and Responses to International Conflict, Washington, S. 53–77.

Gurr, Ted Robert und Barbara Harff (1994): Ethnic Conflict in World Politics, Boulder.

Habermas, Jürgen (1993): Anerkennungskämpfe im demokratischen Rechtsstaat, in: Charles Taylor, Multikulturalismus und die Politik der Anerkennung. Mit Kommentaren von Amy Gutmann (Hg.), Steven C. Rockefeller, Michael Walzer, Susan Wolf. Mit einem Beitrag von Jürgen Habermas, Frankfurt/Main, S. 147–196.

Hasenclever, Andreas (2003): Kriegstreiber und Friedensengel – Die Rolle von Religionen und Glaubensgemeinschaften in bewaffneten Konflikten, in: Hauswedell, Corinna et al. (Hg.): Friedensgutachten 2003, Münster, S. 71–79.

Hayner, Priscilla B. (1994): Fifteen Truth Commissions – 1974 to 1994. A Comparative Study, in: Human Rights Quarterly, 16, 1994, S. 597–655.

Heintze, Hans-Joachim (Hrsg.) (1997): Selbstbestimmungsrecht der Völker – Herausforderung der Staatenwelt. Zerfällt die internationale Gemeinschaft in Hunderte von Staaten? Bonn.

Heß, Hannah (1997): Gerechtigkeit oder Versöhnung – die Wahrheits- und Versöhnungskommission in Südafrika, in: Meyer, Berthold: Formen der Konfliktregelung. Eine Einführung mit Quellen, Opladen, S. 380–396.

Huntington, Samuel P. (1993): The Clash of Civilisations?, in: Foreign Affairs, Summer 1993, S. 22–49.

Huntington, Samuel P. (1996): Der Kampf der Kulturen. The Clash of Civilizations. Die Neugestaltung der Weltpolitik im 21. Jahrhundert, München/Wien.

ICJ (2010): Accordance with international law of the unilateral declaration of independence in respect of Kosovo, Advisory Opinion, General List No. 141, 22 July 2010.

Ipsen, Knut (1997): Minderheitenschutz auf reziproker Basis: die deutsch-dänische Lösung, in: Heintze, Hans-Joachim (Hrsg.): Selbstbestimmungsrecht der Völker – Herausforderung der Staatenwelt. Zerfällt die internationale Gemeinschaft in Hunderte von Staaten? Bonn, S. 327–341.

Janssen, Christina (2010): Europäische Nachbarn auf Konfliktkurs. Ungarn und die Slowakei, in: dradio.de vom 11.06.2010 http://www.dradio.de/dlf/sendungen/hintergrundpolitik/1201609/ (Zugriff 13.06.2010).

Johannsen, Margret (2004): Zwischen Widerstand und Opposition. Gewaltordnungen in Palästina, in: S + F, Sicherheit und Frieden, 22. Jg. Heft 4, S. 195–206.

Juergensmeyer, Mark (2000): Terror in the Mind of God. The Global Rise of Religios Violence, Berkeley/Los Angeles/London.

Kermani, Navid (2009a): Bildansichten: Warum hast du uns verlassen? In: Neue Zürcher Zeitung vom 14. April 2009: http://www.nzz.ch/nachrichten/kultur/literatur_und_kunst/warum_hast_du_uns_verlassen__guido_renis_kreuzigung_1.2195409.html (Zugriff 04.05.2010).

Kermani, Navid (2009b): Ich spreche nicht für den Islam. Dankesrede bei der Verleihung des Hessischen Kulturpreises 2009, in: FAZ vom 27. 11. 2009, S. 33 und 35.

Korn, Salomon (2009): Hessischer Kulturpreis – Die Gnade des Zweifels. http://www.faz.net/s/RubCF3AEB154CE64960822FA5429A182360/Doc~EA39A5E… (Zugriff 29.11.2009)

Küng, Hans (^{5}1999): Projekt Weltethos, München.

Küng, Hans und Karl-Josef Kuschel (Hrsg.) (^{2}1996): Erklärung zum Weltethos. Die Deklaration des Parlaments der Weltreligionen, München.

Matthies, Volker (Hrsg.) (1993): Frieden durch Einmischung? Der Schrecken des Krieges und die (Ohn)Macht der internationalen Gemeinschaft, Bonn.

Matthies, Volker (Hrsg.) (1995): Vom Krieg zum Frieden. Kriegsbeendigung und Friedenskonsolidierung, Bremen.

Meyer, Berthold (2007): Der Beitrag der Religionen zur Überwindung der Gewalt aus der Sicht der Friedens- und Konfliktforschung, in: Barth, Hans-Martin/Elsas, Christoph (Hrsg.): Innerer Friede und die Überwindung von Gewalt. Religiöse Traditionen auf dem Prüfstand, Schenefeld S. 41–57.

Meyer, Berthold unter Mitarbeit von Hannes Vorhofer (2001): Aus der Traum? Das Scheitern des Nahost-Friedensprozesses und seine innenpolitischen Hintergründe. HSFK-Report 2/2001, Frankfurt/M.

Millard, Ananda S. (2010): Entwaffnung und Wiedereingliederung der Paramilitärs in Kolumbien, in: Fröhlich, Christiane et al. (Hrsg.): Friedensgutachten 2010, Berlin, S. 264–273.

Müller, Harald (²1999): Das Zusammenleben der Kulturen. Ein Gegenentwurf zu Huntington, Frankfurt/M.

Nicklas, Hans und Änne Ostermann (1984): Vorurteile und Feindbilder, Weinheim, 3. Aufl.

Nye, Joseph S. (1995): Conflicts after the Cold War, in: The Washington Quarterly 19, 1: S. 5–24.

Olt, Reinhard (1993): Angst vor dem Nationalen. Streben nach Automonie und nach einem wirksamen Volksgruppenschutz in Europa, in: Krasemann, Peter (Hrsg.): Der Krieg – ein Kulturphänomen? Studien und Analysen, Berlin, S. 97–124.

Pressestelle Staatskanzlei (2009): Pressemitteilung vom 13.05.2009 Hessischer Kulturpreis 2009 für Prof. Karl Kardinal Lehmann, Kirchenpräsidenten a. D. Prof. Peter Steinacker und Prof. Salomon Korn.

Räther, Frank B. (1998): Südafrika. Horror in fünf Bänden, in: FOCUS Nr. 45 (1998) http://www.focus.de/politik/ausland/suedafrika-horror-in-fuenf-baenden_aid_174893… (Zugriff 20.06.2010)

Raiser, Thomas (1987): Rechtssoziologie, Ein Lehrbuch, Frankfurt/M.

Ratzinger, Josef (2005): Der Stellvertreter Christi, in: Frankfurter Allgemeine Zeitung, 22. April 2005, S. 8.

Rheinland-Pfalz (2008): Lebendiges Rheinland-Pfalz, hrsg, von der Landesregierung: http://www.rlp.de/fileadmin/staatskanzlei/rlp.de/downloads/ministerpraesident/halbzeitbilanz/Halbzeitbilanz_-_Lebendiges_Rheinland-Pfalz.pdf (Zugriff 20.06.2010)

Rittberger, Volker und Andreas Hasenclever (2001): Religionen in Konflikten, in: Küng, Hans und Karl-Josef Kuschel (Hrsg.): Wissenschaft und Weltethos, München, S. 161–200.

Röhl, Klaus F. (1987): Rechtssoziologie, Ein Lehrbuch, Köln.

Rau, Johannes (2000): „Berliner Rede“ am 12. Mai 2000 im Haus der Kulturen der Welt“, http://www.bundespraesident.de/reden/rau/de/00-0512.htm (Zugriff 19.09.2000)

Ropers, Norbert (1997): Die Bearbeitung ethnopolitischer Konflikte in der Staaten- und Gesellschaftswelt. Die Dilemmatat makro- und mikropolitischer Strategien am Beispiel Siebenbürgens 1990–1995, in: Meyer, Berthold: Formen der Konfliktregelung. Eine Einführung mit Quellen, Opladen, S. 350–370.

Ropers, Norbert und Tobias Debiel (Hrsg.): Friedliche Konfliktbearbeitung in der Staaten- und Gesellschaftswelt. Eine Welt. Texte der Stiftung Entwicklung und Frieden, Bonn 1995.

Rubin, Jeffrey Z. (1991): The Timing of Ripeness and the Ripeness of Timing, in: Kriesberg, Louis und Stuart Thorson (Hrsg.): Timing the De-Escalation of International Conflicts, New York, S. 237–246.

Schlichte, Klaus und Jens Siegelberg (1997): Kriege in den neunziger Jahren. Formen – Verläufe – Tendenzen, in: Vogt, Wolfgang R. (Hrsg.): Gewalt und Konfliktbearbeitung, Baden-Baden, S. 131–140.
Schlotter, Peter, Norbert Ropers und Berthold Meyer (1994): Die neue KSZE. Zukunftsperspektiven einer regionalen Friedensstrategie, Opladen.
Schoch, Bruno (1996): Der Nationalismus – bekannt, nicht erkannt, in: Meyer, Berthold (Hrsg.): Eine Welt oder Chaos? Frankfurt/M., S. 47–89.
Senghaas, Dieter (1992): Friedensprojekt Europa, Frankfurt/Main.
Senghaas, Dieter (Hrsg.) (1997): Frieden machen, Frankfurt/Main.
Sewann, Gerhard (Hrsg.) (1995): Minderheiten als Konfliktpotential in Ostmittel- und Südosteuropa, München.
Smith, Anthony D. (1981): The Ethnic Revival, Cambrigde u. a.
Stein, Hannes (2009): Hessischer Kulturpreis. Streit um einen Muslim, den die Kreuzigung bewegt, in: Welt-online: http://www.welt.de/kultur/article3749305/Streit-um-einen-Muslim-den-die-Kreuzigung-bewegt.html (Zugriff 04.05.2010)
Stoel, Max van der (2000): Prinzipien und Pragmatismus – 25 Jahre Erfahrung im Helsinki-Prozess, in: Institut für Friedensforschung und Sicherheitspolitik an der Universität Hamburg/IFSH (Hrsg.): OSZE-Jahrbuch 2000, Baden-Baden, S. 27–38.
Strumpf, Nina (2010): Die Berücksichtigung von Genderkonzepten in der Entwaffnungs-, Demobilisierungs- und Reintegrations-(DDR)Leitlinie in Sierra Leone und ihre Wahrnehmung, unv. Masterarbeit, Marburg.
Tibi, Bassam (1995): Krieg der Zivilisationen. Politik und Religion zwischen Vernunft und Fundamentalismus, Hamburg.
Victor, Barbara (2005): Shahidas. Die Töchter des Terrors, München.
Waldmann, Peter (1989): Ethnischer Radikalismus, Ursachen und Folgen gewaltsamer Minderheitenkonflikte, Opladen.
Zartman, William I. (1989): Ripe for Resolution. Conflict and Intervention in Africa, New York/Oxford.
Zeh, Juli (2003): Die Stille ist ein Geräusch. Eine Fahrt durch Bosnien, Frankfurt/Main.

Prioritätenspiel „Frieden in Palästina – was tun?"

Um auf dem Boden des ehemals britischen Mandatsgebiets Palästina Frieden einkehren zu lassen, sind vor allem folgende Maßnahmen zu ergreifen:

Hamas ist eine Terrororganisation und muss aufgelöst werden.	Israel sollte dem Atomwaffensperrvertrag beitreten und seine Atomwaffen abrüsten.	Die Islamisten müssen damit aufhören, in Israel Selbstmordattentate durchzuführen.
Iran strebt nach Atomwaffen und will Israel von der Landkarte tilgen. Deshalb braucht Israel ein eigenes atomares Abschreckungspotenzial.	Die radikalen Palästinenserorganisationen im Gazastreifen müssen daran gehindert werden, sich durch Tunnel Waffen zu beschaffen.	Israel muss den Zaun bzw. die Mauer, den/die es um das Westjordanland gebaut hat, wieder abreißen.
Hamas hat bei den Wahlen zum palästinensischen Parlament auf demokratischem Wege die Mehrheit bekommen. Das muss akzeptiert werden.	Israel muss alle seine Siedlungen in den Palästinensergebieten räumen.	Die zwischen Israel und den palästinensischen Autonomiegebieten errichteten Grenzanlagen müssen von beiden Seiten undurchdringlich sein.
Israel darf seine nichtjüdischen (arabischen) Staatsbürger nicht als Bürger zweiter Klasse behandeln.	Solange Hamas das Existenzrecht Israels nicht anerkennt, kann die Regierung in Gaza selbst nicht anerkannt werden.	Israel muss den palästinensischen Staat auf dem Boden des Gazastreifens und der Westbank anerkennen.
Israel sollte seinen arabischen Staatsbürgern eine Prämie dafür zahlen, wenn sie bereit sind, sich im künftigen Palästina ansiedeln.	Israel sollte nur einige kleinere Siedlungen im Westjordanland aufgeben und für die übrigen den Palästinensern einen Gebietstausch anbieten.	Die Altstadt von Jerusalem sollte internationaler Kontrolle unterstellt werden.
Israel muss eine ausreichende Trinkwasserversorgung für die Palästinenser sicherstellen.	Die Palästinenser sollten sich damit begnügen, dass aus Drittländern zurückkehrende Flüchtlinge künftig im Staat Palästina siedeln können.	Die Vereinten Nationen sollten eine Blauhelmtruppe an die Grenze zwischen Israel und dem künftigen Palästina schicken.
Alle Menschen die 1948 bzw. 1967 aus Palästina geflohen oder vertrieben worden sind, sollten in ihre Heimatorte zurückkehren können.	Die USA sollten damit aufhören, einseitig Partei für Israel zu ergreifen.	Außerdem sollte…

Aufgabenstellung

Der Spielleiter teilt die Teilnehmergruppe in drei Untergruppen auf, von denen eine die israelische Seite, eine die palästinensische Seite und eine das Nahost-Quartett (USA, Russland, UNO, EU) spielt. Dann verteilt er an alle die Seite mit den Forderungen und dem folgenden Aufgabentext:

Auf diesem Blatt werden 20 Forderungen genannt, die in der Auseinandersetzung um den Frieden in Palästina von verschiedenen Seiten vorgetragen wurden und werden.

1. Diskutiert diese Forderungen in Eurer Arbeitsgruppe.
2. Streicht zwischen sieben und zehn Forderungen, die Ihr als Vertreter der Gruppe … nicht akzeptieren wollt.
3. Ordnet die übrig gebliebenen Forderungen danach, welche Ihr aus der Sicht der … für die wichtigste, die zweitwichtigste etc. haltet. Falls Ihr den Eindruck habt, dass es aus Eurer Perspektive noch eine weitere wichtige Forderung gibt, könnt Ihr diese ergänzend formulieren und in die Prioritätenliste einordnen.
4. Begründet Eure Entscheidungen für die Streichungen und Prioritätensetzungen.
5. Falls es auch nach intensiver Diskussion nicht möglich sein sollte, Einigkeit bei den Streichungen oder den Prioritätensetzungen zu finden, dokumentiert die Mehrheits- und die Minderheitsposition.

Den drei Untergruppen wird eine Stunde Zeit gegeben, diese Aufgabe zu erledigen. Nötigenfalls kann diese Zeit auch etwas verlängert werden. Danach kommen alle im Plenum zusammen. Auf einem Flipchart wird zunächst zusammengetragen, welche Forderungen von den verschiedenen Seiten gestrichen wurden und welche jeweils die höchste, zweit- und dritthöchste Priorität erhielten. Die Gruppen erklären dazu ihre Entscheidungen. Hieraus ergibt sich auf dem Flipchart schon ein Strukturmuster, aus dem sich erkennen lässt, ob es für bestimmte Positionen Übereinstimmungen in der Streichwürdigkeit gibt und ob es Punkte gibt, die vielleicht auf allen Seiten keine hohe Priorität haben, so dass darüber verhandelt werden könnte, um überhaupt eine Basis für eine Einigung zu finden. Dann kann darüber in Verhandlungen eingetreten werden.

Anmerkung: Das Prioritätenspiel zum Palästinakonflikt wurde erstmals bei einem Seminar mit einer internationalen Stipendiatengruppe der Friedrich-Ebert-Stiftung am 20. September 2004 eingesetzt. Bei weiteren Einsätzen, u. a. im Rahmen des M.P.S.-Masterstudienganges des Instituts für Friedensforschung und Sicherheitspolitik an der Universität Hamburg, wurde das Spiel aktualisiert.

Durch Demokratisierung zum stabilen Frieden?

Bosnien und Herzegowina nach dem Krieg*

Thorsten Gromes[1]

Nach dem Krieg ist oft vor dem Krieg. Nach jedem dritten Bürgerkrieg, den eine ausgehandelte Regelung beendete, kommt es innerhalb von fünf Jahren zu einem neuen Waffengang (Hartzell u. a. 2001: 194 f.). Friedenskonsolidierung soll derartige Rückfälle verhindern und einen Frieden so sehr im Land verwurzeln, dass ihn externe Akteure nicht mehr absichern müssen (Paris 1997: 57). Den Waffenstillstand zu erhalten *(peacekeeping)*, bildet die Grundlage aller Versuche, den Frieden zu konsolidieren *(post-settlement peacebuilding)*. Eine von externen Akteuren gestellte Friedenstruppe macht es viel wahrscheinlicher, dass die früheren Kriegsparteien sich sicher fühlen und nicht erneut zu den Waffen greifen (Walter 2002). Doch solche Friedenstruppen können nicht ewig bleiben. Deshalb sollen Nachbürgerkriegsgesellschaften in die Lage versetzt werden, selbst den innerstaatlichen Frieden zu gewährleisten (Stedman 2002: 665). Zu den zentralen Aufgaben der Friedenskonsolidierung gehört daher, Strukturen und Fähigkeiten zu etablieren, die Konflikte gewaltlos regeln können (Cousens 2001: 4, 13). Da Demokratie im Ruf steht, politische Konflikte in gewaltlosen Bahnen zu halten, zählt die Demokratisierung seit dem Ende des Ost-West-Konflikts zu den Standardvorgaben von Abkommen, die Bürgerkriege zu beenden suchen (Jarstad/Sisk 2008: 1; Paris 2004: 5) Der in Dayton vereinbarte Friedensschluss für Bosnien und Herzegowina machte hiervon keine Ausnahme: „[D]emocratic governmental institutions and fair procedures best produce peaceful relations within a pluralist society“ (General Framework Agreement for Peace in Bosnia and Herzegovina (GFAP), Anhang 4, Präambel, Para. 3).

Dieser Beitrag skizziert, wie einerseits Demokratie den innerstaatlichen Frieden erhalten und andererseits der Aufbau eines demokratischen Systems ihn auch gefährden kann. Im Zentrum steht, ob die Demokratisierungsversuche in Bosnien und Herzegowina dazu beitragen konnten, den geschlossenen Frieden zu festigen.

---

* Originalbeitrag.

[1] Ich danke dem Deutschen Akademischen Austauschdienst für die Finanzierung meiner Feldforschung in Bosnien und Herzegowina von März bis Juni 2005. Der Deutschen Forschungsgemeinschaft danke ich für die Förderung eines Projekts, in dessen Rahmen ich im Oktober und November 2008 in Bosnien und Herzegowina forschen konnte.

Leistungen und Gefahren der Demokratisierung

Die Friedensstrategie Demokratisierung unterstellt den Bürgern einen Friedenswillen, der zum Tragen kommt, wenn Wahlen die Regierenden von der Zustimmung der Regierten abhängig machen. Sie geht zudem davon aus, dass eine gewählte Regierung Probleme nicht ignorieren kann, die vielen Bürgern unter den Nägeln brennen. Schließlich gilt ihr die Demokratie[2] als probates Mittel, um innerstaatliche Konflikte in gewaltlos auszutragen: Sie hegt den Konflikt um die Regierungsmacht ein, indem sie politische Macht zeitlich begrenzt sowie durch Rechtsstaatlichkeit und Gewaltenteilung einschränkt (Gromes 2007: 49–69).

Aus diesen Leistungen etablierter Demokratie für den innerstaatlichen Frieden wird der Imperativ der Demokratisierung abgleitet: Wer Frieden stiften will, muss dazu beitragen, autoritäre Regime zu demokratisieren. Doch vollzieht sich die Demokratisierung oftmals in einem gewaltsamen Prozess. Empirische Studien weisen den Übergang von Autokratien zur Demokratie sogar als besonders kriegsträchtig nach (Hegre u. a. 2001; Mansfield/Snyder 2005). Somit gilt es, strikt zu unterscheiden zwischen der Friedensleistung etablierter Demokratien und dem Prozess der Demokratisierung. Dass diese in Jugoslawien zunächst in einer Reihe von Kriegen scheiterte, ist kein Einzelfall. Genau diese gefährliche Übergangsphase sollten Bosnien und Herzegowina nach dem Kriegsende erneut betreten.

Mindestens sechs Gefahren birgt die Demokratisierung: Erstens fordert sie diejenigen heraus, deren Macht, Status und Wohlstand sie gefährdet. Gerade zu Beginn der politischen Öffnung verfügen solche Verlierer der Demokratisierung noch über genug Einfluss, um diese torpedieren zu können, etwa indem sie innerstaatliche Konflikte schüren. Zweitens eröffnen demokratische Freiheiten viele Freiräume, genau diese zu bekämpfen und eine aggressive und nationalistische Politik zu verfolgen. Drittens verleiten Wahlen dazu, mit Hetze und Appellen an Ängste und Ressentiments um Stimmen zu werben. Viertens kann in ethnisch gespaltenen Gesellschaften das Mehrheitsprinzip ganze Volksgruppen aus der Regierung oder sogar dem Parlament ausschließen. Das kann radikale Reaktionen der Exkludierten provozieren. Fünftens erscheint der Staat während der Demokratisierung schwächer, zielt sie doch darauf ab, die politische Macht einzuschränken. Die nachlassende Bereitschaft zur Repression kann antidemokratische Kräfte ermutigen, ihre Ziele mit Gewalt zu verfolgen. Sechstens wirft jede Demokratisierung die Frage auf, wer

---

[2] In einer Demokratie gehen Regierung und Legislative aus allgemeinen, gleichen, geheimen, freien und regelmäßigen Wahlen hervor, in denen mehrere Parteien gegeneinander antreten. Regierung wie Parlament kommen ihren Aufgaben nach, ohne von nicht-demokratisch legitimierten Akteuren oder Strukturen unzulässig eingeschränkt zu werden. Meinungs-, Informations-, Versammlungs- und Organisationsfreiheit bestehen ebenso wie ein Zugang zu vom Staat unabhängigen Medien. Rechtsstaatlichkeit und Gewaltenteilung kontrollieren und begrenzen die Macht der Staatsorgane (vgl. Dahl 1999: 37–40; Schiller 1999: 31–33).

überhaupt zum Volk gehört, das herrschen soll. Das ist dort nicht problematisch, wo alle Bürger eines Staatsgebiets selbstverständlich zum *Demos* zählen. Doch lauert Gefahr, sobald sich ein Teil als separater *Ethnos* versteht, einen eigenen Staat fordert oder sich einem Nachbarstaat anschließen will. Noch gefährlicher wird es, wenn eine Gruppe einer anderen abspricht, gleichberechtigter Teil des Volkes zu sein. Nach ethno-nationalistischen Kriegen wie in Bosnien und Herzegowina bestehen alle diese Gefahren in gesteigerter Form (Gromes 2007: 70–94).

Die schwierige Evaluation der Friedenskonsolidierung[3]

Der Ausbruch eines neuen Krieges steht für das klare Scheitern der Versuche, einen Frieden zu festigen. Ein deutlicher Erfolg zeigt sich hingegen in einem innerstaatlichen Frieden, der auch ohne die Präsenz von Friedensmissionen stabil bleibt. Zwischen diesen beiden Enden des Erfolgsspektrums fällt es schwer, die Bemühungen um einen konsolidierten Frieden zu erheben. Hier bietet es sich an, auf einzelne Konfliktelemente zu schauen.

Ein Blick auf den Konfliktgegenstand soll klären ob die zentrale Frage, die den Krieg bestimmte, weiterhin besteht und die Politik dominiert. Haben die Konfliktparteien ihre Position zum Konfliktgegenstand geändert? Sind neue Konfliktlinien aufgetreten oder wichtiger geworden? Auch die Konstellation der Konfliktparteien kann den erreichten Grad an Konflikttransformation markieren. Die Evaluation schaut hier danach, ob die Konfliktparteien aus Kriegszeiten weiterhin bestehen und ihr Programm, Selbstbild oder ihre Führung beibehalten haben. Wie hat sich der Einfluss dieser Konfliktakteure entwickelt? Zudem lohnt sich eine Analyse des Konfliktaustrags unterhalb der Schwelle kriegerischer Gewalt. In welchem Ausmaß tritt politisch motivierter Gewalt auf? Agieren die Konfliktparteien vor allem innerhalb oder außerhalb der demokratischen Institutionen?

Schließlich erhebt eine umfassende Evaluation der Friedenskonsolidierung, welche potenziellen Kriegsursachen bestehen. Jede Beurteilung steht aber vor einem unlösbaren Problem: Solange sich Friedensmissionen in der Nachbürgerkriegsgesellschaft aufhalten, bleibt es hinter einem Schleier des Ungewissen verborgen, ob die beobachteten Entwicklungen auch nach Abzug der externen Akteure Bestand hätten.

---

[3] S. zu dieser Frage vor allem Downs/Stedman 2002, aber auch Crocker/Hampson 1996: 5 und Stedman/Rothchild 1996: 25 f.

Der Krieg um die Republik Bosnien und Herzegowina

Im Konflikt um die Republik Bosnien und Herzegowina standen sich, vereinfacht dargestellt, drei Parteien gegenüber, die sich durch Religion, Sprache, Geschichte und politische Interessen unterschieden sahen. Bei der letzten Volkszählung 1991 definierten sich 44 Prozent der Bürger als Muslime, die später den Namen Bosniaken bevorzugten. 31 Prozent bezeichneten sich als Serben und 17 Prozent als Kroaten. Der Rest begriff sich als Jugoslawen, gehörte Minderheiten an oder wollte sich nicht ethnisch definieren (Tomić/Herceg 1999: 410–416).

Vor dem Krieg bestand der Konfliktgegenstand darin, ob sich die Sozialistische Republik Bosnien und Herzegowina von Jugoslawien lösen sollte. Die große Mehrheit unter den Bosniaken und Kroaten forcierte die Unabhängigkeit, während die meisten Serben gegen diese Sezession votierten. Nachdem die Bosniaken und Kroaten den Teilstaat unter dem Namen Republik Bosnien und Herzegowina von Jugoslawien abgespalten hatten, verschob sich der Konfliktgegenstand. Im Krieg ging es vor allem darum, ob der neue Staat in seinen international anerkannten Grenzen erhalten bleibt (Burg/Shoup 1999; Calic 1996; Woodward 1995).

Die meisten Bosniaken kämpften für den Erhalt der Republik Bosnien und Herzegowina in ihrem international anerkannten Territorium, redeten einem multiethnischen Staat das Wort, der ihnen aber als zahlenmäßig größter Gruppe eine dominante Position einräumen würde.

Die meisten Serben unterstützten das Vorhaben, von serbischen Truppen gehaltene Gebiete abzuspalten, um diese mit Serbien und den damals serbisch kontrollierten Gebieten in Kroatien zu vereinen. Die von Slobodan Milošević regierte Bundesrepublik Jugoslawien unterstützte die bosnisch-herzegowinischen Serben die meiste Zeit offen mit militärischen und diplomatischen Mitteln.

Die Kroaten besaßen zunächst eine Führung, die für eine ungeteilte Republik Bosnien und Herzegowina eintrat, sich aber gegen eine bosniakische Dominanz wehrte. Später setzte sich das radikale Lager an die Spitze und versuchte, von kroatischen Truppen kontrollierte Gebiete der Republik Bosnien und Herzegowina zu entreißen, um sie Kroatien anzuschließen. Diese Politik führte zum bosniakisch-kroatischen Krieg von Frühjahr 1993 bis Anfang 1994. Kroatien sandte Geld, Waffen und Truppen.

Der Friedensschluss von Dayton

Das Friedensabkommen für Bosnien und Herzegowina wurde im November 1995 in Dayton vereinbart und im Dezember desselben Jahres in Paris unterzeichnet.

Damit ging ein dreieinhalb Jahre dauernder Krieg zu Ende, der rund 100.000 Menschen das Leben gekostet hatte.[4]

Keine Kriegspartei konnte die anderen soweit niederkämpfen, dass diese sich vom Feind verordneten Friedensbedingungen beugen mussten. Ebenso wenig haben externe Akteure den Konfliktparteien das Dayton-Abkommen vollständig diktiert. Vielmehr kamen die Vermittler um Richard Holbrooke und Carl Bildt mit einer Mischung aus militärischen Sanktionen gegen die bosnisch-herzegowinischen Serben und politischem Druck sowie weit reichenden Zugeständnissen gegenüber allen drei Seiten zum Erfolg (Bildt 1998; Holbrooke 1998). Daher charakterisierten Kompromisse das Abkommen von Dayton.

Zwar blieb Bosnien und Herzegowina, so der neue Name, in den international anerkannten Grenzen erhalten. Die Institutionen dieses Gesamtstaates verantworteten jedoch nur die Außen- und Außenhandelspolitik, die Zoll- und Geldpolitik, Einwanderungsfragen sowie unbedeutende Bereiche wie die Kontrolle des Luftverkehrs. Die meisten Kompetenzen, darunter die Verteidigungspolitik, erhielten zwei „Entitäten" genannte Teilrepubliken. Die bosniakisch-kroatische Föderation von Bosnien und Herzegowina ging aus dem Separatfrieden hervor, der 1994 den Bürgerkrieg zwischen Bosniaken und bosnisch-herzegowinischen Kroaten beendet hatte. Die Föderation erstreckte sich über 51 Prozent des Staatsgebiets und setzte sich aus zehn Kantonen zusammen, die über die meisten der den Entitäten zugewiesenen Kompetenzen verfügten. Als zweiten Teilstaat bestimmte das Dayton-Abkommen die Republika Srpska, die 49 Prozent des Territoriums erhielt.

Einerseits nahm der Friedensschluss die ethnische Teilung von Bosnien und Herzegowina als Ergebnis des Krieges hin. So umfasste die Republika Srpska auch die frühere UN-Schutzzone Srebrenica, in der im Juli 1995 serbische Einheiten mehr als 7.800 Bosniaken ermordet hatten. Andererseits bekräftigte das Abkommen von Dayton die Unteilbarkeit von Bosnien und Herzegowina und gewährte den Flüchtlingen und Vertriebenen das Recht auf Rückkehr in ihre ursprünglichen Wohnorte und die Rückgabe ihres Eigentums.

Bei der Demokratisierung von ethnisch gespaltenen Gesellschaften gehen vom Mehrheitsprinzip besonders große Gefahren aus. Je mehr eine politische Ordnung die Macht nach der Formel „the winner takes it all" verteilt, desto macht sie eine Konfliktpartei zum ständigen Wahlsieger, die andere(n) hingegen zum permanenten Verlierer. Bei den Wahlen unterlegenen Konfliktpartei(en) droht, im Frieden den Bürgerkrieg nachträglich zu verlieren. Das in Dayton vereinbarte neue politische System für Bosnien und Herzegowina versuchte deshalb, den Gefahren der Exklu-

---

[4] Aus den Reihen der bosniakischen Volksgruppe verloren 64.000 Menschen (davon 33.100 Zivilisten) ihr Leben. Bei den Serben starben durch den Krieg 24.900 (davon 4.100 Zivilisten), bei den Kroaten 7.800 Menschen (darunter 2.200 Zivilisten). S. die Studie des Forschungs- und Dokumentationszentrums Sarajewo: www.idc.org.ba/presentation/index.htm .

sion zu begegnen, und orientierte sich am Modell der Konkordanzdemokratie. In dieser Demokratieform teilen sich alle wichtigen Gruppen die Regierungsmacht und besitzen in den Entscheidungsgremien ein Veto-Recht. Öffentliche Ämter und Ressourcen werden nach Proporz oder Parität verteilt. Zudem bestimmen die Gruppen über ihre eigenen Angelegenheiten selbst, etwa in Form von Föderalismus (Lijphart 1977: 25–47). In Bosnien und Herzegowina verwirklichten die Entitäten föderalistische Ideen. Das Parlament und die Regierung bildeten teils die Entitäten, teils die als konstitutive Völker definierten Bosniaken, Serben und Kroaten proportional oder sogar paritätisch ab. Die Präsidentschaft wie auch der Ministerrat umfasste Vertreter aller konstitutiven Völker. In der Präsidentschaft wie im Parlament bestanden Veto-Rechte (GFAP 1995, Anhang 4).

Die Ausgangslage nach dem Friedensschluss

Direkt nach dem Friedensschluss gab es keine staatlichen Strukturen, in denen ein Großteil sowohl der Bosniaken als auch der Serben und Kroaten agierte. Bosnien und Herzegowina war in drei Gebiete zerfallen. Die bosniakische Partei der Demokratischen Aktion (SDA) dominierte die Institutionen der Republik Bosnien und Herzegowina, aus denen sich die ethno-nationalistischen Serben und Kroaten zurückgezogen hatten. Geltung verschaffen konnte sich die Republik Bosnien und Herzegowina nur in Gebieten unter bosniakischer Kontrolle. Demgegenüber herrschte die Serbische Demokratische Partei (SDS) unter Radovan Karadžić fast unumschränkt in der Republika Srpska, die sie bereits 1992 proklamiert hatte. Das para-staatliche Gebilde der Kroaten, Herceg-Bosna, erstreckte sich über das Territorium, das die Kroatische Demokratische Gemeinschaft (HDZ) autoritär beherrschte.

Die drei großen ethno-nationalistischen Parteien dominierten in ihren Gebieten verfassungswidrig nahezu sämtliche Bereiche des öffentlichen Lebens, sodass demokratische Freiheiten bestenfalls ansatzweise bestanden. Pluralismus duldete am ehesten die SDA. Alle drei Regime betrachteten die Polizei wie auch die Geheimdienste als Instrumente parteipolitischer Interessen (ESI 2000: 40; ICG 1999: 109). Richter und Staatsanwälte standen ebenso unter direktem Einfluss der jeweils herrschenden Partei. Aus den Reihen der Kriegsveteranen rekrutierten SDS, HDZ und SDA Schlägertrupps (ESI 1999: 9–11). Fast 300 Medien gab es nach Kriegsende, doch standen die meisten unter Kontrolle einer dieser drei Parteien (Kurspahić 2003: 11, 154). Die Verwaltungen und andere öffentliche Einrichtungen besetzten die Ethno-Nationalisten vorrangig mit ihren Mitgliedern und Anhängern. Ein großer Teil der internationalen Hilfe lief über Strukturen unter Dominanz der SDS, HDZ oder SDA. 80 Prozent der Menschen hingen von humanitärer Hilfe ab (US General Accounting Office 1997: 19). Den ethno-nationalistischen Parteien unterstanden drei ethnisch separierte Büros für Zahlungsverkehr, die Transaktionen über umgerechnet 50 € abwickelten. Darüber hinaus zogen sie Steuern ein und behinderten oder förderten Unternehmen je nach deren politischer Orientierung (Zaum 2005: 351).

Auch nach dem Krieg setzte sich der Konflikt um einen gemeinsamen Staat fort. So erklärte die Vorsitzende der SDS, Biljana Plavšić, im Wahlkampf 1996: „We want the unification of all Serbs in one state, which will be called Serbia“ (Institute for War & Peace Reporting and Media Plan 1996: 3–5). In Umfragen Ende 1995 und Anfang 1996 unterstützten nur vier bis sieben Prozent der befragten Serben ein vereinigtes Bosnien und Herzegowina (US General Accounting Office 1998: 75).

Die ersten Monate nach dem Friedensschluss in Bosnien und Herzegowina demonstrieren, wie sehr die Konfliktparteien die unumschränkte Macht ethnisch exklusiver Strukturen der eingeschränkten und geteilten Macht in einer Konkordanzdemokratie vorzogen. Ein gemeinsamer konkordanzdemokratischer Staat mochte den Konfliktparteien annehmbarer erscheinen als eine Dominanz der gegnerischen Seite. Doch das Angebot einer konkordanzdemokratischen Machtteilung brachte dem gemeinsamen Staat noch nicht die Akzeptanz aller Konfliktparteien. Der Demokratieforschung zufolge kann die Demokratisierung ohne eine solche Akzeptanz nicht gelingen (Rustow 1970: 350–353).

Die internationale Demokratisierungspolitik

Nach dem Kriegsende engagierte sich eine Vielzahl internationaler Organisationen, staatlicher Agenturen, Nichtregierungsorganisationen sowie bosnisch-herzegowinischer Akteure um die Demokratisierung. Dieser Beitrag bietet nur Platz dafür, die Demokratisierungspolitik der wichtigsten Friedensmissionen in groben Strichen darzustellen.

Die erste Phase der internationalen Demokratisierungspolitik stand unter dem Motto „Wahlen und weg“. Die im Friedensimplementierungsrat zusammengeschlossenen an Bosnien und Herzegowina interessierten Staaten und internationalen Organisationen konzentrierten sich darauf, möglichst schnell Wahlen abzuhalten. Sie verkündeten, die friedenserhaltende Implementation Force (IFOR) wie auch die zivilen Friedensmissionen möglichst rasch abziehen zu wollen. Die Mission der Organisation für Sicherheit und Zusammenarbeit in Europa (OSZE) erhielt das Mandat, Nachkriegswahlen zu organisieren. Das Büro des Hohen Repräsentanten sollte die Aktivitäten im zivilen Bereich des Friedensschlusses mobilisieren und koordinieren sowie die Regelung von dabei auftretenden Problemen unterstützen. Systematische Versuche, die undemokratischen Machtstrukturen der SDS, HDZ und SDA aufzulösen, blieben aus.

Nach den ersten Nachkriegswahlen im September 1996 entstanden zwar die vom Dayton-Abkommen vorgesehenen gemeinsamen demokratischen Institutionen. Allerdings entfalteten sie nur eine geringe Relevanz, da SDS, HDZ und SDA nach ihrem Wahltriumph ihre verfassungswidrigen ethnisch exklusiven Herrschaftsgebilde aufrechterhielten. Angesichts weiterer Probleme wie der Obstruktion der Rückkehr von Vertriebenen entschlossen sich die Friedensmissionen, von einem Abzug abzusehen und immer tiefer in die bosnisch-herzegowinische Politik einzugreifen.

Die zweite Phase begann damit, dass der Friedensimplementierungsrat die Befugnisse des Hohen Repräsentanten drastisch ausdehnte. Fortan durfte er Gesetze und andere Entscheidungen verfügen sowie Politiker und Beamte absetzen (Peace Implementation Council 1997). Bis August 2009 traf der Hohe Repräsentant rund 870 solcher Entscheidungen, darunter fast 200 Entlassungen, die auch Mitglieder der Staatspräsidentschaft, Entitätspräsidenten und Minister trafen.[5] Die Hochzeit dieser „wohlwollenden Demokratisierungsdespotie" dauerte bis 2002. Das zentrale Anliegen der Friedensmissionen bestand zum einen darin, die dominierenden ethno-nationalistischen Parteien SDS, HDZ und SDA zu schwächen. „Ich habe nicht das geringste Verständnis für Obstruktionisten und Nationalisten, und ich halte sie für Gift für dieses Land", meinte 2000 der damalige Hohe Repräsentant Wolfgang Petritsch (2001: 244). Zum anderen fiel ein Großteil struktureller Reformen in diese Phase von 1997 bis 2002. Die internationalen Friedensmissionen lösten die Milizen und Geheimpolizeien der ethno-nationalistischen Parteien auf. Polizisten mussten sich auf ihre fachliche Qualifikation, Dienstvergehen und Kriegsverbrechen überprüfen lassen und gegebenenfalls aus dem Dienst ausscheiden. Die Kontrolle der politischen Parteien über die Einstellung, Beförderung und Bestrafung von Polizisten wurde zurückgedrängt (Dziedzic/Bair 1998; Stodiek 2003). Vom Hohen Repräsentanten eingesetzte Justizräte schrieben fast alle Posten für Richter und Staatsanwälte neu aus und entschieden sich für die qualifiziertesten und am wenigsten belasteten Bewerber. Ab 2004 oblag es einem landesweiten Hohen Justizrat, Richter und Staatsanwälte zu ernennen und disziplinieren, damit diese frei von unzulässigem politischen Einfluss entscheiden (Independent Judicial Commission 2004). Eigens eingerichtete Behörden sollten gewährleisten, dass der öffentliche Dienst Positionen fortan nach Qualifikation und nicht nach ethnischer oder Partei-Loyalität vergab. Die internationale Friedensmission regulierte Funk und Fernsehen und förderte alternative und unabhängige Medien (Udovičić 2001).

Ab 2002, anfangs der dritten Phase, richtete sich die internationale Demokratisierungspolitik neu aus. Statt die Ethno-Nationalisten schwächen und die vermeintlichen Gemäßigten stärken zu wollen, versuchte sie, die bosnisch-herzegowinischen Akteure auf Reformen zu verpflichten. Die Aussicht, eines Tages der Europäischen

[5] Zusammengestellt aus den Angaben unter www.ohr.int/decisions/archive.asp .

Union (EU) beizutreten und so „von Dayton nach Brüssel“ (Hadžikadunić 2005) zu gelangen, bildete das Leitmotiv dieser Strategie. Die „Demokratisierungsdespotie“ blieb aber bestehen.

2005 setzte die vierte Phase ein, die im Sommer 2009 noch andauerte. Der Hohe Repräsentant begann damit, bisherige Entscheidungen zurückzunehmen und verfügte von 2005 bis August 2009 insgesamt nur noch acht Entlassungen. Anfang 2006 stellte er in Aussicht, sein Büro bald zu schließen. Das spiegelte einerseits die bis dahin erzielten Fortschritte der Friedenskonsolidierung wider, und entsprach andererseits der Einsicht, dass Bosnien und Herzegowina unter einer „Demokratisierungsdespotie“ auf dem Weg zur EU-Mitgliedschaft nicht vorankommen könnte. Doch da seit dem Frühjahr 2006 die bosnisch-herzegowinischen Entscheidungsträger die Friedenskonsolidierung zurückwarfen, war der Hohe Repräsentant mit seinen weit reichenden Befugnissen auch noch im August 2009 präsent.

Zum Stand der Demokratisierung Mitte 2009

Mit Ausnahme des Jahres 2005 zeigt die Mehrheit der Serben in Umfragen eine mangelhafte Akzeptanz des Staates Bosnien und Herzegowina. Dennoch konnte die Demokratisierung deutlich voranschreiten. Im Sommer 2009 weist Bosnien und Herzegowina ausgeprägte Züge einer Demokratie auf, ohne aber deren Kriterien vollständig zu genügen. Dieser Teilerfolg markiert, dass die Macht der Demokratisierungsverlierer gebrochen wurde.

Schon seit Jahren stufen Beobachter die Wahlen als frei und fair ein. Die Parteien beklagen sich nicht mehr über undemokratische Einschränkungen durch ihre Konkurrenten. Sowohl im Gesamtstaat als auch in beiden Entitäten kam es mehrfach zu Regierungswechseln, was manche Forscher als Qualitätsmerkmal der Demokratie sehen (Huntington 1991: 266 f.). Die Wahlen liefen aber nie vollständig demokratisch ab. Ein Defizit bestand in den Verfahren zur Wahl der Präsidentschaft und zum Haus der Völker der Parlamentarischen Versammlung von Bosnien und Herzegowina. In diesen Institutionen gab es Sitze ausschließlich für Bosniaken, Serben und Kroaten. Wer sich keiner dieser drei Ethnien zuordnen wollte, konnte keiner dieser beiden Institutionen angehören (GFAP 1995: Anhang 4, Art. V). Die Macht des Hohen Repräsentanten, gewählte Politiker abzusetzen, schränkte das allgemeine Wahlrecht weiter ein.

Die gemeinsamen demokratischen Institutionen funktionieren eher schlecht als recht; dabei hat sich aber die Zahl der behandelten Tagesordnungspunkte und der verabschiedeten Gesetze erhöht.[6]

[6] Das zeigt die Studie „Entscheidungsprozesse in der Parlamentarischen Versammlung von Bosnien-Herzegowina“, die Kasim Trnka, Richter am Verfassungsgericht der Föderation, beim von der Konrad-

Bosnien und Herzegowina gewährt seinen Bürgern demokratische Freiheiten und zeichnet sich durch eine Vielzahl politischer Parteien und zivilgesellschaftlicher Organisationen aus. Doch viele Menschen erleben ihre Freiheiten angesichts ökonomischer Abhängigkeiten oder geringer Ressourcen nur als formal. In den Statuten der Parteien werden zwar demokratische Prinzipien hochgehalten, aber bei Bedarf haben Parteispitzen ganze Parteigliederungen unterer Ebenen aufgelöst. Dieser Mangel an innerparteilicher Demokratie zeigt beispielhaft, wie schwach demokratische Einstellungen bisher verwurzelt sind.

Neben zahlreichen politischen Parteien besitzt Bosnien und Herzegowina eine Vielzahl von Zeitungen sowie Radio- und Fernsehsendern. Der Zugang zu Medien stößt aber an die Grenze, dass ein erheblicher Teil der Bürger als funktionale Analphabeten gilt. Davon abgesehen häuften sich in letzter Zeit Übergriffe und Drohungen gegen Journalisten, sodass Bosnien und Herzegowina in der Weltrangliste der Pressefreiheit einige Plätze heruntergestuft wurde.[7]

Ein Problemfeld blieb die mangelnde Rechtsstaatlichkeit und Gewaltenteilung. Ein Experte erklärte: „The judiciary has been successfully reformed. However, a lot of problems remain. Today, it is not completely independent. This assessment does not refer only to individuals but to the system."[8]

Der größte Mangel an Demokratie bestand bisher aber in den Eingriffsrechten des Hohen Repräsentanten. Mit seinen Verfügungen konnte sich dieser über den Willen der Wähler und gewählten Politiker hinwegsetzen. Bei Absetzungen agierte das Büro des Hohen Repräsentanten (OHR) als Ankläger und Richter in einem. Das Recht soll jeden binden, das OHR aber stand faktisch über dem Gesetz (Knaus/Martin 2003). Die Demokratisierungsdespotie verursachte nicht die autoritären Einstellungen, die bei vielen Politikern, Aktivisten und Bürgern auch vierzehn Jahre nach Kriegsende noch vorherrschten. Es hielt aber autokratisches Denken aufrecht und behinderte, dass sich eine demokratische politische Kultur ausbreitete.

Zum Stand der Friedenskonsolidierung Mitte 2009

In den vierzehn Jahren nach dem Friedensschluss konnten die Gefahren der Demokratisierung so weit gebannt werden, dass sich kein neuer Krieg ereignete. Ob dieser Frieden sich selbst trug, lässt sich 2009 nicht sagen, da weiterhin unter anderem eine Friedenstruppe im Land steht. Allerdings ist diese von anfänglich 60.000 auf rund 2.000 Soldaten abgeschmolzen.

Adenauer-Stiftung veranstalteten Fachkolloquium „Reform der Verfassung von Bosnien-Herzegowina" vom 13. bis zum 16. November 2008 in Cadenabbia vorstellte.

7 S. www.rsf.org .

8 Anonymes Interview, Sarajewo, 10.11.2008.

Die Konfliktparteien hatten den Krieg darüber ausgefochten, ob der gemeinsame Staat bestehen bleiben sollte. Auch vierzehn Jahre nach dem Krieg dominiert der Konflikt um Bosnien und Herzegowina die Politik, obwohl die Bürger in Umfragen den Kampf gegen die sehr hohe Arbeitslosigkeit Priorität geben. Die politischen Parteien stritten und streiten miteinander über Zahl und Kompetenzen der Teilrepubliken und darüber, ob es überhaupt Entitäten geben soll. Bis 2005 hatte sich der Konflikt um den gemeinsamen Staat abgeschwächt. Zwar stritten die Ethno-Nationalisten weiterhin um den Staatsaufbau von Bosnien und Herzegowina, doch stellten sie den gemeinsamen Staat immer weniger infrage. „Es ist ziemlich offensichtlich, dass jetzt SDS und HDZ in ihren Programmen die Realität miteinbezogen haben. Sie fühlen, dass Bosnien und Herzegowina eine Tatsache ist", meinte Beriz Belkić, ehemaliges bosniakisches Mitglied der Staatspräsidentschaft.[9] Ab 2006 allerdings verschärfte sich der Konflikt um den gemeinsamen Staat wieder. Auf Seiten der Bosniaken betonte vor allem das Präsidentschaftsmitglied Haris Silajdžić (Partei für Bosnien und Herzegowina), die Republika Srpska gehöre als Produkt eines Völkermords abgeschafft. Auf Seiten der Serben drohte der Ministerpräsident der Republika Srpska, Milorad Dodik (Bund Unabhängiger Sozialdemokraten), immer wieder mit der Unabhängigkeit der Entität.[10]

2009 zeigt sich die Politik weiterhin von ethnisch definierten Parteien beherrscht. Allerdings haben SDS, HDZ und SDA deutlich an Unterstützung und Einfluss verloren. Hatten sie 1996 zusammen noch 36 der 42 Mandate im Repräsentantenhaus von Bosnien und Herzegowina gewonnen, nahmen sie 2006 nur noch 15 Sitze ein (Tomić/Herceg 1999; www.izbori.ba). Diese drei Parteien besitzen neue Führungen, und gerade SDA und HDZ haben ihre Programmatik gemäßigt. Im Lager der Bosniaken präsentiert sich indes die Partei für Bosnien und Herzegowina radikaler als die SDA. Bei den Serben profiliert sich der Bund Unabhängiger Sozialdemokraten (SNSD), einst von der Friedensmission als moderate Kraft favorisiert, als ethno-nationalistische Kraft. Ihm bescheinigte nun selbst die SDS, ihre alte Rhetorik zu benutzen.[11]

Kurz nach dem Kriegsende hatten die Parteien ihren Konflikt um den gemeinsamen Staat im großen Maße außerhalb seiner verfassungsmäßigen Institutionen ausgetragen. 2009 hingegen findet dieser Konflikt in erster Linie innerhalb der gemeinsamen demokratischen Institutionen statt. Gewalt und deren Androhung spielen dabei zwischen den politischen Parteien keine Rolle mehr. Allerdings warnen die Protagonisten davor, mit einer bestimmten Politik eine Situation wie kurz vor dem Krieg herbeizuführen. Größere Ausbrüche kollektiver, politisch

---

9 Interview, Sarajewo, 25.5.2005.

10 Ausführlich zur Entwicklung seit 2006: Gromes 2006; Gromes 2008: 21–26.

11 Interview mit Snježana Božić, SDS, Abgeordnete in der Nationalversammlung der Republika Srpska, Banja Luka, 3.11.2008.

motivierter Gewalt ereigneten sich zuletzt selten: So kam es zu Randalen bei einer Demonstration gegen die Unabhängigkeit des Kosovos (Nezavisne novine 2008).

Ein Krieg wie der von 1992 bis 1995 mit Hunderttausenden von Kämpfern scheint 2009 nach der drastischen Abrüstung und Vereinigung der einst verfeindeten Streitkräfte vorerst unwahrscheinlich. Doch befinden sich zahllose Kleinwaffen in Privatbesitz, und die große Zahl arbeitsloser junger Männer bietet ein Potenzial für eine bewaffnete Auseinandersetzung ähnlich wie in Nordirlands in den 1970er-Jahren. Mit jeder Hetze gegen die jeweils anderen Ethnien, mit jedem Schüren von Furcht wachsen die Erfolgschancen von Scharfmachern, die Menschen zu Übergriffen und Anschlägen bewegen wollen.

Weite Teile der 2009 herrschenden politischen Eliten haben während und nach dem Krieg großen Wohlstand erworben. An einem neuen Krieg sind sie nicht interessiert, da er ihre Reichtümer gefährden würde. Diese Interessenlage schließt aber nicht aus, dass die Politiker die Kontrolle über polarisierende Dynamiken verlieren. Dodik etwa betonte mehrfach, sich auf keine gefährlichen Abenteuer einlassen zu wollen (Glas Srpske 2008). Dennoch spielte er gerne mit dem Feuer und spekulierte über die Unabhängigkeit der Republika Srpska. Auf die Frage, welche Folgen ein Unabhängigkeitsreferendum hätte, antwortete Amir Zukić, Generalsekretär der SDA: „Krieg. Wir können uns nicht damit abfinden, dass ein Teil von Bosnien und Herzegowina verschwindet.“[12]

Auch langfristige Entwicklungen gefährden den innerstaatlichen Frieden. Bei Bosnien und Herzegowina handelt es sich um eine tief gespaltene Gesellschaft, deren ethnisch definierte Segmente immer noch auseinanderdriften. Die Religionsgemeinschaften, Angriffe auf die gemeinsame Sprache, polarisierende Medien, das vom Ethno-Nationalismus vergiftete Bildungswesen sowie die vielerorts bestehende ethnische Homogenität setzen enorme zentrifugale Kräfte frei. Da der gemeinsame Staat wahrscheinlich Objekt und Schauplatz des politischen Konflikts bleibt, werden sich auch und gerade in der Zukunft viele Menschen fragen, warum sie sich mit den anderen Ethnien einen Staat teilen müssen. Bleibt es bei diesen Trends[13], werden die desintegrativen Kräfte eine solche Stärke gewinnen, dass nur internationale Faktoren den Staat vor dem Auseinanderfallen bewahren. Sollte die Integration in die Europäische Union scheitern und Bosnien und Herzegowina in Vergessenheit geraten, droht dem Staat der Zerfall. Wie 2007 der damalige Hohe Repräsentant, Miroslav Lajčák, warnte, würde dieser Prozess wahrscheinlich nicht friedlich verlaufen (Dnevni avaz 2008).

[12] Interview, Sarajewo, 24.10.2008.

[13] Ausführlicher zu diesen Trends: Gromes 2008: 28–30.

Schluss: Prekärer Frieden dank/trotz Demokratisierung

Bosnien und Herzegowina hat die gefährliche Transitionsphase betreten, ohne dass es bis 2009 durch eine der sechs skizzierten Gefahren der Demokratisierung zu einem neuen Krieg kam. Demokratisierungsverlierer konnten die Demokratisierung nur verzögern, nicht aber verhindern. Ebenso wenig gelang es anti-demokratischen Akteuren, ihre Freiheiten zu missbrauchen und ein Ende der Demokratisierung herbeizuführen. Die massiven Eingriffe der Friedensmissionen und allen voran des Hohen Repräsentanten konnten diese beiden Gefahren weitgehend bannen. Geringeren Erfolg erzielten sie dabei, die destruktiven Potenziale des demokratischen Wettbewerbs in Zaum zu halten. Die Wahlkämpfe vertieften die Gräben zwischen den Ethnien. Für solche negativen Effekte stand beispielhaft die HDZ mit der Parole „Entschlossenheit oder Vernichtung."[14] Die konkordanzdemokratische Verfassung verhinderte eine weitgehende Exklusion eines der drei konstitutiven Völker. Das hinderte aber die Konfliktparteien nicht daran, sich als benachteiligt zu gerieren. So verließ 2001 die HDZ die gemeinsamen Institutionen und versuchte verfassungswidrig, separate legislative und exekutive Strukturen aufzubauen (Kasch 2002). Die internationale Friedenstruppe kompensierte die Schwäche des neuen Staates und konnte Versuche politischer Akteure unterbinden, mit groß angelegter bewaffneter Gewalt ihre Ziele durchzusetzen.

Die Frage, ob die Ethnien in einem gemeinsamen Staat leben sollten, hat nicht erst die Nachkriegsdemokratisierung, sondern bereits der Zerfall Jugoslawiens aufgeworfen. Eine Bilanz der Friedensstrategie Demokratisierung sollte es zu schätzen wissen, dass trotz der mangelnden Akzeptanz von Bosnien und Herzegowina seitens der Serben und zeitweise auch der Kroaten demokratische Freiheiten und Institutionen entstehen konnten. Auch wenn die gemeinsamen demokratischen Institutionen immer wieder unter Krisen litten, konnten sie doch die nach Kriegsende bestehenden ethnisch exklusiven Herrschaftsgebilde verdrängen. Dies gelang durch die massiven Eingriffe der Friedensmissionen, die den Konfliktparteien Alternativen zum gemeinsamen Staat dauerhaft versperrten. Allerdings ist hervorzuheben, dass die gemeinsamen demokratischen Institutionen noch nie ihr Funktionieren auf sich selbst tragender Basis beweisen mussten.

Neben der Demokratisierung bekam Bosnien und Herzegowina auch die Friedensstrategie der internationalen Integration verordnet. Der in Aussicht gestellte Beitritt zur Europäischen Union sollte den Konflikt um den gemeinsamen Staat entschärfen, indem er die Relevanz von Grenzen reduzierte. Als Teil der EU würde Bosnien und Herzegowina ein unabhängiger Staat bleiben, und zugleich könnten alle Kroaten und Serben Europas in einer politischen Gemeinschaft mit den Ange-

[14] OHR BiH TV News Summary, 7.11.2000, www.ohr.int/print/?content_id=754 .

hörigen ihrer Ethnie leben. Bis 2009 zeigte sich die Integrationsaussicht sowohl als Ursache wie auch als Folge der Demokratisierung. Als Ursache wirkte sie insofern, als die Europäische Union einzelne Schritte der Annäherung von demokratischen Reformen abhängig machte. Die Integrationsaussicht folgte auf die Demokratisierung, da die Politiker um ihrer Wahlchancen willen nicht ignorieren konnten, dass die Bürger mit sehr großer Mehrheit den Beitritt wünschten. Die Friedensstrategie der internationalen Integration stößt allerdings an Grenzen: Sie ist keineswegs in allen ethno-nationalistischen Konflikten rund um den Erdball verfügbar. Zudem lindert sie bestenfalls Konflikte um einen Staat, löst diese aber nicht auf. Schließlich können auch von der Friedensstrategie der internationalen Integration negative Effekte ausgehen (vgl. Gromes 2009).

Literatur:

Bildt, Carl (1998): Peace Journey. The Struggle for Peace in Bosnia, London.

Burg, Steven L./Shoup, Paul S. (1999): The War in Bosnia-Herzegovina. Ethnic Conflict and International Intervention, Armonk und London.

Calic, Marie-Janine (1996): Krieg und Frieden in Bosnien-Hercegowina. Erweiterte Neuausgabe, Frankfurt/Main.

Cousens, Elizabeth M. (2001): Introduction. In: Dies./Kumar, Chetan/Wermester, Karin (Hg.): Peacebuilding as Politics. Cultivating Peace in Fragile Societies, Boulder und London, S. 1–20.

Crocker, Chester A./Hampson, Fen Osler (1996): Making Peace Settlements Work. In: Foreign Policy, Nr. 104, Herbst 1996, S. 54–71.

Dahl, Robert A. (1999): On Democracy, New Haven und London.

Dnevni avaz (2008): Lajčak: BiH se ne može mirno raspasti, 25. Oktober 2008.

Downs, George/Stedman, Stephen John (2002): Evaluation Issues in Peace Implementation. In: Stedman, Stephen John/Cousens, Elizabeth M./Rothchild, Donald (Hg.): Ending Civil Wars. The Implementation of Peace Agreements, Boulder und London, S. 43–69.

Dziedzic, Michael J./Bair, Andre (1998): Bosnia and the International Police Task Force. In: Oakley, Robert B./Dziedzic, Michael J./Goldberg, Eliot M. (Hg.): Policing the New World Order. Peace Operations and Public Security, Washington, D. C., S. 253–314.

ESI (1999): Reshaping international priorities in Bosnia and Herzegovina. Part One, Bosnian Power Structures, 14. Oktober 1999.

ESI (2000): Reshaping International priorities in Bosnia and Herzegovina. Part Two. International Power in Bosnia, Berlin u. a., 30. März 2000.

General Framework Agreement for Peace in Bosnia and Herzegovina (1995), www.ohr.int/dpa/default.asp?content_id=380 .

Glas Srpske (2008): Milorad Dodik: Republika Srpske je činjenica koju ništa ne dovodi u pitanje, 24. Juli 2008.

Gromes, Thorsten (2007): Demokratisierung nach Bürgerkriegen. Das Beispiel Bosnien und Herzegowina, Frankfurt/Main und New York.
Gromes, Thorsten (2008): Gemeinsame Demokratie, geteilte Gesellschaft. Die Un-Möglichkeit einer Friedensstrategie in Bosnien und Herzegowina, HSFK-Report 9/2008, Frankfurt/Main.
Gromes, Thorsten (2009): The Prospect of European Integration and Conflict Transformation in Bosnia and Herzegovina. In: Journal of European Integration, 31. Jg., 4/2009, S. 431–447.
Gromes, Thorsten (2006): Der Souverän vor der Souveränität? Die Wahlen in Bosnien und Herzegowina im Oktober 2006. In: Südosteuropa, 54. Jg., 4/2006, S. 508–538.
Hadžikadunić, Emir (2005): Od Dejtona do Brisela, Sarajewo.
Hartzell, Caroline/Hoddie, Matthew/Rothchild, Donald (2001): Stabilizing the Peace After Civil War: An Investigation of Some Key Variables. In: International Organization, 55. Jg., 1/2001, S. 183–208.
Hegre, Håvard/Ellingsen, Tanja/Gates, Scott/Gleditsch, Nils Petter (2001): Toward a Democratic Civil Peace? Democracy, Political Change, and Civil War, 1816–1992. In: American Political Science Review, 95. Jg, 1/2001, S. 33–48.
Holbrooke, Richard (1998): Meine Mission. Vom Krieg zum Frieden in Bosnien, München.
Huntington, Samuel P. (1991): The Third Wave. Democratization in the Late Twentieth Century, Norman und London.
ICG (1999): Is Dayton Failing? Bosnia Four Years after the Peace Agreement, Brüssel.
Independent Judicial Commission (2004): Final Report of the Independent Judicial Commission, January 2001–31 March 2004, www.hjcp.ba/reports/pdf/final_report_eng.PDF .
Institute for War & Peace Reporting and Media Plan (1996): Monitoring Report, Nr. 13.
Jarstad, Anna K./Sisk, Timothy D. (2008): Introduction. In: dies. (Hg.): From War to Democracy. Dilemmas of Peacebuilding, Cambridge u. a., S. 1–13.
Kasch, Holger (2002): Die HDZBiH und die Forderung nach kroatischer Souveränität in Bosnien-Herzegowina. In: Südosteuropa, 51. Jg., 7-9/2002, S. 331–354.
Knaus, Gerald/Martin, Felix (2003): Travails of The European Raj. In: Journal of Democracy, Jg. 14, Nr. 3/2003, S. 60–74.
Kurspahić, Kemal (2003): Prime Time Crime. Balkan Media in War and Peace, Washington D. C.
Lijphart, Arend (1977): Democracy in Plural Societies. A Comparative Exploration, New Haven und London.
Mansfield, Edward D./Snyder, Jack (2005): Electing to Fight. Why Emerging Democracies Got to War, Cambridge und London.
Nezavisne novine (2008): Protesti prerasli u nasilje, 23. Februar 2008.
Paris, Roland (1997): Peacebuilding and the Limits of Liberal Internationalism. In: International Security, 27. Jg., 2/1997, S. 54–89.
Paris, Roland (2004): At War's End. Building Peace After Civil Conflict, Cambridge.
Peace Implementation Council (1997): Bonn Conclusions. Bosnia and Herzegovina 1998: Self-sustaining Structures, 10. Dezember 1997, www.ohr.int/pic/default.asp?content_id=5182 .
Petritsch, Wolfgang (2001): Bosnien und Herzegowina 5 Jahre nach Dayton. Hat der Friede eine Chance? Klagenfurt.

Rustow, Dankwart A. (1970): Transitions to Democracy. Toward a Dynamic Model. In: Comparative Politics, 2. Jg., 1970, S. 337–363.
Schiller, Theo (1999): Prinzipien und Qualifizierungskriterien von Demokratie: In: Berg-Schlosser, Dirk/Giegel, Hans-Joachim (Hg.): Perspektiven der Demokratie. Probleme und Chancen im Zeitalter der Globalisierung, Frankfurt/Main, S. 28–56.
Stedman, Stephen John (2002): Policy Implications. In: Ders./Rothchild, Donald/Cousens, Elizabeth M. (Hg.): Ending Civil Wars. The Implementation of Peace Agreements, Boulder und London, S. 663–671.
Stedman, Stephen John/Rothchild, Donald (1996): Peace Operations. From Short-Term to Long-Term Commitment. In: International Peacekeeping, 3. Jg., 2/1996, S. 17–35.
Stodiek, Thorsten (2003): Internationale Polizei. Ein empirisch fundiertes Konzept der zivilen Konfliktbearbeitung, Baden-Baden.
Tomić, Zoran/Herceg, Nevenko (1999): Izbori u Bosni i Hercegovini, Mostar.
Udovičić, Zoran (2001): Media in B-H – the scope of international community intervention. In: Papić, Žarko/Open Society Fund Bosnia-Herzegovina/Soros Foundations: International Support Policies to SEE Countries – Lessons (Not) Learned in Bosnia-Herzegovina, Sarajewo, www.soros.org.ba/en/book/001.pdf , S. 159–169.
US General Accounting Office (1997): Bosnia Peace Operation. Progress Toward Achieving the Dayton Agreement's Goals, Report to the Chairman, Committee on Foreign Relations, U.S. Senate, GAO/NSIAD-97-132, Washington, DC.
US General Accounting Office (1998): Bosnia Peace Operation. Pace of Implementing Dayton Accelerated as International Involvement Increased, Report to the Chairman, Committee on Foreign Relations, U.S. Senate, GAO/NSIAD-09-138, Washington, DC.
Walter, Barbara F. (2002): Committing to Peace. The Successful Settlement of Civil Wars, Princeton und Oxford.
Woodward, Susan L. (1995): Balkan Tragedy: Chaos and Dissolution After the Cold War, Washington, DC.
Zaum, Dominik (2005): Economic Reform and the Transformation of the Payment Bureaux. In: International Peacekeeping, 12. Jg., 3/2005, S. 350–363.

Kollektivrecht vs. Individualrecht im Europäischen Minderheitenschutz

Analyse der Bedeutung für die konstruktive Transformation von Minderheitenkonflikten am Fallbeispiel Südtirol

Gudrun Keifl

Einleitung

Seit dem Zerfall des Ostblocks, den damit einhergehenden Minderheitenkonflikten in Ost und Südosteuropa und der fortschreitenden EU-Erweiterung der letzten Jahre, findet zunehmend eine Diskussion darüber statt, wie Minderheitenkonflikte in Europa verregelt und transformiert werden können. Im Zentrum dieser Debatte stehen die Forcierung und Verankerung europaweit verbindlicher rechtlicher Standards zum Minderheitenschutz, wobei zwei theoretische Ansätze mit einander konkurrieren: der individualrechtliche, der das Individuum als Rechtssubjekt in den Mittelpunkt stellt und der kollektivrechtliche Ansatz, auch Volksgruppentheorie genannt, welcher den Schutz der Minderheit als Volksgruppe als erstrebenswert betrachtet.

Gleichzeitig richtet sich immer häufiger das Augenmerk wissenschaftlicher Auseinandersetzungen auf scheinbar erfolgreich geregelte Minderheitenkonflikte. Thematisiert wird dabei vor allem die Art und Weise der Institutionalisierung, welche eine unzureichende gesellschaftliche Transformation des verregelten Konflikts zur Folge hat. Interessant ist in diesem Zusammenhang, dass die mangelnde Transformation des Minderheitenkonfliktes mit einer kollektivrechtlichen Auslegung der Minderheitenschutzbestimmungen und einer damit einhergehenden Einschränkung von Rechten der Individuen zu Gunsten von Gruppenrechten in Verbindung gebracht wird.

Im Rahmen dieses Beitrags wird versucht, anhand zweier zentraler Fragestellungen diese wissenschaftlichen Diskussionen aufzugreifen, um den Zusammenhang zwischen kollektiv- oder individualrechtlicher Auslegung von Minderheitenschutz und der Transformation von Minderheitenkonflikten hervorzuheben und näher zu beleuchten. Der erste Teil der Arbeit beschäftigt sich mit der Frage, in wie weit sich die Minderheitenschutzbestimmungen auf europäischer Ebene von individualrechtlichen Auslegungen abwenden und am kollektivrechtlichen Ansatz orientieren. Nach einer einleitenden Definition grundlegender Begriffe und Ausführungen zu

den beiden zentralen theoretischen Ansätzen, wird die Antwort auf die Fragestellung durch eine Analyse der bedeutendsten Abkommen auf EU-Ebene erörtert. Daran anschließend geht es im zweiten Teil um die Frage nach der Auswirkung von kollektivrechtlich ausgelegten Minderheitenschutzbestimmungen auf die konstruktive Transformation eines Minderheitenkonflikts. Hier bietet sich aus verschiedenen Gründen das Fallbeispiel Südtirol an. Dieser Konflikt gilt allgemein als exemplarisch und erfolgreich „gelöst" und zeichnet sich durch sehr ausgeprägte kollektivrechtliche Minderheitenschutzbestimmungen aus. Die Wirkung dieser kollektiven Schutznormen auf eine Transformation des Minderheitenkonfliktes wird anhand der Medien und einer Darstellung ihrer Wirkungsweise auf gesellschaftlicher Ebene erörtert.
Anschließend werden die Erkenntnisse aus den beiden Analysen miteinander verknüpft. Ziel ist es, aufzuzeigen welche Gefahren von den Entwicklungen im Minderheitenschutz auf europäischer Ebene für eine langfristige Befriedung europäischer Minderheitenkonflikte und somit für ein stabiles und friedvolles Europa ausgehen.

Erster Teil: Entwicklungen im Minderheitenschutz auf europäischer Ebene

1 Minderheit, Minderheitenkonflikt und Minderheitenschutz

Generell kann zwischen autochthonen und allochthonen Minderheiten unterschieden werden. Autochthone Minderheiten entstanden Anfang des 20. Jahrhunderts oder auch später dadurch, dass Bevölkerungsgruppen, die seit langer Zeit in bestimmten Gebieten siedeln, durch Grenzveränderungen unter die Herrschaft von Nationalstaaten gerieten, in denen andere Bevölkerungsgruppen die Mehrheit stellen. Demgegenüber leben allochthone Minderheiten seit relativ kurzer Zeit in einem Staat, dessen Mehrheitsbevölkerung sie nicht angehören. Sie werden oft auch als „neue Minderheiten" bezeichnet (vgl. Gärtner 2005: 19). Ein weiteres Unterscheidungsmerkmal liegt darin, dass autochthone Minderheiten die Staatsangehörigkeit des jeweiligen Wohnsitzstaates besitzen, während dies bei allochthonen Minderheiten oft nicht der Fall ist (Salzborn 2006b: 132 f.). Die vorliegende Arbeit bezieht sich ausschließlich auf autochthone Minderheiten.

Der Begriff der Minderheit wird je nach essentialistisch-primordialem oder konstruktivistischem Verständnis unterschiedlich definiert: Dem ersten Ansatz liegt die Auffassung zugrunde, dass unter einer Minderheit eine Gruppe von Menschen zu verstehen ist, die sich durch objektive Merkmale (Abstammung, Kultur, Sprache und/oder Religion) von der Mehrheitsbevölkerung des Staates unterscheidet, in dem sie lebt. Meist wird im Zusammenhang mit diesen Charakteristika auch das Vorhandensein einer festen und dauerhaften Bindung zu ihrem

Siedlungsgebiet genannt (vgl. Pan 1999: 12–16, 18). Die Mitgliedschaft in dieser Gruppe kann diesem Verständnis zufolge ausschließlich durch Geburt erworben und nicht abgelegt werden. Oft bezeichnen Autoren, die diesem Ansatz folgen, die Minderheit auch als Volksgruppe oder Volksstamm. Allochthone Minderheiten werden nach diesem Verständnis nicht als „eigentliche" Minderheiten klassifiziert (vgl. ebd. 1999: 19).

Im Gegensatz dazu steht das konstruktivistische Verständnis von Ethnizität, wonach die Zugehörigkeit zu einer Minderheit (aber auch zur Mehrheit) hauptsächlich auf Selbstwahrnehmung, Fremdzuschreibung und Sozialisation, nicht jedoch auf genetische Abstammung zurückzuführen ist (vgl. Ganter 1995: 38 f.). Die Sprache und ein ausgeprägter Gemeinsamkeitsglauben sind somit jene Elemente, durch die sich die Minderheit in ihrem Selbstverständnis von der Mehrheitsbevölkerung unterscheidet. Diese Forschungsarbeit wird dem konstruktivistischen Ansatz folgen.

In Bezug auf die in Kapitel 3 vorgenommene Analyse von Abkommen und Dokumenten zum Minderheitenschutz ist anzuführen, dass es weder bei den Vereinten Nationen noch auf europäischer Ebene eine einheitliche Definition von Minderheit gibt. Eine Gemeinsamkeit besteht allerdings darin, dass sich besonders in neueren Dokumenten eine Tendenz beobachten lässt, die Schutznormen auf nationale Minderheiten zu beziehen, wobei diese als autochthone Minderheiten interpretiert werden.

Der Schutz von Minderheiten hat seine Ursprünge im Spätmittelalter und in der beginnenden Neuzeit und bezog sich – im Kontext der Reformation – auf religiöse Minderheiten (vgl. Salzborn 2005: 54). Das Kriterium der Ethnizität im Minderheitenschutz spielte erst ab Ende des 19. Jahrhunderts, einhergehend mit dem Erstarken des Nationalstaatgedankens in Europa eine wesentliche Rolle (vgl. Scherer-Leydecker 1997: 33–45). Besonders die Gründung von Nationalstaaten nach dem I. Weltkrieg und die oftmals damit einhergehenden Grenzneuziehungen bzw. Grenzverschiebungen schufen nationale Minderheiten und damit auch die ersten ethnischen Minderheitenkonflikten in Europa. Salzborn (2006a: 7) definiert diese Art von Konflikt unabhängig von der konkreten Konfliktsituation und ihrer Genese als „Auseinandersetzungen von Minderheiten mit dem jeweiligen Nationalstaat, in denen die Minderheit für sich eine Ausweitung ihrer Rechte reklamiert. Dabei geht es in der Regel um eine wie auch immer geartete Lösung vom Nationalstaat."

Die Institutionalisierung eines solchen Konflikts erfolgt in der Regel durch Schutznormen, welche der Minderheit von Seiten des Staates eingeräumt werden. Wie diese geartet sind, hängt stark mit dem theoretischen Ansatz zusammen, dem die Minderheitenschutzbestimmungen folgen. Im Folgenden werden die zwei relevantesten Ansätze erörtert.

2 Theoretische Grundlagen des Minderheitenschutzes

Im Bereich des Minderheitenschutzes können grundsätzlich zwei konkurrierende theoretische Ansätze oder Rechtsauffassungen, nämlich der individualrechtliche und der kollektivrechtliche oder (volks)gruppentheoretische Ansatz unterschieden werden (vgl. Salzborn 2005: 15).

2.1 Der individualrechtliche Ansatz

Diesem Ansatz liegt das Streben nach einer Garantie von universellen Menschenrechten und Antidiskriminierungsbestimmungen innerhalb einer nationalstaatlichen Rechtsordnung zugrunde (Salzborn 2006a:15). Die Nation wird dabei durch die drei völkerrechtlichen Elemente: Staatsgebiet, Staatsgewalt und Staatsvolk definiert. Unter Staatsvolk wird ein auf Dauer angelegter Verbund von Menschen verstanden, wobei der Anknüpfungspunkt für den Verbund alleinig in der Zusammenfassung von Menschen unter eine gemeinsame Rechtsordnung liegt. Sprache, Religion, Kultur oder gar Rasse sind dabei als völlig irrelevant zu betrachten (vgl. Riedel 2006: 253). Der individualrechtliche Ansatz geht von einer politischen Definition von Nation aus, während das ethnische Element keine Relevanz findet. Jedes Individuum als solches wird als Rechtssubjekt bzw. Träger bestimmter unveräußerlicher Rechte verstanden und durch die nationale Rechtsordnung vor Diskriminierung geschützt. Ausdruck findet der individualrechtliche Ansatz exemplarisch in den Diskriminierungsverboten der allgemeinen Erklärung der Menschenrechte vom Dezember 1948. So liest sich Artikel 2 der Erklärung wie folgt: „Jeder hat Anspruch auf alle in dieser Erklärung verabschiedeten Rechte und Freiheiten, ohne irgendeinen Unterschied, etwa nach Rasse Hautfarbe, Geschlecht, Sprache, Religion [...] oder sonstigem Stand."

Der individualistische Ansatz im Minderheitenschutz steht ganz in der Tradition der Französischen Revolution und der Aufklärung, die das Individuum als Träger oder Trägerin des Rechts auf Gleichstellung und Gleichbehandlung ins Zentrum stellt. Das impliziert im Kontext nationalstaatlicher Strukturen das Streben nach einem Ausgleich historisch bedingter Ungleichheiten oder von Differenzen, welche aus sprachlichen, religiösen oder kulturellen Unterschieden im Staatsvolk für jene Individuen, die einer Minderheit angehören, entstehen können. Durch Integration und die Forcierung von Toleranz sollen politische und gesellschaftliche Benachteiligungen abgebaut und die ursprüngliche Gleichheit zwischen den Menschen wiederhergestellt werden. Im Umkehrschluss ergeben sich daraus für die Angehörigen einer Minderheit auch keine Vorteile; eine positive Diskriminierung wird vom individualrechtlichen Ansatz ausdrücklich nicht angestrebt. (Vgl. Salzborn 2006 b: 132)

2.2 *Der kollektivrechtliche Ansatz*

Die Gegenposition dazu nimmt die gruppenrechtliche oder volksgruppentheoretische[1] Auffassung von Minderheitenschutz ein. In ihrem Zentrum steht nicht das Individuum, sondern die Minderheit als zu schützende Gruppe oder Volksgruppe, wobei den Ausgangspunkt der Analyse nicht die Gleichheit aller Individuen, sondern eine grundsätzliche Differenz zwischen den Menschen darstellt. Dieser Unterschied ist laut Theorie nichtpolitischer und nichtsozialer Art und gründet meist auf vermeintlichen sprachlichen, kulturellen, religiösen und im Extremfall rassischen Merkmalen, welche die Minderheit als Ganze von der Mehrheitsbevölkerung eines Staates unterscheiden. Minderheitenschutz soll deshalb nicht zu Gleichheit und zum Abbau beispielsweise historisch gewachsener Ungleichheiten führen, sondern die Differenzen bis hin zur Segregation verstärken. Es gilt die vermeintlich biologischen und kulturellen Unterschiede und die Besonderheiten der Minderheitengruppe zu schützen und zu fördern und damit explizit einer Integration und Gleichstellung mit der Mehrheitsbevölkerung, aber auch mit allochthonen Minderheiten entgegenzuwirken. Damit hat der kollektivrechtliche Ansatz die Ungleichheit zwischen den Menschen sowohl zur Prämisse als auch zum Ziel (vgl. Salzborn 2005: 294). Kern des Ansatzes ist somit eine Differenzierung der Individuen nach Ethnizität als *dem* konstituierenden Merkmal eines Individuums, welches gleichzeitig auch unwiderruflich seine Zugehörigkeit zu einer Volksgruppe und somit zu einer völkischen Separatidentität besiegelt. In Bezug auf den Minderheitenschutz bedeutet dies das Einfordern oder die Schaffung von Schutznormen, welche auf die Minderheit als *Gruppe* (Volksgruppe) ausgerichtet sind. Ziel ist es nicht, individuelle Benachteiligungen gegenüber der Mehrheitsbevölkerung auszugleichen, sondern der Minderheit als Volksgruppe Sonderrechte einzuräumen und somit eine positive Diskriminierung des Individuums als Mitglied der Gruppe herbeizuführen (Vgl. Salzborn 2006a: 13). Übertragen auf die gesellschaftliche Ebene forciert ein kollektivrechtlich ausgelegter Minderheitenschutz die ethnische Segregation der Bevölkerung in allen Lebensbereichen und führt zu einer Gesellschaft der ethnisierten Parallelstrukturen und kollektiven Sonderrechten.

[1] In der Literatur sind gleichermaßen die Begriffe Kollektivrecht, Gruppenrecht und Volksgruppenrecht gebräuchlich, um den behandelten theoretischen Ansatz zu benennen. In dieser Arbeit werden alle drei Begriffe synonym verwendet.

3 Entwicklungen im Minderheitenschutz auf europäischer Ebene: vom Individualrecht zum Kollektivrecht?

Anhand dieser beiden theoretischen Ansätze wird im folgenden Kapitel die Entwicklung der europaweit verbindlichen Rechtsnormen für den Minderheitenschutz nachgezeichnet. Dabei beschränken sich die Ausführungen auf vier zentrale Dokumente: die Europäische Menschenrechtserklärung von 1950, das Kopenhagener Abschlussdokument über die menschliche Dimension der KSZE von 1990, die Europäische Charta der Regional- und Minderheitensprachen von 1992 und das Rahmenabkommen zum Schutz nationaler Minderheiten von 1995. Ihre einschlägigen Normen werden daraufhin untersucht, ob sie sich auf das *Individuum* als Rechtssubjekt oder auf die *Gruppe* als zu schützendes Objekt beziehen, sowie, ob es ihnen um den Schutz vor *negativer Diskriminierung* geht oder ob sie Sonderrechte in Form von *positiver Diskriminierung* für die Angehörigen der Minderheit einräumen.

3.1 Die Europäische Menschenrechtserklärung

Die Konvention zum Schutze der Menschenrechte und Grundfreiheiten auch EMRK genannt, wurde am 4. November 1950 von den Mitgliedern des Europarates in Anlehnung an die Allgemeine Erklärung der Menschenrechte der Vereinten Nationen (AMRK) unterzeichnet. Die EMRK steht, wie die AMRK, in der individualrechtlichen Tradition des Völkerrechts. Darauf begründet die Absenz von Normen bzgl. eines ausdrücklichen Schutzes von Minderheiten beispielsweise durch Bestimmungen zur positiven Diskriminierung (Hofmann 1995: 33). Im Zentrum der EMRK steht vielmehr das Individuum, welches als Träger des Rechts auf Leben und des Schutzes vor Diskriminierung jeglicher Art verstanden wird. Artikel 14 EMRK bezieht sich auf das Diskriminierungsverbot und unterstreicht:„Der Genuss der in dieser Konvention anerkannten Rechte und Freiheiten ist ohne Diskriminierung insbesondere wegen des Geschlechts, der Rasse, der Hautfarbe, der Sprache [...] der Zugehörigkeit zu einer nationalen Minderheit [...] zu gewährleisten."

Damit erwähnt die Konvention zwar ausdrücklich nationale Minderheiten, setzt diese jedoch ausschließlich mit dem Verbot vor negativer Diskriminierung in Verbindung. Die Konvention nimmt weder Bezug auf die Minderheit als Gruppe noch verpflichtet die die Unterzeichnerstaaten zur Ergreifung spezieller Maßnahmen zur Förderung der Minderheiten.

Nach der Erklärung von 1950 schien sich der individualrechtliche Ansatz weitgehend durchgesetzt zu haben. Erst der Zusammenbruch der Sowjetunion, die Neuziehung von Grenzen, die massive Politisierung von Ethnizität in ost- und südeuropäischen Ländern und die oftmals daraus resultierenden Konflikte belebten die Diskussion um Konzepte des Minderheitenschutzes neu (Salzborn 2006c: 29). In diese Diskussionen mischten sich zunehmend auch theoretische Ansätze, welche eine entschiedene Abkehr vom universalistischen Menschenrechtsansatz zu Gunsten volksgruppenrechtlicher Ansätze postulierten, um durch einen „effektiven Minderheitenschutz“ zur Lösung von Minderheitenkonflikten beizutragen (vgl. Riedel 2006: 251). Den Volksgruppentheoretikern gelang es, ihre Anliegen zunehmend auf europäischer Ebene durchzusetzen. Die folgende Analyse dreier zentraler Dokumente im Minderheitenschutz zeigt diese Entwicklung auf.

3.2 Das Kopenhagener Abkommen über die menschliche Dimension der KSZE

Das Abschlussdokument der Konferenz über die menschliche Dimension der KSZE in Kopenhagen wurde im Juli 1990 verabschiedet. Es enthält in Abschnitt IV Regelungen zum Minderheitenschutz und hat insofern für die europaweite Verankerung von Minderheitenrechten zentrale Bedeutung (vgl. Hofmann 1995: 34). Die Ziffern 30 bis 40 beschäftigen sich mit den nationalen Minderheiten, wobei vor allem die Ziffern 30 bis 32 den individualrechtlichen Ansatz betonen. Im Zentrum stehen der Gleichheitsgrundsatz aller Menschen und ein daraus folgendes Diskriminierungsverbot des Individuums. Des Weiteren liegt der Akzent der Formulierung auf dem demokratischen und rechtsstaatlichen Charakter der Staaten und dem daraus folgenden politischen Pluralismus und der Forcierung von Toleranz, wodurch eine eventuelle Benachteiligung von Menschen aufgrund sprachlicher oder religiöser Differenzen in Bezug auf die Mehrheitsbevölkerung aufgehoben wird. In diesem Sinne zitiert Ziffer 30:„Dieser [demokratische und rechtsstaatliche] Rahmen gewährleistet die volle Achtung der Menschenrechte und Grundfreiheiten, die Gleichberechtigung und Gleichstellung aller Bürger, den freien Ausdruck all ihrer legitimen Interessen und Bestrebungen, den politischen Pluralismus, soziale Toleranz [...].“

Davon ausgehend legt das Dokument in Ziffer 32 explizit fest, dass „die Zugehörigkeit zu einer nationalen Minderheit ... Angelegenheit der *persönlichen Entscheidung* eines Menschen [ist] und ... als solche keine Nachteile mit sich bringen“ darf. Dieser Passus ist in sofern relevant, als er den essentialistischen und gruppentheoretischen Konzepten abschwört, nach welchen ein Individuum die Zugehörigkeit zu einer ethnischen Gruppe durch die Geburt erfährt und diese somit unveränderlich ist und bleibt. In diesem Sinne heißt es am Ende von 32 des KSZE Dokuments ausdrücklich:

> „Angehörige nationaler Minderheiten können ihre Rechte in Gemeinschaft mit anderen Mitgliedern ihrer Gruppe ausüben und genießen. Aus der Ausübung oder nicht Ausübung darf kein Nachteil für die Angehörigen der Minderheit erwachsen.“

In den folgenden Ziffern nimmt das Dokument detailliert Bezug auf kulturelle und religiöse Selbstverwirklichung, auf den Gebrauch der eigenen Sprache im Privaten wie im Öffentlichen und auf die Pflege von Traditionen nationaler Minderheiten. Sofern das Dokument dabei „Rechte" herausstellt, bezieht es diese stets expressis verbis auf die „Angehörigen nationaler Minderheiten", also die Individuen. Ohne diese Spezifizierung erwähnt es verschiedentlich „Fragen nationaler Minderheiten". (Vgl. Kopenhagener Dokument 1990 Abschnitt IV, Ziffern 32–39).

Eine gewisse Ausnahme vom individualrechtlichen Ansatz stellt indes Ziffer 33 dar: „Die Teilnehmerstaaten werden die ethnischen, kulturellen, sprachlichen und religiösen Identitäten nationaler Minderheiten auf ihrem Territorium schützen und Bedingungen für die Förderung dieser Identität schaffen." Allerdings heißt es mit Blick auf die hierfür zu ergreifenden Maßnahmen, jede von ihnen werde „mit den Prinzipien der Gleichheit und Nicht-Diskriminierung in Bezug auf die anderen Bürger des betreffenden Teilnehmerstaates in Einklang stehen."

Diese Ambivalenz des Abschlussdokuments ist darauf zurückzuführen, dass es Produkt von Verhandlungen souveräner Teilnehmerstaaten ist, welche von unterschiedlichen theoretischen Ansätze in der Minderheitenpolitik geprägt sind. (Vgl. Riepe 1997: 35) Offensichtlich ist es den Gruppentheoretikern jedoch nicht gelungen, ihren Ansatz durch die Verankerung entsprechender Normen durchzusetzen. (Vgl. Hofmann 1995: 35) In gewisser Weise wurde aber in Ziffer 33 der Grundstein für den im Folgenden zu dokumentierenden Paradigmenwechsel gelegt. (Vgl. Riepe 1997: 36)

3.3 Die Europäische Charta der Regional- und Minderheitensprachen

Die beiden jüngsten auf europäischer Ebene für die Minderheitenschutzpolitik relevanten Dokumente sind die Europäische Charta der Regional- und Minderheitensprachen von 1992 und das Rahmenübereinkommen zum Schutz nationaler Minderheiten aus dem Jahre 1995, die beide vom Europarat verabschiedet wurden. Von Bedeutung für diese Arbeit sind sie aufgrund der Neuerungen, welche sie im europäischen Minderheitenschutz einleiten. Die Charta der Regional- und Minderheitensprachen ist das erste Dokument auf europäischer Ebene, das sich ausschließlich mit den Rechten von Minderheiten beschäftigt. Sie fokussiert dabei auf die Sprachen der Minderheiten und verankert die Rechte von Minderheiten als Gruppe in allen relevanten Lebensbereichen wie Bildung, Medien, Kultur, soziales Leben und Wirtschaft. Hierbei ist entscheidend, dass sich die Schutzmechanismen nicht mehr wie bisher an individualrechtlichen Antidiskriminierungsvorgaben orientieren (vgl. Salzborn 2005: 269 f.), sondern die Förderung und Entwicklung der Minderheitensprache und somit der autochthonen Minderheiten an sich zum Ziel haben.

Artikel 1 definiert die Begriffe Regional- und Minderheitensprachen, während Artikel 2 alle Unterzeichnerstaaten verpflichtet, die auf ihrem Staatsgebiet gebräuchlichen und der Definition entsprechenden Regional- und Minderheitensprachen anzuwenden. In Artikel 7 setzt sich der kollektivrechtliche Ansatz fort und wird in den Zielen und Grundsätzen des Dokumentes verankert. Absatz 1, c) spricht von der *„Notwendigkeit entschlossenen Vorgehens zur Förderung von Regional oder Minderheitensprachen [...]“*, während anschließend spezifiziert wird, in welcher Form und auf welche Art und Weise die Förderung zu erfolgen hat.

Teil III der Sprachencharta macht deutlich, wie die Förderung und der Schutz der Minderheitensprachen verwirklicht werden soll, nämlich durch das Einräumen von Sonderrechten beispielsweise im Bereich der Medien durch die Schaffung von speziell für die Minderheit vorgesehene Hörfunksender und Fernsehkanäle mit eigenen Programmen in der Minderheitensprache (vgl. Europäische Charta der Regional- oder Minderheitensprachen 1992, Artikel 11). Durch das Einräumen solcher Sonderrechte für eine definitorisch abgegrenzte Gruppe wird die Ungleichheit zwischen dieser und der Mehrheitsbevölkerung betont. Das demokratisch-liberale und individualistische Gleichheitspostulat wird durch kollektivrechtliche Normen ersetzt und/oder ergänzt. Durch die Sprachencharta von 1992 wurden somit erstmals explizit kollektivrechtliche Maßstäbe in der Minderheitenschutzpolitik gesetzt, die als Meilenstein für das Erstarken volksgruppentheoretischer Ansätze im europäischen Minderheitenschutz zu werten sind (vgl. Salzborn 2005: 272).

3.4 Das Rahmenübereinkommen zum Schutz nationaler Minderheiten

Drei Jahre später verabschiedete der Europarat das *Rahmenübereinkommen zum Schutz nationaler Minderheiten*. Das Dokument präsentiert sich im Gegensatz zur Sprachencharta als eine partielle Mischform von individual- und kollektivrechtlichen Minderheitenschutzbestimmungen. Anzutreffen sind sowohl Antidiskriminierungsbestimmungen wie in Artkel 4 Absatz 1, welcher die Diskriminierung aufgrund der Zugehörigkeit zu einer Minderheit verbietet, als auch eindeutig kollektivrechtliche Normen wie in Artikel 5 Absatz 1, welcher die Vertragspartner verpflichtet: „[...] die Bedingungen zu fördern, die es Angehörigen von nationalen Minderheiten ermöglichen, ihre Kultur zu pflegen und weiterzuentwickeln und die wesentlichen Bestandteile ihrer Identität, nämlich ihre Religion, ihre Sprache, ihre Tradition und ihr kulturelles Erbe zu bewahren“.

Außerdem fordert das Rahmenübereinkommen trotz individualrechtlichen Zugangs die Mitgliedstaaten in Artikel 25 erstmals dazu auf, festzulegen auf welchem Teilgebiet ihres Territoriums welche nationalen Minderheiten zukünftig Anerkennung finden und in den Genuss von kollektiven Minderheitenrechten kommen werden. (Vgl. Riedel 2007: 52)

Bei einer Analyse der Bestimmungen anhand der Fragestellungen, ob sich die Normen am Individuum oder an der Gruppe orientieren und ob für diese negative oder positive Schutznormen eingefordert werden, kann keine klare Aussage zu Gunsten des einen oder des anderen Ansatzes erfolgen, denn das Abkommen inkorporiert Bestimmungen zur Förderung der Separatidentität von Minderheiten als Volksgruppe ebenso wie menschenrechtliche Ansätze zur Gleichstellung. Setzt man das Abkommen jedoch in den Kontext der Minderheitenschutzbestimmungen auf europäischer Ebenen anstatt es isoliert zu betrachten, so „relativiert die konzeptionelle Einheit von Rahmen-übereinkommen und Sprachencharta diese Offenheit und weist den Weg zu einer faktisch als Volksgruppenpolitik zu verstehenden völkerrechtlichen Minderheitenpolitik mit dem Ziel der Schaffung von völkisch-kollektiven Sonderrechten [...]" (Salzborn 2005: 273 f.).

Dieser Interpretation folgend scheint der individualrechtliche Ansatz, anfänglich durch die menschenrechtlichen Normen der EMRK und des Anschlussdokumentes der KSZE Konferenz von Kopenhagen gesichert, allmählich durch kollektivrechtliche Normen verdrängt zu werden. Ein entschiedener Durchbruch in diesem Sinne gelang den Lobbyverbänden des Volksgruppenrechts mit der Verabschiedung der Europäischen Sprachencharta 1992. Sie stellt ein völkerrechtlich bindendes kollektivrechtliches Schutzsystem zugunsten ausschließlich autochthoner, nationaler Minderheiten bzw. Volksgruppen dar (vgl. Salzborn 2005: 269). Das im Jahre 1995 folgende Rahmenübereinkommen zu Schutz nationaler Minderheiten scheint den kollektivrechtlichen Trend abzuschwächen, führt diesen aber bei genauerer Betrachtung fort.

Aufgrund der vorangehenden Analyse muss die Frage nach einer Entwicklung der europäischen Minderheitenschutzbestimmungen in Richtung Kollektivrecht positiv beantwortet werden. Die Schutzbestimmungen der analysierten Dokumente weisen einen zunehmenden kollektivrechtlichen Charakter auf, in dem sie sich an der Minderheit als Gruppe orientieren und dieser das Individuum unterordnen. Gleichzeitig findet eine Abkehr vom menschenrechtlichen Gleichheitspostulat statt, indem für die Minderheiten oder Volksgruppen Sonderrechte positiver Diskriminierung eingefordert werden.

Zweiter Teil: Kollektivrechtlicher Minderheitenschutz und Konflikttransformation. Das Fallbeispiel Südtirol

Der zweite Teil der Arbeit setzt sich mit dem Thema der konstruktiven Konflikttransformation in verregelten Minderheitenkonflikten auseinander. Zentraler Forschungsschwerpunkt ist hierbei der Zusammenhang zwischen den geltenden Minderheitenschutzbestimmungen, also jenen Normen, die den Konflikt institutionell regeln, und der Transformation des Konfliktes. Es geht dabei letztlich um die Frage, ob ein kollektivrechtlich ausgelegter Minderheitenschutz hinderlich für eine konstruktive Konflikttransformation ist. Exemplarisch wird dafür der Fall Südtirol betrachtet, wobei zunächst eine Einführung in das Konzept der konstruktiven Konflikttransformation gegeben wird. Da eine erschöpfende Analyse aller Minderheitenschutzbestimmungen Südtirols im Rahmen dieser Arbeit nicht möglich ist, liegt der Fokus auf dem Bereich der Medien und Öffentlichkeit. Im Mittelpunkt steht dabei die Wirkungsweise kollektivrechtlichen Minderheitenschutzes auf gesellschaftliche Strukturen und Prozesse, welche in unmittelbarem Zusammenhang zur Transformation und Genese des Minderheitenkonfliktes stehen.

Ziel ist es, Aussagen zu formulieren, welche auf die europäische Ebene übertragen werden können, um somit die Problematik in den gegenwärtigen Entwicklungen im europäischen Minderheitenschutz aufzuzeigen.

1 Konstruktive Konflikttransformation

Den Kern des Konzeptes der konstruktiven Konflikttransformation zielt nach Reich (2005: 476) eine Veränderung des Status Quo. Eine Konflikttransformation erfolgt demzufolge nach dessen Verregelung oder Institutionalisierung. Diese betrifft die politische und juridische Ebene, während die gesellschaftliche Ebene meist durch Strukturen geprägt ist und bleibt, die auf historischen oder aktuellen Konfliktereignissen beruhen. In Minderheitenkonflikten ist eine Polarisierung der Bevölkerung, beispielsweise entlang sprachlicher Linien, Ausdruck dieser Strukturen der Trennung, welche im Extremfall bis zur Segregation führen können. Die gesellschaftliche Interaktion in verregelten Minderheitenkonflikten wird laut Reich (2005: 477) dominiert von einem durch ethnische Distanz, Stereotypen, Vorurteile und „non-relation" geprägten Status quo.

Das Konzept der konstruktiven Konflikttransformation unterscheidet sich vom Konzept des verregelten Konflikts darin, dass es versucht, einen entscheidenden strukturellen Wandel in der Gesellschaft herbeizuführen. Es hat explizit die Veränderung der Beziehungen der Konfliktparteien zueinander zum Ziel. Reich (2005: 476–489) spricht in diesem Zusammenhang von einer Strategie der „zweifachen Stoßrichtung": gerichtet auf einen strukturellen Wandel, auf eine Veränderung der Einstellungen und Beziehungen der Konfliktparteien zueinander zum Positiven. Herbeigeführt werden soll ein sozialer und gesellschaftlicher Wandel, der zu einer langfristigen und stabilen Friedenssicherung führt. (Vgl. Reimann 2004: 13) Dies würde in Minderheitenkonflikten auch dazu führen, dass kollektivistische ethnische Deutungsmuster und Legitimationsschemen zurückgedrängt werden und an Bedeutung verlieren.

Von zentraler Relevanz ist in diesem Zusammenhang die Wechselwirkung zwischen den Minderheitenschutzbestimmungen, die den Konflikt in institutionelle Bahnen lenken, und den Auswirkungen dieser Bestimmungen auf die polarisierte Gesellschaft. Ausgehend von einer entlang einer oder mehrer Konfliktlinien gespaltenen Bevölkerung können die Bestimmungen zum Schutz der Minderheit diese Bruchlinien verschärfen oder abschwächen und somit eine Transformation begünstigen oder erschweren.

2 Fallbeispiel Südtirol

Nachfolgend wird anhand des konkreten Beispiels der Medien in Südtirol aufgezeigt, wie die kollektivrechtliche Auslegung der Minderheitenschutzbestimmungen die Polarisierung verschärft und somit einer nachhaltigen Transformation des Konfliktes entgegenwirkt. Zu diesem Zweck erfolgt nach einer kurzen historischen Einführung eine Analyse der Minderheitenschutzbestimmungen, um dann auf die gesellschaftliche Auswirkungen dieser kollektivrechtlicher Schutzbestimmungen im Bereich der Medien einzugehen.

2.1 Historischer Exkurs

Südtirol war bis Ende des I. Weltkriegs und der damit einhergehenden Auflösung der Habsburgermonarchie Teil des Österreichischen Reiches. Durch die Vorortverträge von Paris wurde die Provinz 1919 offiziell an das Italienische Königreich angeschlossen. Die um 1910 zu 89 % deutschsprachige Bevölkerung[2] Südtirols (Landesinstitut für Statistik 2001: 109) wurde im Zuge des aufkommenden Faschismus der 1920er Jahre durch gezielte Zuwanderungspolitik aus allen Teilen Italiens und das Verbot der deutschen Sprache und Schule einer massiven Assimilierungs- und „Italianisierungspolitik" ausgesetzt. (Vgl. Romeo 2003: 108–137) Die Pariser Verträge von 1945 bestätigten nach den Wirren des II. Weltkriegs den Verbleib Südtirols bei Italien, legten jedoch gleichzeitig durch einen völkerrechtlichen Vertrag zwischen Italien und Österreich die Basis für einen weitgehenden Schutz der besonderen kulturellen Eigenheiten der sprachlichen Minderheit. (Vgl. Pallaver 1992: 178) Das Verhältnis zwischen den Sprachgruppen war jedoch auch nach Ende der faschistischen Ära und trotz der Gewährung eines Autonomiestatuts von

[2] 2,9 % der Bevölkerung hatten sich im Rahmen der selben Volkszählung als italienischsprachig, 3,8 % als ladinischsprachig und 4,3 als keiner der drei Gruppen zugehörig erklärt (vgl. Landesinstitut für Statistik 2001: 109). Die Ladiner stellen neben den Italienern und den Deutschen die dritte Sprachgruppe in Südtirol. Sie sprechen eine Mischung aus Rätisch und Volkslatein und sind die „Urbevölkerung" der Alpen. Im Autonomiestatut sind nur wenige explizite Schutzbestimmungen für die ladinische Sprachgruppe vorgesehen. Traditionell stehen sie der deutschen Sprachgruppe nahe und sind auch innerhalb der Sammelpartei der deutschsprachigen Südtiroler vertreten. (vgl. Richebuono 1992: 7–20)

Seiten Italiens von einer Überprivilegierung der italienischen Sprachgruppe, vor allem bei der Vergabe von Stellen im öffentlichen Dienst, von Sozialwohnungen etc. geprägt. Die fortwährende strukturelle Asymmetrie zwischen den Sprachgruppen und die aus Sicht der deutschsprachigen Südtiroler mangelhafte Umsetzung der Minderheitenschutzbestimmungen des Pariser Vertrags waren mitunter die Hauptgründe für einen zeitweise in offene Gewalt ausartenden Konflikt zwischen den Sprachgruppen, der sich bis Anfang der 1970er Jahre hinzog.

Eine erfolgreiche Verregelung des Minderheitenkonfliktes gelang erst 1972 mit der Verabschiedung des zweiten Autonomiestatuts für die Region, welches 1992 aufgrund der weitgehenden Umsetzung aller darin enthaltenen Minderheitenschutzbestimmungen zu einer endgültigen Streitbeilegung zwischen Österreich und Italien im Südtirolkonflikt führte. (Vgl. Heiss 2002: 7 f.) Das Autonomiestatut von 1972 übertrug dem Land Südtirol sehr weit reichende Kompetenzen in politischen, gesellschaftlichen und wirtschaftlichen Bereichen. 2001 kam es auf Staatsebene zu einer Verfassungsreform, um föderalistische Strukturen zu stärken. Die Südtiroler Autonomie erfuhr dadurch eine weitere Umgestaltung und eine neuerliche Ausweitung des Kompetenzbereichs, wodurch das dritte Autonomiestatut in Kraft trat. (Südtiroler Landesregierung 2007: 39–47)

Die historischen Ereignisse und neueren Konflikte und das durch die Minderheitenschutzbestimmungen des Autonomiestatuts implementierte politische und gesellschaftliche System Südtirols haben tiefe Spuren hinterlassen. Die rund 463.000[3] in Südtirol lebenden Menschen besuchen nach Sprachzugehörigkeit getrennte Kindergärten, Schulen und Kultureinrichtungen und machen von sprachlich getrennten Medien und Rettungsdiensten Gebrauch. Die massive Fragmentierung der Gesellschaft und der ethnische Proporz in Verwaltung und Politik führen zu einem Verhältnis zwischen den Sprachgruppen, das von ethnischer Distanz, Vorurteilen und Stereotypen geprägt ist. Zwar verläuft das gesellschaftliche Leben in Südtirol in friedlichem und von Wohlstand geprägtem Nebeneinander, ein Miteinander der Sprachgruppen und eine konstruktive Transformation des Minderheitenkonflikts erfolgt jedoch wenn überhaupt nur schleppend.

2.2 Kollektivrechtlicher Minderheitenschutz in Südtirol

Der Minderheitenschutz in Südtirol ist im Autonomiestatut geregelt. Dieses wurde zwischen Minderheitenvertretern und dem italienischen Staat ausgearbeitet und seit 1995 einige Male Änderungen und Erweiterungen unterzogen. Seine letzte Version trat nach einer Reform 2001 in Kraft. Das Dokument ist in der italieni-

[3] Die Volkszählung aus dem Jahr 2001 ergab eine Zusammensetzung der Bevölkerung in Südtirol aus 24,5 % Italienern, 64,0 % Deutschen, 4 % Ladinern und 7,4 % Anderen (Atz 2006: 69).

schen Verfassung verankert und kann nicht unilateral abgeändert werden. Mit dem Autonomiestatut gewährt der Italienische Staat seiner nördlichsten Provinz äußerst weit reichende Maßnahmen zum Minderheitenschutz. Wie im ersten Teil der Arbeit ausgeführt, ist die Prämisse für einen gruppenrechtlichen Minderheitenschutz die Anerkennung der Minderheit und deren „Schutzbedürftigkeit" als Gruppe. In diesem Sinne wurden durch das Südtiroler Autonomiestatut signifikante Kompetenzen im Bereich der Gesetzgebung und der Verwaltungszuständigkeit vom Staat an die Provinz Südtirol und ihre Landesregierung abgegeben. (Südtiroler Landesregierung 2007: 51) Das Statut enthält eine Reihe von Bestimmungen, welche es der Gruppe der deutschsprachigen Minderheit in Südtirol ermöglichen sollen, „die Erhaltung und sprachlich-kulturelle Entwicklung der deutschen und der ladinischen Volksgruppe innerhalb des italienischen Staatsgefüges sicher zu stellen". (Autonome Provinz Bozen 2001)

Um dies zu gewährleisten verfügt das Land Südtirol über Zuständigkeiten in Bereichen des politischen, öffentlichen, kulturellen und wirtschaftlichen Lebens. In all diesen werden auf Grundlage des Statuts Maßnahmen ergriffen, um die Minderheit als Volksgruppe zu schützen. Diese umfassen sowohl den „Schutz und die Pflege der geschichtlichen, künstlerischen und volklichen Werte" (Südtiroler Landesregierung 2007: 52) als auch das Besetzen von Stellen im öffentlichen Dienst nach dem Prinzip des ethnischen Proporzes und das nach Sprachgruppen getrennte Bildungssystem. Das Autonomiestatut kann somit als eine Art „Katalog an Sonderrechten" für die deutsch- und ladinischsprachigen Bevölkerungsteile gesehen werden, deren Ziel es ist, durch ihre kollektivrechliche Auslegung die Differenzen zwischen den Sprachgruppen und somit der Minderheit und der Mehrheitsbevölkerung zu betonen und zu fördern. Dieser gruppenrechtliche Charakter äußert sich am markantesten in den Bestimmungen zur so genannten Sprachgruppenzugehörigkeits- oder Zuordnungserklärung. (Südtiroler Autonomiestatut 2001: 145)

Diese sehen vor, dass jeder und jede in der Provinz Südtirol ansässige BürgerIn ab der Vollendung des 14. Lebensjahres eine Sprachgruppenzugehörigkeitserklärung oder Zuordnungserklärung zu einer der drei Sprachgruppen abgeben muss. Erfolgt diese nicht, so können bestimmten Rechte, wie das passive Wahlrecht oder die Besetzung von Stellen im Öffentlichen Dienst nicht wahrgenommen werden. Das Beispiel der Zuordnungserklärung verkörpert die grundlegenden Charakteristika des kollektivrechtlich Minderheitenschutzes in Südtirol: Betonung und Forcierung von Differenzen zwischen Minderheit und Mehrheit und die daraus resultierende Forderung nach positiver Diskriminierung, sowie die Unterordnung des Individuums als Rechtssubjekt unter die Zugehörigkeit zur Minderheit.[4] Süd-

[4] Die Zugehörigkeit zu einer ethnischen Gruppe ist in diesem kollektivistisch essentialistischen Verständnis durch Geburt gegeben bzw. durch genetische Prädispositionen vermittelt und kann nicht im Laufe eines Lebens „erworben" werden. (vgl. Ganter 1995: 32 f.)

tirols politisches System beruht somit auf dem Prinzip der ethnischen Trennung entlang der drei offiziell anerkannten Sprachgruppen: Deutsche, Italiener, Ladiner. Dem Grundkonsens der politischen Eliten steht die Trennung der Institutionen und der Zivilgesellschaft an der Basis gegenüber. (Vgl. Pallaver 2006: 88) Bildlich gesprochen kann die Situation mit einem Haus verglichen werden, in dem die Sprachgruppen in getrennten Wohnungen ein autonomes Leben führen. Die Gesellschaft in Südtirol ist durch die Schutzbestimmungen politisch und institutionell in drei Subgesellschaften getrennt, wobei das gruppenrechtliche System durch die Betonung der ethnischen Bruchlinien für möglichst wenige Berührungspunkte zwischen diesen Subgesellschaften sorgt.

2.3 Konflikttransformation oder Status Quo? Das Beispiel der Medien

> „Das erste was bei näherer Betrachtung jeglicher Information in Südtirol auffällt ist ihre starke ethnische Färbung, bzw. Spaltung [...]. Deutsche und italienische Augen und Ohren bekommen je eine andere Information zu sehen und hören. Das betrifft sowohl das Was als auch das Wie: nicht nur werden häufig verschiedenen Ereignisse berichtet, sondern auch die Art und Weise ist stark ethnisch geprägt. [...] Was in der anderen Sprachgruppe vor sich geht wird häufig gar nicht und wenn dann meist verzerrt wahrgenommen. Nur selten gelingt es unparteiliche Informationen zu bekommen die die ethnische Halbierung der Wirklichkeit einigermaßen unterläuft. Und nicht selten wird solche redlichere und vollständigere Information [...] dann auch des Verrats am Volkstumskampf bezichtigt" (Langer 1996: 345 f.).

Das Ausmaß der zivilgesellschaftlichen Fragmentierung in Südtirol ist Günther Pallaver (2006: 88) zufolge sehr gut an der Medienlandschaft in Südtirol zu erkennen. Denn der Logik der im vorangehenden Kapitel beschriebenen institutionellen Trennung entspricht auch das Mediensystem. Jede Subgesellschaft wird mit den passenden medialen Produkten, das heißt mit ihren eigenen einsprachigen Medien versorgt. Diese sind so ausgelegt, dass sie nicht die Gesamtgesellschaft informieren, sondern nur die jeweilige Sprachgruppe oder Subgesellschaft. Somit werden in den Medien die allgemeinen Kriterien oder Parameter der Nachrichtenerstattung von ethnischen Parametern überlagert, genauso wie die ethnische Bruchlinie auf politischer und gesellschaftlicher Ebene alle anderen Bruchlinien überlagert. (Vgl. Pallaver 2006: 89) Demgegenüber sind mehrsprachige Medien, deren Berichterstattung alle Subsysteme bedienen, in Südtirol eine marktunrelevante Randerscheinung. (Vgl. Atz 2006: 73) Die Fragmentierung der Medien ist eine wichtige Facette des kollektivrechtlichen Minderheitenschutzes, denn Medien haben einen fundamentalen Einfluss auf die Entwicklung ethnisch-sozialer kollektiver Identitäten und auf den Sprachgebrauch als dessen konstituierendes Element. Dessen waren sich in Südtirol auch die Vertreter der deutschen und ladinischen Minderheit bewusst, weshalb die Forcierung von Printmedien und Fernsehen in den Minderheitensprachen an oberster Stelle der autonomiepolitischen Agenda stand. (Vgl. Atz 2006: 68, 83) Die Forderungen fruchteten in den späten 1970er Jahren, indem die lokale Redaktion der öffentliche Rundfunkanstalt RAI in drei, den Sprachgruppen entsprechende Redaktionen unterteilt wurde und von nun an für die jeweilige Gruppe ausschließlich monolinguale Programme ausstrahlten. Von Seiten der deutschen Lokalpolitiker wurde diese Entwicklung entschieden begrüßt, da aus ihrer Sicht nun endlich den Bedürfnissen und Interessen der Minderheitsbevölkerung nach Förderung der Separatidentität nachgekommen werden konnte. Im Grunde wurde durch die kollektivrechtliche Forderung nach getrennten Medien eine Fragmentierung selbiger hervorgerufen, welche die Voraussetzungen für eine asymmetrische, eine nach Sprache der Zielgruppe unterschiedliche Berichterstattung mit ethnozentrischem Charakter schuf. (Vgl. Atz 2006: 68)

Die Bestätigung dafür liefern empirische Untersuchungen der Südtiroler Medienlandschaft, welche ergaben, dass sich die Berichterstattung in den am häufigsten gelesenen Tageszeitungen, aber auch im Rundfunk und Fernsehen stark am ethnischen Nachrichtenwert von Informationen orientiert. So werden einzelne Themen von den Medien einer bestimmten Sprachgruppe zugeordnet: entspricht eine Nachricht oder ein Ereignis nicht dem vermeintlichen Interesse der eigenen Sprachgruppe, so wird darüber gar nicht oder nur marginal berichtet. (Vgl. Pallaver 2006: 102–108) Selbst wenn alle Medien unabhängig der Sprachgruppe über dasselbe Ereignis berichten, erfährt dies eine ethnische Färbung. Es erfolgt somit eine unterschiedliche Gewichtung und Interpretation der Themen, was letztendlich zu einer völlig anderen Darstellung desselben Ereignisses je nach Sprachgruppe führt. (Vgl. Pallaver 2006: 27) In Südtirol kann außerdem eine generelle Diskrepanz zwischen der Berichterstattung der italienischsprachigen und der deutschsprachigen Print- und elektronischen Medien in der Themenwahl konstatiert werden. Während sich die einen auf jene Bereiche und Gebiete konzentrieren in denen der Anteil an Italienern relativ groß ist (Großraum Bozen) und einen klaren Bezug zu gesamtstaatlich relevanten Themen aufweisen, konzentrieren sich die deutschsprachigen Medien hauptsächlich auf Themen des ländlichen Raums und orientieren sich stärker am deutschen Sprachraum, während gesamtstaatliche Themen in die zweite Reihe verwiesen oder gänzlich ausgeklammert werden. (Vgl. Langer 1996: 345 f.)

Die Auswirkungen dieser Fragmentierung der Informationsmedien auf die Südtiroler Gesellschaft sind enorm. Das Einräumen kollektivrechtlicher Sonderrechte für Minderheiten führt auch im Bereich der Medien zu einer massiven Fragmentierung entlang der Konfliktlinien, was wiederum Einfluss auf die gesellschaftlichen Entwicklungen hat. Um zurückzukommen auf das anfangs angeführte Beispiel der nach Sprachgruppen getrennten Wohnungen, werden in jeder Wohnung die „eigenen“, der Sprachgruppe entsprechenden Medien konsumiert.

Die ethnozentrierte und autoreferenzielle Themenwahl prägt die Meinung und Einstellung der Bewohner sowohl in Bezug auf das politische und gesellschaftliche Geschehen, als auch auf die Wahrnehmung der anderen Sprachgruppen maßgeblich. Es findet eine kontinuierliche Reproduktion der Selbstdarstellung der eigenen Sprachgruppe statt, wobei die eigentliche Funktion der Medien zur objektiven Information im Hintergrund steht.

Im Folgenden wird aufgezeigt, wie stark kollektivrechtlich ausgelegter Minderheitenschutz die vielseitige und wichtige gesellschaftliche Funktion von Medien beeinflusst und dadurch auch einer Konflikttransformation entgegenwirkt.

2.4 Die friedensstiftende Funktion von Massenmedien und ihre Bedeutung für eine konstruktive Konflikttransformation

Artikel 1 der UNESCO-Mediendeklaration von 1978 weist darauf hin, dass Massenmedien einen wichtigen Beitrag zur Stärkung des Friedens zur internationalen Verständigung und zur Förderung der Menschenrechte im Kampf gegen Rassismus Apartheid und Kriegshetze zu leisten haben. (Vgl. UNESCO Mediendeklaration, Art.1) In Gesellschaften in denen Minderheiten leben, ist diese antidiskriminierende und friedensstiftende Funktion der Medien besonders wichtig. Denn Medien schaffen Meinung, beeinflussen die Öffentlichkeit und den öffentlichen Diskurs und somit auch die politische Agenda und das gesellschaftliche Leben. Pallaver (2006: 12) geht in seiner Analyse von den Thesen aus, dass Massenmedien in ethnisch fragmentierten Gesellschaften – und damit meint er sowohl die Medien der Minderheit als auch jene der Mehrheit –, die Aufgabe haben, ethnische Vorurteile abzubauen um dadurch Spannungen und Konflikte zu minimieren, um unter den Sprachgruppen gegenseitiges Vertrauen zu schaffen. Zum anderen stellt der Autor fest, dass insbesondere massenmediale Kommunikation das Netz und den Kitt einer Gesellschaft bildet und somit Öffentlichkeit herstellt, in welcher Wertehaltungen, Einstellungen, politische Inhalte usw. ausgetauscht werden und wodurch Identität entsteht. Somit spielen Medien in Minderheitenkonflikten eine zentrale Rolle wenn es um die Entspannung, Befriedung und vor allem Transformation von Minderheitenkonflikten geht. Wie oben erläutert, geht es bei der konstruktiven Transformation von Konflikten primär um den Wandel der Einstellung der Konfliktparteien zueinander. Dabei gilt es Stereotypen abzubauen und eine Vorurteilsrevision vorzunehmen, die die Wahrnehmung des „Anderen" vom Negativen ins Positive wandelt. Individueller Kontakt zwischen den Sprachgruppen ist dabei zwar wichtig, aber quantitativ oftmals nicht ausreichend, um einen entscheidenden Wandel innerhalb absehbarer Zeit herbeizuführen. Darum kommt Medien durch ihre Breitenwirksamkeit und durch ihren massiven Einfluss auf die öffentliche Meinung besondere Bedeutung und Verantwortung zu. Sie sind über die schulische und familiäre Sozialisation hinaus für das soziale und politische Lernen mitverantwortlich und tragen dadurch maßgeblich zur Festigung oder zum Abbau von Vorurteilen und Stereotypen bei. (Vgl. Pallaver 2006: 15)

Nun kann festgestellt werden, dass es in Gesellschaften, in denen mehreren Sprachgruppen leben, aufgrund der unterschiedlichen Sprachen häufig zur Entstehung von Teilöffentlichkeiten kommt, weil immer eine Kommunikation innerhalb der Gruppe und eine externe Kommunikation der Gruppe stattfindet. Dies ist auch dadurch bedingt, dass der Idealtypus einer einheitlichen Öffentlichkeit die Einsprachigkeit einer Gesellschaft voraussetzt. Die Schaffung gemeinsamer öffentlicher Räume in plurilingualen Gesellschaften ist jedoch trotz sprachlicher Barrieren durchaus möglich, indem die Medien Diskurse über gemeinsame Themen und Inhalte und eine ausgeglichene sachliche Berichterstattung in den Mittelpunkt ihrer Arbeit stellen, um ethnische Bruchlinien zu überwinden. Dadurch bilden sich Sprachgruppen übergreifende, der Minderheit und Mehrheit gemeinsame Interessen heraus und die Ausbildung einer gemeinsamen übergreifenden Identität wird möglich. (Vgl. Pallaver 2006: 34)

Dieser friedensstiftende Mechanismus greift jedoch nur, wenn die institutionellen und politischen Rahmenbedingungen dafür geschaffen werden, bzw. vorhanden sind. In Gesellschaften, die, wie im Falle Südtirols, von einem durch kollektivrechtliche Minderheitenschutznormen geprägten System bestimmt sind, welches auf eine Fragmentierung der Zivilgesellschaft in allen Lebensbereichen aufbaut, ist die Entwicklung Sprachgruppen übergreifender Medien institutionell schwierig und politisch oft nicht erwünscht. Das Fallbeispiel Südtirol macht deutlich, dass aufgrund der Bestimmungen zum Minderheitenschutz eine starke Fragmentierung der Gesellschaft ein geteiltes Mediensystem bedingt, was zwangsläufig dazu führt, dass sich jede Subgesellschaft auch eigener Medien bedient und die Gesamtöffentlichkeit in Teilöffentlichkeiten zerfällt. Daraus folgt die Absenz eines gemeinsamen öffentlichen Raums für alle Sprachgruppen, das Fehlen einer gemeinsamen öffentlichen Meinung, welche einen konstanten Austausch und eine kontinuierliche Interaktion aller BürgerInnen ermöglicht. Unter diesen Umständen kann Vertrauen zwischen den Sprachgruppen nur sehr schwer aufgebaut und Vorurteile und Stereotypen nur sehr schwer abgebaut werden. Vor allem aber erscheint das Herausbilden einer die Sprachgruppen übergreifenden Identität, bedingt durch den öffentlichen Diskurs über gemeinsame Themen, Interessen und Ziele, die Pallaver (2006: 7) als Dachidentität und „Transethnische Ökumene" beschreibt, de facto unmöglich. Eine konstruktive Konflikttransformation, wie sie im Rahmen dieser Arbeit beschrieben wurde, ist unter diesen Vorzeichen kaum realisierbar. Denn selbst wenn sich auf zivilgesellschaftlicher Ebene Kräfte mobilisieren, die für eine Veränderung eintreten, müssen sie in einem rigiden politischen und institutionellen System agieren, das wenige Spielräume für die Änderung des Status Quo zulässt. Ein Beispiel für die Schwierigkeiten solcher transformatorischer Ansätze ist eine seit einigen Jahren auf zivilgesellschaftlicher Ebene zu beobachtende bestimmte Durchlässigkeit und Annäherung der Sprachgruppen. Diese gesellschaftlichen Tendenzen finden jedoch, in den sich am Kollektiv orientierenden politischen und administrativen Institutionen, ihre systembedingte Barriere. (Vgl. Pallaver 2006: 88)

Zusammenfassend kann festgestellt werden, dass ein kollektivrechtliches Schutzsystem für Minderheiten, durch seine massive Wirkungsmächtigkeit auf gesellschaftlicher Ebene voneinander getrennte nach ethnischen Kriterien definierte Subsysteme schafft. Dies entspricht dem ausdrücklichen Ziel des gruppenrechtlichen Ansatzes, welcher die ethnische Segregation der Bevölkerung in allen Lebensbereichen, also eine Gesellschaft der ethnisierten Parallelstrukturen und kollektiven Sonderrechte, zum Ziel hat. Verdeutlicht wurde dies auch anhand des Beispiels der friedensstiftenden Funktion der Medien. In kollektivrechtlichen Systemen können Medien diese Funktion, die eng mit dem Konzept der konstruktiven Konflikttransformation verwoben ist, gar nicht oder nur in geringem Maße entfalten. Aufgrund der Ausführungen kann daher festgestellt werden, dass derartige, auf die Minderheit als Kollektiv ausgerichteten Schutznormen langfristig gesehen einer nachhaltigen Transformation von Minderheitenkonflikten vehement entgegenwirken.

3 Resümee und Perspektiven

In den vorangehenden Kapiteln der Arbeit wurde versucht, Antworten auf die eingangs erläuterten zentralen Fragestellungen zu finden. Das Ergebnis der Analysen zeichnet das Bild eines, besonders seit dem Umbruch der frühen 90er Jahre, stattfindenden Anstiegs der Forderungen nach kollektiven Schutzbestimmungen im Minderheitenschutz auf europäischer Ebene. Dokumente wie das Rahmenübereinkommen zum Schutz nationaler Minderheiten und die Sprachencharta kommen diesen Forderungen durch die Verankerung von Normen positiver Diskriminierung nach. Sie sind nicht zuletzt Ausdruck des Einflusses von Lobbygruppen wie der FUEV[5], die sich massiv für positive Schutznormen und Sonderrechte für Minderheiten einsetzten. Während der Großteil der Richtlinien auf EU-Ebene weiterhin vom menschenrechtlichen Ansatz geprägt ist, wurden durch verschiedene

[5] FUEV steht für Föderalistische Union europäischer Volksgruppen. Sie wurde 1949 als Dachvereinigung gegründet und setzt sich seither für die Rechte ausschließlich autochthoner Minderheiten in Europa ein. Ihr vorrangiges Ziel ist dabei die Stärkung und Förderung kollektivrechtlichen Minderheitenschutzbestimmungen auf nationalstaatlicher und europäischer Ebene. Die FEUV ist einer der einflussreichsten Lobbyverbände hinsichtlich solcher Schutznormen in Europa. Mehr dazu auf dem Internetportal des Verbandes http://www.fuev.org/pages/deutsch/d_1_2002.html .

Dokumente des Europarates und durch die Einrichtung des Amtes eines Hochkommissars für nationale Minderheiten 1992 durch die OSZE (Riedel 2001: 20) die Vorraussetzungen für kollektivrechtliche Schutzbestimmungen auf europäischer Ebene geschaffen. Der Hochkommissar für nationale Minderheiten ist Ausdruck dieser Entwicklung, sein Mandat ist explizit nicht auf die Individualrechte der Minderheiten ausgerichtet, da es ihm untersagt ist, Individualbeschwerden entgegenzunehmen. Er verhandelt hingegen, dem gruppenrechtlichen Ansatz entsprechend, nur mit Volksgruppenvertretern. Die Einrichtung des Amtes des Hochkommissars, der sich offen und aktiv für die Ausweitung kollektivrechtlicher Minderheitenschutznormen einsetzt, wurde mit der Notwendigkeit zur Schaffung eines Instruments für die Konfliktprävention in Minderheitensituationen begründet. (Vgl. Riedel 2001: 20 f.)

Betrachtet man die Analyse im zweiten Teil der vorliegenden Arbeit so erstaunt dieses Vorhaben. Denn ein kollektivrechtlich ausgelegter Minderheitenschutz durch Normen positiver Diskriminierung und die daraus erwachsenden Sonderrechte von Minderheiten führt zur Betonung und Forcierung von Ungleichheiten entlang ethnischer Bruchlinien. Dies manifestiert sich meist in einem durch die Schutznormen verankerten institutionellen, politischen und gesellschaftlichen System, welches auf eine dauerhafte Segregation der Gesellschaft baut. Durch das Beispiel der Medien in Südtirol wurde veranschaulicht, wie politische, institutionelle und gesellschaftliche Fragmentierung auf alle Lebensbereiche der Bevölkerung, sowohl auf Mehrheit als auch auf Minderheit, speziell in Konfliktsituationen wirkt. Obwohl es der Südtiroler Bevölkerung völlig frei steht, welcher Medien sie sich bedient, greift die große Mehrheit täglich auf die der eigenen Sprachgruppe entsprechenden Medien zurück. Dies ist in den meisten Fällen nicht auf mangelnde Sprachkenntnisse zurückzuführen, sondern auf die systemimmanente, kontinuierliche Reproduktion eines ethnozentrischen Selbstbildes, welche die Zugehörigkeit zur Gruppe festlegt und selbst das mediale Konsumverhalten beeinflusst. Forciert wird dieser Mechanismus letztendlich durch die kollektivrechtlichen Schutznormen, welche ein rigides politisches und institutionelles Gerüst schaffen, das keine Veränderung des Status Quo zulässt. Eine nachhaltige Bearbeitung des Minderheitenkonfliktes über seine starre Institutionalisierung hinaus, im Sinne einer konstruktiven Konflikttransformation ist in solchen Systemen kaum möglich und politisch nicht gewollt. Denn die gezielte Ethnisierung von Politik und das Einfordern von kollektiven Sonderrechten für eine klar abgegrenzte Gruppe von Menschen sind nicht zuletzt mit dem Machterhalt einer ethnisch definierten politischen Elite verbunden.

Die Einführung neuer Kollektivrechte für Minderheiten auf europäischer Ebene birgt also eine Reihe von politischen und gesellschaftlichen Gefahren und Risiken für den sozialen Zusammenhalt demokratischer Gesellschaften in sich und ist aus diesem Grund einer Konflikttransformation nicht zuträglich. Darum ist ein kollektivrechtlich ausgelegter Minderheitenschutz weder hilfreich zur Konfliktlösung noch zur effizienten Konfliktprävention. Aber auch Minderheiten, welche nicht von Konflikten geprägt sind, wie beispielsweise die Sorben oder die Friesen in Deutschland, sind potentiell von kollektivrechtlichen europäischen Richtlinien betroffen. Die Aussicht auf Sonderrechte kann somit auch in „friedlichen" Minderheitensituationen zu einer Ethnisierung dieser Minderheiten führen und im Extremfall neue Konflikte schaffen. Diese Interpretation teilen auch einige Mitgliedsstaaten des Europarates. So erzielte die Sprachencharta in Europa nur mäßige Erfolge: lediglich 22 der 47 Mitgliedstaaten des Europarates ratifizierten das Dokument, meist auf Grund der Befürchtung, durch eine Umsetzung der Normen könnte Minderheitensprachen erstmals konstituiert werden. (Vgl. Riedel 2007: 49) Das Verhalten der Mitgliedsstaaten weist darauf hin, dass es trotz der aufgezeigten kollektivrechtlichen Entwicklungen auch Ansätze und Bestrebungen für den Erhalt und die Stärkung des individualrechtlichen Minderheitenschutzes gibt.

Langfristig kann ein zukunftsträchtiger europäischer Minderheitenschutz nur in der Anwendung der bestehenden völkerrechtlichen Verträge liegen, die Dank ihres menschen- bzw. individualrechtlichen Ansatzes nicht nur ausreichend Schutz vor negativer Diskriminierung bieten, sondern darüber hinaus auch vor dem Europäischen Gerichtshof für Menschenrechte einklagbar sind. In diesem Sinne ist die Forcierung der Umsetzung dieser bestehenden und bewährten individualrechtlichen Antidiskriminierungsnormen auf europäischer Ebene als primäres Ziel zu betrachten. Dadurch würde ein Instrument geschaffen, das die Transformation bestehender Minderheitenkonflikte erleichtert und die effiziente Prävention neuer Konflikte im Sinne einer erfolgreichen europäischen Integration ermöglicht.

Literatur

Allgemeine Erklärung der Menschenrechte von 1948, in: Bundeszentrale für politische Bildung (2004): Menschenrechte. Dokumente und Deklarationen, Bonn, 54–58.

Atz, Hermann (2006): Der (ethnische) Medienkonsum der Südtiroler Bevölkerung. Voraussetzungen, Rahmenbedingungen und Einflussfaktoren auf die Nutzung von Medien in der Mutter- und der Zweitsprache, in: Die ethnisch halbierte Wirklichkeit. Medien, Offentlichkeit und politische Legitimation in ethnisch fragmentierten Gesellschaften. Theoretische Überlegungen und Fallbeispiele aus Südtirol, Pallaver Günther (Hg) Innsbruck et al., 67–114.

Kopenhagener Dokument (1990): Dokument des Treffens der Konferenz über die menschliche Dimension der KSZE in Kopenhagen vom 29. 6. 1990, in: Auswärtiges Amt (Hrsg.): Sicherheit und Zusammenarbeit in Europa. Dokumentation zum KSZE-Prozess 1990/91, Bonn 1991.

Europäische Charta der Regional oder Minderheitensprachen vom November 1992, in: Bundeszentrale für politische Bildung (2004): Menschenrechte. Dokumente und Deklarationen, Bonn, 480–498.

Ganter, Stephan (1995): Ethnizität und ethnische Konflikte. Konzepte und theoretische Ansätze für eine vergleichende Analyse, Freiburg.

Gärtner, Reinhold (2005): Ethnos oder Demos? Individuum oder Kollektiv? Zur Frage des Subjekts in der Minderheitenpolitik, in: Salzborn, Samuel (Hg): Minderheitenkonflikte in Europa. Fallbeispiele und Lösungsansätze, Innsbruck u. a., 19–31.

Heiss, Hans (2003): Der Kraftakt. Südtirol von 1960 bis 1979, in: Das 20. Jahrhundert in Südtirol. Band IV, Autonomie und Aufbruch, Bozen.

Hofmann, Rainer (1995): Minderheitenschutz in Europa. Völker- und staatsrechtliche Lage im Überblick, Berlin.

Konvention zum Schutze der Menschenrechte und Grundfreiheiten von 1950, in: Bundeszentrale für politische Bildung (2004): Menschenrechte. Dokumente und Deklarationen, Bonn, 346–359.

Landesinstitut für Statistik (Hg) (2001): Statistisches Jahrbuch für Südtirol 2001, Bozen.

Langer, Alexander (1996): Aufsätze zu Südtirol/Scritti sul Sudtirolo 1978–1995, Meran.

Pallaver, Günther (Hg) (2006): Die ethnisch halbierte Wirklichkeit. Medien, Offentlichkeit und politische Legitimation in ethnisch fragmentierten Gesellschaften. Theoretische Überlegungen und Fallbeispiele aus Südtirol, Innsbruck et al.

Pallaver, Günther (2003): Südtirols Konkordanzdemokratie: Ethnische Konfliktregelung zwischen juristischem Korsett und gesellschaftlichem Wandel, in: Clementi, Sieglinde (Hg.): Ende eines Streits. Zehn Jahre Streitbeilegung im Südtirolkonflikt zwischen Italien und Österreich, Baden-Baden, 176–203.

Pan, Franz (1999): der Minderheitenschutz im neuen Europa und seine historische Entwicklung, Wien.

Rahmenübereinkommen zum Schutz nationaler Minderheiten von 1995, in: Bundeszentrale für politische Bildung (2004): Menschenrechte. Dokumente und Deklarationen, Bonn, 471–479.

Richebuono, Bepe (1992): Kurzgefasste Geschichte der Dolomitenladiner, San Martin de Tor.

Riedel, Sabine (2006): Instrumentarien des Minderheitenschutzes in Europa, in: Salzborn, Samuel (Hg): Minderheitenkonflikte in Europa. Fallbeispiele und Lösungsansätze, Innsbruck u. a., 241–258.

Riedel, Sabine (2007): Ambivalenzen des Minderheitenschutzes Internationale Organisationen auf dem Prüfstand, in: Osteuropa 57,11/2007, Minderheiten in Osteuropa. Ansprüche, Rechte, Konflikte, Berlin, 47–65.

Reich, Hannah (2005): Konflikttransformation durch lokale Friedenskräfte- und Allianzen, in: Jahn, Egbert/Fischer, Sabine/Sahm, Astrid (Hg): Die Zukunft des Friedens, Die Friedens- und Konfliktforschung aus der Perspektive der jüngeren Generation, Band 2, Wiesbaden, 473–494.

Riepe, Claudia (1997): Der Minderheitenschutz in der KSZE/OSZE, Dissertation, Hamburg.

Romeo, Carlo (2003): Alto Adige/Südtirol XX Secolo. Cent'anni e piú in parole e immagini, Bolzano.

Salzborn, Samuel (2005): Ethnisierung der Politik. Theorie und Geschichte des Volksgruppenrechts in Europa, Frankfurt/Main.

Salzborn, Samuel (2006a): Minderheitenkonflikte in Europa. Historische Entwicklung, aktuelle Kontroversen und Lösungsstrategien, in: Salzborn, Samuel (Hg): Minderheitenkonflikte in Europa. Fallbeispiele und Lösungsansätze, Innsbruck u. a. 7–18.

Salzborn, Samuel (2006b): Minderheitenpolitik in Europa in: WeltTrends Heft 50, 14. Jahrgang, 131–143.

Salzborn, Samuel (2006c): Zwischen Volksgruppentheorie, Völkerrechtslehre und Volkstumskampf. Hermann Raschhofer als Vordenker eines völkischen Minderheitenrechts in: Sozial.Geschichte Heft 3, 21. Jahrgang, 29–52.

Scherer-Leydecker, Christian (1997): Minderheiten und sonstige ethnische Gruppen. Eine Studie zur kulturellen Identität im Völkerrecht, Berlin.

Südtiroler Landesregierung (Hg) (2001): Das neue Autonomiestatut, 13. ergänzte Auflage, Bozen.

Südtiroler Landesregierung (Hg) (2007): Südtirol Handbuch, 26. Überarbeitete Auflage, Bozen.

Internetquellen:

Internetseite der Föderalistischen Union Europäischer Volksgruppen, http://www.fuev.org/pages/deutsch/d_1_2002.html (letzter Zugriff: 10.03.2008)

Reimann, Cordula (2004): Assessing the State-of-the-art in Conflict Transformation – Reflections from a Theoretical Perspective, www.berghof-handbook.net (letzter Zugriff: 10.02.2008)

Riedel, Sabine (2001): Minderheitenpolitik in der EU-Erweiterungsperspektive. Neue Konflikte durch positive Diskriminierung, Studie der Stiftung Wissenschaft und Politik, Berlin http://www.swp-berlin.org/de/common/get_document.php?asset_id=1437 (letzter Zugriff: 02.03.2008)

UNESCO Mediendeklaration (1978): http://portal.unesco.org/en/ev.php-URL_ID=13176&URL_DO=DO_TOPIC&URL_SECTION=201.html (letzter Zugriff: 24.02.2008)

Zur Früherkennung terroristischer Kampagnen*

Matenia Sirseloudi

Einleitung

Dem früheren US-Präsidenten Reagan wird der Satz zugesprochen, „was des einen Terrorist, ist des anderen Freiheitskämpfer". Dieses Bonmot weist auf das Fehlen einer allgemein akzeptierter Definition dessen, was unter dem Begriff „Terrorismus" zu verstehen ist.[1] Bevor wir uns der Frage zuwenden, wie terroristische Kampagnen frühzeitig erkannt werden können, soll deshalb zunächst das Objekt der Früherkennung definiert werden. Dabei ist es leichter und weiterer Forschung dienlicher, den Begriff an bestimmte Handlungen zu knüpfen, die (neben anderen Reaktionen) Terror, also Angst und Schrecken, bei den angesprochenen Adressaten der terroristischen Botschaft, den terroristischen Bezugsgruppen, erzeugen, statt bestimmte Täter oder Tätergruppen als Terroristen zu klassifizieren.[2]

Terroristische Handlungen sind demgemäß:

1. Politisch motivierte gewalttätige Anschläge von nicht-staatlichen Akteuren gegen zivile Ziele,[3] die
2. im Gegensatz zu militärischer oder Guerillataktik primär kommunikativ in ihrer Absicht sind[4] und

---

* Originalbeitrag. Eine englische Version dieses Artikels wurde publiziert in: Forum on Crime and Society. Special Issue on Terrorism, 2004 (1/2), New York: United Nations. 71-92.

[1] Für eine weiterführende Diskussion der Definitionen und der damit verbundenen Probleme siehe (Schmid/Jongman 1988: 28; Daase 2001).

[2] Einige Gruppen wende(te)n ausschließlich terroristische Taktiken an, wie zum Beispiel die deutsche RAF or die japanische Aum Shinrikyo-Gruppe, während andere sich für beide Taktiken, Terrorismus und Guerilla, entscheiden (al Qaida, PKK, FARC oder LTTE). Dabei genießen letztgenannte eine breitere öffentliche Unterstützung, weil ihre Bezugsgruppe oft, wenn schon nicht den Mitteln, so doch zumindest den (meisten) Zielen der Aufständischen zustimmt.

[3] Der Begriff „Terreur", von dem sich „Terrorismus" ableitet, wurde ursprünglich im Kontext der Französischen Revolution geprägt, als die Jakobiner drastische Maßnahmen gegen ihre politischen Gegner umsetzten. Während staatlicher Terror noch lange nicht aus der Welt geschafft ist, konzentrieren sich folgende Ausführungen auf nicht-staatliche Akteure.

[4] Vgl. weiterführend (Schmid/de Graaf 1982; Krumwiede/Trummer 1997; Waldmann 1998).

3. auf eine Überreaktion des Gegners abzielen, die wiederum rückwirkend die Anwendung von Gewalt legitimieren soll.[5]

Eine terroristische Kampagne umfasst die Phasen von der Entscheidung über die Planung und Vorbereitung bis hin zur Durchführung des Anschlages, bzw. der Anschlagserie, sowie der propagandistischen Ausschöpfung der politischen Folgen.

Für ihre Früherkennung impliziert dies, dass das gezielte Beobachten (Monitoring) der Anzeichen bereits laufender Kampagnen dann von Relevanz ist, wenn eine symptom-orientierte kurzfristig präventive Strategie verfolgt wird. Doch das Abhacken der Köpfe einer terroristischen Hydra allein reicht nicht aus. Deshalb sollten auch die Vorbedingungen bestimmt und beobachtet werden, die der Entscheidung zur terroristischen Kampagne vorausgehen. Diese Vorbedingungen sind oft in sozialen Konflikten zu suchen, die einige strukturelle Bedingungen mit terroristischen Kampagnen gemeinsam haben.

Herausforderung Früherkennung

Im Gegensatz zu Erdbeben und anderen Naturkatastrophen kann die Früherkennung von menschlichem Verhalten nicht auf deterministischen Naturgesetzen aufbauen. „Im Bereich sozialen Verhaltens haben wir es (…) praktisch niemals mit deterministischen Zusammenhängen der Art ‚Immer wenn – und nur wenn – A, dann B' zu tun, also mit Ursachen, die zugleich notwendig und ausreichend sind.“ (Mayntz 1995: 330 f.) Zudem kann die Frühwarnung selbst, im Sinne von Feedback-Effekten wie selbsterfüllende oder selbstzerstörende Prophezeiungen, Einfluss auf das beobachtete Geschehen nehmen. Nichtsdestotrotz haben Sozialwissenschaftler in den letzten Jahren bemerkenswerte Fortschritte in mehreren Feldern der Früherkennung und Frühwarnung gemacht. Dabei wurden bereits Modelle entwickelt und implementiert, um Gewaltkonflikte, massive Menschenrechtsverletzungen, Genozid, Vertreibungen und Staatszerfall vorherzusagen.[6]

Diesem Artikel liegt eine Definition von Früherkennung von Gewaltkonflikten zugrunde, die sich auch auf die Früherkennung terroristischer Kampagnen anwenden lässt: „Die Beobachtung und Aufzeichnung versteckter und undeutlicher Signale und Indikatoren, die auf eine Konflikteskalation oder dem Aufkommen einer Krise hindeuten. Dies bedarf der gezielten Beobachtung (Monitoring) in der potentiellen Konfliktzone selbst, des systematischen Datensammelns, qualitativer

[5] Die Definition lehnt sich an Crenshaws Beschreibung des terroristische Kalküls als die Provokation einer (Über-)Reaktion des Staates, um sich durch darauffolgende eigene Vergeltungsmaßnahmen Sympathien zu verschaffen, an (Crenshaw 1978: 54 ff.).

[6] Einen guten Überblick über laufende Frühwarnprojekte bietet (Davies/Gurr 1998).

und quantitativer Expertenkonsultationen und darauf aufbauender Analysen und Interpretationen zur Herstellung von Risikoeinschätzungen, die solide genug für Frühwarnzwecke sind." (Schmid 2000: 37)[7]

Dabei treten folgende zwei Probleme auf:

a) Hohe Individualität terroristischer Akte

Prognostische Analysen basieren auf der kollektiven Qualität sozialen Verhaltens, welches normalerweise nicht sehr spontan ist. Größere Kollektive sind auf Grund organisatorischer, bürokratischer und kommunikativer Zwänge in ihrem Handlungsrepertoire eingeschränkt, ein Umstand, der ihnen eine sichtbare Rationalität und Vorhersehbarkeit verleiht. Individuelles Verhalten ist weit weniger determiniert. Oft erscheint es willkürlich, kapriziös und irrational. Terrorismus ist aber die individuellste Form politischer Gewalt.[8] Während individuelles Verhalten sehr schwer einzuschätzen, geschweige denn von außen vorherzusehen ist, sind wir eher in der Lage, regelmäßige Prozesse auf dem aggregierten Niveau kollektiven sozialen Verhaltens nachzuzeichnen und Trends zu identifizieren. Aus diesem Grund bezieht sich das folgende Früherkennungsmodell auf die Kollektivität terroristischen Handelns, also auf die terroristische Kampagne. Individuelle terroristische Handlungen werden von dem Modell nicht erfasst.

b) Klandestinität

Terroristen operieren sehr geheim. Die Klandestinität dient dem Schutz der Gruppe; darüber hinaus verleiht sie ihr eine Art mystischen Nimbus. Im Gegensatz zu militärischem oder guerillamäßigem Vorgehen bezweckt die kalkulierte terroristische Überraschungstat ein vages, doch allgegenwärtiges Gefühl von Bedrohung in der Zielbevölkerung.

Das Agieren aus dem Untergrund bewirkt, dass der Zugang zu aktuellen empirischen Daten oft sehr eingeschränkt ist. Die Information über das Fortschreiten terroristischer Kampagnen ist meistens entweder kurzfristiger nachrichtendienstlicher oder aber genereller retrospektiver Natur, z. B. in Form von Memoiren oder Zeugenaussagen.

---

[7] Eigene Übersetzung.

[8] Ein Individuum kann es sich immer auch anders überlegen, wie es der Fall eines Mitglieds der japanischen Aum Shinrikyo-Gruppe nahe legt, das verantwortlich war für die Platzierung der vorbereiteten Aktentaschen mit dem Botulin-Gift. Er bekam moralische Bedenken, überlegte es sich anders und ersetzte das Gift mit einer nicht-giftigen Substanz. Fünf Tage später folgte diesem fehlgeschlagenen der eigentliche Saringasanschlag. (Schmid 1999:126).

Ein Modell zur Früherkennung terroristischer Kampagnen

Für Risikoanalysen und Vorhersagen stehen unterschiedliche Methoden zur Verfügung. Zum Beispiel kombinieren Bruce Newsome und seine akademische „Terrorism Forecasting Group“ die Delphi-Methode mit historischen Extrapolationen (Newsome 2003), während Alex P. Schmid einen quantitativen Terrorismus-Index entwickelt hat, der eine Einschätzung des Risikoniveaus für wahrscheinliche Entwicklungen und Strategien terroristischer Gruppierungen erlaubt (Schmid 2001). Im Folgenden wird ein Früherkennungsmodell präsentiert, welches – um Vorhersagen und Einschätzungen optimieren zu können – gleichzeitig und kompetitiv zu anderen angewendet werden sollte.

Es kombiniert teilweise getestete Indikatorvariablen mit deduktiv erschlossenen und unterscheidet zwischen Vorbedingungen und Vorzeichen für terroristische Kampagnen.[9] Vorzeichen sind Ereignisse oder Phänomene, die indikativ sind für bereits laufende Kampagnen, während Vorbedingungen Faktoren sind, die in der Vergangenheit die förderlichen sozialen Gegebenheiten für terroristische Kampagnen geschaffen haben. Letztere lassen sich des weiteren unterteilen in: 1. langfristige strukturelle Vorbedingungen („Root Causes“), die soziale und andere Spannungen schaffen, die, neben anderen Arten der Konfliktaustragungsform, terroristische Kampagnen hervorbringen, und 2. mittelfristige situative Vorbedingungen („Proximate Causes“), die ein konkretes Risiko entstehen lassen, dass ein gewaltbereiter Akteur terroristische Akte durchführt.

Beide Typen von Faktorenbündeln werden beeinflusst von fördernden Akzeleratoren und hemmenden Dezeleratoren, die normalerweise nicht ursächlich mit der terroristischen Kampagne zusammenhängen, sondern intervenierend den Prozess beschleunigen oder abbremsen.

Leider bleiben oft Faktoren außerhalb des militärisch-sicherheitsbezogenen Umfeldes unberücksichtigt. Dabei spielt es auch eine Rolle, dass für ganzheitliche Früherkennungsmodelle meist nicht alle benötigten Informationen vorhanden sind.

Im hier dargestellten Früherkennungsmodell haben wir uns auf eine Auswahl allgemeingültiger Faktoren beschränkt. Für die Analyse konkreter Kampagnen müssten jeweils weitere kontext-spezifische Variablen hinzugefügt werden.

[9] Diese Unterscheidung wurde von Eckstein (1965) erstmalig für die Ursachenanalyse von Bürgerkriegen eingeführt und später von Martha Crenshaw (1981) auf terroristische Kampagnen angewandt.

Modell zur Früherkennung terroristischer Kampagnen[10]

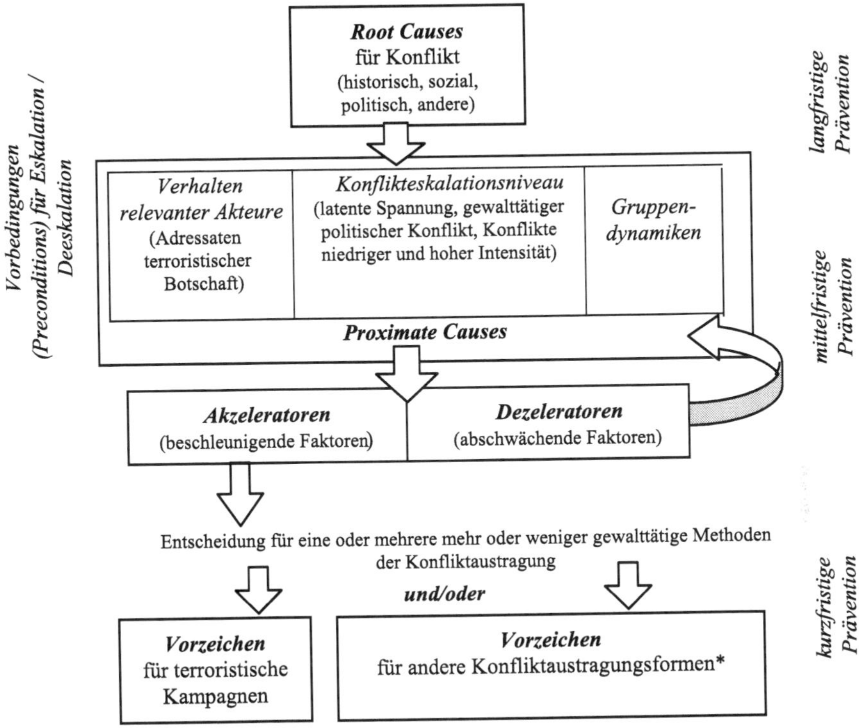

* Andere Formen der Konfliktaustragung sind: 1) legale (unbewaffnete) politische Opposition im Parlament oder parteipolitisch, 2) Demonstrationen und Aufruhr, 3) gewaltfreie Kampagnen,/ziviler Ungehorsam, 4) Guerillakrieg, 5) Rebellion/Putsch, 6) Bürgerkrieg/Revolution, oder eine Kombination aus 1–6.

[10] Das Modell geht auf eine Zusammenarbeit zwischen Matenia Sirseloudi and Alex P. Schmid zurück.

Vorbedingungen

> Even when the organizational structure is broken completely in a mass sweep of operatives, if there is no attendant change in the underlying conditions that gave rise to the original terrorist psyche, the organization of affected individuals will most likely be recreated over a period of time and such activity will re-emerge. (Marshall 2002: 9)

1 Root Causes

Wie Monty Marshall hervorhebt, neigt die Geschichte dazu sich zu wiederholen, solange die gesellschaftlichen Rahmenbedingungen als struktureller Verursachungskomplex sozialen Handelns nicht verändert werden. Unter Bezugnahme auf die wegweisenden Theorien von Ted Gurr (1970) und Charles Tilly (1978) zu den Ursachen kollektiver Gewalteskalationen ist von drei bedingenden und ermöglichenden Faktorenkomplexen für terroristische Kampagnen auszugehen:

1. Rebellen, die das Operieren im Untergrund nicht scheuen und durch ihre persönliche, familiäre oder kollektiv soziale Geschichte[11] oder durch eine von charismatischen Führern proklamierte Ideologie motiviert sind,
2. eine gesellschaftliche Gelegenheitsstruktur, die Gruppen und ihre Führer zu proaktivem Handeln anreizt und
3. sogenannte „Capabilities" der Gruppe, d. h. Ressourcen aller Art, von einem gewissen Organisationsgrad, über ökonomische Ressourcen und technischem Know-how, bis hin zu Waffen und Zugang zu Propagandainstanzen.[12]

Ein ambivalenter Faktor in den Kontexten von Motivation und Gelegenheitsstruktur ist die demokratische Gesellschaftsordnung. Demokratien waren wesentlich

[11] Der psychologische Mechanismus, der von relativer Deprivation – also sozioökonomischer Benachteiligung oder ethnischer/religiöser Diskriminierung, die oft genug miteinander einhergehen – zur Gewaltanwendung bis hin zu terroristischen Anschlägen führt, besteht nach Randy Borum aus vier Komponenten: 1. Kontext: Soziale und/oder ökonomische Deprivation („it's not right"), 2. Vergleich: Ungleichheit und Groll („it's not fair"), 3. Attribution: Schuldzuweisung („it's your fault"), 4. Reaktion: Generalisierung/Stereotypisierung oder Dehumanisierung und Dämonisierung des Feindes („you're evil")(Borum 2003: 9).

[12] So wurden zum Beispiel den zunächst erfolgreichen Aufständischen im Irak folgende „Capabilities" zugeschrieben, die eine Eskalation in Frequenz und Opferzahl ermöglichten: sich vergrößernde Widerstandszellen, steigende Koordinierung der Aktivitäten, verbesserte Planungsmöglichkeiten, Zielauswahl und Informationsauswertungskapazitäten, steigende Mobilität sowie eine Vielzahl von Waffen (White 2003; Sirseloudi 2005b).

öfter Ziele terroristischer Anschläge als autokratische oder diktatorische Regime (Eubank/Weinberg 1994). Dies mag daran liegen, dass Demokratien mit Versammlungs- und Meinungsfreiheit, Freizügigkeit, sowie fairen und nachsichtigen rechtsstaatlichen Strafvollzugsbehörden einen weit besseren Austragungsrahmen für terroristische Anschläge bieten als Diktaturen und andere Typen repressiver Regime.

Andererseits genießen demokratische Regierungen, wegen der breiteren Partizipation im politischen Prozess, normalerweise ein höheres Legitimitätsniveau. In Demokratien, in Proporzsystemen eher noch als in „the winner takes all"-Systemen, gibt es eine Vielzahl von Alternativen, um Konflikte gewaltfrei auszutragen, so dass Unzufriedenheit friedliche Wege findet sich zu artikulieren (Rummel 1997). Selbst wenn Demokratien mit vielen inländischen terroristischen Anschlägen konfrontiert werden, bleibt die Fatalitätsrate (durchschnittliche Anzahl von Toten pro Anschlag) relativ gering.[13] Jan Oskar Engenes Studie zu Binnenterrorismus in West Europa unterstützt diese Annahme (Engene 1998: 290). Er stellt fest, dass das Aufkommen von Terrorismus – unabhängig vom Einzelfall – geknüpft ist an niedrige Werte von Freiheit und Demokratie.

Zusammenfassend lässt sich also feststellen, dass nicht-demokratische Regime den fruchtbaren Boden für die Motivierung potentieller Terroristen stellen, hoch-vulnerable Demokratien hingegen die einfachsten und schlagzeilenträchtigsten Ziele. Ein illustratives Beispiel für diese Hypothese zur doppelten Auswirkung der Demokratie bietet die baskische Organisation ETA. Entstanden unter der Franco-Diktatur hat sie ihre terroristischen Kampagnen, was die Frequenz der Anschläge, aber auch was ihre Tödlichkeit anbelangt, erst nach der spanischen Transition zur Demokratie 1974 eskaliert (Llera, et al. 1993).

Ein weiteres gefährliches Szenario bezieht sich auf Demokratien, die als mächtige externe Akteure wahrgenommen werden, was sie zu sogenannten „Prime Targets" macht.[14] Das Risiko von terroristischer Gewalt getroffen zu werden ist – Marshalls Analyse (Marshall 2002) zufolge – am höchsten für „alte Demokratien", die in internationale Konflikte involviert sind.

Eine weit eindeutigere Beziehung besteht zwischen der Legitimität einer Regierung und Terrorismus. Engene hat für den Terrorismus in Westeuropa eine systematische Verbindung zwischen terroristischen Kampagnen und Legitimitätsproblemen nachgewiesen (1998: 292). Die Länder mit den höchsten Legitimitätsproblemen – Problemen mit ethnischer Fragmentierung, politischer Kontinuität oder gesellschaftlicher Integration – hatten auch mit der größten terroristischen

[13] Die verwendeten Daten stammen aus dem „open source"-Datenbanksystem RAND Terrorism Chronology (1968–1997) und RAND-MIPT Terrorism Incident (1998 bis heute).

[14] Ergebnis der NUPI-Experten-Konferenz, Juni 2003 (Bjørgo 2003).

Herausforderung zu kämpfen. In Westeuropa waren dies Spanien, Großbritannien und Italien (Engene 1998: 210, 215).

Eng mit der Legitimität eines Regimes verknüpft sind die Effekte beschleunigten sozialen oder ökonomischen Wandels. Engenes Analyse deutet darauf hin, dass das Aufkommen von ideologischem (sozialrevolutionärem) Terrorismus höher ist in Ländern mit hohen Wachstumsraten, die ihrerseits Umverteilungen mit sich bringen.[15] Ähnliche Ergebnisse zeichnen sich auch für hohe Einkommensungleichheit ab (Lia/Skjølberg 2000). Es gibt eine klare Tendenz hin zu höheren Niveaus von Terrorismus in Staaten mit größerer distributiver Ungleichheit, während Armut als solches keine direkte Ursache für Terrorismus zu sein scheint.[16]

Die Korrelation zwischen Menschenrechtsverletzungen und Terrorismus ist erheblich höher als die zwischen Terrorismus und Armut (Schmid 2001). Auch Monty Marshalls Analyse deutet auf eine hohe positive Korrelation zwischen seiner Variable „Collective Political Violence With Excessive Targeting of Civilians"[17] und Terrorismus. Das Ergebnis wird bestätigt durch Engenes Analyse über westeuropäischen Terrorismus, in der Menschenrechtsverletzungen mit langanhaltender terroristischer Aktivität korrelieren (Engene 1998: 186).[18]

Aus einer historischen Perspektive stellt sich die Frage, in welchem Maße eine Tradition gewalttätiger Konfliktaustragung sich langfristig auswirkt. Solange Terroristen vom Beistand einer größeren Unterstützungsgemeinschaft abhängen, ist ihre Strategie geleitet von deren Gewalttoleranz und Gewaltbereitschaft. Je höher die soziale Toleranz, desto leichter wird es den Terroristen fallen Rekruten für ihre Methoden der Konfliktaustragung zu finden. Soziale Toleranz und Bereitschaft gegenüber der Ressource Gewalt hängen ihrerseits davon ab, welche kollektiven und segmentalen Erfahrungen im Umgang mit Gewalt es in einer Gesellschaft gibt.

Als Projektionen dienende historische Feindbilder sind ebenso begünstigende Faktoren für terroristische Kampagnen wie auch für andere Typen gewalttätiger Konfliktaustragung. Positive Rollenmodelle, die sich auf traditionelle Muster für

---

[15] Auch bei religiösem Terrorismus ist zu unterscheiden zwischen a) rein außerweltlich orientierten Bewegungen, wie z.B. die japanische Aum-Sekte, deren einzige Bezugsgruppe die terroristische Gruppierung selbst ist, b) Gruppen, die eine religiöse Gemeinschaft nach außen verteidigen oder sie befreien wollen, und c) religiös-revolutionären Gruppen mit hohem Bekehrungs- und Erziehungsimpetus, die, z.B. in Nordafrika und im Nahen und Mittleren Osten, relativ weit verbreitet und sozialrevolutionär motivierten Gruppen nicht unähnlich sind (Rapoport 1984: 202 ff.).

[16] Siehe (Engene 1998: 193) zum Terrorismus in Westeuropa und allgemein Schmid, der darstellt, dass eine direkte Korrelation zwischen „Armut" (HDI-Index, UNDP) und „Terrorismus" relativ niedrig ist (Schmid 2001).

[17] Eingeschlossen sind hier exklusive Ideologien, Militanz, eingeschränkte Menschenrechte, Vertriebene Bevölkerungsanteile, und langwährender sozialer Gewalt (Marshall 2002: 36 und Appendix C:1).

[18] Hierbei ist zu berücksichtigen, dass die Gegenkampagne als Reaktion auf den Terrorismus selbst zur Verschlechterung der Menschenrechtssituation beitragen kann, und wir sich selbstverstärkende Phänomene beobachten können.

Rebellion und Widerstand beziehen, können für die terroristische Legitimität und das Selbstbewusstsein genutzt werden.[19]

Nach Weinbergs und Richardsons Forschungsergebnissen zum Terrorismus in Westeuropa waren die „Early Risers“ der von terroristischen Kampagnen betroffenen Länder Demokratien, die vorher längere Perioden unter rechtsgerichteten Diktaturen oder nationalsozialistischer Besatzung gelitten hatten. Die terroristischen Gruppierungen erklärten ihr eigenes Verhalten als eine Fortführung der Widerstandsbewegungen, die sich gegen den Faschismus formiert hatten (Weinberg/Richardson 2002).

Auch Marshall deutet auf einen hohen Korrelationskoeffizienten zwischen Terrorismus und der Summe vergangener „State Failure“-Ereignisse, die sich manifestieren in revolutionären Kriegen, ethnischen Kriegen, erzwungenen Regimewechseln und Genozid/Politizid[20] (Marshall 2002: Appendix C:2).

Umstände, welche die Fähigkeiten und Ressourcen, also die „Capabilities“ einer Gruppe erhöhen (und weiter reichen als Rekrutierungspools, finanzielles, logistisches und technisches Know-how, Waffen, Logisitk oder Erfahrung mit Gewalt) sind insbesondere territoriale oder geopolitische Faktoren wie sogenannte „Bad Neighbourhoods“ schwacher oder zerfallender Staaten, von wo aus Gewalt-„Spill Over“ stattfinden kann. Zwischenstaatliche Feindseligkeiten führen zu Fällen von staatlich gefördertem Terrorismus oder zu Situationen, in denen kriegsgebeutelte Regionen mit schwacher staatlicher Kontrolle als Rückzugs- oder Trainingsgebiet genutzt werden können.[21]

2 *Proximate causes*

„Proximate Causes“ haben, im Gegensatz zu „Root Causes“, direkte Auswirkungen auf die Wahrscheinlichkeit einer terroristischen Kampagne. Sie bestehen aus spezifischen Akteurs-Konstellationen, der Konfliktsituation und den Gruppen-

---

[19] So kam zum Beispiel in Tschetschenien am Ende des 19. Jahrhunderts als Reaktion auf die staatliche Repression eine „Abrek“-Widerstandskultur auf. Die „Abrek“ kämpften gegen die Repräsentanten der Staatsmacht und verteidigten ihre Gemeinschaften und Clans. Ihr Beispiel dient zeitgenössischen aufständischen Gruppen, die terroristische Kampagnen lancieren (FEWER 2003:5) Ein ähnliches Phänomen ist der religiöse Märtyrerkult, wie er von Gewaltakteuren bei Selbstmordattentaten instrumentalisiert wird.

[20] Politizid: die Ermordung von Bevölkerungsgruppen aufgrund ihrer politischen Opposition dem betroffenen Staat oder der Bevolkerungsmehrheit gegenüber (Harff 1992).

[21] Die Anzahl der angrenzenden Staaten mit irgendeiner Art größerem bewaffneten Konflikt weist einen der höchsten Korrelationskoeffizienten auf mit Marshalls Terrorimus Index (Marshall 2002: Appendix C:2). Zu Staatszerfall als eine „Root Cause“ von Terrorismus siehe (Bjørgo 2003) und (Hippel 2002) und für weitere „Root Causes“ von bewaffneten Konflikten (Schmid 2000: 6–8).

dynamiken, die zu einer terroristischen Kampagne führen, wenn eine motivierte Gruppe mit gewissen „Capabilities“ bereits existiert.

Verhalten relevanter Adressaten der terroristischen Botschaft
Wie wir bereits in der Definition von Terrorismus dargelegt haben, birgt die terroristische Strategie – im Vergleich zum militärischen oder zum Guerillakampf – eine kommunikative Rationalität oder wie Jenkins es in seiner prägnanten Formulierung zusammenfasst: „Terrorism is violence aimed at the people watching.“ (Jenkins 1975: 1) Deswegen gilt es auch das Verhalten und die Erwartungen unterschiedlicher Zielpublika der terroristischen Nachricht für Früherkennungszwecke zu berücksichtigen. Wir unterscheiden zwischen folgenden Adressaten der terroristischen Nachricht.

Tabelle 1 Die Adressaten der terroristischen Botschaft[22]

Unterstütze

Mögliche implizierte Adressaten	*Ziel*
(i) Die sich bereits positiv mit der terroristischen Gruppe identifizierenden Unterstützer	Sympathiegewinn und/oder Überzeugung zur Erhöhung der Unterstützung
(ii) Die erklärten Gegner	Demoralisierung, Einschüchterung, Zwangsausübung und Erpressung
(iii) Die unbeteiligten Zuschauer und unverletzten Beobachter	Beeindrucken oder zur Stellungnahme zwingen
(iv) Die eigene Organisation der Terroristen (Mitglieder)	Erhöhung der Gruppenmoral und Ermutigung der Unterstützer Organisationsmitglieder zu werden
(v) Rivalisierende Gruppen	Ihnen zeigen, wer kühner und erfolgreicher ist

(i) Unterstützer
Personenkreise, die logistische, finanzielle oder ideologische Unterstützung bieten und Rekruten ebenso zur Verfügung stellen wie Legitimation, spielen für jede längerfristige terroristische Kampagne eine entscheidende Rolle und werden in den strategisch-taktischen Kalkulationen einer terroristischen Gruppe berücksichtigt. Je nach Art der Unterstützungsgemeinschaft, ihren Erwartungen und ihrer Gewalttoleranz, wird die Gruppe versuchen die Intensität der angewandten Gewalt anzupassen. Die Terroristen werden die Wünsche ihrer Klientel umso stärker berücksichtigen, je abhängiger sie von ihr sind, was bei staatlich gefördertem (state-sponsored) Terrorismus am deutlichsten der Fall ist. Wenn die Unterstützung von

[22] Nach Gerrits (1992: 23).

Diaspora-Gruppen gewährt wird, die nur selten der Gewalt selbst ausgesetzt sind, wird die Investition in die terroristischen Kampagnen normalerweise höher sein, als in dem Fall, in dem die Unterstützer selbst riskieren Opfer der terroristischen Kampagne – oder aber der Gegenkampagne zu werden.[23]

(ii) Gegner
Die Identifizierung der erklärten Gegner und ihre Rolle im übergeordneten Konflikt lässt Schlüsse ziehen auf potentielle Opfer, bzw. Opfergruppen. Je übermächtiger oder repressiver ein Gegner oder eine Gegnerkoalition ist, desto wahrscheinlicher ist es, dass die aufständische Gruppe versuchen wird, die Aufmerksamkeit der internationalen Öffentlichkeit mit einer provokativen Strategie zu gewinnen.[24] Die Art des Anschlages antizipiert oftmals die wahrscheinlichste Gegenstrategie. Je härter die Reaktion, desto lauter werden Terroristen erklären, dass ihre Gewalt gerechtfertigt ist (Weinberg/Richardson 2002: 3). Denn ein ausgewiesenes Ziel terroristischer Kampagnen ist die Provokation einer (Über-)Reaktion des Staates *(provocation terrorism),* um sich dadurch Sympathien und Legitimation für darauffolgende eigene Vergeltungsmaßnahmen zu verschaffen *(vengeance terrorism)* (Crenshaw 1978: 54 ff.). Deswegen ist es wichtig eine Gegenstrategie zu entwickeln, die diese Überreaktion vermeidet und so den Terroristen und ihren Unterstützern den Wind aus den Segeln nimmt.[25]

(iii) Nicht-festgelegte Zuschauer
Bislang neutrale Teile der Bevölkerung: Die nicht-festgelegten Zuschauer sind auf der nationalen Arena die Gruppe von Bürgern, welche im Kreuzfeuer zwischen der Gewaltsausübung der Terroristen und der Reaktion der Regierung stehen. Diese Menschen müssen bestimmen: a) Wer wird wahrscheinlich gewinnen? b) Wer genießt die höhere Legitimität? c) Wer ist kurzfristig mehr zu fürchten?

Wie Crenshaw (1978: 47) anhand der Analyse des Vorgehens des algerischen FLN in den 1950er und 60er Jahren herausarbeitete, enthält eine terroristische

---

[23] Die Angewiesenheit auf Diasporagemeinden, zur Durchführung von Rebellionen und terroristischen Kampagnen wird wohl ein zunehmend häufiger vorkommendes Phänomen werden in den kommenden Jahren. (Byman, Chalk et al. 2001; Lia/Åshild 2001:50 f.; Brubaker 2003) Zum Rekrutierungspotential von Diaspora-Gruppen in Deutschland siehe (Sirseloudi 2008)..

[24] Hierzu gehören auch terroristische Akteure aus autoritären „Klientelstaaten" mächtiger Demokratien, welche die angenommenen Unterstützer der Unterdrückung in ihrem Heimatland angreifen, wie es die Expertengruppe beim NUPI-Meeting herausgearbeitet hat (Bjørgo 2003).

[25] Außerdem gilt es nach der Legitimität zu unterscheiden, die der Gegner in den Augen des Hauptzielpublikums, als Unterstützungsgemeinde oder zu gewinnender Bevölkerungsteile, genießt. Dem Angriff auf Autokraten wird eine andere Legitimität zukommen als dem Angriff auf Demokratien. Gruppierungen, die für die Etablierung von Rechtsstaat und Demokratie kämpfen, genießen normalerweise einen höheren moralischen Status als solche, welche für die Schaffung von repressiven Regimen sich engagieren.

Kampagne gerade auch gegenüber dem „als interessiert unterstellten Dritten“ (Fetscher/Rohrmoser 1981) mit Zwang und Einschüchterung verbundene Elemente und Funktionen. Einerseits soll um Sympathie in der Bevölkerung und ihre Unterstützung für die Ziele der Gruppierung geworben werden, andererseits auch ein den Zielen der Terroristen entsprechendes Verhalten und ein Minimum an materieller Unterstützung erzwungen und das Verhalten der Bevölkerung kontrolliert werden. Der FLN erreichte dies bei der algerischen Bevölkerung auch durch die direkte Ausübung und Androhung von Gewalt.

Diese Zielgruppe der terroristischen Botschaft verfügt über beinahe keinerlei Einfluss auf das Kalkül der Terroristen; sie soll beeindruckt und, wenn notwendig, per Zwang überzeugt werden Partei zu ergreifen. Solange die Gesellschaft nicht völlig polarisiert ist und neutrale Segmente existieren, wird dieser Kampf um potentielle Unterstützer Teil der terroristischen Kampagne sein.

Massenmedien und ihre Zielpublika: Zusätzlich gehören in diese Kategorie die (internationalen) Nachrichtenmedien als Beobachter. Sie sind oftmals problematische, und in manchen Fällen symbiotische Beziehungen zu terroristischen Kampagnen eingegangen auf ihrer Suche nach „Conflict News“ (Schmid/De Graaf 1982; Hoffman 1998). Terroristen nutzen Medien ganz bewusst auf der Jagd nach Aufmerksamkeit zur Hauptsendezeit. Der Erfolg einer Kampagne wird oftmals an der Medienberichterstattung gemessen, die sie erzielt hat, was als ein Schritt zur Anerkennung der Gruppe angesehen wird. Folglich werden Anschläge zeitlich so abgestimmt, dass ihnen eine „angemessene“ Medienberichterstattung garantiert ist. Wird die Medienaufmerksamkeit verweigert, oder ist sie den „taktischen Zielen“ der Gruppe nach „nicht ausreichend“, steigt die Wahrscheinlichkeit, dass die Gewalt eskalieren wird.

(iv) Die eigene Organisation der Terroristen

Ein Anschlag wirkt sich immer auch auf die internen Dynamiken einer Gruppe aus. Terroristen leben im Untergrund, isoliert von der Außenwelt und in permanenter Alarmbereitschaft. Oft sind sie getrieben von starken Rachegelüsten als Reaktion auf erfahrene Demütigungen. Anschläge stärken die Gruppenkohäsion und schmieden starke Bande zwischen den Mitgliedern, während Untätigkeit zu Dissens und Desertion führt. Ein erfolgreicher Anschlag hat eine euphorische Wirkung in einer oft frustrierenden Untergrundexistenz. Gleichzeitig wird ein derartiger Anschlag als Beitrag zur Delegitimierung des Feindes angesehen und hebt die Moral in der aufständischen Gruppe (Pynchon/Borum 1999). Eine bestimmte Anschlagsfrequenz ist notwendig, um die kontinuierliche Existenz der Gruppe sicherzustellen – if you don’t use it, you lose it (Hoffman 1998: 235).

(v) Rivalisierende terroristische Gruppen
Die strategisch-taktische Kalkulation in einem Multi-Akteurs-Szenario beinhaltet auch den Wettbewerb zwischen Gruppen. Gruppen, die ähnliche Ziele verfolgen, rivalisieren um Ressourcen, Unterstützung, Aufmerksamkeit, Anerkennung, Prestige und Rekruten wie Ehud Sprinzak feststellt (Post, Ruby et al. 2002: 76).

Dabei wird schnell eskalierende Gewalt oftmals als eine vielversprechende Taktik gesehen, um das Feld zu dominieren. Jerrold Post et al. beschreiben den Kampf um die Rekruten in den palästinensischen Flüchtlingslagern in Jordanien nach dem Krieg von 1967 in diesem Licht (2002: 83), und als wichtige Ursache für die Eskalationen in Nordirland erkennt Weinberg (2002:14) die gleichzeitige Präsenz von mehreren Gruppierungen auf beiden Seiten, die eine „Gewaltspirale" fördert.

Ein praktisch anwendbares Früherkennungsmodell wird die unter (i) bis (v) genannten Bezugsgruppen und die Erwartungen der verschiedenen relevanten Akteure berücksichtigen, wenn die Neigung einer terroristischen Gruppierung eine terroristische Kampagne zu lancieren antizipiert werden soll.

Konfliktsituation
Terrorismus tritt auf als die stärkste Form des Protestes, als die schwächste Form der Rebellion oder aber als spezialisierte Kriegstaktik (Marshall 2002: 9). Terroristische Kampagnen sind – nicht immer, doch zumindest sehr oft – geknüpft an andere Konfliktaustragungsmodi. Sie treten entweder als eine Eskalation politischer Konflikte auf, oder als eine De-eskalation von low-intensity Konflikten. In High-Intensity-Konflikten verliert der terroristische Anschlag seine kommunikative Kraft vor dem exzessiv gewalttätigen Hintergrund und wird zu einer Form von Kriegsverbrechen (Schmid 2000).

Terroristische Kampagnen als Konsequenz eines eskalierenden Aktivismus militanter sozialer und politischer Bewegungen sind der erste Pfad, den wir betrachten möchten: Sobald der harte Kern einer Protestbewegung erkannt hat, dass er es nicht schafft, eine Massenbewegung aufzubauen, steigt seine Bereitschaft, in den Untergrund zu gehen. Von dort aus versuchen oft die noch aktiven Militanten mittels einer provokativen terroristischen Kampagne eine politische Revolution zu initiieren, wie es die Russischen Anarchisten, die U. S. Weathermen, die deutsche RAF, die italienischen Roten Brigaden und die irische Provisional IRA in ihrer ersten Phase vorgemacht haben.

Der zweite Pfad – terroristische Kampagnen als Deeskaltion eines low-intensity Konfliktes – ist/war zu beobachten, neben anderen Kriegsschauplätzen, in Tschetschenien, Sri Lanka und in der Türkei. Aufständische Gruppen von nationalistischen Motiven angetrieben optieren oft in Zeiten knapper Ressourcen und einer abnehmenden Rekrutierungsbasis für eine Aufwertung ihrer terroristischen Anschläge. Mit bescheidenen Ressourcen wird versucht, das Image einer weiterbestehenden Effektivität zu vermitteln. Der Vorteil von Anschlägen auf zivile, sogenannte „Soft Targets" ist, dass die benötigten Ressourcen wesentlich geringer und leichter zu erlangen sind, als für einen Anschlag auf ein militärisches, sogenanntes „Hard Target". Das Frühwarnnetzwerk FEWER schließt in Bezug auf die Situation in Tschetschenien, dass der Hauptgrund für die anhaltenden terroristischen Aktivitäten zweifelsfrei der andauernde Krieg ist (FEWER 2003).

Eine dritte Konstellation, die zu terroristischen Kampagnen führt, ist dann gegeben, wenn eine aufständische Gruppe als neuer Akteur die schnelle Aufmerksamkeit in einem bereits bestehenden Konflikt sucht. Dieses Szenario fand während der letzten Jahre in Kolumbien statt, als die Union rechtsgerichteter paramilitärischer Gruppen AUC, die Konfliktbühne betreten hat, welche bislang von der Regierungsarmee und mehreren linksgerichteten Guerillagruppen dominiert worden war. Von 1999 bis 2002 war AUC verantwortlich für mindestens 60 terroristische Anschläge, die Hunderte von Toten und Verletzten forderten. Die durchschnittliche Fatalitätsrate der Anschläge war ca. sechs Mal höher als die der zwei größten der etablierten Guerillagruppen FARC and ELN.[26]

Stein Tønnesson beschreibt diese Konstellation anhand historischer Fälle im Rahmen der Dekolonialisierungskriege in Indochina und Indonesien. Beide begannen 1945 als Guerillakampagnen gegen Frankreich und die Niederlande. Während sich in beiden Fällen die Hauptakteure auf der Seite der Aufständischen nicht primär terroristischer Mittel bedienten, erschienen bald neue Gewaltakteure auf der Bühne. Diese eher schwachen Newcomer suchten die öffentliche Aufmerksamkeit hauptsächlich dadurch zu erreichen, dass sie terroristische Anschläge verübten (Tønnesson 2002).

Guerilla- und terroristische Taktik werden, v. a. in Bürgerkriegen, auch alternierend oder parallel eingesetzt. Neben der dominierenden Konfliktaustragungsform kann es also einen zweiten Modus geben: So führt z. B. die Kolumbianische FARC – ähnlich der tschetschenischen Rebellen – einen ruralen Guerilla-Krieg, gleichzeitig aber schreckt sie vor urbanem Terrorismus nicht zurück.

Zusätzlich zu strategischen und taktischen Kalkulationen der aufständischen Gruppe spielt die Dauer des Konfliktes eine wichtige Rolle. Wo eine gesamte Generation ohne ausreichende Bildung aufwächst und von Kindesbeinen an in Feindseligkeiten involviert ist, brutalisiert sich die Gesellschaft und moralische Standards gehen zurück.

Ähnliche Phänomene können wir auch in „Post Conflict"-Situationen beobachten. Viele Menschen haben gelernt, Waffen zur Umsetzung ihrer Ziele zu gebrauchen, und viele behalten diese, wenn sie dem Friedensprozess kein Vertrauen entgegenbringen. Wir können dieses Phänomen in Teilen der ehemaligen Republik Jugoslawien, in Afghanistan und im Irak erkennen (Vgl. Sirseloudi 2005b).

---

[26] Die Daten entstammen den Datenbanken „RAND Terrorism Chronology" (1968–1997) und der „RAND-MIPT Terrorism Incident Database" (1998 bis heute).

Sowohl latente als auch manifeste soziale Konflikte dienen als Ursachen und Perpetuierungskräfte für terroristische Aktivität. Dieses oft unterbewertete Faktorenbündel sollte bei der Risikoabschätzung für Gruppen, die zu terroristischen Kampagnen neigen, sie vorbereiten oder diese bereits führen, nicht unberücksichtigt bleiben.

Gruppendynamiken
Jerrold Post und Ehud Sprinzak (2002:77 ff.) betonen die Bedeutung bestimmter interner Gruppendynamiken bei Aufständischen, die das Risiko einer terroristischen Eskalation erhöhen. Als typischer Indikator für Gewalteskalation dient dabei das Alter der Gruppenmitglieder: Je jünger die Gruppenmitglieder sind, desto höher wird das Risiko einer terroristischen Kampagne eingeschätzt. Ähnliche Effekte sind zu erwarten, wenn die Mitglieder, insbesondere die Anführer, Erfahrung mit Gewalt und dem Umgang mit Waffen haben. Unabhängig davon werden auch die Mitglieder einer geschwächten Gruppe, wenn sie sich in die Ecke gedrängt fühlen, alle Möglichkeiten ausschöpfen, um trotzdem mächtig zu erscheinen. In anderen Worten bedeutet dies, dass eine geschwächte Gruppe ein höheres Risiko zur Eskalation einer terroristischen Kampagne bergen kann als eine etablierte und selbstbewusste Gruppe.

Akzeleratoren und Dezeleratoren

Akzeleratoren und Dezeleratoren sind intervenierende Faktoren, die terroristische Kampagnen beschleunigen oder abbremsen, wenn bereits andere Faktoren ein konkretes Risiko für eine Gewaltkampagne haben entstehen lassen.

Akzeleratoren
Eine Gruppe, die sich schon auf eine Attacke vorbereitet hat, neigt dazu, sie beschleunigt durchzuführen, wenn sie sich vom Gegner bedroht oder gedemütigt fühlt.[27] Die Verfügbarkeit von Ressourcen ist ein ambivalenter Indikator, da beides, sowohl unerwarteter Ressourcenstrom – organisatorisch, finanziell oder politisch – als auch Ressourcen-Deprivation eine Kampagne beschleunigen können, denn im zweiten Fall dient die Kampagne dazu, ein Image der Kampfbereitschaft aufzubauen, selbst wenn die aktuellen Fähigkeiten (Capabilities) gegen Null streben.

Für viele Gruppen sind bestimmte Termine, an denen sie ihre „Spoiling Capacity" (vgl. Schneckener 2003) zur Schau stellen können, relativ leicht vorherzu-

---

27 Aum Shinrikyo beschleunigte den Sarin-Gas-Anschlag, nachdem die Gruppe über eine bevorstehende Polizeirazzia im Hauptquartier der Gruppe informiert worden war (Hoffman 1998: 167). Zur Logik der Rachegewalt siehe statt vieler (Waldmann 2001).

sehen, z. B. symbolische Daten wie Jahrestage früherer Aktionen oder anstehende Wahlen oder Friedensverhandlungen.

Ganz besonders deutlich ist das akzelerierende Potential von Gegenkampagnen der Regierung, insbesondere dann, wenn sie von einem hohen „Kollateralschaden" begleitet sind, der eine Vergeltung und somit eine Erneuerung des Gewaltzyklusses herausfordert (Sirseloudi 2005b).

Ein gutes Beispiel hierfür ist Al-Qaedas Eskalation in Anschlagshäufigkeit und Opferzahl seit den Anschlägen des 11. September 2001 und der US-geführten Gegenkampagne (Newsome 2003).

Dasselbe Phänomen ist auch in Tschetschenien zu beobachten: Dort ist die Anzahl terroristischer Anschläge angestiegen seit die Gegenkampagne der Regierung lanciert wurde. Ein Zahlenbeispiel soll dies veranschaulichen: Im Nordkaukasus wurden im Jahr 1999 ca. 100 terroristische Anschläge begangen, die Zahl verdreifachte sich für 2002 mit der russischen Gegeneskalation (FEWER 2003).

Terroristische Gewalt passt sich üblicherweise der gegnerischen Reaktion an. Spanien, Großbritannien und die Philippinen folgten lange Zeit dem Prinzip der minimalen Gewaltanwendung. Also blieb auch die Zahl der Toten und Verletzten auf dem Konto der aufständischen Gruppen wie ETA, PIRA und MILF relativ niedrig. Während einer langwährenden Konfliktperiode verfolgten die Türkei und Sri Lanka die gegenteilige Strategie, was mit zu den hohen Fatalitätsraten der terroristischen Kampagnen in diesen Ländern beigetragen hat.[28]

Dezeleratoren

Es ist nicht leicht, Dezeleratoren für eine terroristische Kampagne ausfindig zu machen, um so mehr als das terroristische Kalkül darauf basiert, das Unterwartete im richtigen Moment zu tun. Wir können jedoch annehmen, dass das Gegenteil eines Akzelerators einen dezelerierender Faktor darstellt.

Im Falle staatlicher Antiterror-Kampagnen hat die Erfahrung gezeigt, dass moderate Gewaltniveaus einen dezelerierenden Einfluss haben, wenn die angewandten Mittel sowohl legal sind als auch als legitim und angemessen wahrgenommen werden.

Eine nachhaltige Schwächung, zum Beispiel der Verlust von Rückzugsgebieten, charismatischen Führern und essentieller Unterstützungsquellen wirken sich, zumindest langfristig, deeskalierend aus.

Da Terrorismus eine kommunikative Strategie ist, in der es nicht primär um das Streben nach militärischen Siegen geht, kann ihm auch – neben anderen Formen kommunikativer Beeinflussung[29] – durch die Art der Medienberichterstat-

[28] Vgl. auch (Thornton 2005).

[29] So hat zum Beispiel eine Task Force der US-Regierung das Konzept der „Public Diplomacy" ausgearbeitet, das gezielt der Kommunikationsstrategie der al-Qaida entgegenwirken soll (CFR 2003).

tung begegnet werden. Wäre die Medienabdeckung der terroristischen Ereignisse weniger auffällig und reflektierter, so könnte die öffentliche Panik abnehmen und das Angreifen von Zivilisten würde einiges seiner „Nützlichkeit" als Instrument, um politische Forderungen zu propagieren, verlieren. Doch verantwortliche selbstrestriktive Medienrichtlinien durchzusetzen ist nicht leicht in einem kommerzialisierten Mediensystem, in dem der Wettbewerb um Zuschauerquoten weitgehend die Entscheidungsfindungsprozesse der Produzenten und Herausgeber beeinflusst.

Vorzeichen (Precipitants)

Wenn eine terroristische Kampagne einmal initiiert ist, zeigen unterschiedliche Vorzeichentypen das Nahen eines Anschlages. Für die Interpretation solcher Vorzeichen brauchen wir eine detaillierte und systematische Expertise über den internen Zustand von Gruppen (Sinai 2000; Sinai 2002). Da dies hauptsächlich das Feld ist, auf den die geheimen Bemühungen der Nachrichtendienste fokussiert sind, listen wir nur die bedeutsamsten und allgemein bekannten hier auf.

Präparatorische Maßnahmen machen sich bemerkbar durch bestimmte Anzeichen, die einem terroristischen Anschlag, bzw. einer Anschlagserie vorangehen. Die richtige Interpretation dieser Anzeichen öffnet das letzte Zeitfenster für die Verhinderung eines Anschlages.

Bereits die Information, dass eine Gruppe selbst Risikoeinschätzungen zu Anschlägen durchführt, ist als Vorzeichen („Precipitant") zu werten (Post, Ruby et al. 2002: 76). Joshua Sinai hat eine Liste von Indikatoren entwickelt, die u. a. wachsende Fähigkeiten, besondere Aktivität in Rückzugsgebieten, ebenso wie Spezialtrainings und Rekrutierungen berücksichtigt (Sinai 2000).

Als weitere Anzeichen geplanter und bevorstehender Anschläge/Anschlagserien können überstürzte Geldtransfers, die Akquisition von Waffen, Sprengstoffen, falschen Identitätspapieren und die Anwerbung von externem Know-how gedeutet werden.

Kurz bevor eine Gruppe zuschlägt, liegt in bestimmten, der Gruppe nahestehenden, Kreisen eine ausgeprägte Tendenz vor, die Legitimität von Anschlägen gegen den Gegner zu betonen, während gleichzeitig die Illegitimität des Gegners hervorgehoben wird (Post, Ruby et al. 2002: 76). Zusätzlich wird oft kurz vor einem Anschlag das Verschwinden von Schlüsselpersonen beobachtet, während die Überwachung potentieller Ziele zunimmt. In der letzten Vorbereitungsphase, kann es ein Ansteigen interner Gewalt insbesondere gegen potentielle Abtrünnige geben.

Conclusio

Bislang koexistieren zwei Ansätze der Früherkennung, die oftmals als inkompatibel eingeschätzt werden, die Analyse der langfristigen „Root Causes“ und die Analyse der kurzfristigen Vorzeichen bereits laufender terroristischer Kampagnen. Um diese eher komplementären Ansätze miteinander zu verbinden, haben wir in dieser Analyse zur prospektiven Risikofrüherkennung terroristischer Kampagnen die Dimension der mittelfristig wirkenden „Proximate Causes“ eingeführt. Diese Verursachungsvariablen sind Bedingungen und Ermöglichungsfaktoren, die das Risiko erhöhen, dass bereits bestehende aufständische Gruppen terroristische Kampagnen lancieren.

Das spezifische Charakteristikum der terroristischen Strategie berücksichtigend – nämlich den stark kommunikativen Impetus der angewandten Gewalt – haben wir die Rolle von Zielpublika, d. h. Bezugsgruppen als Adressaten der terroristischen Botschaft, betont, wie sie in den Entscheidungsfindungsprozess einer aufständischen Gruppe eingehen. Zusätzlich zu den Faktoren, die sich auf die interne Gruppendynamik – einem Faktor dem hohe Priorität in den meisten Risk-Assessments zukommt – beziehen, haben wir vier Konfliktsituationen nachgezeichnet, die eine hohe Wahrscheinlichkeit für terroristische Kampagnen bergen: de-eskalierende low-intensity Konflikte, eskalierende politische Konflikte, das Aufkommen neuer Akteure in bereits bestehenden Konfliktkonstellationen sowie „Post Conflict“-Situationen nach einer bewaffneten Auseinandersetzung.

In Kombination mit strukturellen Bedingungen (Root Causes) und Vorzeichen (Precipitants) für terroristische Kampagnen erlauben „Proximate Causes“ die Konstruktion eines ganzheitlichen prozessorientierten Früherkennungsmodells, denn nur die systematische Arbeit an der Früherkennung von Zeichen für terroristische Eskalationen wird eine proaktivere Terrorismusbekämpfung ermöglichen. Bei der kurzfristigen Symptombekämpfung sollte die lang- und mittelfristige Prävention nicht vernachlässigt oder gar konterkariert werden, wie es zum Beispiel im Falle des Irakkrieges geschehen ist[30], da erst die Ausschöpfung aller drei Zeitrahmen eine nachhaltig erfolgreiche Terrorismusbekämpfung verspricht.

Das in der nachfolgeden Übersicht zusammengefasste konzeptionelle Modell zur Früherkennung terroristischer Kampagnen bietet einen kontextbezogenen Ansatz zur Antizipation des Phänomens, so dass Anknüpfungspunkte für präventive Maßnahmen lang-, mittel- und kurzfristig eröffnet werden.

---

[30] Vgl. hierzu Sirseloudi (2005b) und die luziden Beiträge in Lindstrom/Schmitt (2004).

Tabelle 2 Indikatoren für die Früherkennung terroristischer Kampagnen (nach Sirseloudi 2005a)

Root Causes (strukturelle Ursachen) 1. fehlende Demokratie 2. Menschenrechtsverletzungen 3. Illegitime Regime 4. Unterstützung illegitimer Regime 5. Hohe/wachsende soziale Ungleichheit 6. Historische Erfahrung in gewaltsamer Konfliktaustragung 7. Unterstützung für Gruppen, die terroristische Akte begehen 8. Vulnerabilität moderner Demokratien 9. Schwache bzw. kollabierte Staaten/Rückzugsgebiete außerhalb staatlicher Kontrolle	**Proximate Causes (situative Ursachen)** 1. Eskalative Gegenstrategie 2. Erwartungen der Unterstützung-Gemeinschaft (v. a. Diaspora) 3. Abnehmende/zunehmende Unterstützung 4. Abnehmende Medienberichterstattung 5. „Erfolgreiche" rivalisierende Gruppen 6. Probleme interner Gruppenkohäsion 7. persönliche „Imagestrategie" der Anführer 8. Deeskalierender Konflikt niedriger Intensität 9. Eskalierender gewaltsamer politischer Konflikt 10. Neuer Akteur in einem etablierten Konfliktszenario 11. „Post-conflict"-Situation
Akzeleratoren (beschleunigende Faktoren) 1. Gegenkampagne, die viele Opfer fordert und so Vergeltung hervorruft 2. Demütigung der Gruppe oder der Unterstützungsgemeinschaft 3. direkte Bedrohung der Gruppe 4. Friedensgespräche, -abkommen 5. Wahlen 6. Symbolische Daten **Dezeleratoren (bremsende Faktoren)** 1. Moderate Gegenkampagne mit legitimen Mitteln 2. Verlust von charismatischen Anführern/Schlüsselressourcen/Rückzugsgebieten 3. Substantielle Konzessionen in Bezug auf die politischen Ziele der Gruppe 4. Verantwortliche Medienberichterstattung	**Precipitants (Vorzeichen)** 1. Risikoeinschätzungen zu Anschlägen seitens der Gruppe 2. Logistische Vorbereitungen 3. Delegitimierung des Feindes 4. Untertauchen von „Schlüsselpersonen" 5. Steigendes Interesse an potentiellen Zielen 6. Zunahme der internen Gewalt

Literatur

Bjørgo, Tore, Hrsg. (2003): Root Causes of Terrorism. Findings of an Expert Meeting. Oslo, NUPI, The Norwegian Institute of International Affairs.

Borum, Randy (2003): Understanding the Terrorist Mind-Set. In: Perspective 7, S. 7–10.

Brubaker, Rogers (2003): Ethnicity without Groups, in: Konferenz „Facing Ethnic Conflicts“ 14.–16. Dezember 2000, Bonn.

Byman, Daniel L., Peter Chalk, et al. (2001): Trends in Outside Support for Insurgent Movements. Santa Monica, RAND.

CFR, Council on Foreign Relations (2003): America's Voice. A Strategy for Reinvigorating U. S. Public Diplomacy. Report of an Independent Task Force Chaired by Peter G. Peterson. New York, Council on Foreign Relations.

Crenshaw, Martha (1978): Revolutionary Terrorism: The FLN in Algeria, 1954–1962. Stanford.

Crenshaw, Martha (1981): The Causes of Terrorism, in: Comparative Politics 13(4): 379–99.

Daase, Christopher (2001): Terrorismus – Begriffe, Theorien und Gegenstrategien. Ergebnisse und Probleme sozialwissenschaftlicher Forschung. In: Die Friedenswarte 76(1): S. 55–79.

Davies, John L./Gurr, Ted R.(Hrsg.) (1998): Preventive Measures. Building Risk Assessment and Crisis Early Warning Systems. Lanham

Eckstein, Harry (1965): On the Etiology of Internal Wars, in: History and Theory: Studies in the Philosophy of History 4: 133–163.

Engene, Jan O. (1998): Patterns of Terrorism in Western Europe, 1950–1995. Department of Comparative Politics. Bergen, University of Bergen.

Eubank, Lee/Weinberg, Leonard (1994): Does Democracy Encourage Terrorism? In: Terrorism and Political Violence 6(4): S. 417–443.

Fetscher, Iring/Rohrmoser, Günter (1981): Ideologien und Strategien, in: Bundesministerium des Innern (Hrsg.): Analysen zum Terrorismus Bd.1. Opladen, S. 16–37.

FEWER (Forum on Early Warning and Early Response) (2003): Root Causes of Terrorism in the Caucasus, London.

Gerrits, Robin P. J. M. (1992): Terrorists' Perspectives: Memoirs, in: Paletz, David L./Schmid, Alex P.(Hrsg.): Terrorism and the Media. Newsbury Park, S. 29–61.

Gurr, Ted R. (1970): Why Men Rebel. Princeton,

Harff, Barbara (1992): Recognizing Genocides and Politicides, in: Fein Helen (Hrsg.) Genocide Watch, New Haven: Yale University Press.

Hippel, Karin von (2002) The Roots of Terrorism: Probing the Myths. In: Political Quarterly: 25–39.

Hoffman, Bruce (1998): Inside Terrorism. London.

Jenkins, Brian (1975): International Terrorism: A New Mode of Conflict. Los Angeles.

Krumwiede, Heinrich-W./Trummer, Peter I. (1997): Befreiungsbewegungen/Guerilla, in: Nohlen, Dieter et al. (Hrsg.): Lexikon der Politik, Band 4. Die östlichen und südlichen Länder.. München: S. 75–84.

Lia, Brynjar and Åshild Kjøk(2001): Islamist Insurgencies, Diasporic Support Networks, and their Host States: The Case of the Algerian GIA in Europe 1993–2000. Kjeller.

Lia, Brynjar and Katja Skjølberg (2000): Why Terrorism Occurs – A Survey of Theories and Hypotheses on the Causes of Terrorism. FFI: Oslo.

Lindstrom, Gustav and Burkard Schmitt (Hrsg.) (2004): One year on: lessons from Iraq. Chaillot Paper 68. Paris, Institute for Security Studies.

Llera, Francisco J., Mata, José M. and Irvin, Cynthia L. (1993) ETA: From Secret Army to Social Movement – The Post-Franco Schism of The Basque Nationalist Movement. In: Terrorism and Political Violence 5(3): 106–134.

Marshall, Monty (2002): Global Terrorism: An Overview and Analysis. Center for International Development and Conflict Management, University of Maryland.

Mayntz, Renate (1995): Historische Überraschungen und das Erklärungspotential der Sozialwissenschaft. In: dies (Hrsg.): Theoretische und methodologische Überlegungen. Frankfurt/New York. S. 328–340.

Newsome, Bruce (2003): Mass-Casualty Terrorism: Second Quarterly Forecast by the University of Reading Terrorism Forecasting Group. Reading.

Post, Jerrold, Keven G. Ruby, et al. (2002): The Radical Group in Context: 1. An Integrated Framework for the Analysis of Group Risk for Terrorism, in: Studies in Conflict & Terrorism 25: S. 73–100.

Pynchon, Marissa R./Borum, Randy (1999): Assessing Threats Targeted Group Violence: Contributions from Social Psychology, in: Behavioral Sciences & the Law (17): S. 339–355.

Rapoport, David C. (1984): Fear and Trembling: Terrorism in Three Religious Traditions, in: The American Political Science Review 78: S. 658–677.

Rummel, Rudolph (1997): Power Kills. Democracy as a Method of Nonviolence. New Brunswick..

Schmid, Alex P. (1999): Terrorism and The Use of Weapons of Mass Destruction: From Where The Risk? in: Terrorism an Political Violence 11(4): S. 105–132.

Schmid, Alex P. (2000): Thesaurus and Glossary of Early Warning and Conflict Prevention Terms. Leiden.

Schmid, Alex P. (2001): The Nexus between Terrorism, Poverty, Illicit Drugs and Organized Crime. Bishkek International Conference on Enhancing Security an Stability in Central Asia. Summary Report; 13/14 December 2001, Bishkek, Kyrgyz Republik.

Schmid, Alex P./de Graaf, Jenny (1982): Violence as Communication. Insurgent Terrorism and the Western News Media. London.

Schmid, Alex P./Jongman, Albert J. (1988): Political Terrorism. A New Guide to Actors, Authors, Concepts, Data Bases, Theories, and Literature. Amsterdam.

Schneckener, Ulrich (2003) Warum manche den Frieden nicht wollen. Berlin, SWP.

Sinai, Joshua (2000): How Experts Forecast Terrorism. Summary of the Workshop Catastrophic Terrorism: An Indications and Warning Methodology held by the Carnegie Endowment for International Peace on October 18, 2000.

Sinai, Joshua (2002): Forecasting the Next Waves of Catastrophic Terrorism. Strategic Overview. Business Briefing Security Systems.

Sirseloudi, Matenia (2005a): Early Detection of Terrorist Campaigns, in: Schmid, Alex P. (Hrsg.): Forum on Crime and Society. Special Issue on Terrorism. New York; UN.

Sirseloudi, Matenia (2005b): Waren die terroristischen Anschlagskampagnen als Folgen des Dritten Golfkrieges vorherzusehen? in: Kilian, Björn (Hrsg.): Krieg im 21. Jahrhundert. Analysen zum Dritten Golfkrieg. Berlin.

Sirseloudi, Matenia (2008). Zwischen Assimilation und Abgrenzung. Die Bedeutung der Religion für die Identität der türkischen Diasporagemeinschaft in Deutschland. In: Bernd Oberdorfer and Peter Waldmann: Die Ambivalenz des Religiösen. Freiburg, 289–314.

Thornton, Rod (2005). Historical Origins of the British Army's Counterinsurgency and Counterterrorist Techniques. In: T.H. Winkler, A.H. Ebnöther and M.B. Hansson (Hrsg.): Combating Terrorism and Its Implications for the Security Sector. Geneva Centre for the Democratic Control of Armed Forces: 26–44.

Tilly, Charles (1978): From Mobilization to Revolution. Cambridge.

Tønnesson, Stein (2002): Annex D: Historical approaches. Terrorism and Armed Conflict, 8–9 December 2002, Voksenåsen, Oslo.

Waldmann, Peter (1998): Terrorismus. Provokation der Macht. München.

Waldmann, Peter (2001): Revenge Without Rules: On the Renaissance of an Archaic Motif of Violence. in: Studies in Conflict and Terrorism 24: S. 435–450.

Waldmann, Peter (2003): Terrorismus und Bürgerkrieg. München.

Weinberg, Leonard/Richardson, Louise (2002): Conflict Theory and the Trajectory of Terrorist Campaigns in Western Europe, in: Silke, A. (Hrsg.): Research in Terrorism Trends, Achievements and Failures.

White, Jeffrey B. (2003): Resistance in Iraq: Emerging Capabilities and Threats. Washington Institute for Near East Policy, Washington, D.C.

Frieden machen als Beruf?

Qualifizierung für Zivile Konfliktbearbeitung in Deutschland*

Saskia Trittmann

Mit Ziviler Konfliktbearbeitung (ZKB) befasst sich in Deutschland aktuell eine Vielzahl staatlicher und nichtstaatlicher Akteure aus den Arbeitsfeldern der Entwicklungszusammenarbeit, der Humanitären Hilfe/Nothilfe, der Menschenrechts- und Friedensarbeit, der Friedensforschung/-wissenschaft, der kirchlichen Arbeit, der innergesellschaftlichen Mediation sowie der unterschiedlichsten anderen Konfliktbearbeitungsformen.

Da es bislang erst wenig Standardisierung für das gibt, was man salopp „Frieden machen" nennen könnte, soll dieser Artikel einen Einblick in die Vielzahl und Vielfalt der existenten deutschen Qualifizierungsmaßnahmen geben, um denjenigen, die sich nach einem Studium der Friedens- und Konfliktforschung oder anderen Tätigkeiten für das „Frieden machen" als Beruf entscheiden möchten, deren Inhalte, Arbeitsfelder und Akteure zu erschließen.

Dazu bedarf es zunächst einiger grundlegender Erläuterungen zu dem, was unter Ziviler Konfliktbearbeitung zu verstehen ist. Daran anschließend wird punktuell auf wichtige internationale Ereignisse der letzten 10 Jahre eingegangen und beleuchtet, welche theoretischen Überlegungen sie förderten, welchen Einfluss sie auf die (Fort-)Entwicklung der Schulungsmaßnahmen zur ZKB hatten und wie sie sich insgesamt auf die deutsche Akteurslandschaft Ziviler Konfliktbearbeitung auswirkten.

Der zweite Teil des Artikels gibt einen Überblick über die derzeitigen deutschen Qualifizierungsangebote und ihre Träger. Dabei wird auf die Schulungsmaßnahmen *en détail* eingegangen, ihre Schwerpunkte, Zielgruppen, Inhalte, Zeiträume, auf die Ausdifferenzierung der Szenerie sowie deren Kommunikations- und Kooperationsformen. Zum Schluss werden dann konkrete Empfehlungen für Personen ausgesprochen, die in der ZKB tätig werden wollen.

* Originalbeitrag – Der vorliegende Text befindet sich auf dem inhaltlichen Stand vom Sommer 2005. Die im Artikel vorgestellten Qualifizierungsstrukturen und Empfehlungen sind – trotz der grundlegend veränderten politischen Rahmenbedingungen – von bleibender Aktualität. Über die derzeitigen Entwicklungen zur ZKB in Deutschland geben die im Artikel genannten Homepages der Akteure fortlaufend Auskunft.

1 Zivile Konfliktbearbeitung – Entwicklungen der letzten 10 Jahre

1.1 Was ist Zivile Konfliktbearbeitung?

Der Begriff der Zivilen Konfliktbearbeitung – verstanden als Sammelbezeichnung für die große Bandbreite nicht-militärischer Konfliktbearbeitungsformen in direkter Abgrenzung zu militärischen Interventionsmaßnahmen (FESt 2000, ÖSFK 2001) – entstand im deutschsprachigen Raum Mitte der 1990er Jahre – in Anlehnung an englische Begriffe wie *civil conflict management*, *conflict resolution*, *civilian conflict prevention*[1]. Zivile Konfliktbearbeitung wurde und wird hierbei durch die Betrachtung von vier Dimensionen definiert:

Erstens wird sie verstanden als explizit *zivile* Arbeit in, an und mit Konflikten in direkter Abgrenzung zu *militärischen* Konfliktbearbeitungsformen (z. B. Interventionen).

Eine zweite definitorische Abgrenzung thematisiert den spezifisch *zivilgesellschaftlicher Charakter* der Maßnahmen und hebt hervor, dass dieser sich grundsätzlich von dem staatlicher Maßnahmen unterscheidet. Denn staatliche Akteure – so die Argumentation – könnten bei allem, was sie täten, mit der Unterstützung und der Rückgriffsmöglichkeit auf den staatlichen Gewaltapparat[2] rechnen. Und gerade diese Rekurs-Option verändere der Charakter einer Konfliktbearbeitung grundlegend.

Viele der für die ZKB tätigen zivilgesellschaftlichen Akteure ergänzen in ihrer Selbstbeschreibung den Begriff um das Adjektiv *gewaltfrei*. Sie thematisieren damit (dritte Dimension) zwei Aspekte: zum einen den Wert gewaltfreien Handelns an sich[3] sowie zum anderen die z. T. von Gewalt gekennzeichneten Auswirkungen staatlichen Handelns, das z. B. durch nicht-intendierte Folgen von Sanktionen dazu beitragen können, den Zivilgesellschaften in den von den Sanktionen betroffenen Ländern beträchtlichen Schaden zuzufügen (etwa durch ein Verbot der Einfuhr von Medikamenten). Diese Folgen hätten zivilgesellschaftliche Maßnahmen nicht.

Die vierte Dimension stellt den Aspekt der Konflikt*bearbeitung* in den Mittelpunkt der Betrachtung. ZKB zielt danach nicht vorrangig auf die *Lösung* von Konflikten, sondern fokussiert auf die *Gewaltminderung* und *Gewaltverhinderung im Konfliktaustrag*. Es geht um die *Transformation* des Konfliktes – hin zu immer weniger Gewalt und immer mehr Konstruktivität – sprich: um eine Zivilisierung

---

[1] Hierbei ist zu beachten, dass die im Englischen verwendeten Begriffe durchaus anders konnotiert sind: so bedeutet *civil* dort „nicht militärisch“ und hat nicht die deutsche Beibedeutung „(bürger) gesellschaftlich“.

[2] Hier sind z. B. Sanktionen, Embargos, militärische Interventionen oder die Strategie der *power mediation* in Verhandlungssituationen zu nennen.

[3] Zum Thema Gewaltfreiheit, zu der mit ihr verbundenen inneren Haltung, sich aus ihr ergebenden Handlungsformen und der Beziehung zwischen Gewaltfreiheit und Ziviler Konfliktbearbeitung vgl. den Artikel von Müller/Schweitzer in diesem Band.

des Konfliktaustrags (Senghaas 1995: 196–223). Der Konflikt als solcher wird hierbei positiv und als konstitutiver Bestandteil menschlichen Zusammenlebens und sozialen Wandels begriffen und nicht als störendes Moment, das es in der Interaktion von Individuen und Gruppen zu verhindern gilt. Konfliktregelungen sollen so gestaltet werden, dass sie zu *win-win*-Lösungen[4] für die am Konflikt Beteiligten führen. Durch eine solche Konzeptionalisierung soll die Übernahme der regelnden Vereinbarungen durch die von ihnen Betroffenen gewährleistet und ihre Nachhaltigkeit erreicht werden.

1.2 Veränderungen im internationalen Umfeld nach 1990

Nach einer anfänglichen Phase der Euphorie, in der der Optimismus vorherrschte, die Welt werde nun ein Zeitalter des Friedens und der konstruktiven Konfliktbearbeitung unter der Ägide der Vereinten Nationen erleben, sah sich die Weltgemeinschaft nach dem Ende des Ost-West-Konflikts Anfang der 1990er Jahre mit neuartigen Konflikttypen konfrontiert (Münkler 2003: 13–57). Waren unter der Systemdualität Konflikt- und Kriegsgeschehen eher zwischenstaatlicher Natur, tauchten nun vermehrt innerstaatliche Konflikte auf, die von den Kriegsparteien oftmals ideologisch, ethno-nationalistisch und religiös aufgeladen und nicht selten äußerst gewaltträchtig ausgetragen wurden und werden. Die damit einhergehenden Erfahrungen von Somalia und Ex-Jugoslawien führten der internationalen Gemeinschaft plastisch vor Augen, wie ungeeignet und unzureichend die bisher eingesetzten eindeutig auf die Fixgröße „Nationalstaat" bezogenen supranationalen Konfliktbearbeitungsmechanismen zur Deeskalation von Intergruppenkonflikten waren.[5]

Neben diesen eher strukturellen Veränderungen des weltpolitischen Umfeldes waren auch einige punktuelle Ereignisse für Theorie und Praxis Ziviler Konfliktbearbeitung relevant. Zwei seien hier explizit angeführt:

Unmittelbare Auswirkungen auf Projektarbeit und Schulungsmaßnahmen der Entwicklungszusammenarbeit hatte 1994 der „Ruanda-Schock" (Lessons-Learned Unit des DPKO 1996). Er traf die Entwicklungszusammenarbeit (EZ) unvorbereitet und gab den Impuls für eine stärkere krisenpräventive und konfliktsensitive Ausrichtung der EZ:[6] Themen mit Langzeitwirkung wie Demokratieförderung oder

---

[4] Als *win-win*-Lösungen werden Lösungen bezeichnet, in denen es gelingt, Abkommen oder Absprachen etc. zwischen den Konfliktparteien so zu gestalten, dass alle am Konflikt Beteiligten einen Nutzen von der Einhaltung der Vereinbarungen haben – sie unterscheiden sich damit von *zero-sum*-Konstellationen, in denen das, was die eine Partei bekommt, die andere verliert.

[5] An Konfliktbearbeitungsinstrumenten sind hier bspw. Monitoring, Wahlbeobachtung, internationale Schiedsgerichte, Sanktionen, Interventionen durch internationale Streitkräfte im Auftrag der UN oder ihrer Regionalorganisationen zu nennen.

[6] Eine umfassende Bearbeitung der Präventionsthematik befindet sich in Matthies (2000).

Menschenrechtsschutz wurden nun verstärkt konzeptionell in den EZ-Zentralen in Deutschland gemainstreamt und flossen in deren Projektplanungs- und Schulungsroutinen ein. Zudem etablierte sich der aus der Humanitären Hilfe stammende *„Do No Harm“*-Ansatz (Anderson 1999). Dieser verlangt die Überprüfung, welche nicht-intendierten Folgen das eigene Tun in Konfliktregionen hat/haben kann, um diese dann zu minimieren.[7]

Nachdem der OSZE 1997/98 genügend qualifiziertes Personal aus den Mitgliedsstaaten fehlte, um die von ihr vorgeschriebenen Wahlen in Ex-Jugoslawien mit zu überwachen, und es deshalb dort zu signifikanten Unregelmäßigkeiten kam,[8] wurden die ZKB-Schulungsbemühungen intensiviert und ausgebaut, um ähnliche Personalnotstände künftig zu vermeiden.

1.3 Forschung zu Ziviler Konfliktbearbeitung

Vor dem Hintergrund der genannten Defizite begann Anfang der 1990er Jahre in Wissenschaft und (politischer) Praxis die Suche nach alternativen, nicht-militärischen Konfliktbearbeitungsformen. Das wissenschaftliche Augenmerk ruhte dabei einerseits auf dem internationalen Staatensystem mit seinen Akteuren und Bearbeitungsmechanismen sowie seinen anhaltenden zwischenstaatlichen Konfliktkonstellationen. Andererseits wurden zunehmend auch die Bestimmungsfaktoren der gesellschaftlichen Ebene in den Blick genommen, der tiefer liegende globale Wandel und die durch ihn angestoßenen inner- und zwischengesellschaftlichen Prozesse thematisiert.

Dabei wurden Erfahrung, Wissen und Expertise (zivil)gesellschaftlicher Akteure (wieder)entdeckt. Die Wissenschaft im Allgemeinen und Friedens- und Konfliktforschung im Besonderen erforschte (und erforscht) die Vor- und Nachteile, Fähigkeiten und Unfähigkeiten staatlicher und nicht-staatlicher Akteure im Konfliktgeschehen und wie diese zu einer erfolgreichen Konfliktbearbeitung miteinander verbunden werden könnten. Die Analyse von Konfliktbearbeitungsprozessen durch Drittparteien im internationalen Krisen- und Konfliktgeschehen erbrachte die Erkenntnis, dass das Vorgehen friedensfördernder Akteure immer dann besonders effektiv und zielführend war, wenn die Maßnahmen untereinander konzertiert und abgestimmt umgesetzt wurden, die intervenierenden Akteure

---

[7] Wenn Ressourcen, die über Projekte der Entwicklungszusammenarbeit in eine Region fließen, konfliktverlängernd wirken können, weil es den Konfliktparteien gelingt/gelingen kann, diese Ressourcen für ihre Zwecke zu entfremden, müssen die Projekt-Strukturen verändert werden.

[8] Als Resultate dieser festgestellten Defizite sind die Studien von Benkler und Kühne (1999) im Auftrag der Stiftung Wissenschaft und Politik zu sehen.

voneinander wussten und so ihre jeweiligen komparativen Vorteile arbeitsteilig im Konfliktgeschehen voll entfalten konnten.[9]

Die 1992 erschienene und international viel beachtete „Agenda für den Frieden", in welcher der damalige UN-Generalsekretär Boutros-Ghali (SEF 1992: 19–85)[10] in einer Zusammenschau Konflikte in Phasen einteilte, denen er Akteure und Tätigkeiten zuordnete, wurde durch wissenschaftliche Forschungsarbeiten erweitert. Einige Beiträge seien hier kurz aufgeführt: Fisher und Keashley (Fisher/Keashley 1991: 29) schlugen vor, bei der Suche nach einer erfolgreichen Konfliktbearbeitungsmatrix verschiedene Interventionsmaßnahmen zu kombinieren. Bercovitch und Rubin (Bercovitch/Rubin 1992: 64–96) hingegen fokussierten bei ihren Betrachtungen die Akteure: es komme darauf an, wer der geeignetste Vermittler sei und wer den besten Zugang zu den Konfliktparteien habe. Wiederum anderen Forschern (Zartman 1991) ging es bei der Deeskalation eines Konfliktes um die Identifizierung des richtigen Zeitpunkts für eine Intervention von außen, unabhängig davon, welcher Akteur dann konkret interveniere.

Im Rahmen der integrativen, die Dichotomie staatlicher/nicht-staatlicher Akteure überwindenden Denkansätze setzten sich Mitte der 1990er Jahre zunehmend Vertreter von multidimensionalen, mehrebenenbezogenen Vorgehensweisen durch und strukturierten und kategorisierten die Akteurslandschaft dementsprechend. Diamond und McDonald entwickelten die *„multitrack diplomacy"* (Diamond/McDonald 1993), welche internationale Interventen in neun Gruppen[11] unterteilt. J. P. Lederach führte diese integrativen Gedanken in seinem umfassenden *Building-Peace*-Ansatz (Lederach 1997) fort. Er ergänzte die bisherige Forschung zudem um die wichtige Komponente der einheimischen Akteure, denen er eine grundlegende Rolle bei der Schaffung von nachhaltigem Frieden zuschrieb. Zudem unterteilte er die Zielgesellschaften in drei Ebenen (obere und mittlere Führungsebene, Graswurzelebene) und ordnete diesen Ebenen wiederum externe Akteure zu. Er riet, dass externe Friedensförderer sich in den Krisen- und (Nach)Kriegsgesellschaften an solche einheimischen Akteure halten und jene gezielt suchen sollten, die ein Interesse an der

---

[9] Als Beispiel einer gelungenen konzertierten Prävention kann Mazedonien gelten.

[10] Eine gute Zusammenstellung weiterer relevanter Dokumente zum Thema befindet sich im Aktionsplan „Zivile Krisenprävention, Konfliktlösung und Friedenskonsolidierung" (Bundesregierung 2004: 24).

[11] Sie gliedern die Akteure dabei wie folgt: Ebene 1: klassische Diplomatie – Ebenen 2–9: nicht-staatliche Akteuren ((2) professionelle Ebene der problem-solving-workshops, (3) Einflussmöglichkeiten über Ressourcen und Interessen der Wirtschaft (4) alle Aktivitäten von Privatpersonen, (5) langfristiger Konflikt reduzierender Beitrag von Wissenschaft und Ausbildungsprogrammen, (6) Aktivitäten von Friedensgruppen (7) friedenspolitisches Potenzial der Kirchen u. a. Religionsgemeinschaften (8) die Rolle der Ressourcen für den Frieden, die als eigener Track, (9) die öffentliche Meinung und Kommunikation), aus: Diamond/McDonald (1993).

Wiederherstellung und Aufrechterhaltung von Frieden in ihrer Gesellschaft[12] hätten. Die Rolle externer Kräfte solle sich – so Lederach – auf die Unterstützung der Menschen vor Ort beschränken und diese durch „empowerment" befähigen, selbstständig Frieden „von innen" schaffen zu können. Die Forschung zur ZKB entwickelte sich damit von lösungs- zu transformationsorientierten Ansätzen. Nicht mehr ein finales (statisches) Abkommen stand nun als Zielvorstellung am Ende der konfliktbearbeitenden Intervention, sondern die Orientierung am (Konfliktbearbeitungs) Prozess – mit dem Ziel, nachhaltige und von den Menschen vor Ort mitgetragene *win-win*-Lösungen für die am Konflikt Beteiligten zu erzielen.

1.4 Nationale Entwicklungen

In Deutschland stellte sich nach der Wiedervereinigung die Frage nach der Ausrichtung zukünftiger deutscher Außenpolitik. Vor dem Hintergrund der eigenen Geschichte, der neuen Größe und der Veränderungen des gesamteuropäischen Umfeldes gewannen Vorstellungen Raum, welche die Europäische Union als Friedensmacht konzipierten; Europa sollte seine Kompetenzen – komplementär zu USA und NATO – im internationalen Konfliktgeschehen im Bereich der nicht-militärischen Konfliktbearbeitungsformen ausprägen. Deutschland sollte auf diesem Weg eine führende Rolle übernehmen (Schlotter 2003).

Vor dem Hintergrund dieser internationalen Erfahrungen und Forschungen[13] begannen Mitte der 1990er Jahre einige an der Bewahrung einer nicht-militärischen Ausrichtung deutscher Außenpolitik und einer Verstärkung des Einflusses zivilgesellschaftlicher Akteure auf das staatliche Handeln interessierte gesellschaftliche Gruppen (aus den Arbeitsfeldern der Friedens- und Menschenrechtsarbeit, der Humanitären Hilfe, der Entwicklungszusammenarbeit, der wissenschaftlichen Begleitung sowie kirchliche Akteure) unter dem Stichwort der „Zivilen Konfliktbearbeitung" die Gründung einer gleichnamigen „Plattform" vorzubereiten. Sie sollte eine Basis bilden, um im Falle des erwarteten Regierungswechsels zu Rot-Grün bei der neuen Regierung Lobby-Arbeit im oben genannten Sinne zu betreiben, zugleich die eigenen Aktivitäten vernetzen und sich wechselseitig bei der Gewalt mindernden Arbeit in Deutschland und dem Ausland unterstützen (Plattform Zivile Konfliktbearbeitung 1998). Die Wahrnehmung und Akzeptanz von ZKB in der Gesellschaft sollte und soll so verbessert und ein zentraler Ansprechpartner für Öffentlichkeit, Politik u. a. Akteure geschaffen werden.

---

[12] Zum Konzept der Friedensallianzen oder „peace constituencies" siehe Müller (2002).

[13] Überwindung der dichotomen Sichtweise auf staatliche/nicht-staatliche Akteure, Mehrebenen-Vorgehen im Konfliktgeschehen, krisenpräventive Ausrichtung der EZ, Notwendigkeit der Vorbereitung und Bereithaltung von Personal für internationale Missionen.

Bereits vor der Plattformgründung war 1996 mit dem Zivilen Friedensdienst (ZFD) ein Novum der deutschen Qualifizierungsarbeit begonnen worden (Evers 2000: 145–158). Von gesellschaftlichen Akteuren als gewaltfreies und zivilgesellschaftliches Instrument der Gewaltminderung und Konfliktbearbeitung auf der unteren und mittleren gesellschaftlichen Ebene im In- und Ausland konzipiert, wurde er zunächst vom „forum Ziviler Friedensdienst" (*forum* ZFD) und der Aktionsgemeinschaft Dienst für den Frieden (AGDF) als gemeinsames Projekt mit finanzieller Unterstützung des Landes NRW begonnen, später (1998) – nach dem Regierungswechsel zu Rot-Grün – vom Bundesministerium für wirtschaftliche Zusammenarbeit und Entwicklung im Rahmen einer stärkeren krisenpräventiven Ausrichtung der Entwicklungszusammenarbeit als Personalentsendeinstrument etabliert und gefördert.[14]

Der Regierungswechsel und die damit einhergehende „Nähe" der rot-grünen Regierung zu vielen in der „Plattform" vertretenen gesellschaftlichen Akteuren schufen auf der Grundlage der Koalitionsvereinbarungen von 1998 und 2002 sowie des Gesamtkonzepts „Zivile Krisenprävention, Konfliktlösung und Friedenskonsolidierung der Bundesregierung" (Bundesregierung 2000) Raum für neue Förder-, Kooperations- und Kommunikationsformen für Zivile Konfliktbearbeitung. Zudem erhöhte sich die Durchlässigkeit staatlicher Strukturen für nichtstaatliche Expertise.[15]

Aus diesen veränderten Rahmenbedingungen entstanden folgende neue Akteure und Instrumente:

- Die Deutsche Stiftung Friedensforschung: sie wurde 2000 gegründet und begann, mit einem Volumen von 50 Mio. DM ausgestattet, Friedens- und Konfliktforschung strukturell zu fördern;[16]
- das Projekt zivik (**Zivi**le **K**onfliktbearbeitung) – angesiedelt beim Institut für Auslandsbeziehungen (ifa): es finanziert friedensfördernde und partizipativ angelegte Projekte deutscher und internationaler Nichtregierungsorganisatio-

---

[14] Das Konsortium Ziviler Friedensdienst umfasst als Koordinationsgremium der Anbieter des Zivilen Friedensdienstes derzeit acht Akteure aus Friedens- und Entwicklungszusammenarbeit.

[15] Zu nennen sind hier insbesondere zwei aufeinander bezogene Veröffentlichungen: Der Aktionsplan „Zivile Krisenprävention, Konfliktlösung und Friedenskonsolidierung" (Bundesregierung 2004) soll die genannten Themen ministerienintern und -übergreifend verankern. Die Umsetzung seiner Ziele wird von einem Ressortkreis, der beim Auswärtigen Amt angesiedelt ist, überwacht und gesteuert. Parallel zur Erarbeitung des Aktionsplans veröffentlichte die Plattform Zivile Konfliktbearbeitung eine Art „gesellschaftliches Pendant" mit dem Titel: „Frieden braucht Gesellschaft! – Gesellschaftliche Ansätze in der Zivilen Konfliktbearbeitung – eine Bestandsaufnahme" (Plattform ZKB 2003).

[16] Besondere Schwerpunkte der Förderung sind: Nachwuchsförderung, Projektfinanzierung und Ausbau der universitären Infrastruktur für Friedens- und Konfliktforschung. Nähere Informationen zu den Programmen befinden sich unter www.bundesstiftung-friedensforschung.de.

nen[17] im Ausland und berät diese bei Projektentwicklung und Durchführung. Die finanzielle Ausstattung des Projektes erfolgt durch den neu im Bundeshaushalt (beim Auswärtigen Amt) eingerichteten Titel der „Friedenserhaltenden Maßnahmen“ (FEM);

- das Deutsche Institut für Menschenrechte (DIMR);
- das Zentrum für Internationale Friedeneinsätze (ZIF), welches Personalanfragen für internationale Missionen (EU, OSZE und UN) bedient und Personal entsprechend trainiert und poolt;
- die Gruppe Friedensentwicklung (FriEnt) wurde – zunächst testweise als neuartige Form von public-private-partnership – als Kooperationsorgan[18] zwischen staatlichen und nicht-staatlichen Akteuren beim BMZ gegründet und mittlerweile nach einer Evaluation um drei Jahre verlängert; sowie
- der Zivile Friedensdienst und dessen Etablierung in gemeinschaftlicher Trägerschaft staatlicher und nicht-staatlicher Akteure beim BMZ (BMZ 1999) und die mittlerweile unternommenen Schritte in Richtung ZFD-Wirkungskontrolle und Profilbildung.

Durch die Erfahrungen und Analysen der neuen sowie der etablierten Akteure setzte sich in Politik, Wissenschaft und im Feld – nicht zuletzt auch durch die *lessons-learned*[19] der ersten Generation ZFD-Rückkehrer – zunehmend die Erkenntnis durch, dass das Verhalten, Arbeiten und Leben in Krisen- und (Nach-) Kriegsgesellschaften einer professionellen und reflektierten Vorbereitung und Schulung bedarf, damit die Einsätze sowohl für die Bevölkerungen vor Ort als auch für die entsandten deutschen Fachkräfte den gewünschten Erfolg zeitigen.

Eine zweite Erkenntnis aus den Analysen war, dass die nationalen und internationalen, staatlichen wie nicht-staatlichen Akteure im Interventionsprozess jeweils spezifische Vor- und Nachteile haben, die es zu berücksichtigen und mit denen es zu arbeiten gilt.[20]

Eine dritte Erkenntnis – und Herausforderung bis heute – war und ist die Einsicht, dass externe Konfliktbearbeitung immer dann besonders hilfreich für

[17] Die Förderrichtlinien, Arbeitsschwerpunkte und lessons-learned-Prozesse des Projekts zivik sind unter www.ifa.de/zivik zu finden.

[18] FriEnt vernetzt dabei die Expertise von acht staatlichen und nicht-staatlichen Organisationen und Netzwerken, die ihre Erfahrungen im Bereich Krisenprävention und Konfliktbearbeitung austauschen. Informationen zu den Mitgliedsorganisationen, der Arbeit und den Ergebnissen der Kooperation gibt es unter www.frient.de.

[19] Weitere Informationen zu „gelernten Lektionen“ gibt es u. a. bei der Analyseeinheit des ZIF (www.zif-berlin.org), eine Dokumentation ZFD-spezifischer Diskussionsprozesse und Veröffentlichungen findet sich unter www.ziviler-friedensdienst.de.

[20] Eine detaillierte Zusammenstellung von Vor- und Nachteilen der Akteursgruppen beinhaltet Matthies (2000).

die lokalen Bevölkerungen war, wenn sich die internationalen Akteure vernetzt hatten, von den Zielen und Maßnahmen der anderen Akteure in ihrem Umfeld wussten, sich koordinierten und kohärent zusammen wirken konnten.

Wenn also zum einen der common sense lautet: „Vorbereitung muss sein", dann stellt sich die Frage: Wie wird Personal in Deutschland auf die Wahrnehmung von Aufgaben in ZKB-Arbeitsfeldern in In- und Ausland vorbereitet? Wer wird von wem für welche Beschäftigungen mit welchen Inhalten und Methoden wie qualifiziert? Und sind diese Qualifizierungsmaßnahmen den Anforderungen der Arbeit vor Ort angemessen? Und wenn sich zum anderen herausgestellt hat, dass ein konzertiertes Vorgehen Erfolg versprechender ist als ein isoliertes Agieren der einzelnen Akteure, dann ist zu überlegen: Wie wird dann das Personal auf diese zukünftige Zusammenarbeit vorbereitet? Kommunizieren die Akteure miteinander? Wenn ja, wie und mit welchen Ergebnissen? Wie strukturiert sich die deutschen Qualifizierungslandschaft für Zivile Konfliktbearbeitung und welche Empfehlungen lassen sich daraus für Personen ableiten, die in der ZKB tätig werden wollen? Die Beantwortung dieser Fragen ist Gegenstand des zweiten Teils dieses Artikels.

2 Qualifizierung für Zivile Konfliktbearbeitung – der Status Quo

Mit dem erhöhten Ressourcenzufluss und der Verbesserung der strukturellen Rahmenbedingungen in Deutschland wuchs die Zahl der Träger Ziviler Konfliktbearbeitung seit 1998 rasch. Auch die Hoffnung, für die eigene – oftmals schon seit Jahrzehnten[21] praktizierte – Arbeit nun staatliche Gelder einwerben zu können, machte den Begriff Zivile Konfliktbearbeitung zu einem „catchword" im doppelten Sinne des Wortes, und ließ ihn per Selbstzuschreibung zu einem Sammelbegriff für sowohl neu entstehende als auch etablierte Gruppen und Einzelpersonen und deren gewaltmindernde und krisenpräventive Arbeit werden.

2.1 Arbeitsfelder Ziviler Konfliktbearbeitung und ihre Akteure

Die vielgestaltige und heterogene deutsche Szenerie lässt sich grob *strukturieren* in den Bereich Inlandsarbeit und den Bereich der Arbeit im Ausland[22]. Eine weitere Aufteilung kann entlang der Linie staatlich/nicht-staatlich vorgenommen

---

[21] Exemplarisch für die Vielzahl der schon langen Tradition von Friedens- und Freiwilligendiensten Freise/Fricke (1997).

[22] Gute Ein- und Überblicke geben Fiebich (2001) (Fokus Inland) und Reimann (1998) (Fokus Inland und Ausland), EPCPT (1998) umfasst zudem europäische und internationale Akteure.

werden – einer Linie, die aufgrund der stärkeren Vernetzung der Akteure durch Arbeits- und Finanzierungsstrukturen jedoch zunehmend an Bedeutung verliert.

Kategorisiert man die Szenerie und ihre Arbeitsfelder nach *inhaltlichen* Kriterien, ist festzustellen, dass der klassische Bereich der *track one*-Diplomatie[23] und damit auch die Vorbereitung und Entsendung von Personal für internationale Missionen[24] ausschließlich in staatlicher Hand liegt. Im Bereich der deutschen Entwicklungszusammenarbeit[25] (inklusive des Zivilen Friedensdienstes[26]), der Menschenrechtsarbeit[27], der Rüstungskontrolle[28] und der Humanitären Hilfe[29] finden sich sowohl staatliche als auch nicht-staatliche Akteure. Die Arbeitsfelder Kriegsdienstverweigererberatung[30], Friedensarbeit[31], Umweltthemen, Ziviler Friedensdienst in Deutschland (ZFDiD)[32], Anti-Rassismus-Arbeit, Mediation und Streitschlichtung, Asyl- und Migrationsthematiken[33] liegen quantitativ eher in nicht-staatlicher Hand. Querschnittsthemen zu den vorgenannten Feldern sind

---

[23] *Track one*-Diplomatie bezeichnet die Durchführung diplomatischer Aktivitäten durch staatliche Akteure/Diplomatisches Corps – in Abgrenzung zu Ansätzen der *multitrack-diplomacy* (vgl. Beginn des Artikels). – Informationen zur diplomatischen Laufbahn gibt es unter www.auswaertiges-amt.de.

[24] Die Vorbereitung ist mittlerweile vom Auswärtigen Amt komplett an das Zentrum für Internationale Friedenseinsätze outgesourct – Näheres zu dessen Rekrutierungsvoraussetzungen, Trainingseinheiten und Pools unter: www.zif-berlin.org.

[25] Staatlicherseits sind hier z. B. die Deutsche Gesellschaft für Technische Zusammenarbeit (GTZ – www.gtz.de), die Kreditanstalt für Wiederaufbau (KfW – www.kfw.de), der Deutsche Entwicklungsdienst (DED – www.ded.de) zu nennen, auf der nicht-staatlichen Seite z. B. der Evangelische Entwicklungsdienst (EED – www.eed.de) , die Arbeitsgemeinschaft für Entwicklungshilfe (AGEH – www.ageh.de) oder andere verschiedene kirchliche Träger.

[26] Vgl. die im Konsortiums ZFD zusammengeschlossenen Organisationen aus den Arbeitsfeldern Friedens- und Entwicklungszusammenarbeit – unter www.ziviler-friedensdienst.org.

[27] Hier z. B. das Deutsche Institut für Menschenrechte (DIMR – www.institut-fuer-menschenrechte.de) oder amnesty international (ai – www.amnesty.de).

[28] Staatlicherseits ist hier die Überwachung von bi- und multilateralen Abkommen zu nennen, auf nicht-staatlicher Seite arbeitet z. B. das Bonn International Center for Conversion (BICC) an diesen Thematiken (www.bicc.org).

[29] Z. B. das Technische Hilfswerk (THW – www.thw.bund.de) oder die Nichtregierungsorganisationen Deutsche Welthungerhilfe (DWHH – www.welthungerhilfe.de) bzw. World Vision Deutschland (WVI – www.worldvision.de).

[30] Hier z. B. die Deutsche Friedensgesellschaft – Vereinigte KriegsdienstgegnerInnen (DFG-VK – www.deutsche-friedensgesellschaft.de).

[31] Exemplarisch sind hier die beiden großen deutschen Dachverbände Forum Ziviler Friedensdienst (Forum ZFD – www.friedenbrauchtfachleute.de) und die Aktionsgemeinschaft Dienst für den Frieden (AGDF – www.friedensdienst.de) zu nennen, deren Mitgliedorganisationen sowohl im In- als auch im Ausland tätig sind.

[32] Informationen zu den Entwicklungen zum Zivilen Friedensdienst im Inland und dessen Mainstreaming-Prozess gibt es auf der Homepage der Plattform Zivile Konfliktbearbeitung (unter: www.konfliktbearbeitung.net).

[33] Diese vier Arbeitsfelder sind in ihrer Inlandsperspektive detailliert mit Akteuren und Arbeitsschwerpunkten nachzulesen in: Fiebich 2001.

die Bereiche der interkulturellen Arbeit, der Gender- und Gleichstellungs-Arbeit und der Versöhnungs- und Traumaarbeit.

Als zusätzliche ZKB-Arbeitsfelder am Rande dieser stark inhaltlich definierten Arbeitsmöglichkeiten gibt es zudem das Tätigkeitsfeld der Qualifizierungs- und Schulungsarbeit[34], der Lobby-, Kampagnen- und Öffentlichkeitsarbeit für die ZKB-Akteure und deren Dachverbände, der Vernetzung und Beratung der Akteure[35] sowie das Wissensmanagement[36] von ZKB-Expertise allgemein.

2.2 *Vorbereitung auf einen Arbeitsplatz*

In allen vorgenannten Arbeitsfeldern – deren Aufzählung keinen Anspruch auf Vollständigkeit erhebt[37] – wird das Personal auf die Einsätze bzw. seine zukünftige Arbeit vorbereitet. Dabei gibt es allerdings zum Teil erhebliche Unterschiede nach Art, Umfang und zeitlichem Aufwand. Ein solcher Vorbereitungsprozess auf einen Arbeitsplatz, zu dem auch Qualifizierungsmaßnahmen (Schulungen, Ausbildung, Trainings, Kurse aller Art) gehören, soll exemplarisch anhand der *Vorbereitung auf Auslandsarbeit* – auf Missionen, Projekte oder andere Einsätze – vorgestellt werden.[38] Von der Bewerbung auf ein Projekt/eine Mission bis zu Ausreise von Personal laufen idealtypisch folgende Schritte ab:

Eine Stelle wird mit einem spezifischen Anforderungsprofil ausgeschrieben. Eine Person bewirbt sich mit ihrem individuellen Kompetenzprofil auf diese Stelle (dabei werden sich nur in den seltensten Fällen erwünschtes und angebotenes Profil

---

[34] Gremien, die sich explizit mit Qualifizierungsarbeit und artverwandten Themen beschäftigen, sind die Offene Kooperation Qualifizierung der Plattform Zivile Konfliktbearbeitung und der Qualifizierungsverbund der AGDF – andere Akteure haben z. T. vergleichbare Gremien, diese sind allerdings selten akteursübergreifend verfasst.

[35] Arbeitsfeldspezifische Zusammenschlüsse und Vernetzungsorgane sind bspw. der Bundesverband für Mediation (BM – www.bmev.de), der Arbeitskreis Lernen und Helfen in Übersee (AKLHÜ – www.entwicklungsdienst.de), der Verband Entwicklungspolitik deutscher Nichtregierungsorganisationen (VENRO – www.venro.org), die vorgenannte Verbände AGDF und Forum ZFD für die Friedensarbeit sowie die Plattform Zivile Konfliktbearbeitung (arbeitsfeldübergreifend).

[36] Im Bereich des ZKB-Wissensmanagements sind die Forschungsstätte der Evangelischen Studiengemeinschaft (FESt – www.fest-heidelberg.de), das Berghof Forschungszentrum für Konstruktive Konfliktbearbeitung (www.berghof-center.org), die Arbeitsstelle Friedensforschung Bonn (AFB – www.priub.org), das Institut für Entwicklung und Frieden (INEF – www.inef.de) oder die Hessische Stiftung Friedens- und Konfliktforschung (HSFK – www.hsfk.de) sowie das BICC anzuführen.

[37] Viele einzelne Instrumente wie bspw. Runde Tische oder Problemlösungsworkshops könnten nach Ansicht der Autorin auch dem Arbeitsfeld „Friedensarbeit", Wahlbeobachtungen z. B. der „Demokratisierungshilfe" zugerechnet werden – sie werden daher hier nicht einzeln aufgeführt. Eine ausdifferenzierte Zusammenstellung von ZKB-Arbeitsfeldern und Instrumenten gibt es in Sell (2002).

[38] Vieles im Folgenden Genannte gilt natürlich auch für die ZKB-Arbeit im Inland; hier sind die Routinen jedoch nicht in gleicher Art und Weise standardisier- und verallgemeinerbar.

zu 100 Prozent decken), es erfolgt ein Bewerbungsgespräch. Nach dem erfolgreichen Abschluss des Bewerbungsverfahrens findet mit dem künftigen Arbeitgeber (konkret: mit dem Personal-/Projekt-/Fachreferat einer Organisation) eine Klärung statt, welche Qualifizierungseinheiten zusätzlich zum bereits mitgebrachten Kompetenzprofil absolviert werden sollen/müssen, um das Anforderungsprofil des Projekts/der Mission[39] bestmöglich zu erfüllen.

Bei den sich an die Klärung anschließenden Lerneinheiten lassen sich drei Arten unterscheiden (die Grenzziehung zwischen den drei Arten verlaufen in der Realität selbstverständlich nicht so klar):

Erstens werden konkrete Techniken/Instrumente gelernt (z. B. das Monitoring von Abkommen/Wahlen), das Personal erlangt Spezialexpertise (z. B. in einer Schulung zum/r TrainerIn/MultiplikatorIn für den *Do No Harm*-Ansatz) oder es kommt zur Vermittlung von umfassenderen Ansätzen (exemplarisch: der Zivile Friedendienst). Je nachdem, was gelernt wird, unterscheiden sich die Dauer dieser ergänzenden Qualifizierungseinheiten stark,[40] d. h. die erste Art ist in der Regel geprägt vom *Lernen spezifischer Inhalte*.

Zweitens sollen *Organisationskulturen* gelernt werden (interne Abläufe, Berichtswesen, Projektmanagementroutinen oder spezifische Personalführungsaspekte[41] des Arbeitgebers (in Deutschland) und/oder der/n Partnerorganisation/en (vor Ort) und/oder der/n Geldgebern (national/international)).

Drittens findet dann die *Einarbeitung in das spezifische Projekt/den Missionsplatz* statt. Dies geschieht i. d. R. in Zusammenarbeit mit den Projektreferaten und in Diskussion mit Personal, welches schon in dem Projekt vor Ort gearbeitet hat. Bei immer mehr Institutionen gibt es zudem die Option, während des Einsatzes festgestellte Qualifizierungsdefizite durch *on the job*-Trainings zu beheben. Nach dem üblichen Aus- und Einreiseprozedere beginnt dann die Arbeit vor Ort.

---

[39] Die Anforderungsprofile setzen sich i. d. R. aus den Ergebnissen der Exploration vor Ort + Sprachen + kommunikativen und interkulturellen Kompetenzen + Berufs- und Lebenserfahrung + Teamfähigkeit + Fachexpertise + Kenntnisse der jeweiligen Organisationskultur + Anforderungen des Personalreferats + Bereitschaft zu Supervision/Coaching und Entsendungsformalitäten (z. B. Tropentauglichkeit) zusammen.

[40] Die Schulung als WahlbeobachterIn dauert z. B. rund zwei Wochen, Schulungen zur TrainerIn für spezifische Ansätze liegen im Schnitt bei 2–4 Tagen, der Kurs zur Friedensfachkraft im Zivilen Friedensdienst umfasst vier Monate Vollzeit.

[41] Bei einigen kirchlichen Trägern gibt es z. B. von Arbeitgeberseite spezifische Anforderungen an Führungskräfte, wie diese die Projektgemeinschaft vor Ort konstituieren und leiten, wie viel des gemeinsamen Alltags christlich gestaltet werden soll.

2.3 *Qualifizierung für Zivile Konfliktbearbeitung en détail*

Aufgrund der Tatsache, dass die Akteure ihr Personal für sehr unterschiedliche Einsätze rekrutieren und vorbereiten, unterscheiden sich ihre Qualifizierungsmaßnahmen und Vorbereitungssegmente stark. Dennoch soll hier ein zusammenfassender Überblick über die derzeit angebotenen Schulungen, Trainings und deren Strukturen und Inhalte vorgetragen werden, der einige verallgemeinerbare Punkte enthält:[42]

Curricula (verstanden als schriftlich fixierte Pläne der Lehrens und Lernens): 85 % der in der Studie befragten Akteure arbeiten mit Curricula, 90 % der Akteure stellen die Curriculuminhalte, zusätzlich zur Grundlagenschulung des Personals, individuell zusammen – je nach Vorwissen der zu qualifizierenden Person. Die Curricula als solche entstehen i. d. R. durch die Anforderungen des Einsatzes, die Erfahrungen der Organisationen, die Organisations-Kultur und in Abstimmung mit internationalen Standards (z. B. der UN, der OSZE oder Standards aus der Humanitären Hilfe[43]).

Schulungsinhalte[44]:

- grundlegende Inhalte: Konfliktanalyse und -Bearbeitungsformen (sowie evtl. dazugehörige Verhaltensregeln[45]), kulturelle Dimension der Arbeit (Analyse der eigenen und der Gastkultur, Klärung des Umgangs mit kulturellen Unter-

---

[42] Die Angaben beruhen auf vorläufigen Ergebnissen einer arbeitsfeldübergreifenden Studie zur deutschen Qualifizierungslandschaft der Autorin: „Zivile Konfliktbearbeitung – Qualifizierungsmaßnahmen deutscher Akteure und deren Bewährung im Kontext globaler Herausforderungen" (Arbeitstitel des Dissertationsprojekts), in dem 30 Institutionen aus den Arbeitsfeldern Menschenrechts- und Friedensarbeit, Entwicklungszusammenarbeit, Humanitäre Hilfe, Diplomatischer Dienst, ZIF, Polizei, Bundesgrenzschutz und Militär (im Bereich zivil-militärische Zusammenarbeit), die in Deutschland Personal auf Engagements im Ausland vorbereiten, zu Qualifizierungsthemen befragt wurden. Es wird dabei nicht unterschieden zwischen den Angaben von Organisationen, die ihr Personal für Einsätze qualifizieren, solchen die eigenes und fremdes Personal schulen oder Angaben von Institutionen, die sich ausschließlich mit Schulungen befassen, aber keine eigenen Projekte o. ä. durchführen. Viele der untersuchten Qualifizierungsangebote können auch von Personen besucht werden, die sich nicht im Rahmen eines Arbeitsvertrages weiterbilden. Sie müssen diese i. d. R. dann aber auch selbst finanzieren.

[43] Sowohl das Militär als auch Humanitäre Hilfsorganisationen arbeiten unter dem Begriff *„code of conduct"* seit langem mit solchen Verhaltensregeln – ansonsten gibt es bei jeder UN/OSZE- oder EU-Mission *mission-statements* oder anderweitige Erläuterungen des Selbstverständnisses der Mandate und Mandatsträger.

[44] Die Heterogenität der befragten Akteure erfordert auch hier eine Konzentration auf die Gemeinsamkeiten.

[45] Dazu die Handbücher des Internationalen Komitees des Roten Kreuzes (Roberts 1999) und World Vision International (WVI 1999).

schieden), Sprachen, Selbstverständnisfragen, Stressmanagement/Umgang mit belastenden Situationen;
- neue Inhalte der letzten Jahre: small arms proliferation, Traumaarbeit, Sicherheitsfragen, das Brüchig-Werden des Humanitären Schutzraumes, zivil-militärische Zusammenarbeit;
- zunehmend in Curricula zu finden: Erlernen des Managements von Haushalten und Budgets, Evaluationstechniken (Selbst-/Projektevaluation), Super- und Intravision.

Methodik der Schulungen:
Praxisorientiert, viele Rollenspiele und Szenarien, der Fokus liegt auf dem Transfer von Wissen in Handlung.

Dauer der Schulungen:
Zwischen dreitägigen Modulen und zwei Jahren ist alles in der deutschen Qualifizierungslandschaft anzutreffen; die Tendenz geht hin zu kürzeren, flexibleren Lerneinheiten, um den Zeitraum von Bewerbung des Personals bis Entsendung möglichst kurz zu halten.

Gliederung der Schulungen:
In der Regel erfolgt zunächst eine Grundqualifikation (allgemeine Qualifizierung oder als Grundlagenvorbereitung auf einen Einsatz) – danach schließen sich Spezialisierungseinheiten (z. B. Schulung zum/r WahlbeobachterIn) an – oftmals dazu noch einmal eine konkrete Einsatzvorbereitung.[46]

Kosten der Schulungen:
In der Regel kommt es hier auf Trägerschaft und Art der Qualifizierung, auf Zeitraum und Intensität der Qualifizierungsmaßnahme an (wie viel bringt die Person mit, wie viel braucht sie zusätzlich). Generell ist festzustellen, dass sich die Akteure eher bedeckt halten, was die realen Kosten ihrer Qualifizierungsmaßnahmen angeht. Potenzielle TeilnehmerInnen müssen sich daher individuell an die Organisationen wenden und die Kosten erfragen.

Zielgruppen:
Aufgrund der verschiedenen Arbeitsfelder sehr heterogen – es hängt viel vom spezifisch verlangten Anforderungsprofil ab.

---

[46] Vgl. exemplarisch den Trainingsaufbau des Zentrums für Internationale Friedenseinsätze (ZIF) unter www.zif-berlin.org

Arbeitsfelder:
Ebenso heterogen wie die Zielgruppen: als Entwicklung ist jedoch festzustellen: entsendetes Personal wird zunehmend auf Aufgaben in beratender Funktion vorbereitet: als MultiplikatorIn, als NetzwerkerIn[47] (gerade im Bereich der Entwicklungszusammenarbeit und des Zivilen Friedendienstes).

Standardisierung der Schulungsmaßnahmen – arbeitsteilige Absprachen der Akteure:
Die Akteure sprechen sich bezüglich konkreter Schulungsinhalte wenig ab; sie erreichen eine gewisse Standardisierung allenfalls dadurch, dass sie die Kurse anderer Träger anerkennen oder ihre Kurse für andere Teilnehmer öffnen (machen mittlerweile 30 % der untersuchten Organisationen).

Qualitätsmanagement:
Das Bewusstsein für die Notwendigkeit von Qualitätsmanagementmaßnahmen ist gewachsen. Evaluation geschieht während der Kurse durch Fragebögen, Gespräche und Berichte der/mit TeilnehmerInnen und TrainerInnen, weiterführend durch Fachleitlinien, Curricula, Dozentenkonferenzen, Lehrtrainer, Vorgaben an Trainer und den Abgleich mit internationalen Standards.

Qualifizierung für konkreten Arbeitsplatz vs. Poolbildung:
Vier Fünftel der untersuchten Akteure schulen (ihr) Personal für einen konkreten Job – nur wenige Akteure poolen das Personal und halten dauerhaft verschiedene Anforderungsprofile vor.

Bezüglich der Kommunikations- und Kooperationsstrukturen in der Szenerie ist festzuhalten, dass die Akteure sich – gemessen an dem, was möglich wäre – wenig austauschen und vernetzen. Es gibt wenige Arbeitskreise (z. B. die Offene Kooperation Qualifizierung bei der Plattform Zivile Konfliktbearbeitung oder den Qualifizierungsverbund der Aktionsgemeinschaft Dienst für den Frieden (AGDF)), in denen Standardisierungs-, Zertifizierungs- oder Curriculumsfragen bearbeitet werden; im Bereich des Austauschs von *lessons-learned*, des Abgleichs von Anforderungsprofilen, des Wissensmanagements oder der Nachbereitung von Einsätzen gibt es bislang fast nur informelle Kontakte.[48]

---

[47] D. h., deutsches Personal arbeitet nicht mehr unmittelbar im Projekt, sondern bildet die lokalen MitarbeiterInnen fort (z. B. in Budgetmanagement, Do No Harm-Ansatz, Kampagnenarbeit) oder verbindet die Arbeit der eigenen Institutionen mit der anderer vor Ort tätiger Organisationen, stellt Kontakte her.

[48] Informationen über diese qualifizierungsspezifischen Gremien befinden sich auf der Homepage der Plattform Zivile Konfliktbearbeitung (www.konfliktbearbeitung.net) unter dem Stichwort „Offene Kooperation Qualifizierung".

3 Schlussfolgerungen

Aus dem Vorgenannten wird deutlich, dass es in Deutschland derzeit eine Vielzahl von Qualifizierungsangeboten gibt, die es interessierten Personen ermöglichen, sich selbstständig für eine Tätigkeit im Bereich ZKB zu qualifizieren oder sich im Rahmen schon existenter Beschäftigungsverhältnisse fortzubilden.

Aufgrund der spezifisch deutschen ZKB-Szenerie mit ihren unterschiedlichen Akteursgruppen, den neuartigen Formen staatlich/nicht-staatlicher Zusammenarbeit wird das Feld jedoch meist als unübersichtlich und intransparent wahrgenommen. Zudem handelt es sich bei der ZKB um ein noch junges Arbeitsfeld, in dem die in anderen Arbeitfeldern schon weit fortgeschrittenen Standardisierungs-, Zertifizierungs- und Evaluierungsprozesse noch in den Anfängen stecken.

Verstärkt wird der o. g. Eindruck zudem dadurch, dass es unter den Akteuren selbst bislang wenig Kommunikation über das eigene und das benachbarte Tun gibt. Gerade im Bereich der gemeinsamen oder zumindest abgestimmten Vorbereitung auf die Arbeit in Krisen- und Konfliktregionen ist noch viel Potenzial für synergetische Zusammenarbeit vorhanden.

Trotz der Verschiedenheiten hinsichtlich der Projektansätze, Missionsmandate, Anforderungsprofile, der damit verbundenen Fachkenntnisse und Unternehmenskulturen lassen sich für Personen, die sich für eine Arbeit in den verschiedenen Tätigkeitsfeldern Ziviler Konfliktbearbeitung interessieren, durchaus verallgemeinerbare Hinweise und Empfehlungen geben:[49]

3.1 Lessons learned I: Notwendige Fähigkeiten und Kompetenzen

Die Arbeit in, an und mit Konflikten setzt ein hohes Maß an kommunikativen und sozialen Fähigkeiten voraus, wie z. B. Kontaktfreudigkeit, Sensibilität und Eigenreflexivität (gerade auch in interkulturellen Zusammenhängen), interkulturelle Aufgeschlossenheit, aber auch schnelle Orientierungsfähigkeit von und in Organisationskulturen und Hierarchien.

Zudem werden von den Organisationen Authentizität und Identifikationsfähigkeit mit der gestellten Aufgabe, eine hohe Eigenmotivation, emotionale Stabilität und die Fähigkeit zum Umgang mit belastenden Situationen und Stress

[49] Die Empfehlungen greifen auf drei Informationsquellen zurück: 1. Aus Ergebnissen des v. g. Dissertationsprojektes der Autorin (in dessen Rahmen u. a. erhoben wurde, nach welchen Kriterien Personalabteilungen und Fachabteilungsleiter ZFD/ZKB-MitarbeiterInnen auswählen). Diese Erkenntnisse wurden 2. mit einer vergleichenden Studie der Alliance for Conflict Transformation (Johnston/Zelizer 2005) abgeglichen. 3. beinhalten die Empfehlungen Erfahrungen der ersten AbsolventInnen deutscher Masterstudiengänge in Friedens- und Konfliktforschung.

als wichtige Voraussetzungen für eine erfolgreiche und befriedigende Arbeit in Krisen/Konfliktregionen genannt.

Dazu kommen – neben der notwendigen arbeitsplatzbezogenen Fachexpertise – Organisationstalent sowie pädagogische und didaktische Fähigkeiten (z. B. adressatenbezogene Vermittlung von Inhalten). Diese Auflistung von Kompetenzen gilt für Berufserfahrene und EinsteigerInnen gleichermaßen. Im Folgenden soll nun noch einmal fokussiert auf die Situation derjenigen eingegangen werden, die sich den vorgenannten Berufsfeldern erstmalig nähern.

3.2 Lessons learned II: Empfehlungen für BerufseinsteigerInnen

Um in Kontexte Ziviler Konfliktbearbeitung beruflich einzusteigen, haben sich folgende Wege als hilfreich erwiesen:

- Beginnen Sie frühzeitig mit Netzwerken und pflegen Sie Ihre Kontakte (z. B. durch Teilnahme an Tagungen, Fachgesprächen, Workshops schon während des Studiums).
- Halten Sie sich über Trends und Entwicklungen in der ZKB-Szenerie auf dem Laufenden.
- Sammeln Sie internationale (Arbeits)Erfahrung in verschiedenen Organisationen (gerne auch bei Nichtregierungsorganisationen z. B. durch Freiwilligendienste, Praktika, Kurzzeiteinsätze, Werkverträge etc. – weniger hilfreich sind Auslandsstudienzeiten o. ä.).
- Arbeiten Sie in multikulturellen Kontexten/Teams und schulen Sie Ihre Kompetenzen dort.
- Sammeln Sie Erfahrungen in Projektarbeit und -Management (Erfahrungen in Deutschland sind gut, Felderfahrungen noch besser).
- Arbeiten Sie bei Praktika mehr als erwartet und nötig. Die Erinnerung der Organisationen an Ihre hohe Motivation und Engagement sind große Vorteile bei der späteren Arbeitssuche.
- Lernen Sie Sprachen und pflegen Sie Ihre Kenntnisse.
- Identifizieren Sie Ihre individuellen Schwerpunkte, entwickeln Sie Länder- und Regionalexpertise ohne Ihre allgemeinen Fachkenntnisse zu vernachlässigen (analytische Kompetenzen etc.).[50]
- Da es für die Bearbeitung von Konflikten oftmals einen langen Atem braucht: Entwickeln Sie Spaß an dem, was Sie tun.

---

[50] Es ist nach wie vor unter TrainerInnen, Recruitern und Personalverantwortlichen strittig, ob die Entwicklung in der ZKB eher in Richtung Generalisten- oder Spezialistentum geht.

Literatur

Anderson, Mary B. (1999): Do No Harm. How Aid Can Support Peace – or War, Lynne Rienner Publishers, London, Boulder.

Benkler, Monika (1999): Ausbildung und Rekrutierung von nicht-militärischem Personal für Konfliktprävention und Friedenseinsätze. Ergebnisse der zweiten Projektphase: Bestandsaufnahme internationaler Ausbildungseinrichtungen und Rekrutierungsverfahren, veröffentlicht durch: Stiftung Wissenschaft und Politik, Ebenhausen.

Benkler, Monika/Kühne, Winrich (1999): Ausbildung und Rekrutierung von nicht-militärischem Personal für Konfliktprävention und Friedenseinsätze: Bestandsaufnahme, Erfahrungen und Empfehlungen für einen substanziellen Beitrag der Bundesrepublik Deutschland – Ergebnisse der ersten Projektphase, veröffentlicht durch: Stiftung Wissenschaft und Politik, Ebenhausen.

Bercovitch, Jacob/Rubin, Jeffrey Z.: Mediation in International Relations. Multiple Approaches to Conflict Management, New York: 64–96.

Boutros-Ghali, Boutros (1992): Agenda für den Frieden – Bericht des Generalssekretärs der VN – dokumentiert in: Stiftung Entwicklung und Frieden (Hrsg.): Agenda für den Frieden, Eine Welt, Bd. 8, Bonn, 19–65.

Bundesministerium für wirtschaftliche Zusammenarbeit und Entwicklung (Hrsg.) (1999): BMZ-Spezial Nr. 006/August '99: Ziviler Friedensdienst, Bezug über: BMZ Entwicklungspolitische Informations- und Bildungsarbeit, Bonn.

Bundesregierung (1998 und 2002): Koalitionsverträge, unter www.bundesregierung.de

Bundesregierung (2000): Gesamtkonzept der Bundesregierung „Zivile Krisenprävention, Konfliktlösung und Friedenskonsolidierung" vom 07. April 2000, Bezug über Bundespresseamt, Berlin oder unter www.auswaertiges-amt.de/aussenpolitik/friedenspolitik.../konfliktpraev_html

Bundesregierung (2004): Aktionsplan Zivile Krisenprävention, Konfliktlösung und Friedenskonsolidierung, verabschiedet am 14. Mai 2004, Berlin unter: www.auswaertiges-amt.de/friedenspolitik

Diamond, Louis und John McDonald (1993): Multi-Track-Diplomacy – A Systems Approach to Peace, Washington D. C.

European Platform for Conflict Prevention and Transformation (1998): Prevention and Management of Violent Conflicts – An International Directory – 1998 Edition, Amsterdam.

Evers, Tilman (Hrsg.) (2000): Ziviler Friedensdienst – Fachleute für den Frieden, Idee – Erfahrungen – Ziele, Leske + Budrich, Opladen.

FESt (2002): Protokoll der Heidelberger Gespräche am 5.–6. März 2002 – zu beziehen über die Forschungsstätte der Evangelischen Studiengemeinschaft (FESt), Heidelberg.

Fiebich, Carina (2001): Konfliktbearbeitung in Deutschland – ein Wegweiser, veröffentlicht von der Plattform Zivile Konfliktbearbeitung u. a., Bezug über Arbeitsstelle Friedensforschung Bonn.

Fisher, Ronald/Keashley, Loreleigh (1991): The Potential Complementarity of Mediation and Consultation Within a Contingency Model of Third Party Intervention, in: Journal of Peace Research 28: 29.

Freise, Josef/Fricke, Eckehard (Hrsg.) (1997): die Wahrheit einer Absicht ist die Tat – Friedensfachdienste für den Süden und den Norden, Schriftenreihe Probleme des Friedens 1997/2, Komzi, Idstein

Johnston, Linda und Craig Zelizer (2005): Skills, Networks & Knowledge: developing a Career in International Peace and Conflict Resolution, veröffentlicht durch: Alliance for Conflict Tranformation, Bezug als PDF-file unter: www.conflicttransformation.org

Klotz, Sabine (2003): Zivile Konfliktbearbeitung – Theorie und Praxis, FEST Texte und Materialien, Reihe A, Nr. 50, Dezember 2003: 10 ff.

Lederach, John P. (1997): Building Peace – Sustainable Reconciliation in Divided Societies, Washington D. C., United States Institute of Peace Press

Lessons Learned Unit, Department of Peacekeeping Operations (1996): Comprehensive Report on Lessons Learned from United Nations Assistance Mission for Ruanda 12'96

Matthies, Volker (2000): Krisenprävention – Vorbeugen ist besser als heilen – Analysen. Opladen, Leske + Budrich: 67–80

Müller, Barbara (2002): Möglichkeiten der Förderung von Friedenallianzen in Konfliktregionen, IFGK-Arbeitspapier Nr. 17, Eigendruck, Wahlenau

Münkler, Herfried (2003): Die neuen Kriege, Rowohlt, Reinbek: 13–57

ÖSFK (Hg.) (2001): Zivile Konfliktbearbeitung. Eine internationale Herausforderung. Studien für europäische Friedenspolitik Band 8, agenda Verlag, Münster

Plattform Zivile Konfliktbearbeitung (1998): Charta der Plattform Zivile Konfliktbearbeitung, zu beziehen über: www.konfliktbearbeitung.net/publikationen

Plattform Zivile Konfliktbearbeitung (2003): Frieden braucht Gesellschaft! Gesellschaftliche Ansätze in der Zivilen Konfliktbearbeitung – eine Bestandsaufnahme, zu beziehen über: www.konfliktbearbeitung.net/publikationen

Reimann, Cordula (1999) :Zivile Konfliktbearbeitung deutscher NROs und Einrichtungen – Ein Wegweiser 1998/99, Berghof-Arbeitspapier 16, Berghof-Zentrum, Berlin

Roberts, David Lloyd (1999): Staying alive – safety and security guidelines for humanitarian volunteers in conflict areas, zu beziehen über das Internationale Komitee des Roten Kreuzes (ICRC)

Schlotter, Peter (Hrsg.) (2003): Europa – Macht – Frieden? Zur Politik der „Zivilmacht Europa“, AFK-Friedensschriften Band 30, Nomos, Baden-Baden

Sell, Saskia (2002): Zivile Konfliktbearbeitung im Spannungsfeld von Wissenschaft und Praxis, Diplomarbeit am Institut für Politikwissenschaft der Philipps-Universität Marburg, unveröffentlichtes Manuskript: 26–30

Senghaas, Dieter: Frieden als Zivilisierungsprojekt, in: Senghaas, Dieter (Hg.) (1995): Den Frieden denken, edition Suhrkamp, NF 952, FFM: 196–223

World Vision International (1999): World Vision Security Manual – Safety Awareness for aid Workers, zu beziehen über World Vision International (WVI)

Zartman, William I. (1991): Ripe for Resolution – Conflict and Intervention in Africa, Oxford University Press, New York

Recherchelinks zu Praktika und Stellenangeboten

www.epo.de
(Fokus: internationale Zusammenarbeit, staatliche EZ, Entwicklungshilfe, Not- und Katastrophenhilfe, nachhaltige Entwicklung und dazugehörige Praktika)

www.entwicklungsdienst.de
(Homepage des Dachverbandes „Arbeitskreis Lernen und Helfen in Übersee“)

www.konfliktbearbeitung.net
(arbeitsfeldübergreifende Nachrichten aus der deutschen und internationalen Akteurslandschaft sowie Stellenausschreibungen)

www.gtz.de
(sehr dezentrales System: daher zu den jeweiligen Stellenanzeigen durchklicken)

www.zif-berlin.org
(für den Pool bewerben, Recherchemöglichkeit, welche internationalen Missionen anstehen – das ZIF bietet keine Jobs!)

www.peaceworkers.org.uk/job
(Fokus: nonviolent peaceforce, internationale Friedensdienste – gewaltfreier Zugang zu Konflikten – Bewusstseinsbildung)

www.bmz.de
(Ministeriumsinterne Ausschreibungen, sowie Weiterleitung zu den Gesuchen der Vorfeldorganisationen)

www.ziviler-friedensdienst.org
(gut zum Überblick verschaffen – unter „offene Stellen“ dann Jobangebote der ZFD-Trägerorganisationen)

www.friedensdienst.de/konf-quali
(Zusammenstellung der AGDF-Schulungen und Organisationen/Jobmöglichkeiten)

www.venro.org
(Übersicht über die Mitglieder des Dachverbandes – unter „links“ Hinweise auf artverwandte Organisationen)

www.oneworld.net/job
(Datenbank-Suche für Jobs und Volunteers)

http://europa.tiscali.de/index.jsp?section=europa.arbeit
(Verzeichnis von Stellenangeboten der Institutionen der Europäischen Unionen sowie verschiedener nationalstaatlicher Anbieter und internationaler NGOs)

www.reliefweb.int
(spezifisch für Humanitäre Hilfe)

www.auswaertiges-amt.de
(dort als Suchbegriff: BFIO (Büro für Führungskräfte in Internationalen Organisationen) eingeben → dort Verzeichnis internationaler Ausschreibungen für das deutsche Kontingent in Internationalen Organisationen/Gremien/Missionen etc.)

TEIL IV:

KONFLIKTREGELUNG DURCH INTERNATIONALE ORGANISATIONEN

sexualisierte Gewalt durch Blauhelmsoldaten (Haiti)

Die Konfliktregelungskompetenz der Vereinten Nationen zwischen hehren Zielsetzungen und nationalen Eigeninteressen

1 Außer Spesen nichts gewesen? oder Warum die Weltklimakonferenz von Kopenhagen scheiterte

Zwei Jahre lang richteten sich weltweit große Hoffnungen auf die 15. Weltklimakonferenz in Kopenhagen (7.–19.12.2009). Das begann, als die 13. Vertragsstaatenkonferenz der Klimarahmenkonvention von Rio[1] Ende 2007 auf Bali das Kopenhagener Treffen als den Termin festlegte, an dem spätestens ein neues UN-Klimaschutzabkommen verabschiedet werden sollte. Denn – so sah man es damals – es wäre dann höchste Zeit, sich darüber zu verständigen, wie es nach dem Auslaufen Kyoto-Protokolls 2012 mit dem Klimaschutz weitergehen soll. In Kyoto hatten sich 1997 bei der 3. Folgekonferenz 39 Industriestaaten verpflichtet, ihre Treibhausgasemissionen im Schnitt um fünf Prozent gegenüber 1990 zu senken. Dieses Protokoll sollte in Kraft treten, sobald es 55 Prozent der Staaten mit 55 Prozent des weltweiten Ausstoßes von Treibhausgasen ratifiziert hätten. Aber der Staat mit den meisten Emissionen, die USA, ratifizierte das Protokoll nicht. So trat es erst 2005 in Kraft, nachdem Russland die Ratifikation vollzogen hatte. Nicht nur wegen der Verzögerung und des Fernbleibens der USA blieb der Weltklimaschutz bis Ende 2009 weit hinter den Zielwerten von Kyoto zurück. Durch das Protokoll waren nämlich auch jene Schwellenländer nicht in die Pflicht genommen worden, deren Kohlendioxidausstoß im Laufe des letzten Jahrzehnts gewaltig zugenommen hat, wie China, Indien und Brasilien.

Die zahlreichen Vorbereitungskonferenzen der Jahre 2008 und 2009 zeigten schon, wie schwierig es sein würde, zwischen den Vertragsstaaten mit ihren unterschiedlichen Interessen auf einen Nenner zu kommen. Hinzu kam, dass infolge der im Herbst 2008 einsetzenden Weltwirtschaftskrise die finanziell stärkeren Länder sich mehr darauf konzentrierten, ihre Banken als das Weltklima zu retten. Unter diesen ungünstigen Rahmenbedingungen fand im Dezember 2008 in Posen die

---

[1] Vom 3. bis zum 14. Juni 1992 tagte in Rio de Janeiro die erste Konferenz der Vereinten Nationen für Umwelt und Zusammenarbeit (UNCEP). Dort unterzeichneten 154 Staaten und die EU eine Klimarahmenkonvention, in der sich die Industrieländer auf Maßnahmen zu einer langfristigen Senkung der Treibgasemissionen verpflichteten, während die Entwicklungsländer von einer Reduktion ihrer Emissionen zunächst freigestellt wurden.

14. Vertragsstaatenkonferenz statt. Immerhin einigten sich die 27 EU-Staaten zur selben Zeit in Brüssel auf ein Klimapaket, das den bei Inkrafttreten des Kyoto-Protokolls 2005 eingeführten Emissionshandel in der EU vereinheitlichen und bis 2020 um 21 Prozent reduzieren soll.

Bemerkenswert ist, dass es auf dem G-8-Gipfel, der im Juli 2009 in L'Aquila in Italien tagte, erstmals zu einer Einigung mit den USA auf ein verbindliches Klimaziel kam, nämlich zu verhindern, dass bis 2050 die globale Erwärmung um mehr als 2 °C steigt. Die amerikanische Regierung brachte auch ein Gesetz auf den Weg, das die Emissionen der USA bis 2050 auf das Niveau von 1990 und damit um 17 Prozent unter das heutige Niveau absenken sollte. Doch das Gesetz stockte im Kongress (und ist dort im Juli 2010 gescheitert).

Schon in den letzten Monaten vor Beginn der Mammutkonferenz von Kopenhagen gab es verschiedene Anzeichen dafür, dass mit einem Scheitern gerechnet werden müsste, oder höchstens mit einem Abkommen, das wenig Substanzielles enthalten würde. Anfang November 2009 kündigten beim Vorbereitungstreffen in Barcelona zwar Schwellenländer wie Brasilien, China, Indien und Mexiko ehrgeizige Klimaprogramme an. Japan sagte sogar zu, seine Emissionen um 25 Prozent gegenüber 1990 zu senken. Doch all diese Ankündigungen gingen den Entwicklungsländern nicht weit genug. Sie verlangten von den Industriestaaten eine Reduzierung von bis zu 40 Prozent bis 2020, während die Schätzungen der bisherigen Bemühungen bis zu diesem Zeitpunkt zwischen 11 und 15 Prozent schwanken. Auch lagen in Barcelona die Vorstellungen über den finanziellen Ausgleich für die Länder der Dritten Welt noch weit auseinander, so dass UN-Generalsekretär Ban Ki-moon mit Blick auf Kopenhagen schon davon sprach, dort einen „Rahmenvertrag" zu verabschieden, um relativ bald danach auf einer weiteren Konferenz in Norwegen oder Schweden zu einem rechtsverbindlichen Vertrag zu kommen (vgl. FAZ vom 6.11.2009, S. 5).

Selbst dieses Ziel wurde am 15. November auf dem Gipfel der APEC-Staaten in Singapur für unrealistisch erklärt. Die 21 Staats- und Regierungschefs des Asiatisch-Pazifischen Wirtschaftsforums (APEC), zu denen auch die USA, Russland und China gehören, waren nicht bereit, sich selbst neue Ziele bei der Reduzierung des Kohlendioxidausstoßes aufzuerlegen. Die FAZ sprach daraufhin sogar vom „asiatisch-pazifischen Anti-Klima-Gipfel". (FAZ 16.11.2009, S. 7)

Ab dem 7. Dezember prallten dann in Kopenhagen zwei Wochen lang die Interessen und Meinungen von 15.000 Delegierten aus 193 Teilnehmerstaaten, Vertretern von Umweltorganisationen und Journalisten aufeinander, schwankte die Stimmung zwischen zaghaften Hoffnungen, doch noch eine Vereinbarung für die Zeit nach 2012 zu Papier zu bringen und der Verzweiflung einiger Inselstaaten, die angesichts des Ansteigens des Meeresspiegels fürchten müssen, in absehbarer Zeit von der Landkarte zu verschwinden.

Was schließlich am 19. Dezember vom Tagungspräsidenten als „Copenhagen Accord" verlesen wurde, nahmen die erschöpften Delegierten nur noch „zur Kenntnis", aber nicht, wie es der Begriff „Accord" oder Übereinkunft suggeriert, „zustimmend". Das aber ist sowohl formal wie inhaltlich das absolute Minimum, um es nicht als ein völliges Scheitern des Klimaschutzprozesses bezeichnen zu müssen: Die Erklärung beschreibt das allgemeine Ziel, die Erwärmung der Erde auf zwei Grad zu begrenzen. Doch konkrete Reduktionsziele werden nicht genannt.[2]

Es gibt verschiedene Thesen, warum der Klimagipfel mehr oder weniger gescheitert ist (vgl. FAZ vom 21.12.2009, S. 3; Die Zeit vom 22.12.2009, S. 10):

- So wird kritisiert, die dänische Verhandlungsführung habe versagt, und zwar zum einen, weil zu früh Kompromisspapiere an die Öffentlichkeit gedrungen seien, zum anderen aber auch, weil Ministerpräsident Rasmussen am Schluss überfordert gewesen sei und das Heft nicht mehr in der Hand gehabt hätte.
- Eine große Bedeutung habe Chinas fehlende Bereitschaft gehabt, aus Klimagründen sein Wachstum stärker zu zügeln. In der Tat will es bis 2020 nur die Kohlendioxidintensität seiner Wirtschaft um 40 bis 45 Prozent senken, wobei es darauf verweist, dass sein Pro-Kopf-Ausstoß immer noch einen Bruchteil dessen beträgt, was die USA oder die Europäer in die Luft jagen.
- Wegen der enormen Schwierigkeiten, eine substanzielle Vereinbarung durch den US-Kongress zu bekommen, habe Präsident Obama nur eine allgemeine Absichtserklärung gewollt.
- Generell gab es in Kopenhagen neben diesen beiden Ländern viele Schwellenmächte, die gut mit einem unverbindlichen Ergebnis leben können und deshalb keine Anstrengungen unternahmen, sich selbst den letzten Ruck für einen Minimalkonsens zu geben und auch andere dazu zu drängen.
- Weiter wird kritisiert, dass die Entwicklungsländer, allen voran die afrikanischen Staaten, die Gelegenheit genutzt hätten, um die Industrieländer zu erpressen, wobei sie zu weit gegangen seien.

---

[2] Die Industrie- und Schwellenländer verpflichten sich nur, bis zum 1. Februar 2010 Zusagen für das Jahr 2020 zu machen. Die Entwicklungsländer sollen bis 2012 30 Mrd. Dollar (21 Mrd. Euro) an Soforthilfen erhalten, um Klimaprojekte anzustoßen und sich gegebenenfalls an den Klimawandel anpassen zu können. Von dieser Summe werden Japan und die EU je ein Drittel schultern. Die USA geben nur 3,6 Mrd. Dollar (2,5 Mrd. €). Die Staaten setzen sich das Ziel, von 2020 an jährlich 100 Mrd. Dollar für die Entwicklungsländer zu mobilisieren. Schwellen- und Entwicklungsländer verpflichten sich, Informationen über die von ihnen eingeleiteten Schritte gegen den Klimawandel zu liefern, die dann in einem internationalen „Konsultations- und Analyseverfahren" geprüft werden sollen – allerdings „unter Achtung der nationalen Souveränität". Alles Weitere bleibt unklar oder sogar unerwähnt wie Maßnahmen zum Schutz der Wälder und der Wiederaufforstung. Dazu heißt es lediglich, es sei entscheidend, den Wald zu schützen und Geld dafür bereit zu stellen. (vgl. FAZ vom 21.12.2009, S. 2)

- Auch dass ausgerechnet der Delegationsleiter des Sudans in der Endphase als Sprecher der Not leidenden afrikanischen Staaten auftrat, wird kritisiert, nicht zuletzt, weil Sudan und Saudi Arabien als führende Erdölexportländer daran interessiert seien, dass weiterhin in hohem Maße diese fossilen Brennstoffe verbraucht und verbrannt würden.
- Schließlich wird darauf hingewiesen, dass das UN-Format von 193 gleichberechtigten Teilnehmerstaaten, die sich einigen müssen, dem kleinsten dieselbe Vetomacht einräume[3] wie dem größten, sehr schwerfällig ist, so dass es entweder nur sehr allgemeine Ergebnisse oder Kuhhandel oder gar keine geben könne.

Jeder dieser Faktoren dürfte ein Stück weit zum Scheitern von Kopenhagen beigetragen haben, wobei an dieser Stelle der letzte Punkt näher angeschaut werden soll. Hat es Sinn, über den Klimawandel in einer weltumspannenden Konferenz zu diskutieren, an denen zwar zahllose Fachleute sowie nationale und internationale Nichtregierungsorganisationen irgendwie beteiligt sind (Näheres dazu vgl. Kiderlen 2009), in der aber letzten Endes Regierungsvertreter das Sagen haben? Und ist von diesen zu erwarten, dass sie sich auf ein Konzept verständigen, das erstens nicht sofort, d. h. in einer für ihre Wiederwahl relevanten Zeit wirksam wird, und zweitens dann, wenn es greift, einigen Ländern mehr, anderen weniger nutzt, einigen relativ egal ist und wieder andere aber schon bis dahin sehr viel Geld kostet?

Konferenzen dieser Größenordnung stellen sich sowohl für die Beteiligten als auch für die breite Öffentlichkeit zunächst einmal immer als Kakophonie dar. Sie werden aber von einem gewissen Grundvertrauen in einige der Staats- und Regierungschefs begleitet, die oft erst am Ende anreisen, um dann im Blitzlichtgewitter ihre Unterschriften unter ein meist sehr allgemein gehaltenes Dokument zu setzen, das von den Fachministern und anderen „Scherpas“[4] vorher in tage- und nächtelanger Kleinarbeit vorbereitet wurde. Doch der Gipfel, der in Kopenhagen kreißte, gebar nicht einmal ein solches Mäuslein, und das, obwohl zum Schluss Schwergewichte wie US-Präsident Barack Obama und die deutsche Bundeskanzlerin Angela Merkel sich intensiv einmischten.

---

[3] So verhöhnte der Botschafter Tuvalus in der entscheidenden Phase der Konferenz die 30 Milliarden Dollar Soforthilfe für die Entwicklungsländer als „30 Silberlinge“, mit denen man seinem Land, das vom steigenden Meeresspiegel bedroht ist, die Zukunft nicht abkaufen könne. (Die Zeit, 22.12.2009, S. 10)

[4] Der Begriff „Scherpa“ geht auf ein Volk im Himalaya zurück, dessen Angehörige den europäischen Bergsteigern dabei halfen, Wege beim Aufstieg zu den Hochgebirgsgipfeln zu finden, und die für sie dabei die Lasten trugen. Der Begriff wurde dann für diejenigen führenden Ministerialbeamten übernommen, die für ihre Chefs internationale Konferenzen vorbereiten.

Der kritischen Einschätzung des betrüblichen Endes dieser Konferenz lässt sich entgegenhalten, dass seit Rio ein umfassender auf den Klimawandel fokussierter Verhandlungsprozess entstanden ist, den auch Mächte wie die USA und China akzeptieren und in den sie sich wieder einbringen. Die Überwachung des Kyoto-Protokolls und das Bemühen um seine Nachfolgeregelung, die dann auch implementiert werden muss, sind grundsätzlich am besten im System der Vereinten Nationen aufgehoben. Insofern wird der Prozess mit der 16. Weltklimakonferenz in Cancun Ende 2010 weitergehen. Ob es dort oder erst ein Jahr später in Durban zu einer Nachfolgeregelung für das Kyoto-Protokoll kommt, lässt sich nicht vorhersagen. Einerseits werden sich die Interessengegensätze bis dahin nicht ändern. Andererseits könnte sich die Erkenntnis weiter verbreiten, dass mit jedem Jahr Verzögerung die Kosten zur Begrenzung der Erderwärmung gigantisch steigen werden. Ob dies auch die Einsicht steigert, die Einzelinteressen zugunsten von Kompromissen hintanzustellen, bleibt abzuwarten.

Die hier aufgezeigten Probleme des Klimaschutzabkommens stehen exemplarisch für das Spannungsverhältnis zwischen hehren Zielsetzungen und nationalen Eigeninteressen, welches die auf 193 Mitgliedstaaten angewachsene Weltorganisation so schwerfällig macht. Bei zahlreichen Konflikten ist es allerdings nicht erforderlich, im Konsens aller zu handeln, vielmehr ist der Sicherheitsrat zuständig, in dem nur 15 Staaten sitzen, unter ihnen allerdings fünf mit einer Vetomacht ausgestattete, was dort Entscheidungen nicht einfacher macht.

Im Folgenden sollen einige Bereiche betrachtet werden, in denen die UNO und ihre Hauptorgane bemüht sind, internationale Konflikte und andere Probleme von internationaler Relevanz zu regeln. Insbesondere geht es darum, Peace keeping Missionen zu installieren und die Verbreitung von Atomwaffen zu verhindern. Daneben sollen zwei andere internationale Organisationen (NATO und EU) daraufhin untersucht werden, wie sie sich dazu eignen, derartige Aufgaben zu erfüllen. Dabei wird konkret auf die mit einem UN-Mandat ausgestattete, aber von der NATO geführte Afghanistan-Mission ISAF und auf die durch den Lissabon-Vertrag der Gemeinsamen Außen- und Sicherheitspolitik (GASP) der EU vorgegebene Aufgabenstellung einer Gemeinsamen Sicherheits- und Verteidigungspolitik (GSVP) geblickt.

2 Der Auftrag des Weltfriedens und der internationalen Sicherheit

Die Vereinten Nationen wurden am Ende des Zweiten Weltkrieges von 51 Staaten gegründet, um „künftige Generationen von der Geißel des Krieges zu befreien", wie es in der Präambel zu ihrer Charta heißt. Für diesen Zweck, so lesen wir dort weiter, wollten die Völker der Vereinten Nationen ihre Kräfte vereinen, „um den Weltfrieden und die internationale Sicherheit zu wahren, Grundsätze anzunehmen und Verfahren einzuführen, die gewährleisten, dass Waffengewalt nur noch im gemeinsamen Interesse angewandt wird."

Die Geschichte der letzten 65 Jahre spricht auf den ersten Blick dafür, dass den Vereinten Nationen dies nicht gelungen ist, denn es gab zahlreiche kleinere und größere Kriege, und Waffengewalt wurde von den Staaten immer wieder im eigenen Interesse angewandt. Wenn sie aber einmal im gemeinsamen Interesse angewandt werden sollte, dann gab es entweder schon vorher Schwierigkeiten im Sicherheitsrat, zu einem dementsprechenden Beschluss zu gelangen, oder die Generalsekretäre der UNO hatten alle Mühe, für eine mit einem „robusten" Mandat ausgestattete Truppe von den Mitgliedern die nötigen Soldaten zugewiesen zu bekommen.

Man kann die Geschichte freilich auch anders lesen: Hätte es die Vereinten Nationen nicht gegeben, hätte der Sicherheitsrat nicht eine recht beachtliche Zahl von Friedensmissionen auf den Weg geschickt, hätten die Generalsekretäre oder andere von der UNO beauftragte Persönlichkeiten nicht in zahlreichen Krisen vermittelt, so würde die globale Gewaltbilanz wahrscheinlich noch viel trauriger ausfallen. Mit anderen Worten: Die Vereinten Nationen haben durchaus Erfolge aufzuweisen, obwohl ihr Gründungszweck, den Weltfrieden und die internationale Sicherheit zu wahren, nach wie vor nicht erreicht ist. Ist beides deshalb eine Fiktion? Um diese Frage soll es im Folgenden gehen.

Dabei richtet sich der Blick zunächst einmal auf die Arbeit des Sicherheitsrates, sodann wird grundsätzlich nach der Realisierbarkeit des Zwecks, kollektive Sicherheit herzustellen, gefragt. Weiter geht es um die Tendenz einer zunehmenden „Privatisierung" des UN-Gewaltmonopols durch die Vetomächte des Sicherheitsrates und „Koalitionen der Willigen" sowie um die Fortentwicklung des Völkerrechts mit Blick auf die Erweiterung der Sicherheitskonzepte um die „menschliche Sicherheit" und die „Verantwortung zum Schutz" und die daraus resultierenden Konsequenzen für „robuste" Mandate von Blauhelm-Einsätzen und „humanitäre Interventionen".

2.1 Der Sicherheitsrat und seine Aufgaben

Der Sicherheitsrat ist das wichtigste Organ der UNO. Seine Zusammensetzung, Aufgaben und Befugnisse, sowie Abstimmungen und anderen Verfahren werden in Kap. V der UN-Charta geregelt. Dem Rat gehören fünf Ständige Mitglieder (auch P5 genannt: USA, Russland als Nachfolgerin der UdSSR, Großbritannien, Frankreich und die VR China im Austausch für Taiwan) und zehn nichtständige Mitglieder an, von denen jährlich fünf für zwei Jahre unter Berücksichtigung einer angemessenen geographischen Verteilung von der Generalversammlung gewählt werden.

Beschlüsse des Sicherheitsrats über Verfahrensfragen bedürfen der Mehrheit von neun Stimmen. Beschlüsse über inhaltliche Fragen ebenfalls, doch bei diesen haben die Ständigen Mitglieder die Möglichkeit, von einem Veto Gebrauch zu machen, mit dem jedes einzelne von ihnen eine Entscheidung des Rates blockieren kann. D.h., die übrigen 10 können diese Länder nicht überstimmen, selbst wenn sie untereinander einig sind.

Die Schwierigkeiten einer Reform des Sicherheitsrates

Große Erwartungen richteten sich an den Jubiläumsgipfel im September 2005, der der 60. Generalversammlung in New York voranging. Eine Arbeitsgruppe unter Vorsitz des früheren thailändischen Ministerpräsidenten Anand Panyarachun hatte Ende 2004 einen Bericht mit 101 Vorschlägen zur UN-Reform vorgelegt, die auf eine umfassende Erneuerung der Weltorganisation zielten, darunter die Stärkung des Wirtschafts- und Sozialrates ECOSOC sowie die Schaffung eines Menschenrechtsrates anstelle der unglaubwürdig gewordenen Menschenrechtskommission. Die meiste Aufmerksamkeit fanden darin jedoch zwei Modelle zur Erweiterung des Sicherheitsrates, wobei das Modell A die Zahl der Ständigen Mitglieder auf elf und die der nicht-ständigen auf 13 und das Modell B zusätzlich zu den bisherigen Ständigen und nicht-ständigen Mitglieder acht auf vier Jahre gewählte „halbständige" vorsah.

Vier Mächte (Brasilien, Deutschland, Indien und Japan) hatten sich schon 2004 gemeinsam darum beworben, als weitere Ständige Mitglieder in den Sicherheitsrat aufgenommen zu werden. Sie schlugen demgegenüber eine Erweiterung auf 11 Ständige und 14 nicht-ständige Mitglieder vor. Um für ihr Vorhaben auch die Zustimmung der bisherigen P5 zu erhalten, erklärten sie sich bereit, als neue Ständige Mitglieder auf das Vetorecht zu verzichten. Da Japan zwar die Unterstützung der USA, jedoch nicht die Chinas, und Deutschland nach seiner Kritik am Irak-Krieg nicht mehr die der USA hatte, fand dieses Konzept nicht die erforderliche Zustimmung der bisherigen Ständigen Mitglieder. Es wurde außerdem von einer unter Führung Italiens stehenden, „Coffee-Club" genannten Gruppe abgelehnt, so dass es auch in der Generalversammlung keine Chance hatte. Dort bekam ebenfalls keines der beiden Modelle A und B die notwendige Mehrheit, was nicht zuletzt damit zusammenhing, dass um den Afrika zugedachten Sitz Ägypten, Nigeria und Südafrika konkurrierten. So wird es wohl bis auf weiteres bei der gewohnten Zusammensetzung des Sicherheitsrates bleiben.

Es gibt überdies keine Anhaltspunkte dafür, dass eine Vergrößerung des Gremiums und/oder eine Schaffung von neuen ständigen oder halbständigen Mitgliedern ohne Vetorecht die Entscheidungs- und Handlungsfähigkeit des Sicherheitsrates vergrößern würde. Eine strukturelle Veränderung ist daher allein dadurch zu rechtfertigen, dass Afrika und Lateinamerika bisher gar nicht und der bevölkerungsreichste Kontinent Asien nur durch China als Ständiges Mitglied vertreten sind.

Nach Art. 24 hat der Sicherheitsrat ein schnelles und wirksames Handeln der UN bei der Wahrung des Weltfriedens und der internationalen Sicherheit zu gewährleisten. Dieses Ziel der Vereinten Nationen ist in Art. 1, 1 vorgegeben, wo es schon dahingehend operationalisiert wird, dass „zu diesem Zweck wirksame Kollektivmaßnahmen zu treffen (sind), um Bedrohungen des Friedens zu verhüten und zu beseitigen, Angriffshandlungen und andere Friedensbrüche zu unterdrücken und internationale Streitigkeiten oder Situationen, die zu einem Friedensbruch führen könnten, durch friedliche Mittel nach den Grundsätzen der Gerechtigkeit und des Völkerrechts zu beseitigen oder beizulegen."

Konflikte im Inneren von Staaten werden dort nicht angesprochen. In Art. 2, 4 heißt es sogar: „Alle Mitglieder unterlassen in ihren internationalen Beziehungen jede gegen die territoriale Unversehrtheit oder die politische Unabhängigkeit eines Staates gerichtete… Androhung oder Anwendung von Gewalt." Und Art. 2, 7 betont: „Aus dieser Charta kann eine Befugnis der VN zum Eingreifen in Angelegenheiten, die ihrem Wesen nach zur inneren Zuständigkeit eines Staates gehören, oder eine Verpflichtung der Mitglieder, solche Angelegenheiten einer Regelung aufgrund der Charta zu unterwerfen, nicht abgeleitet werden." Allerdings schränkt er abschließend ein: „Die Anwendung von Zwangsmaßnahmen nach Kap. VII wird durch diesen Grundsatz nicht berührt." Man sieht an diesen Passagen, die Charta ging von einem anderen Konfliktbild aus als es der Wirklichkeit des Jahres 2010 entspricht, wie sie in Teil III dieses Bandes näher betrachtet wird.

Kapitel VI der Charta behandelt „die friedliche Beilegung von Streitigkeiten". Dort geht Art. 33 davon aus, dass die Parteien sich zunächst selbst darum bemühen, ihren Konflikt durch Verhandlung, Untersuchung, Vermittlung, Vergleich, Schiedsspruch, gerichtliche Entscheidung, Inanspruchnahme regionaler Einrichtungen oder Abmachungen oder durch andere friedliche Mittel eigener Wahl zu regeln. Jeder Mitgliedstaat und auch Nicht-Mitgliedstaaten können einen Fall auch vor den Sicherheitsrat bringen, damit dieser ihn untersucht. Der Sicherheitsrat darf einen Fall auch von sich aus an sich ziehen und er kann in jedem Stadium nach Art. 36, 1 Verfahren und Methoden für die Beilegung empfehlen. Art. 38 erlaubt ihm, wenn die Streitparteien dies beantragen, auch Empfehlungen zur Streitbeilegung abzugeben.

2.2 *Das verflixte siebente Kapitel*

Kapitel VII ist den „Maßnahmen bei Bedrohung oder Bruch des Friedens und bei Angriffshandlungen" gewidmet. In solchen Fällen kann der Sicherheitsrat nach Art. 40 Empfehlungen abgeben oder vorläufige Maßnahmen ergreifen oder beschließen, welche Maßnahmen aufgrund der Artikel 41 und 42 zu treffen sind.

Nach Art. 41 hat der Sicherheitsrat die Möglichkeit, seinen Beschlüsse durch Zwangsmaßnahmen wie Wirtschaftssanktionen, Unterbrechungen des Eisenbahn-, See- und Luftverkehrs oder das Einfrieren von Vermögenswerten eines Landes im Ausland „Wirksamkeit zu verleihen", wobei es weder zur Androhung noch zur Anwendung von Waffengewalt kommen soll.

Sven Bernhard Gareis und Johannes Varwick bezeichnen in ihrem Lehrbuch zu den Vereinten Nationen die 1990er Jahre als „Jahrzehnt der Sanktionen". Während der Sicherheitsrat von der Gründung der UNO bis zum Jahre 1990 nur zwei Mal, gegenüber dem damaligen Süd-Rhodesien 1968–1979 und Südafrika 1977–1994, nicht-militärische Zwangsmaßnahmen verhängte, so tat er dies allein in dem folgenden Jahrzehnt dreizehn Mal. Dabei ging es im Irak, bei der Auflösung des ehemaligen Jugoslawien sowie im Falle Äthiopien vs. Eritrea um die Beendigung internationale Kriege, in drei weiteren Fällen (Angola, Liberia und Sierra Leone) um die von Bürgerkriegen, in Somalia und Haiti um die Verbesserung der humanitären Situation und in Libyen, Afghanistan und Sudan um die Bekämpfung des internationalen Terrorismus (vgl. (Gareis/Varwick 2002: 134). Ein Beispiel für das lange Ringen im Sicherheitsrat über Sanktionen, aber auch dafür, dass von einzelnen Mächten (USA 1979) oder Staatengruppen wie der Europäischen Union verhängte Maßnahmen relativ wirkungslos bleiben, sind die Auseinandersetzungen um das Embargo gegen Iran und seine Verschärfung, um die Islamische Republik davon abzubringen, nuklear aufzurüsten.[5]

Zur Wirksamkeit von Embargomaßnahmen nach Art. 41 UN-Charta

1. Ein Wirtschaftsembargo ist ein *politisches Druckmittel*, bei dem die internationale Gemeinschaft unterstellt, dass der davon betroffene Staat sich *rational* verhält und abwägt, ob die negativen Effekte der Sanktionen es wert sind, trotzdem die bisherige Politik beizubehalten, oder ob es für ihn nützlicher ist, sein internationales Verhalten oder sein Verhalten gegenüber nationalen Minderheiten zu verändern.
2. Es funktioniert nur dann, *wenn alle anderen Staaten sich daran halten*, so dass der davon betroffene Staat *keine Schlupflöcher* findet, um weiterhin z. B. Rohstoffe zu exportieren und Waren einzuführen.[6] Dementsprechend muss es *kontrolliert* werden können, was bei langen, unübersichtlichen Grenzen schwierig ist.

[5] Der Sicherheitsrat der Vereinten Nationen hat unter anderem in den Resolutionen 1737 (2006), 1803 (2008) und 1929 (2010) weit reichende Sanktionsmaßnahmen gegen Iran verhängt. Die Umsetzung der Resolutionsbestimmungen auf europäischer Ebene erfolgte in der unmittelbar geltenden Verordnung (EG) Nr. 423/2007 vom 19. April 2007. Die Bestimmungen wurden mehrfach geändert, zuletzt im Rahmen des Ratsbeschlusses 2010/413/GASP vom 26. Juli 2010.

[6] Aus diesem Grunde versuchen die USA, die gelegentlich als Einzelstaat gegen andere Länder wie Cuba, Iran oder Libyen Sanktionen verhängt haben, andere Staaten dadurch zu zwingen, sich an einem

3. Es kann nur dann wirken, wenn dieser Staat auf bestimmte Lieferungen aus dem Ausland angewiesen, also *nicht autark* ist, und wenn er auch darauf angewiesen ist, eigene Produkte ins Ausland zu verkaufen.
4. Selbst wenn alle Staaten „mitspielen“, *dauert es erfahrungsgemäß viele Monate, wenn nicht gar Jahre*, bis eine Situation eintritt, in der ein Zustand erreicht ist, in dem die Vorräte wichtiger Wirtschaftsgüter aufgebraucht sind und sich der fehlende Nachschub so bemerkbar macht, dass er für die politische oder wirtschaftliche Elite zu einem existenziellen Problem werden könnte. Daher ist ein Embargo ungeeignet, um z. B. zu bewirken, dass eine ethnische Minderheit nicht länger drangsaliert wird.
5. Ein Güter des alltäglichen Gebrauchs einschließendes Wirtschaftsembargo *trifft meist zuerst die Bevölkerung* und erst wesentlich später, wenn überhaupt, die herrschende Elite. Die Beeinträchtigung der Bürger ist in gewisser Weise sogar Bestandteil des Kalküls der internationalen Gemeinschaft, weil dadurch die Opposition in dem betroffenen Land gestärkt werden soll. Doch zum einen geht diese Rechnung in autoritären Staaten nicht auf, in denen Oppositionelle massiv unterdrückt werden. Zum anderen können solche Maßnahmen in der Weltöffentlichkeit auf herbe Kritik stoßen, wenn die mit dem Embargo belegte Regierung Bilder von darunter leidenden Kindern präsentieren kann.[7]
6. Was eher wirken kann, sind so genannte *smart sanctions* wie z. B. ein *Waffenembargo* oder das *Einfrieren von Auslandsvermögen* oder das *Unterbinden von Flugreisen wichtiger Personen* oder die *Weigerung, Frachtflugzeuge aus diesem Land abzufertigen und zu warten.*

Erst wenn Maßnahmen nach Art. 41 „unzulänglich sein würden oder sich als unzulänglich erwiesen haben“, ist es dem Sicherheitsrat *und nur ihm* erlaubt, auch solche Maßnahmen durchzuführen, welche „Demonstrationen, Blockaden und sonstige Einsätze der Luft-, See- oder Landstreitkräfte von Mitgliedern der Vereinten Nationen einschließen“ (Art. 42). Diese völkerrechtliche Kompetenzzuschreibung ist in Verbindung mit dem Gewaltverbot im zwischenstaatlichen Verhalten nach Art. 2, 4 konstitutiv für das Selbstverständnis der UNO als *System kollektiver Sicherheit.* In diesem Zusammenhang war ursprünglich daran gedacht worden, dass „alle Mitglieder“ Sonderabkommen mit dem Sicherheitsrat schließen, um ihm Streitkräfte zur Verfügung zu stellen (Art. 43). Doch trotz der in diesem Artikel enthaltenen

---

solchen Embargo zu beteiligen, dass sie ausländische Firmen, die mit den Staaten Handel treiben, gegen die sich das Embargo richtet, vom Handel mit den USA ausschließen.

[7] Dies war im Irak nach dem Zweiten Golfkrieg der Fall, weshalb die UNO 1995 das seit 1990 bestehende Embargo durch ein „Oil for Food“-Programm lockerte, das dem Irak erlaubte, Rohöl auf dem Weltmarkt zu verkaufen, um dafür über ein Treuhandkonto Lebensmittel und Medikamente zu erwerben. Das Programm endete 2003 mit dem Einmarsch der USA in den Irak.

allgemeinen Selbstverpflichtung gab es keine derartigen Sonderabkommen, was nicht zuletzt damit zusammenhängt, dass die Verfügung über die eigenen Streitkräfte als Kernbestand der nationalen Souveränität angesehen wird. Zwar wurde trotzdem der in Art. 47 vorgesehene Generalstabsausschuss gebildet, doch er blieb ein „kurioses“ Gremium ohne militärische oder politische Funktionen, das nicht einmal in die Lenkung von *Peace keeping Operationen* eingebunden wurde (Gareis/Varwick 2002: 103).

Diese – in der Öffentlichkeit als ein zentrales Element der UN-Tätigkeit angesehenen und meist als „Blauhelme“ bezeichneten – UN-Friedenstruppen und Beobachtermissionen waren weder in Kapitel VI noch in Kapitel VII oder an einer anderen Stelle der Charta vorgesehen, sondern wurden erstmals nach dem ersten israelisch-arabischen Krieg vom Sicherheitsrat mit dem Ziel installiert, den Waffenstillstand zu überwachen. Diese UNTSO genannte Truppe ist seit Juni 1948 im Einsatz. Blauhelmmissionen sollen keinen Zwang ausüben und werden deshalb manchmal als Maßnahmen nach Kap. VI ½ bezeichnet. Im klassischen Fall werden sie im Einverständnis mit den Konfliktparteien eingesetzt, was in der Redewendung „There is no peace keeping if there is no peace to keep“ (ebenda: 110) prägnant zum Ausdruck kommt. Auf die Peace keeping Missionen wird weiter unten noch näher eingegangen.

Aufgrund der übergroßen Schwierigkeiten Entscheidungen über kollektive Sicherheitsmaßnahmen herbeizuführen oder sie militärisch umzusetzen, soll jedoch zunächst danach gefragt werden, wie realistisch dieses Konzept der Sicherheitserzeugung ist.

2.3 Kollektive Sicherheit – eine Fiktion?

Der Begriff der „kollektiven Sicherheit“ stammt aus den dreißiger Jahren des 20. Jahrhunderts, auch wenn es Beispiele kollektiver Sicherheitsarrangements schon seit dem antiken Griechenland gibt.[8] Nach Daniel Frei ist darunter ein *nach innen* wirkender Sanktionsmechanismus zu verstehen: „Das Wesen der kollektiven Sicherheit […] liegt darin, dass dieses System zwar mit dem Krieg rechnet und auch bereit ist, gegen Widerspenstige […] einen *gerechten* Krieg zu führen. Aber man setzt dabei offenbar stillschweigend voraus, dass es gar nicht zu einem solchen Strafkrieg im Namen der Völkergemeinschaft kommen werde, sondern dass bereits die Aussicht auf einen solchen den potentiellen Rechtsbrecher *abschrecken* werde.“ (Frei 1970: 69 f.)[9]

---

[8] Vgl. zur historischen Perspektive Jaberg 1999: 29–41.

[9] Das Bundesverfassungsgericht hat in seiner Entscheidung über die Zulässigkeit von Auslandseinsätzen der Bundeswehr die in der Friedensforschung übliche strikte Trennung zwischen kol-

Durch das Zusammenspiel der Mitgliedstaaten sollen E. O. Czempiel zufolge jene traditionellen Strategien ersetzt werden, welche die Neuzeit beherrscht und in so viele Kriege geführt haben. Im Gedanken der kollektiven Sicherheit sieht Czempiel einen fundamentalen theoriegeschichtlichen Fortschritt (Czempiel 1994: 792), der allerdings einen „Konstruktionsfehler“ habe: „Das Prinzip kann nur funktionieren, wenn es nicht gebraucht wird; wird es gebraucht, funktioniert es nicht. Kollektive Sicherheit beruht auf einem Mythos.“ (Ebenda: 795) Milder ausgedrückt, soweit und solange ein potentieller Friedensbrecher an das Funktionieren des in der UN-Charta beschriebenen Systems kollektiver Sicherheit (SKS) glaubt, lässt er sich von ihm abschrecken. Sobald er aber das System herausfordert, zeigt sich – wenigstens bisher –, dass der Sicherheitsrat keine Strafexpedition auf den Weg schicken kann, weil ihm keine Truppen zur Verfügung stehen. Denn obwohl – wie erwähnt – alle Mitglieder sich nach Art. 43 zu Sonderabkommen mit dem Sicherheitsrat verpflichtet haben, in denen sie ihm „auf sein Ersuchen Streitkräfte zur Verfügung stellen“, ist *nicht ein* Staat dem seit 1945 nachgekommen. Deshalb stand der Sicherheitsrat, wann immer es angebracht gewesen wäre, Art. 42 anzuwenden, vor der Frage, woher er denn die Bataillone nehmen sollte, die er gebraucht hätte.

Nach dem Versagen der UNO in Ruanda 1994 wurde ein UN Standby-Arrangement-System (UNSAS) aufgebaut, in dessen Rahmen die daran beteiligten 114 Mitgliedstaaten (Stand Mai 2009) dem Generalsekretär militärische und zivile Mittel und Fähigkeiten anzeigen, die sie den Vereinten Nationen für friedenserhaltende Maßnahmen „auf Anforderung und nach nationaler Zustimmung im konkreten Einzelfall bereitstellen wollen“ (Auswärtiges Amt 2010). Auf diese Weise sollte zwar die Verfügbarkeit von Friedenstruppen beschleunigt werden, aber zum einen wird dieser Prozess durch das Erfordernis der nationalen Zustimmung im Einzelfall wieder entschleunigt und zum anderen geht es nur um solche Einsätze, die den klassischen Vorstellungen des peace keeping entsprechen und keine Maßnahmen kollektiver Sicherheit, in denen es darauf ankommt, dass schnell eingegriffen wird.

Insofern hat sich der Missstand bei der Truppenbeschaffung durch das Stand-by-Arrangement-System nicht wesentlich verändert.[10] Er lässt die Rede vom „Ge-

lektiver Sicherheit und *nach außen* gerichteter kollektiver Verteidigung verwischt und erklärt, es sei „unerheblich“. ob „das System dabei ausschließlich oder vornehmlich unter den Mitgliedstaaten Frieden garantieren oder bei Angriffen von außen zum kollektiven Beistand verpflichten soll. … Auch Bündnisse kollektiver Selbstverteidigung können somit Systeme gegenseitiger kollektiver Sicherheit im Sinne des Art. 24 Abs. 2 GG sein, wenn und soweit sie strikt auf die Friedenswahrung verpflichtet sind.“ (BVerfGE 90 (1994): 349)

[10] Eine rühmliche, aber zeitlich begrenzte Ausnahme bildete SHIRBRIG, eine auf eine dänische Initiative zurückgehende multinationale Brigade von 4.000 Soldaten, an der zwischen Ende 1996 und Mitte 2009 Truppenkontingente zunächst aus den Niederlanden, Kanada, Norwegen, Österreich,

waltmonopol" der Vereinten Nationen als wirklichkeitsfremd erscheinen. In der Praxis der UNO trugen die Rekrutierungsschwierigkeiten mit dazu bei, dass die in Art. 42 genannten Instrumente nie angewandt wurden, obwohl es immer wieder zu Friedensbrüchen kam. Ein noch stärkeres Hindernis stellte freilich die bis zum Ende des Ost-West-Konfliktes 1989 gängige Übung der Ständigen Mitglieder des Sicherheitsrates dar, immer dann von ihrem Vetorecht Gebrauch zu machen und damit Entscheidungen zu blockieren, wenn es um Konflikte ging, in die sie selbst oder wichtige Verbündete (z. B. Israel aus der Sicht der USA) involviert waren. Nach dem Ende des Kalten Krieges sah es nur kurze Zeit so aus als werde die UNO endlich handlungsfähig. Doch die Eigeninteressen insbesondere der USA, Russlands und Chinas belasteten immer wieder einmal und erschweren weiterhin die Entscheidungsfindung im Sicherheitsrat.

Liegt es wirklich nur an einem Konstruktionsfehler der UNO, dass sie als System kollektiver Sicherheit keine Erfolge aufweisen kann? Czempiel zufolge wäre dieser Fehler, dass die Weltorganisation insgesamt dem Modell des Staatenbundes mit wechselseitigen Besitzstandsgarantien (Art. 1 und 2) entspricht, während der Sicherheitsrat nach dem Modell des europäischen Mächtekonzerts strukturiert ist. Oder *kann* kollektive Sicherheit auf globaler Ebene aufgrund der *unterschiedlichen Machtverteilung* zwischen den Staaten nur dann funktionieren, wenn sie sich gegen Aggressoren richtet, die relativ schwach sind und keine starken Freunde haben?

Um dies zu beurteilen, ist nach den Normen und Regeln zu fragen, die einem SKS satzungsmäßig vorzugeben wären, um wenigstens eine Minimaleffizienz zu gewährleisten. Erwin Müller hat dies anhand früherer Versuche, solche Systeme zu installieren, untersucht. Sie scheiterten durchgängig an der Frage nach möglichst vorbehaltloser militärischer Beistandsleistung für das Opfer eines Angriffs. „Man könnte sagen, dass kollektive Sicherheit schon deshalb eine Chimäre sei, weil sie ihren Kardinal- und Gründungszweck nicht zu erfüllen imstande ist." (Müller 1990/91: 93)

Müller fragt, ob dafür *objektive* Gründe wie die Überlegenheit des Aggressors, die jede Aktion von vornherein aussichtslos machen müssten, oder *subjektive* Gründe der Beistandsunwilligkeit entscheidend waren und wie beiden begegnet werden könnte (vgl. ebenda: 97).

Die objektiven Hindernisse zu überwinden, hält er für eine Frage der Satzung und der Ausstattung des SKS mit Machtmitteln. Die Systemloyalität der Staaten

---

Polen und Schweden und später weiteren sieben Ländern beteiligt waren, die an insgesamt fünf Einsätzen auf dem afrikanischen Kontinent teilnahmen. Die Auflösung von SHIRBRIG nach 12 erfolgreichen Jahren wurde letztlich „damit begründet, dass durch andere Optionen (EU Battlegroup-Konzept, NATO Response Forces), gleichzeitig mit einer Reduzierung der Truppenstärke in allen Mitgliedstaaten die Nationen nicht mehr in der Lage waren und sind, den SHIRBRIG Force Pool mit Truppenkontingenten und Ausrüstung zu befüllen" (Rosenzopf 2009).

hänge hingegen davon ab, wie sehr „sie ihm die Garantie ihrer Sicherheit zutrauen und damit auch gewillt sind, den Preis oder die Prämie für diese Systemleistungen zu zahlen“ (ebenda). Zum einen müsse die formal *zugesagte* Systemleistung *hinlänglich* sein, d. h. alle relevanten Sicherheitsbedürfnisse abdecken, sonst werden sicherheitspolitische Alternativen gesucht. Zum anderen müsse das System auch *imstande* sein, die zugesagten Sicherheitsleistungen zu *erbringen*, nicht zuletzt durch die Beistandsakte seiner Teilnehmer (vgl. ebenda).

Ein SKS sei darum materiell so auszustatten, dass von seinen *Merkmalen* auf seine *Erfolgschancen* geschlossen werden könne. „Das SKS muss alle vitalen Sicherheitsinteressen der Beteiligten normativ abdecken und materiell zu ihrer Gewährleistung im Stande sein. Es kann je nach Lage aber nicht *alles* garantieren und *darf es dann auch nicht tun*, denn psychologisch gilt, dass einem System trotz oftmaligem Funktionieren das Vertrauen entzogen wird, wenn es auch nur *einmal* versagt.“ (Ebenda: 98 f.) Es könne folglich nichts versprechen, „was es nicht halten kann, etwa die Sicherung gegen eine Macht, die stärker ist als die Systemstaaten zusammen, oder gegen einen Staat, den die Systemmitglieder im Sinne der Machtprojektion militärisch gar nicht erreichen können.“ (Ebenda: 99) Daher stellt sich mit Blick auf die Staatenwelt, wie sie sich seit 1945 entwickelt hat, vor allem die Frage, ob ein SKS gegenüber einem Friedensbrecher funktionieren kann, der über *Nuklearwaffen* verfügt.

Die Gründung der Vereinten Nationen am 26. Juni 1945 fand sechs Wochen vor der Zündung der ersten Atombombe über Hiroshima statt. Damals war noch nicht absehbar, dass nur wenige Jahrzehnte später alle fünf Ständigen Mitglieder des Sicherheitsrates Atommächte sein würden. Die weiter unten noch zu betrachtende Geschichte des Nuklearen Nichtverbreitungsvertrages (NVV) zeigt aber, dass sie diesen privilegierten Status nicht aufgeben wollen. Aufgrund dessen wäre jedes von ihnen auch ohne Vetomacht nur dann in ein SKS zu integrieren, wenn es bereit wäre, auf die *konventionelle* Aggression einer anderen Atommacht *notfalls* mit der Eskalation bis zum Atomschlag zu antworten. Dagegen steht jedoch die *Selbstabschreckung*.[11] Dies erlaubt den Schluss, dass unilaterale konventionelle Militärinterventionen von Atommächten von der UNO nicht sanktioniert werden können.[12] Das betrifft nicht nur die fünf „offiziellen“ Atommächte USA, Russland, China, Großbritannien und Frankreich, sondern auch die inoffiziellen Israel, Indien, Pakistan und neuerdings Nordkorea. Israel könnte längst nicht so ungehindert

---

[11] Diese besteht innerhalb der atomaren Logik in der Erwartung, dass die gegnerische Atommacht, wenn ihr nukleares Potenzial nicht sofort vernichtet würde, ihrerseits einen vernichtenden Atomschlag auf den Angreifer führen könnte, so dass für ihn es sicherer ist, nicht zu dieser Waffe zu greifen.

[12] So scharf wie der Verfasser (vgl. Meyer 2001: 362) urteilt Sabine Jaberg nicht, auch wenn sie einräumt, dass der Besitz von Nuklearwaffen „ein großes Problem für kollektive Sicherheit (sei), denn Sanktionen dürfen ein Maß nicht überschreiten, das den Besitzerstaat zum Einsatz seines Massenvernichtungspotenzials drängt.“ (Jaberg 1999: 50)

seine Besatzungspolitik fortsetzen, wenn es keine Atommacht wäre. Indien und Pakistan werden hinsichtlich des Kaschmirkonflikts vom Sicherheitsrat anders behandelt, als man dies mit anderen Mächten täte, die sich um ein Gebiet streiten. Wie behutsam mit Nordkorea umgegangen wird, seitdem es sich dazu bekannt hat, über Atomwaffen zu verfügen, belegt dies ebenfalls.

2.4 *Zum Wandel des Sicherheitsverständnisses von der nationalen zur Bündnis- und zur „Gemeinsamen Sicherheit"*

Der Begriff der Sicherheit erfuhr im Kontext der internationalen Beziehungen seit 1945 einen mehrfachen Wandel und wurde dabei inhaltlich ausgedehnt. Anders als in dem Selbstverständnis der UNO als System kollektiver Sicherheit bedeutete der Begriff für die einzelnen Staaten zunächst einmal Schutz der eigenen Existenz vor äußeren Bedrohungen (nationale Sicherheit). Eine Reihe westeuropäischer Staaten fürchtete schon bald nach dem Zweiten Weltkrieg, die Sowjetunion unter Stalin könnte versucht sein, ihren Herrschaftsbereich weiter nach Westen auszudehnen. Da sie annahmen, gegenüber dieser Gefahr ihre Sicherheit nicht jeder für sich gewährleisten zu können, suchten sie einerseits in einem Bündnis untereinander (Brüsseler Pakt, später WEU) und andererseits gemeinsam mit den USA und Kanada (NATO) eine Schutz- und Trutzgemeinschaft (vgl. Kaplan 2010: 21 ff.). Die NATO entwickelte in der Folgezeit zwei unterschiedliche Strategien, um Sicherheit zu erreichen: die *Massive Vergeltung* durch atomare Vernichtungsschläge (von 1957 bis 1967) und die *Flexible Reaktion* ab 1967. Letztere ergänzte den Willen gegebenenfalls Atomwaffen einzusetzen um die Bereitschaft zur politischen Entspannung nach der Harmel-Formel „Verteidigung + Entspannung = Sicherheit".

Dieser Erweiterung des Sicherheitsbegriffs war es zu verdanken, dass 1972 erstmals die *Konferenz über Sicherheit und Zusammenarbeit in Europa* (KSZE) nach Helsinki einberufen werden konnte. Ihr Verhandlungsprinzip des „blockübergreifenden Multilateralismus" wurde von einem bescheideneren Anspruch als der kollektiven Sicherheit getragen, nämlich der später von Olof Palme so genannten *„Gemeinsamen Sicherheit"*. (Palme-Bericht 1982) Dem deutschen Mitglied der Palme-Kommission Egon Bahr zufolge lag dem Konzept der „gemeinsamen Sicherheit" das Bewusstsein zugrunde, „dass der potentielle Gegner der unentbehrliche Partner geworden ist. Die Sicherheit des potentiellen Gegners ist meine eigene und umgekehrt. Beide Seiten werden nur gemeinsam überleben oder gemeinsam untergehen." (Bahr 1983: 568)

Erst nachdem es mit Unterstützung der KSZE gelungen war, dieses Bewusstsein unter den Regierungen aller europäischen[13] und nordamerikanischen Staaten zu kultivieren, war es möglich, den Ost-West-Konflikt zu beenden. Danach nahm die Institutionalisierung der KSZE bis hin zur Organisation für Sicherheit und Zusammenarbeit in Europa (OSZE) Fahrt auf. Dabei erhielt der Gedanke der gemeinsamen Sicherheit in der Charta von Paris vom 21. November 1990 einen neuen, kooperativen Sinn: „Sicherheit ist unteilbar, und die Sicherheit jedes Teilnehmerstaates ist untrennbar mit der aller anderen verbunden. Wir verpflichten uns daher, bei der Festigung von Vertrauen und Sicherheit untereinander sowie bei der Förderung der Rüstungskontrolle und Abrüstung zusammenzuarbeiten." Die KSZE erklärte sich auf ihrem Folgetreffen von Helsinki 1992 zu einer „regionalen Abmachung" der UNO im Sinne des Kapitels VIII der UN-Charta. Da sie sich mit dieser Entschließung darauf beschränken wollte, „friedenserhaltende Operationen" durchzuführen, ließ sie ausdrücklich „die Rechte und Verantwortlichkeiten des Sicherheitsrates … in ihrer Gesamtheit unberührt". Insofern wies dieser Beschluss der KSZE zwar den Weg in Richtung auf ein kollektives Sicherheitssystem, doch sie betrat ihn nicht.

2.5 Missionen zwischen kollektiver Selbstverteidigung und „Privatisierung" des Gewaltmonopols

Im August 1990 ermächtigte der Sicherheitsrat eine von den USA geführte Allianz dazu, eine Aktion zur militärischen Befreiung des vom Irak besetzten Kuwaits vorzubereiten. Dies war nicht der erste Fall dieser Art. Etwas Vergleichbares hatte es schon 1950 mit Blick auf den Koreakrieg gegeben, als die Generalversammlung angesichts der Handlungsunfähigkeit des Sicherheitsrates in der „Uniting for peace"-Resolution V/377 mit 52 zu 5 Stimmen eine von den USA geführte internationale Streitmacht dazu ermächtigte, Südkorea gegen Nordkorea zu Hilfe zu kommen – dann aber 40 Jahre lang nicht mehr. Seither blieb es kein Einzelfall, vielmehr kam es nach dem Zweiten Golfkrieg noch mehrfach zu derartigen pauschalen Ermächtigungen, so für Russland in Georgien (1992), für Frankreich in Ruanda (1994), für die NATO zur Durchsetzung des Friedensabkommens von Dayton für Bosnien und Herzegowina (1995) und für die USA in Somalia (UNOSOM II, 1993), in Haiti (1993) und nach dem 11. September 2001 in Afghanistan.

Auf den ersten Blick lassen sich solche Aufgabenübertragungen aufgrund der niemals eingelösten Selbstverpflichtungen nach Art. 43 aus der militärischen Handlungsunfähigkeit des Sicherheitsrates erklären. Außerdem verschafft Kapitel VIII

[13] Außer dem damals an der Volksrepublik China orientierten Albanien, das als einziger europäischer Staat der KSZE fernblieb.

der UN-Charta, das regionalen Abmachungen gewidmet ist, der Kooperation mit *Regionalorganisationen* eine Rechtsgrundlage. Dabei spricht Art. 53, 1, Satz 1 allerdings von deren *Inanspruchnahme* durch den Sicherheitsrat. In Satz 2 folgt sogar das Verbot, ohne Ermächtigung des Sicherheitsrats Zwangsmaßnahmen auf Grund regionaler Abmachungen oder seitens regionaler Einrichtungen zu ergreifen. Dieses lässt sich als Schranke gegen eigenmächtiges Eingreifen durch Einzelstaaten oder „coalitions of the willing" interpretieren.

Doch die Golfkriegsallianz von 1990/91 berief sich nicht auf Art. 53. Vielmehr beanspruchte sie Art. 51 als Handlungsgrundlage, demzufolge „im Falle eines bewaffneten Angriffs gegen ein Mitglied … das naturgegebene Recht zur individuellen oder kollektiven Selbstverteidigung" nicht durch die anderen Regeln der Charta beeinträchtigt wird. Allerdings heißt es dort weiter, und das ist wichtig, dies gelte solange, *„bis der Sicherheitsrat die zur Wahrung des Weltfriedens und der internationalen Sicherheit erforderlichen Maßnahmen getroffen hat"*.

Aufgrund dieser Einschränkung bleibt im Rückblick auf den zweiten Golfkrieg ein bitterer Nachgeschmack: Zwischen dem 9. August 1990, als der Sicherheitsrat seine erste Resolution zur Annexion Kuwaits beschloss, und dem 15. Januar 1991, als das Ultimatum endete, hätte genügend Zeit bestanden, um die Truppenkontingente der Mächte, die sich zu der damaligen Anti-Saddam-Hussein-Koalition zusammenfanden, über Sonderabkommen nach Art. 43 dem Sicherheitsrat zu unterstellen. Dies wurde jedoch gar nicht erst versucht. Denn damals wie auch in anderen Fällen ist die USA nicht Willens, Teile ihrer Truppen einem nichtamerikanischen Oberbefehlshaber anzuvertrauen. Auch deshalb greifen sie zum Ausweg nach Art. 51, obwohl sie vom Sicherheitsrat geführte Einsätze, sobald sie ihnen nicht mehr genehm wären, leicht mit ihrem Veto stoppen könnte. Somit besteht bei fortwährender Anwendung dieses Artikels, der als eine Interimsregelung gedacht war, die Gefahr, das auf die Einzelstaaten gemünzte Gewaltverbot zu unterhöhlen und damit der kollektiven Selbstverteidigung in der Praxis den Platz zukommen zu lassen, den die UNO-Charta der gegenseitigen kollektiven Sicherheit einräumen wollte.

In der Instrumentalisierung der UNO insbesondere durch die Vetomächte des Sicherheitsrates sehen einige Autoren ein „privates (Gewalt-) Monopol" (Rittberger/Mogler/Zangl 1997: 25 ff.). Die Privatisierung bestehe darin, Zwangsmaßnahmen an Allianzen oder an Hegemonialmächte zu delegieren, die weniger als Sachwalter des Weltfriedens denn aus eigenem Interesse bereit sind, diese zu exekutieren.[14] In dieser Weise lässt sich auch der von den Vereinten Nationen legi-

[14] Vor dem Hintergrund der Schwierigkeiten des Sicherheitsrates, von den Mitgliedstaaten genügend Soldaten für Peace keeping Einsätze zu erhalten, wird seit den 1990er Jahren über eine andere Art der Privatisierung diskutiert, bei der es um die Möglichkeit geht, diese Aufgaben an private Sicherheitsdienstleister zu delegieren (vgl. Varwick 2004: 44).

timierte Beginn des ab Herbst 2001 von den Vereinigten Staaten geführten „Global War on Terror“ interpretieren. Allerdings spielte Art. 51 in der US-amerikanischen Argumentation eine zentrale Rolle, denn Präsident George W. Bush nahm für die USA das Recht in Anspruch, sich rund um den Globus zu verteidigen und erwartete dafür die Solidarität der Staatenwelt. Unmittelbar nach dem 11. September 2001 erhielt er diese von einer durch die Bilder der in New York zusammenstürzenden Twin Towers geschockten Weltöffentlichkeit problemlos.

Als die US-Administration hingegen im Sommer 2002 mit der Vorbereitung des Dritten Golfkriegs begann, versuchte Außenminister Colin Powell den Sicherheitsrat einzubinden. Dieser verabschiedete am 8. November 2002 zwar noch die Resolution 1441, die u. a. den Irak aufforderte, den Waffeninspekteuren der Internationalen Atomorganisation (IAEO) uneingeschränkte Kontrollmöglichkeiten im Lande zu gewähren. Dies sollte „aus Washingtoner Sicht den Irak in eine ausweglose Situation bringen: gestand man den Besitz verbotener Waffen ein, wäre dies ein Kriegsgrund. Tat man es nicht, war dies umso schlimmer: dann war Krieg gerechtfertigt, weil der Irak sie verschwieg. Eine Option, die Bush-Administration im Rahmen der Resolution zufrieden zu stellen, gab es deshalb für den Irak nicht und sollte es auch nicht geben.“ (Hippler 2003: 93) Nachdem Bagdad jedoch begann, die Resolution 1441 umzusetzen und alle Forderungen der IAEO-Inspektoren zu erfüllen, schmolz die Legitimationsbasis für einen Krieg dahin. Washington setzte daraufhin den Sicherheitsrat, seine Mitglieder und die IAEO-Inspektoren massiv unter Druck und zog alle Register der Einflussnahme einschließlich der Vergabe nichtrückzahlbarer Finanzhilfen und der Neuauflage der Verdächtigung Saddam Husseins mit Al Qaida zusammen zu arbeiten, was die Notwendigkeit einer Verteidigung im Rahmen des „Global War on Terror“ rechtfertigen sollte (ebenda: 94 ff.). Doch der Sicherheitsrat versagte die Zustimmung zum Krieg. Präsident George W. Bush hatte für diesen Fall schon vorgebeugt und im Oktober 2002 vom US-Kongress eine Blankovollmacht dafür bekommen, diesen gegebenenfalls auch unilateral führen zu können. Dabei hatte er deutlich gemacht: „Wenn wir handeln müssen, werden wir handeln. Und dazu brauchen wir wirklich nicht die Zustimmung der Vereinten Nationen.“ (zit. bei Hippler 2003: 93)

Darfur

Einige Konflikte sind offenbar für das eine oder andere Ständige Mitglied nicht von so vitalem Interesse, dass sie sich selbst oder eine von ihnen geleitete Koalition der Willigen dort engagieren wollen. In diesen Fällen spart der Sicherheitsrat zwar nicht mit wohlklingenden Ermahnungen an die Parteien. Aber er entscheidet sich entweder nicht dafür, Peace keeping Truppen aufzustellen oder ihre Entsendung verzögert sich übermäßig lange. Ein erschütterndes Beispiel dafür ist der Umgang mit den Konflikten im Sudan, insbesondere dem dort seit Februar 2003 ausgetragenen Bürgerkrieg in der westlichen Provinz Darfur, in dem bis 2010 mindestens 300.000 Menschen ums Leben kamen und über 2,5 Millionen fliehen mussten.

Nach langem Ringen schickte der Sicherheitsrat mit seiner Resolution 1590 vom 24. März 2005 die Mission UNMIS in den Sudan. Sie sollte mit 10.000 Soldaten allerdings nur den am 9. Januar in Nairobi geschlossenen Friedensvertrag zwischen den Konfliktparteien im Südsudan absichern und dort humanitäre Hilfe leisten. Hingegen war es im Mandat nicht vorgesehen, die Menschen in Darfur vor ihren blutrünstigen Häschern schützen. Dies blieb den dort schon eingesetzten Truppen der Afrikanischen Union (AU) vorbehalten, welche UNMIS nur logistisch unterstützen sollte.

Der 7.000 Mann umfassenden AU-Friedenstruppe gelang es jedoch nicht allein, die Lage in Darfur zu stabilisieren. Nachdem die an der Ausbeutung der reichen sudanesischen Ölvorkommen beteiligte VR China Anfang 2007 ihre Blockadehaltung gegen eine Entsendung einer UN-Mission aufgegeben und auch die sudanesische Regierung am 16. April 2007 endlich einer Verstärkung der AU-Friedenstruppe durch 20.000 Blauhelmsoldaten und 6.500 Polizisten (UNAMID) zugestimmt hatte, wurde deren Einsatz in der Resolution 1769 vom 31. Juli 2007 auf Anfang 2008 terminiert. Ihr Aufwuchs ging jedoch so langsam vonstatten, dass selbst am 30. April 2010 erst 22.000 der rund 26.000 Soldaten und Polizisten im Einsatz waren (vgl. Deutscher Bundestag 2010: 3).

2.6 „Robustes Peace keeping" und „humanitäre Interventionen"

Während des Kalten Krieges war der Sicherheitsrat in Fragen der *Friedenserzwingung* aufgrund des gegenseitigen Vetos der Supermächte blockiert. Allerdings verständigte er sich in einer Reihe von Fällen auf *friedenserhaltende* Operationen, für die sich nach 1956 der Begriff der *Blauhelm-Missionen* eingebürgert hat. Sie haben durch ihr im großen und ganzen Gewalt verhinderndes oder sie wenigstens minderndes Auftreten zur Absicherung von Waffenstillständen, als militärische Beobachter und nicht-militärische Beobachtermissionen eine weithin unwidersprochene Legitimation erfahren, so dass sie 1988 unter allgemeinem Beifall mit dem Friedensnobelpreis geehrt wurden.

In den 1990er Jahren änderte sich das Bild dieser Einsätze stark. Bis dahin wurden sie *nach einem Waffenstillstand* im Konsens mit den Konfliktparteien aufgestellt, waren für sie Neutralität, offenes Auftreten und höchstens eine leichte Bewaffnung zur Selbstverteidigung selbstverständlich. Infolge der Aufhebung der Blockade des Sicherheitsrates erhöhte sich die Zahl der Einsätze und der beteiligten Soldaten dramatisch bis zu einem ersten Höchststand von 77.783 Personen im Dezember 1994. Zugleich änderten sich die Einsatzbedingungen, ohne dass dem schon durch eine Ausweitung der Mandate Rechnung getragen wurde. So gerieten die Blauhelme nicht nur in die Schusslinien der Konfliktparteien, sondern auch in die der öffentlichen Kritik, nachdem sie im ehemaligen Jugoslawien (UNPROFOR) und in Somalia (UNOSOM II) in Gebieten eingesetzt wurden, in denen keine Waffenruhe herrschte und sie aufgrund einer zu „diffusen Aufgabenzuweisung“ (Braun/Topan 1998: 9) Massaker wie das von Srebrenica im Juli 1995 nicht verhindern konnten.

Um gegen grobe Menschenrechtsverletzungen bis hin zum Völkermord mit bewaffneten „humanitären Interventionen“[15] vorgehen zu können, musste der Sicherheitsrat einen Weg finden, wie sich das aus der Souveränität der Mitgliedstaaten abgeleitete Interventionsverbot umgehen ließ. Als Weichenstellung hierfür gilt die Resolution 688/1991 zur Situation der im Nordirak vertriebenen Kurden. In ihr heißt es, die dortigen Menschenrechtsverletzungen führten zu einem starken Flüchtlingsstrom in Richtung auf internationale Grenzen und über diese hinweg und bedrohten damit den internationalen Frieden. Dieses Argument eröffnete dem Sicherheitsrat die Möglichkeit, ein „robustes“ oder „erweitertes“ Peace keeping Mandat auszusprechen.

Das völkerrechtliche wie das praktische Problem besteht allerdings darin, derartige Blauhelm-Einsätze so zu mandatieren, dass sie als Maßnahmen im Rahmen des Kapitels VII und nicht nur des Kapitels VI der UN-Charta auf den Weg gebracht und dann auch mit geeigneten personellen wie technischen Mitteln zu ihrer bewaffneten Durchsetzung ausgestattet werden, so dass die Blauhelme nicht nur ihr eigenes Leben schützen, sondern auch die Erfüllung ihres humanitären Auftrages durchsetzen können, ohne dabei Kriegspartei zu werden. Die Vereinten Nationen versuchen also, „trotz eventueller Kampfhandlungen im Prinzip in der Rolle des *neutralen Dritten* und *Vermittlers* zwischen den Konfliktparteien“ zu bleiben (Kühne 1993: 55). Der eventuell notwendige selektive Einsatz militärischer Gewalt dürfe nicht mit Kampfeinsätzen im Rahmen traditioneller Kriegführung gleichgesetzt werden, schreibt Winrich Kühne, „weder was die Einsatzform noch was ihre Dynamik betrifft! Nicht Sieg ist ihr Ziel, sondern die Aufrechterhaltung des Friedens- und Verhandlungsprozesses und der dafür notwendigen Voraussetzungen.“ (Ebenda: 56) „Zweifellos verlangt der Verzicht auf Sieg und Vernichtung eine beträchtliche mentale Umstellung der üblicherweise auf diese Ziele ausgebildeten Offiziere und Soldaten. Diese Umstellung gelang bei den traditionellen Blauhelmeinsätzen. Sie sollte auch im Hinblick auf das robuste Peace keeping möglich sein.“ (Ebenda: 57)

Zu den politischen Risiken solcher Einsätze gehört, dass dadurch die Vermittlerrolle der UNO, für die bisher Un- oder Allparteilichkeit unabdingbar war, wenigstens von einer Konfliktpartei infrage gestellt wird. Außerdem verändern

---

[15] Dazu mehr in dem ergänzenden Text auf S. 573 ff.

sich die Einsatzbedingungen: Die Truppenkontingente müssen größer und stärker bewaffnet sein und sind dadurch eher der Gefahr ausgesetzt, selbst angegriffen oder als Geiseln genommen zu werden. Darüber hinaus besteht bei robusten Mandaten die Gefahr der Eskalation und für die entsendenden Nationen die Notwendigkeit, Truppen zum Nachschieben bereitzuhalten. Um verschiedenen Risiken einzugrenzen, muss der Sicherheitsrat deshalb die Mandate völkerrechtlich klar verankern und den politischen Auftrag wie den militärischen Durchführungsmodus inhaltlich überzeugend formulieren (vgl. Kühne 1993: 58).

Da sich bei solchen Einsätzen auch das persönliche Risiko für die Blauhelm-Soldaten erhöht, selbst in Gefahr oder ums Leben zu kommen, sank in vielen Staaten die Bereitschaft, für solche schwierigen Missionen Personal zur Verfügung zu stellen (vgl. Gareis/Varwick 2002: 125). Dementsprechend nahmen in der zweiten Hälfte der 1990er Jahre die Zahl der Missionen und ihr Kräfteumfang ab. Beides stieg allerdings nach der Jahrtausendwende erneut an.[16]

2.7 „Menschliche Sicherheit" und „Verantwortung zum Schutz"

Mit dem „Bericht über menschliche Entwicklung 1994" des Entwicklungsprogramms der Vereinten Nationen (UNDP) wurde der Öffentlichkeit ein neuer Begriff präsentiert: „Menschliche Sicherheit" *(„human security")* (UNDP 1994). Er fordert einen Paradigmenwechsel für die (internationale) Politik ein, indem er das *menschliche Individuum und seine Grundbedürfnisse* in den Mittelpunkt der Sicherheitsbemühungen stellte. Dem Bericht zufolge beinhaltet Menschliche Sicherheit gleichermaßen „die Absicherung gegen chronische Bedrohungen wie Hunger, Krankheiten und Unterdrückung (*freedom form fear* – Freiheit von Angst)" wie den „Schutz vor plötzlichen und schmerzlichen Zerrüttungen des täglichen Lebens (*fredom from want* – Freiheit von Not)". (Ulbert/Werthes 2008: 15) Dabei benennt er sieben politische Herausforderungen, die von der nationalen oder, wenn dies nicht getan wird oder keinen Erfolg zeitigt, der internationalen Politik gemeistert werden sollen:

- „ökonomische Sicherheit, sprich die Notwendigkeit eines Grundeinkommens als produktiver und einträglicher Arbeit,
- Ernährungssicherheit, die bedeutet, dass jeder Mensch zu jeder Zeit die Sicherheit einer Grundversorgung genießt,

[16] Die UNO unterhielt 2009 (Stand: November) 17 Friedensmissionen, davon zwei politische in Afghanistan und Burundi. Für die Einsätze stellten die Mitgliedsländer 80.223 Soldaten, 2.337 Militärbeobachter, 10.921 Polizisten und 5.875 internationale Zivilexperten. (Brockhaus Enzyklopädie Jahrbuch 2009: 357)

- gesundheitliche Sicherheit insbesondere auch für die Armen dieser Welt,
- Umweltsicherheit, also eine gesunde physische Umwelt,
- persönliche Sicherheit mit dem Ziel, die Bedrohungen durch gewaltsame Kriminalität zu minimieren,
- Sicherheit der Gemeinschaft, die die freie Zugehörigkeit zu Gruppen erlaubt (vorausgesetzt, dass die sozialen Normen und die Handlugen der Gruppen nicht das Leben anderer Menschen bedrohen), und
- politische Sicherheit, das heißt die Möglichkeit, in einer Gesellschaft zu leben, welche die fundamentalen Menschenrechte akzeptiert und gewährt." (Ebenda: 16)

Ausgangspunkt dieses umfangreichen Katalogs war die Erkenntnis, „dass ökonomische Entwicklung, Stabilität und Frieden in Entwicklungsländern oder fragilen Staaten nicht nachhaltig sein kann, solange nicht die Menschen ihr (Über-) Leben als gesichert ansehen. Entwicklung und Frieden bedingen sich demnach gegenseitig." (Ebenda) Obwohl diese Argumentation breiten Zuspruch erhielt, fand das Konzept auch ein kritisches Echo dahingehend, „dass es definitorisch unscharf sei und letztlich alle Bereiche menschlichen Lebens ‚versicherheitliche'. Entwicklungspolitik oder auch Menschenrechtspolitik sei so nicht mehr von Sicherheitspolitik zu unterscheiden." (Ebenda: 17)

Dass sich gerade das Entwicklungsprogramm der UNO zum Vorreiter dieses Ansatzes machte, war keineswegs abwegig, denn die in der UN-Charta nicht direkt erwähnte Entwicklungspolitik gehört zu deren Kap. IX, das der internationalen Zusammenarbeit auf wirtschaftlichem und sozialem Gebiet gewidmet ist, und dort heißt es in Art 55 auch, die Vereinten Nationen fördern die „allgemeine Achtung und Verwirklichung der Menschenrechte und Grundfreiheiten".

Um die politische Implementierung des Konzepts der „menschlichen Sicherheit" bemühen sich vor allem zwei Staatengruppen, die dabei unterschiedliche Schwerpunkte setzen. Zum einen ein Zusammenschluss unter kanadischer Führung, der über die *International Commission on Intervention and State Sovereignty (ICISS)* sich auf die Themenfelder im Bereich der Freiheit von Angst konzentriert und vor allem den Schutz vor direkter Gewalt betont. Zum anderen ein weiter gefasstes Verständnis, das von Japan und der *Commission on Human Security* vertreten wird, und alle Aspekte, welche ein menschenwürdiges Leben gefährden können, als Themenfelder menschlicher Sicherheit betrachtet und dabei noch über das Ursprungskonzept von UNDP hinausgeht (vgl. ebenda: 17).

Vor dem Hintergrund gegensätzlicher Erfahrungen in Ruanda (ausbleibende Intervention trotz Völkermord) und dem Kosovo (Intervention ohne UN-Mandat, siehe Kasten) forderte UN-Generalsekretär Kofi Annan 1999 „die Mitgliedstaaten nachdrücklich auf, einen neuen Konsens zwischen den konkurrierenden Visionen der Souveränität von Staaten und Völkern – als Ausdruck (national-)staatlicher und menschlicher Sicherheit – und der resultierenden ‚Herausforderung humanitärer Intervention' zu entwickeln." (Thakur 2008: 113)

Die Blockade des Sicherheitsrates und der Kosovo-Krieg 1999

Die völkerrechtliche Legitimation des Luftkrieges der NATO gegen die Bundesrepublik Jugoslawien (Serbien und Montenegro) vom 24. März bis 10. Juni 1999 (Kosovo-Krieg) ist umstritten. Die seit dem 28. Februar 1998 zwischen den serbischen Sicherheitskräften und der kosovarischen Befreiungsarmee (UCK) ausgetragenen Kämpfe drohten im Herbst 1998 eine Flüchtlingskatastrophe unter der kosovarischen Bevölkerung nach sich zu ziehen, die nach Auffassung der UNO verhindert werden sollte. In seinen beiden dem Krieg vorangegangenen Resolutionen 1160 und 1199 hatte der Sicherheitsrat kein Mandat für eine Intervention nach Art. 42 UN-Charta gegen die Bundesrepublik Jugoslawien erteilt, auf das sich die NATO-Staaten hätten beziehen können. Es kam auch keine Berufung auf Art. 51 infrage, weil sich der Angriff der jugoslawischen Sicherheitskräfte gegen die Kosovaren nicht gegen ein anderes Mitglied der UNO, sondern gegen einen Teil der eigenen Bevölkerung richtete. Ein Ausweg hätte noch in der Ermächtigung einer regionalen Einrichtung nach Art. 53 bestehen können, doch auch diese wurde nicht erteilt.[17] Hat sich also die NATO für ihre Militärintervention selbst mandatiert?

Als der Deutsche Bundestag im Oktober 1998 der Aktivierungsanordnung der NATO durch die Bereitstellung von Truppen zustimmen sollte, bestritt der damalige Bundesaußenminister Klaus Kinkel eine solche Selbstmandatierung. Er wurde darin von den meisten anderen Rednern unterstützt. Alle beriefen sich dabei darauf, dass in den Resolutionen des UN-Sicherheitsrates 1160 und 1199 zum Kosovo Bezug auf Kapitel VII der UN-Charta genommen werde. Das traf zwar zu, war jedoch allein schon deshalb notwendig, damit gegen die Konfliktparteien ein Waffenembargo verhängt werden konnte. Aber in keiner der beiden Resolutionen war von der Androhung von Gewaltmaßnahmen nach Art. 42 die Rede. Gegen eine solche Passage hätten Russland und China, die sich als Sachwalter der Interessen der Bundesrepublik Jugoslawien verstanden, ein Veto eingelegt. Mit der Behauptung „dass die Drohung mit dem militärischen Einsatz schließlich *auf die Verwirklichung* der einstimmig gefassten Sicherheitsratsresolution *hinzielt*" (Kinkel, zit. in Meyer/Schlotter 2000: 30), ließ sich zwar der spätere Luftkrieg *moralisch* verteidigen, doch *juristisch* handelte die NATO aufgrund einer Selbstmandatierung.

„Privatisierte" sie damit das UN-Gewaltmonopol oder entwickelte sie das Völkerrecht fort, um in einem Fall der Untätigkeit des bis dahin zuständigen Gremiums zu versuchen, „ein unilaterales Vorgehen mit dem ‚Versagen' des Sicherheitsrates und einer

---

[17] Allerdings hatte die OSZE zur Umsetzung der Inhalte der Sicherheitsratsresolution 1199 eine sehr große unbewaffnete Verifikationsmission ab Oktober 1998 in den Kosovo entsandt. Diese wurde aber vor Beginn der Kampfhandlungen im März 1999 wieder abgezogen, bevor sie die geplante Größe von 2000 Beobachtern erreicht hatte (vgl. Meyer/Schlotter 2000: 16 ff.).

subsidiären Residualverantwortung für das Allgemeinwohl zu legitimieren“ (Heselhaus 2008: 214)?

Die Chance für eine höchstrichterliche Klärung dieser Frage bestand, als die Bundesrepublik Jugoslawien noch während der Luftangriffe am 29. April 1999 Klage wegen des Verstoßes gegen das Gewalt- und Interventionsverbot sowie wegen der Missachtung ihrer Souveränität gegen die zehn am Krieg beteiligten NATO-Staaten vor dem Internationalen Gerichtshof (IGH) erhob. Damals arbeiteten die Beschuldigten darauf hin, dass das Gericht die Klage mangels Zuständigkeit abwies, was es dann auch tat (vgl. Meyer/Schlotter 2000: 31 f.). Niemand von ihnen kam jedoch darauf, in diesem Zusammenhang die zweite Funktion des IGH neben der Rechtsprechung zu nutzen und ihn um ein Rechtsgutachten darüber zu bitten, welche Reaktion auf eine Gefahr im Verzuge, welche die NATO vor ihrer Intervention als gegeben angesehen hatte, völkerrechtlich zulässig ist, wenn der Sicherheitsrat durch einzelne Vetomächte blockiert ist und die Legitimation einer Intervention nach Art. 42 dadurch unmöglich gemacht wird. Solche Rechtsgutachten sind zwar nicht rechtlich verbindlich und daher nur beschränkt geeignet, einen Streitfall definitiv zu erledigen, dennoch dienen sie der Richtungsbestimmung in Grundsatzfragen (vgl. Wolfrum 1991: 328). Eine solche Anfrage steht immer noch aus.

Die von Kanada als Reaktion auf Kofi Annans Aufforderung im Jahr 2000 ins Leben gerufene *International Commission on Intervention and State Sovereignty (ICISS)* legte im Dezember 2001 ihren Report *„Responsibility to Protect“* (R2P; Verantwortung zum Schutz) vor, dessen Grundgedanke die Vorstellung ist, dass Souveränität die Verpflichtung der Regierungen beinhaltet, die ihnen unterstellten Menschen zu schützen (Thakur 2008: 110).

Der Kommissionsbericht sieht zunächst in der UNO die einzige Organisation mit international akzeptierter Autorität, die über die Selbstverteidigung hinausgehende internationale Militäroperationen für rechtens erklären kann. Er sieht ihre Interventionspolitik aber auch vor einem dreifachen Dilemma:

- Achtet sie strikt die staatliche Souveränität nach dem bisherigen völkerrechtlichen Verständnis, macht sie sich für humanitäre Tragödien mitverantwortlich;
- sofern der Sicherheitsrat jeder internationalen Intervention zu humanitären Zwecken zustimmen muss, ist die Initiative „entweder der Passivität und Apathie des Sicherheitsrates als Ganzem ausgeliefert … oder dem obstruktivsten Mitglied, … das zum Veto entschlossen ist“;
- wird aber ein Einsatz ohne Autorisierung durch die UNO gefahren, bedeutet dies „eine Völkerrechtsverletzung und untergräbt die auf der zentralen Rolle der UN als Wächter des Weltgewissens und Hüter des Weltfriedens basierende Weltordnung.“ (Ebenda: 112)

„Ausgehend von dem größeren Rahmen der menschlichen Sicherheit gelangte die Kommission in ihrem Report zu dem Schluss, dass das Gebot der Nicht-Intervention gegenüber der internationalen Verantwortung zum Schutz zurücktritt, wenn eine Bevölkerung aufgrund von Bürgerkrieg, Aufruhr, Repression oder Versagen des Staates schweres Leid erfährt und wenn die betreffende Regierung nicht willens oder fähig ist, dies zu beenden oder abzuwenden." (Ebenda) Anders ausgedrückt: „Eine Intervention zum Schutz von Menschen … basiert auf den zwei festen Annahmen, dass einerseits die Souveränität des Staates einhergeht mit einer entsprechenden Verantwortung und dass andererseits, wenn der Staat in seiner Pflicht zum Schutz seiner Bürger versagt, diese Verantwortung auf die internationale Gemeinschaft zurückfällt." (Ebenda: 114)

Die Kommission sieht die Verantwortung für die Schutzverpflichtung gegenüber den Bürgern vorrangig bei dem betroffenen Staat. Dieses impliziere aber, dass seine politischen Instanzen „intern gegenüber den Bürgern und extern über die UN gegenüber der internationalen Gemeinschaft verantwortlich" seien; dementsprechend seien sie auch „für ihre Anweisungen und Unterlassungen rechenschaftspflichtig […] Erst wenn der Staat zur Wahrnehmung seiner Verantwortung nicht bereit oder nicht in der Lage ist oder selbst zum Täter wird, erwächst Anderen die Pflicht, an seiner Stelle zu handeln. Damit ist die Schutzverpflichtung eher ein verbindendes Konzept zur Überwindung der Trennung zwischen internationaler Gemeinschaft und souveränem Staat." (Ebenda)

Solange die Anderen diese Pflicht über den Sicherheitsrat wahrnehmen, entspricht dies seinen Aufgaben gemäß Kapitel VII, wobei ihm dieser Ansatz erleichtern könnte, die klassischen Souveränitätsvorbehalte zu überwinden. Spannend wird diese Sichtweise jedoch, wenn der Sicherheitsrat von einem oder mehreren Vetomächten blockiert ist. Dann bieten sich nach Auffassung der Kommission folgende Alternativen: „Behandlung der Angelegenheit in einer dringlichen Sondersitzung der UN-Generalversammlung im Rahmen des ‚Uniting for Peace'-Verfahrens oder Maßnahmen im Zuständigkeitsbereich regionaler und subregionaler Organisationen, vorbehaltlich ihres Bemühens um sich hieran anschließende Autorisierung durch den Sicherheitsrat." (Ebenda: 199 f.)

Der Kommissionsbericht wurde durch das High-Level-Panel des Generalsekretärs zur UN-Reform (Abschnitte 201–207) und von Kofi Annan in seinem Bericht „In Larger Freedom" (Annan 2005) aufgegriffen. Im September 2005 wurde dann vom Weltgipfel „die Verpflichtung der Staaten, die Bevölkerung vor Genozid, Kriegsverbrechen, ethnischen Säuberungen oder Verbrechen gegen die Menschlichkeit zu schützen, in der Form einer allgemeinen Responsibility to Protect *festgeschrieben*" (Brock/Brühl 2006: 46, Hervorh. B. M.) und dabei nicht nur dem Sicherheitsrat, sondern auch *expressis verbis* regionalen Organisationen eine Mitwirkung zugedacht.[18] Die generalisierenden Wendungen „case-by-case" und „as appropriate" lassen darauf schließen, dass es ähnlich wie in der Vergangenheit zur Delegation der Aufgaben z. B. an die AU, die EU oder die NATO kommen wird und der Sicherheitsrat sich darauf beschränkt, die Mitgliedstaaten zu autorisieren, *alle* Maßnahmen zu ergreifen, die sie für angemessen halten.

Schon im Vorfeld des Gipfels hatte eine Reihe von Entwicklungsländern Befürchtungen geäußert, „dass mit der Anerkennung der Schutzverpflichtung die Tür für willkürliche Eingriffe in die inneren Angelegenheiten geöffnet werden würde. Die Blockfreienbewegung warnte vor der Gefahr einer selektiven Anwendung der ‚Schutzverantwortung' – eine Befürchtung, die auch große Staaten wie Russland, China, Indien und Pakistan teilen. Die Bedenken der USA gingen vor allem dahin, dass die Anerkennung der Schutzverpflichtung eine rechtsverbindliche Verpflichtung der internationalen Gemeinschaft zum Handeln begründen könnte, was von ihnen abgelehnt wird." (Ebenda: 46 f.)

Lothar Brock und Tanja Brühl fordern vor diesem Hintergrund zu Recht, „dass die externe Durchsetzung der Responsibility to Protect strikt dem Verfahren der kollektiven Friedenssicherung nach Kapitel VII der VN-Charta unterworfen wird, der Sicherheitsrat die Kontrolle über die Maßnahmen zur Durchsetzung der Schutzverpflichtung ausübt und von den Mitgliedern des Sicherheitsrates anerkannt wird, dass die Entscheidungen des Gremiums den einschlägigen Rechtsgrundsätzen des Völkerrechts unterworfen sind." (Ebenda: 52 f.)

3 Rüstungskontrolle und Abrüstung im Bereich der Nuklearwaffen

3.1 Überblick

Seit den ersten beiden US-amerikanischen Atombombenabwürfen über Hiroshima (6. August 1945) und Nagasaki (9. August 1945) hat es unter dem Eindruck der Bilder der unvorstellbaren Zerstörungen, die von ihnen ausgelöst wurden, und der nach wie vor steigenden Zahlen von direkten und an den Spätfolgen gestorbenen Opfern keine weiteren Einsätze dieser Massenvernichtungsmittel gegeben. Dennoch rüstete die USA, deren Atomwaffenarsenal nach diesen Abwürfen zunächst erschöpft war, sofort auf diesem Gebiet weiter, testete die Sowjetunion 1949 ihre erste Atombombe,

[18] Die entscheidende Passage lautet: „In this context, we are prepared to take collective action, in a timely and decisive manner, through the Security Council, in accordance with the Charter, including Chapter VII, on a case-by-case basis and in cooperation with relevant regional organizations as appropriate, should peaceful means be inadequate and national authorities are manifestly failing to protect their populations from genocide, war crimes, ethnic cleansing and crimes against humanity." (United Nations 2005: 30, No. 139)

und zogen Großbritannien 1952, Frankreich 1960 und die Volksrepublik China 1964 nach. Ohne hier im Detail auf die quantitative und qualitative Entwicklung dieser Massenvernichtungsmittel eingehen zu können (vgl. dazu SIPRI-Yearbooks 1968 ff.; Friedensgutachten 1987 ff.), sei daran erinnert, dass zur Zeit der *Kuba-Krise* im Oktober 1962 die USA über 294 und die UdSSR 75 mit nuklearen Sprengköpfen bestückte Langstreckenraketen, über 144 bzw. ungefähr 60 von U-Booten abzufeuernde Raketen sowie über 630 bzw. 190 Langstreckenbomber verfügten, außerdem hatte die Sowjetunion allein 700 Mittelstreckenraketen (Senghaas 1972: 25). Von diesen wollte sie 64 auf der Karibikinsel stationieren, wo sie ein Gegengewicht zu der Überlegenheit der USA im Langstreckenbereich gebildet hätten.

Während der 13tägigen Kuba-Krise (vgl. Kennedy 1969) schrammte die Welt am Rand eines nuklearen Schlagabtausches vorbei. Doch mit ihrem Ende setzte eine Phase der Entspannung und der Verhandlungen über Rüstungskontrolle ein, während derer beide Seiten kräftig aufrüsteten, was Dieter Senghaas in dem Buchtitel „*Aufrüstung* durch Rüstungskontrolle" (1972) auf den Punkt brachte. Die Verhandlungen wurden teils exklusiv von den Atommächten, teils multilateral im Rahmen der (ab 1979 so genannten) *Conference on Disarmament* in Genf geführt. Zu den wichtigsten Ergebnissen gehören 1963 das partielle Teststoppabkommen, die Verträge über den Verzicht darauf, Kernwaffen im Weltraum und am Meeresboden zu stationieren (1967), der Nukleare Nichtverbreitungsvertrag (NVV, 1968), der ABM-Vertrag über die Begrenzung ballistischer Raketenabwehrsysteme (1972), die beiden zwischen USA und UdSSR ausgehandelten Abkommen über Obergrenzen im Bereich der Strategischen Waffen (SALT I, 1972, und SALT II, 1979), sowie der ebenfalls zwischen ihnen abgeschlossene INF-Vertrag über die Abschaffung sämtlicher landgestützter Mittelstreckenraketen (1987), der als der erste tatsächliche Abrüstungsvertrag anzusehen ist.

Nach dem Ende des Ost-West-Konfliktes schloss die USA noch mit der UdSSR 1991 den START-I-Vertrag ab, der 1994 in Kraft trat und mit dem bis Ende 2009 die Zahl der strategischen Gefechtsköpfe von jeweils über 10.000 auf 3.500 bis 3.000 abgerüstet werden sollte. Nach der Auflösung der Sowjetunion wurde 1993 START-II von USA und Russland unterzeichnet, danach allerdings nicht wirklich ratifiziert.[19] Schließlich unterzeichneten US-Präsident Barack Obama und der russische Präsident Dmitri Medwedew am 8. April 2010 in Prag einen neuen START-Vertrag (NSTART oder START III), mit dem in den nächsten sieben Jahren die Zahl der nuklearen Sprengköpfe um 30 Prozent von je 2200 auf je 1550

[19] Statt START II trat 2003 der ein Jahr zuvor von den Präsidenten George W. Bush und Wladimir Putin unterzeichnete SORT-Vertrag (Abkürzung für Strategic Offensive Reductions Treaty) in Kraft, der jedoch weder Begrenzungen von Startgeräten und Trägern, noch Verifikationsmaßnahmen enthält und auch darüber hinaus recht ungenau ist (vgl. Fey et al. 2010: 16).

gesenkt und die der Trägersysteme (Interkontinentalraketen, U-Boot-gestützte Langstreckenraketen und Langstreckenbomber) auf je 800 halbiert werden soll.

3.2 Das Vertragsregime über die nukleare Nichtverbreitung (NVV)

Eines der wichtigsten Rüstungskontrollabkommen ist der zwischen der USA, der Sowjetunion und Großbritannien ausgehandelte *Nukleare Nichtverbreitungsvertrag, NVV (Treaty on the Non-Proliferation of Nuclear Weapons, NPT),* auch *Kernwaffensperrvertrag* genannt. Er ist zugleich ein *Vertragsregime*, an dem man die Funktionsweise derartiger Netzwerke von Akteuren der internationalen Politik gut studieren kann. Regime kommen in einem bestimmten Politikfeld aufgrund von wechselseitigen Erwartungen, Regeln, Plänen, organisatorischen Energien und finanziellen Verpflichtungen zustande und entwickeln sich durch die gemeinsame Bearbeitung der vorgegebenen Probleme weiter (vgl. Lehmkuhl 1996: 255 ff.). Ihre besondere Funktionsleistung besteht nach Robert O. Keohane darin, dass sie

- „Richtlinien für das Verhalten der Akteure aufstellen und damit zum Abbau der Erwartungsunsicherheit bezüglich des Verhaltens anderer Akteure beitragen,
- die Transaktionskosten der internationalen Zusammenarbeit verringern, indem sie einen normativ-institutionellen und gegebenenfalls auch organisatorischen Rahmen für den Abschluss konkreter Vereinbarungen zur Verfügung stellen,
- sach- und akteursbezogene Informationen zur Verfügung stellen, die als gemeinsame Ausgangslage zur Konkretisierung eines wechselseitig befriedigenden Übereinkommens dienen und überdies die notwendige Transparenz herstellen, um zu einer fundierten und wechselseitig überprüfbaren Einschätzung über die Verlässlichkeit regimegemäßen Verhaltens zu gelangen.“ (Kohler-Koch 1989; 23 f.)

Der Vertrag wurde am 1. Juli 1968 unterzeichnet. Sein Ziel ist es, die Verbreitung von Kernwaffen über jene fünf Kernwaffenstaaten hinaus zu verhindern, die am 1. Januar 1967 schon solche besaßen und gezündet hatten, also USA, UdSSR, Großbritannien, Frankreich und China. Diese Staatengruppe verpflichtete sich deshalb, an niemanden unmittelbar oder mittelbar Kernwaffen oder sonstige Kernsprengkörper weiterzugeben. Umgekehrt nahm der NVV alle anderen beitrittswilligen Staaten in die Pflicht, die zu diesem Zeitpunkt nicht im Besitz von Atomwaffen waren, auch künftig keine herzustellen oder von irgendjemandem anzunehmen oder sich Hilfe bei der Produktion zu beschaffen. Zugleich räumte er allen Mitgliedstaaten das uneingeschränkte Recht ein, die Kernenergie für zivile Zwecke zu nutzen. Die Einhaltung des Vertrages wird auf der Basis von zwischen den einzelnen Staaten und der Internationalen Atomenergie-Behörde (IAEO) in Wien abgeschlossenen *Safeguard-Abkommen* von Inspektoren der IAEO überwacht.

Der Vertrag konnte am 1. März 1970 in Kraft treten, nachdem ihn 40 Staaten ratifiziert hatten. Weitere Länder folgten in rascher Folge. Das Ungewöhnliche an ihm ist, dass er darauf zielte, weltweit die machtpolitische Differenz zwischen Kernwaffenbesitzern und Habenichtsen festzuschreiben und dass ihm trotzdem die allermeisten Staaten, die keine Atomwaffen besaßen, freiwillig beitraten. Ein wesentlicher Grund für die Bereitschaft, sich dem Vertragsregime zu unterwerfen und auf Kernwaffen dauerhaft zu verzichten war, dass sich die Besitzerstaaten im NVV grundsätzlich bereit erklärt hatten, selbst nuklear abzurüsten. Ein anderer Grund liegt darin, dass die strengen Inspektionen der IAEO als eine gewisse Garantie dafür angesehen werden, dass niemand befürchten muss, eines Tages einen neuen Nuklearwaffenbesitzer als Nachbarn zu haben. In diesem Zusammenhang war aber auch von Bedeutung, dass die IAEO schon seit 1957 überall in der Welt wichtige Aufgaben im Zusammenhang mit der Reaktorsicherheit wahrgenommen und andere zivile Nutzer von Nukleartechnologien beraten hatte, so dass ihre Inspektoren nicht wie die einer noch unbekannten internationalen Polizeibehörde beargwöhnt wurden. Inzwischen gehören dem NVV sämtliche Staaten außer den „inoffiziellen Atomwaffenbesitzern" Indien, Israel, Nord-Korea (ausgetreten) und Pakistan an.

Ein wesentlicher Bestandteil des NVV-Regimes sind die alle fünf Jahre am Hauptquartier der Vereinten Nationen stattfindenden Überprüfungskonferenzen, auf denen die vergangene Phase bilanziert und Arbeitspläne für die nächsten fünf Jahre beschlossen werden sollen. Dort wird regelmäßig berechtigterweise Klage darüber geführt, dass die Kernwaffenstaaten ihre Abrüstungszusagen nicht eingehalten haben. Trotzdem waren die ersten Jahrzehnte des NVV-Regimes insofern erfolgreich, als vorangegangene Befürchtungen, die Zahl der Kernwaffenstaaten werde weltweit dramatisch ansteigen und damit die Gefahr eines Atomkrieges erhöhen, nicht wahr wurden.

Zu den fünf anerkannten Kernwaffenstaaten kamen nur wenige hinzu, die als solche jedoch von den übrigen Vertragsstaaten nicht anerkannt wurden, und zwar zunächst *Indien,* das 1974 eine von ihm selbst als „friedlich" bezeichnete Kernexplosion herbeiführte, und *Israel*, das allerdings nie offiziell zugab, Kernwaffen zu besitzen, es aber auch nicht abstritt.[20] Zeitweilig besaß auch *Südafrika*

---

[20] Dieser Schwebezustand verschafft Israel als solcher ein gewisses Abschreckungspotenzial, denn es ist seitdem es Gerüchte über seinen Atomwaffenbesitz in einer Größenordnung von bis zu 200 Sprengköpfen gibt, von keiner regulären Streitmacht mehr angegriffen worden. Bei einem Aufenthalt in Deutschland im Dezember 2006 nannte der israelische Premierminister Ehud Olmert in einem Fernsehinterview sein Land in einer Reihe mit den offiziellen Atommächten, was wie ein indirektes Eingeständnis des Besitzes angesehen wurde (Spiegel-online 11.12.2006) http://www.spiegel.de/politik/ausland/0,1518,453882,00.html (Zugriff 10.08.2010)

Kernwaffen, baute sie kurz vor dem Ende der Apartheid jedoch wieder ab, um 1991 dem NVV beitreten zu können. *Argentinien* und *Brasilien* befanden sich in einer Vorbereitungsphase, gaben diese aber Ende der 1980er Jahre auf und schlossen sich 1994 dem *Tlatelolco-Vertrag* über eine atomwaffenfreie Zone in Lateinamerika an; gemeinsam traten sie 1998 dem NVV bei. *Pakistan* führte Ende Mai 1998 seine ersten sechs Atomwaffentests durch, nachdem Indien wenige Wochen vorher drei Bomben getestet hatte. Beide miteinander verfeindete Staaten sprachen sich danach jedoch für einen umfassenden Teststopp aus.

Nord-Korea wollte schon 1994 den NVV verlassen, entweder um freie Hand für den Bau einer Bombe zu haben oder um zu erreichen, dass das bettelarme Land westliche Energiehilfe bekam. Wenn letzteres der Fall war, ging dies auf, denn die USA brachte Nord-Korea von seinem Vorhaben durch einen Vertrag über die Modernisierung seiner Reaktortechnik ab. 2003 kündigte es allerdings doch die Mitgliedschaft im NVV und führte am 15. November 2006 erstmals einen unterirdischen Kernwaffentest durch.

Als besonders problematisch erweist sich seit einigen Jahren der Fall *Iran*. Die Islamische Republik ist als Nichtkernwaffenstaat Mitglied des NVV. Seine zivilen Atomanlagen werden auch von der IAEO inspiziert. Eine unzureichende Zusammenarbeit mit deren Inspektoren erhärtete aber den Verdacht, dass Iran entgegen seiner Behauptung, die Urananreicherung nur zu zivilen Zwecken zu betreiben, atomwaffenfähiges hoch angereichertes Uran und Plutonium herstellt, um damit den Bau von Atomwaffen vorzubereiten, von denen die ersten 2011 zur Verfügung stehen könnten (vgl. Müller 2010a: 2 f.). In Verbindung mit der aggressiven anti-israelischen Rhetorik des Präsidenten Mahmud Ahmadinejad und der Lieferung moderner konventioneller Raketen an Hamas und Hisbollah durch Iran entsteht für Israel ein Sicherheitsdilemma, das zu einem neuen Krieg im Nahen Osten führen kann (vgl. ebenda: 9 ff.).

Nachdem 2005 die Überprüfungskonferenz im Streit beendet wurde, kamen – verstärkt durch die Fälle Nord-Korea und Iran – Befürchtungen auf, das Vertragsregime des NVV könne erodieren. Doch bei dem jüngsten Treffen gelang es den Diplomaten am 28. Mai 2010 ohne Gegenstimme ein Schlussdokument zu verabschieden, das einen Arbeitsplan für die Phase bis zur nächsten Überprüfung 2015 enthält, welcher zuvor schon einzeln einvernehmlich angenommen worden war. Zu einem besseren Verhandlungsklima war es auch gekommen, weil Obama und Medwedew kurz zuvor das NSTART-Abkommen unterzeichnet hatten, das die Hoffnung der Nichtkernwaffenstaaten nährt, dass es langsam doch Bewegung in Richtung auf eine nuklearwaffenfreie Welt geben könnte. Der Friedensforscher Harald Müller, der als Mitglied der Deutschen Delegation an dieser wie auch an früheren Überprüfungskonferenzen teilgenommen hat, hält die Tatsache, dass ein erneuter Dissens vermieden werden konnte, für das wichtigste politische Ergebnis: „Die Mitglieder haben sich damit eine Atempause verschafft, in der sie sich daran machen können, die fraglos bestehenden Erosionserscheinungen einzudämmen und abzuarbeiten." (Müller 2010b: I) Um den NVV wieder mit mehr Leben zu erfüllen, fordert er die Europäische Union auf, ihre Chance zu nutzen, die darin liegt, dass sie aus 25 Habenichtsen und zwei Besitzern von Nuklearwaffen besteht, um zwischen den Interessen der Kernwaffenstaaten und der Blockfreienbewegung zu vermitteln (ebenda: 29).

4 Die UNO – nicht alternativlos aber unentbehrlich?

Thorsten Benner und Jan Martin Witte haben vor einigen Jahren an einem neuen Leitbild für internationale Organisationen gearbeitet. Sie sahen einen wesentlichen Bestandteil ihrer Zukunft darin, „vielfältige Brückenfunktionen in einer dezentralen Architektur von ‚Global governance' zu übernehmen." Zukunftsweisend schienen ihnen „themenfokussierte Schnittstellenorganisationen, die zwischen verschiedenen Ebenen und Sektoren vermitteln und Ressourcen in konkreten Politikfeldern bündeln können … (und) dabei helfen, Ungleichgewichte im Globalisierungsprozess auszutarieren und allen relevanten Akteuren die Teilnahme zu ermöglichen." (Benner/Witte 2001: 5)

Die Rollen, welche internationale Organisationen als themenfokussierte Schnittstellen wahrnehmen können, beschrieben sie wie folgt:

- Als Verhandlungsplattform nutzen sie ihre Reichweite und bringen verschiedene Akteure an den Tisch. Dabei können sie auch deren Arbeit in themenbezogenen globalen Politiknetzwerken koordinieren.
- „Als Wissensmanager bringen sie lokales und globales Wissen zusammen, ermöglichen Lernprozesse und bieten Beratungsdienste an" und können so „dazu beitragen, relevantes Wissen in Politikprozesse einfließen zu lassen und durch ‚capacity-building' alle Akteure, vor allem aus Entwicklungsländern, in die Lage zu versetzen, eine aktive Rolle zu spielen.
- Als Implementierungsagenturen setzen sie Vereinbarungen um und überwachen die Einhaltung von Standards." (Ebenda: 5 f.)

Diese Funktionen vermag die UNO, wie in den vorangegangen Abschnitten auf den Feldern der Klima-, vor allem aber der Friedens- und Sicherheitspolitik gezeigt wurde, teils mehr teils weniger gut zu erfüllen. Dabei hängt vieles davon ab, wie im jeweiligen Fall die Eigeninteressen einiger wichtiger Mitglieder gelagert sind. Allgemeiner ausgedrückt: „Die Weltorganisation kann nie stärker sein, als ihre Mitglieder sie machen wollen", so der ehemalige deutsche Außenminister Klaus Kinkel. Das macht die Weltorganisation schwerfällig, was oftmals nicht unproblematisch ist. Deshalb wird gelegentlich überspitzt gefragt, ob denn die UNO auf diesen Politikfeldern *alternativlos* ist, schließlich gibt es ja zahlreiche andere internationale Organisationen. Aber ist sie vielleicht trotz ihrer Mängel *unentbehrlich*? Bevor versucht wird, diese Frage zu beantworten, sollen exemplarisch friedens- und sicherheitspolitische Aktivitäten zweier wichtiger internationaler Zusammenschlüsse etwas näher betrachtet werden, nämlich der NATO und der Europäischen Union.

4.1 Die NATO und das militärische Debakel in Afghanistan

Nach den Anschlägen vom 11. September 2001 gab der UN-Sicherheitsrat den Vereinigten Staaten schon am Tag danach mit der Resolution 1368 grünes Licht, sich gemäß Art. 51 UN-Charta allein und gemeinsam mit anderen Staaten gegen den Terror zu verteidigen. Daraufhin rief die NATO erstmals in ihrer Geschichte den Bündnisfall nach Art. 5 des Washingtoner Vertrages aus. Für die vom 7. Oktober an gegen das Taliban-Regime in Afghanistan und die von ihm beherbergte Al Qaida kämpfende Anti-Terror-Streitmacht *Operation Enduring Freedom (OEF)* nahm die USA aber nicht die Unterstützung des NATO-Bündnisses in Anspruch[21], sondern organisierte eine „Koalition der Willigen". Nach der Entmachtung der Taliban trat Anfang Dezember auf dem Petersberg bei Bonn eine internationale Afghanistan-Konferenz zusammen, um Perspektiven für die Zukunft des Landes am Hindukusch zu entwickeln. Eines ihrer Ergebnisse war, die Vereinten Nationen darum zu bitten, das Mandat für eine *Internationale Sicherheitsunterstützungstruppe für Afghanistan (ISAF)* auszusprechen. Dies geschah am 20. Dezember in der Resolution des Sicherheitsrates 1386. Das Mandat für die seit Anfang 2002 operierende ISAF ist nach Kap. VII ausgestattet. Die Truppe sollte zunächst ein halbes Jahr lang unter britischer Führung in der afghanischen Hauptstadt Kabul und deren Umgebung im Einsatz sein. Bestand sie anfangs nur aus rund 4.000 Soldaten, so nahm deren Zahl mit fast jeder Verlängerung zu. Mitte 2010 lag der Umfang der inzwischen im gesamten Land präsenten Truppe bei 119.819 Soldaten aus 47 Nationen. In ihr stellen die USA mit 78.430, Großbritannien mit 9.500 und Deutschland mit 4.590 Soldaten die größten Kontingente. (ISAF 2010: 3) Nachdem sich in den ersten Jahren alle sechs Monate einzelne Staaten in der Führung von ISAF abgewechselt hatten, wurde die Rotation im September 2003 aufgegeben.

[21] Dies geschah offenkundig aufgrund der Erfahrungen mit dem Kosovo-Krieg, der vom NATO-Hauptquartier aus gesteuert worden war, wobei alle Bündnispartner ein Mitspracherecht hatten. Das hatte zu erheblichen Zeitdifferenzen zwischen der Zielerkennung und der Zielbekämpfung geführt und zur Folge, dass die serbischen Sicherheitskräfte, die durch einen „Maulwurf" im NATO-Hauptquartier informiert wurden, zwischenzeitlich einige Ziele abtransportieren oder durch Attrappen ersetzen konnten. Ein solches Risiko wollte die USA nicht noch einmal eingehen.

Fortan übernahm die NATO die Führung, was nach den NATO-Regeln zugleich bedeutet, dass jeweils ein General der Nation, welche die meisten Soldaten stellt, die ganze Truppe befehligt.

In der NATO vertraten schon zu dieser Zeit insbesondere die USA und Großbritannien die Position, die Führung von ISAF und OEF enger miteinander zu verzahnen, um eine höhere Effizienz zu erzielen. Dagegen votierten insbesondere Frankreich und Deutschland. Das Bundeswehrkontingent unterstützte im Norden den Wiederaufbau in den ersten Jahren durchaus erfolgreich und war in der afghanischen Öffentlichkeit wohl gelitten. Deshalb wurden negative Auswirkungen von einer zu engen Beziehung mit den OEF-Kampftruppen befürchtet. Nachdem jedoch Großbritannien im Jahr 2005 zur *lead nation* bei ISAF geworden war, wurden beide Einsätze unter einem gemeinsamen britischen Oberkommando mit einander verknüpft. Im Zuge der Aufstockung von ISAF und der brenzliger werdenden Lage in einigen Einsatzgebieten wurden später US-amerikanische Einheiten, die innerhalb der OEF-Truppe gegen Taliban gekämpft hatten, ISAF zugewiesen, so dass seit 2008 die USA das größte ISAF-Kontingent stellt, und seit September 2008 die Befehlsgewalt über beide Truppen von einem US-General in Personalunion ausgeübt wird.

Ein erfahrener General dürfte zwar in der Lage sein, bestimmte Aufgaben der einen und anders geartete der anderen Truppe zuzuweisen. Es ist jedoch nicht zu erwarten, dass ein einfacher Afghane seither noch die Soldaten von einander unterscheiden kann, die aufbauen oder die zerstören sollen. Zumindest erleichtert die enger gewordene Zusammenarbeit von ISAF und OEF den inzwischen wieder erstarkten Taliban ihren Landsleuten einzureden, alle seien feindliche Besatzer, die es zu bekämpfen gelte. Da „die Taliban … in höchstem Maße stolz darauf (sind), fremden Streitkräften die Stirn zu bieten" (Christia/Semple 2010: 36), fällt es den ISAF-Soldaten immer schwerer, ihre friedensfördernden Aufgaben wahrzunehmen. Immer häufiger geraten sie in Kämpfe, so dass nach langer Weigerung auch deutsche Politiker inzwischen von einem Kriegseinsatz sprechen.

Nachdem die NATO den Luftkrieg gegen die Bundesrepublik Jugoslawien (Serbien und Montenegro) um das Kosovo 1999 innerhalb weniger Wochen „gewonnen" hatte, befindet sie sich nunmehr seit 2003 in einer führenden Rolle in Afghanistan und damit in einem Krieg, von dem selbst US-Präsident Obama sagt, dass er militärisch nicht gewonnen werden kann. Dies ist für das Image des Bündnisses, das die Jahrzehnte des Ost-West-Konfliktes nicht nur schadlos überstand, sondern danach sogar zum Magnetpol für sämtliche nicht zur Sowjetunion gehörenden Staaten des zerfallenen Warschauer Paktes sowie für einige ehemalige Sowjetrepubliken wurde, ein schwerer Schaden.

Da die Zahl der Opfer unter den Soldaten stark zugenommen und die öffentliche Akzeptanz des Einsatzes deutlich abgenommen hat, dreht sich in den Diskussionen auf den verschiedensten Ebenen (von der US-Regierung über die

NATO, die Afghanistan-Konferenzen in London und Kabul 2010 und den Bundestag bis hin zur Friedensforschung) vieles um die Frage, welche Optionen es noch gibt, um das Land am Hindukusch in einer Weise an die afghanische Regierung zu übergeben, dass bei einem Abzug der ausländischen Truppen weder ein Chaos aus- noch eine erneute Herrschaft der Taliban anbricht.

Seit Anfang 2010 setzen die US- und die NATO-Strategen darauf, durch eine Vergrößerung der in Afghanistan präsenten Streitkräfte einen Zustand zu erreichen, der den Beginn des Truppenabzugs ab Mitte 2011 erlaubt. Demgegenüber stellt das von den fünf führenden deutschen Friedensforschungsinstituten herausgegebene Friedensgutachten die Frage „NATO-Truppen: Teil der Lösung oder Teil des Problems?" (Stellungnahme 2010: 5). Dabei sind sich auch die Friedensforscher nicht einig, welche Auswirkungen die ausländische Truppenpräsenz hat oder ein schneller Abzug hätte (siehe Kasten).

NATO-Truppen: Teil der Lösung oder Teil des Problems?

Unter den Friedensforschern sehen die Fürsprecher des ISAF-Einsatzes in ihm einen wenn auch notdürftigen Beitrag zur Stabilisierung der Regierung und zum Wiederaufbau. Beides würde durch einen schnellen Abzug gefährdet und die Sicherheitslage weiter verschlechtert. Die Kritiker erwarten hingegen die Stabilisierung von einem Truppenabzug, weil er den Aufständischen eine zugkräftige Mobilisierungsressource entzöge, „die Möglichkeit, gegen ‚fremde Besatzer' vorzugehen und Afghanistan und Pakistans Regierungen als Handlanger der USA und des Westens zu brandmarken" (ebenda: 6). Einig sind sich die Forscher darin, „dass weder die weitere Präsenz internationaler Truppen noch deren sofortiger Abzug allein Frieden schaffen können" (ebenda). Sie diskutieren deshalb in ihrem Gutachten vier mögliche Optionen, die alle mit hohen Risiken, Unwägbarkeiten und Kosten verbunden sind, so dass es ihnen nicht möglich war, im Sinne einer Empfehlung an die Politik zu entscheiden, welche am wenigsten Schaden anrichtet. Diese Optionen schließen einander nicht aus, sondern haben sogar gewisse Schnittmengen. Sie richten aber das Augenmerk auf unterschiedliche Problemzugänge.

1. Wenn die *„neue Afghanistanstrategie als letzte Chance"* anzusehen ist, dann muss sie an den Kriterien Verbesserung der Sicherheit, Verringerung der Korruption, Reform des Parteiengesetzes und des Wahlrechts, um Wahlfälschungen künftig auszuschließen, sowie Übernahme der Verantwortung bis Mitte 2011 in mindestens drei Provinzen („Afghanisierung der Sicherheit") überprüft werden (vgl. ebenda: 7). „Geschwindigkeit und Bedingungen des Abzugs sollten davon abhängen, ob die Entwicklung akzeptierter staatlicher Strukturen in den nächsten Monaten erkennbare Fortschritte aufweist." (Ebenda: 8) Das kann jedoch dauern, weshalb es wichtig wäre, den zivilen

Aufbau so bald wie möglich an afghanische Instanzen zu übergeben, damit diese in den Augen der Bevölkerung gestärkt werden (ebenda).

2. Um die afghanische Staatlichkeit auf allen Ebenen zu stärken, was eine politische Konfliktlösung begünstigen, aber nicht ersetzen kann, muss es zu einem *„Ende der Kampfoperationen"* kommen. „Die Fortführung der Kampfhandlungen schränkt die politischen Spielräume ein. Die afghanische Regierung kann nur verhandeln, wenn sie nicht als Marionette des Westens gilt. […] Militärische Aufstandsbekämpfung und Schutz der Bevölkerung sind unvereinbar. Solange die NATO kämpft, wird sie Angst und Schrecken hervorrufen, aber auch den Widerstand stärken, statt die Taliban an den Verhandlungstisch zu bringen. […] Die Unterstützung einer korrupten Regierung desavouiert schließlich die moralische Begründung für das internationale Engagement." (ebenda: 9 f.)
3. Ohne *„Verhandlungen mit den Taliban"* ist eine nationale Versöhnung undenkbar. Zwei Autoren des Friedensgutachtens, Fotini Christia und Michael Semple, raten dazu, „Karzais Vorschlag einer *Jirga* der nationalen Versöhnung zu unterstützen, und … schlagen Vereinbarungen zwischen Kabul und einzelnen Milizen auf regionaler und nationaler Ebene vor." (ebenda: 10) Der Westen könne weder Absprachen und Vereinbarungen vermitteln, noch einen Friedensschluss garantieren. Aber ein Truppenabzug könne in den Verhandlungsprozess integriert werden." (ebenda: 11)
4. Statt der Frage, ob die Truppen verstärkt oder schnell abgezogen werden sollten, müsse die Frage *legitimer Staatlichkeit ins Zentrum* gerückt werden. „Der einzige mittelfristig denkbare Erfolgsansatz besteht in der Transformation der afghanischen Staatlichkeit in ein funktionierendes politisches Gemeinwesen. Damit könnten die Aufständischen zwar nicht besiegt, aber überflüssig werden; sie würden verkümmern." (Ebenda: 12) In solch einem mühsamen Prozess könne „das Militär nur eine Hilfsfunktion haben, um Zeit für die überfälligen politischen Prozesse zu gewinnen und diese abzusichern" (ebenda: 12 f.).

4.2 *Die Europäische Union von der Friedensmacht zur Interventionsmacht?*

Die Europabewegung entstand nach dem Ersten Weltkrieg aus dem Willen, dem erschöpften und zerstörten Kontinent weitere Kriegsgräuel zu ersparen. Inspiriert vom österreichischen Grafen Richard Coudenhove-Kalergi wurde am 6. Oktober 1926 in Wien die *Paneuropa-Union* unter Beteiligung von Delegationen aus 24 Staaten gegründet. Doch die Zeit war noch nicht reif für eine europäische Einigung. Erst nach dem Zweiten Weltkrieg konnte der Einigungsgedanke von einigen führenden Politikern ernsthaft umgesetzt werden, zunächst in eher diskursiv agierenden Gremien wie der *Europäischen Parlamentarier-Union* (1947) und dem *Europarat* (1949), Mitte der 1950er Jahre aber in den operativen Kernzellen der heutigen Europäischen Union: im noch kleinen Europa der sechs Gründungsmitglieder der *Montanunion*, der *Europäischen Wirtschaftsgemeinschaft* und der *Euratom* Belgien, Bundesrepublik Deutschland, Frankreich, Italien, Luxemburg und Niederlande, und parallel dazu in der auch Großbritannien einschließenden *Westeuropäischen Union* (WEU). Gerade die Gründung der WEU, aber auch die Aufnahme der Bundesrepublik Deutschland in die NATO machen deutlich, warum zu jener Zeit nationale Egoismen und wechselseitige Animositäten an Bedeutung verloren, die einem Zusammenschluss über tradierte Feindschaften hinweg im Wege standen: Jetzt wurde die Einigung aus Furcht vor dem bis nach Zentraleuropa hineinregierenden Sowjetsystem als überlebenswichtig angesehen. Den erklärten Willen, untereinander Konflikte nur noch friedlich auszutragen, vernahmen die kriegsmüden Völker Europas als Labsal für ihre geschundenen Seelen. So wurde das Ziel des Friedens unter den europäischen Nationen zu einem wirkmächtigen Gründungsmythos der späteren *Europäischen Union* (EU).

Mit dem Anfang 2010 in Kraft getretenen *Vertrag von Lissabon* umfasst dieser Raum des inneren Friedens inzwischen 27 Mitgliedstaaten. Aber ist die EU eine Friedensmacht oder ist sie auf dem Weg zu einer Interventionsmacht?

Schon im Dezember 1999 hatten die Staats- und Regierungschefs im Europäischen Rat beschlossen, die Fähigkeiten der WEU zur militärischen und zivilen Krisenbewältigung (sog. „Petersberg-Aufgaben“) auf die EU zu übertragen. Dies geschah unter der Bezeichnung *Europäische Sicherheits- und Verteidigungspolitik (ESVP)*. Sie wurde 2003 in den Entwurf des – später gescheiterten – Verfassungsvertrags für Europa mit der Absichtserklärung zu einer schrittweisen Verbesserung der militärischen Fähigkeiten der EU aufgenommen. Sie sollte dadurch in die Lage versetzt werden, autonom Beschlüsse zu fassen und in Fällen, in denen die NATO als Ganze nicht beteiligt wäre, jedoch in enger Konsultation und Kooperation mit ihr, als Reaktion auf internationale Krisen EU-geführte militärische Operationen im Einklang mit den Grundsätzen der UN-Charta einzuleiten und durchzuführen. Untermauert wurde dies durch den sukzessiven Aufbau einer schnellen Eingreiftruppe, die innerhalb von 60 Tagen bis zu 60.000 Mann Bodentruppen (Battlegroups) und gegebenenfalls auch Luft- und Seestreitkräfte umfassen sollte. Erste Einheiten konnten im März 2003 für die Operation „Concordia“ zur militärischen Sicherheitspräsenz nach Makedonien verlegt werden, was allerdings nur möglich war, weil die EU einen Vertrag mit der NATO über ihre Zusammenarbeit abgeschlossen hatte, der u. a. die Nutzung von NATO-Kommando- und Planungsstrukturen bei militärischen Einsätzen der EU sicherte. Dies macht das durchgehende Dilemma der ESVP deutlich: Da kein EU-Staat willens und in der Lage ist, zusätzliche Truppen aufzustellen, sind die Soldaten sowohl für NATO- als auch für EU-Einsätze eingeplant.

Im Vertrag von Lissabon gibt es einen „Abschnitt 2 Bestimmungen über die *Gemeinsame Sicherheits- und Verteidigungspolitik*“ (GSVP) welche an die Stelle der ESVP getreten ist. In Artikel 28a wird diese als „integraler Bestandteil der *Gemeinsamen Außen- und Sicherheitspolitik*" (GASP) bezeichnet, die „der Union eine auf zivile und militärische Mittel gestützte Operationsfähigkeit" sichert. „Auf diese kann die Union bei Missionen außerhalb der Union zur Friedenssicherung, Konfliktverhütung und Stärkung der internationalen Sicherheit in Übereinstimmung mit den Grundsätzen der Charta der Vereinten Nationen zurückgreifen. Sie erfüllt diese Aufgaben mit Hilfe der Fähigkeiten, die von den Mitgliedstaaten bereitgestellt werden." Soweit es sich dabei um Militär handelt, sind dies zunächst einmal nationale Truppenkontingente, die ad hoc zur Verfügung gestellt werden.

Darüber hinaus umfasst die GSVP „die schrittweise Festlegung einer gemeinsamen Verteidigungspolitik der Union. Diese führt zu einer gemeinsamen Verteidigung, sobald der Europäische Rat dies einstimmig beschlossen hat. Er empfiehlt in diesem Fall den Mitgliedstaaten, einen Beschluss in diesem Sinne im Einklang mit ihren verfassungsrechtlichen Vorschriften zu erlassen." Der Bezug auf die verfassungsrechtlichen Vorschriften ist insofern von Bedeutung, als es Mitgliedstaaten gibt, die neutral sind und andere, die der NATO angehören und in ihr Verpflichtungen übernommen haben. In diesem Kontext ist für die Bundesrepublik Deutschland auch der nationale Parlamentsvorbehalt für Auslandseinsätze der Bundeswehr von Bedeutung.

Der Artikel regelt ferner, dass die Mitgliedstaaten der Union für die Umsetzung der GSVP „zivile und militärische Fähigkeiten als Beitrag zur Verwirklichung der vom Rat[22] festgelegten Ziele zur Verfügung" stellen und dass diejenigen Mitgliedstaaten, „die zusammen multinationale Streitkräfte aufstellen", diese auch für die GSVP bereithalten können. Dies spielt auf die für die Schnelle Eingreiftruppe gebildeten Battlegroups der EU-Staaten an. Beschlüsse zur GSVP „einschließlich der Beschlüsse über die Einleitung einer Mission nach diesem Artikel, werden vom Rat einstimmig auf Vorschlag des Hohen Vertreters der Union für Außen- und Sicherheitspolitik oder auf Initiative eines Mitgliedstaats erlassen. Der Hohe Vertreter kann gegebenenfalls gemeinsam mit der Kommission den Rückgriff auf einzelstaatliche Mittel sowie auf Instrumente der Union vorschlagen." Der Rat kann aber auch eine Gruppe von Mitgliedstaaten mit der Durchführung einer Mission im Rahmen der Union beauftragen. Daneben „begründen" Mitgliedstaaten, „die anspruchsvollere Kriterien in Bezug auf die militärischen Fähigkeiten erfüllen und die im Hinblick auf Missionen mit höchsten Anforderungen untereinander weiter gehende Verpflichtungen eingegangen sind", „eine Ständige Strukturierte Zusammenarbeit im Rahmen der Union" nach Artikel 28e.

Diese Passagen aus dem Vertrag von Lissabon wurden hier so ausführlich zitiert, weil sie zeigen, in welche Richtung, nämlich die einer Interventionsgemein-

---

[22] Darunter ist der Rat „Auswärtige Angelegenheiten" zu verstehen, dem der Hohe Vertreter der Union für Außen- und Sicherheitspolitik vorsitzt.

schaft, die EU geht. Da dem Text zufolge für Missionen schon die Übereinstimmung mit den Grundsätzen der UNO, jedoch kein Mandat des Sicherheitsrates erforderlich ist, bietet nur die Einstimmigkeitserfordernis im Rat einen gewissen Schutz vor „militärischem Abenteuertum". Allerdings könnte die Möglichkeit, bestimmte Aufgaben an solche Mitglieder zu delegieren, deren militärische Fähigkeiten für anspruchsvollere Einsätze geeignet sind, die Zustimmung manchem erleichtern, der für sein eigenes Land und dessen Soldaten Bedenken hat. Auf jeden Fall müsste nach deutschem Verfassungsrecht und Verantwortungsbewusstsein für die Soldaten vor der Bereitstellung eines Bundeswehrkontingents eine konstitutive Zustimmung des Bundestages zu dessen Entsendung hinzukommen.

Sollte es hingegen eines Tages eine der EU und ihrer GSVP direkt zugeordnete gemeinsame Streitmacht geben, dann darf die Kompetenz über Einsätze nicht bei der Kommission und/oder dem Europäischen Rat allein liegen. Vielmehr müsste für solche Entscheidungen das Europäische Parlament zuständig sein, das freilich bisher in sicherheits- und verteidigungspolitischen Fragen kaum etwas zu sagen hat, während nationale Parlamente für die daneben wahrscheinlich weiter bestehenden nationalen Streitkräfte zuständig wären.[23]

Diese haben allerdings, wie eine Studie der Universität Düsseldorf zeigt, sehr unterschiedliche Kompetenzen hinsichtlich des Streitkräfteeinsatzes: Einige entscheiden über die Entsendung ex ante, andere ex post, wieder andere verfügen über Kontroll-, Kommunikations- oder Abwahlressourcen und wieder andere nicht. In dem Projekt wurde die Beteiligung der Parlamente der zu jener Zeit noch 15 EU-Staaten und der 10 damals im Aufnahmestadium befindlichen Kandidaten der EU an den Entscheidungen zur Teilnahme dieser Länder am Irakkrieg 2003 nach ihren jeweiligen Kompetenzen untersucht (s. Tabelle). Dabei fällt dreierlei auf: Zum einen haben die Parlamente in all den EU-Staaten, die bis auf weiteres nicht der NATO angehören werden, umfassende oder wenigstens selektive ex-ante-Kompetenzen, zum anderen befinden sich unter denen, in denen eine umfassende Parlamentsbeteiligung anzutreffen ist, viele kleine und junge Demokratien, und zum dritten spielen bei Militäreinsätzen die Parlamente der klassischen Demokratien Frankreich und Großbritannien nur eine untergeordnete Rolle.

[23] Im Deutschen Bundestag werden zurzeit (August 2010) Überlegungen angestellt, wie nach dem Ende der WEU und der Auflösung von deren Parlamentarischer Versammlung eine die GASP und damit auch die GSVP begleitende Parlamentarische Versammlung aus Delegationen der nationalen Parlamente der EU-Staaten unter Einbeziehung des Europäischen Parlamentes beschaffen sein müsste (vgl. Spatz 2010).

Tabelle Verteilung der Kompetenzen 2003 (nach Dieterich et al. 2009: 24)

Typ	comprehensive[a)]		selective[b)]	deferred[c)]	basic[d)]	deficient[e)]
Fälle:	AUT EST FIN GER HUN ITA	LAT LIT LUX MAL SLO	DEN IRL NED SWE	CZK SLK	BEL ESP POL POR	CYP FRA GBR GRE

[a)] Ex-ante-Zustimmung bei Truppenentsendung, große Kontroll- und Öffentlichkeitskapazitäten.
[b)] Ex-ante-Zustimmung mit Ausnahmen, große Kontroll- und Öffentlichkeitskapazitäten.
[c)] Ex-post-Zustimmung, große Kontroll- und Öffentlichkeitskapazitäten.
[d)] Obligatorische Unterrichtung, große Kontroll- und Öffentlichkeitskapazitäten.
[e)] Keine spezifischen Kompetenzen, wenig Kontroll- und Öffentlichkeitskapazitäten.

Wo aber schon die nationalen Parlamente wenig Mitsprache- und Mitentscheidungsrechte über den Einsatz nationaler Streitkräfte haben, dürfte eine Verlagerung der Kompetenz auf die EU-Ebene bzw. auf das Europäische Parlament kaum ein Thema sein, das in Regierungskreisen oder von den nationalen Parlamenten aufgebracht wird. Im Gegenteil ist zu erwarten, dass dann, wenn eine solche Initiative von Seiten jener EU-Mitglieder, die eine parlamentarische Kontrolle für gut und richtig halten oder aus der Mitte des Europäischen Parlamentes ergriffen würde, ein klarer Widerspruch oder gar Widerstand von den Regierungen käme, in deren alleiniger Kompetenz bisher der Einsatz ihrer Streitkräfte liegt. Demzufolge sind die Aussichten dafür, dass es durch die parlamentarische Ebene zu einer Begrenzung der Interventionsbereitschaft der EU kommt, eher gering einzuschätzen.

Da die meisten EU-Staaten jedoch an der von der NATO geführten ISAF-Mission beteiligt sind, dürften die Probleme, vor denen sie dort stehen, die Neigung der Politiker zu militärischem Engagement in fremden Erdteilen wenigstens vorläufig so weit dämpfen, wie die Beteiligung an einer Mission der Öffentlichkeit nicht als sicherheitspolitisch unbedingt erforderlich vermittelt werden kann. Dass auch weitere Lehren für das außen- und sicherheitspolitische Verhalten deutscher und europäischer Politiker aus dem Einsatz in Afghanistan zu ziehen sind, zeigen die nachfolgenden Thesen, die von einer Gruppe von Friedensforschern unter der Federführung von Volker Matthies im Juli 2010 veröffentlicht wurden, von denen hier nur diejenigen wiedergegeben werden, die über den Einsatz selbst hinausweisen.

Volker Matthies und andere: Lernen von Afghanistan (Auszüge)

[…] Welche allgemeinen friedenspolitischen Lehren sind nun aus der verfahrenen Lage in Afghanistan zu ziehen?

4. Mit militärischen Mitteln kann der islamistisch inspirierte Terrorismus nicht nachhaltig eingedämmt werden. Der militärisch geführte „Anti-Terror-Krieg" hat eher zur Erosion völker- und menschenrechtlicher Normen sowie zur Unglaubwürdigkeit des Westens als Wertegemeinschaft beigetragen. Erforderlich sind demgegenüber diplomatisch-politische, polizeilich-juristische, entwicklungspolitische sowie integrations- und kulturpolitische Herangehensweisen und Methoden. Zudem scheinen mittlerweile von „hausgemachten" Terroristen in den Ländern des Westens größere Gefahren auszugehen als von Gesellschaften wie Afghanistan, Somalia oder dem Jemen.

5. Asymmetrische Kriege sind militärisch nicht zu gewinnen. Historisch-komparative Untersuchungen über Aufstandsbewegungen, Erhebungen gegen Fremdherrschaft und asymmetrische Gewaltkonflikte haben deutlich gemacht, dass derartige Kriege in der Regel nicht im klassischen militärischen Sinne „gewonnen" werden können, da es sich hierbei letztlich eher um soziale und politische als um militärische Kämpfe handelt. […]

6. Politische Prävention ist sinnvoller als militärische Intervention. Eine frühzeitige nicht-militärische Prävention in Krisen ist einer aufwendigen und langwierigen militärisch gestützten reaktiv-kurativen Krisenbearbeitung vorzuziehen. Eine effektive Krisenprävention kann dazu beitragen, solche, nicht zuletzt auch durch fragwürdige Politiken westlicher Staaten mit verursachten Krisenlagen wie Afghanistan gar nicht erst entstehen zu lassen. Hier sei nur auf die langjährige Vernachlässigung des Landes durch den Westen nach dem Abzug der Sowjets sowie an das zögerliche und defizitäre internationale Engagement in den ersten Jahren des Wiederaufbaus verwiesen.

7. Das Projekt des „Staaten-Bauens" muss mit Bescheidenheit und ohne Illusionen betrieben werden. Die Fähigkeit externer Akteure zur Kontrolle und Steuerung komplexer sozialer Dynamiken in fremden Gesellschaften in einem gewünschten ordnungspolitischen und normativen Sinn (nämlich des Modells des liberalen OECD-Staates mit Demokratie, Marktwirtschaft und Menschenrechten) wird weit überschätzt. Letztlich können wohl nur eigenständige Prozesse der Staatsbildung von außen unterstützt werden. Daher sind zahlreiche externe Versuche, ob mit oder ohne militärische Mittel, Staaten nach westlichem Muster zu formen, weit hinter ihren Zielen zurückgeblieben, um nicht zu sagen: gescheitert. Dies gilt auch für Afghanistan.

8. Zivile Konfliktbearbeitung in Krisenregionen ist friedenspolitisch unabdingbar. Unrealistisch ist ein sozialtechnologischer Machbarkeitsglauben, der in fremden Gesellschaften mit Hilfe des Militärs „Frieden schaffen", „Staaten bauen" oder „Stabilität herstellen" will. Vielmehr ist in diesen Gesellschaften eine intensive Förderung von eigenständiger lokaler Konfliktbearbeitung vonnöten, denn die Hauptakteure in Friedensprozessen sind die in den Krisenregionen lebenden Menschen. Der Friede kann nicht von außen implantiert werden, sondern muss von innen her wachsen. Daher gilt es, lokale Kapazitäten für den Frieden zu stärken und politische Räume für die Entfaltung eigenständiger Friedensprozesse zu eröffnen.

9. Deutschland muss seinen Aktionsplan zur Zivilen Krisenprävention konsequent umsetzen. Unbestreitbar hat es in den letzten Jahren in konzeptioneller und organisatorischer Hinsicht friedenspolitische Fortschritte gegeben. Einen Höhepunkt stellte im Jahr 2004 die Verabschiedung des „Aktionsplans Zivile Krisenprävention, Konfliktlösung und Friedenskonsolidierung" durch die Bundesregierung dar. Doch mangelt es dem Aktionsplan bis heute an einem deutlichen Umsetzungswillen der Politik, an einer klaren regionalen und sektoralen Prioritäten- und Schwerpunktsetzung. [...] Der anhaltende Ressort-Egoismus behindert eine bessere Abstimmung zwischen den Ministerien. Schließlich ist es nicht gelungen, die Anliegen ziviler Krisenprävention auf wirkungsvolle Weise in der Öffentlichkeit zu propagieren. Daher fordern wir nachdrücklich eine politische Aufwertung des Konzepts und der Agenda ziviler Krisenprävention sowie einen massiven Ausbau der Infrastruktur und Ressourcenausstattung ziviler Konfliktbearbeitung.

10. Eine kritische Evaluation der Auslandseinsätze der Bundeswehr ist überfällig. Wenn auch nicht von einer umfassenden „Militarisierung" der deutschen Friedens- und Sicherheitspolitik zu sprechen ist, so ist doch unverkennbar, dass es zu einer wachsenden Kluft zwischen militärischen Einsätzen und ziviler friedenspolitischer Konfliktbearbeitung sowie bei der zivil-militärischen Zusammenarbeit zu einer Dominanz des Militärischen gekommen ist. Zudem ist die friedenspolitische Bilanz von Auslandseinsätzen der Bundeswehr durchaus strittig. Eine unabhängige, umfassende und kritische Evaluierung dieser Einsätze ist daher, nicht zuletzt angesichts ihrer immensen Kosten, dringend geboten.

Fazit: Plädoyer für nicht-militärische Krisenprävention und zivile Konfliktbearbeitung. Bei der überfälligen Debatte über deutsche Sicherheits- und Friedenspolitik ist eine nachhaltige Neuorientierung dieser Politik zugunsten des zivilen Elements anzustreben. Der wohlfeilen politischen Rhetorik muss endlich die realpolitische Substanzausfüllung des Konzepts ziviler Krisenprävention und Konfliktbearbeitung folgen. Das überkommene Ungleichgewicht zwischen militärischen und zivilen Fähigkeiten, Kapazitäten und Ressourcen gilt es zu überwinden. Nicht zuletzt der Fall Afghanistan zeigt deutlich diese schon lang anhaltende Schieflage zwischen militärischen und zivilen Mitteln und bekräftigt die Erkenntnis, dass Militär ein in seiner Wirkung immer wieder weit überschätztes, immens teures und letztlich untaugliches Instrument nachhaltiger Konfliktbearbeitung und Friedenspolitik ist.

4.3 *Ist die UNO unentbehrlich?*

Was lehrt der Blick auf die NATO und die EU für die Einschätzung der UNO? Zwiespältiges: Einerseits wurde der Anti-Terror-Einsatz der OEF vom Sicherheitsrat legitimiert und ISAF von ihm sogar Jahr um Jahr aufs Neue mandatiert. Das NATO-Mandat ist also auch für das Ansehen der UNO in diesem Land nicht wirklich hilfreich. Ob die parallel dazu von den Vereinten Nationen direkt betriebene politische Mission UNAMA größere Erfolge bei der Stabilisierung am Hindukusch hat, muss angesichts der dortigen Entwicklung insgesamt bezweifelt werden. Andererseits schreiben die EU-Staaten unverdrossen in den Vertrag von Lissabon, der die Gemeinsame Sicherheits- und Verteidigungspolitik konstituiert, ihre Missionen jenseits der europäischen Grenzen hätten den Grundsätzen der UN-Charta zu entsprechen. Diese ist und bleibt für sie also die zentrale Referenz.

Noch während der Ära Bush jr., in der die USA zur UNO günstigstenfalls ein instrumentelles Verhältnis pflegte, schlugen US-amerikanische Wissenschaftler vor, die NATO zu globalisieren und dabei in einem ersten Schritt die Kooperationsbeziehungen zu Australien, Neuseeland, Japan und anderen asiatischen und pazifischen Staaten zu vertiefen (Daalder/Goldgeier 2006). Zur selben Zeit entstand in Princeton die Idee einer *Liga der Demokratien* (Ikenberry/Slaughter 2006). Da die UNO durch die obstruktive Politik von Autokratien gelähmt werde, sei es für die Demokratien notwendig, außerhalb dieses Rahmens enger zu kooperieren, um auf die Erfordernisse einer globalen Weltordnung angemessen reagieren zu können. Zu diesem Ansatz bemerkt Peter Schlotter: „Wenn die NATO – wie in den Vorstellungen zu einer League of Democracies zumindest implizit mitgedacht ist – durch ihre Globalisierung zum Kern einer solchen exklusiven Institution werden sollte, hätte sie zwar … einen Schritt zur Universalisierung des demokratischen Friedens gemacht, aber um den Preis einer Eskalation der Verfeindung zu nichtdemokratischen Regimen.“ (Schlotter 2010: 178)

Doch nicht nur um diesem Risiko zu entgehen, sollten die westlichen Demokratien der UNO trotz mancher Schwächen weiterhin den Vorrang vor anderen Organisationen geben und sie finanziell[24] und personell nach Kräften unterstützen. Noch wichtiger ist: internationale Regime wie das des Nichtverbreitungsvertrages oder auch die Weltklimapolitik brauchen eine Einbindung autoritär regierter Staaten ebenso wie die Menschenrechtspolitik, und das ist nur im Rahmen der Vereinten Nationen möglich.

---

[24] Die USA ist mit 22 Prozent eigentlich der größte Beitragszahler der UNO, gehört jedoch de facto auch nach dem Wechsel von Bush jr. zu Obama zu den besonders säumigen Zahlern.

5 Zu den ergänzenden Texten

In dem letzten der drei Prioritätenspiele sowie den drei ergänzenden Texten zu diesem Teil werden einige Aspekte der Bearbeitung internationaler Konflikte bzw. der Konfliktregelung durch internationale Organisationen behandelt, auf die im vorangegangenen Einführungskapitel nicht näher eingegangen werden konnte.

243 Flüsse und Seen haben nach Angaben der Vereinten Nationen zwei oder mehr Anrainerstaaten. Die gemeinsame Nutzung dieser Gewässer bietet ein hohes Konfliktpotenzial, wobei es sich meist um asymmetrische Konflikte handelt, da Oberlieger den Unterliegern buchstäblich das Wasser abgraben können und aus Kostengründen wenig Wert auf die Wasserqualität legen, mit der „ihr" Fluss ins Nachbarland gelangt. Das *Prioritätenspiel* ist einer typischen Konfliktkonstellation an einem internationalen Wasserlauf gewidmet, der drei Anrainer hat, und in dem eine Internationale Entwicklungsbank versucht, zu einer nachhaltigen Konfliktregelung zu gelangen.

In einem ursprünglich als Einleitung zu einem von ihnen herausgegebenen Sammelband enthaltenen Beitrag befassen sich *Bernhard Zangl* und *Michael Zürn* mit der internationalen und transnationalen Verrechtlichung als Bausteinen für *Global Governance*. Mit diesem Begriff bezeichnen sie einen Idealtyp internationaler Politik. Er beschreibt das Regieren jenseits des Nationalstaates, bei dem einzelne Steuerungsformen sowohl vergesellschaftet als auch verrechtlicht und letztlich in einer umfassenden politischen Ordnung konstitutionalisiert sind. Dabei betrachten sie in einzelnen Schritten die Verrechtlichung der Rechtsprechung, der Rechtsdurchsetzung und der Rechtsetzung sowie die Konstitutionalisierung des Rechts, und exemplifizieren dies an der Entwicklung vom Allgemeinen Zoll- und Handelsabkommen GATT zur Welthandelsorganisation WTO.

Dem Thema *sexualisierter Gewalt als Kriegstaktik* und den Bemühungen der Vereinten Nationen, dieses menschenrechtsverachtende Verhalten völkerrechtlich zu ächten, ist der Beitrag von *Silke Pietsch* und *Nina Strumpf* gewidmet. Die Autorinnen behandeln ausführlich Formen, Funktionen, Motive und Folgen sexualisierter Gewalt in bewaffneten Konflikten. Zwar gibt es schon frühe Belege dafür, sexualisierte Kriegsgewalt als Kriegsverbrechen zu bestrafen, aber es war ein langer Prozess bis die Vereinten Nationen sie in ihrer Resolution 1820 (2008) als eine Gefahr für den Weltfrieden charakterisierten und konkrete Forderungen an die politischen Akteure formulierten. Abschließend werden die Erkenntnisse aus einer Befragung deutscher Experten zur Umsetzung dieser Resolution zusammengefasst und durch eigene Empfehlungen zu ihrer weiteren Implementierung in der deutschen Politik ergänzt.

Im letzten Beitrag des Verfassers werden die im Einführungskapitel nur knapp gestreiften *Humanitären Interventionen* unter friedensethischen Gesichtspunkten näher betrachtet. Dabei werden die Kriterien erläutert, die eingehalten werden müssen, wenn es zu entscheiden gilt, ob eine Humanitäre Intervention überhaupt zulässig ist (gerechter Grund, legitime Autorität, Gewaltanwendung als äußerstes Mittel, Verhältnismäßigkeit der Schadenszufügung, richtige Absicht, nämlich das Ziel des Friedens, und eine vernünftige Aussicht auf Erfolg) sowie die Kriterien, die über die „richtige Dosierung“ von Gewalt entscheiden (Verhältnismäßigkeit der Mittel, Unterscheidung zwischen Kombattanten und Nicht-Kombattanten und schließlich das Verbot bestimmter Waffen, insbesondere von Massenvernichtungsmitteln). Der Aufsatz geht schließlich den Fragen nach, ob Demokratie bei der Entscheidung über Interventionen zur Selektion zwinge und ob es aufgrund der Responsibility to Protect Resolution eine Pflicht zur Intervention gibt.

Literatur

Annan, Kofi (2005): In Larger Freedom: Towards Development, Security and Human Rights for All. Report of the Secretary-General of the United Nations for decision by Heads of State and Government in September 2005, New York.

Auswärtiges Amt (2010): Deutsches Engagement für die Friedensmissionen der Vereinten Nationen (Stand 21. 01. 2010) http://www.auswaertiges-amt.de/diplo/de/Aussenpolitik/InternatOrgane/VereinteNationen/DundVN/VN-Friedensmissionen.html#t3 (Zugriff: 22.07.2010)_

Bahr, Egon (1983): Gemeinsame Sicherheit – Perspektiven europäischer Sicherheitspolitik, in: Deutsche Gesellschaft für Friedens- und Konfliktforschung (Hrsg.): DGFK-Jahrbuch 1982/83. Zur Lage Europas im globalen Spannungsfeld, Baden-Baden, S. 567–574.

Benner, Thorsten/Witte, Jan Martin (2001): Brücken im globalen System. Neues Leitbild für internationale Organisationen, in: Internationale Politik, Heft 5/2001, S. 1–8.

Braun, Gerald/Topan, Angelina (1998): Frieden als Abwesenheit von Krieg? Kritischer Vergleich einiger Blauhelmeinsätze in den neunziger Jahren, in: Aus Politik und Zeitgeschichte, B 16-17, 1998: S. 3–12.

Brock, Lothar/Brühl, Tanja (2006): Die UNO nach dem Gipfel von 2005: Stillstand als Fortschritt? in: Mutz, Reinhard et al. (Hrsg.): Friedensgutachten 2006, Berlin Münster, S. 44–53.

BVerfG 90 (1994): Entscheidungen des Bundesverfassungsgerichts, Band 90, Nr. 16, 12.7.1994, Tübingen

Christia, Fotini/Semple, Michael (2010): Die Taliban: Versöhnung und Reintegration, in: Fröhlich, Christiane et al. (Hrsg.): Friedensgutachten 2010, Berlin Münster, S. 32–48)

Czempiel, Ernst-Otto (1994): Kollektive Sicherheit – Mythos oder Möglichkeit, in: Merkur 48. Jg., H.9/10, S. 790–803.

Daalder, Ivo/Goldgeier, James (2006): Global NATO, in: Foreign Affairs, 85:5, S. 105–113.

Daase, Christopher (1992): Ökologische Sicherheit: Konzept oder Leerformel?, in: Meyer, Berthold/Wellmann, Christian (Redaktion): Umweltzerstörung. Kriegsfolge und Kriegsursache, Frankfurt a. M., S. 21–52.

Deutscher Bundestag (2010): Antrag der Bundesregierung. Fortsetzung der Beteiligung bewaffneter deutscher Streitkräfte an der AU/UN-Hybrid-Operation in Darfur (UNAMID) auf Grundlage der Resolution 1769 (2007) des Sicherheitsrates der Vereinten Nationen vom 31. Juli 2007 und Folgeresolutionen, Drucksache 17/1901 v. 02.06.2010.

Dieterich, Sandra/Hummel, Hartwig/Marschall, Stefan 82009): „Kriegsspielverderber"? Europäische Parlamente und der Irakkrieg 2003, in: Zeitschrift für Internationale Beziehungen, 16. Jg. (2009) Heft 1, S. 7–40.

Fey, Marco/Franceschini, Giorgio/Müller, Harald/Schmidt, Hans-Joachim (2010): Auf dem Weg zu Global Zero? Die neue amerikanische Nuklearpolitik zwischen Anspruch und Wirklichkeit, HSFK-Report N. 4/2010, Frankfurt a. M.

Frei, Daniel (1970): Kriegsverhütung und Friedenssicherung, Frauenfeld/Stuttgart.

Friedensgutachten (1987 ff.): Forschungsstätte der Evangelischen Studienstiftung (FEST), Hessische Stiftung Friedens- und Konfliktforschung (HSFK), Institut für Friedensforschung und Sicherheitspolitik an der Universität Hamburg (IFSH, seit 2002 unter Beteiligung von Bonn International Center for Conversion (BICC) und Institut für Entwicklung und Frieden (INEF) (Hrsg.): Friedensgutachten 1987 ff. erscheint jährlich, Berlin Münster.

Gareis, Sven Bernhard/Varwick, Johannes (2002): Die Vereinten Nationen, Opladen.

Heselhaus, Sebastian (2008): Ungerechtigkeit durch Untätigkeit? Das Nichthandeln des Sicherheitsrates, in: Bruha, Thomas et al. (Hrsg.): Legalität, Legitimität und Moral, Tübingen, S. 211–248.

Hippler, Jochen (2003): Der Weg in den Krieg – Washingtons Außenpolitik und der Irak, in: Hauswedell, Corinna et al. (Hrsg.): Friedensgutachten 2003, Münster – Hamburg – London, S. 89–98.

Ikenberry, G. John/Slaughter, Anne-Marie (2006): Forging A World Of Liberty Under Law. U. S. National Security In The 21st Century. Final Report of the Princeton Project on National Security, Princeton.

ISAF (2010): International Security Assistance Force. Key Facts and Figures, http://www.isaf.nato.int (Zugriff 07.08.2010)

Jaberg, Sabine (1999): Kollektive Sicherheit: Mythos oder realistische Option? Sechs Perspektiven, Hamburg.

Kaplan, Lawrence S. (2010): „To keep the Americans In, the Russians Out and the Germans Down". Europe's Way into the Alliance, in: Kremp, Werner/Meyer, Berthold/Tönnesmann, Wolfgang (Hrsg.): Entangling Alliance. 60 Jahre NATO. Geschichte – Gegenwart – Zukunft, Trier, S. 21–39.

Kennedy, Robert F. (1969): Dreizehn Tage: die Verhinderung des Dritten Weltkrieges durch die Brüder Kennedy/mit Beitr. von Robert McNamara und Harold Macmillan, Bern (u. a.).

Kiderlen, Elisabeth (2009): Wie funktionieren Weltklimakonferenzen? http://www.boell.de/oekologie/klima/klima-energie-7514.html (Zugriff 28.01.2010)

Kohler-Koch, Beate (1989): Zur Empirie und Theorie internationaler Regime, in: Dies. (Hrsg.), Regime in den internationalen Beziehungen, Baden-Baden, S. 17–85.
Kühne, Winrich (1993): Völkerrecht und Friedenssicherung in einer turbulenten Welt: Eine analytische Zusammenfassung der Grundprobleme und Entwicklungsperspektiven, in: Ders. (Hrsg.): Blauhelme in einer turbulenten Welt – Beiträge internationaler Experten zur Fortentwicklung des Völkerrechts und der Vereinten Nationen, Baden-Baden, S. 17–100.
Lehmkuhl, Ursula (1996): Theorien internationaler Beziehungen. Einführung und Texte, München/Wien.
Matthies, Volker et al. (2010): AFK. Lernen von Afghanistan, in: Wissenschaft und Frieden, 3/2010.
Meyer, Berthold (2001): Kollektive Sicherheit oder Weltinnenpolitik? Die Suche nach den globalen Dorfpolizisten, in: Leggewie, Claus/Münch, Richard (Hrsg.): Politik im 21. Jahrhundert, Frankfurt a. M, S. 359–374.
Meyer, Berthold/Schlotter, Peter (2000): Die Kosovo-Kriege 1998/99. Die internationalen Interventionen und ihre Folgen, HSFK-Report 1/2000, Frankfurt a. M.
Müller, Erwin (1990/91): Grundsatzprobleme kollektiver Sicherheit: Historische Erfahrungen und Lehren für die Zukunft, in: Lutz, Dieter S. (Hrsg.): Gemeinsame Sicherheit, Kollektive Sicherheit, Gemeinsamer Frieden, Bd. VI: Auf dem Weg zu einer Neuen Europäischen Friedensordnung, Baden-Baden, S. 93–113.
Müller, Harald (2010a): Krieg in Sicht? Das iranische Nuklearprogramm und das Sicherheitsdilemma Israels, HSFK-Standpunkte Nr. 2/2010, Frankfurt a. M.
Müller, Harald (2010b): Der nukleare Nichtverbreitungsvertrag nach der Überprüfung, HSFK-Report Nr. 3/2010, Frankfurt a. M.
Palme-Bericht (1982): Der Palme-Bericht. Bericht der Unabhängigen Kommission für Abrüstung und Sicherheit, Berlin.
Rittberger, Volker/Mogler, Martin/Zangl, Bernhard (1997): Vereinte Nationen und Weltordnung. Zivilisierung der internationalen Politik? Opladen.
Rosenzopf, Georg (2009): Das war SHIRBRIG – Standby High Readiness Brigade, in: Österreichs Bundesheer (Hrsg.) Truppendienst, Folge 309, Ausg. 3/2009 http://www.bmlv.gv.at/truppendienst/ausgaben/artikel.php?id=878 (Zugriff 01.08.2008)
Schlotter, Peter (2010): Eine globale NATO? Ds Bündnis zwischen Verteidigungsallianz und Sicherheitsgemeinschaft, in: Kremp, Werner/Meyer, Berthold/Tönnesmann, Wolfgang (Hrsg.): Entangling Alliance. 60 Jahre NATO. Geschichte – Gegenwart – Zukunft, Trier, S. 167–182.
Senghaas, Dieter (1972): Aufrüstung durch Rüstungskontrolle. Stuttgart Berlin Köln Mainz
Stellungnahme (2010): Fröhlich, Christiane, Johannsen, Margret, Schoch, Bruno, Heinemann-Grüder, Andreas, Hippler, Jochen: Stellungnahme der Herausgeberinnen und Herausgeber: Aktuelle Entwicklungen und Empfehlungen, in: dies (Hrsg.): Friedensgutachten 2010, Berlin/Münster, S. 1–28.
SIPRI-Yearbook (1968 ff.): SIPRI-Yearbook of World Armaments and Disarmament, Ed.: Stockholm International Peace Research Institute, jährlich seit 1968.
Spatz, Joachim (2010): Memorandum zum Thema Parlamentarische Begleitung der GASP, Berlin.

Thakur, Ramesh (2008): Menschliche Sicherheit, Intervention und die Verantwortung zum Schutz, in: Ulbert, Cornelia/Werthes Sascha (Hrsg.): Menschliche Sicherheit. Globale Herausforderungen und regionale Perspektiven, Baden-Baden, S. 110–122.

Ulbert, Cornelia/Werthes Sascha (2008): Menschliche Sicherheit – Der Stein der Weisen für globale und regionale Verantwortung? Entwicklungslinien und Herausforderungen eines umstrittenen Konzepts. in: (dies. Hrsg.): Menschliche Sicherheit. Globale Herausforderungen und regionale Perspektiven, Baden-Baden, S. 13–27.

UNDP (1994): United Nations Development Programme: Human Development Report 1994: New Dimensions of Human Security http://hdr.undp.org/en/reports/global/hdr1994/ (Zugriff 01.07.2010)

United Nations (2005): Resolution adopted by the General Assembly A/RES/60/1

Varwick, Johannes (2004): Die Reform der Vereinten Nationen – Weltorganisation unter Anpassungsdruck, in: Aus Politik und Zeitgeschichte, B 43/2004, S. 37–45.

Wolfrum, Rüdiger (Hrsg.) (1991): Handbuch Vereinte Nationen, München, 2. Aufl.

Prioritätenspiel „Internationaler Wasserkonflikt"

Die Länder O., M. und U. liegen am Ober-, Mittel- bzw. Unterlauf eines großen Stromes. Der Oberlieger O. ist von großen Wäldern durchzogen und verfügt über hinreichend viel sauberes Wasser. Es hat in den letzten Jahren eine ertragreiche Papier- und Zelluloseindustrie aufgebaut, deren Abwässer in den Strom geleitet werden. Das Mittelland M. ist ein vorwiegend agrarisch orientiertes Land, dessen Bevölkerung in den letzten Jahrzehnten stark zugenommen hat. Da seine Landwirtschaft außerdem exportorientiert ist, braucht es, um zwei Ernten im Jahr zu sichern, sehr viel Wasser aus dem Strom. Daher besteht die Absicht, den Strom aufzustauen, wobei auch ein Kraftwerk entstehen soll. Der Unterlieger U. verfügt in regenreichen Jahren bisher noch über hinreichend Wasser, auch wenn die Qualität infolge der Verschmutzung in O. sehr zu wünschen übrig lässt. Wenn M. den Staudamm baut, befürchtet U., dass das Wasser nicht mehr ausreicht, um die Landwirtschaft und die Menschen in U. zu versorgen. U. hängt überdies sehr von seiner Aluminiumindustrie ab, die ebenfalls viel Wasser benötigt, ihre Abwässer aber ins angrenzende Meer leitet. Damit es nicht zu heftigen Auseinandersetzungen um das knappe Gut Trinkwasser kommt, hat die Internationale Entwicklungsbank Vertreter der drei Länder zu einer Konferenz eingeladen, um nach Problemlösungen zu suchen.

Aufgabenstellung

Der Spielleiter teilt die Teilnehmergruppe in vier Untergruppen auf, von denen eine die Regierung des Oberliegers O., eine die des Mittellandes M., eine die des Unterliegers U. und eine die Internationale Entwicklungsbank spielt. Dann verteilt er an alle die Seite mit den Forderungen und dem folgenden Aufgabentext:

Auf der übernächsten Seite werden 17 Forderungen genannt, die in der Auseinandersetzung um das zwischen den Ländern O., M. und U. bestehende Wasserproblem vorgetragen werden.

1. Diskutiert diese Forderungen in Euren Arbeitsgruppen.
2. Die drei Ländergruppen sollen zunächst sieben bis neun Forderungen streichen, die sie als Vertreter ihrer Regierung nicht akzeptieren wollen.
3. Die übrig gebliebenen Forderungen sollen sie danach ordnen, welche sie aus der Sicht der … für die wichtigste, die zweitwichtigste etc. halten. Falls sie

den Eindruck haben, dass es aus ihrer Perspektive noch eine weitere wichtige Forderung gibt, können sie diese ergänzend formulieren und in die Prioritätenliste einordnen.

4. Begründet Eure Entscheidungen für die Streichungen und Prioritätensetzungen.
5. Falls es auch nach intensiver Diskussion nicht möglich sein sollte, Einigkeit bei den Streichungen oder den Prioritätensetzungen zu finden, dokumentiert die Mehrheits- und die Minderheitsposition.
6. Während dieser Zeit überlegt die Gruppe der Internationalen Entwicklungsbank, wo es zwischen den verschiedenen vorliegenden Positionen Kompromissmöglichkeiten geben könnte, und wie sie auf diese in den nachfolgenden Verhandlungen zusteuern kann. Dabei hat sie die Möglichkeit, einzelnen Positionen dadurch mehr Gewicht zu verschaffen, dass sie sich bereit erklärt, diese finanziell zu unterstützen.

Den vier Gruppen wird eine Stunde Zeit gegeben, diese Aufgabe zu erledigen. Nötigenfalls kann diese Zeit auch etwas verlängert werden. Danach kommen alle im Plenum zusammen. Ein Vertreter der Bank übernimmt die Verhandlungsführung. Er trägt auf einem Flipchart zunächst zusammen, welche Forderungen von den verschiedenen Seiten gestrichen wurden und welche jeweils die höchste, zweit- und dritthöchste Priorität erhielten. Die Gruppen erklären dazu ihre Entscheidungen. Hieraus ergibt sich auf dem Flipchart schon ein Strukturmuster, aus dem sich erkennen lässt, ob es für bestimmte Positionen Übereinstimmungen in der Streichwürdigkeit gibt und ob es Punkte gibt, über die verhandelt werden könnte, um überhaupt eine Basis für eine Einigung zu finden. Sofern Statements vorhanden sind, in denen Übereinstimmungen vorliegen oder erzielt werden können, prüft die Bank, ob dies ihren Kompromiss- und Kreditvorstellungen entspricht. Dann kann darüber in Verhandlungen eingetreten werden. Für die Runde im Plenum sollte eine weitere Stunde zur Verfügung stehen.

Anmerkung: Dieses Prioritätenspiel wurde erstmals während der 14. Frühjahrsakademie Sicherheitspolitik der Hessischen Stiftung Friedens- und Konfliktforschung und der Atlantischen Akademie Rheinland-Pfalz „Wasser – Konfliktstoff des 21. Jahrhunderts“ am 19. März 2004 mit 30 Personen gespielt.

Statements der Beteiligten am internationalen Wasserkonflikt

Der Wasserpreis für die Industrie muss den tatsächlichen Kosten für die Entsorgung angepasst werden.	Alle drei Länder sollen einen Vertrag darüber abschließen, wieviel Wasser O. an M. und M. an U. pro Jahr weiterleitet, und eine Behörde einrichten, die das kontrolliert.	Alle drei Länder sollen sich darüber verständigen, moderne Kläranlagen in O. zu bauen und gemeinsam zu finanzieren.
Zur Infrastrukturverbesserung sollte ein Leitungssystem gebaut werden, das einen hohen Nutzungsgrad des vorhandenen Wassers garantiert	Die Abhängigkeit unseres Landes vom Agrarsektor muss durch den Aufbau moderner Industrie verringert werden.	Ein hoher Wasserpreis würde dazu führen, dass unsere Industrie international nicht mehr wettbewerbsfähig ist.
Bewässerungsanlagen mit einem sehr hohen Nutzungsgrad zu installieren ist so teuer, dass danach einige Agrarprodukte nicht mehr marktfähig sind.	Das Grundwasser ist durch Tiefbohrungen stärker zu nutzen.	Die Kläranlagen in O. bringen nur M. und U. Vorteile, also sollen sie auch die vollen Kosten dafür tragen.
Die exportorientierte Landwirtschaft ist schrittweise auf solche Produkte umzustellen, für deren Herstellung weniger Wasser eingesetzt werden muss.	Wenn unserem Land sauberes Flusswasser vorenthalten wird, fordern wir von denjenigen, die uns schlechtes Wasser liefern, uns eine Meerwasserentsalzungsanlage zu finanzieren.	Ein Vertrag, bei dem eine Partei materiell nur zu leisten hat, während die anderen die Nutznießer sind, bedarf eines angemessenen finanziellen Ausgleichs.
Das Land, das am Meer liegt, soll Meerwasser entsalzen, um seinen Trinkwasserbedarf zu ergänzen.	Die Industrie sollte einen Brauchwasserkreislauf einrichten, um Trinkwasser weniger zu beeinträchtigen.	Um künftig mit der in dieser Region vorhandenen Ressource Wasser auszukommen, muss das Bevölkerungswachstum gebremst werden.
Es ist ein Joint venture zw. Wasserkraftwerk und Aluminiumindustrie anzustreben.	Maßnahmen der Geburtenregelung lehnt unser Land aus religiösen Gründen ab.	Es sollte …

Make Law, Not War: Internationale und transnationale Verrechtlichung als Baustein für Global Governance*

Bernhard Zangl/Michael Zürn

Verrechtlichung ist für Viele zum Hoffnungsträger für eine bessere und friedlichere Welt geworden. Ironisierend ist das auf die Formel *make law, not war* gebracht worden. Doch was ist internationale bzw. transnationale Verrechtlichung? Welche Rolle spielt sie im Kontext von Globalisierung und Global Governance? Welche Ursachen liegen der internationalen bzw. transnationalen Verrechtlichung zugrunde und welche Wirkungen gehen davon aus? [...].

In diesem einleitenden Beitrag geht es uns im ersten Schritt darum, internationale und transnationale Verrechtlichung als ein Element von Global Governance systematisch zu verorten. Demnach ist eine solche Verrechtlichung jenseits des Nationalstaates Ausdruck eines Prozesses, bei dem wir uns vom traditionellen internationalen Regieren zu einem umfassenderen Regieren jenseits des Nationalstaates – oder eben: Global Governance – bewegen. Dieser konzeptionelle Kontext verdeutlicht, warum das vormals als eher träge angesehene Völkerrecht inzwischen so attraktiv erscheint. Allerdings ist der Begriff der Verrechtlichung recht schillernd. Obgleich Unschärfe sicherlich zur Attraktivität eines Konzeptes beitragen kann, behindert eine ungenaue Begriffsbestimmung eine gründliche Analyse und eine durchdachte Anwendung. In einem zweiten Schritt wollen wir daher den Begriff der Verrechtlichung jenseits des Nationalstaates präzise bestimmen, indem wir eine Reihe von allgemeinen Kriterien herausarbeiten. [...]

Verrechtlichung und Vergesellschaftung als Elemente von Global Governance

Die so genannte Globalisierung bzw. gesellschaftliche Denationalisierung hält für das nationalstaatliche Regieren in der OECD-Welt zahlreiche neue Herausforde-

---

* Dieser Beitrag ist ursprünglich als Einleitungskapitel zu dem von Bernhard Zangl und Michael Zürn herausgegebenen Band „Verrechtlichung – Baustein für Global Governance?" aus der Reihe EINE WELT der Stiftung Entwicklung und Frieden, Bonn 2004, S. 9–45, erschienen. Er wurde lediglich um die Verweise auf die dort nachfolgenden Aufsätze gekürzt.

rungen bereit. Man denke an das Ozonloch, den Klimawandel und die Biodiversität im Umweltbereich, den Terrorismus und den Bürgerkrieg im Sicherheitsbereich oder an Banken-, Währungs- und Finanzkrisen im Wohlfahrtsbereich. All diese neuen Herausforderungen zeigen die Grenzen nationalstaatlichen Regierens. Den globalen Klimawandel kann keine Regierung alleine aufhalten, ebenso wie sie alleine den transnationalen Terrorismus erfolgreich bekämpfen oder internationale Finanzkrisen verhindern kann. Auch die Regierungen mächtiger OECD-Staaten sind hier von der Kooperation mit Regierungen anderer Staaten abhängig. Der Nationalstaat ist zu Beginn des 21. Jahrhunderts mehr denn je darauf angewiesen, in internationalen Institutionen zu agieren, um die Umwelt zu erhalten, Sicherheit zu gewährleisten und um Wohlfahrt dauerhaft zu ermöglichen. Deshalb wird im Zeitalter der Globalisierung Global Governance als notwendig erachtet (Beisheim et al. 1999; Held et al. 1999; Hauchler et al. 2003).

Aber was ist Global Governance? Zunächst einmal ist auch Global Governance ein schillernder Begriff, der möglicherweise gerade deshalb so viel Unterstützung erfährt, weil er bislang recht diffus geblieben ist. Klar ist allerdings, dass *Governance* zunächst von *Government* ebenso abzusetzen ist, wie Regieren von Regierung (Czempiel/Rosenau 1992). Während sich der Begriff der Regierung auf einen Akteur bezieht, der sich des Regierens annimmt, wird durch den Begriff des Regierens eine Tätigkeit beschrieben, gleichviel welcher Akteur bzw. welche Akteure diese Tätigkeit ausüben. Eine gewisse Tradition hat der Begriff bereits im Bereich der Unternehmensführung, wo über *Corporate Governance* gesprochen wird. Auf den politischen Bereich übertragen meint *Governance* im Sinne von Regieren die *via* Rechtfertigung an sozialen Grundwerten orientierte Steuerung gesellschaftlicher Beziehungen mittels dauerhafter Regelungen (Zürn 1998: 12). Im modernen Nationalstaat ist es klassischerweise die Regierung, die für die damit verbundene Tätigkeit der Regelsetzung und Regeldurchsetzung von zentraler Bedeutung ist. In den Begriff Global Governance ist nun jedoch eingeschrieben, dass es nicht zwingend einer globalen Regierung bedarf, damit globales Regieren möglich wird. Vielmehr kann „komplexes Weltregieren" auch das aggregierte Resultat der Tätigkeiten verschiedenster Akteure sein.

Global Governance ergibt sich dadurch, dass sich verschiedene Steuerungsformen auf unterschiedlichen Entscheidungsebenen zu einem Gesamtarrangement von *Governance by, with and without Government* verbinden (Zürn 1998: 166–180). Im Falle von *Governance by Governments* (nationalstaatliches Regieren) sind es nationale Regierungen, die nationalstaatliche Regelungen hierarchisch setzen und auch durchsetzen. Geschwindigkeitsbeschränkungen auf Schnellstraßen sind ein einfaches Beispiel. Auf internationaler Ebene steht die Option *Governance by Government* nicht zur Verfügung, weil es keinen Weltstaat gibt. Jenseits des Nationalstaates ist also zumindest *Governance with Governments* (internationales Regieren) erforderlich. In diesem Fall koordinieren und harmonisieren nationale Regierungen ihre

Politik, um grenzüberschreitende Problemlagen zu bewältigen. Die wechselseitige Verpflichtung, auf diskriminierende Handelspolitiken zu verzichten, ist hierfür ein Beispiel. *Governance without Governments* (transnationales Regieren) meint in diesem Kontext schließlich, dass sich gesellschaftliche Gruppierungen grenzüberschreitend weitgehend selbst verregeln, um unerwünschte Interaktionsergebnisse zu vermeiden. Die Vergabe von *Domain Names* im Internet durch die *Internet Corporation for Assigned Names and Numbers* (ICANN) wird hierfür häufig als Beispiel angeführt. Eine Mischform ergibt sich, wenn Staaten in so genannten *Private-Public-Partnerships* Teil eines transnationalen Arrangements werden, ohne dass sie einen privilegierten Status erhalten und daher einen Akteurstyp unter anderen darstellen (Reinicke 1998). Die *World Commission on Dams* ist ein Beispiel hierfür. Es ist das Gesamtarrangement dieser verschiedenen Steuerungsformen, die Global Governance ausmachen. Mit anderen Worten: *Global Governance = Governance by + Governance with + Governance without Governments.*

Die einzelnen Steuerungsformen von Global Governance sind also nicht neu. Insbesondere war neben dem nationalstaatlichen Regieren (*Governance by Governement*) schon früh ein internationales Regieren (*Governance with Governments*) verbreitet. So haben sich vor allem nach 1945 zahlreiche Institutionen von der UNO bis zum Allgemeinen Zoll- und Handelsabkommen (GATT), vom Internationalen Währungsfonds (IWF) bis zur Internationalen Arbeitsorganisation (ILO) und von der Internationalen Fernmeldeunion (ITU) bis zur International Maritime Organisation (IMO) damit beschäftigt, kollektiv bindende Regelungen zu generieren und zu implementieren, um gesellschaftliche Grundwerte besser zu realisieren (Rittberger/Zangl 2003). Als typisch für dieses ausschließlich intergouvernmentale Regieren darf das 1947 im Rahmen des GATT begründete internationale Handelsregime gelten. Das GATT wurde vollständig von den Regierungen der daran beteiligten Staaten beherrscht. Diese setzten in wiederkehrenden Verhandlungsrunden die geltenden Regeln für den internationalen Handel fest. Dabei kam es zur weltweiten Reduzierung von Handelsschranken, ohne dass an diesen Verhandlungsrunden die gesellschaftlichen Gruppierungen, die den Handel treiben oder vom Handel anderer betroffen sind, systematisch und transparent beteiligt gewesen wären. Darüber hinaus konnten Regeln für den internationalen Handel nur dann getroffen und umgesetzt werden, wenn sich die beteiligten Regierungen in den zumeist langwierigen Verhandlungen einig wurden. Selbst nach einer Einigung hing die Umsetzung der Regeln ganz vom guten Willen der Regierungen ab. So mussten Regelverstöße letztlich immer durch Verhandlungen zwischen den betreffenden Regierungen selbst bereinigt werden, konnten mithin nicht durch ein unabhängiges Organ des GATT entschieden werden. Gleichwohl haben diese Regelungen zumindest teilweise dazu beigetragen, sich gesellschaftlichen Grundwerten anzunähern. Das GATT konnte durch den Abbau von Handelsschranken dazu beitragen, den Wohlstand vieler Staaten zu mehren.

Durch die Entwicklung in Richtung auf Global Governance wird das intergouvernmentale Regieren – der so genannte *exekutive Multilateralismus* – transformiert. Global Governance zeichnet sich dadurch aus, dass die Regierungen das Regieren nicht mehr vollständig kontrollieren. Zum einen findet eine *Vergesellschaftung* des Regierens jenseits des Staates statt. Demnach wird internationales Regieren nicht mehr allein als Sache der Regierungen angesehen. Vielmehr sind gesellschaftliche Gruppen vermehrt am Regieren jenseits des Staates beteiligt oder nehmen dieses Regieren sogar selbst vor (Cutler et al. 1999). Dementsprechend sind es nicht mehr nur die von den Regierungen vertretenen nationalen Interessen, sondern vermehrt auch andere gesellschaftliche Interessen, die in das Regieren eingebracht werden können. Zum anderen zeichnet sich eine *Verrechtlichung* des Regierens jenseits des Staates ab. Der Streit über unterschiedliche Regelanwendungen und Regelauslegungen erfolgt nicht mehr ausschließlich in an Interessen und Konsens orientierten politischen Verhandlungsprozessen, sondern wird immer mehr durch ein an Recht orientiertes juristisches Argumentieren geprägt. Dafür sorgen nicht zuletzt supranationale, quasi-gerichtliche Organe, die von den Staaten partiell unabhängig das Regieren beeinflussen können (Abbott et al. 2000; Romano 1999).

Global Governance zu Ende gedacht beinhaltet, dass sich darüber hinaus übergeordnete Regeln herausbilden, die bestimmen, wie mit den zunehmend auftretenden Regelkollisionen zwischen Regelungen aus unterschiedlichen Problemfeldern (Umwelt und Handel) sowie auf unterschiedlichen Ebenen (national und international) umzugehen ist, ohne die Konsistenz der betreffenden Regelsysteme zu unterminieren. Dort, wo sich derartige Regeln – gewissermaßen Kollisionsregeln – bilden, die ihrerseits an allgemein und öffentlich konsentierte Grundwerte angebunden sind, kann von einer Konstitutionalisierung der internationalen Beziehungen gesprochen werden (Frowein 2000). Und just diese Konstitutionalisierung kann – neben Verrechtlichung und Vergesellschaftung – als weiterer und womöglich entscheidender Schritt in Richtung von Global Governance angesehen werden. Die Konstitutionalisierung fügt gleichsam Vergesellschaftung und Verrechtlichung zusammen.

Global Governance bezeichnet in unserer Verwendung also einen Idealtyp internationaler Politik, bei dem einzelne Steuerungsformen eines Regierens jenseits des Nationalstaates – seien sie international *(Governance with Governments)* oder transnational *(Governance without Governments)* – sowohl vergesellschaftet als auch verrechtlicht und letztlich in einer umfassenden politischen Ordnung konstitutionalisiert sind, in die nationalstaatliches Regieren *(Governance by Government)* eingebunden ist. Aufgrund dieses Begriffs von Global Governance fragen wir in diesem Band, ob sich jenseits des Nationalstaates ein Prozess der Verrechtlichung oder gar der Konstitutionalisierung beobachten lässt: Dabei interessiert uns nicht nur, wie sich im Rahmen von Global Governance das internationale Regieren, sondern auch, wie sich das transnationale Regieren transformiert.

Schaubild 1 Internationales Regieren, Global Governance und Konstitutionalisierung

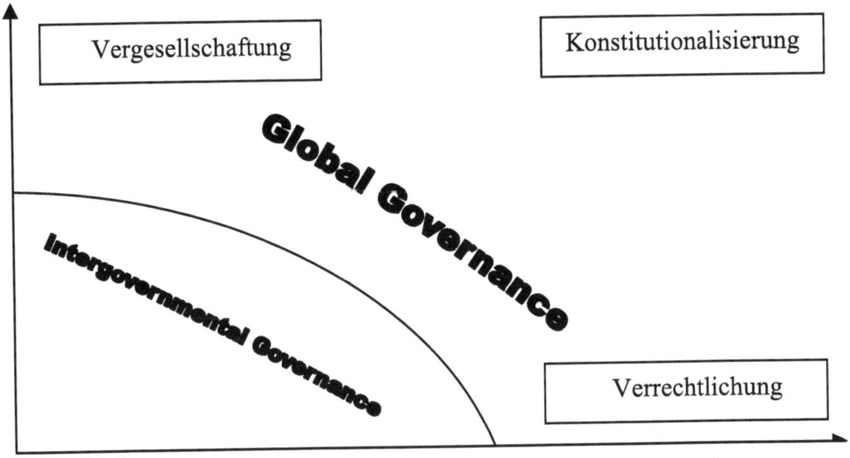

Ein zweiter Blick auf die internationale Handelspolitik kann einen derartigen Transformationsprozess des internationalen Regierens beispielhaft illustrieren. Das Regieren in der 1995 gegründeten Welthandelsorganisation (WTO) ist im Vergleich zu dem des alten Welthandelsregime (GATT) erheblich mehr verrechtlicht. Auseinandersetzungen über die Regelanwendung und -auslegung müssen nicht mehr durch Verhandlungen zwischen den betroffenen Staaten beigelegt werden, sondern können durch von den Staaten weitgehend unabhängige Streitbeilegungsinstanzen aufgrund juristischer Argumentation verbindlich entschieden werden. Hinzu kommt, dass das Regieren in der WTO zumindest teilweise auch stärker vergesellschaftet wurde. So sind heute in der WTO gesellschaftliche Gruppierungen zumindest von Deliberationen über die Regelsetzung nicht mehr gänzlich ausgeschlossen, sie können auch die Regeldurchsetzung partiell beeinflussen. Drittens beinhaltet das Handelsregime inzwischen auch Elemente, die etwaige Kollisionen mit anderen internationalen Regeln, insbesondere aus dem Umwelt- und Gesundheitsbereich, sowie mit nationalen Regelungen bearbeiten helfen sollen. Dieser institutionalisierte Umgang mit solchen Regelungskollisionen zeigt eine gewisse Konstitutionalisierung an (Petersmann 1997: v.a. 34–44).

Die Handelsgebräuche der so genannten *Lex Mercatoria* stellen ein Beispiel für die Einbindung von transnationalen Regelungen in eine umfassendere Global Governance dar. Dieses Handelsrecht regelt nicht, wie das der WTO, die Handelspraktiken zwischen Staaten, sondern vielmehr Handelsverträge zwischen

Privaten mit grenzüberschreitendem Charakter. Regierungen sind dabei weder an der Rechtsetzung noch an der Rechtsdurchsetzung zentral beteiligt. Es handelt sich vielmehr um eine gesellschaftliche Selbstverregelung, die durchaus als verrechtlicht gelten darf. Die beteiligten Händler wählen die *Lex Mercatoria* (an Stelle staatlichen Rechts) als das ihren Geschäftsverbindungen zugrunde liegende Recht und bestimmen selbst, wie dieses Recht umgesetzt werden soll. Sie greifen dabei zumeist auf unabhängige Schiedsinstanzen wie die der Internationalen Handelskammer zurück. Dabei hat sich zumindest insofern auch eine Konstitutionalisierung eingestellt, als nationale Gerichte die *Lex Mercatoria* anerkennen, mithin eine Kollisionsregel besteht (Albert 2002).

Die Beispiele machen deutlich, dass die Herausbildung von Global Governance – zumal in der anspruchsvollen Form als konstitutionelles Regieren – ein gradueller Prozess ist. Die Regelungen im Bereich des grenzüberschreitenden Handels sind heute angesichts der gewachsenen Bedeutung der WTO und der *Lex Mercatoria* bestimmt näher am Idealtyp einer konstitutionellen Form von Global Governance als das internationale Regieren bzw. der exekutive Multilateralismus der Nachkriegszeit. Gleichzeitig sind sie von diesem Idealtyp noch sehr weit entfernt. Unser Blick auf den Stand der Dinge versucht daher nicht die Frage zu beantworten, ob das Glas halb voll oder halb leer ist. Es geht uns um Prozesse der Veränderung, also um die Frage, ob das Wasser im Glas der Global Governance in den vergangenen Jahrzehnten mehr geworden ist.

Dabei konzentrieren wir uns im Folgenden auf den Aspekt der Verrechtlichung, während der Aspekt der Vergesellschaftung in den Hintergrund rückt. Insofern untersuchen wir *einen* zentralen Baustein von Global Governance. Unsere Beschäftigung mit Verrechtlichung und Konstitutionalisierung soll freilich kein Selbstzweck sein. Vielmehr geht es uns darum herauszuarbeiten: Welchen Beitrag kann die Verrechtlichung zu einem zugleich effektiven und legitimen Regieren jenseits des Staates leisten? In welchen Politikfeldern ist die Verrechtlichung einem effektiven und legitimen Regieren zuträglich und in welchen Politikfeldern mag sie dies behindern? Welche Verrechtlichungsformen können ein solchermaßen effektives und legitimes Regieren stützen und welche Verrechtlichungsprozesse mögen dies sogar unterminieren. Kurzum: Uns geht es auch darum, abzuschätzen, inwieweit Verrechtlichungsprozesse jenseits des Staates aus dem Blickwinkel von Global Governance wünschenswert sind.

Verrechtlichung durch Verfahren

Zunächst gilt es Prozesse der Verrechtlichung von denen einer einfachen Verregelung zu unterschieden (Wolf/Zürn 1993: 11–21). Verregelung meint, dass in einem bestimmten Politikfeld der internationalen Beziehungen (zusätzliche) Regeln entstehen, welche die Beziehungen zwischen den beteiligten staatlichen und/ oder gesellschaftlichen Akteuren regulieren. So wurden beispielsweise in den internationalen Handelsbeziehungen mit der Uruguay-Runde des GATT neue Politikbereiche geregelt. Die bereits bestehenden Regeln für den Güterhandel wurden unter anderem um Regeln für den Dienstleistungshandel ergänzt. Verrechtlichung dagegen meint, dass bestehende substanzielle Regeln ihren Charakter verändern und graduell rechtsförmiger werden, indem die Verfahren der Regelsetzung, der Regelauslegung und der Regeldurchsetzung verstärkt einen Rechtscharakter erhalten (Goldstein et. al 2000). So besteht die Verrechtlichung der internationalen Handelsbeziehungen darin, dass neue Verfahren des Umgangs mit Streitfällen bei der Regelanwendung eingeführt wurden. Streitigkeiten über die Regelauslegung werden nun in quasi-gerichtlichen Verfahren ausgetragen.

Die Definition von Verrechtlichung kann nicht unabhängig von zugrunde liegenden rechtstheoretischen Überlegungen erfolgen. Unser Ziel ist hier jedoch nicht, zur rechtstheoretischen Diskussion beizutragen. Vielmehr geht es uns darum, rechtstheoretisch begründbare, operational nutzbare und der allgemeinen Intuition zugängliche Kriterien zu entwickeln, anhand derer die gegenwärtigen Global Governance Entwicklungen auf ihren Verrechtlichungsgrad hin betrachtet werden können. Dabei werden wir uns nicht auf die Seite einer Rechtstheorie schlagen. Wir wollen hingegen die wichtigsten Rechtstheorien in Anschlag bringen, um eine Art overlapping consensus (John Rawls) zur Verrechtlichung zu identifizieren. Es geht uns also darum, den Kern des Verrechtlichungsprozesses herauszuarbeiten, indem Kriterien identifiziert werden, die von unterschiedlichen wichtigen Rechtstheorien als Ausdruck der Verrechtlichung anerkannt werden.

Verrechtlichungsprozesse zeichnen sich aus unserer Sicht in diesem Sinne dadurch aus, dass so genannte sekundäre Regeln institutionell definiert sind. Dort, wo die Regelsetzung, die Regelanwendung und die Regeldurchsetzung nicht nach vorab definierten Verfahren funktionieren – also in Abwesenheit von sekundären Regeln spontan erfolgen müssen –, kann man kaum von Recht sprechen. Insofern setzt ein anspruchsvolles Rechtssystem primäre und sekundäre Regeln voraus (Hart 1994: 79–99; Diehl et al. 2003). Hinzu kommt, dass diese Verfahren bzw. die sekundären Regeln nicht beliebig gestaltet sein können. Sie müssen vielmehr grundlegende Prinzipien der Verfahrensgerechtigkeit berücksichtigen. Nur dann können die für das Recht kennzeichnenden Geltungsansprüche eingelöst werden (Habermas 1994). Sekundäre Regeln dürfen Prinzipien wie „gleiche Fälle sollen gleich behandelt werden“ nicht grundlegend verletzen, um als Ausdruck von Verrechtlichung gesehen werden zu können.

Es ist also im Folgenden zu diskutieren, welche sekundären Regeln als Ausdruck von Verrechtlichung zu deuten sind. Dabei soll der Prozess der Verrechtlichung ganz bewusst graduell konzeptualisiert werden. Die Welt ist nicht so strukturiert, dass dichotomisch zwischen Recht und Nicht-Recht[1] – also zwischen rechtlichen und sozialen Normen – unterschieden werden kann. Deshalb wollen wir unabhängige Kriterien herausarbeiten, die eine Verortung der betrachteten Verfahren sowohl hinsichtlich der Rechtsetzung als auch hinsichtlich der Rechtsprechung und der Rechtsdurchsetzung auf einer Verrechtlichungsskala von hoch bis niedrig zulassen (Abbott et al. 2000). Diese Kriterien müssen beispielsweise ausweisen können, warum die Handelsbeziehungen im Rahmen der EU als verrechtlichter anzusehen sind als die im Rahmen der WTO und warum diese wiederum als verrechtlichter zu betrachten sind als die Handelsbeziehungen im alten GATT. Die zu entwickelnden Kriterien sollen zudem die Verrechtlichung auf der internationalen und der transnationalen Ebene gleichermaßen beobachtbar machen. Trotzdem werden wir im Folgenden die Kriterien an Beispielen internationaler Verrechtlichung verdeutlichen. Damit soll jedoch nicht impliziert werden, dass wir die internationale Verrechtlichung etwa im Rahmen der WTO für wichtiger halten als die der transnationalen etwa durch die Lex Mercatoria. Vielmehr wollen wir uns bei der Illustration der entwickelten Kriterien zunutze machen, dass die Verrechtlichung auf der internationalen Ebene gemeinhin bekannter ist als die auf transnationaler Ebene.

Gerichtliche Rechtsprechung

Die offensichtlichste Form der Verrechtlichung ist die Einrichtung von Gerichten. Da unter Rechtssubjekten[2] häufig strittig ist, was das Recht verlangt oder verbietet, bedarf jede Rechtsordnung eines geordneten Verfahrens der Rechtsprechung. Durch solche Verfahren ist insbesondere zu verhindern, dass sich jedes Rechtssubjekt gemäß seiner je eigenen Interpretation des Rechts beliebig verhalten kann. Durch die Rechtsprechung soll mithin sichergestellt werden, dass das Recht möglichst unparteiisch angewandt wird, so dass jedes Rechtssubjekt gleichermaßen auf das Recht vertrauen kann (Habermas 1994: 272–291; Dworkin 1984). Historisch betrachtet ist durch die unparteiische Anwendung des Rechts, also durch die Herausbildung einer

---

[1] In unserem Kontext ist nicht Unrecht, sondern Nicht-Recht das Gegenteil von Recht. Soziale Normen, die keinen rechtsförmigen Charakter haben – wie etwa bestimmte Kleidungskonventionen – stellen längst noch kein Unrecht dar. Unrecht setzt im Gegensatz zu Nicht-Recht Recht voraus.

[2] Als Rechtssubjekte betrachten wir die sozialen Akteure, die Träger von Rechten und Pflichten sein können. In diesem Sine sind sowohl die Autoren als auch die Adressaten von rechtsförmigen Regelungen Rechtsubjekte. Falls es sich um keine rechtsförmige Regelung handelt, reden wir von Regelungssubjekten. Davon zu unterscheiden sind wiederum die Regelungsbetroffenen, zu denen neben den Autoren und Adressaten auch alle diejenigen gehören, deren Interessen von den Effekten einer Regelung merklich berührt sind, aber keine Rechte und Pflichten haben. Um alle drei Gruppen – also Autoren, Adressaten und Betroffene – zu bezeichnen, nutzen wir den Begriff der Regelungs- bzw. Rechtsgemeinschaft.

Judikative, dafür Sorge getragen worden, dass auch die herrschenden Regelungsautoren an das Recht gebunden worden sind und sich somit die Herrschaft des Rechts *(rule of law)* etablieren konnte.

Um diesen Anforderungen gerecht zu werden, dürfen die Verfahren der Rechtsprechung freilich nicht beliebig ausgestaltet sein. Klar ist, dass sie in den für die traditionellen internationalen Beziehungen typischen *politischen Verfahren* eher weniger zu verwirklichen sind, da sie vorhandene Machtasymmetrien unmittelbar widerspiegeln. Dagegen scheinen *gerichtliche Verfahren* eine erheblich bessere Gewähr dafür zu bieten, dass es unabhängig von den jeweiligen Machtverhältnissen zu einer neutralen Rechtsprechung kommen kann. Dabei unterscheiden sich politische von gerichtlichen Verfahren insbesondere in dreierlei Hinsicht.

Gerichtliche Verfahren bieten erstens im Gegensatz zu politischen Aushandelungsprozessen ein breites *Klagerecht*, das letztlich alle Rechtsadressaten einschließt (Keohane et al. 2000: 462–466; Zangl 2001: 57). Für rein politische Verfahren ist dagegen kennzeichnend, dass nur die einflussreichsten Rechtssubjekte überhaupt die Möglichkeit besitzen, gegen vorhandene Praktiken der Regelanwendung vorzugehen. In der internationalen Politik heißt das konkret, dass nur mächtige Staaten gegen die Regelbrüche anderer Staaten vorgehen können. Denn zumeist ist hier das Klagerecht auf die Regelungsautoren – also die Staaten – beschränkt. Nichtstaatliche Regelungsadressaten und andere Regelungsbetroffene aus den Gesellschaften bleiben ausgeschlossen. So können beispielsweise in vielen internationalen Menschenrechtsgremien nur Staaten gegen die Menschenrechtsverletzungen anderer Staaten vorgehen. Da aber nur mächtige Staaten keine Gegenmaßnahmen des beklagten Staates fürchten müssen, sind die Klagemöglichkeiten faktisch noch weiter eingeschränkt. Und da selbst mächtige Staaten vielfach kein Interesse haben, andere Staaten gegen sich aufzubringen, kommt es in den Menschenrechtsgremien nur selten zu Klagen. Insbesondere einflussreiche Staaten wie China brauchen so trotz ihrer unbefriedigenden Menschenrechtssituation im Rahmen von nur schwach verrechtlichten Verfahren eine Klage kaum zu fürchten.

Für stark verrechtlichte Verfahren ist dagegen charakteristisch, dass neben den Rechtsautoren alle mittelbar oder unmittelbar von Rechtsbrüchen betroffenen Akteure klagen können. Demnach können auch auf der internationalen Ebene nicht-staatliche Akteure und sogar Individuen ein Klagerecht erhalten (Alter 2000; Zürn/Wolf 1999: 283). So dürfen heute internationale Menschenrechtsgremien wie der Europäische Menschenrechtsgerichtshof neben der klassischen Staatenbeschwerde auch Individualklagen annehmen. Durch ein erweitertes Klagerecht kann ermöglicht werden, dass die von Regelverletzungen betroffen Individuen im Rahmen des Rechts gegen die starken staatlichen Akteure vorgehen können und somit die Staaten nicht davon ausgehen können, bei Regelverletzungen zumeist ungeschoren davon zu kommen.

Gerichtliche Verfahren unterscheiden sich von politischen Verfahren zweitens durch die *Unabhängigkeit* der Richter (Keohane et al. 2000: 459–462; Helfer/Slaughter 1998: 353–355). Während rein politische Verfahren gar keine Streitschlichtungsinstanzen kennen, ist es für schwach verrechtlichte Verfahren typisch, dass die Entscheidungsinstanz keine ausreichende Unabhängigkeit von den Streitparteien hat. Es sind dann letztlich die Streitparteien selbst, die in einem dyadischen Verfahren aufgrund ihrer je eigenen Interessen darüber verhandeln, wie das Recht anzuwenden ist. In der internationalen Politik sind derartige schwach verrechtliche Streitschlichtungsverfahren sehr verbreitet. Dort werden Rechtsstreitigkeiten vielfach in von den Staaten selbst dominierten Verfahren zu bereinigen versucht. Gilt in diesen Verfahren dann auch noch das Einstimmigkeitsprinzip, so ist kaum zu erwarten, dass es zu einer von den Interessen der Staaten unparteiischen Rechtsanwendung kommen kann.

Das alte Streitbeilegungsverfahren des GATT zeigt, dass – wenn der jeweils beklagte Staat eine unliebsame Entscheidung verhindern kann – sich die Streitschlichtung fast ausschließlich an den Interessen der streitenden Staaten und nicht an den Rechtsgrundlagen orientiert. Doch selbst dort, wo Entscheidungen über Rechtsbrüche mit einfacher oder qualifizierter Mehrheit aller Beteiligten getroffen werden, ist eine unparteiische Rechtsprechung kaum zu erwarten. Zwar kann in diesem Fall der beklagte Staat Entscheidungen, die den eigenen Interessen widersprechen, nicht mehr verhindern, doch die übrigen Staaten werden im Allgemeinen ihr Entscheidungsverhalten an den eigenen Interessen orientieren. Das Beispiel des UN-Sicherheitsrats zeigt, dass auch in dieser Konstellation eine vornehmlich an den bestehenden Rechtsnormen ausgerichtete – unabhängige – Rechtsprechung unwahrscheinlich ist.

Um eine unparteiische, an Rechtsnormen orientierte Streitschlichtung zu ermöglichen, bedarf es offenbar eines triadischen Verfahrens. Es muss also ein unabhängiges Gericht geben, das darauf verpflichtet ist, Rechtsstreitigkeiten nicht an den Interessen der Beteiligten, sondern unter Bezug auf gültige Rechtsnormen zu entscheiden (Stone Sweet 2000: 1–30). Das Gericht muss an das Recht gebunden sein, aber von den streitenden Rechtsgenossen unabhängig als dritte Partei den Rechtsstreit entscheiden können (Helfer/Slaughter 1998: 353–355). In der internationalen Politik gibt es mit dem Europäischen Gerichtshof in Luxemburg, aber auch mit dem Internationalen Gerichtshof und dem Internationalen Strafgerichtshof in Den Haag sowie dem Europäischen Menschenrechtsgerichtshof solche unabhängigen Gerichtsinstanzen (Merrills 1998).

Die gerichtlichen Verfahren zeichnen sich gegenüber politischen Verfahren drittens durch ihre *obligatorische* Gerichtsbarkeit aus (Morgenthau 1963: 254–258; McCall 2000: 139–140). Bei politischen Verfahren besteht dagegen keine Pflicht der Rechtssubjekte, sich einem etwaigen Verfahren zu stellen. Bei politischen Verfahren muss jedes Regelungssubjekt jedem einzelnen Verfahren zunächst zustimmen, ehe die zuständige Streitbeilegungsinstanz aktiv werden kann. Bei schwach verrechtlichten Verfahren ist die Streitbeilegungsinstanz von den Betroffenen zwar grundsätzlich akzeptiert, doch auch hier können sie verhindern, dass ein Verfahren gegen sie eingeleitet werden kann. In der internationalen Politik ist eine solchermaßen fallweise zu entscheidende Gerichtsbarkeit weit verbreitet (Merrills 1998). Selbst der Internationale Gerichtshof in Den Haag besitzt keine obligatorische Gerichtsbarkeit. Letztlich besitzt er sie selbst dann nicht, wenn Staaten sich durch das entsprechende Fakultativprotokoll seiner Gerichtsbarkeit unterworfen haben. Denn die meisten dieser insgesamt 60 Staaten haben mit dem Fakultativprotokoll Vorbehalte verbunden, die es ihnen erlauben, die Zuständigkeit des Gerichts gegebenenfalls in Abrede zu stellen (Paech/Stuby 2001: 569–570).

Deshalb setzt ein stark verrechtlichtes Verfahren voraus, dass die Rechtsgenossen eine obligatorische Gerichtsbarkeit akzeptiert haben. Nur im Rahmen einer solchen Gerichtsbarkeit kann wirksam verhindert werden, dass Rechtsbrecher selbst entscheiden, ob sie sich einem Verfahren stellen (Morgenthau 1963: 254–258). In der internationalen Politik gibt es einige wenige Institutionen, die sich auf eine obligatorische Gerichtsbarkeit stützen können. Dazu zählen der Europäische Gerichtshof und der Europäische Menschenrechtsgerichtshof (Alter 2001: 5–27; Weiler 1999), aber auch das Streitbeilegungsverfahren in der WTO (Jackson 1997: 107–137).

Insgesamt kann sich eine Verrechtlichung jenseits des Staates im Bereich der Rechtsprechung daran festmachen, dass das Klagerecht ausgeweitet wird und/oder die Gerichtsbarkeit obligatorisch wird und/oder die Unabhängigkeit der Rechtsprechungsinstanz zunimmt.

Tabelle 1 Die Verrechtlichung der Rechtsprechung

	Verrechtlichung gering	**Verrechtlichung hoch**
Klageberechtigung	• auf die Rechtsautoren beschränkt (UN-Menschenrechtsausschüsse, WTO)	• auch für Rechtsadressaten (EuMRGH) • für unabhängige Klagebehörde (IstGH)
Gerichtsbarkeit	• nicht obligatorisch (IGH)	• obligatorisch (EuGH)
Unabhängigkeit	• Streitschlichtung durch Streitparteien selbst • nach Einstimmigkeitsprinzip (GATT) • nach Mehrheitsprinzip (UN-Sicherheitsrat)	• Rechtsprechung durch unabhängige Rechtsprechungsinstanz (WTO, IGH)

Institutionalisierte Rechtsdurchsetzung

Durch eine gerichtliche Rechtsprechung alleine kann nicht garantiert werden, dass Rechtsbrüche tatsächlich auch geahndet werden. Insofern scheinen funktionierende Rechtsordnungen zusätzlich auf wirksame Verfahren der Rechtsdurchsetzung angewiesen. Gemäß der klassischen Rechtstheorie bedarf es dazu einer gewaltbegabten übergeordneten Zentralinstanz (Austin 1885; Kelsen 1960). Gemäß dieser rechtstheoretischen Position ist nur durch eine solche Zentralinstanz sicherzustellen, dass die Rechtsadressaten mittels glaubwürdiger Sanktionen von Rechtsbrüchen abgeschreckt werden bzw. zur Rechtsbeachtung gezwungen werden können.

Ohne dieser Position folgen zu müssen, kann freilich festgehalten werden, dass eine institutionalisierte und mithin zuverlässige Sanktionierung von Rechtsbrüchen Ausdruck einer wachsenden Verrechtlichung ist. Schließlich ist es nur dort, wo Rechtsbrüche zuverlässig geahndet werden, den Rechtsgenossen zuzumuten, selbst den Rechtsnormen zu folgen. Darüber hinaus vermag eine auf zuverlässige Sanktionen gestützte Rechtsdurchsetzung zu verhindern, dass sich einzelne Akteure genötigt sehen, die Rechtsdurchsetzung in die eigenen Hände zu nehmen. Dies ist für das Recht insofern entscheidend, als eine eigenmächtige Rechtsdurchsetzung einzelner Rechtsgenossen stets die Gefahr der willkürlichen Sanktionierung birgt. Dementsprechend galt aufgrund ihrer traditionell schwach institutionalisierten Rechtsdurchsetzung die internationale Politik lange als extrem gering verrechtlicht (Morgenthau 1963: 262–265). Doch mittlerweile sind in einigen Bereichen Verfahren einer stärker institutionalisierten Rechtsdurchsetzung entwickelt worden. An den folgenden beiden Kriterien lässt sich das Maß der Verrechtlichung hinsichtlich der Rechtsdurchsetzung ablesen.

Das Ausmaß der Institutionalisierung der Verfahren zur Rechtsdurchsetzung lässt sich zum einen mit Blick auf die *Autorisierung* von Sanktionen bemessen, mit denen gegen Rechtsbrecher vorgegangen werden darf (Yarbrough/Yarbrough 1997). Für schwach institutionalisierte Verfahren ist kennzeichnend, dass diese Autorisierung von einzelnen Rechtsgenossen – sogar von Rechtsbrechern selbst – gleichsam willkürlich verhindert werden kann. Dementsprechend war in der internationalen Politik beispielsweise die Autorisierung von Sanktionen im Rahmen des alten GATT nur wenig zuverlässig. Denn hier konnten Sanktionen aufgrund des Einstimmigkeitserfordernisses im GATT-Rat nur dann autorisiert werden, wenn der zu sanktionierende Staat selbst zustimmte. Selbst in den internationalen Institutionen, in denen Sanktionen durch einen Mehrheitsbeschluss autorisiert werden können, sind zuverlässige Sanktionen zumindest dann kaum zu erreichen, wenn einzelne Staaten wie im UN-Sicherheitsrat über ein Vetorecht verfügen. Denn gegen diese Vetomächte sind Sanktionen ebenso wenig zu beschließen wie gegen Staaten, die von diesen Vetomächten geschützt werden. Wenn die Sanktionierung von zuvor autoritativ festgestellten Rechtsbrüchen willkürlich blockiert werden kann, birgt dies die Gefahr, dass sich andere Staaten bemüßigt fühlen, das Recht selbst in die Hand zu nehmen – das heißt: ohne Autorisierung gegen Rechtsbrecher eigenmächtig Sanktionen zu verhängen. Eine zuverlässige Sanktionierung von Rechtsbrüchen ist also nur dann zu erreichen, wenn sie von einer unabhängigen Sanktionsinstanz festgelegt und autorisiert wird. So sind es etwa in der WTO die jeweiligen Streitbeilegungspanels, die Sanktionen gegen „verurteilte" Rechtsbrecher genehmigen können.

Tabelle 2 Die Verrechtlichung der Rechtsdurchsetzung

	Verrechtlichung gering	**Verrechtlichung hoch**
Autorisierung	• Einstimmigkeitserfordernis unter den Rechtsgenossen (GATT) • Vetorecht ausgesuchter Parteien (UNO-SR)	• Durch Mehrheitsbeschluss der Rechtsgenossen (UNO-SR) • durch unabhängiges Sanktionsorgan (WTO, EU)
Vollstreckung	• durch die Rechtsgenossen selbst (WTO, UNO-SR)	• durch übergeordnetes Sanktionsorgan (IOC)

Stärker institutionalisierte Verfahren der Rechtsdurchsetzung zeichnen sich zum anderen durch eine *Vollstreckung* von Sanktionen durch eine zentralisierte Instanz mit eigenen oder geliehenen Ressourcen aus. Für geringer institutionalisierte Verfahren ist kennzeichnend, dass die Vollstreckung von Sanktionen ganz in den Händen der beteiligten Parteien selbst verbleibt (Yarbrough/Yarbrough 1997). So ist es beispielsweise im Rahmen der UNO nicht der Sicherheitsrat, der die von ihm beschlossenen Sanktionsmaßnahmen umsetzen kann. Vielmehr sind es die Staaten selbst, welche die vom Sicherheitsrat beschlossenen Sanktionsmaßnahmen – militärische wie nicht militärische – dezentral durchführen müssen. Dasselbe gilt in der WTO, wo nur die Staaten, die vom Rechtsbruch eines anderen Staates betroffen sind, zu Sanktionsmaßnahmen autorisiert werden können. Derartige dezentrale Verfahren der Vollstreckung bergen die Gefahr der Verwässerung durch Machtasymmetrien. Die Fähigkeit, Sanktionen effektiv einzusetzen, bleibt meistens den größeren und mächtigeren Staaten vorbehalten. Nur mächtige Staaten besitzen die Ressourcen, die eine effektive Sanktionierung ermöglichen und nur mächtige Staaten sind einigermaßen vor Gegensanktionen gefeit.

Eine zentralisierte Sanktionsinstanz bietet insofern eine bessere Gewähr für eine konsistente Sanktionierung von Rechtsbrüchen, als hier die Rechtsgemeinschaft als Ganzes gegen den jeweiligen Rechtsbrecher vorgeht. Deshalb war beim Sicherheitsrat der UNO ursprünglich eine zentrale Rechtsdurchsetzung mit geliehenen Ressourcen vorgesehen. Die Staaten sollten in so genannten Sonderabkommen der UNO eigene Streitkräfte überstellen, die dann unter dem Befehl eines dem Sicherheitsrat unterstehenden Generalstabsausschusses etwaige militärische Sanktionsmaßnahmen durchführen könnten (UN-Charta Art. 43 u. 47). In den internationalen Beziehungen sind zentrale Verfahren der Vollstreckung kaum anzutreffen; in den transnationalen Beziehungen kommen sie allerdings durchaus vor. So können transnationale Sportverbände wie das Internationale Olympische Komitee (IOC) Recht mit eigenen Ressourcen zentral durchsetzen, in dem sie etwa des Dopings überführte Athleten von Sportveranstaltungen wie Olympischen Spielen ausschließen.

Insgesamt macht sich die Verrechtlichung jenseits des Staates hinsichtlich der Rechtsdurchsetzung daran fest, dass Sanktionsentscheidungen nicht mehr von den zu Sanktionierenden blockiert werden können und/oder die Sanktionen nicht mehr nur dezentral durchgeführt werden können.

Deliberative Rechtsetzung

Die Verfahren der Rechtsetzung bilden die Grundlage einer jeden Rechtsordnung. Diese Verfahren spezifizieren, was als Recht gelten darf (Hart 1994: 100–123). In einem anspruchsvollen Rechtsverständnis kann allerdings nicht jedes beliebige Verfahren der Rechtsetzung als gleichermaßen rechtsförmig betrachtet werden. Für die Geltung des Rechts ist es entscheidend, dass es in den vorgesehenen Verfahren der Rechtsetzung erzeugt wurde *und* dass diese Verfahren den Grundprinzipien der Verfahrensgerechtigkeit entsprechen. Ob Recht als normativ legitim anzusehen ist, macht sich also nicht nur an den Rechtsnormen selbst fest, sondern eben auch an den Verfahren, mittels derer diese Rechtsnormen gesetzt werden. Zur Spezifizierung eines angemessenen Verfahrens der Rechtsetzung übernehmen wir die Auffassung, dass die Rechtsetzung von allen Mitgliedern einer Rechtsgemeinschaft als ein Prozess der deliberativen Selbstgesetzgebung verstanden werden kann (Habermas 1994: 153). Demnach müssen alle Betroffenen einer Regelung die Möglichkeit haben, sich im Prozess der Rechtsetzung kommunikativ einzubringen. Dadurch werden alle Parteien angehalten, ihre je eigene Position mit Bezug auf das Gemeinwohl zu begründen (Schmalz-Bruns 1999).

Offensichtlich sind die traditionell diplomatischen Verfahren der Rechtsetzung in der internationalen Politik von einem solchen deliberativen Ideal weit entfernt. Allerdings gibt es einige Anzeichen, dass es zumindest Ansätze von stärker verrechtlichten Verfahren jenseits des Nationalstaates gibt, die Elemente einer deliberativen Rechtsetzung beinhalten. Zwei Kriterien scheinen geeignet, um eine solche Entwicklung anzuzeigen.[3]

[3] Spätestens an dieser Stelle ist der Hinweis notwendig, dass die hier vorgenommene Trennung von Rechtsetzung und Rechtsprechung nur heuristischen Wert besitzt. Gerade die deliberative Rechts-

Bei deliberativen Verfahren muss zum einen *quasi* als Minimalbedingung die Transparenz der Rechtsetzung garantiert sein, damit alle potenziell Betroffenen überhaupt die Möglichkeit haben, sich am entsprechenden Entscheidungsprozess zu beteiligen (Zürn 1998: 352–353; Held 1995: 190). Für klassisch diplomatische Verfahren ist dagegen typisch, dass sie – nicht unähnlich der so genannten Geheimdiplomatie – eine letztlich sogar geheime Rechtsetzung erlauben. Einzelne Regierungsvertreter beschließen demnach in komplizierten Verhandlungsprozessen hinter verschlossenen Türen, ohne dass die unmittelbaren Regelungsadressaten und andere mittelbar Regelungsbetroffene nachvollziehen könnten, wie sich der Entscheidungsprozess vollzogen hat. In der internationalen Politik des *exekutiven Multilateralismus* ist eine derartige, nur wenig transparente Rechtsetzung, welche das Gros der Rechtsgenossen von der Rechtsetzung ausschließt, gang und gäbe (Zürn 2003). Auch in der EU sind Entscheidungsprozesse im Rat teilweise derart undurchsichtig, dass kaum nachzuvollziehen ist, wie eine spezifische Regelung zustande gekommen ist. Da Ratssitzungen in der EU ebenso wie die Verhandlungsrunden in der WTO nicht öffentlich sind, lässt sich vielfach nicht einmal eindeutig sagen, welcher Staat sich für oder gegen eine Rechtsnorm ausgesprochen hat (Abromeit 1998).

Dagegen zeichnen sich stärker verrechtlichte Verfahren dadurch aus, dass die Rechtsetzung in einem öffentlichen Entscheidungsprozess erfolgt. Wer in einem solchen öffentlichen Prozess für bestimmte Regelungen eintritt, ist mithin gezwungen, nicht nur partikulare, sondern verallgemeinerbare – mithin auf das Gemeinwohl bezogene – Gründe zugunsten der je eigenen Position vorzutragen. Damit werden die Akteure in einen deliberativen Rechtsetzungsprozess verwickelt, der das Recht seinerseits zu legitimieren vermag. Entsprechend dieser Leitvorstellung kann beispielsweise mit Blick auf die internationale Umweltpolitik festgehalten werden, dass bei den großen Umweltkonferenzen die Staatenvertreter eben nicht mehr nur unter sich sind, sondern vermehrt öffentlich beobachtet miteinander verhandeln (Beisheim 2003; Dingwerth 2003). Insofern kann hier wie in anderen Bereichen der internationalen Politik (Woods 2001) hinsichtlich des Kriteriums „Transparenz" von einer gewissen Verrechtlichung gesprochen werden.

Eine stärker verrechtlichte Rechtsetzung zeichnet sich darüber hinaus dadurch aus, dass die *Beteiligung* aller Regelungsadressaten und Regelungsbetroffenen vorgesehen ist. Für eine rein diplomatische Rechtsetzung ist hingegen kennzeichnend, dass sie allein durch eine beschränkte Gruppe von Regelungsautoren vorgenommen

---

theorie macht nachdrücklich darauf aufmerksam, dass Rechtsprechung immer auch Rechtsetzung impliziert, und zwar nicht nur in der *Common Law* Tradition (Dworkin 1989). Auch in der kontinentaleuropäischen Praxis der Rechtsprechung ist eine eindeutige rechtsdogmatische Ableitung selten möglich.

wird. So wird die Rechtsetzung in der internationalen Politik zumeist ausschließlich von den Regierungsvertretern der beteiligten Staaten bestimmt.

Bei einer stark verrechtlichten Rechtsetzung werden hingegen alle mittelbar oder unmittelbar Regelungsbetroffenen in den Entscheidungsprozess eingebunden. Dadurch können sich die Rechtsadressaten und Rechtsbetroffenen zugleich auch als Rechtsautoren verstehen. Die realen Beteiligungsformen der internationalen Politik sind von einem solchen Ideal sicherlich weit entfernt. Entsprechende Ansätze haben sich aber beispielsweise in der internationalen Menschenrechtspolitik entwickelt. So sind transnationale Menschenrechtsorganisationen wie amnesty international oder Human Rights Watch, die als Vertreter von Regelungsbetroffenen ohne direkte Beteiligungschance gelten können, in die Rechtsetzung im Rahmen des Menschenrechtssystems der UNO eingebunden. Dort besitzen sie teilweise nicht nur einen Beobachterstatus, sondern verfügen auch über ein Rederecht. Darüber hinaus haben transnationale Menschenrechtsorganisationen auch die Verhandlungen über einen internationalen Strafgerichtshof nachhaltig beeinflussen können.

Tabelle 3 Die Verrechtlichung der Rechtsetzung

	Verrechtlichung gering	**Verrechtlichung hoch**
Transparenz	• Rechtsetzung bleibt undurchschaubar (Rat in der EU, GATT Verhandlungsrunden)	• Rechtsetzung ist öffentlich (Umweltkonferenzen, Menschenrechtskonferenzen)
Beteiligung	• keine Beteiligung der Rechtsadressaten oder anderer Rechtsbetroffener (WTO Verhandlungsrunden)	• deliberative Beteiligung aller Rechtsbetroffenen (Menschenrechtskonferenzen, Komitologie der EU)

Insgesamt kann eine Verrechtlichung jenseits des Staates in Bezug auf die Rechtsetzung an zwei Kriterien bemessen werden: zum einen an einer Zunahme der Transparenz bei der Regelsetzung und zum anderen an einer wachsenden und institutionell gesicherten Beteiligungsmöglichkeit aller Regelungsbetroffenen.

Verrechtlichung durch Konstitutionalisierung

Die bisher identifizierten sieben Kriterien zur Bemessung von Verrechtlichungsprozessen machen sich mit Blick auf einzelne Regelungen an der Rechtsetzung, der Rechtsprechung und der Rechtsdurchsetzung fest. Mit der international anwachsenden Regelungsdichte kommt es jedoch dazu, dass unterschiedliche Regelungen aus unterschiedlichen Problemfeldern (Handel und Umwelt) oder auf unterschiedlichen Ebenen (international und national) verstärkt Berührungspunkte aufweisen, zusammenwachsen und folglich auch zunehmend in einem Rechtssystem miteinander in Einklang zu bringen sind. In diesem Prozess müssen sich Rechtsnormen herausbilden, die vorgeben, wie bei Konflikten zwischen unterschiedlichen Teilsystemen zu verfahren ist. Somit entsteht gewissermaßen ein höherrangiges Recht, das niederrangige Rechtsnormen in eine konsistente Rechtsordnung bringt. Ist dieses übergeordnete Recht zudem an gemeinsame Grundwerte angebunden, so lässt sich von einer Konstitutionalisierung sprechen (Frowein 2000), welche hier als Bestandteil der Verrechtlichung aufgefasst werden soll. Konstitutionalisierung bringt in unserem Verständnis eine Weiterführung der Verrechtlichung in den internationalen Beziehungen zum Ausdruck. Konstitutionalisierung bedeutet dann, dass sich die problemfeld- und ebenenspezifischen Verfahren der Regelsetzung, der Regelauslegung und der Regeldurchsetzung verrechtlichen und das spezifische Zusammenspiel derartiger Regelungen selbst grundlegenden Verfassungsprinzipien gehorcht (Petersmann 1997). In den internationalen Beziehungen, die traditionell keine derartige Konstitutionalisierung kennen (von manchen wird selbst die bloße Möglichkeit bestritten, Grimm 2003), sollte sich dieser Prozess der Verrechtlichung aus unserer Sicht vor allem an zwei Kriterien bemessen lassen.

Eine konstitutionalisierte Rechtsordnung zeichnet sich zunächst dadurch aus, dass es ein höherrangiges Recht gibt, (Petersmann 1997: 25–34), im Unterschied zu einer gering verrechtlichten Ordnung, in der jede einzelne Rechtsnorm denselben Status besitzt. So gilt in den internationalen Beziehungen traditionell, dass jeder beliebige Vertrag zwischen Staaten gleichermaßen geltendes internationales Recht darstellt. Nach traditioneller Auffassung gibt es in den internationalen Beziehungen kein übergeordnetes Recht, das die Vertragsfreiheit beschränken würde. Jeder Allianzvertrag, auch wenn er *de facto* der Kriegsvorbereitung diente, war völkerrechtlich relevant. In einer konstitutionalisierten Rechtsordnung hingegen ist das Recht an gesellschaftlich anerkannte Grundwerte wie insbesondere die Menschenrechte gebunden. Rechtsnormen, die diesen Grundwerten fundamental widersprechen, haben keine Geltung. So wird in den internationalen Beziehungen heute durch das so genannte *ius cogens* sichergestellt, dass jeder Vertrag zwischen Staaten, der fundamentale soziale Grundwerte missachtet, nichtig ist. Danach sind insbesondere Verträge, die dem Gewaltverbot, dem Verbot von Folter, Genozid und Apartheid widersprechen, rechtlich nicht wirksam. Das *ius cogens* beinhaltet ansatzweise die verfassungsmäßig garantierten Grundwerte der internationalen Rechtsordnung, die durch einfache Rechtsnormen nicht ausgehebelt werden können (Kimminich 1993: 227–229).[4]

[4] Darüber hinaus mag man argumentieren, dass in verschiedenen Politikfeldern der internationalen Beziehungen fundamentale Grundwerte in das Recht eingeschrieben wurden. So mag im internationalen Umweltrecht das Nachhaltigkeitsprinzip gewissermaßen eine Verfassungsnorm darstellen, ebenso im Handelsrecht das Freihandelsprinzip (Petersmann 1997).

Eine stark verrechtlichte Ordnung zeichnet sich darüber hinaus dadurch aus, dass sie Rechtsbereiche und Rechtsebenen so miteinander zu koordinieren in der Lage ist, dass die *Konsistenz* der Rechtsordnung gewahrt bleibt (Franck 1990: 135–149). So stellen in der Europäischen Union die Prinzipien der Direktwirkung und der Suprematie sekundäre Regeln bereit, falls primäre Regeln auf unterschiedlichen Ebenen – der europäischen und der nationalen – miteinander kollidieren. Dagegen sind schwächer verrechtlichte Ordnungen in dieser Dimension dadurch charakterisiert, dass ihr Verhältnis zu anderen Rechtsordnungen ungeklärt bleibt. In den internationalen Beziehungen gilt traditionell, dass das internationale Recht – das so genannte Völkerrecht – die Staaten zwar zwischenstaatlich an bestimmte Rechtsnormen bindet, doch innerstaatlich sind diese Rechtsnormen nicht verbindlich. So sind die meisten Staaten zwar international an grundlegende Menschenrechte gebunden, doch daraus resultiert zumeist national keine Rechtspflicht, die Menschenrechte zu achten. Denn die nationale und die internationale Rechtsordnung sind weitgehend getrennt und bestehen gleichsam unabhängig voneinander (Kimminich 1993: 261–267).

In einer konstitutionalisierten Rechtsordnung jenseits des Staates muss dieser Dualismus zumindest partiell zugunsten eines Monismus aufgebrochen werden. Dabei müssen internationale Regelungen nicht notwendigerweise die nationalstaatlichen dominieren. Entscheidend ist vielmehr, dass das Zusammenspiel der Rechtsordnungen als solches so institutionalisiert ist, dass auch bei etwaigen Regelkollisionen die Konsistenz der Rechtsordnungen gewahrt bleibt. So werden einige Rechtsnormen des internationalen Strafrechts in nationalen Rechtsordnungen immer häufiger als unmittelbar geltendes Recht betrachtet, also als Recht, das nicht erst durch einen nationalen Rechtsetzungsprozess Gültigkeit erlangt. In manchen nationalen Rechtsordnungen besitzt es gegenüber dem nationalen Recht sogar Suprematie. Dann werden die Rechtsnormen, die den internationalen Rechtsnormen widersprechen, gar ungültig. Für Teile des Europarechts ist es sogar grundsätzlich zutreffend, dass es in den nationalen Rechtsordnungen gilt und dort den nationalen Normen übergeordnet ist (Alter 2001: 5–32). Allerdings sind etwa in Deutschland die Direktwirkung und die Suprematie des Europarechts wiederum daran gebunden, dass dieses nicht gegen verfassungsmäßig garantierte Grundrechte verstößt. In diesem Sinne steht also die Suprematie und die Direktwirkung des Europarechts weiter unter einem nationalstaatlichen Vorbehalt, der der Konsistenz der Rechtsordnung aber nicht widersprechen muss.

Konsistenzsichernde Metaregelungen sind freilich nicht nur zwischen verschiedenen Regelungsebenen – der internationalen und der nationalstaatlichen – sondern eben auch zwischen verschiedenen Regelungsbereichen bedeutsam. In einer schwach verrechtlichten Ordnung werden die Schnittstellen zwischen unterschiedlichen Problemfeldern kaum durch übergeordnete Regeln koordiniert. Folglich stehen Regelungsbereiche unkoordiniert nebeneinander und Regelungskollisionen harren einer rechtsförmigen Auflösung. In einer stärker verrechtlichten Ordnung wird nun auch dieser „sektorale Dualismus" ansatzweise zugunsten einer konsistenten Rechtsordnung zumindest in dem Sinne verdrängt, dass derartige Kollisionen auf der Grundlage übergeordneter sekundärer Regeln bearbeitet werden können. Die entsprechenden Bemühungen auf der internationalen Ebene sind aber noch sehr bescheiden, wie die erst ansatzweise bearbeiteten Widersprüche zwischen internationaler Handels- und internationaler Umweltpolitik zeigen.

Tabelle 4 Die Konstitutionalisierung des Rechts

	Verrechtlichung gering	**Verrechtlichung hoch**
Grundwerte	• keine rechtliche Bindung des Rechts an gesellschaftlich anerkannte Grundwerte (traditionelles Völkerrecht)	• rechtliche Bindung des Rechts an fundamentale soziale Grundwerte (jus cogens)
Konsistenz	• keine Regelung der Schnittstelle zwischen unterschiedlichen Regelungsebenen und -bereichen (WTO und nationale Gesetze; WTO und Umweltregime)	• Regeln für das Zusammenspiel unterschiedlicher Regelungsebenen und -bereiche vorhanden (ansatzweise EU; föderales System der BRD)

Insgesamt ist unter Verrechtlichung jenseits des Staates also auch zu verstehen, dass in einer Rechtsordnung zum einen soziale Grundwerte zunehmend rechtlich gesichert und die Schnittstellen zwischen unterschiedlichen Rechtsbereichen und Rechtsebenen konsistent geregelt sind. [...]

Literatur

Abbott, Kenneth W./Robert O. Keohane/Andrew Moravcsik/Anne-Marie Slaughter/Duncan Snidal (2000): The Concept of Legalization, in: International Organization, Jg. 54/3, S. 401–419.

Abromeit, Heidrun (1998): Ein Vorschlag zur Demokratisierung des europäischen Entscheidungssystems, in: Politische Vierteljahresschrift, Jg. 39/1, S. 80–90.

Albert, Mathias (2002): Zur Politik der Weltgesellschaft. Identität und Recht im Kontext internationaler Vergesellschaftung. Göttingen.

Alter, Karen J. (2000): The European Union's Legal System and Domestic Policy: Spillover or Backlash, in: International Organization, Cambridge, Jg. 54/3, S. 489–518.

Alter, Karen J. (2001): Establishing the Supremacy of European Law. The Making of an International Rule of Law in Europe. Oxford.

Austin, John (1885): Lectures on Jurisprudence or the Philosophy of Positive Law. London.

Beisheim, Marianne/Sabine Dreher/Gregor Walter/Bernhard Zangl/Michael Zürn (1999): Im Zeitalter der Globalisierung? Thesen und Daten zur gesellschaftlichen und politischen Denationalisierung. Baden-Baden.

Beisheim, Marianne (2003): Fit für Global Governance? Transnationale Interessengruppenaktivitäten als Demokratisierungspotenzial – am Beispiel Klimapolitik. Opladen.

Cutler, A. Clair/Virginia Haufler/Tony Porter (Hrsg.) (1999): Private Authority and International Affairs. Albany, N. Y.

Czempiel, Ernst-Otto/James N. Rosenau (Hrsg.) (1992): Governance Without Government: Order and Change in World Politics. Cambridge.

Diehl, Paul F./Charlotte Ku/Daniel Zamora (2003): The Dynamics of International Law: The Interaction of Normative and Operating Systems, in: International Organization, Jg. 57/1, S. 43–76.

Dingwerth, Klaus (2003): Globale Politiknetzwerke und ihre demokratische Legitimation. Eine Analyse der Weltstaudammkommission, in: Zeitschrift für Internationale Beziehungen, Frankfurt a. M., Jg. 10/1, S. 69–110.

Dworkin, Ronald (1984): Bürgerrechte ernstgenommen. Frankfurt a. M.

Dworkin, Ronald (1986): Law's Empire. Cambridge, MA.

Franck, Thomas M. (1990): The Power of Legitimacy Among Nations. New York.

Frowein, Jochen A. (2000): Konstitutionalisierung des Völkerrechts, in: Klaus Dicke (Hrsg.), Völkerrecht und internationales Privatrecht in einem sich globalisierenden internationalen System. Auswirkungen der Entstaatlichung transnationaler Rechtsbeziehungen. Heidelberg, S. 427–445.

Goldstein, Judith/Miles Kahler/Robert O. Keohane/Anne-Marie Slaughter (2000): Introduction. Legalization and World Politics, in: International Organization, Cambridge, Jg. 54/3, S. 385–399.

Grimm, Dieter (2003): Die Verfassung im Prozess der Entstaatlichung, in: Jutta Allmendinger (Hrsg.), 2003: Entstaatlichung und soziale Sicherheit. Verhandlungen des 31. Kongresses der Deutschen Gesellschaft für Soziologie in Leipzig, Opladen, S. 71–93.

Habermas, Jürgen (1994): Faktizität und Geltung. Beiträge zur Diskurstheorie des Rechts und des demokratischen Rechtsstaats. Frankfurt a. M.

Hart, H. L. A. (1994): The Concept of Law. Oxford.

Hauchler, Ingomar/Dirk Messner/Franz Nuscheler (Hrsg.) (2003): Globale Trends 2004/2005, Fakten – Analysen – Prognosen, (Stiftung Entwicklung und Frieden), Frankfurt a. M.

Held, David (1995): Democracy and the Global Order. From the Modern State to Cosmopolitical Governance. Cambridge.

Held, David/Anthony McGrew/David Goldblatt/Jonathan Perraton (1999): Global Transformations. Politics, Economics and Culture. Cambridge.

Helfer, Laurence R./Anne-Marie Slaughter (1998): Toward a Theory of Effective Supranational Adjudication, in: Yale Law Journal, New Haven, Jg. 107/1, S. 273–389.

Jackson, John H. (1997): The World Trading System. Law and Policy of International Economic Relations. London.

Kelsen, Hans (1960): Reine Rechtslehre. Wien.

Keohane, Robert O./Andrew Moravcsik/Anne-Marie Slaughter (2000): Legalized Dispute Resolution: Interstate and Transnational, in: International Organization, Cambridge, Jg. 54/3, S. 457–488.
Kimminich, Otto (1993): Einführung in das Völkerrecht. Tübingen/Basel.
McCall Smith, James (2000): The Politics of Dispute Settlement Design. Explaining Legalism in Regional Trade Pacts, in: International Organization, Cambridge, Jg. 54/1, S. 137–180.
Merrills, John G. (1998): International Dispute Settlement. Cambridge.
Morgenthau, Hans (1963): Macht und Frieden. Grundlegung einer Theorie der internationalen Politik. Gütersloh.
Paech, Norman/Gerhard Stuby (2001): Völkerrecht und Machtpolitik in den internationalen Beziehungen. Ein Lehrbuch. Hamburg.
Petersmann, Ernst-Ulrich (1997): The GATT/WTO Dispute Settlement System. International Law. International Organizations and Dispute Settlement. Den Haag.
Reinicke, Wolfgang (1998): Global Public Policy. Governing without Government? Washington.
Rittberger, Volker/Bernhard Zangl (2002): Internationale Organisationen. Politik und Geschichte. Opladen.
Romano, Cesare P. R. (1999): The Proliferation of International Judicial Bodies. The Pieces of a Puzzle, in: New York University Journal of International Law and Politics, New York, Jg. 31/4, S. 709–751.
Schmalz-Bruns, Rainer (1999): Deliberativer Supranationalismus. Demokratisches Regieren jenseits des Nationalstaates, in: Zeitschrift für Internationale Beziehungen, Frankfurt a. M., Jg. 6/2, S. 185–244.
Stone Sweet, Alec (1997): The New GATT. Dispute Resolution and the Judicialization of the Trade Regime, in: Mary L. Volcansek (Hrsg.), Law Above Nations. Supranational Courts and the Legalization of Politics. Gainesville, FL., S. 118–141.
Stone Sweet, Alec (2000): Governing with Judges. Constitutional Politics in Europe. Oxford.
Weiler, J. H. H. (1999): The Constitution of Europe. ‚Do the New Clothes Have an Emperor?' and Other Essays on European Integration. Cambridge.
Wolf, Klaus Dieter/Michael Zürn (1993): Macht Recht einen Unterschied? Implikationen und Bedingungen internationaler Verrechtlichung im Gegensatz zu weniger bindenden Formen internationaler Verregelung, in: Klaus Dieter Wolf (Hrsg.), Internationale Verrechtlichung. Pfaffenweiler, S. 11–28.
Woods, Ngaire/Amrita Narlikar (2001): Governance and the Limits of Accountability: The WTO, the IMF, and the World Bank, in: International Social Science Journal, Oxford, Jg. 53/170, S. 569–583.
Yarbrough, Beth V./Robert M. Yarbrough (1997): Dispute Settlement in International Trade: Regionalism and Procedural Coordination, in: Edward D. Mansfield/Helen V. Milner (Hrsg.), The Political Economy of Regionalism. New York, S. 134–163.
Zangl, Bernhard (2001): Bringing Courts Back. Normdurchsetzung im GATT, in der WTO und der EG, in: Schweizerische Zeitschrift für Politikwissenschaft, Lausanne, Jg. 7/2, S. 49–80.
Zürn, Michael (1998): Regieren jenseits des Nationalstaates. Denationalisierung und Globalisierung als Chance. Frankfurt a. M.

Zürn, Michael (2003): Global Governance in der Legitimationskrise, in: Claus Offe (Hrsg.), Die Erneuerung der Demokratie, Frankfurt/New York.
Zürn, Michael/Dieter Wolf (1999): European Law and International Regimes: The Features of Law Beyond the Nation State, in: European Law Journal, Florence, Jg. 5/3, S. 272–292.

Die UN-Resolution 1820 zum Schutz von Frauen vor sexualisierter Gewalt in bewaffneten Konflikten*

Silke Pietsch und Nina Strumpf

1 Einleitung

Mit der Aufarbeitung der Bürgerkriege im ehemaligen Jugoslawien in den 1990er Jahren wurde das Thema sexualisierter Gewalt als Kriegstaktik zunehmend auf die Agenda der internationalen Gemeinschaft gesetzt. Allein für Bosnien und Herzegowina liegen die Schätzungen[1] zwischen 20.000 und 50.000 Vergewaltigungen. In Ruanda sollen es während des Genozids 1994 zwischen 250.000 und 500.000 gewesen sein. Für Sierra Leone werden wischen 50.000 und 64.000 weibliche Binnenflüchtlinge als Opfer sexualisierter Kriegsgewalt genannt. Im aktuellen Konflikt in Süd Kivu in der Demokratischen Republik Kongo ist von bis zu 40 Vergewaltigungen pro Tag die Rede. (UNIFEM 2008)

Am 19. Juni 2008 verabschiedete der Sicherheitsrat der Vereinten Nation die Resolution 1820 (UNSC 2008) einstimmig. In ihr wird sexualisierte Kriegsgewalt als Gefahr für den Weltfrieden und die internationale Sicherheit angesehen. Sie soll von der internationalen Gemeinschaft verhütet und bekämpft werden Somit wird sie zu einem Thema des Sicherheitsrates. Für Deutschland als Mitgliedsstaat der UN und Unterzeichner der Resolution ergibt sich daraus die Verantwortung und Verpflichtung an ihrer Umsetzung mitzuwirken.

Die zentrale Fragestellung der vorliegenden Arbeit ist, welche Umsetzungsmöglichkeiten der Res 1820 für deutsche Akteure bestehen und welchen Beitrag diese dazu leisten können. Als Einführung in das Thema und zur theoretischen Untermauerung wird in einem ersten Schritt (Kapitel 2) sexualisierte Kriegsgewalt aus soziologischer Sicht betrachtet und ihre Formen, Funktionen und Folgen herausgestellt, um ihre Hintergründe und Bedeutung auf individueller und gesellschaftlicher Ebene aufzuzeigen. In Kapitel 3 geht es um die Entwicklung völkerrechtlicher Normen zur Abwehr sexualisierter Kriegsgewalt. Zudem wird dargestellt, wie sich die Begründungslogik, sexualisierte Kriegsgewalt als Straftat zu erfassen, verändert hat und wie sich die Wahrnehmung der Frau als Opfer gewandelt hat. In Kapitel 4

---

* Originalbeitrag.

[1] Die Datenerhebung erweist sich als schwierig, da die Dunkelziffern immer höher liegen als offizielle Schätzungen (vgl. Dieregsweiler 1997: 64).

wird der Entstehungskontext der Res 1820 skizzenhaft nachgezeichnet. Außerdem wird ihr Verhältnis zu der ihr vorangegangenen Res 1325 analysiert. Abschließend werden die Erkenntnisse aus einer Befragung deutscher Experten[2] zusammengefasst und durch eigene Empfehlungen zur Implementierung der Resolution in der deutschen Politik ergänzt.

2 Was ist sexualisierte Gewalt in bewaffneten Konflikten?

2.1 Definition sexualisierter Gewalt

Mischkowski (2004: 16) definiert sexualisierte Gewalt wie folgt: „Alle Angriffe und Übergriffe, die auf eine Verletzung des sexuellen Intimbereichs eines Menschen abzielen". Anhand dieser weiten Definition wird deutlich, dass sexualisierte Gewalt viele Formen annehmen kann und sich nicht auf Vergewaltigung beschränkt. Sexuelle Versklavung, Menschenhandel mit der Absicht sexueller Ausbeutung, erzwungene Schwangerschaft bzw. Schwangerschaftsabbruch, Androhung von sexuellen Handlungen, sexuelle Ausbeutung sowie Missbrauch sind weitere Formen, die sexualisierte Gewalt umfasst (vgl. IASC 2005: 7). Daneben werden oftmals die Verletzungen von Genitalien und Brüsten, Infektion mit Geschlechtskrankheiten wie HIV/Aids, Beschneidungen der Genitalien und Zwangssterilisation dazu gezählt (vgl. Mischkowski 2004: 16). Bei all dem handelt es sich um massive Menschenrechtverletzungen[3], insbesondere aber um einen Angriff auf die Würde des Menschen (vgl. ISAC 2005: 1).

In der feministischen Diskussion hat sich der Begriff sexualisierte Gewalt anstelle des Begriffs sexuelle Gewalt durchgesetzt. Damit soll deutlich werden, dass es bei sexualisierter Gewalt nicht um gewalttätige Sexualität oder den Trieb des Mannes, sondern um Macht, Erniedrigung und Entwürdigung geht[4] (Mischkowski 2004: 16). Es ist ein Gewaltakt, der mit sexuellen Mitteln durchgeführt wird. „Vergewaltigung ist kein aggressiver Ausdruck von Sexualität, sondern ein sexueller Ausdruck von Aggression." (Seifert 1993b: 86 f.) Dies lässt sich auch auf andere Formen sexualisierter Gewalt übertragen.

---

[2] Für die diesem Beitrag zugrunde liegende Forschungsseminararbeit wurden Interviews mit Vertretern staatlicher und nichtstaatlicher Akteure geführt, die hier aus Platzgründen nicht aufgenommen werden können.

[3] Sexualisierte Gewalt verletzt unter anderem das Recht auf Leben, Freiheit, persönliche Sicherheit, das Recht auf Freiheit von Folter, erniedrigender Behandlung sowie das Recht auf Sicherheit einer Person (IASC 2005: 7).

[4] Deshalb wird in diesem Beitrag überwiegend der Begriff sexualisierte Gewalt verwendet.

Wissenschaftliche Untersuchungen habe diese Sichtweise bestätigt[5] und gängige Lehrmeinungen widerlegt, nach denen Vergewaltigungen und andere Formen sexualisierter Gewalt als reiner Sexualakt galten, um die Triebbedürfnisse des Täters zu befriedigen (vgl. Dieregsweiler 1997: 16). Auch die Opfer nehmen es in vielen Fällen nicht als sexuelle Handlungen wahr, sondern als Demütigung und Erniedrigung (vgl. Zirpins 1997).

Wird sexualisierte Gewalt aus der *gender*-Perspektive[6] betrachtet, zeigt sich, dass ein Zusammenhang zwischen sexualisierter Gewalt und der Konstruktion von Geschlechteridentitäten besteht. In der *gender*-Forschung wird zwischen zwei Begriffen, dem biologischen *sex*[7] und dem sozialen Geschlecht *gender* unterschieden (vgl. Schwerma/Marschall 2004: 22). Es wird davon ausgegangen, dass Männern und Frauen gesellschaftlich konstruierte Geschlechterrollen zugewiesen werden, die sich polar entgegenstehen. Eigenschaften wie aktiv, mutig, rational, aggressiv, mächtig und sexuell potent gelten als typisch männlich. Den Frauen wird dagegen Passivität, Ängstlichkeit, Sanftmütigkeit sowie Friedfertigkeit zugeschrieben.

Die mit der dichotomen Zuschreibung verknüpfte gesellschaftliche Erwartung soll die Entwicklung der Identität und typisches männliches und weibliches Verhalten determinieren. Frauen kommt dabei oftmals die Opferrolle zu, sie gelten als verletzbar, vergewaltigbar und schutzbedürftig, während der Mann sowohl in der Täter- als auch in der Beschützerrolle gesehen wird. Die Machtausübung und Demütigung durch sexualisierte Gewalt bestätigt daher die männliche Identität als machtvoll, aktiv und der Frau überlegen (Mischkowski 2004: 29–31). Sexualisierte Gewalt ist demzufolge immer auch geschlechtsspezifische Gewalt, da durch die Taten die dominante Position sowie Macht- und Kontrollansprüche verfestigt werden und bei Frauen die untergeordnete Stellung verstärkt werden kann (vgl. UNHCR 2003: 18).

Wird Männern sexualisierte Gewalt zugefügt, kommt es aus der feministischen Perspektive einer „Entmännlichung" gleich, was auf die Vorstellung zurückgeht, dass Männlichkeit und Heterosexualität eng miteinander verbunden sind (Mischkowski 2004: 30). Das Männlichkeitsbild, das in den meisten Armeen vorgelebt wird, baut nach Seifert auf Gewalt und Heterosexualität auf und begünstigt somit sexualisierte Gewalt in Konflikten (vgl. Beck 2002: 26).

[5] So weist die Studie von Groth auf, dass kein Vergewaltigungstäter aufgrund von sexueller Befriedigung vergewaltigt hat, jedoch Wut, Machtwillen und Sadismus als psychische Gründe angegeben wurden (Dieregsweiler1997: 16).

[6] Der Begriff *gender* kann am ehesten mit Geschlechterverhältnissen übersetzt werden. Mit der *gender*-Perspektive ist gemeint, den Blick auf das sozial konstruierte Geschlecht zu werfen.

[7] Diese Annahme wird jedoch kontrovers diskutiert. Aus der dekonstruktionistischen Sichtweise, geprägt durch Judith Butler, wird betont, dass *sex* auch kulturell konstruiert wird und schon eine *gender* Kategorie sei (Schwerma/Marschall 2004: 22).

Sexualisierte Gewalt ist nicht überall gleich, sondern wird durch kulturelle Vorstellungen und Verhaltensweisen sowie durch das Verständnis der Geschlechterrollen bedingt (Bastick et al. 2007: 15). Cameron und Frazer schreiben dazu: „So wenig wir annehmen können, dass alle Gewaltformen in genau derselben Weise geschlechtlich ausgeprägt und sexualisiert sind, so wenig können wir unterstellen, dass ähnliche Vorkommnisse von Gewalt in verschiedenen Kulturen auf die gleiche Weise konstituiert sind – dass sie die gleiche Geschichte, die gleiche Bedeutung, die gleiche soziale Funktion und die gleiche Wirkung haben.“ (zit. nach Harvey 1997: 134)

2.2 *Sexualisierte Gewalt in bewaffneten Konflikten*

In den Römischen Statuen des Internationalen Strafgerichtshof (IStGH) gelten Vergewaltigung und andere Formen sexualisierter Gewalt in bewaffneten Konflikten als Kriegsverbrechen und Verbrechen gegen die Menschlichkeit (siehe Kapitel 3). Der United Nations Development Fund for Women (UNIFEM) unterteilt sexualisierte Gewalt in Konflikten in drei Kategorien; Die erste beinhaltet diejenige, die umfassend und systematisch als Kriegstaktik eingesetzt wird. In die zweite Kategorie wird sexualisierte Gewalt eingeordnet, die gegen Frauen gerichtet ist, um Frauen umfassend und opportunistisch anzugreifen. In der dritten stellt sie eine strafrechtliche Angelegenheit dar und wird isoliert, willkürlich und unabhängig von einer politischen Strategie durchgeführt (UNIFEM 2008).

Bisher galt es als umstritten, ob es sich bei sexualisierter Gewalt um einen zielgerichteten und koordinierten Einsatz von Truppen oder bewaffneten Gruppen handelt (vgl. Mischkowski 2004: 49). Auch Beck (2002: 28–33) machte darauf aufmerksam, dass es problematisch sei, sexualisierte Gewalt mit der militärischen Zielsetzung gleichzusetzen, ohne zu prüfen, ob diese von politischen oder militärischen Führungen beabsichtigt wurde. Übereinstimmung bestand allerdings darin, dass sexualisierte Gewalt in bewaffneten Konflikten von der politischen und militärischen Führung zumindest solange geduldet wird, bis sie den allgemeinen Kriegszielen zuwiderläuft[8] (vgl. Mischkowski 2004: 49).

In der weiter unten näher betrachteten Res 1820 wird sexualisierte Gewalt explizit als Kriegstaktik definiert. Sie wird im Kontext von bewaffneten Konflikten gezielt eingesetzt, um eine Gemeinschaft oder eine ethnische Gruppe zu demoralisieren, zu erniedrigen, Macht über sie auszuüben, Angst zu erzeugen oder

---

[8] Z. B. blieben im Zweiten Weltkrieg Angriffe gegen die Zivilbevölkerung nach Hitlers Barbarossa Erlass von 1941 straffrei, solange sie nicht die Sicherheit der Truppen gefährdeten (vgl. Mischkowski 2004: 22).

sie zur Umsiedlung zu zwingen. Deshalb wird sie von der UN als Gefährdung der internationalen Sicherheit und des Weltfriedens angesehen (UNSC 2008: 1 f.).

Sexualisierte Gewalt findet an den verschiedensten Plätzen statt, z. B. in militärischen Camps, auf der Flucht, in Flüchtlingslagern, in Zwangsbordellen[9], bei Angriffen auf Dörfer und Städte sowie in Haft als Foltermethode. Frauen laufen Gefahr, bei Verrichtung ihrer täglichen Arbeit vergewaltigt zu werden oder andere Formen sexualisierter Gewalt zu erfahren. Oftmals werden sie entführt und sexuell versklavt[10] (vgl. Bastick et al. 2007: 13).

Sexualisierte Gewalt wird von einer Vielzahl von Akteuren ausgeübt, einschließlich Soldaten regulärer Armeen und Sicherheitskräften, paramilitärischen Gruppen und nicht-staatlichen bewaffneten Gruppen. Sofern humanitäres Personal und Friedenstruppen, sowie Zivilisten sexualisierte Gewalt an Frauen ausüben, fällt dies nicht mehr unter die von UNIFEM vorgesehene Kategorie Kriegstaktik, sondern unter die dritte Kategorie[11].

Die Taten werden fast ausschließlich von Männern verübt, in einigen Fällen wie in Liberia oder Zentralafrika waren auch Kindersoldaten und Frauen beteiligt[12] (Bastick et al. 2007: 14). Betroffen sind vor allem Frauen und Mädchen, unabhängig vom Alter oder Aussehen. Zwar können auch Männer Opfer von sexualisierter Gewalt werden, jedoch in viel geringerem Ausmaß.[13] Von einigen Formen der sexualisierten Gewalt können ausschließlich Frauen betroffen sein wie der erzwungenen Schwangerschaft (vgl. Lindsey 2001: 51).

Die in einem Land vorherrschende sexualisierte Gewalt wird durch Kriege und Konflikte verschärft und hält auch nach dem Krieg an. In vielen Berichten von Nachkriegsländern wird angeben, dass die Zahl der Vorfälle im Vergleich zur Vorkriegszeit angestiegen sei. Sowohl die Straflosigkeit der Täter als auch Arbeitslosigkeit, Armut und soziale Ausgrenzung können sexualisierter Gewalt verstärken (vgl. Bastick et al. 2007: 15).

---

9 Während des Zweiten Weltkrieges wurden Frauen in Osteuropa zwangsrekrutiert und in Wehrmachtsbordellen festgehalten. Die Frauen sollten zur „sexuellen" Versorgung der deutschen Truppen dienen (vgl. Mischkowski 2004: 22–25).

10 In Bosnien-Herzegowina wurden Frauen und Mädchen von paramilitärischen Verbänden in Hotels, Privatwohnungen verschleppt und über Monate hinweg sexuell versklavt (vgl. Mischkowski 2004: 42).

11 In letzter Zeit sind in den Medien Vorwürfe laut geworden, dass sich internationales Personal an sexueller Ausbeutung und sexuellem Missbrauch (SEA) beteiligt. In einigen Fällen beteiligten sie sich beispielsweise an Zwangsprostitution und Frauenhandel, humanitäres Personal soll bei der Nahrungsmittelvergabe sexuelle Gegenleistungen verlangt haben (vgl. Mischkowski 2004: 47 f.). Als Reaktion darauf hat der UN-Sicherheitsrat in einem Beschluss von 2005 erstmals alle von Friedenspersonal der UN begangnen Akte von SEA verurteilt (UNSC 2005).

12 Frauen sind nicht nur Opfer, sondern nehmen auch als Kombattantinnen am Kriegsgeschehen teil.

13 In Ruanda wurde auch von einigen Fällen berichtet, bei denen Frauen sexualisierte Gewalt ausgeübt haben bzw. Männer angestiftet haben sollen (vgl. Bastick et al. 2007: 14).

2.3 *Formen sexualisierter Kriegsgewalt*

Sexualisierte Kriegsgewalt findet auf unterschiedliche Weise statt: Beispielsweise durch Gruppenvergewaltigung[14], erzwungene Schwangerschaft oder Einführung von Gegenständen in die Genitalbereiche[15] (vgl. Gingerich/Leaning 2004: 33). Die Zivilbevölkerung wird vielfach von der gegnerischen Gruppe dazu gezwungen, den eigenen Familienangehörigen sexualisierte Gewalt zuzufügen oder den Gräueltaten zuschauen[16] (vgl. Burkardt 2000: 81).

Meist werden Personen nicht nur Opfer einer Form sexualisierter Gewalt, sondern es werden verschiedene Formen von Gewalt an ihnen verübt. Nach Vergewaltigung folgen häufig sexuelle Verstümmelungen und/oder andere Formen wie, physische Folterungen, Brandmarkungen und im schlimmsten Fall sogar die Tötung (vgl. Mischkowski 2004: 43). Bei dem Konflikt um die Teilung Indiens 1947 wurden beispielsweise Frauen und Mädchen entkleidet und zur Schau gestellt, vergewaltigt, verstümmelt, entstellt und obendrein wurden beleidigende Schriftzüge auf die Brüste und Genitalbereiche eintätowiert (vgl. Mischkowski 2004: 32).

Ferner erfahren Frauen und Mädchen nicht nur ein einziges Mal sexualisierte Gewalt, meist erstrecken sich die Verbrechen über einen längeren Zeitraum. So wurden in der bosnischen Stadt Foca Frauen in Schulen in Gefangenschaft gehalten und abends immer wieder durch Gruppen von Soldaten vergewaltigt (vgl. Burkhardt 2000: 76).

2.4 *Funktion und Motive von sexualisierter Gewalt in bewaffneten Konflikten*

Es kann nicht auf alle Aspekte eingegangen werden, vielmehr soll in diesem Abschnitt deutlich werden, aus welchen Motiven sexualisierte Gewalt systematisch eingesetzt wird und welche Funktionen sie im Kontext von Konflikten übernimmt. Dabei sind Funktionen und Motive schwer von einander zu trennen.

Sie wird in manchen Fällen genutzt, um Truppen zu motivieren, zu belohnen oder um die Aggressivität in einer Gruppe zu erhöhen (Bastick et al. 2007: 14).

---

[14] Von Gruppenvergewaltigung, bei denen mindestens zwei Personen ein Opfer nacheinander oder gleichzeitig missbrauchen, wird sehr häufig berichtet (vgl. Burkardt 2000: 67–88; Mischkowski 2004:19–29).

[15] Von der gewaltsamen Einführung von Gegenständen wie Flaschen, Knüppel, zerbrochenem Glas in den Intimbereich, ist z. B. im Kongo oder in Bosnien berichtet worden (vgl. Burkhardt: 2000: 82; International Alert 2005: 34).

[16] In der Demokratischen Republik Kongo geschah dies laut des Berichts International Alert (2005: 34) z. B zwischen Mutter und Söhnen, Väter und Söhnen, Brüder und Schwestern. Frauen und Mädchen wurden obendrein gezwungen, während der Vergewaltigungen obszöne Lieder zu singen und zu tanzen.

Ein Beispiel dafür waren während des Zweiten Weltkrieges die *Comfort Women* in Japan[17] (vgl. Mischkowski 2004: 28). Aber auch im Sudan sollen militärische Führer Eskorten beauftragt haben, „hübsche" junge Frauen zu entführen, damit sie den Truppen zur Verfügung stehen (International Alert 2005: 47).

Im ersten Weltkrieg wurden Sexualverbrechen der gegnerischen Seite zu Propagandazwecken überzeichnet dargestellt, um den Zuspruch in der Bevölkerung zu erhöhen, die Moral der kämpfenden Soldaten zu erhöhen und um neue Freiwillige zu gewinnen (vgl. Beck 2002: 41 f.).

Auch Mythen und kultureller Glauben sind Motive für sexualisierte Gewalttaten (vgl. Bastick et al. 2007: 5). In der Demokratischen Republik Kongo sollen Vergewaltigungen aufgrund des kulturellen Glaubens stattgefunden haben. In dem Fall erfüllten Vergewaltigungen gleich zwei Funktionen, zum einen sollen sie magische Kräfte übertragen, und zum anderen unbesiegbar auf dem Kampffeld machen (International Alert 2005: 49).

Sexualisierte Gewalt wird systematisch als Foltermethode eingesetzt, um das Opfer zu demütigen, zu erniedrigen, an Informationen zu gelangen und um die Kontrolle über das Opfer bzw. die Folgsamkeit sicherzustellen (vgl. Lindsey 2001: 52; Bastick et al. 2007: 14). Sie kann dazu beitragen, Terror in der Bevölkerung zu verbreiten, so dass diese aus Angst vor den gegnerischen Angriffen oder Überfällen aus ihrer Heimat flieht (Gingerich/Leaning 2004: 8). In Bosnien-Herzegowina soll sexualisierte Gewalt als Mittel zur „ethnischen Säuberung"[18] eingesetzt worden sein (vgl. Burkhardt 2000: 72–81). In Ruanda war sie Bestandteil des Genozids (vgl. Burkhardt 2000: 84). Somit kann sie mit dem Ziel verübt werden, eine bestimmte ethnische oder soziale Gruppe zu terrorisieren und zu erniedrigen, um sie zu vertreiben und langfristig zu schädigen (Bastick et al. 2007: 15).

Sexualisierte Gewalt wird außerdem verübt, um der Integrität einer Gemeinschaft zu schaden. Wird eine Frau vergewaltigt, kann das sinnbildlich als Vergewaltigung der ganzen Nation oder Gemeinschaft angesehen werden (vgl. Seifert 1993b: 98). Begründet wird dies von Seifert (1993a: 69) damit, dass in vielen Gesellschaften der weibliche Körper als Symbol des Volkes angesehen wird, wie z. B. die US-amerikanische Freiheitsstatue oder die französische *Marianne* als Symbolbild Frankreichs. Die Gewalttat wird dann nicht mehr auf das individuelle Opfer bezogen, sondern als Demütigung auf die ganze Gemeinschaft übertragen (Mischkowski 2004: 31).

---

[17] Über 200.000 asiatische Frauen sollen im zweiten Weltkrieg für die Befriedigung der japanischen Soldaten sexuell versklavt und missbraucht worden sein (vgl. Mischkowski 2004: 28).

[18] Ethnische Säuberung bedeutet die gewaltsame Vertreibung einer Gruppe durch eine andere. In diesem Fall die Vertreibung der muslimischen und kroatischen Bevölkerungsgruppe aus serbischen Gebieten (Burkhardt 2000: 72).

Des Weiteren kann sexualisierte Gewalt auch symbolischer Ausdruck von Demütigung sein und als männliches Kommunikationsmittel verwendet werden (Zirpins 1997). Die Vergewaltigung einer Frau kann als Botschaft an die gegnerische Seite genutzt werden, um zu zeigen, dass deren Männer nicht dazu in der Lage sind, ihre Frauen und Angehörige zu beschützen. Das kann als Angriff ihrer Ehre aufgefasst und als persönliche Niederlage eingestuft werden, es ist somit auch symbolischer Ausdruck für die Demütigung der Männer (Seifert 1993b: 91). Ebenso ist es ein Angriff ihrer männlichen Identität. „Der gegnerischen Einheit wird auf diese Weise ihre Niederlage, ihre Schwäche und ihre Impotenz demonstriert, die eigene Gruppe hingegen wird in der Gewissheit ihrer Macht, ihrer Überlegenheit und ihrer Manneskraft bestärkt." (Dieregsweiler 1997: 40) Deutlich wird es am folgenden Beispiel: In Jugoslawien wurden vergewaltigte und dadurch schwangere Frauen im siebten oder achten Monat über die feindliche Linie zurückgeschickt, mit zynischen Aufschriften auf den Busen über die zu gebärenden Kindern (vgl. Seifert 1993b: 92).

2.5 *Folgen sexualisierter Gewalt in bewaffneten Konflikten*

Die Betrachtung der Folgen macht die zerstörerische Wirkung auf das Individuum und auf die Gemeinschaft einer Bevölkerungsgruppe noch deutlicher. Physische Folgen können Verletzungen aller Art sein, von Wunden bis zu Brüchen und Verletzungen innerer Organe, ungewollte Schwangerschaft, gynäkologische Probleme wie z. B. Funktionsstörungen des Schließmuskels, Fistelbildung, Krankheiten, wie Syphilis und Tripper, aber auch HIV, Fehlgeburten, Verdauungs- und Gallenbeschwerden, Entzündungen im Beckenbereich sowie chronische Beckenschmerzen, Kopf-, Rücken- und Gelenkschmerzen, ständige Behinderungen, Asthma, Funktionsstörungen des hormonellen und vegetativen Systems, vegetative Erschöpfungszustände mit erhöhter Krankheits- und Infektionsanfälligkeit.

Betroffen von den psychischen Folgen sind neben den direkt betroffenen primären Opfern auch die so genannten sekundären Opfer, also diejenigen, die die Gewalttaten nur passiv miterlebt haben[19] (vgl. Burkhardt 2000: 27). Psychische Folgen umfassen Depression, Angst, Phobie, Angstneurose, geringe Selbstschätzung, Beziehungs- und Sexualstörung, Ablehnung des eigenen Körpers sowie Ess- und Schlafstörung, Zwangsneurose, Psychose, Posttraumatische Belastungsstörung

[19] Erfahrungen mit der Behandlung Betroffener in Bosnien haben gezeigt, dass psychische Folgen bei Menschen, die gezwungen wurden bei sexualisierter Gewalt dabei zu sein, sogar noch stärker ausgeprägt sein können als bei den primären Opfern (Folnegovic-Smalc 1993: 223).

(PTBS)[20], selbstgefährdendes Verhalten, wie Substanzmissbrauch, Schmerzmittelmissbrauch und Selbstverletzung bis hin zu Selbstmord (vgl. Joachim 2004: 67–73; Burkhardt 2000: 90 f.). Diese Symptome sind nicht getrennt voneinander zu betrachten, sondern treten als „komplexes interaktives Symptommuster" auf, deren Diagnose und Behandlung sich schwierig gestaltet (Burkhardt 2000: 92). Zudem ist aufgrund der unzureichenden öffentlichen Gesundheitsversorgung und psychologischen Betreuungseinrichtungen eine Behandlung oft gar nicht möglich (Joachim 2004: 62). Erschwerend kommt hinzu, dass die Opfer auch noch mit anderen Umständen wie Vertreibung oder Verlust von Angehörigen konfrontiert sind (Burkhardt 2000: 88).

Neben den psychischen und physischen kommen gesellschaftliche Folgen hinzu. Die systematischen Vergewaltigungen und Anwendungen anderer Formen sexualisierter Gewalt können sich demoralisierend auf die Gemeinschaft bzw. Gesellschaft auswirken. Das soziale und persönliche Beziehungsgefüge kann geschwächt bzw. zerstört werden (Kahlweit 2008). Besonders in patriarchalen Gesellschaftssystemen wird die Schuld an dem Übergriff der betroffenen Frau zugeschrieben (UNHCR 2003: 35). Sie gilt dann als unrein, untreu oder wird als Verräterin angesehen (Clifford 2008: 4). Viele Frauen erfahren daher soziale Ablehnung und Stigmatisierung. Oftmals werden sie von ihren Ehemännern verstoßen, aus der Familie und Gemeinschaft ausgeschlossen, bestraft und in einigen Fällen sogar getötet[21] (vgl. Mischkowski 2004: 86). Vielen Frauen bleibt eine Heirat bzw. eine erneute Heirat aufgrund des Stigmas verwehrt. Zu den Folgen der Ausgrenzung aus Familien- und Gemeinschaftsstrukturen gehört auch der Verlust des Zugangs zum eigenen Lebensunterhalt, des sozialen Schutzes und der wirtschaftlichen Unterstützung der Familie bzw. Gemeinschaft (vgl. Landgraf/Weber 2004). Beides erhöht wiederum die Gefahr, dass Frauen Opfer von sexueller Ausbeutung und Menschenhandel werden bzw. in die Prostitution geraten. (Ward 2005: 190)

Aus Angst vor der Stigmatisierung und aus Schamgefühl sprechen viele Frauen nicht über ihre Erfahrungen. Eine Expertin von Amnesty International (AI), die in Darfur arbeitet, sagt dazu:„Es ist nicht leicht für die Frauen, über die Vergewalti-

---

[20] PTBS lässt sich nach der internationalen Klassifikation der Krankheiten der WTO (ICD-10) der Kategorie „Reaktionen auf schwere Belastungsstörungen und Anpassungsstörungen" zuordnen. Die Einordnung ist relevant bei Gutachten- und Attesterstellung für traumatisierte Flüchtlinge oder um beispielsweise Ansprüche auf Entschädigung geltend zu machen. Die Symptome wie sich aufdrängende belastende Gedanken und Erinnerungen an das Trauma, Überregungssymptome, Vermeidungsverhalten, emotionale Taubheit müssen mindestens sechs Wochen andauern, damit sie als klinisch relevant gelten (vgl. Joachim 2004: 32).

[21] Im Zweiten Golfkrieg wurden zum Beispiel kuwaitische Frauen aufgrund von Vergewaltigung von ihren Familienangehörigen verstoßen. Auch in Deutschland haben nach dem Zweiten Weltkrieg Männer ihre Frauen verlassen, wenn sie von Vergewaltigungen der eigenen Frau durch die Alliierten erfuhren (vgl. Mischkowski 2004: 86)

gungen zu sprechen. In unserer Kultur ist es eine Schande. Frauen verstecken die Erinnerung in ihrem Herzen, so dass die Männer nichts davon hören." (Landgraf/ Weber 2004) Aufgrund des Stillschweigens erhalten sie keine adäquate medizinische Versorgung (UNHCR 2003: 35). Die soziale Ausgrenzung und das Schweigen über die Erfahrungen ziehen negative Auswirkungen auf die Psyche der Frauen und Mädchen nach sich. Selbsthass, Scham und Depression können verstärkt werden (UNHCR 2003: 35).

Die gesundheitlichen Folgen von sexualisierter Gewalt haben wiederum einen sozioökonomischen Einfluss auf die Gesellschaft. Viele Frauen sind nicht mehr in der Lage, ihren gewöhnlichen Aufgaben und Arbeiten nachzukommen, da sie z. B. unter Konzentrationsstörungen oder unter chronischen Schmerzen leiden.

Darüber hinaus wird durch die permanente Gefahr sexueller Übergriffe auch eine Atmosphäre der Unsicherheit und Angst kreiert, die sich auf die gesamte Familie bzw. Gemeinschaft auswirken kann[22]. Kinder gehen aus diesem Grund nicht zur Schule, Frauen nicht ihrer Arbeit nach. Dies kann zur Armut der Familie und Gemeinschaft beitragen (Clifford 2008: 3). Die Folgen sexualisierter Gewalt haben somit auch einen negativen wirtschaftlichen Einfluss.

Die Belastungen können nach dem Ende eines Konflikts fortwirken. Orte, die Erinnerungen an die Taten hervorrufen, werden vermieden. Kinder, die durch Vergewaltigungen entstanden sind, können schwerwiegende Langzeitkonsequenzen für soziale Beziehungen und Familien bedeuten (vgl. Clifford 2008: 3; Lindsey 2001: 56). Ein Kind erinnert die Mutter lebenslang an die Vergewaltigung. Darüber hinaus werden diese Kinder oftmals von der Gesellschaft ausgegrenzt. Sie gelten als Kinder der Feinde, in Ruanda wurden sie z. B als „Enfants non-desires" (ungewollte Kinder) oder „Enfants mauvais souvenir" (Kinder der schlechten Erinnerung) bezeichnet (Clifford 2008: 4).

2.6 *Zusammenfassung*

Abschließend kann hervorgehoben werden, dass sexualisierte Kriegsgewalt nicht nur massive Folgen für die betroffenen primären und sekundären Opfer hat. Findet sexualisierte Gewalt im Kontext von Konflikten in einem großen Umfang statt, hat sie schwerwiegende Auswirkungen auf die soziale Struktur, wirtschaftliche Stabilität und das Gleichgewicht einer Gemeinschaft. Eingesetzt als Kriegstaktik trägt sie zur Vertreibung einer Gemeinschaft bei und wird als Foltermethode, als Mittel zum Genozid, zur Demütigung des Feindes, aber auch zur Belohnung bzw. der Stärkung der bewaffneten Gruppen genutzt.

[22] Die Herstellung von Angst durch sexualisierte Gewalt, ist eines der Ziele warum sexualisierte Gewalt als Kriegstrategie eingesetzt wird.

Dabei ist es nicht ausschlaggebend, ob es nachweislich strategischer Bestandteil der Kriegsführung ist, angeordnet von den militärischen Führungen. Für die betroffenen Menschen und Gemeinschaften bleiben das Ausmaß, die Wirkungen und die Folgen die gleichen, ungeachtet, ob die Taten von der militärischen Führung gezielt geplant oder geduldet werden.

3 Rechtliche Normen und Regelungen zu sexualisierter Kriegsgewalt

Die massiven Übergriffe auf die Zivilbevölkerung und auf Frauen im Besonderen in den bewaffneten Konflikten des 20. Jahrhunderts haben die Ahndung und strafrechtliche Verfolgung von Gewaltverbrechen gegen Frauen zu einer wichtigen Aufgabe der internationalen Gemeinschaft werden lassen. Die folgende Darstellung der Entwicklung des völkerstrafrechtlichen Instrumentariums beleuchtet auch die sich verändernde Wahrnehmung der Frau als Opfer.

Nach Seibert-Fohr (2006: 145) lässt sich die Entwicklung des Völkerrechts in Bezug auf Kriegsverbrechen gegen Frauen in den vergangenen 60 Jahren in drei zeitliche Abschnitte einteilen: Für die erste Periode waren die Erfahrungen des 2. Weltkriegs von Bedeutung. Einen zweiten Schub gab es durch die ad-hoc Tribunale zu Ruanda (ICTR) und das ehemalige Jugoslawien (ICTY). Die dritte Entwicklungsphase ist durch das Römische Statut des Internationalen Strafgerichtshofes (IStGH) bestimmt.

3.1 Entwicklungen nach dem Zweiten Weltkrieg

Sexualisierte Kriegsgewalt gilt bereits seit Jahrhunderten als Kriegsverbrechen. Sie wurde beispielsweise unter Richard II. (1385) mit dem Tode bestraft (vgl. Möller 1999: 1). Auch der Lieber Code (1863), das erste schriftliche Regelwerk zur Kriegsführung aus den USA, deklarierte sexualisierte Kriegsgewalt als Kapitalverbrechen. Als bestimmend für das Humanitäre Völkerrecht des 20. Jahrhunderts gelten die Haager Friedenskonferenzen von 1899 und 1907, auf denen die Haager Landkriegsordnung (HLKO) entwickelt wurde sowie die vier Genfer Konventionen von 1949 einschließlich der Zusatzprotokolle von 1977 (vgl. Mühlhäuser 2004: 35).

In Bezug auf sexualisierte Kriegsgewalt legt die HLKO in Art. 46 fest, die Ehre und die Rechte der Familie zu achten. Schutz vor Vergewaltigung, der in dieser Formulierung enthalten ist, wird damit zunächst zum Schutz der Ehre der Familie (vgl. Möller 1999: 1; Mischkowski 2006: 2; Seibert-Fohr 2006: 149; Mühlhäuser 2004: 35). Wullweber (1995: 179) gibt an: „Wenngleich nach völkerrechtlicher Auffassung nach einer weiten Auslegung dieser Artikel durchaus so ausgelegt werden darf, dass die Vergewaltigung hiervon mit erfasst wird, so wurde es doch in der gerichtlichen Praxis selten so gehandhabt."

Damit geht Wullweber (1995: 179) auf die Tatsache ein, dass sexualisierte Gewalt, speziell Vergewaltigung, zwar völkerrechtlich hätte als Straftat verfolgt werden können, dies in der Realität bis zu den ad hoc Kriegsverbrechertribunalen von Ruanda und dem ehemaligen Jugoslawien in den seltensten Fällen in die Tat umgesetzt wurde. Beispiele hierfür sind die Kriegsverbrecherprozesse von Nürnberg und Tokio. Auch wenn die Formulierungen sowohl der Nürnberg-Charta[23], als auch der Tokio-Charta[24] so weit formuliert sind, dass man auch Vergewaltigung darunter hätte fassen können, fanden sie keine ausdrückliche Erwähnung. In keinem der Urteile von Nürnberg wurde Vergewaltigung speziell erwähnt[25] (Mischkowski 2006: 2).

Im Falle Tokios wurde Vergewaltigung bei einem kleinen Teil der Strafprozesse zur Anklage gebracht. „Allerdings erfolgte eine Verurteilung von sexuellen Gewalttaten nur insoweit, als sie, wie in Nanking[26], Teil eines größeren Angriffs waren und in unmittelbarem Zusammenhang mit den in der Charta aufgelisteten Verbrechen standen. Die sexuelle Nötigung und Zwangsprostitution der so genannten *comfort women* in japanischen Militärbordellen blieb straffrei" (Seibert-Fohr 2006: 149).

Nach dem Zweiten Weltkrieg erfolgte eine Aktualisierung des völkerrechtlich kodifizierten Kriegsrechts durch die vier Genfer Konventionen vom 12.08.1949. Sie gelten als Meilenstein bei der Entwicklung des Individualschutzes in bewaffneten Konflikten und setzen der Anwendung bewaffneter Gewalt, auch in Bürgerkriegen, rechtliche Grenzen. So verlangt der in allen Konventionen übereinstimmende Art. 3 von den Kriegsparteien:

> „Personen, die nicht direkt an den Feindseligkeiten teilnehmen, [...], sollen unter allen Umständen mit Menschlichkeit behandelt werden, ohne jede Benachteiligung aus Gründen der Rasse, der Farbe, der Religion oder des Glaubens, des Geschlechts, der Geburt oder des Vermögens oder aus irgendeinem ähnlichen Grunde. Zu diesem Zwecke sind und bleiben in Bezug auf die oben erwähnten Personen jederzeit und jedenorts verboten:
>
> a. Angriffe auf Leib und Leben, namentlich Mord jeglicher Art, Verstümmelung, grausame Behandlung und Folterung; [...]

---

[23] Art.6 lit. b Nürnberg Charta

[24] Art. 5 lit. c und Art. 5 lit.b Tokio Charta

[25] Hierbei ist mit Seibert-Fohr (2006: 148 f.) jedoch anzumerken, dass die Ankläger Beweise für Vergewaltigungen vorbrachten, um die Anklage wegen Verbrechen gegen die Menschlichkeit und Kriegsverbrechen zu belegen.

[26] In Nanking wurden schätzungsweise 20.000 Chinesinnen beim Einmarsch der Japaner vergewaltigt (Mischkowski 2006:2).

c. Beeinträchtigung der persönlichen Würde, namentlich erniedrigende und entwürdigende Behandlung;…"

Einzig Art. 27 Abs. 2 des IV. Genfer Abkommens zum Schutz von Zivilpersonen in Kriegszeiten geht ausdrücklich auf sexualisierte Gewalt gegen Frauen ein:

„Die Frauen werden besonders vor jedem Angriff auf ihre Ehre und namentlich vor Vergewaltigung, Nötigung zur gewerbsmäßigen Unzucht und jeder unzüchtigen Handlung geschützt."

Die Deutung des Begriffs der Ehre verlagert sich hierbei von einem Vergehen gegen die Ehre der Familie[27] hin zu einem Ehrdelikt gegen die Ehre der Frau (vgl. Mischkowski 2006: 2). Als Gewaltdelikt wird es mithin nicht definiert und die weiteren schweren physischen und psychischen Folgen des Verbrechens finden keine Berücksichtigung (Seibert-Fohr 2006: 149). Mit Mischkowski (2006: 2) kann festgehalten werden, dass Vergewaltigung hiernach nicht als schwerer Verstoß gegen die Genfer Konventionen bewertet wird. Entscheidend für das Verständnis der Genfer Konventionen und der Zusatzprotokolle von 1977 ist, dass sie zwischen schweren Verletzungen und Zuwiderhandlungen unterscheiden. Bei schweren Verletzungen sind die Vertragsstaaten verpflichtet, einen Täter im Rahmen des Universalitätsprinzips innerstaatlich zu verfolgen oder die Person an einen verfolgungswilligen Staat auszuliefern. Bei Zuwiderhandlungen folgen daraus lediglich notwendige Maßnahmen zur Unterbindung (vgl. Mühlhäuser 2004: 36). Alle Verordnungen, die sich auf sexualisierte Gewalt beziehen, sind hierbei als Zuwiderhandlungen eingestuft.

Durch die beiden Zusatzprotokolle von 1977 wurde im Zuge der veränderten Kriegsführung auch das humanitäre Völkerrecht angepasst und der humanitäre Mindeststandard, wie er in Art. 3 der vier Genfer Konventionen normiert wurde, auch auf nicht-internationale Konflikte ausgeweitet. Auch hier wird explizit auf Vergewaltigung Bezug genommen[28]. Dementsprechend lautet Art. 76 Abs. 1:

„Frauen werden besonders geschont; sie werden namentlich vor Vergewaltigung, Nötigung zur Prostitution und jeder anderen unzüchtigen Handlung geschützt."

Vergewaltigung kann mit den beiden Zusatzprotokollen u. a. als Folter verstanden werden und ist in seiner Bedeutung losgelöst von dem Begriff der Ehre, sei es nun

---

[27] Wie dies in der HLKO definiert ist und weitreichend kritisiert wurde (vgl. Möller 1999: 1; Mischkowski 2006: 2; Seibert-Fohr: 2006: 149; Mühlhäuser 2004: 35; Wullweber 1995: 179)

[28] Art 75 Abs.2 lit. a, ii), Art. 75 Abs. 2 lit. b), Art. 76 des 1. Zusatzprotokolls, Art. 4 Abs.2 lit. e) des 2. Zusatzprotokolls

die Ehre der Familie oder die Ehre der Frau. Hierbei ist Art. 75 Abs. 2 lit. a, ii) einschlägig. Wichtiger noch ist, dass Vergewaltigung im Krieg, verstanden als Folter, somit zu einem Kriegsverbrechen werden kann und völkerrechtlichen Straftatbestand erfährt.

3.2 Die ad-hoc Tribunale zum ehemaligen Jugoslawien und zu Ruanda

Die Rechtspraxis[29] der beiden Kriegsverbrechertribunale ICTY[30] und ICTR[31], die von der UN eingerichtet wurden, definiert in ihren Leitentscheidungen Vergewaltigung sowie Zwangsprostitution in bewaffneten Konflikten endgültig als Straftatbestand unter Verbrechen gegen die Menschlichkeit. Dabei listete der ICTY Vergewaltigung als Verbrechen gegen die Menschlichkeit auf, der ICTR definierte zudem Vergewaltigung und Zwangsprostitution als Verletzung der Genfer Konventionen (Mühlhäuser 2004: 39). Darüber hinaus und im Unterschied zu Tokio, wo Vergewaltigung nur dann als Kriegsverbrechen geahndet werden konnte, wenn es Teil eines größeren Angriffs war, wurde im ICTY festgestellt, dass auch die Vergewaltigung eines einzelnen Opfers ein Kriegsverbrechen darstellt, wenn sie im Rahmen eines bewaffneten Konflikts erfolgt (Seibert-Fohr 2006: 156).

Zum allerersten Mal wurde Vergewaltigung als Verbrechen gegen die Menschlichkeit im Akayesu-Urteil[32] abgeurteilt. Dieser Fall steht heute für den Beginn einer neuen Rechtssprechung in Bezug auf Verbrechen gegen Frauen in bewaffneten Konflikten (Seibert-Fohr 2006: 151). Bei ihm handelt es sich auch um die erste internationale Verurteilung wegen Völkermordes[33] in Verbindung mit Vergewaltigung. Unter Art. 2 Abs. 2 lit. b ICTR Statut wird Vergewaltigung als Ursache für schweren körperlichen oder seelischen Schaden definiert. Art. 2 Abs. 2 lit. d ICTR Statut zählt Vergewaltigung zu den Maßnahmen, die auf eine Geburtenverhinderung innerhalb einer bestimmten Gruppe gerichtet sind (vgl. ICTR Statut: 1998). Zudem wird in dem Urteil Vergewaltigung als eine Form der Folter gewertet und erzwungenes Entkleiden als unmenschliche Behandlung definiert (vgl. Seibert-Fohr, 2006: 152).

---

[29] In den Statuten der Kriegstribunale hat sexualisierte Gewalt nur im Tatbestand des Verbrechens gegen die Menschlichkeit ausdrückliche Erwähnung gefunden (Möller 1999:2)

[30] Das Tribunal zum ehemaligen Jugoslawien (ICTY) wurde 1993 mit UN Resolution 827 festgelegt und nahm 1994 seine Arbeit auf.

[31] Das Tribunal zu Ruanda (ICTR) wurde 1994 mit UN Resolution 955 des Sicherheitsrates geschaffen und nahm 1997 seine Arbeit mit dem Verfahren gegen Jean-Michael Akayesu auf.

[32] Urteil vom 2. September 1998 ICTR

[33] Völkermord setzt als Tathandlung Tötung, die Verursachung schwerer physischer oder seelischer Schäden, die Auferlegung zerstörerischer Lebensbedingungen, Maßnahmen der Geburtenverhinderung oder die gewaltsame Überführung von Kindern in eine andere Gruppe voraus (vgl. Art. II Konvention über die Verhütung und Bestrafung des Völkermordes von 1948)

Damit werden die schweren körperlichen und seelischen Schäden von Vergewaltigung sowie deren langfristigen Auswirkungen betont.

Am 16. November 1998 verurteilte das ICTY in einem ersten Fall Vergewaltigung als schwere Verletzung der Genfer Konventionen mit dem Straftatbestand der Vergewaltigung als Folter. Durch weitere Entscheidungen beider Tribunale wurde Vergewaltigung als Foltermittel näher ausgeführt. Ihnen zufolge ist dies nicht nur im Zusammenhang mit einem Verhör zur Erzwingung einer Aussage der Fall, sondern auch wenn sie aus Gründen der Diskriminierung begangen wird. Konkret bedeutet dies, Vergewaltigung wird als Folter definiert, wenn sie von einem öffentlichen Beamten ausgeführt wird, weil das Opfer eine Frau ist, also auf Basis ihres biologischen Geschlechts (vgl. Seibert-Fohr 2006: 155).

3.3 *Der Internationale Strafgerichtshof*

Durch die Berichte über Massenvergewaltigungen und andere Formen sexualisierter Gewalt in Ruanda und dem ehemaligen Jugoslawien sowie unter dem Druck von Nichtregierungsorganisationen (NGOs)[34] und Vertretern des ICTY wurden entsprechende Tatbestände in das Statut des IStGH aufgenommen und die initiierte Entwicklung der beiden Kriegsverbrechertribunale fortgesetzt (Möller 1999: 2). Dabei definiert der IStGH in Art. 7 Abs. 1 lit. g) sexualisierte Gewalt als Vergewaltigung, sexuelle Sklaverei, Zwangsprostitution, erzwungene Schwangerschaft, Zwangssterilisation oder jede andere Form sexueller Gewalt vergleichbarer Schwere.

Ein weiterer Fortschritt ist darin zu sehen, dass der *gender*-Begriff in den von Mischkowski so genannten „allgemeinen Antidiskriminierungsartikel" (2006: 4, 2004: 425) Art. 21 Abs. 3 aufgenommen wurde, sowie in der Forderung nach Einstellung von qualifiziertem Fachpersonal für sexualisierte Gewalt und Traumata. Weitere Neuerungen stellen die gesonderten Verfahrensregeln für Vergewaltigungsprozesse und Vorgaben zum Schutz betroffener Zeugen dar[35]. Auch wenn in den Tribunalen von Ruanda und dem ehemaligen Jugoslawien schon spezifische Schutzprogramme entwickelt wurden, sind diese im IStGH ausgebaut worden. Auch sieht die Verfahrensordnung gesonderte Regeln für die Beweisführung vor. Zunächst sind neben den Aussagen der Zeugen selbst keine weiteren Beweismittel nötig, sofern sie als zuverlässig und glaubwürdig eingeschätzt werden. So ist das

---

[34] AI, Human Rights Watch, Women's caucus for „Gender" justice in the international criminal court, Deutscher Juristinnenbund, Women's International League for Peace and Freedom u. a..

[35] Neben dem physischen Schutz, den der Zeuge durch die Gerichtskanzlei zugestanden bekommt, erhält jede Zeugin die Möglichkeit ärztlicher und psychologischer Betreuung. Als Schutzmaßnahme ist eine Anonymisierung möglich. Diese ist in der Praxis allerdings schwer durchzusetzen, da der Name des Zeugen spätestens sechs Wochen vor Verhandlungsbeginn der Verteidigung offen gelegt werden muss (vgl. Mischkowski 2004: 423–425).

Sexualleben der Zeugen als Beweismittel der Verteidigung nicht zulässig. Zudem darf sich die Verteidigung nicht auf eine Einwilligung der Zeugen berufen, wenn Gewalt angewendet oder angedroht wurde, eine Erpressung vorlag oder andere Gründe, die eine begründete Angst von Gewaltanwendung zulassen. Die wichtigsten Neuerungen aber sind die mögliche Vertretung durch einen Rechtsbeistand und die Verbindung von strafrechtlichen Verfahren mit Entschädigungsverfahren für die Opfer.

Ein grundsätzliches Problem des Römischen Statuts wird jedoch in der Übergangsbestimmung von Art. 124 gesehen. Zwar erkennen laut Art. 12 alle Vertragsparteien die Zuständigkeit des IStGH für alle unter Art. 5 festgelegten Verbrechen an. Diese wird jedoch durch Art. 124 wieder eingeschränkt. Ihm zufolge braucht ein Staat in den ersten sieben Jahren, nachdem das Statut in Kraft getreten ist, die Zuständigkeit des Gerichtshofes nicht anzuerkennen, wenn ein Verbrechen mutmaßlich von seinen Staatsangehörigen oder in seinem Hoheitsgebiet begangen worden ist. Nach Möller wäre dies nur unter Rückgriff auf Art. 7 (Verbrechen gegen die Menschlichkeit) oder Art. 6 (Völkermord) möglich. Diese Tatbestände nachzuweisen, dürfte äußerst schwer gelingen. Darin ist eine gefährliche Zuständigkeitslücke zu sehen, denn jeder beliebige Einzelstaat ist zur Verfolgung von Kriegsverbrechen Kraft Genfer Konventionen berechtigt, aber dem IStGH als übergeordnete Instanz kann diese Zuständigkeit entzogen werden, was die Verfolgung mancher Verbrechen unmöglich machen wird. Dieser Mangel ist eine Folge des politischen Kompromisses, ohne den das Statut nicht zustande gekommen wäre.

Schon die Urteile der ad hoc Tribunale haben dazu beigetragen, dass Vergewaltigung nicht eine Frage der Ehre der Familie oder Frau, sondern ein Gewaltverbrechen ist, bei dem das Menschenrecht der Frau selbst über sich, ihr Leben, ihren Körper und ihre Fähigkeiten zu entscheiden, verletzt wird (vgl. Mischkowski 2003: 150). In den dargestellten Fällen der Kriegsverbrechertribunale und durch das Statut des IStGH wurde anerkannt, dass sexualisierte Kriegsgewalt gegen Frauen unterschiedliche internationale Straftatbestände erfüllt. Dazu zählen Vergewaltigung, Folter, Sklaverei, Verfolgung, grausame und unmenschliche Behandlung, vorsätzliche Verursachung großer Leiden und Beeinträchtigung der persönlichen Würde. Diese Tatbestandselemente erfüllen die Definition von Völkermord, Verbrechen gegen die Menschlichkeit und Kriegsverbrechen. Vergewaltigung wurde im Verlauf der Verhandlungen als schwere Verletzung der Genfer Konventionen, als Verstoß gegen die Gesetze und Gebräuche des Krieges und Verbrechen gegen die Menschlichkeit geahndet (Mühlhäuser 2004: 39). „Die Fortentwicklung im materiellen Völkerstrafrecht in Bezug auf Sexualverbrechen gegen Frauen liegt weniger darin, dass neue Tatbestände geschaffen wurden, als in der tatsächlichen Strafverfolgung und Konkretisierung des bestehenden Rechts. Das Römische Statut ist daher eher als Bestätigung zu sehen." (Seibert-Fohr 2006: 165)

Res 1820

4 Die Resolution 1820

2007 musste UN Generalsekretär Ban Ki-moon noch klagen: „In no other area is our collective failure to ensure effective protection for civilians more apparent […] than in terms of the masses of women and girls, but also boys and men, whose lives are destroyed each year by sexual violence perpetrated in conflict." (UNIFEM 2008: 3) Ein Jahr später, am 19. Juni 2008, verabschiedete der Sicherheitsrat einstimmig auf seiner 5916. Sitzung Res 1820 über sexualisierte Kriegsgewalt und machte dieses Thema damit zu einer Frage des Weltfriedens und der internationalen Sicherheit.

Um den Entstehungskontext der Res 1820 besser zu verstehen, soll hier auch auf die Res 1325 aus dem Jahr 2000 eingegangen werden, da beide als sich gegenseitig verstärkende Dokumente anzusehen sind (vgl. UNIFEM 2008)[36].

4.1 Entstehungskontext

Bereits 1946 wurde im UN-System die *Commission on the Status of Women* (CSW) als funktionale Kommission des Wirtschafts- und Sozialrats der UN eingerichtet. Nicht zuletzt dadurch verblieben Frauen bzw. frauenspezifische Themen lange dieser Kommission vorbehalten und damit ein Spezialthema.

Erst mit der Weltfrauenkonferenz 1975 in Mexiko und der dort beschlossenen UN-Frauendekade von 1976–1985 sowie der Einsetzung des *Committee for the Elimination of Discrimination against Women* (CEDAW)[37] im Jahr 1980 erfolgte auf der Ebene der Vereinten Nationen eine kritische Auseinandersetzung mit Fragen geschlechtsspezifischer Diskriminierung. Mit der zum Abschluss der UN-Frauendekade 1985 abgehaltenen Weltfrauenkonferenz[38] in Nairobi wurde der Begriff des *gender-mainstreaming* erstmals durch die UN aufgegriffen. Dieser Begriff steht für die Entwicklung, Organisation und Evaluierung von politischen Entscheidungsprozessen und Maßnahmen, an denen Frauen partizipieren sowie für die Berücksichtigung der Ausgangsbedingungen und Auswirkungen auf die Geschlechter auf allen Ebenen, um auf das Ziel einer tatsächlichen Gleichstellung von Frauen und Männern hinwirken zu können.

Auf weitere Meilensteine in der Bearbeitung von *gender*-Fragen wie die Aktionsplattform der vierten Weltfrauenkonferenz in Peking 1995 kann hier nicht eingegangen werden. Bedeutsam ist jedenfalls, dass das Thema Frauen und Kon-

[36] Diese Komplementarität bekräftigt die Resolution auch gegenüber SCR 1612 (2005) und SCR 1674 (2006)

[37] CEDAW bietet die bislang umfassendste Definition geschlechtsspezifischer Diskriminierung und ist zudem ein völkerrechtlich bindendes Instrument.

[38] Die Konferenz mündete in der Einrichtung von UNIFEM (vgl. Gareis/Varwick, 2007: 184)

fliktprävention seit dieser Konferenz zunehmend in der UN thematisiert wurde. Im Generalsekretariat wurde die Spezialeinheit *Frauen, Frieden und Sicherheit* geschaffen. Sexualisierte Kriegsgewalt als eigenständiges Thema war damit noch nicht auf der internationalen Agenda verankert.

Mit der Verabschiedung der Res 1325 am 31. Oktober 2000 wurde die Auseinandersetzung mit diesem Thema innerhalb des Sicherheitsrates intensiviert (UNSC 2000). In ihr wird der Generalsekretär aufgefordert, konkrete Maßnahmen für den Bereich „Frauen und Konfliktprävention" vorzuschlagen. *Gender* und Fragen der Geschlechtergerechtigkeit müssen bei allen UN-Missionen Beachtung finden und bekräftigen damit die zentrale Bedeutung der gleichberechtigten Einbeziehung von Frauen auf allen Ebenen von Friedensverhandlungen und Friedensbildungsmaßnahmen. Punkt 3 der Resolution fordert, mehr Frauen zu Sonderbeauftragten und Sonderbotschaftern zu ernennen. Dazu werden die Mitgliedsstaaten in die Verantwortung genommen, dem Generalsekretär Kandidatinnen zur Aufnahme in eine regelmäßig aktualisierte zentrale Liste vorzuschlagen. Punkt 4 verankert, dass die Ausweitung der Rolle und des Beitrags von Frauen bei Feldmissionen der UN anzustreben sind. Punkt 5 verweist auf den *gender-mainstreaming* Ansatz. Nach Punkt 6 sollen den Mitgliedsstaaten Leitlinien für die Aus- und Fortbildung sowie Material über den Schutz, die Rechte und die besonderen Bedürfnisse von Frauen auferlegt werden[39].

Punkt 8 gibt Auskunft über die Inhalte einer geforderten geschlechtersensiblen Durchführung von Friedensübereinkünften. Dabei sollen zunächst die besonderen Bedürfnisse von Frauen und Mädchen während ihrer Rückführung und Neuansiedlung sowie bei der Normalisierung, der Wiedereingliederung und dem Wiederaufbau nach Konflikten berücksichtigt werden. Weiter finden sich dort Maßnahmen zur Gewährleistung des Schutzes und der Achtung der Menschenrechte von Frauen und Mädchen, insbesondere im Zusammenhang mit der Verfassung, dem Wahlsystem, der Polizei und der rechtsprechenden Gewalt.

Einen zentralen Platz nimmt der gesonderte Schutz von Frauen und Mädchen während kriegerischer Auseinandersetzungen ein. Er nimmt sowohl staatliche als auch nicht-staatliche Akteure in die Verantwortung und macht sie für ihre Vergehen haftbar. Punkt 10 fordert dementsprechend alle Parteien bewaffneter Konflikte auf, spezielle Maßnahmen zum Schutz von Frauen und Mädchen vor geschlechtsspezifischer Gewalt zu ergreifen, insbesondere vor Vergewaltigung und anderen Formen des sexuellen Missbrauchs und allen anderen Formen der Gewalt in Situationen bewaffneter Konflikte.

---

[39] Hervorzuheben ist, dass Punkt 6 auch Aufklärungsmaßnahmen über HIV/Aids für die einzelstaatliche Ausbildung und Fortbildung von Militärpersonal und Zivilpolizisten im Vorfeld ihrer Einsätze fordert.

Mit Reuter (2006: 58) ist zu resümieren: „Sie [die Resolution] siedelt die Gleichstellung von Männern und Frauen auf der höchsten Ebene an und eröffnet wirkliche Chancen, den Schutz von Frauen im Krieg sowie die Einbeziehung von Frauen in Friedensprozesse und Sicherheitsfragen weltweit voranzutreiben.[...] Resolution 1325 ist eine Gelegenheit zum Schutz und zur Förderung der Rechte derer, die oft am stärksten gefährdet und am wenigsten sichtbar sind und oft das größte Interesse am Frieden haben."

Seit der Unterzeichnung der Res 1325 fand jährlich eine besondere Sitzung zu ihr statt, auf der unterschiedliche Inhalte als Schwerpunktthema behandelt wurden und in einem offiziellen Statement des Präsidenten veröffentlicht wurden. Auf seiner Sitzung im Juni 2008 verfasste der Sicherheitsrat kein weiteres Statement des Präsidenten, sondern stimmte über eine neue Resolution ab, die Res 1820 zu sexualisierter Kriegsgewalt. Damit wird ein zentrales Thema der Res 1325 abermals aufgegriffen und sein Wortlaut verfeinert. Sexualisierte Kriegsgewalt wird definitorisch als Kriegstaktik bezeichnet; damit wird die Staatengemeinschaft zugleich an viele ihrer völkerrechtlich bindenden Verantwortungen in diesem Bereich erinnert und aufgefordert, diese wahrzunehmen.

4.2 *Inhalt und Teilaspekte*

Res 1820 ist zunächst als ein von höchster Ebene legitimiertes Dokument zu betrachten, welches sowohl von internationalen Institutionen und Organisationen, der Zivilgesellschaft und von Nichtregierungsorganisationen angewendet werden kann. Darüber hinaus ist ihr Inhalt, nämlich sexualisierte Kriegsgewalt, strafrechtlich zu verfolgen. Durch die Ratifizierung kann die Resolution die Regierungen der Mitgliedsstaaten in eine verbindliche Verantwortung nehmen, die Inhalte umzusetzen. Hierbei muss jedoch festgestellt werden, dass die Rechtsnatur der Resolution nicht eindeutig geklärt ist und eine völkerrechtliche Bindung nicht per se angenommen werden kann.

4.2.1 Sexualisierte Gewalt als Gefahr für den Weltfrieden

Res 1820 erkennt an, dass Frieden nicht auf dem stillen Leid von Frauen aufgebaut werden kann. Sie unterliegt in ihren Voorannahmen einem erweiterten Sicherheitsbegriff[40] (vgl. UNIFEM 2008: 5). Wie oben dargestellt nimmt Res 1820 explizit Bezug auf sexualisierte Kriegsgewalt und stellt einleitend fest:

[40] Der erweiterte Sicherheitsbegriff bezieht sich neben der militärischen Bedeutung auch auf politische, soziale, ökonomische und ökologische Probleme.

> „[...] dass es sich bei der großen Mehrheit der von bewaffneten Konflikten Betroffenen um Zivilpersonen handelt, dass der Einsatz sexueller Gewalt insbesondere gegen Frauen und Mädchen gerichtet ist, namentlich auch als Kriegstaktik mit dem Ziel, die zivilen Mitglieder einer Gemeinschaft oder ethnischen Gruppe zu erniedrigen, Macht über sie auszuüben, ihnen Furcht einzuflößen, sie zu zerstreuen und/oder zwangsweise umzusiedeln, [...]. [...] solche Handlungen nach wie vor auftreten und in einigen Situationen systematisch und ausgedehnt geworden sind und ein erschreckendes Ausmaß an Brutalität erreicht haben“ (UNSC 2008: 1 f.)

Unter Punkt 4 der Resolution definiert der Sicherheitsrat sexualisierte Kriegsgewalt als ein Kriegsverbrechen, Verbrechen gegen die Menschlichkeit oder eine die Tatbestandsmerkmale des Völkermordes erfüllende Handlung. Damit schließt sie sich der völkerrechtlichen Praxis an, die sich durch die Entscheidungen des ICTY und des ICTR sowie auch aus den Inhalten des Römischen Statuts ergeben. Sie schließt sexualisierte Kriegsgewalt von Amnestiebestimmungen aus und verweist auf das allgemeine Universalitätsprinzip (vgl. UNSC 2008: 3).

In ihrem feststellenden Teil bekräftigt die Resolution die Rolle von Frauen bei der Verhütung und Beilegung von Konflikten und Friedenskonsolidierungen und stellt fest, dass Gewalt, Einschüchterung und Diskriminierung von Frauen ein fortbestehendes Hindernis für deren Beteiligung in diesen Bereichen ist. Entscheidend für Res 1820 ist, dass sexualisierte Kriegsgewalt explizit als Gefahr für den Weltfrieden und die internationale Sicherheit definiert wird. Damit wird sie eindeutig zu einem Gegenstandsbereich des Sicherheitsrates. Die Verhütung und Bekämpfung sexualisierter Gewalthandlungen werden zu einem Ziel der Maßnahmen, die zur Wahrung des Weltfriedens und der internationalen Sicherheit beitragen sollen. So stellt der Sicherheitsrat fest:

> „[...], dass sexuelle Gewalt, wenn sie als vorsätzlich gegen Zivilpersonen gerichtete Kriegstaktik oder im Rahmen eines ausgedehnten oder systematischen Angriffs auf die Zivilbevölkerung eingesetzt wird oder andere damit beauftragt werden, Situationen bewaffneten Konflikts erheblich verschärfen und die Wiederherstellung des Weltfriedens und der internationalen Sicherheit behindern kann.“ (UNSC 2008: 2)

Daraus ableitend stellt der Sicherheitsrat fest, dass die Mitgliedsstaaten nach dem einschlägigen Völkerrecht die Hauptverantwortung für die Achtung und Gewährung der Menschenrechte tragen, also auch der Frauenmenschenrechte, ihrer Staatsangehörigen und Personen, die sich in ihrem Hoheitsgebiet aufhalten. Dementsprechend obliegt der Schutz der Zivilgesellschaft in Konflikten den entsprechenden Konfliktparteien.

4.2.2 Forderungen an Akteure

Im zweiten Teil der Res 1820 werden verschiedene Forderungen an nationale und internationale Akteure gestellt. Im Folgenden werden entsprechende Forderungen geordnet nach Akteuren wiedergegeben.

Forderungen an Konfliktparteien: Der Sicherheitsrat verlangt zunächst von allen Parteien bewaffneter Konflikte die sofortige Einstellung aller sexualisierten Gewaltakte sowie die Entwicklung geeigneter Durchsetzungsmaßnahmen. Hierbei wird auf militärische Disziplinarmaßnahmen, die mögliche Evakuierung von bedrohten Frauen und Mädchen an einen sicheren Ort, die Unterweisung der Soldaten sowie die Widerlegung von Mythen, die sexualisierte Gewalt fördern[41], verwiesen. Bereits bei der Rekrutierung von Sicherheitspersonal und Streitkräften soll eine Überprüfung der Vorgeschichte hinsichtlich sexualisierter Gewalt durchgeführt werden. Zudem verlangt der UN Sicherheitsrat eine absolute Verantwortlichkeit der Befehlshaber. (vgl. UNSC 2008: 3)

Forderungen an den UN-Generalsekretär: Dem UN-Generalsekretär obliegt nach Res 1820 zunächst die Aufgabe, einen Dialog zwischen den Konfliktparteien herzustellen bzw. selbst mit ihnen in einen Dialog zu treten. Zudem wird er aufgefordert die proklamierte Null-Toleranz-Politik gegenüber sexueller Ausbeutung und sexuellem Missbrauch (SEA) bei Friedenssicherungseinsätzen weiter umzusetzen und zu verstärken. Er ist außerdem für die Entwicklung geeigneter Ausbildungsprogramme für das gesamte Friedenssicherungs- und humanitäre Personal verantwortlich. Auch soll der Generalsekretär wirksame Leitlinien und Strategien für Mandatsentwicklung und Berichterstattung ausarbeiten.

Besondere Schutzmaßnahmen sollen für Frauen und Mädchen in den von den Vereinten Nationen verwalteten Flüchtlings- und Binnenvertriebenenlagern und deren Umkreis sowie in allen Entwaffnungs-, Demobilisierungs- und Wiedereingliederungsprozessen getroffen werden. Im Rahmen von Reformbemühungen im Justiz- und Sicherheitssektor, die von der UN unterstützt werden, soll auf die spezifischen Bedürfnisse von Frauen und Mädchen geachtet werden. Sie sollen vor allem vor Gewalt, darunter insbesondere sexualisierte Gewalt, geschützt werden.

Als letzten Punkt werden der Generalsekretär und seine Sondergesandten in die Verantwortung genommen, die Teilnahme von Frauen im gesamten Friedensprozess zu fördern und Frauenorganisationen zu ermutigen, zu unterstützen und zu konsultieren, um eine gleichberechtigte Teilnahme und Teilhabe von Frauen zu ermöglichen.

---

41 Wie z. B. dass der Geschlechtsverkehr mit Jungfrauen HIV/Aids heilen würde.

Forderungen an Mitgliedsstaaten: Die Resolution legt zunächst die Verpflichtung aller Mitgliedsstaaten zur strafrechtlichen Verfolgung sexualisierter Kriegsgewalt fest und bezieht sich dabei auf das völkerrechtliche Universalitätsprinzip. Ergänzend fordert sie sicher zu stellen, dass allen Opfern sexualisierter Kriegsgewalt gleicher Schutz durch das Gesetz und gleicher Zugang zur Justiz gewährt wird. Der Sicherheitsrat betont die Wichtigkeit, „der Straflosigkeit für solche Handlungen im Rahmen eines umfassenden Konzepts für die Herbeiführung von dauerhaftem Frieden, Gerechtigkeit, Wahrheit und nationaler Aussöhnung ein Ende zu setzen." (SC 2008: 3) Daran anknüpfend fordert Res 1820 die Mitgliedsstaaten auf, den Aufbau bzw. die Reform von Justiz- und Gesundheitssystemen zu stärken, sowie lokale Netzwerke in ihrem Aufbau zu unterstützen[42].

Besondere Bedeutung für die Verantwortung von Mitgliedsstaaten wird der Ausarbeitung von Ausbildungsprogrammen für Friedenspersonal beigemessen. Präventivmaßnahmen und Sensibilisierungs-Trainings in Bezug auf SEA werden exponiert gefordert und sollen die Null-Toleranz-Politik des UN Sicherheitsrates stützen, indem sie das Problembewusstsein des Personals stärken. Des Weiteren wird die vermehrte Entsendung weiblichen Personals angestrebt[43].

Forderungen an den UN Sicherheitsrat: Res 1820 erklärt sexualisierte Kriegsgewalt explizit als Gegenstandsbereich des Sicherheitsrates, da sie als Gefahr für den Weltfrieden und die internationale Sicherheit erklärt wird bzw. als Hemmnis bei der Wiederherstellung von Frieden und Sicherheit anerkannt wird. Daher wird sexualisierte Kriegsgewalt bei Entscheidungen über Sanktionsregime zukünftig mit einbezogen. Zudem verpflichtet sich auch der Sicherheitsrat an der Entwicklung von Ausbildungsprogrammen mit zu arbeiten.

Forderungen an zuständige regionale und subregionale Organe: Der Sicherheitsrat verlangt durch Res 1820 die Ausarbeitung und Durchführung von Politiken, Aktivitäten und Kampagnen zu Gunsten der von sexualisierter Kriegsgewalt betroffenen Frauen und Kindern.

---

[42] Diese Aufforderung richtet sich gleichzeitig an die beteiligten Parteien, Einrichtungen des UN-Systems und Finanzinstitutionen.

[43] Als beispielhafte Friedensmission kann hier auf die United Nations Mission in Liberia (UNMIL) verwiesen werden, in der es im Bereich des Sicherheitspersonals ein komplettes Bataillon bestehend aus Frauen gibt (vgl. Wilke-Launer 2007: 4 f.).

5 Fazit und Empfehlungen

Im Folgenden werden die Umsetzungsmöglichkeiten der Res 1820 durch deutsche Akteure aufgeführt und ihr möglicher spezifischer Beitrag dargestellt. Abschließend werden Empfehlungen formuliert.

Wie unsere hier nicht wiedergegebenen Interviews mit einigen Experten zeigen, sehen die verschiedenen Akteure bei der Implementierung von Res 1820 in Deutschland ähnliche Ansatzpunkte und Probleme. Allerdings ist festzustellen, dass sie dabei unterschiedliche Herangehensweisen verfolgen, die zum Großteil aus den unterschiedlichen institutionellen Stellungen und unterschiedlichen Argumentationslinien und Mandaten resultieren. So sind das Auswärtige Amt (AA), das Bundesministerium für wirtschaftliche Zusammenarbeit (BMZ) und das Zentrum für internationale Friedenseinsätze (ZIF) entweder Organe des Staates oder ausführende Organisationen und vertreten die Interessen der Bundesregierung. Die zivilgesellschaftlichen Organisationen sind hingegen ihren organisationsspezifischen Leitlinien verbunden. Hier muss einschränkend darauf hingewiesen werden, dass das Gunda Werner Institut (GWI) als Teil der Heinrich-Böll-Stiftung unter anderem parteipolitische Interessen vertritt. Medica mondiale (MM) und das GWI haben eine feministische Perspektive gemeinsam, die auch in den Interviews zum Ausdruck gekommen ist. Amnesty International (AI) und MM verfolgen gemeinsam den Menschenrechtsansatz. Nicht zuletzt dadurch bedingt setzen die Organisationen und Institutionen bei der Implementierung auf zum Teil unterschiedlichen Ebenen an. Während das AA und das BMZ eher auf der Makroebene Handlungsansätze verfolgen, können sie durch Ausführungsorganisationen wie das ZIF aber auch auf der Mikro- und Mesoebene durch deren Projektarbeit bzw. Trainingskurse Einfluss nehmen.

Die zivilgesellschaftlichen Organisationen haben unterschiedliche Ansatzpunkte, die sie in ihrer Arbeit umsetzen. Allen drei ist gemeinsam, dass sie durch ihre Lobbyarbeit versuchen, die staatlichen Akteure für das Problem sexualisierter Kriegsgewalt zu sensibilisieren und dadurch den politischen Willen zur Umsetzung der Resolution zu stärken. Während die staatlichen Akteure angeben, das Problem erkannt zu haben und an der Umsetzung der Res 1820 mitzuwirken, wird von Seiten der nichtstaatlichen Akteure kritisiert, dass verschiedene Aspekte, die der Umsetzung dienen würden, nicht durch die staatlichen Akteure durchgesetzt würden. Hierbei nehmen sie vor allem Bezug auf die Strafverfolgung des internationalen Personals.

Auch die staatlichen Akteure in Deutschland heben die Wichtigkeit des politischen Willens hervor, verweisen aber besonders auf die internationale Ebene. Dabei adressieren sie dies sowohl an die EU und die UN, als auch vor allem an die betroffenen Länder selbst. Besonders für die betroffenen Länder formulieren sie ihre Handlungs- und Umsetzungsmöglichkeiten in Form staatlicher Entwicklungszusammenarbeit. Genau dort setzt MM mit ihrer Projektarbeit an, die sich speziell auf sexualisierte Gewalt bezieht.

Alle Akteure geben an, dass es essentiell ist, Öffentlichkeit für das Problem schaffen zu müssen. Besonders AI mit dem Instrument ihrer Berichterstattung ist hier hervorzuheben.

Abschließend lassen sich aus der Analyse der Datenerhebung und dem theoretischen Teil verschiedene Empfehlungen ableiten:

Die unterschiedliche Expertise und Schwerpunktsetzung der verschiedenen Organisationen und Institutionen sollten für eine Umsetzung der Res 1820 umfassend genutzt werden. Hierfür ist eine effiziente Koordination und Kooperation zwischen den einzelnen Akteuren notwendig.

Wie auch von den einzelnen Akteuren betont wurde, bedingen sich Res 1820 und 1325 gegenseitig und sind parallel umzusetzen. Durch die gravierenden gesellschaftlichen Folgen, die sexualisierte Gewalt im Kontext von Konflikten hat, sollte ein Schwerpunkt der Maßnahmen auf die Graswurzelebene gelegt werden. Projekte wie Traumaarbeit und Einkommen schaffende Maßnahmen, die das Stadt-Land-Gefälle mit einbeziehen, sind hierfür Beispiele.

Für alle Bereiche der Arbeit in Konfliktgebieten und Nachkriegsgesellschaften ist eine enge Zusammenarbeit mit den unterschiedlichen Gruppen der Zivilbevölkerung, vor allem mit Frauen- und Menschenrechtsorganisationen, unerlässlich. Sowohl für eine umfassende Aufklärung und Berichterstattung über die Situation in den Ländern selbst, als auch die Einbeziehung in die Planung von Missionen und Projekten. Die Kooperation mit der Zivilbevölkerung ermöglicht zudem den Zugang zu ansonsten benachteiligten Bevölkerungsgruppen und die Berücksichtigung ihrer spezifischen Bedürfnisse. Außerdem erhält man Aufschluss über landesspezifische Vorstellungen über und entsprechende Folgen von sexualisierter Kriegsgewalt.

Auch ist die Auseinandersetzung mit Geschlechterkonstruktionen und den entsprechenden gesellschaftlichen Machtverhältnissen unerlässlich, um die Ursachen sexualisierter Kriegsgewalt zu bearbeiten und in die Arbeit mit einzubeziehen. Hierbei sollte die Arbeit mit Männern intensiviert werden. Insgesamt sollten Geschlechterkonstruktionen und gesellschaftliche Dominanzverhältnisse Teil der Vorbereitung und des Trainings von internationalem Personal sein.

Durch Entwicklungen in der Anwendung der einschlägigen völkerrechtlichen Instrumente seit den 1990er Jahren sind alle Staaten in der Pflicht, einer strafrechtlichen Verfolgung von sexualisierter Gewalt im Kontext von Konflikten auf nationaler und internationaler Ebene nachzukommen. Hierzu sind die Konzeption und der Ausbau von Zeugenschutzprogrammen sehr wichtig. An die Entwicklungen im Rahmen des Römischen Status in Bezug auf Verfahrensregeln und Prozessordnung sowie Zeugenschutz sollte hier angeschlossen werden.

Elementar ist außerdem die Aufklärungsarbeit von Frauen über ihre Rechte und die Durchsetzung einer Rechtspraxis, die durch entsprechende Programme und Projekte der EZ gefördert werden kann. Genauso wichtig ist ein entsprechender politischer Dialog in den betroffenen Ländern selbst, um den politischen Willen für eine Strafverfolgung herzustellen bzw. zu stärken. Gleiches gilt für die Bekämpfung von sexueller Ausbeutung und sexuellem Missbrauch (SEA). Straftaten von internationalem Personal müssen sowohl in Deutschland als auch auf der EU- und UN-Ebene geahndet werden. Hierfür muss durch gesellschaftlichen Druck der politische Wille gestärkt werden.

Wichtig ist die Aufklärungsarbeit über den Zusammenhang von Armut und Prostitution. Aufgrund der Zwangslage, in der Frauen sich in Nachkriegsgesellschaften befinden, kann in den meisten Fällen nicht von freiwilliger Prostitution ausgegangen werden. Zudem verstößt SEA gegen den *Code of Conduct* der meisten Friedensmissionen und muss entsprechende Folgen nach sich ziehen.

Das Querschnittsthema *gender* und sexualisierte Gewalt im Speziellen sollten obligatorisch bereits Teil der Planung von Friedensmissionen sein. Konkret sollten spezielle Teile von Friedensmissionen ausschließlich mit einem Mandat für die Umsetzung der Res 1820 ausgestattet sein. Hierdurch können die Berichterstattung und die Monitoringprozesse effektiver gestaltet werden und eine Aufklärung über sexualisierte Gewalt umfassend gewährleistet werden. Des Weiteren sollte SEA standardisierter Teil der Berichterstattung werden, um einer Tabuisierung des Themas in den Entsendestaaten entgegen zu wirken.

Zwar wurde bereits vor der Unterzeichnung der Res 1820 begonnen, einige der hier genannten Maßnahmen in die Tat umzusetzen. Damit dies weiter fortgesetzt werden kann, müssen ausreichend Ressourcen zur Verfügung gestellt werden, um sexualisierte Gewalt in Konflikten nachhaltig zu bekämpfen und ihr vorzubeugen.

Literatur

Bastick, Megan/Grimm, Karin/Kunz, Rahel (2007): Sexual Violence in Armed Conflict. Global Overviw and Implications for the Security Sector. DCAF Geneva Centre for the Control of Armed Forces, Geneva.

Beck, Birgit (2002): Wehrmacht und sexuelle Gewalt: Sexualverbrechen vor deutschen Militärgerichten 1939–1945 (Dissertation), Schöningh, Paderborn, 15–61.

Burkhardt, Sven-U. (2000): Vergewaltigung als Verbrechen gegen die Menschlichkeit. Sexualisierte Gewalt. Makrokriminalität und Völkerstrafrecht (Bremer Forschungen zur Kriminalpolitik), LIT Verlag, Münster.

Clifford, Cassandra (2008): Rape as a Weapon of War and it's Long-Term Effects on Vicitms and Society. Stop Modern Slavery, Washington, DC (Paper Presented on 7th Global

Conference Violence and the Contexts of Hostility), in: http://www.inter-disciplinary.net/ptb/ hhv/vcce/vch7/Clifford%20paper.pdf; 04.02.2009.
Dieregsweiler, Renate (1997): Krieg – Vergewaltigung – Asyl: Die Bedeutung von Vergewaltigung im Krieg und ihre Bewertung in der bundesdeutschen Asylrechtsprechung, (Uni-Schriften: Politik), Pro Universitate Verlag, Sinzheim.
Folnegovic-Smalc, Vera (1993): Psychiatrische Aspekte der Vergewaltigungen im Krieg gegen die Republiken Kroatien und Bosnien-Herzegowina, in: Stiglmayer, Alexandra: Massenvergewaltigung. Krieg gegen die Frauen, Kore Verlag, Freiburg, 223–232.
Gareis, Sven/Varwick Johannes (2007): Die Vereinten Nationen – Aufgaben, Instrumente und Reformen (Schriftenreihe Band 403) Bundeszentrale für politische Bildung, Bonn.
Gingerich, Tara/Leaning, Jennifer (2004): The Use of Rape as a Weapon of War in the Conflict in Darfur, Sudan. Physicians for Human Rights, Boston, MA, in: http://physiciansforhumanrights.org/library/report-2004-oct-darfurrape.html; 10.01.2009.
Harvey, Penelope (1997): Die gesellschaftliche Konstruktion von Gewalt. Eine vergleichende Studie über Geschlecht und Gewalt, in von Trotha, Trutz (Hrsg.): Soziologie der Gewalt. Westdeutscher Verlag, Opladen, 134–140.
IASC Task Force on Gender and Humanitarian Assistance (2005): Guidelines for Gender-Based Violence Interventions in Humanitarian Settings: Focusing on Prevention of and Respone to Sexual Violence in Emergencies, Geneva, 1–7, in: http://www.humanitarianinfo.org/ iasc/pageloader.aspx?page=content-subsidi-tf_gender-gbv; 10.01.2009.
International Alert (2005): Women's Bodies as a Battleground: Sexual Violence Against Women and Girls During the War in the Democratic Republic of Congo (South Kivu 1996–2003), London, in: www.international-alert.org/pdf/sexual_violence_congo_english.pdf; 10.01.2009.
Joachim, Ingeborg (2004): Sexualisierte Kriegsgewalt und ihre Folgen, in: Griese, Karin/medica mondiale e. V. (Hrsg.): Handbuch zur Unterstützung traumatisierter Frauen in verschieden Arbeitsfeldern, Mabuse Verlag, 56–93.
Kahlweit, Cathrin (2008): Kriegsziel Frau, in: Süddeutsche Zeitung, 24.06.2008, in: http://www.sueddeutsche.de/politik/645/446381/text/; 03.02.2009.
Landgraf, Anton/Annette, Weber (2004): Sexuelle Gewalt gegen Frauen als Kriegsstrategie. Sudan. Apokalyptische Reiter, in: Amnesty International Journal 2004: 8, in: http://www.amnesty.de/ umleitung/2004/deu05/100?lang=de%26mimetype%3dtext%2fhtml; 12.01.2009.
Lindsey, Charlotte (2001): Women Facing War, International Committee of the Red Cross, Geneva, 51–64, in: http://www.icrc.org/Web/Eng/siteeng0.nsf/htmlall/p0798/$File/ICRC_002_0798_WOMEN_FACING_WAR.PDF; 23.01.2009.
Mischkowski, Gabriela (2003): „Damit die Welt es erfährt". Sexualisierte Gewalt im Krieg vor Gericht, in: Bundesministerium für Familie, Senioren, Frauen und Jugend/medica mondiale (Hrsg.): Der Foca-Prozess vor dem Internationalen Kriegsverbrechertribunal zum ehemaligen Jugoslawien, Köln.
Mischkowski, Gabriela (2004): Sexualisierte Gewalt im Krieg – Eine Chronik, in: Griese, Karin/medica mondiale e. V. (Hrsg.): Handbuch zur Unterstützung traumatisierter Frauen in verschiedenen Arbeitsfeldern, Mabuse-Verlag, Frankfurt a. M., 15–55.

Mischkowski, Gabriela (2006): „Justitias Mühlen mahlen langsam“: Die internationale Strafverfolgung geschlechtsbezogener sexualisierter Kriegsgewalt seit Nürnberg (Impulsreferat für die Fachtagung: 60 Jahre nach Nürnberg. Der Kampf gegen die Straflosigkeit vor neuen Herausforderungen, Nürnberg 6./7.10.2006).

Möller, Christina (1999): Kriegsverbrechen Sexuelle Gewalt: endlich gerichtlich verfolgbar, in: Zeitschrift für Friedenspolitik 99: 2, in: http://www.efriz.ch/archiv/992/t-5.html; 12.01.2009.

Mühlhäuser, Regina (2004): Sexuelle Gewalt als Kriegsverbrechen: eine Herausforderung für die Internationale Strafgerichtsbarkeit, in: Mittelweg 36 April/Mai 04: 2, 33–48.

Randelzhofer, Albrecht (2004): Völkerrechtliche Verträge, 10. neubearbeitete Auflage.

Reuter, Martina (2006): Gender Mainstreaming der Politik des Weltsicherheitsrates, in: Heinrich Böll Stiftung (Hrsg.): Feministische Theorieansätze in der Friedens- und Sicherheitspolitik. Perspektiven der Einflussnahme auf den UN-Sicherheitsrat (Schriften des Feministischen Instituts): 6, Berlin.

Schwerma, Klaus/Marschall, Andrea (2004): Vom Mauerblümchen zum Straßenfeger? Geschlechtliche Gleichstellung als Querschnittsaufgabe in Organisationen und Unternehmen, in: Boekle, Bettina/Ruf, Michael (Hrsg.): Eine Frage des Geschlechts: Ein Gender-Reader, VS-Verlag, 21–38.

Seibert-Fohr, Anja (2006): Die Fortentwicklung des Völkerstrafrechts – Verbrechen gegen Frauen in bewaffneten Konflikten, in: Rudolf, Beate (Hrsg.): Frauen und Völkerrecht – Zur Einwirkung von Frauenrechten und Fraueninteressen auf das Völkerrecht (Schriften zur Gleichstellung der Frau 28), Nomos Verlag, Baden-Baden.

Seifert, Ruth (1993a): Die zweite Front – Zur Logik sexueller Gewalt in Kriegen, in: Vierteljahrsschrift für Sicherheit und Frieden 11: 2, 66–71.

Seifert, Ruth (1993b): Krieg und Vergewaltigung. Ansätze zu einer Analyse, in: Stiglmayer, Alexandra (Hrsg.): Massenvergewaltigung. Krieg gegen die Frauen. Kore Verlag, Freiburg, 85–108.

UNHCR Der Hohe Flüchtlingskommissar der Vereinten Nationen (2003): Sexuelle und geschlechtsspezifische Gewalt gegen Flüchtlinge, RückerInnen und Binnenvertriebenen. Richtlinien zur Vorbeugung und Reaktion, Genf, in: http://www.unhcr.ch/include/fckeditor/custom/ File/Protection/SexualViolence_d.pdf; 22.02.2009.

UNIFEM United Nation Development Fund for Women (2008): Security Council Resolution 1820. Women, Peace and Security (Powerpoint Presentation), in: http://www.stoprapenow.org/pdf/Security%20Council%20Resolution%201820.pdf; 10.01.09.

UNSC (2000): Resolution 1325. 00-72018 (Adopted by the Security Council at its 4213th meeting, 31.10.2000), in: http://www.un.org/events/res_1325e.pdf; 10.12.2008.

UNSC (2005): Friedenssicherungseinsätze der Vereinten Nationen. Beschlüsse (5191. Sitzung, 31.05.2005) http://www.un.org/Depts/german/sr/sr_04-05/sp05-21.pdf, 10.01.2009

UNSC (2008): Resolution 1820. 08-39144 (Adopted by the Security Council at its 5916th meeting, 19.06.2008), in: http://daccessdds.un.org/doc/UNDOC/GEN/N08/391/44/PDF/ N0839144.pdf?OpenElement; 10.12.2008.

Ward, Jeanne (2005): Sexual Violence in Times of War, in: Integrated Regional Information Networks/United Nations Office for the Coordination of Humanitarian Affairs (Hrsg.): Broken Bodies. Broken Dreams. Violence Against Women Exposed, Kenya,

177–198, in: http://www.irinnews.org/IndepthMain.aspx?IndepthId=59&ReportId=72831; 12.12.2008.

Wilke-Launer, Renate (2007): Mit Frauen Staat machen. Die UN und die Reform der Sicherheitskräfte in Liberia, in: Der Überblick 43: 1+2, 4–5

Wullweber, Helga (1993): Vergewaltigung als Waffe und das Kriegsvölkerrecht, in: Kritische Justiz 1993, 179–193.

Zirpins, Cornelia (1997): Vergewaltigung. Analyse eines Kriegsverbrechens. in: Wissenschaft & Frieden, Quo vadis Europa, 2, in: http://www.uni-muenster.de/PeaCon/wuf/wf-97/9720307m.htm; 10.01.2009.

Internetseiten der befragten Einrichtungen

Amnesty International: http://www.amnesty.de/satzung-von-amnesty-international (10.02.2009)

Auswärtiges Amt: http://www.auswaertiges-amt.de/diplo/de/Aamt/Leitung/Uebersicht.html; (10.02.2009)

Bundesministerium für wirtschaftliche Zusammenarbeit und Entwicklung: http://www.bmz.de/de/ministerium/index.html (10.02.2009)

Gunda-Werner-Institut: http://www.gwi-boell.de (10.02.2009)

Medica Mondiale: http://www.medicamondiale.org/ueber-uns/geschichte/ (10.02.2009)

Zentrum für Internationale Friedenseinsätze: http://www.zif-berlin.org/de/ueber-zif.html (10.02.2009)

„Humanitäre Intervention“ – eine riskante Rekonstruktion des „gerechten Krieges“?*

Berthold Meyer

Krieg führen ist unpopulär, zumindest im gegenwärtigen Deutschland. Kriegsführung zu rechtfertigen ist unmöglich, es sei denn, man umgeht den Begriff „Krieg“: Nachdem am 23. Juni 2009 drei Bundeswehrsoldaten bei einem Kampfeinsatz im Norden Afghanistans ums Leben gekommen waren, meldete zwar die BILD-Zeitung auf der Titelseite den Soldatentod mit dem Untertitel „Bundeswehr im Krieg!“. Doch Verteidigungsminister Jung (CDU), der sich vorher schon unendlich schwer damit getan hatte, von den Einsatzopfern als Gefallenen zu sprechen, wie auch die Abgeordneten des Bundestages wehrten sich mit Ausnahme der Linken vehement dagegen, die deutsche Beteiligung an der Internationalen Sicherheitsunterstützungstruppe in Afghanistan (ISAF) als Kriegseinsatz zu bezeichnen. Und die der Linken taten es, weil sie ihn als einzige Partei ablehnen.

Besonders windungsreich nahm der ehemalige Parlamentarische Staatssekretär im Verteidigungsministerium Kolbow (SPD) in der Debatte am 2. Juli 2009 zur Kriegsfrage Stellung. Zwar sei der Auftrag des ISAF-Mandates, Afghanistan bei der Aufrechterhaltung der Sicherheit zu unterstützen, in der jetzigen Situation „nur durch Kampf zu erfüllen. Der Kampf erfolgt nach taktischen Grundsätzen, die auch in einem Krieg anzuwenden wären. [...] Dennoch befinden sich die Soldatinnen und Soldaten [...] nicht im Krieg, sondern in einem Stabilisierungseinsatz. [...] Das schließt auch gegebenenfalls den Einsatz von schweren Waffen mit ein. Daraus darf aber nicht die Folgerung abgeleitet werden, dass jetzt Krieg ist. Das ist ein veralteter Reflex aus den Zeiten des 20. Jahrhundert. [...] So klar es ist [...], dass wir uns nicht im Krieg befinden, so verständlich und nachvollziehbar ist es, dass es für den einzelnen Soldaten, der im Feuerkampf steht und um sein Leben und um das Leben seiner Kameraden kämpft, keinen Unterschied macht, ob er dies im Stabilisierungseinsatz oder im Krieg tut.“ (Deutscher Bundestag 2009: 25741 ff.)

Im nachfolgenden Beitrag geht es um die Frage, inwieweit Begriffe wie „Stabilisierungseinsatz“ vor allem aber „humanitäre Intervention“ dazu benutzt werden, das Kriegsverbot des modernen Völkerrechts zu umgehen und den Gedanken

---

* Dieser Beitrag ist eine aktualisierte Fassung des Aufsatzes „Gut gemeint oder gut – wie humanitär sind ‚humanitäre Interventionen‘?“, HSFK-Standpunkte Nr. 8/2003.

des „gerechten Krieges“ in neuem Gewande wieder zu beleben und neu zu legitimieren. Dabei klingt „humanitäre Intervention“ äußerst menschenfreundlich, so dass dem, was dabei geschieht, keineswegs jener üble Geruch von Pulverdampf, Blut und Tod anhaftet, der mit dem des Krieges verbunden ist und die Abneigung gegen ihn mit begründet.

Zunächst wird der Begriff der „humanitären Intervention“ vor dem Horizont jener klassischen Kriterien analysiert, die einen Krieg als „gerecht“ zu rechtfertigen suchen. Sodann wird gefragt, warum angesichts der Vielzahl von Konflikten auf der Welt sowohl im UN-Sicherheitsrat als auch bei denen, die unter dessen Umgehung Koalitionen der Willigen bilden, nur bei einigen die Bereitschaft besteht, mit humanitärer Begründung zu intervenieren, während es zahlreiche andere gibt, in denen die Staatengemeinschaft zuschaut oder wegsieht. Diese Frage stellt sich, seitdem der UNO-Weltgipfel von 2005 das Konzept der „Verantwortung für den Schutz der Bevölkerung vor Völkermord, Kriegsverbrechen, ethnischer Säuberung und Verbrechen gegen die Menschlichkeit“ in sein Ergebnisdokument aufgenommen hat, auch unter der Perspektive, ob durch diese – im Englischen „Responsibility to Protect“ (RTP) genannte – Formel eine Veränderung des Völkerrechts eingeleitet wird, mit der die Delegitimierung des Krieges durch die UN-Charta ausgehebelt werden kann.

1 „Humanitäre Intervention“ – ein schillernder Begriff

Der im Zusammenhang mit dem Einsatz der ISAF-Truppe gelegentlich zu hörende Begriff des „Stabilisierungseinsatzes“ ist eine Variante des seit Ende der 1990er Jahre oft gebrauchten Begriffes „humanitäre Intervention“. Mit ihm rechtfertigte die rot-grüne Bundesregierung die Bundeswehrbeteiligung an der NATO-Intervention gegen die Bundesrepublik Jugoslawien (Serbien und Montenegro) zugunsten der Kosovo-Albaner im Frühjahr 1999, bei der es sich um den ersten Kriegseinsatz der Bundeswehr handelte. Der damalige Bundeskanzler Schröder (SPD) begründete bei Kriegsbeginn die deutsche Teilnahme mit den Worten, das Bündnis wolle „weitere schwere und systematische Verletzungen der Menschenrechte unterbinden und eine humanitäre Katastrophe im Kosovo verhindern“ (Schröder 1999: 41).

Der Kosovokrieg, der von der NATO ohne eine Legitimation durch den UN-Sicherheitsrat geführt wurde, löste eine weltweite Diskussion über die völkerrechtliche und moralische Zulässigkeit solcher Interventionen aus. (vgl. Empell 1999, Gustenau 2000, Lutz 2000, Merkel 2000, Meyer/Schlotter 2000, Reuter 2000). Sie ist seither nicht verstummt, zumal der Einsatz militärischer Gewalt in dem von US-Präsident George W. Bush ausgerufenen „Anti-Terror-Krieg“ gegen das Osama Bin Laden beherbergende Afghanistan im Herbst 2001 beiläufig auch damit gerechtfertigt wurde, es gelte die dort lebenden Völkerschaften von dem die Menschenrechte missachtenden Regime der Taliban zu befreien. Ebenfalls im Zusammenhang mit dem sehr umstrittenen Krieg gegen den Irak im Frühjahr 2003 gehörten Hinweise auf die zahllosen schweren Menschenrechtsverletzungen Saddam Husseins zu den wechselnden Argumenten, die von der Bush-Administration gegenüber dem UN-Sicherheitsrat als Gründe für die Notwendigkeit einer Intervention angeführt wurden.

Der Begriff der „humanitären Intervention" ist nicht eindeutig. Meist wird unter ihm ein gewaltsames militärisches Vorrücken eines Staates oder einer Koalition von Staaten auf das Hoheitsgebiet eines anderen verstanden, das – mit oder ohne Mandat der Vereinten Nationen – schwerwiegende Menschenrechtsverletzungen beenden soll, die entweder von dessen Regierung an der eigenen Bevölkerung oder zwischen feindlichen Gruppen der Bevölkerung verübt werden. Schon diese Umschreibung enthält zwei Faktoren, die juristisch wie ethisch höchst umstritten sind: In der völkerrechtlichen Auseinandersetzung geht es vor allem um die Erforderlichkeit eines UNO-Mandats (vgl. Oeter 2008: 183 ff.; Hailbronner, 2001: 230 ff.) in der ethischen häufig darum, welches Ausmaß von Menschenrechtsverletzungen ein Eingriff in die inneren Angelegenheiten eines souveränen Staates zu rechtfertigen vermag (vgl. Haspel 2002: 100 ff.; Kersting 2000: 211 ff.; Reuter, 1996: 288).

Die strikt ablehnenden Argumente ähneln sich auf der juristischen wie der ethischen Ebene: Sie gehen von einem *umfassenden Gewaltverbot* aus, das sie entweder für den zwischenstaatlichen Bereich völkerrechtlich mit Art. 2, Abs. 4 UN-Charta oder ethisch z. B. mit dem alt-testamentarischen Tötungsverbot im 5. Gebot Moses oder mit dem Gebot der Feindesliebe in der Bergpredigt des Matthäus-Evangeliums begründen.

Das Spektrum der Argumentationen unter denen, die juristisch oder moralisch einen Militäreinsatz zum Schutz der Menschenrechte für *vertretbar* halten, ist wesentlich breiter. Doch auch hier gibt es einen gemeinsamen Nenner: Zwar leitet den rechtmäßig oder moralisch richtig Handelnden im Allgemeinen das Gewaltverbot an. Dieses darf aber dann relativiert werden, wenn es Menschen vor der Gewaltanwendung eines Machthabers zu schützen gilt, gegen den sie selbst allem Anschein nach hilflos sind.

Bei einer auf die gute Absicht beschränkten Betrachtung kommen allerdings die Fragen nach den direkten und indirekten Auswirkungen einer solchen Intervention und nach deren Vorhersehbarkeit zu kurz. Doch die Folgen eines Eingreifens entscheiden mit darüber, ob dieses letzten Endes als humanitär im Sinne von „menschenfreundlich, wohltätig, speziell auf das Wohl des Menschen gerichtet"– so das Duden-Fremdwörterbuch – bewertet werden kann. Hierum soll es in diesem Aufsatz vor allem gehen.

Wie ist die Fortführung einer Intervention zu rechtfertigen, wenn sie vor ihrem Beginn glaubhaft als humanitär begründet wurde, sich jedoch nachher herausstellt, dass sie ihr Ziel verfehlt und eine als katastrophal eingeschätzte humanitäre

Lage vielleicht sogar verschlimmert hat? Verliert sie dann ihr Qualitätssiegel, selbst wenn ihr dieses durch einen UN-Sicherheitsratsbeschluss verliehen wurde? Sicher nicht durch offiziellen Legitimitätsentzug, wohl aber im öffentlichen Ansehen. Ein Beispiel dafür ist der von der NATO gelenkte ISAF-Einsatz, der im achten Jahr seiner Dauer als mit militärischen Mitteln nicht mehr zu gewinnen angesehen, aber auch nicht abgebrochen wird. Um der Gefahr eines solchen Qualitätsverlusts rechtzeitig zu begegnen, sollten Politiker, die eine Intervention in Erwägung ziehen, den Konflikt, um den es geht, gründlich analysieren, aber auch die Interventionsfolgen so sorgfältig wie möglich abwägen.

Eine solche Abschätzung kann sowohl unter dem Aspekt der Zweck-Mittel-Rationalität als auch unter dem der ethischen Vertretbarkeit vorgenommen werden. Beide Aspekte werden im Folgenden zunächst einzeln erörtert. Daran anschließend kommt eine weitere ethische Bewertung hinzu, die aus einer anderen Perspektive auf die Einsätze schaut und nach den Gründen für die Diskrepanz zwischen der Anzahl von katastrophal verlaufenden Großkonflikten und den tatsächlich von der UNO legitimierten Einsätzen zu deren Linderung und Beendigung fragt, sowie danach, mit welchem Recht Demokratien, die mit dem Anspruch auftreten, Menschenrechte zu schützen, dies in dem einen Fall mit militärischen Mitteln versuchen, im anderen Fall mit sanfteren Methoden und im dritten gar nicht.

2 Entscheidungsgrundlagen: Konfliktanalyse und Folgenabschätzung

Wenn Politiker über die Beteiligung ihres Landes an einem militärischen Einsatz zu entscheiden haben, mit dem ein humanitäres Ziel erreicht werden soll, müssen sie nicht nur die völkerrechtliche Zulässigkeit prüfen, sondern sie sollten auch schlüssige Antworten auf zwei Fragenkomplexe finden, nämlich

1. wie wird der Konflikt in dem betroffenen Land in absehbarer Zeit verlaufen und welche, die humanitäre Lage verschlimmernden Entwicklungen lassen sich schon erkennen, wenn nicht von außen eingegriffen würde, sowie
2. welche Auswirkungen auf den weiteren Konfliktverlauf sind von einer Intervention mit welcher Wahrscheinlichkeit zu erwarten?

Zumindest in den Fällen, in denen nicht ein Despot quasi vor den Augen der Weltöffentlichkeit Teile seiner Bevölkerung abschlachtet, was ein schnelles Eingreifen erforderlich machen könnte, sollte jeder Intervention eine sehr genaue Konfliktanalyse und Lagebeurteilung vorangehen. Dabei ist zunächst herauszufinden, ob die vorliegenden Informationen über schwere Menschenrechtsverletzungen zutreffen und ob sich zweifelsfrei ermitteln lässt, wem diese anzulasten sind. Dies gilt besonders dann, wenn sich zwei oder mehrere Volksgruppen schon in einem fortgeschrittenen Stadium des wechselseitigen Gemetzels befinden und die Lage dadurch sehr unübersichtlich geworden ist. Dazu gehören detaillierte Kenntnisse des bisherigen Konfliktverlaufs und der Gründe, die zum jetzigen Stand der Dinge geführt haben. Weiter werden hinreichende Informationen sowohl über die offenen und verdeckten kürzer- und längerfristigen Ziele der Konfliktparteien benötigt, als auch über die Mittel, die sie einsetzen wollen und können, um diese Ziele zu erreichen. Ferner ist wichtig zu wissen, welche Ressourcen einzelne Parteien sich bei einem bestimmten Konfliktverlauf erschließen können, und wie dies ihre Position im Verhältnis zu der oder den anderen Parteien verändern würde. Nur so lässt sich die Frage beantworten, ob man „allparteilich“ mit klassischen Blauhelm-Truppen oder zum Schutze einer bestimmten Partei „robust“ intervenieren soll.

Schließlich sind auch jene Faktoren zu beachten, die von den Parteien nicht beeinflusst werden können, aber trotzdem Einfluss auf den Verlauf des Konfliktes und vor allem auf die Lage der unter ihm leidenden Menschen ausüben, z.B. bestimmte jahreszeitlich bedingte klimatische Veränderungen, angesichts derer etwa verhindert werden soll, dass zahllose Flüchtlinge in den Wäldern überwintern müssen. Schon die Fülle dieser Faktoren macht deutlich, wie schwer es ist, eine abgesicherte Prognose über eine Konfliktentwicklung abzugeben, die weiter reicht als Wochen oder Monate. Trotzdem sind alle diese Informationen entscheidungsrelevant und sollten daher skrupulös ausgewertet werden.

Unter der Frage nach den Erfolgsaussichten einer eventuellen Intervention geht es gleichermaßen um das unmittelbare Gelingen des militärischen Einsatzes wie um die Durchsetzbarkeit eines auf innergesellschaftlichen Frieden zielenden politischen und gesellschaftlichen Wandels in dem betroffenen Land. Dabei sind zunächst Art und Umfang der Streitkräfte, die den intervenierenden Staaten zur Verfügung stehen, und die Präzision ihrer Waffen zu bewerten, mit denen gezielt und schnell eine Wende herbeizuführen ist; außerdem ihre Bereitschaft, notfalls unter Inkaufnahme eigener Opfer auch auf dem Boden zu operieren und ihre Durchhaltefähigkeit, wenn es nötig werden sollte, die weiterhin kampfbereiten Konfliktparteien dort eventuell sehr lange von einander fern zu halten. Dann bedarf es vor allem einer fundierten Prognose, ob der von dem Konflikt existenziell bedrohten Zivilbevölkerung durch den Einsatz eine deutliche und längerfristig anhaltende Verbesserung ihrer Lage und damit eine innenpolitische Stabilisierung in Aussicht gestellt werden kann. Dazu gehören auf der Seite der intervenierenden Mächte auch die Bereitschaft und das Vermögen, in den Wiederaufbau des betroffenen Landes zu investieren. Erst wenn begründete Aussichten bestehen, über den militärischen Einsatz hinaus auch die anschließenden zivilen Hilfsmaßnahmen zu mobilisieren, ist es gerechtfertigt, eine Intervention mit dem Prädikat „humanitär“ zu versehen.

Alle bisher vorgetragenen Abwägungen wird auch derjenige Politiker vornehmen, der ohne einen moralischen („humanitären“) Anspruch aus wirtschaftlichen oder strategischen Interessen heraus in einem von inneren Konflikten zerrütteten Land Stabilität (wieder) herstellen will, und deshalb über eine bewaffnete Intervention nachdenkt, wenn er seine militärischen und finanziellen Kräfte nicht vergeuden will.

3 Friedensethische Kriterien

Aus friedensethischer Sicht stellt sich die Frage nach der Zulässigkeit einer „humanitären Intervention" als besonderer Fall der alten Streitfrage, unter welchen Bedingungen ein Krieg als „gerecht" bezeichnet werden darf. Diese hat die Entwicklung des Völkerrechts seit Beginn der Neuzeit beeinflusst. Dabei sind ethische und rechtliche Normen in Bezug auf das *„ius ad bellum"*, das Recht Krieg zu führen, und das *„ius in bello"*, das rechte Maß der Gewaltanwendung im Kriege, von einander zu unterscheiden, auch wenn dies nicht strikt zu trennen ist.

Aus einer radikal-pazifistischen gesinnungsethischen Perspektive heraus ist der Gedanke, militärische Gewaltanwendung könne überhaupt gerechtfertigt werden, mit dem genannten Argument des strikten Gewaltverbots zurückzuweisen. Demgegenüber werden aus einer verantwortungsethischen Sichtweise strenge Kriterien als Vorbedingung für das Recht Krieg zu führen genannt:

1. der gerechte Grund *(causa iusta)*,
2. die legitime bzw. kompetente Autorität,
3. die Gewaltanwendung als äußerstes Mittel *(ultima ratio)*,
4. die Verhältnismäßigkeit der Schadenszufügung *(minus malum)*,
5. die richtige Absicht *(intentio recta)* , nämlich das Ziel des Friedens, und
6. eine vernünftige Aussicht auf Erfolg (vgl. Beestermöller 2002: 45 ff.; Haspel 2002: 92 ff.).

Wie wir gleich sehen werden, hat nicht nur jedes einzelne dieser Kriterien eine große praktische Bedeutung. Mehr noch, ein Krieg oder eine humanitär begründete Intervention ist nicht dann schon zu rechtfertigen, wenn einzelne dieser Bedingungen erfüllt sind, vielmehr müssen sie alle zusammen eingehalten werden.

Während des Einsatzes selbst sind dann folgende Kriterien zu beachten:

1. die Verhältnismäßigkeit der Mittel,
2. die Unterscheidung zwischen Kombattanten und Nicht-Kombattanten (Diskriminierungsgebot), und schließlich
3. das Verbot bestimmter Waffen, insbesondere solcher, die den Punkten 1 und 2 nicht genügen, was vor allem auf Massenvernichtungsmittel zutrifft (vgl. Haspel 2002: 133 ff.).

Die Prüfung der ersten sechs Kriterien hat die Entscheidung darüber zu bestimmen, ob es verantwortbar ist, eine Intervention überhaupt zu starten. Die Einhaltung der letzten drei Kriterien entscheidet darüber, ob eine durchgeführte Intervention das Prädikat humanitär verdient – und dies nicht erst *ex post*, sondern schon bei der Auswahl der einzusetzenden Mittel und der anzugreifenden Ziele.

3.1 Der gerechte Grund

Folgt man dem Friedensethiker Hans-Richard Reuter, dann *kann* „bei schwersten, menschliches Leben und gemeinsames Recht bedrohenden Übergriffen eines Gewalttäters [...] die Anwendung von Gegengewalt erlaubt sein", um Leben soweit wie möglich zu schützen und das gemeinsame Recht „gegenüber dem ‚Recht' des Stärkeren nicht wehrlos" werden zu lassen (Reuter 1996: 281). Doch auch dann bleibt für ihn die Härte des weiterhin bestehenden ethischen Konfliktes „unaufhebbar". Denn in Situationen, in denen die Verantwortung für eigenes oder fremdes Leben zu einem Handeln nötige, durch das zugleich Leben bedroht oder vernichtet werde, helfe keine Güterabwägung. Die Verantwortung verlange dann „eine Abwägung der Schuld", und das heiße letztlich „das freie Wagnis der Schuldübernahme." (Reuter 1996: 282)

Die Frage nach dem Ausmaß und der Art der Menschenrechtsverletzungen, die eine militärische Intervention rechtfertigen könnten, ist noch nicht entschieden (vgl. die Diskussion bei Haspel 2002: 100 ff.) und wird auch nicht präzise zu entscheiden sein. Der Verfasser schließt sich hier einer Position an, die ein Eingreifen in die Souveränität eines Staates dann für zulässig hält, wenn massenhaft *fundamentale* Menschenrechte, also das Recht auf Leben und dessen Unversehrtheit sowie das Recht auf Rechte verletzt werden (vgl. Reuter, 1996: 288; ähnlich: Kersting 2000: 211 ff.), und wenn dem nicht durch politischen und wirtschaftlichen Druck allein oder den Einsatz von klassischen, auf Einladung der Konfliktparteien zwischen diese tretenden UN-Blauhelmen abgeholfen werden kann. Beschränken sich hingegen die Verletzungen auf *programmatische* Menschenrechte wie Freiheit, Gleichheit oder das Recht auf politische Partizipation, dann sollte nach dieser Auffassung zumindest solange nicht mit militärischen Mitteln paternalistisch von außen eingegriffen werden, wie die Bevölkerung insgesamt oder die Bevölkerungsgruppe(n), der diese Rechte verwehrt werden, noch in der Lage ist, um deren Verwirklichung zu kämpfen (vgl. Reuter 2000, S. 79). Die Frage der Zulässigkeit von materieller Unterstützung des Kampfes dieser Gruppe(n), etwa durch Waffenlieferungen, soll hier nicht diskutiert werden.

3.2 Die legitime Autorität

Auf internationaler Ebene wird kein normativer Konsens darüber herzustellen sein, welches Maß und welche Arten von Menschenrechtsverletzungen quasi automatisch eine Intervention zur Folge haben. Gerade deshalb kommt es darauf an, dass Entscheidungen über ein Eingreifen in die Souveränitätsrechte eines selbständigen Staates von einer möglichst hohen legitimen Autorität getroffen werden. Dies ist nach Kapitel VII der UN-Charta der Sicherheitsrat. Eine Legitimierung durch sein Mandat ist am ehesten geeignet, Verdachtsmomente zu entkräften, mit einer Intervention eigene Interessen zu verfolgen.

Was aber, wenn ein entsprechender Beschluss des Sicherheitsrates nicht vorliegt oder nicht erreicht werden kann? Die NATO entschloss sich 1998/99 zu ihrer „humanitären Intervention“ gegen die Bundesrepublik Jugoslawien mit der Begründung, es gelte eine sich abzeichnende „humanitäre Katastrophe“ (eine begriffliche *contradictio in adjecto*) abzuwehren. Sie behauptete dabei, wegen des erwarteten Vetos Russlands sei der Sicherheitsrat außer Stande, in dieser notstandsähnlichen Situation zu einem Einschluss zu gelangen. Daher sehe sie sich auch ohne dessen Mandat zum Eingreifen veranlasst. Die so für erforderlich erachtete Selbstmandatierung fuße überdies „auf Sinn und Logik“ (so der damalige Außenminister Kinkel (FDP) nach Meyer/Schlotter 2000: 28) der Resolutionen 1160 und 1199 des Sicherheitsrates. Aus friedensethischer Sicht war diese Selbstmandatierung ein erheblicher, jedoch nicht der einzige, vielleicht nicht einmal der gravierendste Makel dieses Einsatzes. Die anderen beziehen sich auf seine Durchführung, worauf noch einzugehen sein wird.

Zwar ist eine im Namen und im Auftrag der UNO beschlossene und durchgeführte Intervention nicht allein durch ihr Mandat schon humanitär, vielmehr bedarf es auch noch der Einhaltung der anderen Kriterien. Aber sie besitzt, anders als ein am Sicherheitsrat vorbei organisiertes Eingreifen, eine völkerrechtliche Legitimation. Dies gilt selbst dann, wenn es sich dabei wie im Falle der Resolution 678/1990 zur Befreiung Kuwaits nur um eine Ermächtigung für eine Staatenkoalition unter Führung der USA handelt und somit eine Art Reprivatisierung des „öffentlichen“ Gewaltmonopols der UNO ermöglicht wird (vgl. Rittberger/Mogler/Zangl 1997: 39 ff.).

Ein Mandat des Sicherheitsrates ist darüber hinaus wichtig, um die Gefahr zu verringern, dass die Anwesenheit einer Interventionstruppe von der Bevölkerung des betroffenen Landes als Besatzung aus eigenem Interesse wahrgenommen wird, was ihr den Aufenthalt und die Verwirklichung ihrer Friedensaufgabe erschweren kann. Ein solches Mandat ist aber, wie die Geschichte der sinkenden Akzeptanz der ISAF-Truppen durch die afghanische Bevölkerung zeigt, keine Garantie dafür, schon gar nicht, wenn parallel dazu eine von überwiegend denselben Nationen gestellte kämpfende Truppe (Operation „Enduring freedom“) im Lande unterwegs ist.

3.3 *Die ultima ratio*

Militärische Gewaltanwendung führt zwangsläufig dazu, dass Menschen Leid zugefügt wird, sei es dadurch, dass sie an Leib und Leben Schaden nehmen oder Sachwerte verlieren. Daher ist es aus ethischer Sicht immer vorzuziehen, ohne Gewalteinsatz auf einen Konflikt und seine Parteien mäßigend einzuwirken, also mit diplomatischen Mitteln oder unblutigen Zwangsmaßnahmen wie z. B. wirtschaftlichen Sanktionen. Doch diese können gegenüber einer Gewaltherrschaft entweder versagen oder – wie im Falle des Irak zwischen 1992 und 2003 – die Bevölkerung erheblich schwerer treffen als ihre Unterdrücker. Vor allem entfalten sie ihre Wirkung nur sehr langsam, so dass ihr eventueller Erfolg wegen der zwischenzeitlich zu gewärtigenden Opfer unter der Bevölkerung insgesamt oder ihres von der Despotie besonders betroffenen Teils nicht abgewartet werden kann. Wenn also diese Maßnahmen keinen hinreichenden Erfolg versprechen, dann mag der Einsatz militärischer Gewalt als letzter Ausweg, als *ultima ratio*, zu rechtfertigen sein – was nicht immer zeitlich als letztes in einer Reihe, sondern auch qualitativ als äußerstes Mittel zu verstehen ist. Allerdings nur, wenn aufgrund der Folgenabschätzung realistische Aussichten bestehen, mit der Gegengewalt rasch und dauerhaft die Gewaltherrschaft zu beenden, so dass die Intervention als Akt der Schadens- oder Leidensbegrenzung gewertet werden kann.

3.4 *Die Verhältnismäßigkeit der Schadenszufügung*

Diese Überlegung führt zum nächsten Kriterium, der Abwägung des Schadens, der durch eine Intervention angerichtet wird, im Vergleich zu dem, der entsteht, wenn die Intervention unterbleibt. Diese ist zunächst einmal bei der Entscheidung über ein Eingreifen notwendig. Sie spielt aber auch bei der Auswahl der Mittel während einer Intervention eine Rolle und wird dort unter dem Aspekt der Verhältnismäßigkeit der Mittel noch einmal aufgegriffen. *Vor* einer Entscheidung ist zu fragen, ob das durch die Verletzung von Menschenrechten angerichtete Leid so ungeheuer ist, dass militärische Gewaltanwendung und damit zwangsläufig Zerstörungen und neues Leid erforderlich sind, um das alte zu beenden. Wenn etwa in den Gefängnissen eines Landes gefoltert wird oder eine Regierung systematisch Wahlen fälscht, so sind dies zwar erhebliche Menschen- oder Bürgerrechtsverletzungen. Um hiergegen von außen Abhilfe zu schaffen, wäre es aber weder zielführend noch vom Ausmaß der Nebenwirkungen her angemessen, militärisch einzugreifen. Hinzu kommt ein übergeordneter Aspekt der Güterabwägung: Da jede Militärintervention nach geltendem Völkerrecht eine Verletzung des allen Staaten gleichermaßen zukommenden Rechtsgutes der Souveränität darstellt, darf in dieses nur in Extremfällen eingegriffen werden, wenn nicht die ohnehin fragile internationale Ordnung als Ganze Schaden leiden soll.

Die Erforderlichkeit muss allerdings auch mit Blick auf die den intervenierenden Staaten abverlangten Opfer geprüft werden: Um diese so minimal zu halten wie nur möglich, fand die NATO-Intervention gegen die Bundesrepublik Jugoslawien (Serbien und Montenegro) fast ausschließlich als Luftwaffenoffensive aus großer Höhe statt, was mit ein Grund dafür war, dass immer wieder Unbeteiligte zu Opfern wurden. Eine „humanitäre Intervention" wird ihrer Zielsetzung, gegnerische Kampfeinheiten zu trennen und die Zivilbevölkerung vor weiteren Drangsalierungen zu schützen, letztlich erst erreichen, wenn sie sich nicht auf anfangs vielleicht zweckmäßige Luftoperationen beschränkt, sondern ab dem Zeitpunkt, zu dem die Soldaten ein Krisengebiet selbst betreten können, auf dem Boden operiert. Dann aber kommt die Interventionsstreitmacht auch in unmittelbare Berührung mit den Konfliktparteien oder gar zwischen deren Fronten, was sehr risikoreich ist. Wer sich also dazu entscheidet, einen gewaltsamen Konfliktaustrag mit militärischen Mitteln beenden zu wollen, muss entweder zu eigenen Opfern bereit sein oder sollte, wenn er dies vor seinen Wählerinnen und Wählern nicht verantworten mag, von einer Intervention Abstand nehmen.

3.5 *Das Ziel der Friedensschaffung*

Es ist von intervenierenden Mächten leicht erklärt, sie wollten mit ihrem Eingriff Frieden schaffen. Aber es kommt darauf an, was sie darunter verstehen und was sie ausdrücklich nicht darunter verstehen. Wenn Frieden zwischen den Parteien, die auch künftig auf einem gemeinsamen Territorium leben sollen, hergestellt werden soll, dann müssen Interventionsstreitkräfte alles unterlassen, was nach ihrem Abzug dazu führen könne, dass ein Konflikt erneut aufbricht. So dürfen sie einer unterdrückten Minderheit – auch nicht durch Unterlassen oder Wegschauen – nicht dabei Hilfestellung leisten, Rache an ihren Unterdrückern zu nehmen, was während der ersten Phase des auf den Kosovokrieg folgenden KFOR-Einsatzes von den einrückenden Streitkräften an von Serben bewohnten Orten des Kosovo wenigstens in Kauf genommen wurde.

Bei ethnopolitischen Konflikten wie dem um das Kosovo entsteht häufig der Eindruck, eine dauerhafte Beendigung der Gewalt könne am ehesten durch Separation erreicht werden, vor allem, wenn die unterdrückte Ethnie dieses Ziel verfolgt und von der herrschenden massiv daran gehindert wird. In solchen Fällen darf den Separatisten jedoch nicht mithilfe einer Interventionstruppe ein eigener Staat verschafft und dieses Territorium dem Staat, von dessen Regierung die Unterdrückung ausging, quasi als Kompensation für erlittenes Unrecht weggenommen werden. Vielmehr muss die Problematik einer Trennung äußerst behutsam angegangen werden. Wie dabei im Einzelnen zu verfahren ist, kann hier nicht erörtert werden. Die Entscheidung hierüber ist vom jeweiligen Repräsentanten der UNO im Einvernehmen mit den Konfliktparteien zu treffen. Sie hat für die Suche nach einer dauerhaften und friedlichen Beendigung des Konfliktes große Bedeutung. Insbesondere sind schon vor einer eventuellen Trennung alle erforderlichen Maßnahmen für die Zeit danach zu treffen, damit Angehörige der bisher dominierenden Ethnie in dem abgetrennten Gebiet nicht zu einer ungeschützten Minderheit werden, was aufs Neue einen Herd für gewaltsame Auseinandersetzungen schaffen würde.

3.6 Die Aussicht auf Erfolg

Die Kalkulation der Erfolgsaussichten wurde schon im Zusammenhang mit den rationalen Vorüberlegungen zu einer Intervention erwähnt. Als normatives Kriterium hat sie Michael Haspel zufolge die Funktion, die Regel der Verhältnismäßigkeit zu verschärfen: „Selbst dann also, wenn rechtfertigende Gründe vorliegen, die Frage der legitimen Autorität unproblematisch ist, das Kriterium der *ultima ratio* erfüllt ist, und auch die betroffenen Güter verhältnismäßig sind, sowie der Einsatz mit legitimer Intention erfolgte, wäre es keine sinnvolle Anwendung von Gewalt, wenn das intendierte Ziel damit nicht erreicht werden kann." (Haspel 2002: 131)

Zweifel an den Erfolgsaussichten sind ein Grund dafür, dass zahlreiche Konflikte von der UNO nicht oder nur mit Ermahnungen zur Beendigung der Gewalt behandelt werden. Diese Schwäche der Vereinten Nationen wird vor allem dann offenbar, wenn sie es mit Atommächten zu tun hat. Dieser Sachverhalt hat mit Blick auf die Ständigen Mitglieder des Sicherheitsrates mindestens dasselbe Gewicht wie ihr Vetorecht. Daher kommt es zu keinem Interventionsbeschluss, wenn eine von ihnen selbst betroffen ist, etwa Russland im Tschetschenienkonflikt. Nicht anders ist es, wenn eine der inoffiziellen Atommächte involviert ist, Israel im Palästinakonflikt oder Indien und Pakistan im Kaschmirkonflikt. Das lässt darauf schließen, dass die Vereinten Nationen erst dann ohne Rücksicht auf staatliche Konfliktparteien Interventionen beschließen und mit Aussicht auf Erfolg entsenden könnten, wenn es keine Atommächte mehr gäbe und überdies das Vetorecht der Ständigen Mitglieder durch ein qualifiziertes Mehrheitsverfahren ersetzt würde.

Zur Prüfung der Erfolgsaussichten gehört auch die Frage, inwieweit eine Intervention geeignet ist, die Gewaltanwendung im Lande rasch und dauerhaft zu beenden. Insofern muss mit Blick auf einen beabsichtigten Regimewechsel schon bei der Vorbereitung überlegt werden, wie der Gefahr eines länger andauernden politischen Chaos begegnet werden kann. Insofern zeigen die Naivität, mit der die USA und Großbritannien glaubten, in einem von Saddam Hussein befreiten Irak begeistert empfangen zu werden, und die daraus resultierende Hilflosigkeit bei den Bemühungen, den Frieden zu gewinnen und demokratische Strukturen zu installieren, wie unzureichend diese Intervention in ihren nicht-militärischen Komponenten vorbereitet war.

Schließlich gibt es auch Situationen, in denen sich ein Misserfolg erst im Nachhinein herausstellt, wie dies bei der ISAF-Mission immer deutlicher zutage tritt. Hier war zunächst der bei ihrer Einsetzung mitschwingende Grundgedanke vernünftig, dass nicht dieselben Soldaten die Stabilisierung und den Wiederaufbau eines Landes meistern können, die dort vorher in Feindseligkeiten verwickelt waren und als Kampfeinheiten darauf gedrillt sind, jede mögliche Gefahrenquelle schnellstmöglich mit Stumpf und Stiel auszurotten. Fragwürdig war jedoch damals schon die Idee, die Stabilisierungstruppe ISAF auf den Weg zu schicken, bevor die Anti-Terror Operation Enduring Freedom abgeschlossen war. Für die afghanische Bevölkerung, welche die ISAF-Soldaten nicht wie feindliche Besatzer wahrnehmen sollte, konnte deren freundliches Image lange Zeit auch dadurch aufrecht erhalten werden, dass beide Missionen organisatorisch voneinander getrennt blieben, und kleinere NATO-Partner wie Deutschland und die Niederlande (2003) die Leitung von ISAF innehatten und diese noch nicht im ganzen Land operierte. Doch in dem Maße, wie die ISAF-Truppe in ganz Afghanistan tätig wurde, und vor allem, nachdem ihre Führung im Mai 2007 auf einen amerikanischen General übertragen wurde, war die Trennung kaum noch wahrnehmbar, was mit dazu beitragen haben dürfte, dass z. B. auch die anfangs sehr angesehenen deutschen Soldaten immer mehr unter Beschuss geraten. Diese negative Entwicklung, die auch für die nicht-militärischen Bemühungen um den Wiederaufbau problematisch ist, war zwar vor Beginn der ISAF-Mission nicht vorhersehbar. Aber Friedensforscher warnten spätestens 2005 davor (vgl. Kühn 2005: 66). Personelle Verstärkungen und Taschenkarten für die in Afghanistan operierenden Soldaten der Bundeswehr, die ihnen ausdrücklich einen Waffeneinsatz gegen Personen erlauben, die Angriffe „planen, vorbereiten, unterstützen oder ein sonstiges feindseliges Verhalten zeigen" (zit. nach FAZ vom 29. Juli 2009: 2), mögen zwar ihre Handlungssicherheit erhöhen, sind aber nicht geeignet, den humanitären Charakter der Mission wiederherzustellen.

4 Probleme der „richtigen Dosierung" der Gewalt

Während bei der Prüfung der Verhältnismäßigkeit des erwartbaren Schadens die Frage zu beantworten war, ob eine Intervention nicht generell das Leid vergrößert, das von den bisherigen Menschenrechtsverletzungen ausgeht, ist unter dem Aspekt der Verhältnismäßigkeit der Mittel die Frage nach dem maßvollen Einsatz der Gewalt zu beantworten. Dabei sind die unmittelbaren und mittelbaren negativen Folgen einer militärischen Intervention möglichst gering zu halten, damit man den intervenierenden Mächten nicht vorwerfen muss, sie hätten den Teufel mit dem Beelzebub ausgetrieben.

Wenn alle Kriterien erfüllt sind, die darüber entscheiden, ob eine Intervention unter dem Prädikat „humanitär" geführt werden darf, sind beim Einsatz selbst noch weitere Bedingungen einzuhalten. In ihrem Zentrum stehen der Schutz von Personen, die am Konflikt nicht direkt beteiligt sind, und damit eng verbunden, das Problem der Verhältnismäßigkeit der eingesetzten Mittel.

4.1 Der Schutz von Nicht-Kombattanten

Der Schutz nicht unmittelbar beteiligter Personen (Nicht-Kombattanten) steht bei der Qualifizierung einer Intervention als humanitär an erster Stelle. In der Praxis geraten die intervenierenden Streitkräfte dabei jedoch in ein nahezu unauflösbares Spannungsverhältnis zu ihrem Selbstschutzbedürfnis. Um die Zahl der eigenen Opfer zu minimieren, wurden in den letzten Jahren die Fähigkeiten zur Kriegführung aus großer Höhe erheblich ausgebaut. Wenn wie beim Kosovo-Krieg der NATO 1999 nicht auf dem Boden, sondern nur aus der Luft operiert wird, können aus großer Entfernung Ziele verfehlt oder Gegner nicht klar identifiziert werden. Auch wenn Munition mit einer zu breiten Streuwirkung eingesetzt wird, ist der Schutz unbeteiligter Personen sehr schwierig, ja vielleicht überhaupt nicht möglich. Wenn aber bei militärischen Interventionen „Kollateral-Tötungen" zwangsläufig in Kauf genommen werden müssen, wird es Wolfgang Kersting zufolge „keine moralisch zulässigen Interventionshandlungen geben können. Auch der sich der Durchsetzung der Existenzrechte verschreibende Interventionismus wird an dem Kriterium der Vermeidung von ‚Kollateral-Tötungen' scheitern müssen." (Kersting 2000, S. 225)

Besonders problematisch ist die Berücksichtigung dieses Kriteriums allerdings in all den Fällen, in denen es zur Strategie der gegnerischen Kräfte gehört, nicht wie eine reguläre Armee zu agieren, sondern möglichst unerkannt aus der Mitte der Bevölkerung heraus, was insbesondere bei den afghanischen Taliban der Fall ist. Mit dieser Methode sollen die Interventionsstreitkräfte, vor allem die aus westlichen Demokratien, sowohl im Einsatzland als auch in ihrer Heimat um ihre humanitäre Glaubwürdigkeit gebracht werden, und diese Rechnung scheint aufzugehen.

4.2 Vertriebene und Flüchtlinge

Der humanitäre Zweck des Eingreifens wird auch dann ad absurdum geführt, wenn es nur indirekt infolge einer Intervention zu Flucht oder Vertreibungen kommt,

z. B. als die NATO im Frühjahr 1999 aufgrund ihrer Selbstbeschränkung auf Luftangriffe die lokalen Operationen der serbischen Sicherheitskräfte nicht stoppen konnte, die dazu dienten, die Kosovaren in die Flucht zu treiben. Zwei Monate nach Beginn der Luftangriffe bezifferte das UNHCR die Zahl der Kosovoflüchtlinge in Albanien auf 439.500, in Mazedonien auf 246.700, in Montenegro auf 64.200, in Serbien (nach serbischen Angaben) auf 60.000, in Bosnien-Herzegowina auf 21.500 und die Zahl der Binnenflüchtlinge auf eine halbe Million (Fischer-Weltalmanach 2000: 422). Angesichts dieser Zahlen grenzte es an Zynismus, als sich die an dem Krieg beteiligten Demokratien anschließend damit rühmten, dass die Kosovaren unmittelbar danach in Begleitung der – von der UNO legitimierten – KFOR-Truppe wieder in ihre Heimat und in ihre zum großen Teil zerstörten Häuser zurückkehren konnten.

4.3 Die Unzulässigkeit von Massenvernichtungsmitteln

Die Frage nach der Verhältnismäßigkeit von Massenvernichtungsmitteln dürfte sich von selbst beantworten. Sie können nicht zwischen gegnerischen Truppen und Nicht-Kombattanten unterscheiden und sind daher per se inhuman. Sie eignen sich deshalb auf keinen Fall, im Rahmen einer humanitär begründeten Intervention eingesetzt zu werden. Dies gilt aber nicht nur für atomare, biologische oder chemische Waffen. Auch die beim Beginn der Aktion „enduring freedom" in Afghanistan verwendete Streumunition (vgl. Wisotzki 2002), von der nicht sofort explodierte Bombletts noch lange Zeit eine ähnliche Wirkung haben wie Landminen, sind dazu zu rechnen. Ihr Einsatz wurde besonders fatal, als wenig später – als humanitäre Hilfe – sehr ähnlich aussehende Verpflegungspakete für die Not leidende Bevölkerung über demselben Gebiet abgeworfen wurden.

4.4 Die Schutzwürdigkeit der Infrastruktur

Bei der Kosovo-Intervention 1999 gehörte es zur Strategie der NATO, serbische Infrastruktureinrichtungen zu zerstören, um auf diese Weise den Gegner zu zermürben. Abgesehen von den auch dabei in Kauf genommenen unmittelbaren Kollateral-Tötungen (etwa als ein Zug gerade auf eine Brücke fuhr, als diese aus großer Höhe zerstört wurde) traf man auf diese Weise nicht das Milosevic-Regime, das erst im Herbst 2000 stürzte, sondern schädigte unterschiedslos und für längere Zeit seine Anhänger wie seine Kritiker. Mehr noch, indem bei Novi Sad eine Donaubrücke so zerstört wurde, dass ihre ins Wasser gestürzten Teile noch monatelang den Schiffsverkehr behinderten, wurden sogar noch die NATO-Beitrittskandidaten Bulgarien und Rumänien wirtschaftlich erheblich beeinträchtigt. Es ist also nicht nur zwingend, jede Art von so genannten „Kollateralschäden" (also nicht nur Tötungen) an der Zivilbevölkerung und ihrem Besitz so weit wie möglich zu vermeiden, vielmehr ist auch die Infrastruktur des Landes zu schonen, um die Menschen so schnell wie möglich zu einem normalen Leben zurückkehren zu lassen.

Zum humanitären Charakter einer Intervention gehört daher auch darauf zu achten, dass in ihrer Ausdehnung schwer einzugrenzende Sekundärschäden wie Seuchen und Epidemien vermieden werden. Zumindest sollten die Interventionskräfte hinreichend viel Sanitätspersonal mit sich führen, das mit den erforderlichen Mitteln ausgestattet ist, um der Zivilbevölkerung sofort helfen zu können, was freilich so lange illusorisch ist, wie der Gegner ausschließlich aus der Luft bekämpft wird.

5 Zwingt Demokratie zur Selektivität?

Weltweit ist die Zahl der Konflikte groß, in denen humanitäre Gründe dafür sprechen, der Unterdrückung ganzer Völker oder Volksgruppen ein Ende zu bereiten, damit sie anschließend ein menschenwürdiges Leben führen können. Doch sowohl die UNO wie die OSZE oder andere Regionalorganisationen befassen sich nur mit einem Bruchteil von ihnen und meist erst dann, wenn Not und Elend schon sehr weit fortgeschritten sind. Ganz offensichtlich entscheiden die Völkergemeinschaft und ihre Mitgliedstaaten in all diesen Fällen nicht oder nicht primär aufgrund einer Konfliktanalyse und der hier vorgetragenen ethischen Kriterien, ob eine „humanitäre Intervention" stattfinden soll oder nicht.

In unserem Zusammenhang ist das Verhalten westlicher Demokratien von besonderem Interesse, denn sie treten in den Vereinten Nationen mit dem Anspruch des Schutzes der Menschenwürde und der Menschenrechte auf und müssen sich deshalb auch daran messen lassen, was sie zu ihrer Verwirklichung beitragen. Ihnen wird häufig vorgehalten, *double standards* anzusetzen. Dabei wird allerdings oft übersehen, dass ihre Repräsentanten primär gegenüber der eigenen Bevölkerung verantwortlich sind und sich erst danach um Vorkommnisse außerhalb der eigenen Grenzen zu kümmern haben, zumindest solange diese sich nicht erkennbar auf die Sicherheit des eigenen Landes auswirken. Wenn sie über „robuste" UN-Mandate oder über ihre Beteiligung daran zu entscheiden haben, geraten sie außerdem zwangsläufig in das Dilemma zwischen der Verantwortung für das Wohl und Wehe der eigenen Soldaten und für die weltweite Wahrung der Menschenrechte.

Sie müssen berücksichtigen, dass im Verlauf der Aktion eigene Soldaten zu Schaden kommen können, und dass dann vom demokratischen Souverän gefragt wird, ob eine Einmischung in die Händel anderer Völker diese Opfer rechtfertigt. Daher muss z. B. die deutsche Bundesregierung, bevor sie Soldaten zu einem Auslandseinsatz abkommandiert, in jedem Einzelfall hierfür eine Mehrheit im

Deutschen Bundestag gewinnen. Denn weil die Bundeswehr eine Parlamentsarmee ist, muss auch die Legislative jeden Einsatz den Wählern gegenüber verantworten, und zwar nicht nur weil dabei Steuergelder eingesetzt werden, sondern vor allem, weil es zu Opfern unter den Soldaten als Staatsbürgern in Uniform kommen könnte. Auch aus diesem Grunde werden deutsche Grundwehrdienstleistende, die ihrer Wehrpflicht nur zum Verteidigungszweck nachkommen, nicht an Auslandseinsätzen beteiligt. Dies gilt trotz der 2002 vom damaligen Verteidigungsminister Struck (SPD) geprägten verqueren Formel „Unsere Sicherheit wird am Hindukusch verteidigt" auch weiterhin.

Politiker in Demokratien sind überdies geneigt, auf eine möglicherweise schnell wechselnde Stimmungslage in der eigenen Bevölkerung Rücksicht zu nehmen. Die Art und Weise, wie diese aus den Medien über die katastrophale humanitäre Lage in einem fremden Land informiert wird, wirkt sich auf die öffentliche Meinung aus. Wenn diese in die Richtung geht: „So darf es nicht weitergehen, da muss eingeschritten werden", dann kann es durchaus sein, dass ein gesellschaftlicher Druck zugunsten einer Intervention entsteht. Dieser verschafft einer Regierung öffentlichen Rückhalt für den Einsatz des Militärs. Er kann ihr allerdings auch genauso schnell wieder entzogen werden.

Eine solch wechselvolle Entwicklung ließ sich im Zusammenhang mit dem US-amerikanischen Einsatz in Somalia beobachten: Im Herbst 1992 war in den USA und anderen Ländern des wohlhabende Nordens nach zahllosen Fernsehberichten über das Elend in dem ostafrikanischen Land und die Hilflosigkeit der aus 50, später 500 Militärbeobachtern bestehenden UNOSOM-I-Mission eine Stimmung entstanden, dass mehr gegen die Hungerkatastrophe und den sie verursachenden Bürgerkrieg getan werden müsse (Vgl. Debiel, 2003: 143 ff.). Daraufhin bot der nach seiner Wahlniederlage noch amtierende US-Präsident George Bush Sen. der UNO an, die Organisation und Leitung einer multinationalen Truppe (UNITAF) zu übernehmen. Sie sollte, versehen mit einem Mandat nach Kapitel VII der UN-Charta, eine sichere Umgebung für die Auslieferung humanitärer Hilfsgüter schaffen. Diese „Operation Restore Hope" bestand aus 28.000 amerikanischen und 10.000 weiteren Soldaten, deren Landung am Strand von Mogadischu am 9. Dezember 1992 so organisiert wurde, dass sie zur besten Sendezeit life übertragen werden konnte. Man spricht im Zusammenhang mit dem Zustandekommen dieser Mission auch vom „CNN-Effekt" (Vgl. Goldsborough, 1997).

Dieser wirkte umgekehrt, als am 3. Oktober 1993 ein erschossener amerikanischer Soldat vor laufender Kamera durch die somalische Hauptstadt geschleift wurde und amerikanische Sender dies wiederholt ausstrahlten. Damit veränderte sich schlagartig die Stimmung in den USA. Sofort leitete der neue Präsident Bill Clinton eine Exit-Strategie für die US-Truppen ein. Er stand damals vermutlich vor dem Dilemma, entweder noch mehr Truppen nach Ostafrika zu schicken, um vielleicht doch noch eine Befriedung zu erreichen, was unter Umständen noch mehr eigene Opfer erfordert hätte, oder das Ziel aufzugeben und die amerikanischen Soldaten zurück zu holen. Wenn er sich für letzteres entschied, handelte er gegenüber dem eigenen Volk so, wie es seiner Verantwortung entsprach. Bei der Alternative wären die innenpolitischen Folgen nur schwer abzusehen gewesen.

Es gibt freilich auch Situationen, in denen demokratische Kriegsherren auf solche Stimmungswechsel keine Rücksicht nehmen. Ein Beispiel dafür sind die Schwierigkeiten der USA und Großbritanniens als Besatzungsmächte im Irak nach der Niederschlagung des Regimes von Saddam Hussein. Aufgrund der zahllosen Anschläge auf alliierte Soldaten verringerte sich die Akzeptanz des Irak-Krieges in den beiden Ländern ebenso wie die Popularität von US-Präsident Bush Jun. und Premierminister Blair. Doch beide fürchteten offenbar mehr noch als bei einem Rückzug ein Chaos in Irak zu hinderlassen den Spott derer, die in der Intervention vorher schon das falsche Mittel sahen. Daher setzte insbesondere Bush mehr auf eine Verstärkung der Truppen als auf eine Exit-Option. Diese hat sein Nachfolger Barack Obama zwar für den Irak formuliert, was im November 2008 mit zu seinem Wahlsieg beigetragen hat. Doch könnte es sein, dass er mit der angestrebten Verlegung großer Truppenteile nach Afghanistan dort ein ähnliches Desaster erlebt wie sein Vorgänger im Irak.

Die Abhängigkeit der Interventionsbereitschaft von Stimmungswechseln in den demokratischen Mediengesellschaften ist jedoch nur die eine Seite des Problems der Diskrepanz zwischen möglichen Einsatzfällen und tatsächlichen Einsätzen. Eine andere ist nicht minder problematisch: Konflikte, die nicht besonders „telegen" sind, bleiben möglicherweise so lange im Schatten der Aufmerksamkeit von Politikern und UN-Diplomaten, bis sie zu einer irreversiblen Katastrophe eskalieren. Weitere sind dadurch begründet, dass es im Sicherheitsrat entweder aufgrund eines Vetos zu gar keiner Einigkeit über ein Mandat kommt oder nur zu einem klassischen Blauhelmeinsatz, der nicht in der Lage ist, einen Genozid zu verhindern. Das belegen die vor den Augen der UN-Blauhelme vollzogenen Massaker in Ruanda im April 1994 (vgl. Debiel 2003: 182 ff.) und Srebrenica im Juli 1995 (vgl. Rohde 1997) in erschreckender Weise.

6 Gibt es ein Recht oder gar eine Pflicht zur Intervention?

Die verschiedenen Negativbeispiele vom Scheitern einzelner Missionen bis hin zur Selbstmandatierung der NATO im Kosovokrieg brachten den damaligen kanadischen Premierminister Jean Crétien am Rande des UN-Millenniumsgipfels 2000 dazu, die Initiative zur Einrichtung einer International Commission on Intervention and State Sovereinty (ICISS) zu ergreifen, die aus hochrangigen ehemaligen Politikern, Diplomaten und Wissenschaftlern bestand und 2001 ein umfangreiches Papier unter dem Titel „The Responsibility to Protect" vorlegte. In seinem Zentrum steht eine Relativierung des klassischen Souveränitätsprinzips, indem ihm der Schutz der Menschenrechte als Aufgabe zugeschrieben wird. Darüber hinaus wird die Wahrnehmung der Verantwortung zum Schutz eben dieser Menschenrechte in drei Phasen aufgeteilt, eine der Prävention, bei deren Versagen eine der Reaktion (einschließlich der Intervention) und eine des Wiederaufbaus. Außerdem wird die Frage diskutiert, ob allein dem Sicherheitsrat die Entscheidung obliegt, humanitäre Interventionen auf den Weg zu schicken (vgl. von Horn/Krämer 2004).

Einige Kernaussagen dieses Papiers fanden 2005 Eingang in das Ergebnisdokument des UNO-Weltgipfel 2005. Darin wird zunächst darauf hingewiesen, dass „jeder einzelne Staat die Verantwortung für den Schutz seiner Bevölkerung vor Völkermord, Kriegsverbrechen, ethnischer Säuberung und Verbrechen gegen die Menschlichkeit" habe, wozu gehöre, solche Verbrechen mit angemessenen und notwendigen Maßnahmen zu verhüten. Dann aber wird betont, dass die „internationale Gemeinschaft ... durch die Vereinten Nationen auch die *Pflicht* (habe), geeignete diplomatische, humanitäre und andere friedliche Mittel nach den Kapiteln VI und VIII der Charta einzusetzen, um beim Schutz der Bevölkerung ... behilflich zu sein. In diesem Zusammenhang sind wir (die internationale Gemeinschaft, B. M.) bereit, im Einzelfall und in Zusammenarbeit mit den zuständigen Regionalorganisationen rechtzeitig und entschieden kollektive Maßnahmen über den Sicherheitsrat im Einklang mit der Charta, namentlich Kapitel VII, zu ergreifen, falls friedliche Mittel sich als unzureichend erweisen und die nationalen Behörden offenkundig dabei versagen..." (Resolution 60/1: 28)

Die Studie wie auch die Resolution fanden ein geteiltes Echo: Vor allem geht es um die Frage, ob diese Resolution das Völkerrecht dahingehend fortentwickelt, dass sie die alleinige Kompetenz des Sicherheitsrates[1], Maßnahmen nach Kapitel VII der UN-Charta zu beschließen, auf Regionalorganisationen, ja sogar auf einzelne Staaten übertrage, wenn der Sicherheitsrat aufgrund des Vetos einzelner Ständiger Mitglieder und die Generalversammlung bei Nicht-Erreichen ihrer 2/3-Mehrheit dazu nicht in der Lage sind, eine Intervention zu starten. Von Horn und Krämer sahen in dem Ansatz des Kommissionspapiers den Versuch, „ein bisher im Völkerrecht nicht existierendes ‚Recht zur humanitären Intervention' zu etablieren: Ein Recht, ja sogar eine Verpflichtung, das völkerrechtliche Kernprinzip der staatlichen Souveränität – unter ganz bestimmten Bedingungen – auszusetzen, um die Grenzen von Staaten übertreten und militärisch auf ihrem Territorium und auch gegen ihre Regierung intervenieren zu können." (von Horn/Krämer 2003: 3). Dies wäre die Rekonstruktion des „gerechten Krieges" im Mantel der „humanitären Intervention" und durch die Legitimierung von Einzelstaaten und Koalitionen der Willigen zur Gewaltanwendung ein bedenklicher und riskanter völkerrechtlicher Rückschritt.

[1] Sowie bisher im Falle von dessen Beschlussunfähigkeit der Möglichkeit einer „united for peace"-Entscheidung der Generalversammlung, die nur einmal im Vorfeld des Koreakrieges genutzt wurde.

Allerdings deckt dies der Wortlaut der Resolution des Weltgipfels insofern noch nicht, als deren Ziffer 139 die Notwendigkeit betont, „dass die Generalversammlung die Verantwortung für den Schutz von Bevölkerungsgruppen vor Völkermord, Kriegsverbrechen, ethnischer Säuberung und Verbrechen gegen die Menschlichkeit und die sich daraus ergebenen Auswirkungen eingedenk der Grundsätze der Charta und des Völkerrechts *weiter prüft*." (Resolution 60/1: 28) Demgegenüber arbeitet jedoch eine 2009 erschienene juristische Dissertation heraus, dass die RTP „die Schwelle zu einer echten Norm des Völkerrechts bereits überschritten" habe, da sich sowohl die Generalversammlung als auch der Sicherheitsrat nach 2005 schon mehrfach in Resolutionen hierauf bezogen hätten und sich auch in der Praxis von EU und NATO „Indizien für eine völkerrechtliche Verfestigung der RTP" fänden (Verlage, zit. nach Ebert 2009: 121).

7 Fazit

Was folgt aus den hier vorgetragenen Überlegungen für die Frage, ob und wann „humanitäre Interventionen" tatsächlich humanitär und damit gut und nicht nur gut gemeint sind? Eine einzelne Intervention könnte dann humanitär genannt werden, wenn sie allen oben behandelten Kriterien entspricht und von den Vereinten Nationen vorbereitet und durchgeführt wird. Da jedoch nicht in allen ähnlich schwerwiegenden Notfällen in dieser Weise eingegriffen wird, weil einerseits der Sicherheitsrat im Regelfall nach den politischen Prioritäten der Ständigen Mitglieder entscheidet und andererseits auch die übrigen Mitgliedstaaten sich unter vielerlei – darunter durchaus nachvollziehbaren – Gesichtspunkten überlegen, ob und in welchem Umfang sie Truppen bereit stellen, kann aus globaler Perspektive nur von einer *selektiven Humanität* gesprochen werden. Eine solche widerspricht dem universalistischen Menschenrechtsverständnis.

Da gerade Demokratien für dieses Menschenrechtsverständnis werben, täten sie um ihrer Glaubwürdigkeit willen gut daran, mit dem gleichermaßen zur Legitimierung wie zur Mobilisierung von Kräften gebrauchten Etikett der „humanitären Intervention" sparsam und auch mit der „Responsibility to Protect" so verantwortungsvoll umzugehen, dass die mit der UN-Charta geschaffenen Errungenschaften des Völkerrechts nicht in bester Absicht unterlaufen werden. Dies kann umso eher gelingen, je mehr sie dazu beitragen, Konflikte in einem Frühstadium zu entschärfen, so dass seltener über die Erforderlichkeit eines militärischen Eingreifens nachgedacht und entschieden werden muss. Darum sollten die Demokratien die Vereinten Nationen und ihre regionalen Abmachungen wie die OSZE auch dadurch stärken, dass sie ihnen personell wie materiell dabei helfen, ihre Kapazitäten zur Frühwarnung und zur polizeilichen und zivilen Krisenprävention auszubauen.

Zitierte und weiterführende Literatur:

Beestermöller, Gerhard (2002): Krieg gegen den Irak – Rückkehr in die Anarchie der Staatenwelt? Ein kritischer Kommentar aus der Perspektive einer Kriegsächtungsethik, Stuttgart.

Debiel, Tobias (2003): UN-Friedensoperationen in Afrika. Weltinnenpolitik und die Realität von Bürgerkriegen, Bonn.

Deutscher Bundestag (2009): Plenarprotokoll 16/230 vom 2. Juli 2009.

Ebert, Franz Christian (2009): Christopher Verlage, Responsibility to Protect, Mohr Siebeck 2009, Buchbesprechung, in: Hanse Law Review, Vol. 5, No 1, S. 117–126 www.hanselawreview.org/pdf7/Vol5No1Art07.pdf

Empell, Hans-Michael (1999): Sollten humanitäre Interventionen erlaubt werden? Überlegungen aus völkerrechtlicher Sicht, in: Schoch, Bruno et al. (Hrsg.), Friedensgutachten 1999, Münster, S. 70–79.

Fischer Weltalmanach 2000, Der: Frankfurt/M. 1999.

Goldsborough, James O. (1997): CNN effect? The media's role in foreign policy, Washington D. C.

Gustenau, Gustav (Hrsg.) (2000), Humanitäre militärische Intervention zwischen Legalität und Legitimität, Baden-Baden.

Haspel, Michael (2002): Friedensethik und Humanitäre Intervention. Der Kosovo-Krieg als Herausforderung evangelischer Friedensethik, Neukirchen-Vluyn.

Hailbronner, Kay (2001): Der Staat und der Einzelne als Völkerrechtssubjekte, in: Vitzthum, Wolfgang Graf (Hrsg.), Völkerrecht, 2. Aufl., Berlin.

Kersting, Wolfgang (2000): Bewaffnete Intervention als Menschenrechtsschutz, in: Merkel, Reinhard (Hrsg.), Der Kosovo-Krieg und das Völkerrecht, Frankfurt/M., S. 187–231.

Kühn, Florian P. (2005): Afghanistans schwieriger Weg zur Stabilisierung, in: Ratsch, Ulrich et al. (Hrsg.): Friedensgutachten 2005, Münster, S. 60–69.

Lutz, Dieter S. (Hrsg.) (2000): Der Krieg im Kosovo und das Versagen der Politik, Baden-Baden.

Merkel, Reinhard (Hrsg.) (2000): Der Kosovo-Krieg und das Völkerrecht, Frankfurt/M.

Meyer, Berthold (2003): „Gut gemeint oder gut – wie humanitär sind ‚humanitäre Interventionen'?", HSFK-Standpunkte Nr. 8/2003.

Meyer, Berthold/Schlotter, Peter (2000): Die Kosovo-Kriege 1998/99. Die internationalen Interventionen und ihre Folgen. HSFK-Report 1/2000, Frankfurt/M.

Oeter, Stefan (2008): Menschenrechte, Demokratie und Kampf gegen Tyrannen als Probleme der Friedenssicherung? Voraussetzungen und Grenzen der Autorisierung militärischer Gewalt durch den Sicherheitsrat der Vereinten Nationen, in: Bruha, Thomas, Heselhaus, Sebastian und Marauhn, Thilo (Hrsg.): Legalität, Legitimität und Moral, Tübingen, S. 183–209.

Resolution 60/1: Ergebnis des Weltgipfels 2005: http://www.un.org/Depts/german/gv-60/band1/ga60vol1-ann2.pdf., S.28. (Abruf: 08.08.2009).

Reuter, Hans-Richard (1996): Militärinterventionen aus humanitären Gründen? Friedensethik zwischen Gewaltverzicht und Rechtsdurchsetzung, in: Meyer, Berthold (Red.), Eine Welt oder Chaos? Friedensanalysen Band 25, Frankfurt/M., S. 276–300.

Reuter, Hans-Richard (2000): Die „humanitäre Intervention" zwischen Recht und Moral: Rechtsethische Anmerkungen aus Anlass des Kosovo-Krieges, in: Ratsch, Ulrich et al. (Hrsg.), Friedensgutachten 2000, Münster, S. 74–85.

Rittberger, Volker/Mogler, Martin/Zangl, Bernhard (1997): Vereinte Nationen und Weltordnung. Zivilisierung der internationalen Politik? Analysen Band 52, Opladen.

Rohde, David (1997): Endgame: The Betrayal and Fall of Srebrenica. Europe's Worst Massacre since World War II, New York.

Schröder, Gerhard (1999): Erklärung Bundeskanzler Gerhard Schröder zur Lage im Kosovo, Bonn, 24. März 1999, zit. nach BPA, Stichworte zur Sicherheitspolitik, Nr. 03/ März 1999: S. 41.

Von Horn, Helge/Krämer, Christoph (2004): Gibt es ein Recht zur „humanitären Intervention"? Eine Übersicht über den Bericht der International Commission on Intervention and State Sovereignty (ICISS): „The Responsibility to Protect", http://www.uni-kassel.de/fb5/frieden/themen/Interventionen/iciss-report.html (Abruf: 31.07.2009).

Wisotzki, Simone (2002): Menschliches Leid durch überlegene Feuerkraft. Demokratien und der Einsatz von Streubomben, HSFK-Standpunkte Nr. 3/2002, Frankfurt/M.

Die Autorinnen und Autoren

Glasl, Friedrich
Dr. rer. pol. habil., Universitätsprof. für Organisationsentwicklung an der Universität Salzburg (friedrich.glasl@trigon.at)

Gromes, Thorsten
Dr. phil., Wissenschaftlicher Mitarbeiter bei der Hessischen Stiftung Friedens- und Konfliktforschung, Frankfurt a. M. (gromes@hsfk.de)

Hoffman, Mark
Dozent für Internationale Beziehungen am Department of International Relations der London School of Economics (m.hoffman@lse.ac.uk)

Keifl, Gudrun
Zum Zeitpunkt des Aufsatzes Studentin des Masterstudienganges Friedens- und Konfliktforschung am Zentrum für Konfliktforschung der Universität Marburg (Gudrun.keifl@akfree.it)

Meyer, Berthold
Dr. rer. soc., 1981–2009 wissenschaftlicher Mitarbeiter der Hessischen Stiftung Friedens- und Konfliktforschung, Frankfurt a. M., seit 1999 Honorarprof. am Zentrum für Konfliktforschung der Universität Marburg (berthold.meyer@staff.uni-marburg.de)

Moltmann, Bernhard
Dr. phil., 1996–2006 wissenschaftlicher Mitarbeiter, seit 2007 Gastforscher an der Hessischen Stiftung Friedens- und Konfliktforschung, Frankfurt a. M. (moltmann@hsfk.de)

Müller, Barbara
Dr. phil., Institut für Friedensarbeit und Gewaltfreie Konfliktaustragung (IFGK), Wahlenau (BMuellerIFGK@t-online.de)

Pietsch, Silke
M. A., Kofi Annan Institute for Conflict Transformation (KAICT), University of Liberia, Monrovia (silpietsch@gmx.net)

Schweitzer, Christine
Dr. phil., Institut für Friedensarbeit und Gewaltfreie Konfliktaustragung (IFGK), Wahlenau (CSchweitzerIFGK@aol.com)

Sirseloudi, Matenia
M. A., Dr. phil. des. Universität Augsburg, wissenschaftliche Mitarbeiterin am Institut für Friedensforschung und Sicherheitspolitik an der Universität Hamburg (IFSH) (matenias@gmx.de)

Steenbock, René (Zimmermann, René)
Dipl. Sozialwiss., Doktorand an der Bremen International Graduate School of Social Science (zimmermann@gsss.uni-bremen.de)

Strumpf, Nina
M. A., Projektkoordinatorin für die Menschenrechtsorganisation International Peace Observers Network (IPON) (NinaSchleiereule@web.de)

Trittmann, Saskia
M. A., Doktorandin am Zentrum für Konfliktforschung der Universität Marburg (Saskia.Trittmann@gmx.de)

Zangl, Bernhard
Dr. phil., Professor für „Global Governance and Public Policy" an der Ludwig-Maximilians-Universität München (Bernhard.Zangl@gsi.uni-muenchen.de)

Zürn, Michael
Dr. rer. soc., Direktor der Abteilung „Transnationale Konflikte und Internationale Institutionen" am WZB, Berlin (zuern@wzb.eu)

16320376R00336

Printed in Poland
by Amazon Fulfillment
Poland Sp. z o.o., Wrocław